AF869974

EXCEL APLICADO A INGENIEROS

EDITORIAL MACRO®

España - México - Colombia - Chile - Ecuador - Perú - Bolivia - Uruguay - Guatemala - Costa Rica

Excel aplicado a ingenieros
Autor: Ing. Carlos Eyzaguirre Acosta

© Derechos de autor registrados:
Empresa Editora Macro EIRL

© Derechos de edición, arte gráfico y diagramación reservados:
Empresa Editora Macro EIRL

Jefe de edición:
Cynthia Arestegui Baca

Coordinadora de edición:
M. Magaly Ramon Quiroz

Diseño de portada:
Alejandro Marcas León

Edición a cargo de:
© Empresa Editora Macro EIRL
Av. Paseo de la República N.° 5613, Miraflores, Lima, Perú

Teléfono: (511) 748 0560
E-mail: proyectoeditorial@editorialmacro.com
Página web: www.editorialmacro.com

Primera edición: diciembre de 2011
Primera reimpresión: enero de 2015
Tiraje: 1000 ejemplares

Impresión
Talleres gráficos de la Empresa Editora Macro EIRL
Jr. San Agustín N.° 612-624, Surquillo, Lima, Perú

ISBN N.° 978-612-304-043-7
Hecho el depósito legal en la Biblioteca Nacional del Perú N.° 2015-01642

Prohibida la reproducción parcial o total, por cualquier medio o método, de este libro sin previa autorización de la Empresa Editora Macro EIRL.

ING. CARLOS EYZAGUIRRE ACOSTA

Es egresado de la Facultad de Ingeniería Civil de la Universidad Nacional de Ingeniería (Lima, Perú) y realizó maestría en Gerencia de Proyectos de Ingeniería en la misma universidad.

Se ha desempeñado como gerente general del Instituto de Desarrollo Allin Kallpa, y como consultor y asesor de proyectos de ingeniería e informática.

Cuenta con más de 18 años de experiencia en la docencia informática de ingeniería. Es autor de manuales y separatas de SAP 2000 (Diseño estructural), Microsoft Project (Planificación, Programación y Control de proyectos), S10 (Costos y Presupuestos), Microsoft Excel inicial y avanzado.

Asimismo, se desempeña como docente en el Centro de Cómputo INFOUNI de la Facultad de Ingeniería Mecánica de la Universidad Nacional de Ingeniería, en Unimaster de la Asociación de Docentes de la Universidad Nacional de Ingeniería y en CEUPS INFORMÁTICA de la Facultad de Ingeniería Industrial de la Universidad Nacional Mayor de San Marcos (Lima, Perú).

Ha publicado los libros de *Gestión de proyectos con Project* (2009), *Excel para ingenieros* (2009), *Costos y presupuestos para edificaciones* (2010) con esta casa editorial.

Para cualquier consulta o asesoría, puede comunicarse a los correos eyzaguirre_144@yahoo.es / eyzaguirre_144@hotmail.com, al teléfono 7924340 o celular 995314436.

Dedicatoria

A mis abuelos Carlos Eyzaguirre Portugal y Marina Acosta Moya; a mi mamá Lelia; a mi otra mamá Esther; a mi esposa Catherine; y a mis dos grandes amores Catherine y Esther, mis hijas, razones de mi vida, mis inspiraciones, mi fuerza y el aire que respiro.

Introducción

Microsoft Excel es un programa poderoso que puede ser trabajado como una simple hoja de cálculo, y que también puede ser usado como una gran base de datos. Tiene una gran cantidad de funciones para diferentes sectores académicos y, además, posee un editor de Visual Basic con el cual puede seguir creando funciones o programar de acuerdo a sus necesidades.

Durante más de 15 años de haber enseñado computación principalmente a nivel técnico en la Universidad Nacional de Ingeniería (UNI) y la Universidad Mayor de San Marcos (UNMSM), creo necesario plasmar en esta obra mis apuntes de clases y de esta forma contribuir para que los estudiantes tengan una fuente de consulta.

En todo ese tiempo inmerso en las aulas y entre las computadoras he observado, gracias al aporte de mis alumnos, que la parte central del curso de Microsoft Excel Avanzado son los temas de funciones y macros, temas principales en la estructura del presente libro.

En esta estructura, por mi formación profesional y por mi experiencia, la teoría está acompañada de ejercicios prácticos y reforzada con talleres que pretenden ser una guía de cómo usar las funciones y fórmulas aprendidas en cada capítulo. “El ingeniero es más práctico que teórico”.

Mi mayor deseo es que este libro se convierta en una herramienta de ayuda para estudiantes y profesionales y, de esta manera, sacarle el mayor provecho a este fabuloso programa llamado Microsoft Excel.

Índice

Capítulo 1

Capítulo 2

Capítulo 3

Capítulo 4

Capítulo 5

Capítulo 6

Capítulo 7

Capítulo 8

CAPÍTULO 1

FUNCIONES BÁSICAS

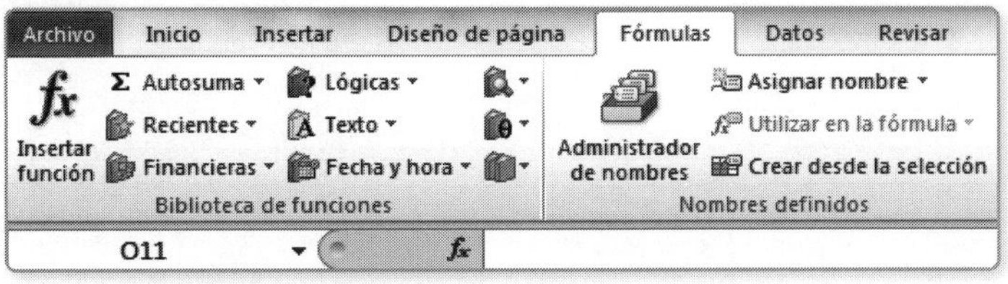

OBJETIVO:

Tener un conocimiento básico de las funciones más usadas con las que trabaja Microsoft Excel.

CONTENIDO:

- INSERTAR FUNCIONES
- FUNCIONES BÁSICAS
- FUNCIONES TEXTO O CADENA
- FUNCIONES FECHA

• FUNCIONES BÁSICAS

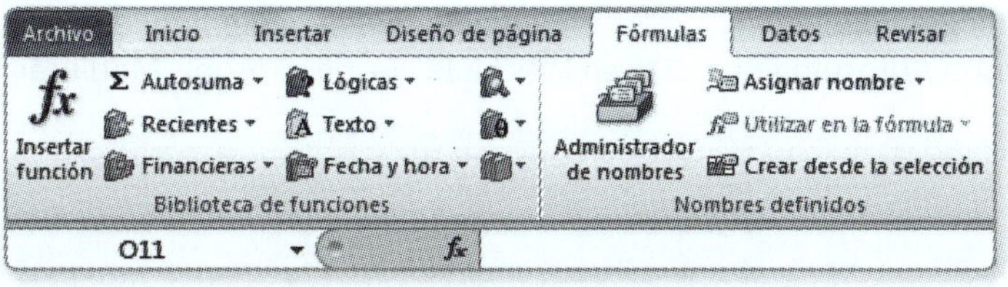

El trabajo con funciones es una de las partes más importante de Microsoft Excel. Son fórmulas ya elaboradas que al escribir su nombre y seleccionar un arango realizan cálculos en forma inmediata.

• INSERTAR FUNCIONES

Para usar las funciones existentes podemos hacer uso del icono Insertar función, que se encuentra en el grupo Biblioteca de funciones de la ficha Fórmulas.

Al usar el icono el programa nos muestra todas las funciones predeterminadas agrupadas por categorías.

Al seleccionar una de ellas, el programa nos guía en su uso.

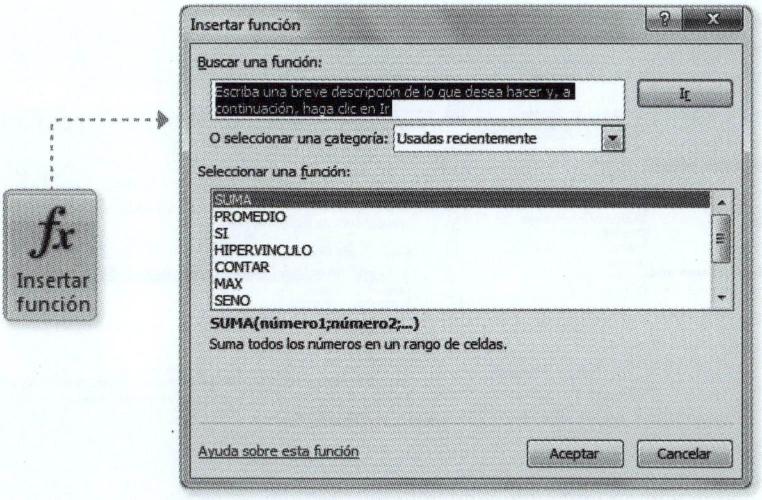

También podemos utilizar las funciones usando el icono función Autosuma (al dar un clic en la flecha de este icono el programa nos mostrará una relación de funciones).

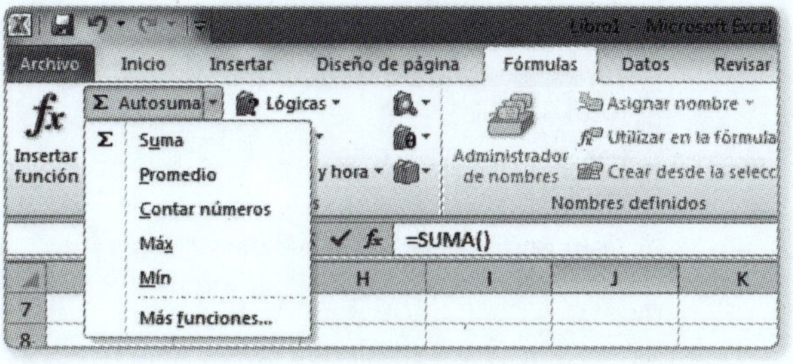

Otra forma es utilizando el icono de asistente de funciones que se encuentra en la barra de fórmulas.

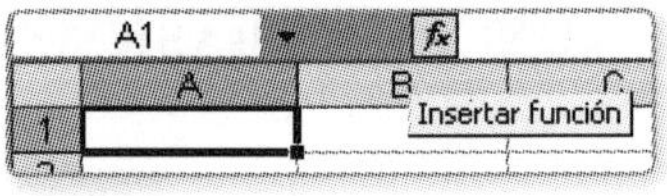

O usando el icono Autosuma que está en la ficha Inicio, en el grupo Modificar.

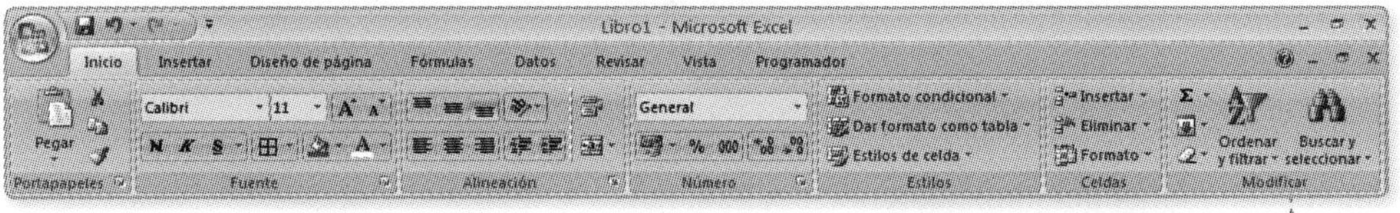

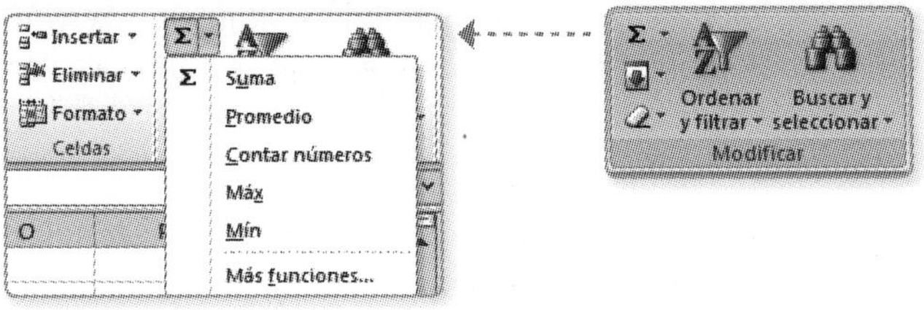

Con todas estas formas ingresamos al asistente de funciones donde podríamos:

- Utilizar las funciones Usadas recientemente.
- Pero también podemos elegir una de las categorías.

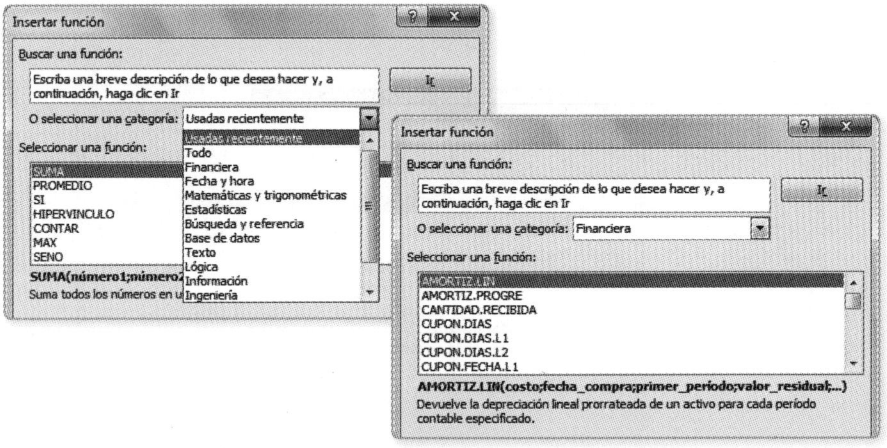

- Luego podemos utilizar una de las funciones.

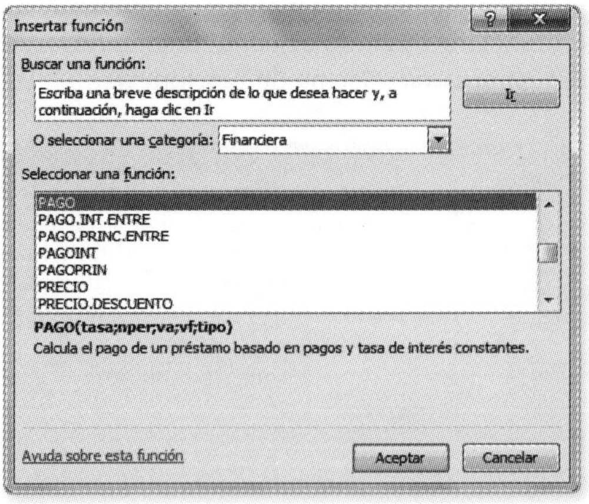

Si elegimos una de las funciones y le damos aceptar el programa nos mostrará la siguiente ventana:

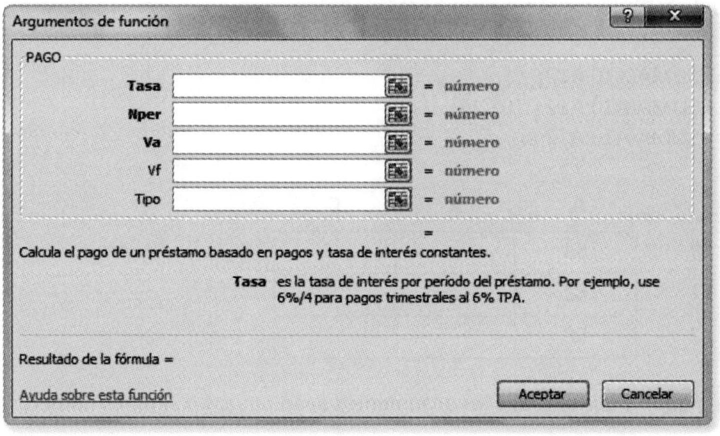

Dentro de esta ventana debemos escribir todos los argumentos de la función. Luego cuando marquemos aceptar la máquina en forma automática escribirá el resultado.

Si conocemos el nombre de la función podemos trabajar en forma directa, es decir, escribir la función y sus argumentos. En este caso debemos tener en cuenta lo siguiente:

1. Escribir el signo igual (=) al iniciar la función o fórmula.
2. Escribir el nombre de la Función.
3. Entre paréntesis se debe escribir el rango de la función.
4. El rango puede tener varios argumentos y estos se separar con una coma (,) ó por un punto y coma (;) de acuerdo a la configuración numérica de Windows.
5. Cada argumento puede ser un número, una celda o un grupo de celdas.
6. Si es un grupo se escribe la primera celda, luego dos puntos (:) y finalmente la última celda.

• FUNCIONES BÁSICAS

A continuación presentamos las funciones más utilizadas:

=SUMA(A1:A10)

Esta función encontrará la suma de todos los valores de las celdas desde A1 hasta A10.

Ejemplo:

Si tenemos la siguiente tabla:

	A	B	C
10	15		14
11	19		15
12	20		

Los resultados de las siguientes funciones serán:

A20 =SUMA(A10:A12)
A21 =SUMA(A10:A12,C10:C11)
A22 =SUMA(A10:A12,4)

	A	B	C
20	54		
21	83		
22	58		

Por lo tanto, la máquina suma todos los argumentos sean rangos o simples números.

=MIN(A1:A10)
Esta función encontrará el mínimo valor de los valores de las celdas desde A1 hasta A10.

=MAX(A1:A10)
Esta función encontrará el máximo valor de los valores de las celdas desde A1 hasta A10.

=PROMEDIO(A1:A10)
Esta función encontrará el PROMEDIO de todos los valores de las celdas desde A1 hasta A10.

Ejemplo:

	A	B	C
15	15		30
16	19		50
17	20		

Los resultados de las siguientes funciones serán:

A25 =MAX(A15:A17)
A26 =MIN(A15:A17)
A27 =PROMEDIO(A15:A17)
C25 =MAX(A15:A17,C15:C16)
C26 =MIN(A15:A17,-16)
C27 =PROMEDIO(A15:A17,23)

	A	B	C
25	20		50
26	15		-16
27	18		19.25

=RAIZ(25)
Es igual a 5.

=ENTERO(103.456)
Es igual a 103.

=CONTAR(A1:A10)
Contará todas las celdas que contengan valores numéricos.

Ejemplo:

	A	B	C
15	15		10
16	36		50
17	-20.56		

Los resultados de las siguientes funciones son:

A25	=CONTAR(A15:C17)
A26	=RAIZ(A16)
A27	=RAIZ(A15+C15)
C25	=ENTERO(A17)

	A	B	C
25	5		-21
26	6		
27	5		

También podemos utilizar algunas funciones con argumentos y criterios, por ejemplo:

=SUMAR.SI(A10:A20,">25",B10:B20)
Esta función encontrará la suma de acuerdo a lo siguiente:

- Solo sumará las celdas que cumplan la condición que sea mayor a 20 en el rango desde A10 hasta A20.
- Las celdas que sumará son las que se encuentran en el rango de B10 hasta B20.

Ejemplo:

	A	B	C
15	Edad	Nota	
16	25	18	
17	28	12	
18	25	14	
19	23	15	
20	20	10	30

=SUMAR.SI(A10:A20,">25",B16:B20)

Las celdas A16 y A17 son mayores de 25
se suma las notas: 18+12=30

• FUNCIONES DE TEXTO O CADENA

=DERECHA(A1,2)
La máquina escribirá las 2 primeras letras de la celda A1 (comenzando de la derecha).

=IZQUIERDA(A1,2)
La máquina escribirá las 2 primeras letras de la celda A1 (comenzando del lado izquierdo).

=EXTRAE (A1,3,2)
La máquina escribirá 2 letras a partir de la tercera letra de la celda A1.

Ejemplo 1:

Con las columnas nombre y edad buscamos las claves, donde clave 1 será las dos primeras letras, clave 2 las tres últimas y clave 3 la tercera letra.

H2 =EXTRAE(D2,3,1)

	C	D	E	F	G	H
1		NOMBRES	EDAD	CLAVE1	CLAVE2	CLAVE3
2		JULIO	25	JU	LIO	L
3		ESTEBAN	26	ES	BAN	T
4		MARIA	20	MA	RIA	R
5		ROCIO	23	RO	CIO	C
6		DELIA	46	DE	LIA	L
7		JOSE	56	JO	OSE	S
8		ENRIQUE	24	EN	QUE	R
9						

La columna F contiene las dos primeras letras de la columna D:
- La función utilizada en la primera celda de la columna.

E2 =IZQUIERDA(D2,2)

La columna G contiene las tres últimas letras de la columna D:
- La función utilizada en la primera celda de la columna.

F2 =DERECHA(D2,3)

La columna H contiene la tercera letra de la columna D:
- La función utilizada en la primera celda de la columna.

G2 =EXTRAE(D2,3,1)

CONCATENAR(A1,C1)
El programa une los contenidos de las celdas A1 y C1.

= MAYUSC(A1)
Convierte el contenido de la celda A1 en mayúsculas.

= MINUSC(B1)
Convierte el contenido de la celda B1 en minúsculas.

Ejemplo 2:

Con los datos de las columnas nombre y edad, encontraremos la unión de las dos columnas y crearemos correos.

F4 =CONCATENAR(C4,"_",D4,"@YAHOO.ES")

	B	C	D	E	F	G
2						
3		NOMBRES	EDAD	OBSERVACION	CORREO 1	CORREO 2
4		ROSA	25	ROSA25	ROSA_25@YAHOO.ES	rosa_25@yahoo.es
5		JOSE	26	JOSE26	JOSE_26@YAHOO.ES	jose_26@yahoo.es
6		ROMULO	35	ROMULO35	ROMULO_35@YAHOO.ES	romulo_35@yahoo.es
7		GERARDO	38	GERARDO38	GERARDO_38@YAHOO.ES	gerardo_38@yahoo.es
8		LELIA	35	LELIA35	LELIA_35@YAHOO.ES	lelia_35@yahoo.es
9		ESTHER	37	ESTHER37	ESTHER_37@YAHOO.ES	esther_37@yahoo.es
10		ENMA	30	ENMA30	ENMA_30@YAHOO.ES	enma_30@yahoo.es
11						

OBSERVACIÓN

Es la unión del contenido de la columna nombres y la columna edad.

E4 =CONCATENAR(C4,D4)

CORREO 1

El correo 1 será la el nombre unido con un guión bajo a la edad, y a todo ello le agregamos @ yahoo.es.

F4 =CONCATENAR(C4,"_ ",D4,"@YAHOO.ES")

CORREO 2

Será el correo 1, pero en minúsculas.

G4 =MINUSC(F4)

= LARGO(A2)

El programa cuenta el número de caracteres de la celda A2.

=ENCONTRAR(A2,B5,1)

El programa busca el contenido de la celda A2 dentro del contenido de la celda B5 a partir de la posición 1, y nos da la posición inicial del texto buscado.

=HALLAR(A2,B5,1)

Al igual que la función encontrar(), el programa busca el contenido de la celda A2 dentro del contenido de la celda B5 a partir de la posición 1, y nos da la posición inicial del texto buscado. La diferencia radica en que busca con exactitud diferenciando mayúsculas de minúsculas.

=NOMPROPIO(A5)

Convierte el contenido del texto de la celda A5 en un texto propio, iniciando con mayúscula y el resto en minúsculas.

=SUSTITUIR(A5,B5,C5,1)

Devuelve el contenido de la celda A5, donde sustituye el texto de B5 por el C5, desde la primera posición.

Ejemplo 3:

Continuando con el ejemplo 2, creamos el correo 3 donde cambiamos de yahoo a Hotmail, contamos el número de caracteres de este correo, encontramos la posición de @ y extraemos el contenido del correo que usan.

K4 =EXTRAE(H4,J4+1,I4-J4+1)

	F	G	H	I	J	K	L
2							
3	CORREO 1	CORREO 2	CORREO 3	NRO DE LETRAS	@	correo	Correo
4	ROSA_25@YAHOO.ES	rosa_25@yahoo.es	rosa_25@hotmail.com	19	8	hotmail.com	Hotmail.Com
5	JOSE_26@YAHOO.ES	jose_26@yahoo.es	jose_26@hotmail.com	19	8	hotmail.com	Hotmail.Com
6	ROMULO_35@YAHOO.ES	romulo_35@yahoo.es	romulo_35@hotmail.cc	21	10	hotmail.com	Hotmail.Com
7	GERARDO_38@YAHOO.ES	gerardo_38@yahoo.es	gerardo_38@hotmail.c	22	11	hotmail.com	Hotmail.Com
8	LELIA_35@YAHOO.ES	lelia_35@yahoo.es	lelia_35@hotmail.com	20	9	hotmail.com	Hotmail.Com
9	ESTHER_37@YAHOO.ES	esther_37@yahoo.es	esther_37@hotmail.co	21	10	hotmail.com	Hotmail.Com
10	ENMA_30@YAHOO.ES	enma_30@yahoo.es	enma_30@hotmail.com	19	8	hotmail.com	Hotmail.Com

CORREO 3

El correo 3 es el correo2 donde hemos cambiado yahoo.es por hotamil.com

H4 =SUSTITUIR(G4,"yahoo.es","hotmail.com",1)

NRO. DE LETRAS (CARACERES)

Necesitamos el número de caracteres del correo 3.

I4 =LARGO(H4)

@

Hallar el número de carácter "@" en la columna correo 3.

J4 =HALLAR("@",H4,1)

Correo

Extraemos el nombre del correo que se está usando.

K4 =EXTRAE(H4,J4+1,I4-J4+1)

Correo

Convertimos el texto de la columna correo en propio.

L4 =NOMPROPIO(K4)

=FILA(B5)

Devuelve el número de fila de la celda B5 (5).

=FILAS(B5:F15)

Devuelve el número de filas del rango B5:R15 (11).

=COLUMNA(B5)

Devuelve el número de columna de la celda B5 (2).

= COLUMNAS(B5:F15)

Devuelve el número de columnas del rango B5:F15 (5).

• FUNCIONES FECHA

=AHORA ( )
El programa nos muestra la fecha y hora de ese instante.

=DIA (Número de serie)
El programa nos devuelve el número del día de la fecha de la celda.

=MES (Número de serie)
El programa nos devuelve el número del mes de la fecha de la celda.

=AÑO (Número de serie)
El programa nos devuelve el número de año de la fecha de la celda.

Ejemplo 1:

Si tenemos solo los valores de la columna **A** y hoy es 30 de Noviembre de 1998, son las 12:15 minutos, y al aplicar las siguientes fórmulas:

En la celda B11 =DIA(A11)

En la celda C11 =AÑO(A11)

En la celda D11 =MES(A11)

En la celda E11 =FECHA(C11,D11,B11)

En la celda F11 =AHORA( )

Y copiamos en sentido vertical obtendremos la siguiente tabla:

	A	B	C	D	E	F
10		DIA	AÑO	MES	FECHA	AHORA
11	12/10/95	12	1995	10	12/10/95	30/11/98 12:15
12	13/05/95	13	1995	5	13/05/95	30/11/98 12:15
13	14/06/95	14	1995	6	14/06/95	30/11/98 12:15
14	15/10/97	15	1997	10	15/10/97	30/11/98 12:15

CAPÍTULO 2

FUNCIONES AVANZADAS

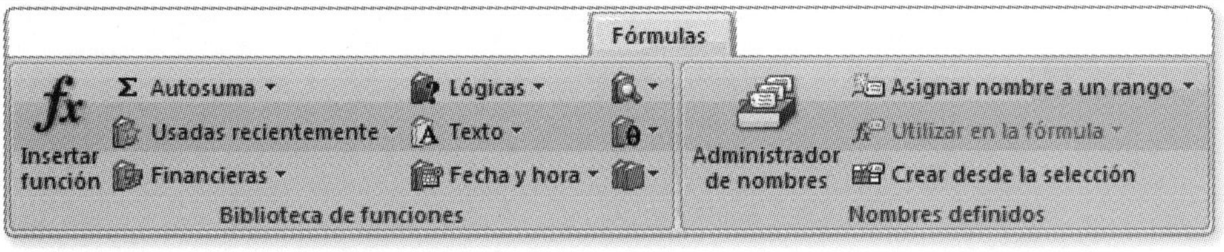

OBJETIVO:

Microsoft Excel trabaja con funciones y ellas contienen rangos, con una o varias funciones dentro. En este capítulo pretendemos utilizar alguna de estas combinaciones, empezando por las funciones lógicas, funciones anidadas, estadísticas y financieras.

CONTENIDO:

- FUNCIONES LÓGICAS
- FUNCIONES ANIDADAS
- FUNCIONES BASE DE DATOS
- FUNCIONES ESTADÍSTICAS
- ANÁLISIS DE DATOS
- FUNCIONES FINANCIERAS
- FUNCIONES MATEMÁTICA Y TRIGONOMÉTRICAS

• FUNCIONES LÓGICAS

En la ficha de Fórmulas encontramos el grupo de Biblioteca de funciones, donde uno de los iconos es funciones lógicas.

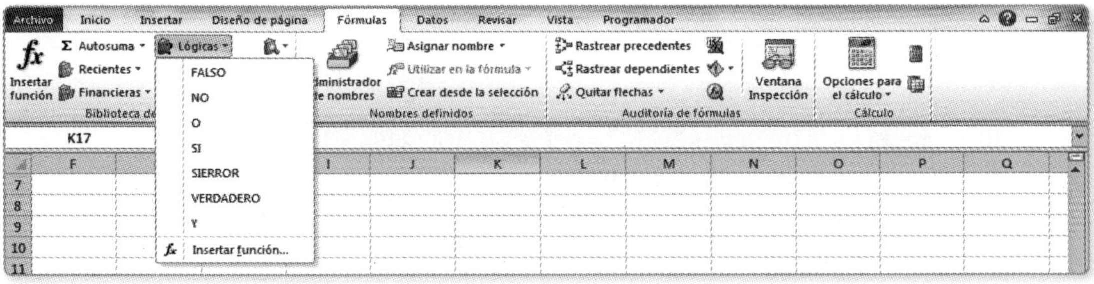

De las funciones lógicas que nos muestra el cuadro de diálogo las que más utilizamos son:
=y(, ,) , =O(, ,) y principalmente la función =si(, ,).

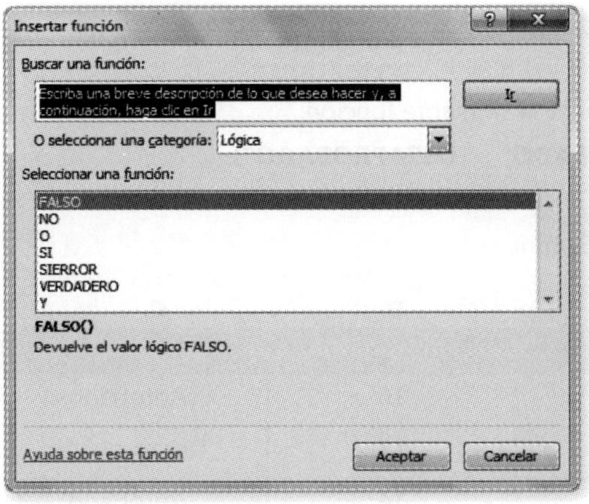

=SI(PRUEBA_LOGICA, VALOR_VERDADERO, VALOR_FALSO)

Esta función está compuesta por tres argumentos, en el primero escribimos la condición del problema, en el segundo lo que queremos que aparezca en la celda si la condición es verdadera y en el tercero lo que se quiere si la condición es falsa.

=SI(, ,)

CONDICIONES SI ES VERDAD SI ES FALSO

• Condición

Para el uso de las condiciones que se escriben en el primer argumento podemos usar los siguientes símbolos:

>	Mayor que	B10>10
<	Menor que	B10<10
>=	Mayor e igual que	B10>=10
<=	Menor e igual que	B10<=10
<>	Diferente	B10<>10

Si se compara con un texto este debe ir entre comillas:
B10 = "AULA 1"

Ejemplo 1:

En la columna C deberá aparecer el texto aprobó, si es que su nota es mayor e igual a 13 y si no cumple con la condición aparecerá desaprobó.

	A	B	C
10	NOMBRE	PROMEDIO	OBSERVACIÓN
11	Catherine	16	
12	Analelia	11	
13	Santiago	14	
14	Rosa	15	
15	Ernesto	08	

Solución:

En la celda **C11** se debe escribir la siguiente función:

=SI(B11>=13, "APROBADO" , " DESAPROBADO")

Luego se copia en toda la columna.

	A	B	C
10	NOMBRE	PROMEDIO	OBSERVACIÓN
11	Catherine	16	Aprobado
12	Analelia	11	Desaprobado
13	Santiago	14	Aprobado
14	Rosa	15	Aprobado
15	Ernesto	08	Desaprobado

Ejemplo 2:

Si la edad es inferior a 25, la OBS 1 será el promedio más dos, en caso contrario el promedio menos 1.

	A	B	C	D	E
20	NOMBRE	EDAD	PROM	OBS 1	OBS 2
21	Catherine	26	16		
22	Analelia	19	11		
23	Santiago	34	14		
24	Rosa	21	15		
25	Ernesto	25	08		

Solución:

En la Celda **D21** se debe escribir la siguiente función:
=SI(B21<25, C21+2,C21-1)
Luego se copia en toda la columna.

	A	B	C	D	E
20	NOMBRE	EDAD	PROM	OBS 1	OBS 2
21	Catherine	26	16	15	
22	Analelia	19	11	13	
23	Santiago	34	14	13	
24	Rosa	21	15	17	
25	Ernesto	25	08	7	

=Y(VALOR_LOGICA1, VALOR_LOGICA2,.....)

Puede tener dos o más condiciones y si todas cumplen el programa escribirá VERDADERO, pero si por lo menos una sola no cumple escribirá FALSO.

=O(VALOR_LOGICA1, VALOR_LOGICA2,.....)

Puede tener dos o más condiciones, basta que cumpla una y el programa escribirá VERDADERO y solo si no cumple ninguna escribirá FALSO.

Ejemplo:

- Si sus edades están comprendidas de 22 a 31 años, la observación 1 deberá decir Clase A, en caso contrario Clase B.
- Si su edad es superior a 22 o es del sexo femenino la observación 2 deberá decir Nivel 1, en caso contrario Nivel 2.

	A	B	C	D	E
20	NOMBRE	EDAD	SEXO	OBS 1	OBS 2
21	Catherine	26	F		
22	Analelia	19	F		
23	Santiago	34	M		
24	Rosa	21	F		
25	Ernesto	25	M		

Solución:

OBS1:

El la celda D21 escribimos la siguiente función:
=SI (**Y**(**B21**> = **22**, **B21**<= **31**), "CLASE 1", "CLASE 2")

OBS2:

El la celda E21 escribimos la siguiente función:
=SI (O(**B21**> = **22**, **C21**= **"F"**), "NIVEL 1", "NIVEL 2")

Luego se copia ambas celdas en las columnas.

	A	B	C	D	E
20	NOMBRE	EDAD	SEXO	OBS 1	OBS 2
21	Catherine	26	F	Clase 1	Nivel 1
22	Analelia	19	F	Clase 2	Nivel 1
23	Santiago	34	M	Clase 2	Nivel 1
24	Rosa	21	F	Clase 2	Nivel 1
25	Ernesto	25	M	Clase 1	Nivel 1

• Función CONSULTAV

=CONSULTAV(Valor_buscado, Matriz_buscar_en, Indicador_ columna, orden)

Esta función consta de tres partes principales, la primera es la celda que se quiere comparar (celda de la tabla o base principal donde se está trabajando), la segunda es el nombre o la referencia absoluta de la tabla donde se quiere buscar o comparar la celda con la primera columna de esta tabla y la tercera parte es el número de columna a utilizar (dato que se buscaba y debe aparecer en la celda).

Existe una cuarta parte que se utiliza en forma opcional cuando la tabla de condiciones no se encuentra ordenada.

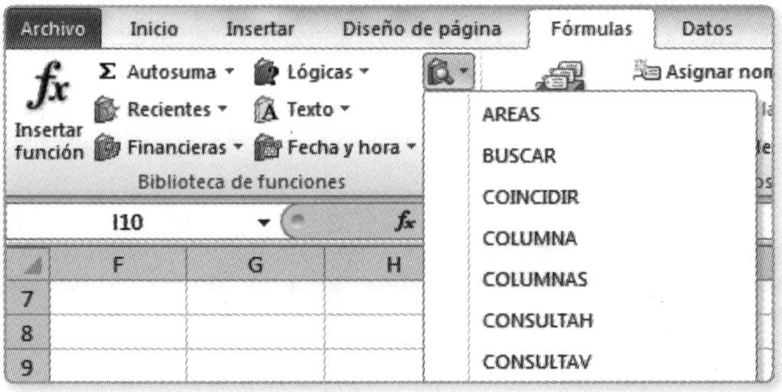

Nota

EN MICROSOFT EXCEL 2007 LA FUNCIÓN CONSULTAV ES LA FUNCIÓN BUSCARV

=BUSCARV(Valor_buscado, Matriz_buscar_en, Indicador_ columna, orden)

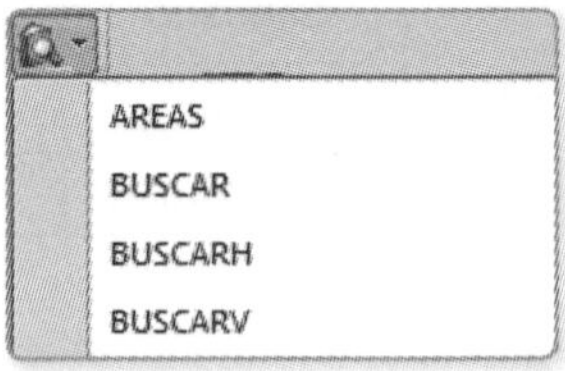

Ejemplo:

En la relación de los alumnos del instituto se debe colocar el pago semestral y el aula. Este pago semestral y el aula dependen de la categoría:

- Si es código A, el pago debe ser 8000 y estará en el aula 1.
- Si es código B, el pago debe ser 6000 y estará en el aula 2.
- Si es código C, el pago debe ser 5000 y estará en el aula 3.
- Si es código D, el pago debe ser 4000 y estará en el aula 4.
- Y si es código E, el pago será de 3500 y estará en el aula 5.

	D	E	F	G	H
20	NOMBRE	CÓDIGO	DISTRITO	PAGO	AULA
21	William Benites	A	S.J.L.		
22	Sandra Gutarra	D	S.J.L.		
23	Carlos Solar	A	Callao		
24	Armando Alvarez	B	Los Olivos		
25	Josias Fusch	B	Carabayllo		
26	Pelayo Benavente	A	Rímac		
27	César Ayquipa	D	Rímac		
28	Domingo Vicente	E	Comas		
29	Carlos García	A	Cercado		
30	Julio Blanco	B	San Martín		
31	Patricia Chaman	C	Carabayllo		

Solución:

Lo primero que se debe crear es la tabla de condiciones, la cual puede estar en cualquier lugar de la hoja o en otra hoja de cálculo.

Tabla PAGOS →

CÓDIGO	PAGO	AULA
A	8000	1
B	6000	2
C	5000	3
D	4000	4
E	3500	5

Recomendaciones:

- La primera columna debe mantener un orden ascendente.
- Para ponerle nombre a la tabla, se selecciona desde la segunda línea (es decir, solo seleccionamos los registros y no sus cabeceras) y luego se escribe el nombre en el lado izquierdo de la barra de fórmulas, por ejemplo, PAGOS.

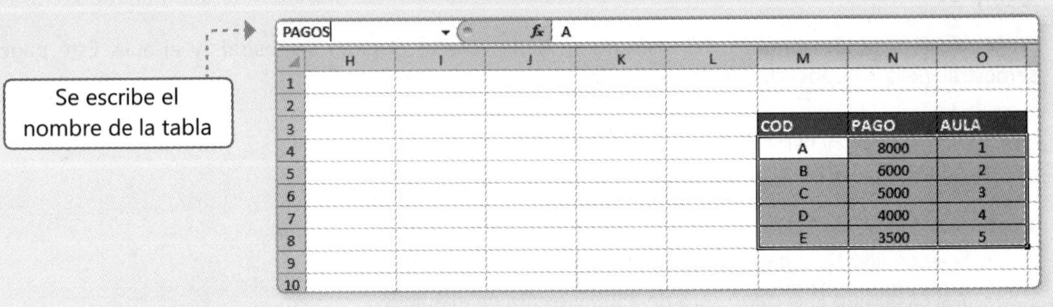

- El número utilizado en el tercer argumento de la función será: de la columna de Cod es 1, de la columna Pago es 2 y de la columna Aula es 3).

Bien, entonces la función en la celda G21 es:

=CONSULTAV(E21,PAGOS,2)
E21 celda de tabla principal a comparar.
PAGOS nombre de la tabla donde se compara la celda E21.
2 números de la columna de Pagos a utilizar.

Ahora en la celda H21 la función será:
= CONSULTAV(E21,PAGOS,3)
Es similar a la anterior, solo cambia el número de columna.
Al final se copiará al resto de filas.

• FUNCIONES ANIDADAS

Se llama funciones anidadas cuando se utiliza una o varias funciones dentro de otra. Se utiliza con más frecuencia es en funciones lógicas.

Ejemplo 1:

Crear una tabla donde al ingresar el código y el curso aparezcan las notas.

Solución:

1. Creamos la siguiente tabla de datos:

	DATOS GENERALES			WINDOWS		WORD		EXCEL 1		EXCEL 2		ACCESS		VISUAL BASIC		INTERNET	
4	NRO	NOMBRE	AP.PAT	LAB.	TEORIA	LAB.	TEORIA	LAB.	TEORIA	LAB.	TEORIA	LAB.	TEORIA	LAB.	TEORIA	LAB.	TEORIA
5	001	Amelia	Acosta	12	14	16	13	10	7	14	12	14	12	12	14	12	15
6	002	Armando	Alvarez	13	15	17	15	13	11	11	11	11	12	15	15	12	14
7	003	Rocio	Arista	15	14	13	11	9	7	15	12	9	16	14	16	14	11
8	004	César	Ayquipa	12	11	10	11	12	13	12	12	12	14	16	17	16	8
9	005	Willy	Benites	11	12	13	11	9	7	14	11	8	14	14	14	15	16
10	006	Julio	Blanco	12	14	16	14	12	10	15	12	9	15	15	16	14	15
11	007	Patricia	Cháman	14	15	16	14	12	10	14	12	10	12	14	14	11	16
12	008	Luisa	Dolores	15	15	15	15	15	15	11	12	13	13	15	14	14	16
13	009	Josias	Gomez	13	18	15	14	13	12	15	12	9	12	14	14	14	16
14	010	Sandra	Gutarra	8	11	14	12	10	8	15	14	13	15	12	16	13	16
15	011	Andrea	Lienda	14	12	10	12	14	16	14	14	14	14	12	14	11	8
16	012	Germán	Mamani	11	14	17	14	11	8	11	14	17	15	13	14	13	12
17	013	Maribel	Morales	12	14	16	11	6	8	12	14	16	12	14	14	15	16
18	014	Andres	Palacio	14	15	16	12	8	8	11	14	17	14	14	16	17	14
19	015	Carlos	Solar	16	16	16	14	12	10	18	11	4	18	15	16	14	15

2. Seleccionamos los datos y le asignamos el nombre DATOS.
3. Ahora creamos la siguiente tabla:

	K	L	M	N	O	P	Q	R	S
21									
22									
23		INGRESA EL CODIGO					NOTAS		
24							LAB.	TEORIA	
25		NOMBRE DEL CURSO							
26									
27									
28									

4. En la celda O23 ingresamos el código del alumno.
5. En la celda O25 ingresamos el curso.
6. En las celdas Q25 y R25 deberán aparecer las notas del alumno.
7. Para encontrar la nota de laboratorio podemos usar la función CONSULTAV:
   CONSULTAV(O23,DATOS,......)

   El número de columna a utilizar depende del curso seleccionado.
   Si el curso es Windows la columna será 4, si es Word será 6, si es Excel 1 será 8 y así sucesivamente.

Solución 1:

Una de las formas de resolver es:

CONSULTAV (O23,DATOS,SI(O25="WINDOWS",4,SI(O25="WORD",6,SI(O25="EXCEL1",8, SI(O25="EXCEL2", 10,SI(O25="ACCESS", 12, SI(O25="VISUAL BASIC",14,16)))))))

El método es correcto, pero como se aprecia es muy tedioso.

Solución 1:

Creamos una tabla adicional.

CURSO	LAB	TEORÍA
WINDOWS	4	5
WORD	6	7
EXCEL1	8	9
EXCEL2	10	11
ACCESS	12	13
VISUAL BASIC	14	15
INTERNET	16	17

Los valores son los números de las columnas.
Por ejemplo: la nota de LAB de Word es la columna 4 de la tabla principal

Seleccionamos los datos y le ponemos el nombre cursos.
Ahora escribimos en la celda Q25.

= CONSULTAV (O23,DATOS,BUSCARV(O25,CURSOS,2),0)

Como apreciarán, esta forma es más corta y sencilla.

TALLER A: Formato y Función Consultav

CREAR UN PROGRAMA CON UNA BASE DE DATOS

Tenemos la siguiente tabla de datos:

CODIGO	NOMBRE	APELLIDO	DISTRITO	FECHA DE NAC	EDAD	NOTA 1	NOTA 2	NOTA 3	NOTA 4	NOTA 5	NOTA 6	PROMEDIO
1	CESAR	AYQUIPA	RIMAC	15/05/1965		14	13	12	11	10	9	
2	DOMINGO	VICENTE	COMAS	10/10/1965		12	10	10	6	4	14	
3	SANDRA	GUTARRA	CARABAYLLO	06/05/1970		10	11	11	13	14	7	
4	JOSIAS	GOMEZ	LA MOLINA	14/02/1965		12	11	11	9	13	15	
5	PATRICIA	CHAMAN	CARABAYLLO	10/10/1970		15	14	14	12	15	16	
6	JULIO	BLANCO	INDEPENDENCIA	11/03/1968		18	17	13	14	16	18	
7	ARMANDO	ALVAREZ	LOS OLIVOS	10/07/1964		12	11	15	15	14	12	
8	MELISSA	HERRERA	PUENTE PIEDRA	10/09/1985		13	12	9	17	18	12	
9	GERMAN	MAMANI	LOS OLIVOS	10/04/1963		14	11	13	18	14	14	
10	HENRY	CAÑARI	TACNA	10/10/1965		16	14	16	9	11	14	
11	JOSÉ LUIS	VIACAVA	TACNA	28/08/1960		18	15	18	8	11	16	
12	JOSÉ	MARTINEZ	RIMAC	15/05/1960		13	12	11	14	15	15	
13	MARIBELL	MORALES	RIMAC	16/07/1970		18	12	15	15	8	17	
14	JOSÉ	BARRUETO	ATE	10/05/1970		18	14	12	14	14	19	
15	ERIK	VILLENA	CUZCO	14/08/1972		12	15	14	8	12	8	

En esta tabla modificaremos el formato para tener una mejor presentación.

- El código del alumno debe tener tres dígitos.

  Para realizar este cambio, seleccionamos las celdas y nos ubicamos en la ficha Inicio en el grupo Número y activamos el cuadro de diálogo Formato de celda número con el icono que se encuentra en la parte inferior derecha del grupo.

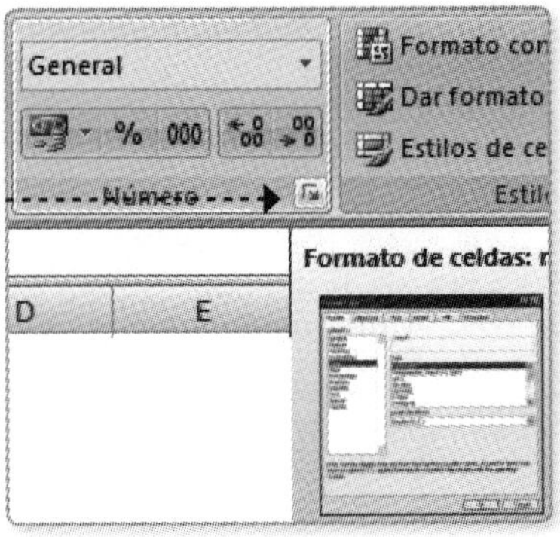

En este cuadro de diálogo seleccionamos la opción personalizar y en tipo digitamos 000.

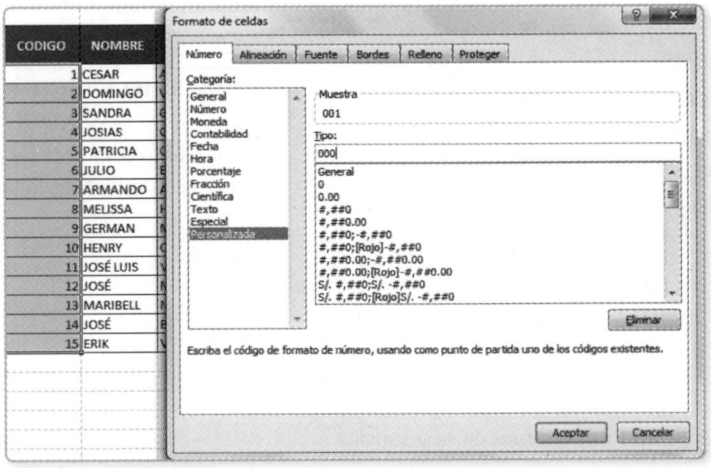

En forma automática todas las celdas seleccionadas tendrán tres dígitos completados con ceros.

CODIGO	NOMBRE	APELLIDO	DISTRITO
001	CESAR	AYQUIPA	RIMAC
002	DOMINGO	VICENTE	COMAS
003	SANDRA	GUTARRA	CARABAYLLO
004	JOSIAS	GOMEZ	LA MOLINA
005	PATRICIA	CHAMAN	CARABAYLLO
006	JULIO	BLANCO	INDEPENDENCIA
007	ARMANDO	ALVAREZ	LOS OLIVOS
008	MELISSA	HERRERA	PUENTE PIEDRA
009	GERMAN	MAMANI	LOS OLIVOS
010	HENRY	CAÑARI	TACNA
011	JOSÉ LUIS	VIACAVA	TACNA
012	JOSÉ	MARTINEZ	RIMAC
013	MARIBELL	MORALES	RIMAC
014	JOSÉ	BARRUETO	ATE
015	ERIK	VILLENA	CUZCO

- Cambiar el formato de los títulos para que estos estén en dos líneas y no ocupen mucho espacio horizontalmente.

  Para ello seleccionamos los celdas y presionamos el icono **Ajustar texto**, que se encuentra en el grupo **alineación.**

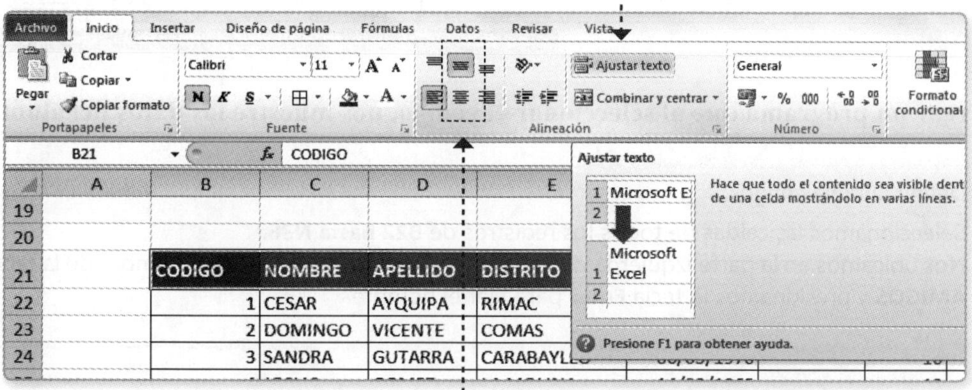

El texto se acomoda en dos filas, adicionalmente usamos los iconos centrar horizontalmente y verticalmente.

- Calcular la edad.

  Nos ubicamos en la celda G22 y digitamos la fórmula **=(HOY()-F22)/365** y copiamos la fórmula a toda la columna.
  Donde la función Hoy() muestra la fecha actual, F22 la fecha de nacimiento; dividimos entre 365 porque la diferencia es calculada en días y nosotros buscamos años.

CODIGO	NOMBRE	APELLIDO	DISTRITO	FECHA DE NACIMIENTO	EDAD	NOTA 1	NOTA 2	NOTA 3	NOTA 4	NOTA 5	NOTA 6	PROMEDIO
001	CESAR	AYQUIPA	RIMAC	15/05/1965	46.340	14	13	12	11	10	9	
002	DOMINGO	VICENTE	COMAS	10/10/1965	45.93[illegible]	12	10	10	6	4	14	
003	SANDRA	GUTARRA	CARABAYLLO	06/05/1970	41.362	10	11	11	13	14	7	
004	JOSIAS	GOMEZ	LA MOLINA	14/02/1965	46.586	12	11	11	9	13	15	
005	PATRICIA	CHAMAN	CARABAYLLO	10/10/1970	40.932	15	14	14	12	15	16	
006	JULIO	BLANCO	INDEPENDENCIA	11/03/1968	43.515	18	17	13	14	16	18	
007	ARMANDO	ALVAREZ	LOS OLIVOS	10/07/1964	47.186	12	11	15	15	14	12	
008	MELISSA	HERRERA	PUENTE PIEDRA	10/09/1985	26.003	13	12	9	17	18	12	
009	GERMAN	MAMANI	LOS OLIVOS	10/04/1963	48.438	14	11	13	18	14	14	
010	HENRY	CAÑARI	TACNA	10/10/1965	45.934	16	14	16	9	11	14	
011	JOSÉ LUIS	VIACAVA	TACNA	28/08/1960	51.055	18	15	18	8	11	16	
012	JOSÉ	MARTINEZ	RIMAC	15/05/1960	51.342	13	12	11	14	15	15	
013	MARIBELL	MORALES	RIMAC	16/07/1970	41.167	18	12	15	15	8	17	
014	JOSÉ	BARRUETO	ATE	10/05/1970	41.351	18	14	12	14	14	19	
015	ERIK	VILLENA	CUZCO	14/08/1972	39.085	12	15	14	8	12	8	

=(HOY()-F22)/365

- Debemos encontrar el promedio eliminando las dos notas más bajas.

  Hacemos uso de la función k.esimo.menor. Nos ubicamos en la celda N22 y digitamos la fórmula **=(SUMA(H22:M22)- K.ESIMO.MENOR(H22:M22,1)- K.ESIMO.MENOR(H22:M22,2))/4.**

  Y la copiamos en toda la columna.

CODIGO	NOMBRE	APELLIDO	DISTRITO	FECHA DE NACIMIENTO	EDAD	NOTA 1	NOTA 2	NOTA 3	NOTA 4	NOTA 5	NOTA 6	PROMEDIO
001	CESAR	AYQUIPA	RIMAC	15/05/1965	46.340	14	13	12	11	10	9	12.50
002	DOMINGO	VICENTE	COMAS	10/10/1965	45.934	12	10	10	6	4	14	11.50
003	SANDRA	GUTARRA	CARABAYLLO	06/05/1970	41.362	10	11	11	13	14	7	12.25
004	JOSIAS	GOMEZ	LA MOLINA	14/02/1965	46.586	12	11	11	9	13	15	12.75
005	PATRICIA	CHAMAN	CARABAYLLO	10/10/1970	40.932	15	14	14	12	15	16	15.00
006	JULIO	BLANCO	INDEPENDENCIA	11/03/1968	43.515	18	17	13	14	16	18	17.25
007	ARMANDO	ALVAREZ	LOS OLIVOS	10/07/1964	47.186	12	11	15	15	14	12	14.00
008	MELISSA	HERRERA	PUENTE PIEDRA	10/09/1985	26.003	13	12	9	17	18	12	15.00
009	GERMAN	MAMANI	LOS OLIVOS	10/04/1963	48.438	14	11	13	18	14	14	15.00
010	HENRY	CAÑARI	TACNA	10/10/1965	45.934	16	14	16	9	11	14	15.00
011	JOSÉ LUIS	VIACAVA	TACNA	28/08/1960	51.055	18	15	18	8	11	16	16.75
012	JOSÉ	MARTINEZ	RIMAC	15/05/1960	51.342	13	12	11	14	15	15	14.25
013	MARIBELL	MORALES	RIMAC	16/07/1970	41.167	18	12	15	15	8	17	16.25
014	JOSÉ	BARRUETO	ATE	10/05/1970	41.351	18	14	12	14	14	19	16.25
015	ERIK	VILLENA	CUZCO	14/08/1972	39.085	12	15	14	8	12	8	13.25

=(HOY()-F22)/365

=(SUMA(H22:M22)- K.ESIMO.MENOR(H22:M22,1)- K.ESIMO.MENOR(H22:M22,2))/4

• Crear un programa que al seleccionar el código, nos muestre los datos del alumno

- Definir la tabla amigos.

  Seleccionamos las celdas de todos los registros de **B22 hasta N36.**
  Nos ubicamos en la parte izquierda de la barra de fórmulas, escribimos el nombre de la tabla a crear **AMIGOS** y presionamos la tecla **Enter** para fijar el nombre.

AMIGOS fx 1

CODIGO	NOMBRE	APELLIDO	DISTRITO	FECHA DE NACIMIENTO	EDAD	NOTA 1	NOTA 2	NOTA 3	NOTA 4	NOTA 5	NOTA 6	PROMEDIO
001	CESAR	AYQUIPA	RIMAC	15/05/1965	46.340	14	13	12	11	10	9	12.50
002	DOMINGO	VICENTE	COMAS	10/10/1965	45.934	12	10	10	6	4	14	11.50
003	SANDRA	GUTARRA	CARABAYLLO	06/05/1970	41.362	10	11	11	13	14	7	12.25
004	JOSIAS	GOMEZ	LA MOLINA	14/02/1965	46.586	12	11	11	9	13	15	12.75
005	PATRICIA	CHAMAN	CARABAYLLO	10/10/1970	40.932	15	14	14	12	15	16	15.00
006	JULIO	BLANCO	INDEPENDENCIA	11/03/1968	43.515	18	17	13	14	16	18	17.25
007	ARMANDO	ALVAREZ	LOS OLIVOS	10/07/1964	47.186	12	11	15	15	14	12	14.00
008	MELISSA	HERRERA	PUENTE PIEDRA	10/09/1985	26.003	13	12	9	17	18	12	15.00
009	GERMAN	MAMANI	LOS OLIVOS	10/04/1963	48.438	14	11	13	18	14	14	15.00
010	HENRY	CAÑARI	TACNA	10/10/1965	45.934	16	14	16	9	11	14	15.00
011	JOSÉ LUIS	VIACAVA	TACNA	28/08/1960	51.055	18	15	18	8	11	16	16.75
012	JOSÉ	MARTINEZ	RIMAC	15/05/1960	51.342	13	12	11	14	15	15	14.25
013	MARIBELL	MORALES	RIMAC	16/07/1970	41.167	18	12	15	15	8	17	16.25
014	JOSÉ	BARRUETO	ATE	10/05/1970	41.351	18	14	12	14	14	19	16.25
015	ERIK	VILLENA	CUZCO	14/08/1972	39.085	12	15	14	8	12	8	13.25

=(HOY()-F22)/365

=(SUMA(H22:M22)- K.ESIMO.MENOR(H22:M22,1)- K.ESIMO.MENOR(H22:M22,2))/4

- Crear la pantalla del programa.

  Nos ubicamos en otra hoja y diseñamos la pantalla de la siguiente forma:

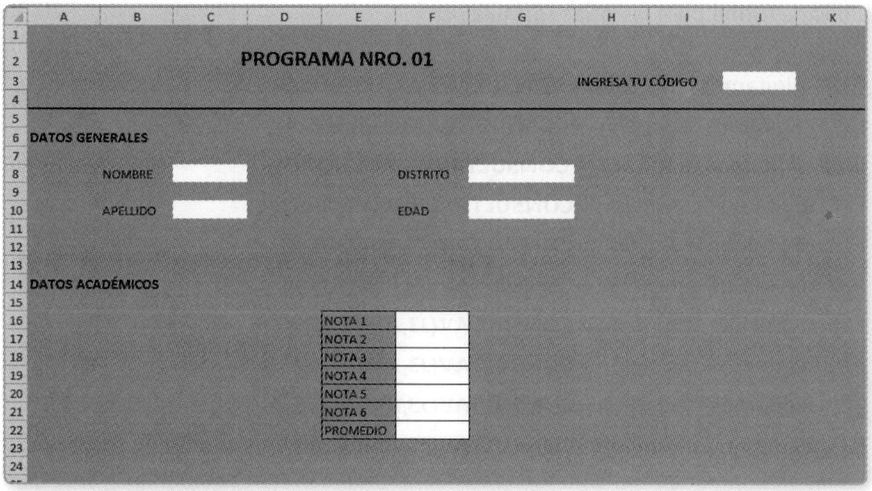

- Crear la lista desplegable para ingresar el código.

  Nos ubicamos en la celda J3 y seleccionamos el icono **Validación de datos**, que se encuentra en la **ficha Datos** en el grupo **Herramientas de datos.**

En el cuadro de diálogo seleccionamos Permitir / Lista y en origen digitamos los códigos del 1 al 15 (también se puede seleccionar un rango de celdas que contengan los códigos).

Además la celda J3 debe tener el formato de tres dígitos.

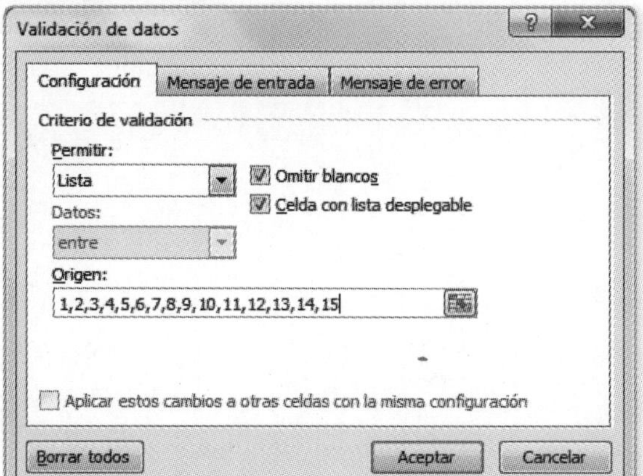

- Crear las fórmulas de donde queremos que nos muestre los datos.

  Nos ubicamos en la celda **C8** y digitamos la función **=CONSULTAV(J3,AMIGOS,2)**, donde J3 es la celda que contiene el código, AMIGOS es la tabla donde buscamos y 2 es el número de la columna de la tabla de donde extraemos el dato.

De la misma forma para las otras fórmulas en:

C10 digitamos la función **=CONSULTAV(J3,AMIGOS,3)**
G8 digitamos la función **=CONSULTAV(J3,AMIGOS,4)**
G10 digitamos la función **=CONSULTAV(J3,AMIGOS,6)**
F15 digitamos la función **=CONSULTAV(J3,AMIGOS,7)**
F16 digitamos la función **=CONSULTAV(J3,AMIGOS,8)**
F17 digitamos la función **=CONSULTAV(J3,AMIGOS,9)**
F18 digitamos la función **=CONSULTAV(J3,AMIGOS,10)**
F19 digitamos la función **=CONSULTAV(J3,AMIGOS,11)**
F20 digitamos la función **=CONSULTAV(J3,AMIGOS,12)**
F21 digitamos la función **=CONSULTAV(J3,AMIGOS,13)**

Ahora cuando seleccionamos un código en la celda J3, el programa nos muestra los datos que solicitamos.

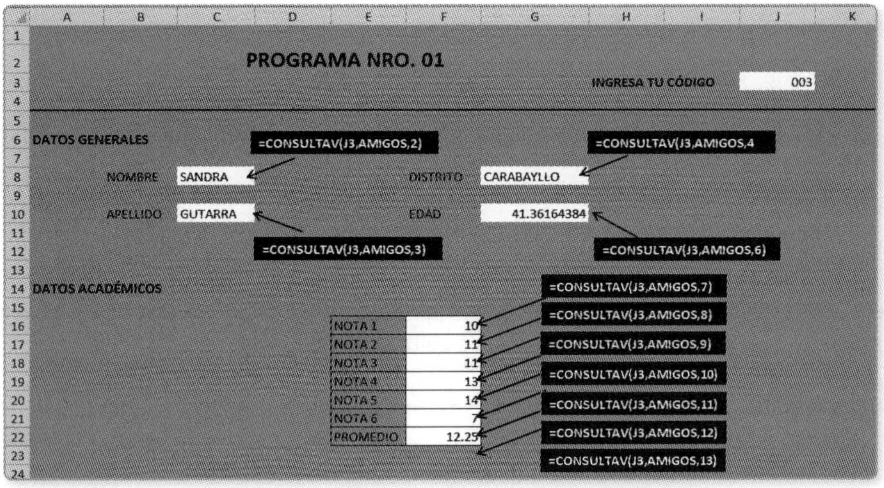

• FUNCIONES BASE DE DATOS

=BDFUNCION(Base de Datos, Nombre del Campo, Criterios)

- Criterios → Se escribe el rango de la tabla de criterios.
- Nombre del Campo → Se escribe el nombre del campo a utilizar.
- Base de Datos → Se escribe el nombre de la base de datos o el rango.

Para trabajar las funciones creamos la siguiente base de datos:

NRO	NOMBRE	APELLIDOS	EDAD	SEXO	DISTRITO	EMPRESA	CARGO	BASICO
001	Roberto	Díaz torres	15	M	Comas	COSAPI	Empleado	2500
002	Manuel	Aguila López	14	M	Rímac	CIPORT	Gerente	3500
003	Martha	Dolores arias	16	F	Comas	CIPORT	Empleado	2000
004	Milagros	Damas Suárez	36	F	Breña	GRAÑA	Empleado	1500
005	Esteban	Arguedas Diestra	25	M	Comas	CIPORT	Gerente	3500
006	Elías	Sotil Fernández	29	M	Rímac	COSAPI	Gerente	3800
007	Enma	Cáceres Solís	35	F	San Borja	GRAÑA	Empleado	2000
008	Esther	Aguirre Torres	21	F	Breña	GRAÑA	Gerente	3800
009	César	Gutiérrez Julián	26	M	San Borja	COSAPI	Empleado	1500
010	Elena	Huamán Torres	25	F	Breña	GRAÑA	Empleado	1000
011	Elizabeth	Mamani Mamani	19	F	Comas	GRAÑA	Empleado	1500
012	Rocio	Quispe Yufra	18	F	San Isidro	CIPORT	Empleado	1200
013	Andrea	Cóndori Vásquez	24	F	Rímac	GRAÑA	Gerente	3500
014	Elizabeth	Tapia Suárez	19	F	San Isidro	GRAÑA	Empleado	1500
015	Félix	Gutarra Salas	35	M	Breña	COSAPI	Empleado	1200
016	Armando	Sáez Ruiz	45	M	Comas	CIPORT	Gerente	3800

=BDSUMA (Base de Datos, Nombre del Campo, Criterios)
Suma los valores del campo determinado de acuerdo con la tabla de criterios creada.

Ejemplo:

Sumar los básicos de los trabajadores, mayor de 25 años del sexo M y empleado

- Se crea la siguiente tabla de criterio:

EDAD	SEXO	DISTRITO	EMPRESA	CARGO	BASICO
>25	M			Empleado	

Función BDSUMA =BDSUMA(

BDSUMA(**base_de_datos**, nombre_de_campo, criterios)

- Usamos la función BDSUMA(

- Donde escribimos el rango de la base datos, el nombre del campo que queremos sumar y rango de la tabla de criterios que acabamos de crear.
=BDSUMA(B3:J19,"BASICO",E27:J28)

	D	E	F	G	H	I	J	K
25								
26								
27		EDAD	SEXO	DISTRITO	EMPRESA	CARGO	BASICO	
28		>25	M			Empleado		
29								
30	Función BDSUMA			=BDSUMA(B3:J19,"BASICO",E27:J28)				
31								
32								

- Obtenemos:

	D	E	F	G	H	I	J
25							
26							
27		EDAD	SEXO	DISTRITO	EMPRESA	CARGO	BASICO
28		>25	M			Empleado	
29							
30	Función BDSUMA			2700			
31							
32							

=BDCUENTA(Base de Datos, Nombre del Campo, Criterios)

Cuenta los registros del campo determinado, de acuerdo con la tabla de criterios creada. Los valores del campo tienen que ser numéricos.

Nota

En la versión 2007 es la función: =BDCONTAR(Base de Datos, Nombre del Campo, Criterios)

Ejemplo 1:

Contar los trabajadores, cuyo básico es superior a 2000

Se crea la siguiente tabla de criterio y escribimos la función =BDCUENTA(B3:J19,"BASICO",G36:G37).

	D	E	F	G	H	I	J
36			CARGO	BASICO			
37				>2000			
38							
39	FUNCION BDCUENTA		=BDCUENTA(B3:J19,"BASICO",F36:G37)				
40			BDCUENTA(base_de_datos, nombre_de_campo, criterios)				
41							

Obtenemos el valor de 7 (son 7 los que cumplen las condiciones).

	D	E	F	G
36			CARGO	BASICO
37				>2000
38				
39	FUNCION BDCUENTA		7	
40				
41				

Ejemplo 2:

Contar los trabajadores mayores de 20

Se crea la siguiente tabla de criterio y escribimos la función =BDCONTAR(B3:J19,"EDAD",G36:G37).

	D	E	F	G	H	I
65					EDAD	
66					>20	
67						
68	FUNCION BDCUENTA			=BDCUENTA(B3:J19,"EDAD",H65:H66)		
69						

Obtenemos el valor de 10 (son 10 los que cumplen la condición).

	D	E	F	G	H
65					EDAD
66					>20
67					
68	FUNCION BDCUENTA			10	
69					
70					

=BDCONTARA(Base de Datos, Nombre del Campo, Criterios)

Cuenta los registros del campo determinado, de acuerdo con la tabla de criterios creada. El contenido de la celda pueden ser valores numéricos o alfabéticos.

Ejemplo 1:

Contar los trabajadores del distrito de Comas y de la empresa COSAPI o de la empresa CIPORT

Se crea la siguiente tabla de criterio y escribimos la función =BDCONTARA(B3:J19,"EMPRESA",E46:48)

	D	E	F	G	H	I	J	K	L
46			SEXO	DISTRITO	EMPRESA	CARGO			
47				Comas	COSAPI				
48					CIPORT				
49									
50	Usamos la función BDCONTARA( )			6	=BDCONTARA(B3:J19,"EMPRESA",E46:J48)				
51					Cuenta las celdas con valores numéricos y alfabéticos				

Ejemplo 2:

Contar los trabajadores de la empresa COSAPI o CIPORT

Se crea la siguiente tabla de criterio y escribimos la función =BDCONTARA(B3:J19,"EMPRESA",H56:H58)

	D	E	F	G	H	I	J	K	L
56				DISTRITO	EMPRESA	CARGO			
57					COSAPI				
58					CIPORT				
59									
60	Usamos la función BDCONTARA( )			9	=BDCONTARA(B3:J19,"EMPRESA",H56:H58)				
61					Cuenta las celdas solo con valores numéricos				

=**BDMIN** (Base de Datos, Nombre del Campo, Criterios)

Encuentra el mínimo de los valores en los registros en el campo determinado, de acuerdo con la tabla de criterios creada.

Ejemplo 1:

¿Cuál es la mínima edad de los gerentes de COSAPI o CIPORT?

Se crea la siguiente tabla de criterio y escribimos la función =BDMIN(B3:J19,"EDAD",G74:H76)

	G	H	I	J	K	L
74	EMPRESA	CARGO				
75	COSAPI	GERENTE				
76	CIPORT	GERENTE				
77						
78						
79	14		=BDMIN(B3:J19,"EDAD",G74:H76)			

=**BDMAX** (Base de Datos, Nombre del Campo, Criterios)

Encuentra el valor máximo de los valores en los registros del campo determinado, de acuerdo con la tabla de criterios creada.

Ejemplo 1:

¿Cuál es la máxima edad de los trabajadores de GRAÑA o CIPORT?

Se crea la siguiente tabla de criterio y escribimos la función =BDMAX(B3:J19,"EDAD",G87:H89)

	F	G	H	I	J	K	L
87		EMPRESA	CARGO				
88		GRAÑA	Empleado				
89		CIPORT	Empleado				
90							
91							
92		36		=BDMAX(B3:J19,"EDAD",G87:H89)			

=**BDPROMEDIO** (Base de Datos, Nombre del Campo, Criterios)
Encuentra el promedio de los valores en los registros del campo determinado, de acuerdo con la tabla de criterios creada.

Ejemplo 1:

¿Cuál es promedio de edad de los empleados de GRAÑA o CIPORT?

Se crea la siguiente tabla de criterio y escribimos la función =BDPROMEDIO(B3:J19,"EDAD",G101:H103)

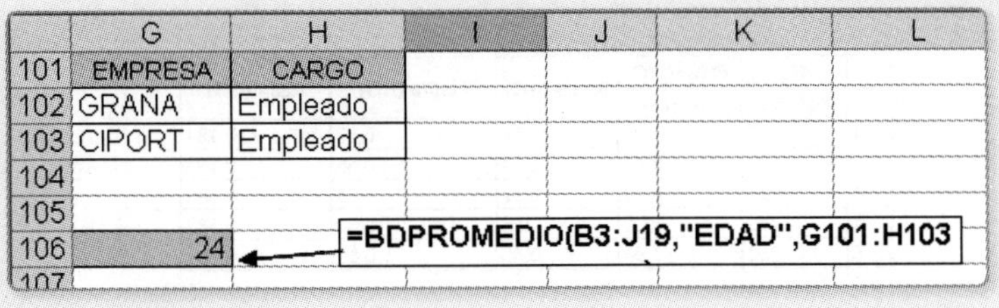

TALLER B: Funciones y validación

ANÁLISIS DE COSTOS UNITARIOS DE UNA PARTIDA

Vamos a realizar una mecanización del formato de análisis de costos unitarios de una partida de concreto.

Elaboraremos los siguientes cuadros para que sean vinculados con la tabla principal.

Cuadro de Resistencia del cemento.

	f'c (Kg/cm2)	CEMENTO (bolsas)	Arena (m3)	Piedra (m3)	Agua (m3)
1	140	7.01	0.56	0.57	0.184
2	175	8.43	0.54	0.55	0.185
3	210	9.73	0.52	0.53	0.186
4	245	11.5	0.5	0.51	0.187
5	280	13.34	0.45	0.51	0.189

Considerar un asentamiento de 3", un tamaño de agregado de 1/2" y un modulo de fineza de 2.4 a 3.0

Cuadros de costos de los materiales, mano de obra y equipos.

COSTOS MATERIALES		
RECURSO	UND	COSTO
Agua	M3	5
Arena gruesa	M3	25
Cemento Portland tipo I (42.5 kg)	BOLSAS	20
Piedra Chancada de 1/2"	M3	35

MANO DE OBRA	
RECURSOS	COSTO
CAPATAZ	15.9
OFICIAL	10.89
EQUIPO LIVIANO	12.23
OPERARIO	12.23
PEON	9.85

EQUIPOS	
RECURSOS	COSTO
Mezcladora concreto tambor 16p3 20-35 HP	35
Vibrador de concreto 5HP	12

• NOMBRAR RANGO DE VALORES

• Rango de datos resitencia

- Seleccionamos los datos de C5 hasta G9.
- En barra de fórmulas escribimos el nombre del rango RESISTENCIA.

	B	C	D	E	F	G
3						
4		f'c (kg/cm2)	CEMENTO (Bolsas)	ARENA (m3)	PIEDRA (m3)	AGUA (m3)
5	1	140	7.01	0.56	0.57	0.184
6	2	175	8.43	0.54	0.55	0.185
7	3	210	9.73	0.52	0.53	0.186
8	4	245	11.5	0.5	0.51	0.187
9	5	280	13.34	0.45	0.51	0.189
10						

• Rango de datos materiales

- Seleccionamos los datos de B16 hasta D19.
- En barra de fórmulas escribimos el nombre del rango MATERIALES.

MATERIALES ▾ fx Agua

	B	C	D
13			
14	COSTO DE MATERIALES		
15	RECURSOS	UND	COSTO
16	Agua	M3	5
17	Arena Gruesa	M3	25
18	Cemento Portland tipo I (42.5 kg)	BOLSAS	20
19	Piedra chancada de 1/2"	M3	35
20			

• Rango de datos mano de obra

- Seleccionamos los datos de B16 hasta D19.
- En barra de fórmulas escribimos el nombre del rango MO.

	F	G
14	MANO DE OBRA	
15	RECURSOS	COSTO
16	Capataz	15.9
17	Oficial	10.89
18	Operador de equipo liviano	12.23
19	Operario	12.23
20	Peón	9.85
21		

• Rango de datos equipos

- Seleccionamos los datos de i16 hasta j19.
- En barra de fórmulas escribimos el nombre del rango equipos.

	I	J
14	EQUIPOS	
15	RECURSOS	COSTO
16	Mezcladora de Concreto Tambor 16 p3 20-35 HP	35
17	Vibrador de Concreto 5 HP	12
18		
19		

• Crear tabla principal

- Creamos la tabla de análisis de costos unitarios de la partida de concreto.

	A	B	C	D	E	F	G	H	I
45		ANÁLISIS DE COSTOS UNITARIOS							
46		CONCRETO PARA COLUMNAS f'c=		Kg/cm2				MATERIALES=	
47		Rendimiento:		m3/día				MANO DE OBRA=	
48		Jornada:		horas/día				EQUIPOS Y HERR=	
49		Con Equipo						COSTO DE UN M3=	
50		NOMBRE DEL RECURSO		UND	CUADRILLA	CANTIDAD	PRECIO	PARCIAL	TOTAL
51		MATERIALES							
52		Cemento Portland tipo I (42.5 kg)							
53		Arena Gruesa							
54		Piedra chancada de 1/2"							
55		Agua							
56		MANO DE OBRA							
57		Capataz							
58		Oficial							
59		Operador de equipo liviano							
60		Operario							
61		Peón							
62		EQUIPOS							
63		Herramientas Manuales							
64		Mezcladora de Concreto Tambor 16 p3 20-35 HP							
65		Vibrador de Concreto 5 HP							
66									

• LISTAS DE VALIDACIÓN

• Lista para f´c

- Nos ubicamos en la celda C46.
- Activamos la **ficha Datos** y usamos el icono **Validación de datos** del grupo **Herramientas de datos.**

- En **Validación de datos** seleccionamos en **Permitir** la opción **Lista**, en **Origen** seleccionamos las celdas C5 hasta C9 (lista de resistencia).

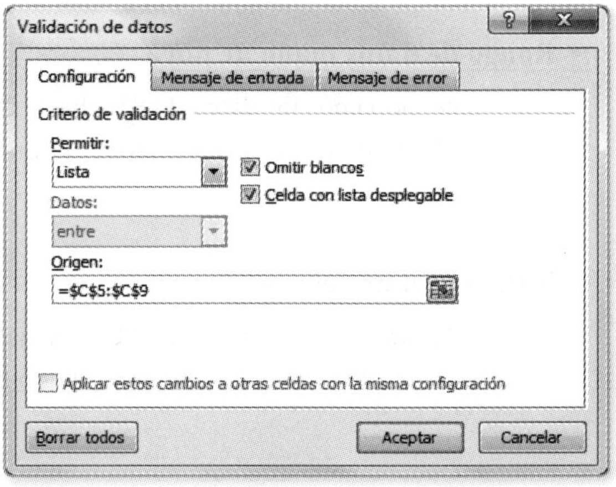

- Ahora al ubicarnos en la celda **C46**, podemos desplegar los datos y seleccionar uno de los valores.

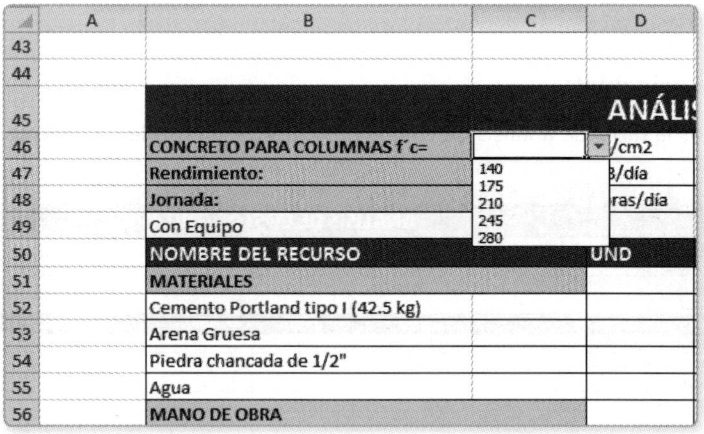

• Lista de rendimiento

- Nos ubicamos en la celda C47.
- Usamos el icono validación.
- Seleccionamos lista.

- Y en origen digitamos 4,6,8,10,12,15,20,25,30,35,40.

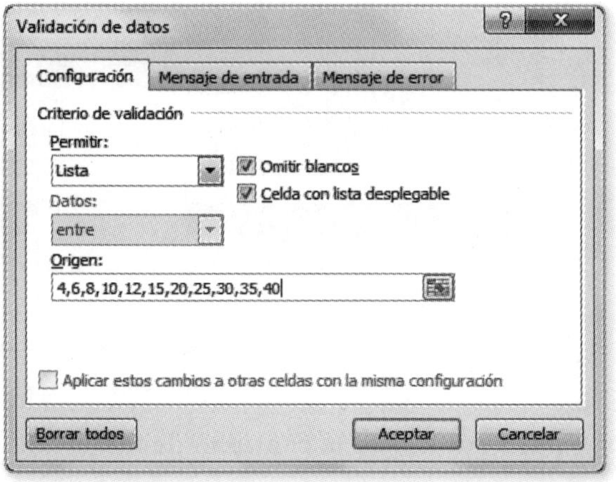

- Ahora al ubicarnos en la celda **C47**, podemos desplegar los datos y seleccionar uno de los valores.

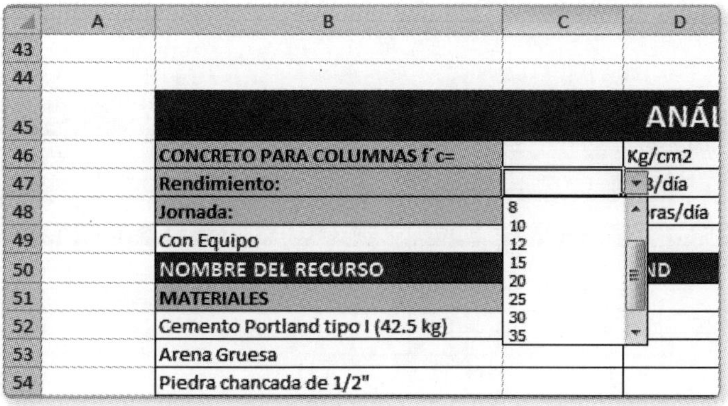

• Lista de jornada

- Nos ubicamos en la celda C48.
- Usamos el icono validación.
- Seleccionamos lista.
- Y en origen digitamos 4,6,8,10,12.

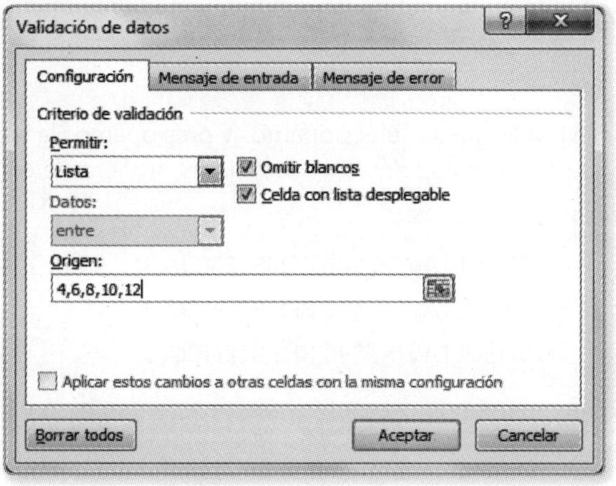

- Ahora al ubicarnos en la celda **C48**, podemos desplegar los datos y seleccionar uno de los valores.

	B	C	D
45			ANÁ
46	CONCRETO PARA COLUMNAS f´c=		Kg/cm2
47	Rendimiento:		m3/día
48	Jornada:		ras/día
49	Con Equipo	4 6	
50	NOMBRE DEL RECURSO	8	ND
51	MATERIALES	10 12	
52	Cemento Portland tipo I (42.5 kg)		
53	Arena Gruesa		
54	Piedra chancada de 1/2"		
55	Agua		

• Funcion consultav() para encontrar la cantidad de materiales

- Nos ubicamos en la celda **F52.**
- Escribimos la función:

=CONSULTAV(C46,RESISTENCIA,2)

	B	C	D	E	F	G	H	I
45	ANÁLISIS DE COSTOS UNITARIOS							
46	CONCRETO PARA COLUMNAS f´c=	210	Kg/cm2				MATERIALES=	
47	Rendimiento:	10	m3/día				MANO DE OBRA=	
48	Jornada:	8	horas/día				EQUIPOS Y HERR=	
49	Con Equipo						COSTO DE UN M3=	
50	NOMBRE DEL RECURSO		UND	CUADRILLA	CANTIDAD	PRECIO	PARCIAL	TOTAL
51	MATERIALES							
52	Cemento Portland tipo I (42.5 kg)				=CONSULTAV(C46,RESISTENCIA,2)			
53	Arena Gruesa				CONSULTAV(valor_buscado, matriz_buscar_en, **indicador_columnas**, [ordenado])			
54	Piedra chancada de 1/2"							
55	Agua							

- De acuerdo a la tabla de resistencia generamos las otras funciones.

	f´c (Kg/cm2)	CEMENTO (bolsas)	Arena (m3)	Piedra (m3)	Agua (m3)
1	140	7.01	0.56	0.57	0.184
2	175	8.43	0.54	0.55	0.185
3	210	9.73	0.52	0.53	0.186
4	245	11.5	0.5	0.51	0.187
5	280	13.34	0.45	0.51	0.189

- La celda C46 es fija por lo que la seleccionamos y presionamos la tecla F4 para que se convierta en absoluta $C$46 (para poder copiar y solo cambiar el número de columna).
- Las funciones de las otras celdas.

En **F53** =CONSULTAV($C$46,RESISTENCIA,3)

En **F54** =CONSULTAV($C$46,RESISTENCIA,4)

En **F55** =CONSULTAV($C$46,RESISTENCIA,5)

Luego:

	B	C	D	E	F	G	H	I
45	ANÁLISIS DE COSTOS UNITARIOS							
46	CONCRETO PARA COLUMNAS f'c=	210	Kg/cm2				MATERIALES=	
47	Rendimiento:	10	m3/día				MANO DE OBRA=	
48	Jornada:	8	horas/día				EQUIPOS Y HERR=	
49	Con Equipo						COSTO DE UN M3=	
50	NOMBRE DEL RECURSO		UND	CUADRILLA	CANTIDAD	PRECIO	PARCIAL	TOTAL
51	MATERIALES							
52	Cemento Portland tipo I (42.5 kg)				9.73			
53	Arena Gruesa				0.52			
54	Piedra chancada de 1/2"				0.53			
55	Agua				=CONSULTAV($C$46,RESISTENCIA,5)			
56	MANO DE OBRA				CONSULTAV(valor_buscado, matriz_buscar_en, indicador_columnas, [ordenado])			

• Funcion consultav() para encontrar las unidades y los precios de materiales

Para las unidades

- Nos ubicamos en la celda D52.
- Escribimos la función:

  =CONSULTAV(B52,MATERIALES,2)

	B	C	D	E	F	G	
45	ANÁLISIS DE COSTOS UNITARIOS						
46	CONCRETO PARA COLUMNAS f'c=	210	Kg/cm2				MAT
47	Rendimiento:	10	m3/día				MAN
48	Jornada:	8	horas/día				EQUI
49	Con Equipo						COST
50	NOMBRE DEL RECURSO		UND	CUADRILLA	CANTIDAD	PRECIO	PAR
51	MATERIALES						
52	Cemento Portland tipo I (42.5 kg)		=CONSULTAV(B52,MATERIALES,2)				
53	Arena Gruesa		CONSULTAV(valor_buscado, matriz_buscar_en, indicador_columnas, [ordenado])				
54	Piedra chancada de 1/2"				0.530		
55	Agua				0.186		

- De acuerdo a la tabla de resistencia generamos las otras funciones.

B	C	D
COSTOS MATERIALES		
RECURSO	UND	COSTO
Agua	M3	5
Arena gruesa	M3	25
Cemento Portland tipo I (42.5 kg)	BOLSAS	20
Piedra Chancada de 1/2"	M3	35

- Copiamos la función a las otras celdas.

  En **D53** = CONSULTAV(B53,MATERIALES,2)

  En **D54** = CONSULTAV(B54,MATERIALES,2)

  En **D55** = CONSULTAV(B55,MATERIALES,2)

	B	C	D	E	F	G	
45	ANÁLISIS DE COSTOS UNITARIOS						
46	CONCRETO PARA COLUMNAS f'c=	210	Kg/cm2				M.
47	Rendimiento:	10	m3/día				M.
48	Jornada:	8	horas/día				EC
49	Con Equipo						CC
50	NOMBRE DEL RECURSO		UND	CUADRILLA	CANTIDAD	PRECIO	PA
51	MATERIALES						
52	Cemento Portland tipo I (42.5 kg)		BOLSAS		9.730		
53	Arena Gruesa		M3		0.520		
54	Piedra chancada de 1/2"		M3		0.530		
55	Agua		=CONSULTAV(B55,MATERIALES,2)				
56	MANO DE OBRA		CONSULTAV(valor_buscado, matriz_buscar_en, indicador_columnas, [ordenado])				

Para los precios

- Nos ubicamos en la celda **G52.**
- Escribimos la función:

  =CONSULTAV(B52,MATERIALES,3)

	B	C	D	E	F	G	H	
45	ANÁLISIS DE COSTOS UNITARIOS							
46	CONCRETO PARA COLUMNAS f'c=	210	Kg/cm2				MATERIALES=	
47	Rendimiento:	10	m3/día				MANO DE OBRA=	
48	Jornada:	8	horas/día				EQUIPOS Y HERR=	
49	Con Equipo						COSTO DE UN M3=	
50	NOMBRE DEL RECURSO		UND	CUADRILLA	CANTIDAD	PRECIO	PARCIAL	TO
51	MATERIALES							
52	Cemento Portland tipo I (42.5 kg)		BOLSAS		9.730	=CONSULTAV(B52,MATERIALES,3)		
53	Arena Gruesa		M3		0.520			
54	Piedra chancada de 1/2"		M3		0.530			
55	Agua		M3		0.186			

- Y copiamos en las otras celdas.

  En **G53** =CONSULTAV(B53,MATERIALES,3)
  En **G54** =CONSULTAV(B54,MATERIALES,3)
  En **G55** =CONSULTAV(B55,MATERIALES,3)

Portapapeles | Fuente | Alineación | Número | Estilos | Celdas

SUMA × ✓ fx =CONSULTAV(B55,MATERIALES,3)

	B	C	D	E	F	G	H	I	J	K
45	ANÁLISIS DE COSTOS UNITARIOS									
46	CONCRETO PARA COLUMNAS f'c=	210	Kg/cm2				MATERIALES=			
47	Rendimiento:	10	m3/día				MANO DE OBRA=			
48	Jornada:	8	horas/día				EQUIPOS Y HERR=			
49	Con Equipo						COSTO DE UN M3=			
50	NOMBRE DEL RECURSO		UND	CUADRILLA	CANTIDAD	PRECIO	PARCIAL	TOTAL		
51	MATERIALES									
52	Cemento Portland tipo I (42.5 kg)		BOLSAS		9.730	20				
53	Arena Gruesa		M3		0.520	25				
54	Piedra chancada de 1/2"		M3		0.530	35				
55	Agua		M3		0.186	=CONSULTAV(B55,MATERIALES,3)				
56	MANO DE OBRA					CONSULTAV(valor_buscado, matriz_buscar_en, indicador_columnas, [ordenado])				

• Funcion consultav() para encontrar las unidades y los precios de la mano de obra

Para la cantidad de horas por m3

- Digitamos la cuadrilla que se usa.
- La cantidad de horas por m3 depende de la cuadrilla, de la jornada y del rendimiento.
- Nos ubicamos en la celda G57 y escribimos la fórmula **=E57*$C$48/$C$47**
- Las celdas C48 y C47 están como absolutas para ser copiadas.

	B	C	D	E	F
45	ANÁLISIS DE COSTOS UNITARIOS				
46	CONCRETO PARA COLUMNAS f´c=	210	Kg/cm2		
47	Rendimiento:	10	m3/día		
48	Jornada:	8	horas/día		
49	Con Equipo				
50	NOMBRE DEL RECURSO		UND	CUADRILLA	CANTIDAD
51	MATERIALES				
52	Cemento Portland tipo I (42.5 kg)		BOLSAS		9.730
53	Arena Gruesa		M3		0.520
54	Piedra chancada de 1/2"		M3		0.530
55	Agua		M3		0.186
56	MANO DE OBRA				
57	Capataz			0.2	=E57*$C$48/$C$47
58	Oficial			1	
59	Operador de equipo liviano			2	
60	Operario			2	

Para los precios

- Nos ubicamos en la celda **G57**.
- Escribimos la función:

  =CONSULTAV(B57,MO,2)

	B	C	D	E	F	G	H
48	Jornada:	8	horas/día				EQUIPOS Y HE
49	Con Equipo						COSTO DE UN
50	NOMBRE DEL RECURSO		UND	CUADRILLA	CANTIDAD	PRECIO	PARCIAL
51	MATERIALES						
52	Cemento Portland tipo I (42.5 kg)		BOLSAS		9.730	20	
53	Arena Gruesa		M3		0.520	25	
54	Piedra chancada de 1/2"		M3		0.530	35	
55	Agua		M3		0.186	5	
56	MANO DE OBRA						
57	Capataz			0.2	0.16	=CONSULTAV(B57,MO,2)	
58	Oficial			1	0.8		
59	Operador de equipo liviano			2	1.6		
60	Operario			2	1.6		

- Y copiamos en las otras celdas.

  En **G58** =CONSULTAV(B58,MO,2)

  En **G59** =CONSULTAV(B59,MO,2)

  En **G60** =CONSULTAV(B60,MO,2)

	B	C	D	E	F	G	H	I	J	K
45	ANÁLISIS DE COSTOS UNITARIOS									
46	CONCRETO PARA COLUMNAS f´c=	210	Kg/cm2				MATERIALES=			
47	Rendimiento:	10	m3/día				MANO DE OBRA=			
48	Jornada:	8	horas/día				EQUIPOS Y HERR=			
49	Con Equipo						COSTO DE UN M3=			
50	NOMBRE DEL RECURSO		UND	CUADRILLA	CANTIDAD	PRECIO	PARCIAL	TOTAL		
51	MATERIALES									
52	Cemento Portland tipo I (42.5 kg)		BOLSAS		9.730	20				
53	Arena Gruesa		M3		0.520	25				
54	Piedra chancada de 1/2"		M3		0.530	35				
55	Agua		M3		0.186	5				
56	MANO DE OBRA									
57	Capataz			0.2	0.16	15.9				
58	Oficial			1	0.8	10.89				
59	Operador de equipo liviano			2	1.6	12.23				
60	Operario			2	1.6	12.23				
61	Peón			12	9.6	=CONSULTAV(B61,mo,2)				
62	EQUIPOS					CONSULTAV(valor_buscado, matriz_buscar_en, indicador_columnas, [ordenado])				
63	Herramientas Manuales									

• Funcion consultav() para encontrar los precios de los equipos

Para los precios

- Escribimos las funciones.

  En la celda **G64** =CONSULTAV(B64,EQUIPOS,2)

  Y en la celda**G65** =CONSULTAV(B65,EQUIPOS,2)

	B	C	D	E	F	G	H	I
45	ANÁLISIS DE COSTOS UNITARIOS							
46	CONCRETO PARA COLUMNAS f'c=	210	Kg/cm2				MATERIALES=	
47	Rendimiento:	10	m3/día				MANO DE OBRA=	
48	Jornada:	8	horas/día				EQUIPOS Y HERR=	
49	Con Equipo						COSTO DE UN M3=	
50	NOMBRE DEL RECURSO		UND	CUADRILLA	CANTIDAD	PRECIO	PARCIAL	TOTAL
51	MATERIALES							
52	Cemento Portland tipo I (42.5 kg)		BOLSAS		9.730	20		
53	Arena Gruesa		M3		0.520	25		
54	Piedra chancada de 1/2"		M3		0.530	35		
55	Agua		M3		0.186	5		
56	MANO DE OBRA							
57	Capataz			0.2	0.16	15.9		
58	Oficial			1	0.8	10.89		
59	Operador de equipo liviano			2	1.6	12.23		
60	Operario			2	1.6	12.23		
61	Peón			12	9.6	9.85		
62	EQUIPOS							
63	Herramientas Manuales							
64	Mezcladora de Concreto Tambor 16 p3 20-35 HP					35		
65	Vibrador de Concreto 5 HP					=CONSULTAV(B65,EQUIPOS,2)		
66						CONSULTAV(valor_buscado, matriz_buscar_en, indicador_columnas, [ordenado])		

• Cálculos de los parciales

- Escribimos en cuadrilla de los equipos 1 y para cantidad usamos la misma fórmula de Mano de Obra.
- En la columna PARCIAL, usamos la fórmula multiplicación.

  En la celda **H2** **=F52*G52**

	B	C	D	E	F	G	H
45	ANÁLISIS DE COSTOS UNITARIOS						
46	CONCRETO PARA COLUMNAS f'c=	210	Kg/cm2				MATERIALES=
47	Rendimiento:	10	m3/día				MANO DE OBRA=
48	Jornada:	8	horas/día				EQUIPOS Y HERR=
49	Con Equipo						COSTO DE UN M3=
50	NOMBRE DEL RECURSO		UND	CUADRILLA	CANTIDAD	PRECIO	PARCIAL
51	MATERIALES						
52	Cemento Portland tipo I (42.5 kg)		BOLSAS		9.730	20	=F52*G52
53	Arena Gruesa		M3		0.520	25	
54	Piedra chancada de 1/2"		M3		0.530	35	
55	Agua		M3		0.186	5	

- Ahora copiamos en la columna, menos en la celda H63 que corresponde a Herramienta manuales.

	B	C	D	E	F	G	H
55	Agua		M3		0.186	5	0.93
56	MANO DE OBRA						
57	Capataz			0.2	0.16	15.9	2.544
58	Oficial			1	0.8	10.89	8.712
59	Operador de equipo liviano			2	1.6	12.23	19.568
60	Operario			2	1.6	12.23	19.568
61	Peón			12	9.6	9.85	94.56
62	EQUIPOS						
63	Herramientas Manuales						
64	Mezcladora de Concreto Tambor 16 p3 20-35 HP			1	0.8	35	28
65	Vibrador de Concreto 5 HP			1	0.8	12	=F65*G65

- Fórmulas y funciones complementarias en la:

Celda I46	**=I51**
Celda I47	**=I56**
Celda I48	**=I62**
Celda I49	**=SUMA(I46:I48)**
Celda I51	**=SUMA(H52:H55)**
Celda I56	**=SUMA(H57:H62)**
Celda I62	**=SUMA(H63:H65)**

- En la fila de Herramientas Manuales en cantidad es 5 (5% de la mano de obra), en precio es igual a suma de mano de obra y en parcial es 5% del total de mano de obra.

Celda G63	**=I56**
Celda H63	**=F63*G63/100**

Finalmente, la tabla principal queda de esta manera:

	B	C	D	E	F	G	H	I
45	ANÁLISIS DE COSTOS UNITARIOS							
46	CONCRETO PARA COLUMNAS f´c=	210	Kg/cm2				MATERIALES=	227.08
47	Rendimiento:	10	m3/día				MANO DE OBRA=	144.952
48	Jornada:	8	horas/día				EQUIPOS Y HERR=	44.8476
49	Con Equipo						COSTO DE UN M3=	416.8796
50	NOMBRE DEL RECURSO		UND	CUADRILLA	CANTIDAD	PRECIO	PARCIAL	TOTAL
51	MATERIALES							227.08
52	Cemento Portland tipo I (42.5 kg)		BOLSAS		9.730	20	194.60	
53	Arena Gruesa		M3		0.520	25	13.00	
54	Piedra chancada de 1/2"		M3		0.530	35	18.55	
55	Agua		M3		0.186	5	0.93	
56	MANO DE OBRA							144.952
57	Capataz			0.2	0.16	15.9	2.54	
58	Oficial			1	0.8	10.89	8.71	
59	Operador de equipo liviano			2	1.6	12.23	19.57	
60	Operario			2	1.6	12.23	19.57	
61	Peón			12	9.6	9.85	94.56	
62	EQUIPOS							44.8476
63	Herramientas Manuales				5	144.952	7.25	
64	Mezcladora de Concreto Tambor 16 p3 20-35 HP			1	0.8	35	28.00	
65	Vibrador de Concreto 5 HP			1	0.8	12	9.60	

Si cambiamos la resistencia de 210 a 140, el costo unitario cambia de 416.8796 a 364.8696.

	B	C	D	E	F	G	H	I
45	ANÁLISIS DE COSTOS UNITARIOS							
46	CONCRETO PARA COLUMNAS f´c=	140	/cm2				MATERIALES=	175.07
47	Rendimiento:	140	/día				MANO DE OBRA=	144.952
48	Jornada:	175 210	ras/día				EQUIPOS Y HERR=	44.8476
49	Con Equipo	245 280					COSTO DE UN M3=	364.8696
50	NOMBRE DEL RECURSO		UND	CUADRILLA	CANTIDAD	PRECIO	PARCIAL	TOTAL
51	MATERIALES							175.07
52	Cemento Portland tipo I (42.5 kg)		BOLSAS		7.010	20	140.20	
53	Arena Gruesa		M3		0.560	25	14.00	
54	Piedra chancada de 1/2"		M3		0.570	35	19.95	
55	Agua		M3		0.184	5	0.92	
56	MANO DE OBRA							144.952
57	Capataz			0.2	0.16	15.9	2.54	
58	Oficial			1	0.8	10.89	8.71	
59	Operador de equipo liviano			2	1.6	12.23	19.57	
60	Operario			2	1.6	12.23	19.57	
61	Peón			12	9.6	9.85	94.56	
62	EQUIPOS							44.8476
63	Herramientas Manuales				5	144.952	7.25	

- **Cuadro de análisis de costos unitarios con fórmulas y funciones**

  - Activamos la ficha **FÓRMULA /AUDITORÍA DE FÓRMULA.**
  - Y usamos el icono **Mostrar fórmulas.**

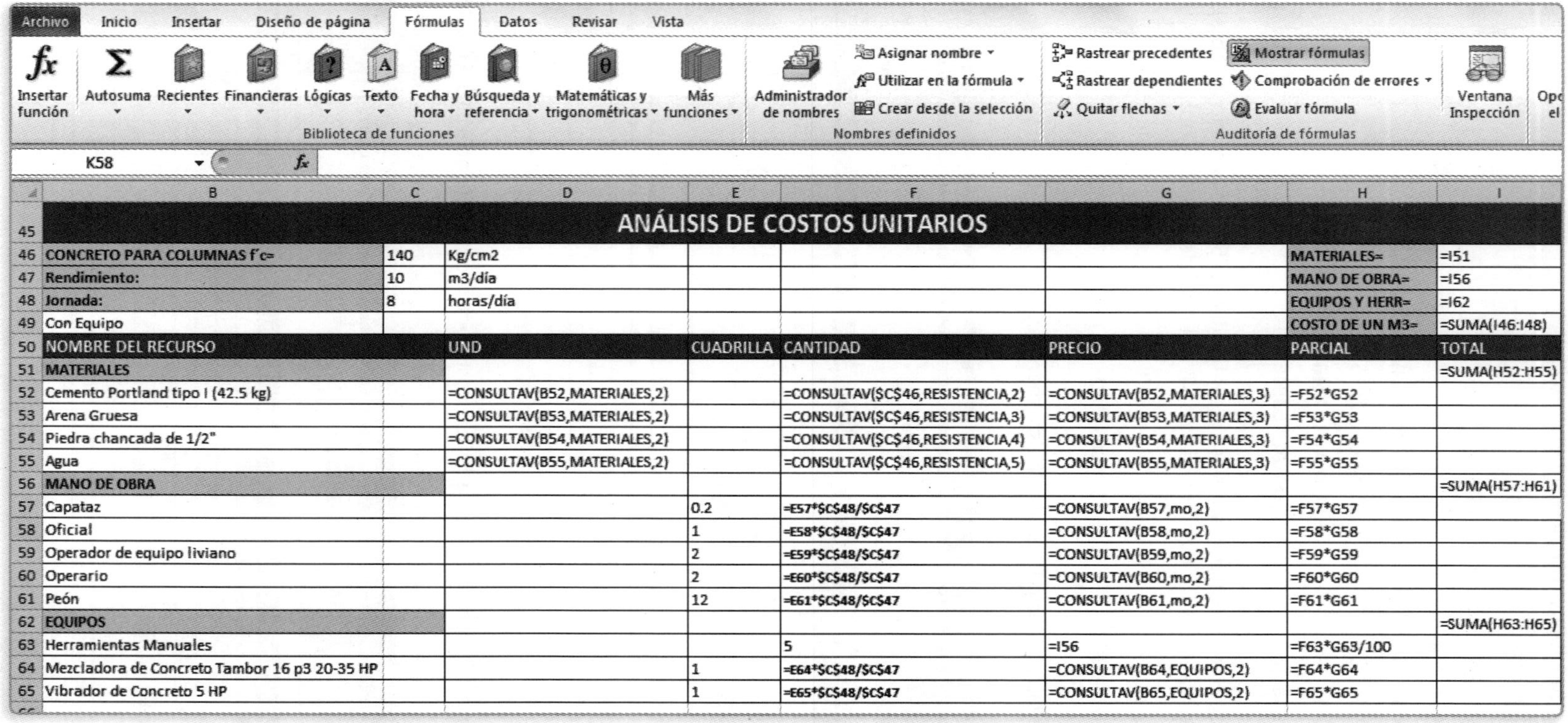

	B	C	D	E	F	G	H	I
45	ANÁLISIS DE COSTOS UNITARIOS							
46	CONCRETO PARA COLUMNAS f´c=	140	Kg/cm2				MATERIALES=	=I51
47	Rendimiento:	10	m3/día				MANO DE OBRA=	=I56
48	Jornada:	8	horas/día				EQUIPOS Y HERR=	=I62
49	Con Equipo						COSTO DE UN M3=	=SUMA(I46:I48)
50	NOMBRE DEL RECURSO		UND	CUADRILLA	CANTIDAD	PRECIO	PARCIAL	TOTAL
51	MATERIALES							=SUMA(H52:H55)
52	Cemento Portland tipo I (42.5 kg)		=CONSULTAV(B52,MATERIALES,2)		=CONSULTAV($C$46,RESISTENCIA,2)	=CONSULTAV(B52,MATERIALES,3)	=F52*G52	
53	Arena Gruesa		=CONSULTAV(B53,MATERIALES,2)		=CONSULTAV($C$46,RESISTENCIA,3)	=CONSULTAV(B53,MATERIALES,3)	=F53*G53	
54	Piedra chancada de 1/2"		=CONSULTAV(B54,MATERIALES,2)		=CONSULTAV($C$46,RESISTENCIA,4)	=CONSULTAV(B54,MATERIALES,3)	=F54*G54	
55	Agua		=CONSULTAV(B55,MATERIALES,2)		=CONSULTAV($C$46,RESISTENCIA,5)	=CONSULTAV(B55,MATERIALES,3)	=F55*G55	
56	MANO DE OBRA							=SUMA(H57:H61)
57	Capataz			0.2	=E57*$C$48/$C$47	=CONSULTAV(B57,mo,2)	=F57*G57	
58	Oficial			1	=E58*$C$48/$C$47	=CONSULTAV(B58,mo,2)	=F58*G58	
59	Operador de equipo liviano			2	=E59*$C$48/$C$47	=CONSULTAV(B59,mo,2)	=F59*G59	
60	Operario			2	=E60*$C$48/$C$47	=CONSULTAV(B60,mo,2)	=F60*G60	
61	Peón			12	=E61*$C$48/$C$47	=CONSULTAV(B61,mo,2)	=F61*G61	
62	EQUIPOS							=SUMA(H63:H65)
63	Herramientas Manuales				5	=I56	=F63*G63/100	
64	Mezcladora de Concreto Tambor 16 p3 20-35 HP			1	=E64*$C$48/$C$47	=CONSULTAV(B64,EQUIPOS,2)	=F64*G64	
65	Vibrador de Concreto 5 HP			1	=E65*$C$48/$C$47	=CONSULTAV(B65,EQUIPOS,2)	=F65*G65	

• FUNCIONES ESTADÍSTICAS

Las funciones estadísticas las encontramos en el último icono de la Biblioteca de funciones.

Las funciones más utilizadas son: Contar(), contar.si(), max(), min(), que las hemos estudiado en Funciones básicas. En este nivel tocaremos funciones como:

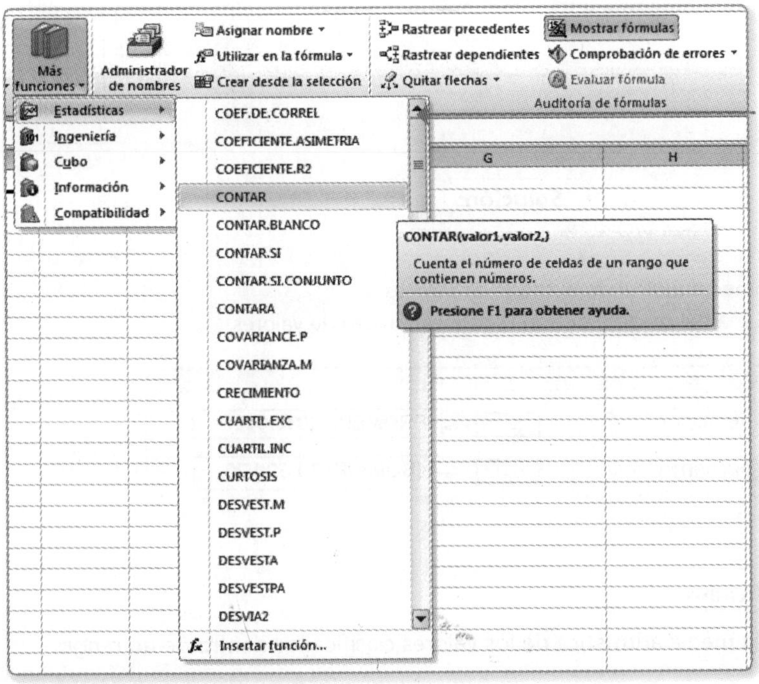

MEDIA.GEOM( )
MEDIA.ARMO( )
MEDIANA( )
FRECUENCIA( )
DESVEST( )
DESVESTP( )
DESVPROM( )
K.ESIMO.MAYOR( )
K.ESIMO.MENOR( )

• Conceptos básicos de estadística

Media

Concepto: Es la suma de n números divididos entre n, conocida también como media aritmética o promedio aritmético.

Fórmula:

$$\bar{X} = \frac{\sum_{i=1}^{n} X_i}{n}$$

Ejemplo 1:

En la siguiente tabla de datos tenemos 20 números. Calcular la media.

	A	B	C
12		NRO	DATO
13		1	10
14		2	20
15		3	50
16		4	40
17		5	100
18		6	25
19		7	80
20		8	46
21		9	100
22		10	120
23		11	50
24		12	60
25		13	80
26		14	40
27		15	20
28		16	30
29		17	50
30		18	60
31		19	80
32		20	100
33			

Solución:

1. Podemos utilizar:
   a. La función promedio indicando el rango de valores.
   b. O la función suma del rango y dividirla entre el número de valores.

A	B	C	D	E	F	G	H
	PROMEDIO=			58.05	→	=PROMEDIO(C13:C32)	
	MEDIA ARITMETICA=			58.05	→	=(SUMA(F13:F32))/20	

Media de datos clasificados

Concepto: Encuentra la media aritmética de los valores clasificados dentro de un rango.

Fórmula:

$$\bar{X} = \frac{\sum_{i=1}^{6} x_i n_i}{\sum_{i=1}^{6} ni}$$

Ejemplo 2:

Del ejemplo anterior se encontró el número de valores que corresponde a un determinado rango, necesitamos saber cuál es la media de estos nuevos datos.

Solución:

1. Los datos del ejemplo anterior han sido agrupados de la siguiente manera:
   a. Frecuencia Absoluta (el número de valor comprendido en el rango).
   b. Marca de Clase (el valor medio entre los valores del rango).

2. Ahora de acuerdo a la fórmula encontramos:
   a. El producto de ni * Xi
   b. La sumatoria de la frecuencia y ni*xi
   c. Finalmente, encontramos la media de datos clasificados dividiendo la suma de nixi y la suma ni.

	A	B	C	D	E	F	G
41		De	A	FRECUENCIA ABSOLUTA	MARCA DE CLASE		
42				ni	Xi		ni*xi
43		10	28	4		19	76
44		29	47	4		38	152
45		48	66	5		57	285
46		67	85	3		76	228
47		86	104	3		95	285
48		105	123	1		114	114
49		TOTAL		20			1140
50							
51		**MEDIA DE DATOS CLASIFICADOS=**				57	**=G49/D49**

Media ponerada

Concepto: Es el valor encontrado de la división entre la suma del producto de un número por las veces que este se repite (su peso) y la suma de los valores de estas repeticiones (sus pesos).

Fórmula:

$$\bar{X} = \frac{\sum Xi * Pi}{\sum Pi}$$

Ejemplo 3:

Con los valores del ejemplo 1, encontrar la media ponderada.

Solución:

1. Los datos del ejemplo 1 los ordenamos en forma ascendente.
2. En un tabla adicional escribimos:
   a. En la primera columna los valores de la tabla (Xi).
   b. En la segunda columna el valor de repeticiones del número de la primera columna (Pi).
   c. El producto de la primera y segunda columna (Xi * Pi).
   d. En la última fila encontramos la sumatoria de la segunda y tercera columna.
   e. Y finalmente, en la celda H75 escribimos la fórmula H73/G73, dando como resultado la media ponderada.

	A	B	C	D	E	F	G	H
57		NRO	DATO					
58		1	10					
59		2	20					
60		3	20			DATO	NROS	
61		4	25			Xi	Pi	Xi*Pi
62		5	30			10	1	10
63		6	40			20	2	40
64		7	40			25	1	25
65		8	46			30	1	30
66		9	50			40	2	80
67		10	50			46	1	46
68		11	50			50	3	150
69		12	60			60	2	120
70		13	60			80	3	240
71		14	80			100	3	300
72		15	80			120	1	120
73		16	80			TOTAL	20	1161
74		17	100					
75		18	100		Media Ponderada=			58.05
76		19	100			=+H73/G73		
77		20	120					

Media geométrica

=MEDIA.GEOM(C96:C105)

Concepto: Es la raíz enésima del producto de **n** números.

Fórmula:

$$G = \sqrt[n]{x_1 * x_2 .... * x_n}$$

Ejemplo 4:

De la tabla de valores, encontrar la Media Geométrica.

Solución:

1. Podemos utilizar :
   - **a.** La función producto
     =(PRODUCTO(C96:C105))^(1/10)
   - **b.** O la función media.geom
     =MEDIA.GEOM(C96:C105)

	A	B	C	F	G	H	I
89							
90							
91							
92							
93							
94		NRO	DATO		Media Geométrica		
95			Xi		G=	8.278567213	
96		001	25		=(PRODUCTO(C96:C105))^(1/10)		
97		002	20				
98		003	3		G=	8.278567213	
99		004	4				
100		005	5		=MEDIA.GEOM(C96:C105)		
101		006	10				
102		007	7				
103		008	8				
104		009	9				
105		010	10				

Media armónica

=MEDIA.ARMO(C96:C105)

Concepto: Es la división entre el número de valores entre la sumatoria de la inversa de los valores.

Fórmula:

$$H = \frac{n}{\sum_{i=1}^{n} \frac{1}{x_i}}$$

Ejemplo 5:

Usando la tabla del ejemplo anterior, encontrar la media armónica.

Solución:

1. Agregamos una columna con la inversa de los valores.
   - **a.** =1/C96
   - **b.** Copiamos la fórmula en toda la columna
   - **c.** En la celda E106 =Suma(E96:E105)

2. Ahora, usando la fórmula o funciones calculamos la media armónica.
   - **a.** Usando la fórmula en la celda **K102**
     =B105/E106
   - **b.** Usando la función MEDIA.ARMO, en la celda k105
     =MEDIA.ARMO(C96:C105)

	A	B	C	D	E	F	J	K	L
94		NRO	DATO	DATO ORDENADO	DATO INV				
95			Xi		1/Xi				
96		001	25	3	0.04				
97		002	20	4	0.05				
98		003	3	5	0.3333				
99		004	4	7	0.25				
100		005	5	8	0.2				
101		006	10	9	0.1		Media Armónica		
102		007	7	10	0.1429		H=	6.88562217	
103		008	8	10	0.125				=B105/(E106)
104		009	9	20	0.1111				
105		010	10	25	0.1		H=	6.88562217	
106					1.4523				
107								=MEDIA.ARMO(C96:C105))	
108									

Mediana

=MEDIANA(K115:K125))

Concepto: Dentro de una lista de valores ordenados, la mediana viene a ser el valor que ocupa el lugar medio. Si el número total de valores es impar es el valor medio, si es par es el promedio de los dos medios.

Ejemplo 6:

De acuerdo a las tablas que se muestran, encontrar el valor de las medianas.

Solución:

1. En la primera tabla
   a. Ordenamos los datos en una nueva columna.
   b. Observamos que existen 10 números.
   c. Los valores medios son el quinto y sexto, es decir el 8 y 9.
   d. Para encontrar mediana, podemos sumar simplemente estos valores o usar la función mediana.
      (8+9)/2
      =MEDIANA(C115:C124)
2. En la segunda tabla
   a. Observamos que existen 11 valores.
   b. El valor sexto es 9.
   c. La mediana es 9.
   d. También podemos utilizar la función:
      =MEDIANA(K115:K125)
3. La función mediana no necesita los datos ordenados.

	A	B	C	D	E	F	J	K	L	M
113		NRO	DATO	DATO ORDENADO			NRO	DATO ORDENADO		
114			Xi							
115		001	25	3			001	3		
116		002	20	4			002	4		
117		003	3	5			003	5		
118		004	4	7			004	7		
119		005	5	8			005	8		
120		006	10	9			006	9		
121		007	7	10			007	10		
122		008	8	10			008	10		
123		009	9	20			009	20		
124		010	10	25			010	25		
125							011	50		
126										
127		La Mediana		8.5		La Mediana es		9		
128										
129										
130										

(8+9)/2= 8.5

=9

=MEDIANA(C115:C124)

=MEDIANA(K115:K125)

• Frecuencia (Datos, grupo)

Recopilación de datos: (24 valores de las notas de un curso).

10	15	14	11
8	10	10	9
9	16	8	10
14	18	4	15
10	19	8	11
18	11	5	4

A Determinar el alcance del rango

a. Debemos ordenar los datos.
   - Seleccionar los datos.
   - Menú Datos – Ordenar.

b. Observamos en la tabla ordenada que el alcance del rango es desde 4 hasta 19.

	A	B	C	D	E
13		DATOS		NRO	DATO
14		10		1	4
15		8		2	5
16		9		3	8
17		14		4	8
18		10		5	9
19		18		6	9
20		15		7	10
21		10		8	10
22		16		9	10
23		18		10	10
24		19		11	10
25		11		12	11
26		14		13	11
27		10		14	11
28		8		15	14
29		4		16	14
30		18		17	14
31		5		18	15
32		11		19	15
33		9		20	16
34		10		21	18
35		15		22	18
36		11		23	18
37		14		24	19
38					

B Agrupar los valores en K clases.

a. Este valor puede ser calculado usando la regla de Sturges.

   K= 1 + 3.3 Log n

   Donde n es el total de valores, en este caso es 24.

   Y la Función es Log.

b. Calculando:

   =1+3.3*Log(D37)

   = 5.55469798

c. Entonces K puede ser 4, 5 ó 6.

d. Usamos 5.

C Longitud del intervalo.- Es la diferencia absoluta entre el menor valor y el mayor valor.

W(i)=I(Ii)=| Li+1 - Li |

a. Li+1 = 19
b. Li = 4
c. Entonces la longitud del intervalo es 15.

D Ancho de clase (W).- Es la diferencia entre la longitud y el número de clases.

a. Longitud de clase = 15
b. Número de clases 5
c. W= 15/5 = 3

E Frecuencia.- Número de datos en cada clase. $\sum_{i=1}^{K} ni = n$

a. Usando la función =BDCUENTA(Base de Datos, nombre del campo, criterios).

- Usando la tabla de valores que se encuentra entre E13 y E37.
- Se crea las tablas de criterio.
- Luego utilizamos la función.

	A	B	C	D	E	F	G	H	I
71		DE	A		HASTA	FRECUENCIA ABSOLUTA			
72		4	6		6	=BDCUENTA(E13:E37,"DATO",B81:C82)			
73		7	9		9	BDCUENTA(**base_de_datos**, nombre_de_campo, criterios)			
74		10	12		12				
75		13	15		15				
76		16	19		19				
77									
78									
79		CREAMOS LAS TABLAS DE CRITERIO							
80									
81		DATO	DATO		DATO	DATO		DATO	DATO
82		>=4	<=6		>6	<=9		>9	<=12
83									
84		DATO	DATO		DATO	DATO			
85		>12	<=15		>15	<=19			
86									

	A	B	C	D	E	F	G	H	I
71		DE	A		HASTA	FRECUENCIA ABSOLUTA			
72		4	6		6	2			
73		7	9		9	4			
74		10	12		12	8			
75		13	15		15	5			
76		16	19		19	=BDCUENTA($E$13:$E$37,"DATO",E84:F85)			
77						BDCUENTA(**base_de_datos**, nombre_de_campo, criterios)			
78									
79		CREAMOS LAS TABLAS DE CRITERIO							
80									
81		DATO	DATO		DATO	DATO		DATO	DATO
82		>=4	<=6		>6	<=9		>9	<=12
83									
84		DATO	DATO		DATO	DATO			
85		>12	<=15		>15	<=19			
86									

b. Usando la función =FRECUENCIA(Datos, grupo).

	B	C	D	E	F	G	H	I	J	K
13	DATOS		NRO.	DATO		HASTA	FRECUENCIA SIMPLE	FRECUENCIA ABSOLUTA		Seleccionamos las celdas desde I15 hasta I19
14	10		1	4						Presionamos F2 y escribimos la función FRECUENCIA
15	8		2	5		6	2	2		
16	9		3	8		9	6	4		=FRECUENCIA(B14:B37,G15:G19)
17	14		4	8		12	14	8		
18	10		5	9		15	19	5		Presionamos CTROL+SHIFT+ENTER
19	18		6	9		20	24	5		El programa cálcula las frecuencias del rango.
20	15		7	10						
21	10		8	10			=FRECUENCIA($B$14:$B$37,G19)			
22	16		9	10						
23	18		10	10						
24	19		11	10						
25	11		12	11						
26	14		13	11						
27	10		14	11						
28	8		15	14						
29	4		16	14						
30	18		17	14						
31	5		18	15						
32	11		19	15						
33	9		20	16						
34	10		21	18						
35	15		22	18						
36	11		23	18						
37	14		24	19						

Observe que al usar la función =FRECUENCIA(B14:B37,G17), el programa nos da la frecuencia de todos los números que son iguales o menores a 12.

Para tener la frecuencia absoluta de los grupos:

Seleccionamos de I15 hasta I19.

Presionamos F2 y escribimos.

=FRECUENCIA(B14:B37,G15:G19).

Presionamos las teclas CTRL+SHIFT+ENTER.

Finalmente, el programa calcula la frecuencia requerida.

F Marca de Clase

$$x_i = \frac{L_i + L_{i+1}}{2}$$

Li	Li + 1	Xi
4	5	6
7	9	8
10	12	11
13	15	14
16	20	18

G Frecuencia Relativas

$$h_i = \frac{n_i}{n}$$

H Frecuencia Acumulada

$$H_{i+n} = \frac{n_i + n_{i+1} + n_{i+2} + \dots n_{i+n}}{n}$$

	A	B	C	D	E	F	G	H	I
118			Frecuencia Absoluta	Marca de Clase	Frecuencia Relativa	Frecuencia Relativa Acumulada	Frecuencia Absoluta Acumulada	Frecuencia Relativa Porcentual	Frecuencia Relat Acum Porcentual
119	Li	Li+1	ni	Xi	hi	Hi	Ni	100*hi%	100*Hi%
120	4	6	2	5	0.0833	0.0833	2	8.3333	8.3333333
121	7	9	4	8	0.1667	0.2500	6	16.6667	25
122	10	12	8	11	0.3333	0.5833	14	33.3333	**58.333333**
123	13	15	5	14	0.2083	0.7917	19	20.8333	79.166667
124	16	20	5	18	0.2083	1.0000	24	20.8333	100
125			24					100.0000	

a. Para encontrar las frecuencias Relativas:

- En la celda **E120** escribimos la fórmula **= C120/ $C$125**
- Luego copiamos en la columna.

b. Para encontrar las frecuencias Relativas acumuladas:

- En la celda F120 escribimos la fórmula **=E120**
- En la celda F121 escribimos la fórmula **=E120+E121** ó **=F120+E121**
- En la celda F122 escribimos la fórmula **=E120+E121+E122** ó **= F121+E122**
- En la celda F123 escribimos la fórmula **=E120+E121+E122+E123** ó **=F122+E123**
- En la celda F124 escribimos la fórmula **= E120+E121+E122+E123+E124** ó **=F123+E124**

I La Frecuencia Absoluta Acumulada es el valor de la frecuencia absoluta más la suma de la anterior FA.

J La Frecuencia Relativa porcentual es la Frecuencia Relativa *100.

K La Frecuencia Relativa Acumulada porcentual es la Frecuencia Relativa Acumulada *100.

De los valores encontrados, ¿qué porcentaje de los alumnos tienen notas inferiores a 12?

A Observamos en la última tabla que en la fila 122 es donde se encuentran las notas entre 10 y 12.

B En la columna de frecuencias relativas acumuladas porcentual.

C Y encontramos el porcentaje de 58.33.

- **Error absoluto**

Es el error que se determina de acuerdo al valor promedio:

$$e_i = |x1 - \bar{x}|$$

- **Error absoluto promedio**

Es la sumatoria de los errores dividido entre el número de muestras.

$$e_a = \frac{e1 + e2 + e3 + e4 + \cdots \ldots . en}{n}$$

- **Corrección de las medidas**

Se corrige los valores obtenidos disminuyendo o quitándole el error absoluto.

$$X1 \pm e_i$$

- **Error relativo**

Es el error absoluto x 100 dividido entre el promedio.

$$e_r = \left(\frac{e_a}{\bar{x}} * 100\right)$$

Ejemplo:

Encontrar los errores absoluto y el error absoluto promedio de los siguientes datos.

Para hallar estos valores:

- Usamos la función =promedio() para encontrar el valor medio de los datos.
- Usamos la función =abs() para encontrar el error absoluto.
- Usamos nuevamente la función =promedio().

	B	C	D	F	G	H	I
1	ERROR ABSOLUTO						
2							
3	NRO	DATO	ei	ea*100/prom x			
4	1	4	7.9583	66.55%			
5	2	5	6.9583	58.19%			
6	3	8	3.9583	33.10%			
7	4	8	3.9583	33.10%			
8	5	9	2.9583	24.74%			
9	6	9	2.9583	24.74%			
10	7	10	1.9583	16.38%			
11	8	10	1.9583	16.38%			
12	9	10	1.9583	16.38%			
13	10	10	1.9583	16.38%			
14	11	10	1.9583	16.38%			
15	12	11	0.9583	8.01%			
16	13	11	0.9583	8.01%			
17	14	11	0.9583	8.01%			
18	15	14	2.0417	17.07%			
19	16	14	2.0417	17.07%			
20	17	14	2.0417	17.07%			
21	18	15	3.0417	25.44%			
22	19	15	3.0417	25.44%			
23	20	16	4.0417	33.80%			
24	21	18	6.0417	50.52%			
25	22	18	6.0417	50.52%			
26	23	18	6.0417	50.52%			
27	24	19	7.0417	58.89%			
28	SUMA		82.8333				
29	PROMEDIO	11.95833	3.45139				
30							

=ABS(C3-$C$28)

ERROR ABSOLUTO PROMEDIO

Nota

Estas son las fórmulas básicas para encontrar las desviaciones estándar.

• Desviación estandar =DESVEST( )

Es la raíz cuadrada de sumatoria de los cuadrados (de la diferencia entre un número y el promedio de la muestra) entre el número de la muestra menos 1.

$$\sqrt{\frac{\sum(x-\bar{x})^2}{(n-1)}}$$

• Desviación estándar de la población =DESVESTP( )

Es la raíz cuadrada de sumatoria de los cuadrados (de la diferencia entre un número y el promedio de la muestra) entre el número de la población.

$$\sqrt{\frac{\sum(x-\bar{x})^2}{(n)}}$$

• Desviación estándar promedio =DESVPROM( )

Es la división entre la sumatoria y el número de la muestra. La sumatoria se toma de las diferencias de los números y el promedio.

Ejemplo 1:

Tenemos el peso de diez productos, con estos valores encontrarás la desviación estándar, poblacional y promedio.

En una hoja de Excel escribimos los diez valores y encontraremos:

1. Promedio.
2. La diferencia del peso y el promedio.
3. Valor absoluto de la diferencia anterior.
4. El cuadrado de la diferencia.

Con estos valores encontramos los valores usando las fórmulas.

C13	=SUMA(C3:C12)
C14	= PROMEDIO(C3:C12)
C15	=C13/B12
C16	=C13/(B12-1)
D3	= C3-C14
E3	=ABS(D3)
F3	=D3^2
E15	=E13/B12
F17	=(F13/B12)^(1/2)
F18	=(F13/(B12-1))^(1/2)

Finalmente, encontramos los mismos valores usando las funciones de desviación estándar desvest(), desviación estándar poblacional desvestp() y desviación estándar promedio desvprom() que ofrece Microsoft Excel.

	A	B	C	D	E	F	G	H	I
1			1	2	3	4			
2		NRO	PESO	PESO-PROM PESO	ABS(2)	(2)^2			
3		1	450.00	-4.38	4.38	19.1844			
4		2	452.50	-1.88	1.88	3.5344			
5		3	456.00	1.62	1.62	2.6244			
6		4	449.60	-4.78	4.78	22.8484			
7		5	451.20	-3.18	3.18	10.1124			
8		6	450.60	-3.78	3.78	14.2884			
9		7	452.50	-1.88	1.88	3.5344			
10		8	460.40	6.02	6.02	36.2404			
11		9	461.00	6.62	6.62	43.8244			
12		10	460.00	5.62	5.62	31.5844			
13		SUMA	4543.80		39.760	187.78			
14		PROMEDIO	454.38		3.976	18.78			
15		SUMA/N	454.38		3.976	18.7776			
16		SUMA/(N-1)	504.867			20.864			
17		(SUMA/N)^(1/2)				4.33331282			
18		(SUMA/(N-1))^(1/2)				4.56771278			
19									
20									
21		DESVIACION ESTANDAR				4.5677128	=DESVEST(C3:C12)		
22		DESVIACION ESTANDAR POBLACION				4.3333128	=DESVESTP(C3:C12)		
23		DESVIACION ESTANDAR PROMEDIO				3.9760000	=DESVPROM(C3:C12)		
24									
25									

Nota

Las desviaciones han sido encontradas con fórmulas y funciones simples en la parte superior y estos valores están confirmados en la parte inferior.

• Funciones mayor y menor

K.ESIMO.MENOR

Esta función encuentra el primer número menor, el segundo, el tercero, el cuarto... o el enésimo menor de acuerdo a lo solicitado.

K.ESIMO.MENOR(A10:A20,1) Encuentra el número menor del rango A10:A20.
K.ESIMO.MENOR(A10:A20,3) Encuentra el tercer número menor del rango A10:A20.

K.ESIMO.MAYOR

Esta función encuentra el primer número mayor, el segundo, el tercero, el cuarto... o el enésimo mayor de acuerdo a lo solicitado.

K.ESIMO.MAYOR(A3:A12,1) Encuentra el número mayor del rango A10:A20.
K.ESIMO.MAYOR(A3:A12,4) Encuentra el tercer número mayor del rango A10:A20.

Ejemplo:

En la siguiente tabla se debe colocar el número de puesto de acuerdo al promedio del alumno.

PROMEDIO	Condición Final del Prom. Prácticas	PUESTO
0,4	DESAPROBADO	
12,7	APROBADO	
15	DESAPROBADO	
2,4	DESAPROBADO	
3,1	DESAPROBADO	
11,9	APROBADO	
6,3	DESAPROBADO	
9,1	DESAPROBADO	
8,8	DESAPROBADO	
0,2	DESAPROBADO	
0	DESAPROBADO	
12,2	APROBADO	
0	DESAPROBADO	
14,4	APROBADO	
11,6	APROBADO	
9,3	DESAPROBADO	
12,1	APROBADO	
10,9	APROBADO	

Solución:

Para ello debemos crear dos columnas:

En la columna G numeramos en forma ascendente.
En la columna F usamos la siguiente fórmula:

=K.ESIMO.MAYOR ($B$4:$B$23,G4) y copiamos en toda la columna.

Ahora en la columna D usamos la función.

	A	B	C	D	E	F	G
1							
2							
3		PROMEDIO	Condición Final del Prom. Prácticas	PUESTO		Notas Ordenadas	Nro. Orden
4		0.4	DESAPROBADO			15	1
5		12.7	APROBADO			14.4	2
6		15	DESAPROBADO			12.7	3
7		2.4	DESAPROBADO			12.2	4
8		3.1	DESAPROBADO			12.1	5
9		11.9	APROBADO			11.9	6
10		6.3	DESAPROBADO			11.6	7
11		9.1	DESAPROBADO			10.9	8
12		8.8	DESAPROBADO			9.3	9
13		0.2	DESAPROBADO			9.1	10
14		0	DESAPROBADO			8.8	11
15		12.2	APROBADO			7.7	12
16		0	DESAPROBADO			6.3	13
17		14.4	APROBADO			3.1	14
18		11.6	APROBADO			2.4	15
19		9.3	DESAPROBADO			0.4	16
20		12.1	APROBADO			0.2	17
21		10.9	APROBADO			0	18
22		0	DESAPROBADO			0	19
23		7.7	DESAPROBADO			0	20
24							

=BUSCARV(B4,orden,2,0) y la copiamos en toda la columna.

	A	B	C	D	E	F	G
1							
2							
3		PROMEDIO	Condición Final del Prom. Prácticas	PUESTO		Notas Ordenadas	Nro. Orden
4		0.4	DESAPROBADO	16		15	1
5		12.7	APROBADO	3		14.4	2
6		15	DESAPROBADO	1		12.7	3
7		2.4	DESAPROBADO	15		12.2	4
8		3.1	DESAPROBADO	14		12.1	5
9		11.9	APROBADO	6		11.9	6
10		6.3	DESAPROBADO	13		11.6	7
11		9.1	DESAPROBADO	10		10.9	8
12		8.8	DESAPROBADO	11		9.3	9
13		0.2	DESAPROBADO	17		9.1	10
14		0	DESAPROBADO	18		8.8	11
15		12.2	APROBADO	4		7.7	12
16		0	DESAPROBADO	18		6.3	13
17		14.4	APROBADO	2		3.1	14
18		11.6	APROBADO	7		2.4	15
19		9.3	DESAPROBADO	9		0.4	16
20		12.1	APROBADO	5		0.2	17
21		10.9	APROBADO	8		0	18
22		0	DESAPROBADO	18		0	19
23		7.7	DESAPROBADO	12		0	20
24							

• ANÁLISIS DE DATOS

Es uno de los complementos de Microsoft Excel, se encuentra en la ficha DATOS en el grupo Análisis.

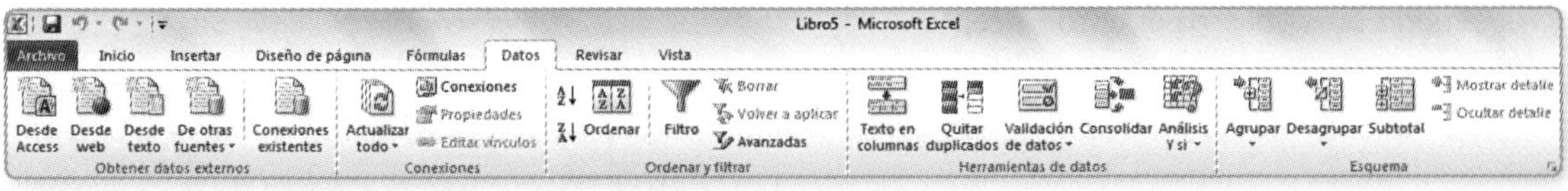

Si no existe debemos agregar el grupo **ANÁLISIS:**

- Ingresamos a la ficha **ARCHIVO**.
- Usamos **OPCIONES.**

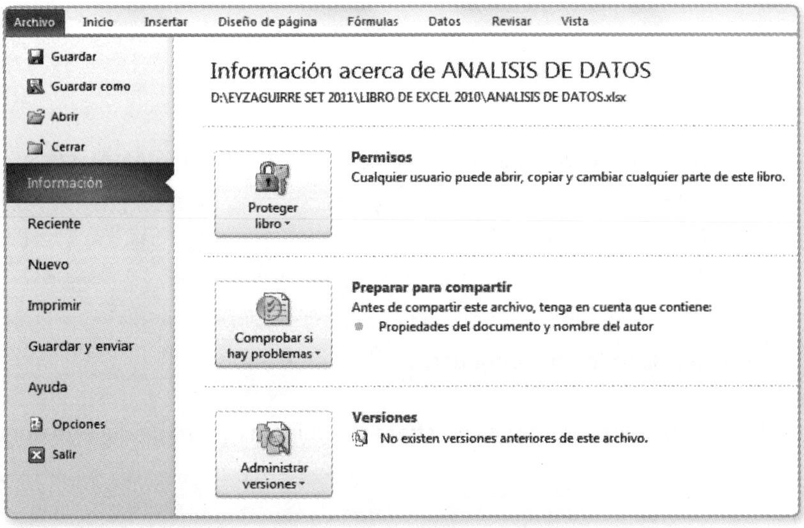

- En la siguiente ventana usamos **COMPLEMENTOS:**

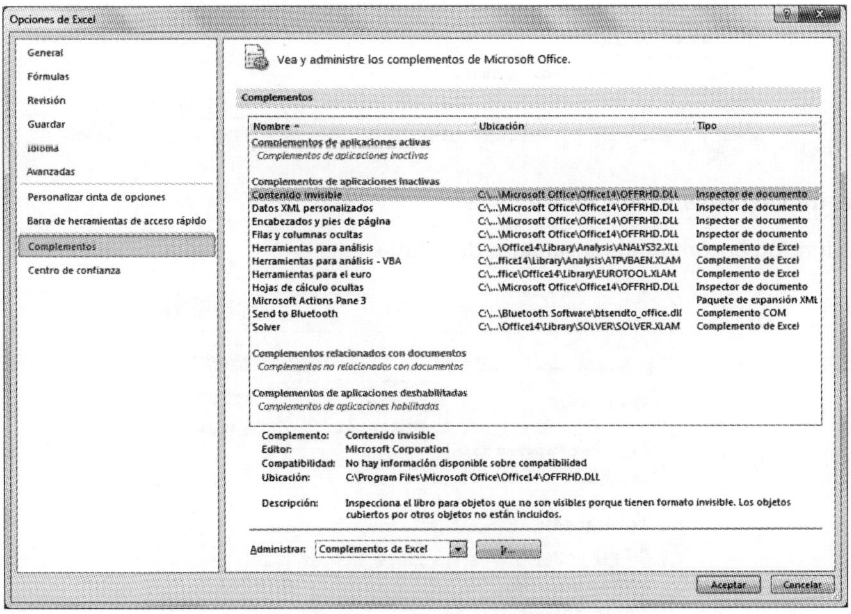

- En esta ventana, en lado derecho al final tenemos **Administrar,** usamos el botón **IR**.

- Estos son los complementos más usados por Microsoft Excel.
- Marcamos la opción **Herramientas para análisis.**
- Luego presionamos el botón **Aceptar.**

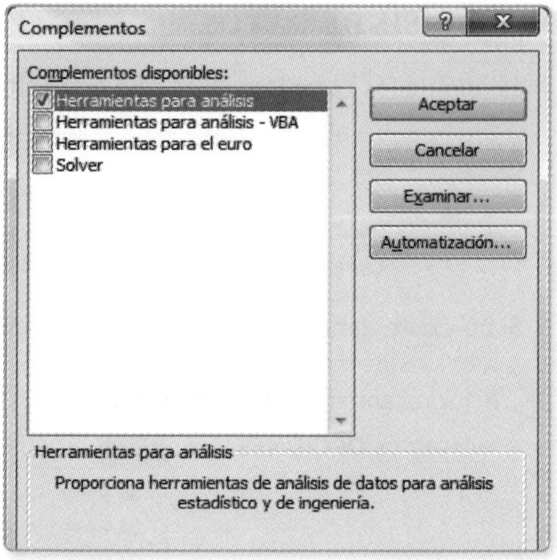

- El programa configura la barra y nos muestra el grupo **ANÁLISIS.**

- Ahora si podemos continuar.

El icono Análisis de datos nos mostrará el siguiente cuadro de diálogo donde encontramos más funciones:

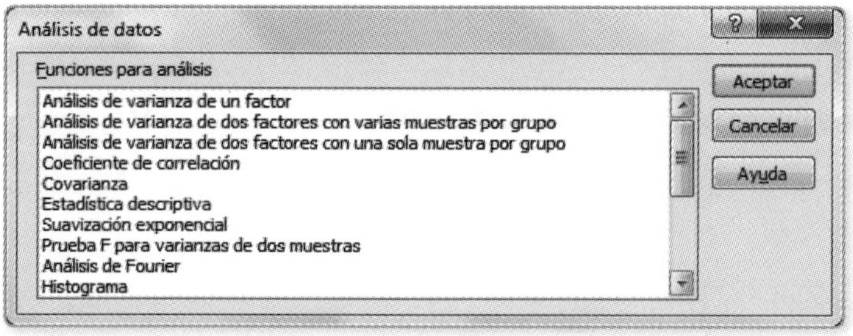

• Análisis de varianza de un factor

Con esta función encontramos la varianza de valores.

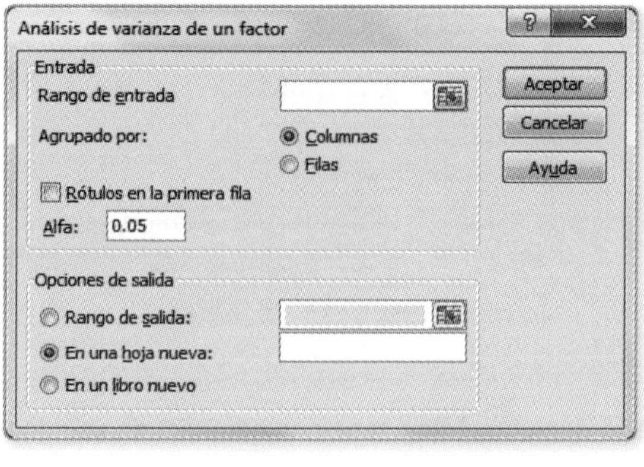

• Histograma

Con esta función encontramos la frecuencia de los datos de acuerdo a las clases de datos.

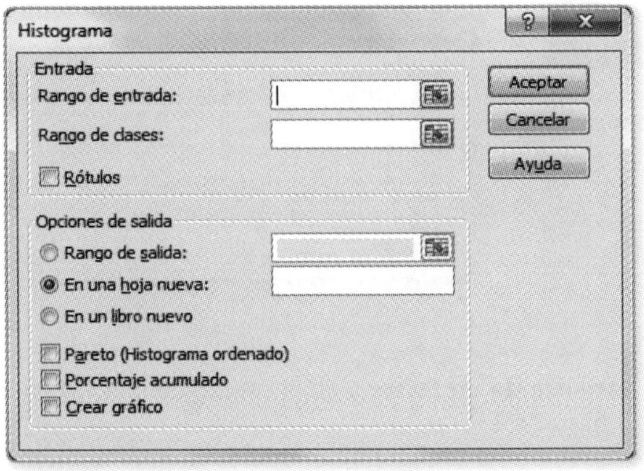

• Regresión

Con esta función encontramos los índices necesarios para encontrar el pronóstico de datos de acuerdo a una ecuación lineal.

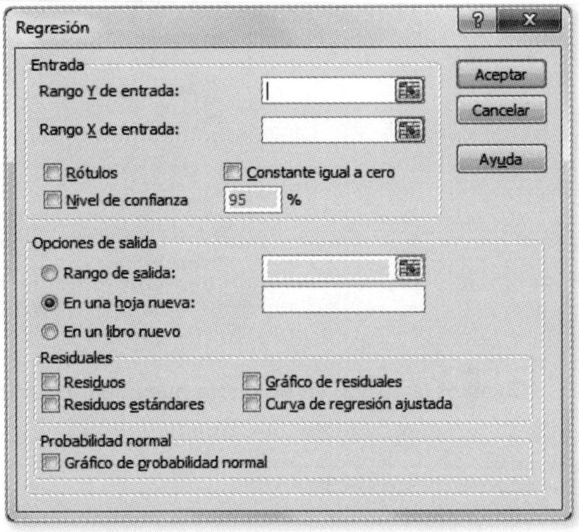

Ejemplo 1:

Encontrar la varianza de los siguientes grupos de valores:

	A	B	C	D
1				
2		PTO	X	Y
3		1	400	350
4		2	800	700
5		3	100	80
6		4	300	250
7		5	900	750
8		6	950	1000
9		7	200	180
10		8	500	380
11		9	750	620
12				

Ingresamos al icono de análisis de datos.

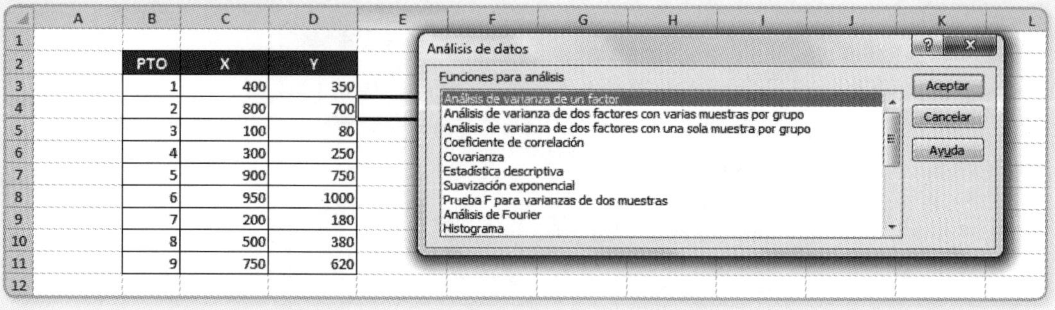

Seleccionamos **Análisis de varianza de un factor** y en el cuadro de diálogo en la opción de Rango de entrada seleccionamos de C3 hasta D11.

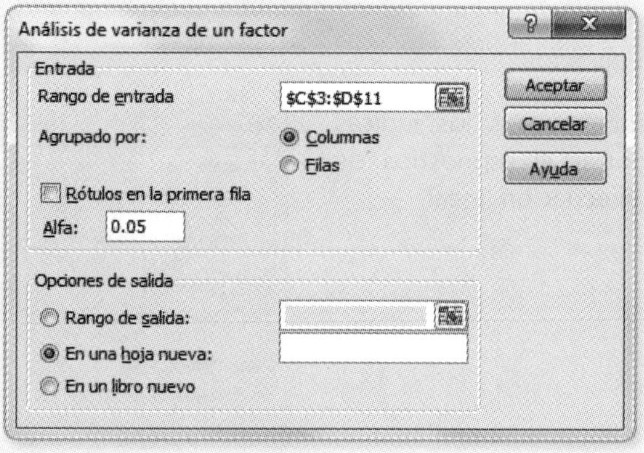

Dejamos la opción **en una hoja nueva** para que los resultados se muestren en una nueva hoja.

	A	B	C	D	E	F	G
1	Análisis de varianza de un factor						
2							
3	RESUMEN						
4	*Grupos*	*Cuenta*	*Suma*	*Promedio*	*Varianza*		
5	Columna 1	9	4900	544.444444	99652.7778		
6	Columna 2	9	4310	478.888889	92636.1111		
7							
8							
9	ANÁLISIS DE VARIANZA						
10	*n de las variana*	*de cuadrados*	*dos de libert*	*io de los cua*	*F*	*Probabilidad*	*Valor crítico para F*
11	Entre grupos	19338.8889	1	19338.8889	0.20114411	0.6598131	4.493998478
12	Dentro de lo	1538311.11	16	96144.4444			
13							
14	Total	1557650	17				

Ejemplo 2:

Encontrar la cantidad de números que se encuentran dentro de un rango de datos (frecuencia de datos). Para ello ingresamos a la opción **Análisis de datos** y seleccionamos **Histograma.**

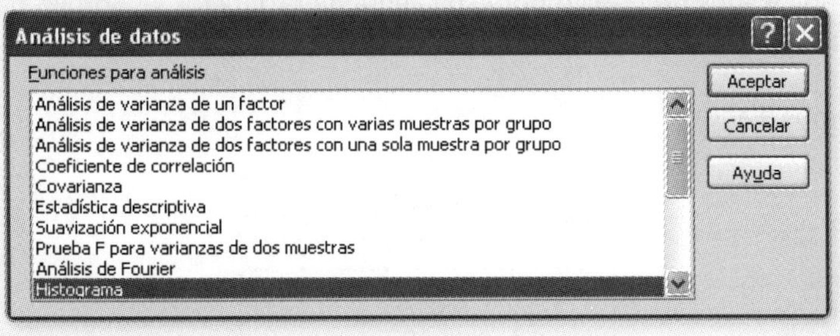

Con esta opción aparece un cuadro de diálogo donde en Rango de datos seleccionamos los datos de E14 hasta E37 y en Rango de Clase seleccionamos de G15 hasta G19.

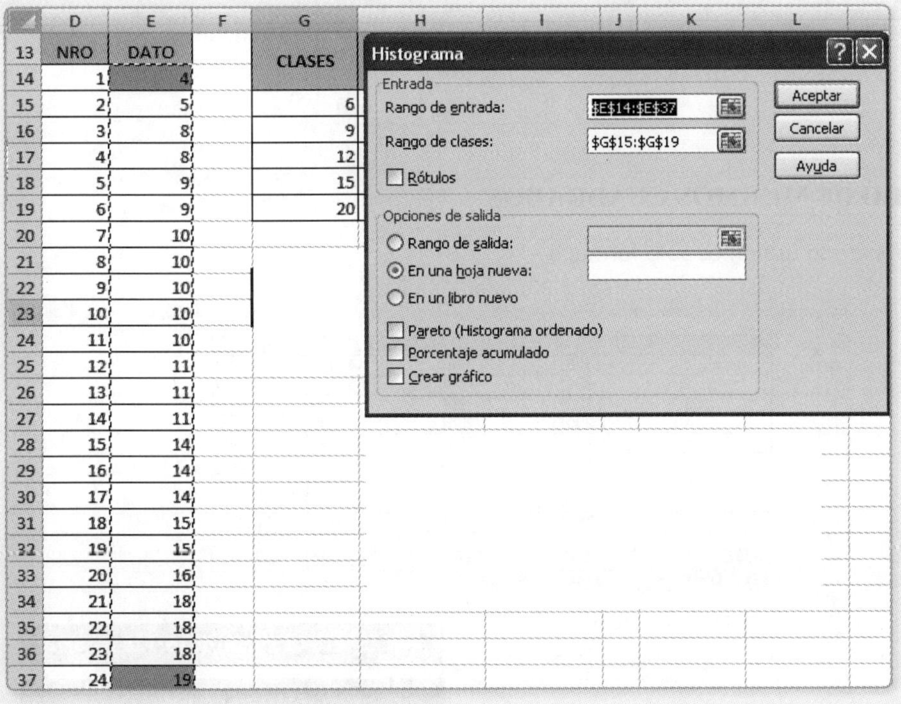

Al presionar el botón Aceptar, el programa nos muestra la frecuencia de valores.

	A	B
1	*Clase*	*Frecuencia*
2	6	2
3	9	4
4	12	8
5	15	5
6	20	5
7	y mayor...	0

TALLER C: Funciones Estadísticas y Análisis de Datos

PRONÓSTICO DE GANANCIAS

Durante los últimos 9 años de trabajo por cada venta de productos se obtuvo ganancias diferentes. Se requiere saber cuál será la ganancia para ventas de 1000, 1050, 1100... hasta 1500.

Datos de los últimos 9 años:

PT	X	Y
1	400	350
2	800	700
3	100	80
4	300	250
5	900	750
6	950	1000
7	200	180
8	500	380
9	750	620

• MÉTODO DE MÍNIMOS CUADRADOS

Con este método usaremos solo fórmulas.

	A	B	C	D	E	F	G	H
3								
4		PTO	X	Y	XY	X^2		
5		1	400	350	140000	160000		
6		2	800	700	560000	640000		
7		3	100	80	8000	10000		
8		4	300	250	75000	90000		
9		5	900	750	675000	810000		
10		6	950	1000	950000	902500		
11		7	200	180	36000	40000		
12		8	500	380	190000	250000		
13		9	750	620	465000	562500		
17								
18		SUMA	4900	4310	3099000	3465000		
19		PROMEDIO	544.4444444	478.8888889				
20								
21		a= promedio y- b* promedio x						
22								
23		b=	nsuma(xy)-suma(x)suma (y)					
24			nsuma(x^2)-(suma x)^2					
25								
26		n	9					
27		b	0.943832753			y=a+bx		
28		a	-34.97560976			Y=-34.9756+0.943832753*X		
29								
30		ESTIME EL VALOR DE LA VARIABLE DEPENDIENTE CUANDO LA INDEPENDIENTE ES 64						
31								
32		REEPLACE X						
33		x	1000	1050	1100	1150	1200	1250
34		y	908.8571429	956.0487805	1003.240418	1050.4321	1097.6237	1144.8153
35								
36		x	1250	1300	1350	1400	1450	1500
37		y	1144.815331	1192.006969	1239.198606	1286.3902	1333.5819	1380.7735

=+(C26*E18-C18*D18)/(C26*F18-(C18)^2)

=+D19-C27*C19

• Método gráfico

Con los datos de x e y, insertamos una gráfica de dispersión:

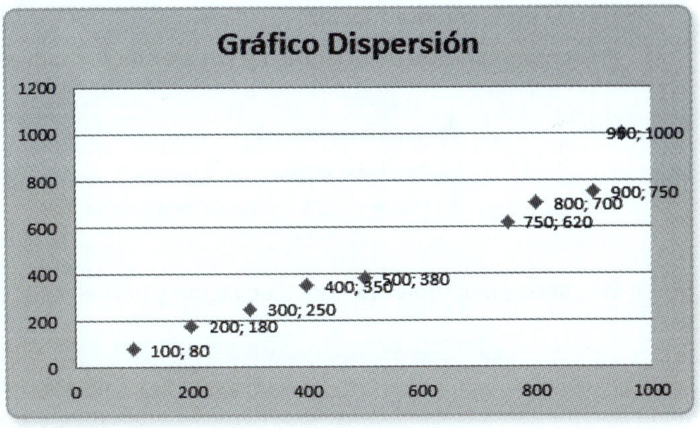

- Nos ubicamos sobre los puntos de intersección, usamos el menú contextual y la opción Formato de línea de tendencia.

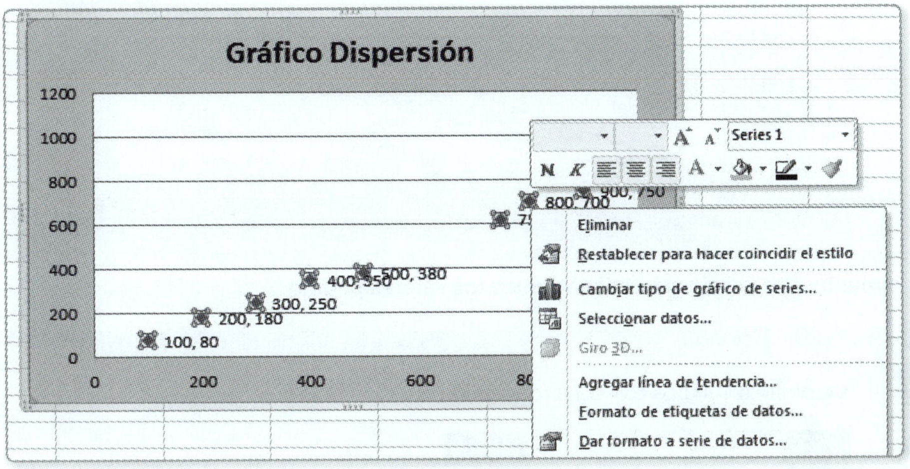

- En este cuadro de diálogo nos interesa marcar el tipo de tendencia **lineal**.

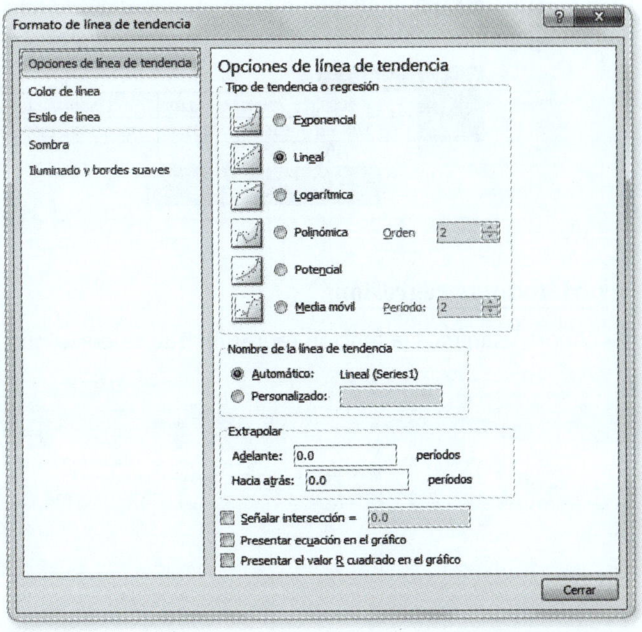

- Y en la parte inferior marcar:

  Presentar ecuación en el gráfico y el valor de R cuadrado.

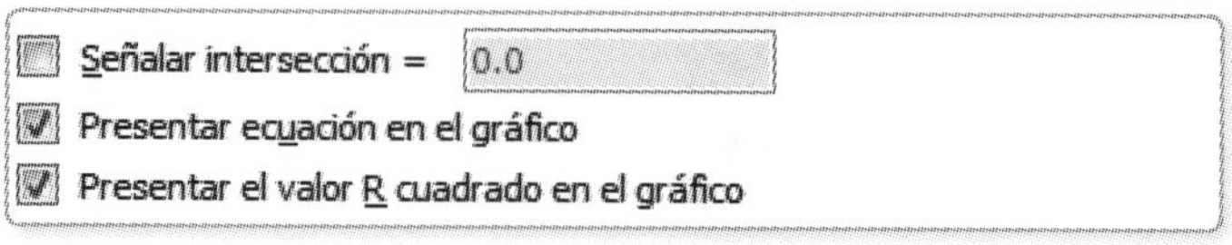

- El gráfico ahora aparece con la ecuación y con el valor de R2

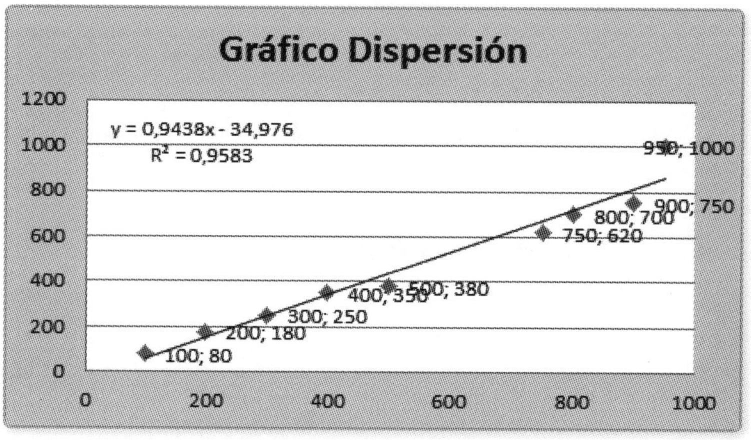

- Finalmente, con la ecuación encontramos los valores pedidos.

	A	B	C	D	E	F	G	H	I	J	K	L	M
61													
62		VALOR ENCONTRADOS CON EL MÉTODO GRÁFICO											
63													
64		n	9			y=a+bx							
65		b	0.9438										
66		a	-34.976			Y=-34.976+0.9438*X							
67													
68													
69		Y=-34.976+0.9438*X											
70		X	1000	1050	1100	1150	1200	1250	1300	1350	1400	1450	1500
71		Y	908.82	956.01	1003.20	1050.39	1097.58	1144.77	1191.96	1239.15	1286.34	1333.53	1380.72
72													
73			=-34.976+0.9438*C70										
74													

• Método de regresión

Ahora usaremos la función regresión que se encuentra en la ficha Datos en el grupo Análisis.

Al usar esta opción, el programa nos muestra el cuadro de diálogo donde seleccionaremos regresión.

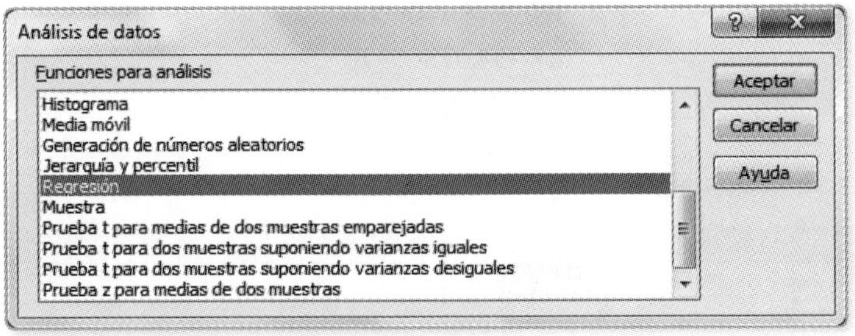

Nos muestra un nuevo cuadro donde debemos de:

- Seleccionar los datos de X e Y.
- Y marcar el grado de confianza en 95%.

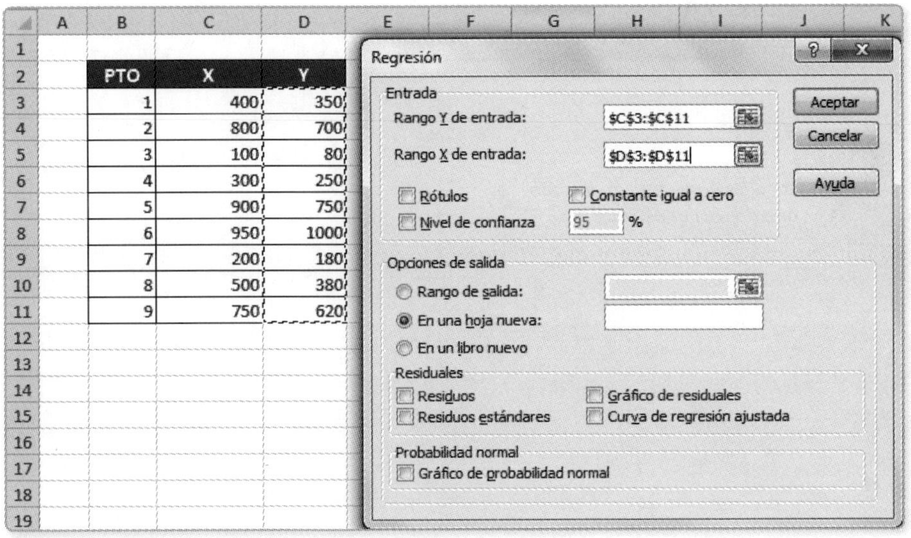

En otra hoja de cálculo nos muestra el análisis completo de los valores.

	A	B	C	D	E	F	G	H	I
1	Resumen								
2									
3	*Estadísticas de la regresión*								
4	Coeficiente de correlación múltiple	0.97892539							
5	Coeficiente de determinación R^2	0.95829491							
6	R^2 ajustado	0.95233704							
7	Error típico	68.9184024							
8	Observaciones	9							
9									
10	ANÁLISIS DE VARIANZA								
11		*Grados de libertad*	*Suma de cuadrados*	*Promedio de los cuadrados*	*F*	*Valor crítico de F*			
12	Regresión	1	763973.9989	763973.9989	160.845226	4.3829E-06			
13	Residuos	7	33248.22334	4749.746191					
14	Total	8	797222.2222						
15									
16		*Coeficientes*	*Error típico*	*Estadístico t*	*Probabilidad*	*Inferior 95%*	*Superior 95%*	*nferior 95.0%*	*uperior 95.0%*
17	Intercepción	58.2176377	44.69438544	1.302571613	0.23393544	-47.46779	163.903065	-47.46779	163.903065
18	Variable X 1	1.0153228	0.080057136	12.68247712	4.3829E-06	0.82601775	1.20462784	0.82601775	1.20462784
19									

El coeficiente de correlación múltiple	R= 0978925386
El coeficiente de determinación	R2 = .958294911
El valor de	a= -34.97560976
	B=0.943832753

Entonces los valores buscados serán:

	A	B	C	D	E	F	G	H	I	J	K	L	M
64		n	9			y=a+bx							
65		b	0.94383275										
66		a	-34.9756098			Y=-34.97560976+0.94382753*X							
67													
68													
69		Y=-34.97560976+0.94382753*X											
70		X	1000	1050	1100	1150	1200	1250	1300	1350	1400	1450	1500
71		Y	908.852	956.043	1003.235	1050.426	1097.617	1144.809	1192.000	1239.192	1286.383	1333.574	1380.766
72													
73			=-34.97560976+0.94382753*C70										
74													

Nota

La diferencia con el método anterior es por décimas.

• FUNCIONES FINANCIERAS

En la ficha Fórmulas, en el grupo de Biblioteca de funciones, utilizamos el icono Financieras.

Algunas funciones que utilizamos con mayor frecuencia son:

pago() , nper(), va(), vf().

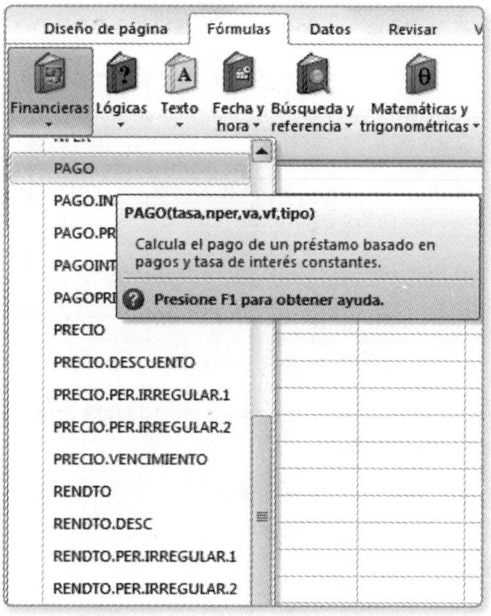

• Función pago

Con esta función encontramos el valor de los pagos de cuotas de un préstamo.

=PAGO(tasa,nper,va,[vf],[tipo])

Donde:

- **Tasa**, es el porcentaje anual de préstamo; si el pago es mensual debemos dividir la tasa /12.
- **Nper**, es el número de períodos (cuotas a pagar).
- **Va**, es el valor actual del préstamo.
- **Vf**, es el valor final del préstamo.
- Tipo, cuando el pago es al final es **0** o se omite, pero si es al inicio se debe poner **1**,

Ejemplo 1:

Tenemos un préstamo de mil soles con una tasa de 15%, para pagarlos en 10 meses. ¿Cuál será el valor de cada uno de los pagos?

SOLUCIÓN:

- Tenemos los siguientes datos:
  - Valor actual del préstamo 1000 nuevos soles.
  - Tasa del 15%, pero es anual, entonces para los pagos mensuales será 15%/12.
  - Número de pagos 10.

- Con esos datos creamos la siguiente tabla:
  - En la celda **D2** escribimos **1000.**
  - En la celda **D3** escribimos **15%.**
  - En la celda **D4** escribimos **10.**
  - En la celda **D5** la función **=PAGO(D3/12,D4,D2).**

	A	B	C	D	E	F	G
1							
2			VALOR DEL PRODUCTO	S/. 1,000.00			
3			TASA	15%			
4			NRO DE CUOTAS	10			
5			PAGO PERIODICO	(S/. 107.00)	=PAGO(D3/12,D4,D2)		
6							
7							

  - Como resultado tenemos pagos de 107.003 (obsérvese que el valor es negativo, esto se debe a que es una deuda).

• FUNCIÓN VALOR ACTUAL

Con esta función encontramos el valor actual de una serie de pagos de acuerdo a un interés y cuotas.

VA(tasa;nper;pago;vf;tipo)

Donde:

- **tasa**, es el porcentaje anual de préstamo, si el pago es mensual debemos dividir la tasa /12.
- **nper**, es el número de períodos (cuotas a pagar).
- **pago**, es el valor de las cuotas que se pagan.
- **Vf**, es el valor final del préstamo.
- **Tipo**, cuando el pago es al final es 0 o se omite, pero si es al inicio se debe poner 1.

EJEMPLO 2:

Estamos pagando la cantidad de 107.003 soles, en 10 meses, con una tasa de 15%. ¿Cuál fue el valor del préstamo?

Solución:

- Tenemos los siguientes datos:
  - Pago de 107.003
  - Tasa del 15% anual.
  - Número de pagos 10.

- Con esos datos creamos la siguiente tabla:
  - En la celda **D9** escribimos **15%.**
  - En la celda **D10** escribimos **10**.
  - En la celda **D11** escribimos **107.003.**
  - En la celda **D12** la función **=VA(D9/12,D10,D11).**

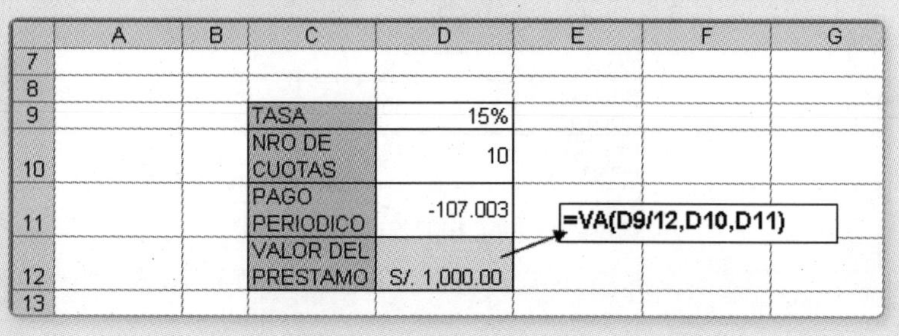

	A	B	C	D	E	F	G
7							
8							
9			TASA	15%			
10			NRO DE CUOTAS	10			
11			PAGO PERIODICO	-107.003	=VA(D9/12,D10,D11)		
12			VALOR DEL PRESTAMO	S/. 1,000.00			
13							

  - El valor del préstamo es de 1000 nuevos soles y esto lo comprobamos con el primer ejemplo.

• Función Valor Final

Con esta función encontramos el valor final de una serie de pagos de acuerdo a un interés y cuotas.

Vf(tasa;nper;pago;vf;tipo)

Donde:

- **tasa**, es el porcentaje anual de préstamo, si el pago es mensual debemos dividir la tasa /12.
- **nper**, es el número de periodos (cuotas a pagar).
- **pago**, es el valor de las cuotas que se pagan.
- **Va**, es el valor actual del préstamo.
- **Tipo**, cuando el pago es al final es **0** o se omite, pero si es al inicio se debe poner **1**.

Ejemplo 3:

Estamos ahorrando en el Banco y mensualmente depositamos la cantidad de 107.003 nuevos soles; el banco tiene una tasa de 15% anual. ¿A cuánto ascenderán mis ahorros en 10 meses?

Solución:

- Tenemos los siguientes datos:
  - Pago de 107.003
  - Tasa del 15% anual.
  - Número de períodos 10.

- Con esos datos creamos la siguiente tabla:
  - En la celda D15 escribimos 15%.
  - En la celda D16 escribimos 10.
  - En la celda D17 escribimos 107.003.
  - En la celda D12 la función =VF(D15/12,D16,D17).

	A	B	C	D	E	F	G
14							
15			TASA	15%			
16			NRO DE CUOTAS	10			
17			DEPOSITO MENSUAL	-107.003	=VF(D15/12,D16,D17)		
18			VALOR FINAL	S/. 1,132.27			
19							

- El valor de mis ahorros al finalizar los 10 meses será de 1132.27 nuevos soles.

• Función Valor Actual Neto.

Con esta función encontramos el valor actual de una serie de pagos que serán realizados cada mes, cada año.

VNA(tasa;valor1;[valor2];,....)

Donde:

- tasa, es el porcentaje anual de préstamo, si el pago es mensual debemos dividir la tasa /12.
- Valor1, es el valor del primer pago que se realiza.
- Valor2..., son los valor que se realizan luego del primer pago.

• Función Tasa Interna de Retorno

Con esta función encontramos la tasa con la cual el valor actual neto es igual a cero. Es decir, cuál es la tasa mínima para no perder. Los valores que se evalúan deben estar en orden y por lo menos uno de los valores debe ser positivo o negativo.

TIR(valores)

Donde:

- Valores, es el rango de valores desde al año 0 hasta el año de evaluación (la unidad de tiempo puede variar).

Ejemplo 4:

Una empresa se hizo un préstamo de $ 200,000 dólares para pagarlos en 10 años, con esto el empresario tendrá ingresos adicionales de:

26,000 los 3 primeros años.
34,000 del 4 al 7 año.
42,000 los 3 últimos años.

El préstamo tiene un interés anual de 10%

Se desea saber si el empresario ganará o perderá y cuál es la tasa mínima para no perder.

Solución:

- Tenemos los siguientes datos:
  - Ingresos anuales.
  - Tasa del 10% anual.
  - Número de períodos 10.
- Con estos datos encontramos:
  - El pago anual del préstamo de $ 200,000.
    En la celda C23= PAGO(C22,10,C23)
  - La diferencia de ingreso y pago de préstamo anual nos da el flujo de caja anual.
- A primera vista sumando los ingresos y egresos tenemos un monto de $ 14,509 dólares, esto nos hace suponer que estamos ganando, pero vemos los costos actualizados.
- Encontramos los valores actuales.
  - Para el ingreso en la celda C28=VNA(C22,D18:M18)
  - Para el flujo de caja C30= VNA(C22,D18:M18)
  - El valor neto actual del flujo de caja es $ -770.3
- Es decir que con los pagos que tenemos que hacer al final estamos perdiendo.
- Encontramos el TIR:
  - En la celda C34 =TIR(C20:M20)
  - El resultado es 9.146%, es decir que esa es la tasa mínima de préstamo que debemos aceptar.

	A	B	C	D	E	F	G	H	I	J	K	L	M	N
16														
17			AÑO 0	AÑO 1	AÑO 2	AÑO 3	AÑO 4	AÑO 5	AÑO 6	AÑO 7	AÑO 8	AÑO 9	AÑO 10	TOTAL
18		INGRESO ADICIONAL		26000.0	26000.0	26000.0	34000.0	34000.0	34000.0	34000.0	42000.0	42000.0	42000.0	340000.0
19		PAGO DEL PRESTAMO		32549.1	32549.1	32549.1	32549.1	32549.1	32549.1	32549.1	32549.1	32549.1	32549.1	325490.8
20		FLUJO DE CAJA	0	-6549.1	-6549.1	-6549.1	1450.9	1450.9	1450.9	1450.9	9450.9	9450.9	9450.9	14509.2
21														
22		TASA	10.00%											
23		PRESTAMO	200000		=PAGO(C22,10,C23)									
24		PAGO	-32,549.1											
25														
26														
27		VALOR NETO ACTUAL			=VNA(C22,D18:M18)									
28		INGRESO ADICIONAL	199,229.7											
29		PRESTAMO	200,000.0		=VNA(C22,D20:M20)									
30		FLUJO DE CAJA	S/. -770.3											
31														
32		COK	10.000%											
33		VAN	-770.3		=TIR(C20:M20)									
34		TIR	9.146%											

TALLER D: FUNCIONES FINANCIERAS Y ANÁLISIS DE DATOS

EVALUACIÓN DEL PROYECTO DE LA EMPRESA SERVICIOS EDIFICANDO S.A.C.

La empresa Edificando S.A.C. está evaluando el proyecto presentado por uno de los socios, para determinar si es rentable o no la implementación de dos locales.

Para ello el socio desarrolló los siguientes estudios:

- Proyección de la demanda para los próximos 10 años.
- Cuadro de precios de costos de producción y de venta de los servicios que prestará.
- Elaboración de los cuadros de ingresos y costos de producción para los próximos 10 años.
- Cálculos del costo de implementación del proyecto.
- Cálculo del ingreso extraordinario y valor residual de los equipos y locales.
- Cálculo y selección de las alternativas de financiamiento.
- Elaboración del estado de pérdidas y ganancias económicas.
- Elaboración del flujo de caja económico.
- Elaboración del estado de pérdidas y ganancias financieras.
- Elaboración del flujo de caja financiero.

En la elaboración de los estados de pérdidas y ganancias y flujos de caja usaremos el Valor Actual Neto (VAN) y la Tasa de Retorno Interna (TIR). Con ellos veremos si es rentable el proyecto.

Proyección de la demanda para 10 años
Tenemos el cuadro de las demanda de los servicios que la empresa dejó de atender en los últimos 10 años.

	A	B	C	D	E	F	G
1		SERVICIO 1			SERVICIO 2		
2	AÑO	TIPO 1	TIPO 2	TIPO 3	TIPO 1	TIPO 2	TIPO 3
3	1	275.00	450	40	60	60	10
4	2	283.00	457	45	60	60	11
5	3	298.00	453	51	65	65	14
6	4	311.00	455	57	70	70	16
7	5	325.00	470	62	64	64	18
8	6	321.00	467	67	75	75	16
9	7	337.00	487	70	87	87	20
10	8	349.00	600	80	100	100	22
11	9	351.00	648	77	95	95	24
12	10	364.00	720	95	105	105	23

Con estos datos determinaremos la proyección para los próximos 10 años.

- **Uso de análisis de datos**

Cálculo de la demanda del Servicio 1 tipo 1

Para determinar la demanda en los próximos años usaremos el icono **Análisis de datos**, que se encuentra en la **ficha Datos** en el **grupo Análisis.**

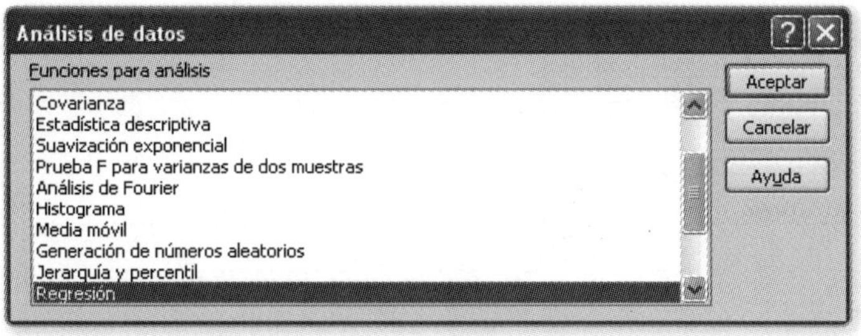

En este cuadro de diálogo seleccionamos la función Regresión, damos un clic sobre Aceptar.

Cuadro de diálogo regresión

- En el **Rango Y** , seleccionamos los datos históricos de **B3 hasta B12**.
- En el **Rango X**, seleccionamos los datos de los años de **A3 hasta A12**.
- Marcamos el nivel de confianza **95%**.
- Botón **Aceptar**.

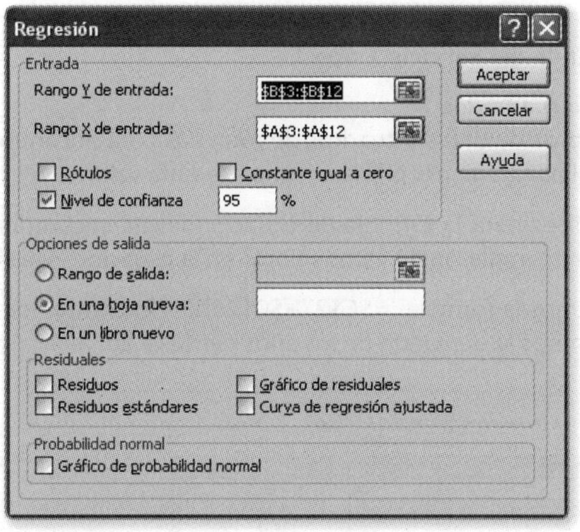

El programa genera en una nueva hoja de cálculo el siguiente cuadro de resultados, con los que elaboramos la ecuación lineal y calculamos la demanda de los próximos 10 años.

En la celda C27 digitamos = B18 y en la celda C28 digitamos =B17.

Para el AÑO 11:

- En la celda C33 digitamos 11.
- En la celda C34 digitamos C28+C27*C33.

El mismo procedimiento para los otros años.

Cuadro resultados y cálculos de la proyección

Estadísticas de la regresión	
Coeficiente de correlación múltiple	0.98889451
Coeficiente de determinación R^2	0.97791235
R^2 ajustado	0.97515139
Error típico	4.69751707
Observaciones	10

ANÁLISIS DE VARIANZA

	Grados de libertad	Suma de cuadrados	Promedio de los cuadrados	F	Valor crítico de F
Regresión	1	7815.86667	7815.866667	354.193353	6.5664E-08
Residuos	8	176.533333	22.06666667		
Total	9	7992.4			

	Coeficientes	Error típico	Estadístico t	Probabilidad	Inferior 95%	Superior 95%	Inferior 95.0%	Superior 95.0%
Intercepción	267.866667	3.20901508	83.47317169	4.732E-13	260.466665	275.266669	260.466665	275.266669
Variable X 1	9.73333333	0.51717961	18.82002533	6.5664E-08	8.54071502	10.9259516	8.54071502	10.9259516

n	10
b	9.73333333
a	267.866667

y=a+bx

Y=267.866667+9.733333*X

REEMPLACE X					
x	11	12	13	14	15
y	374.93	384.67	394.40	404.13	413.87
x	16	17	18	19	20
y	423.60	433.33	443.07	452.80	462.53

Cálculo de la demanda del Servicio 1 tipo 2

Fórmulas de Mínimo cuadrados

Elaboramos los cuadros de datos y cuadros de fórmulas para encontrar la ecuación lineal: Suma de productos, suma del cuadrado del primero, suma de cada valor.

Al encontrar los índices para la fórmula de ecuación lineal, encontramos el valor de a= 367.5333, b=27.848485, ahora reemplazamos estos valores en la ecuación Y=a+bX.

En la celda J5 digitamos la fórmula =$C$27+$C$26*I5 y encontramos el valor para el año 11, de la misma forma calculamos la demanda de los años del 12 al 20.

METODO DE MINIMOS CUADRADOS TIPO 2

PTO	X	Y	XY	X^2
1	1	450	450	1
2	2	457	914	4
3	3	453	1359	9
4	4	455	1820	16
5	5	470	2350	25
6	6	467	2802	36
7	7	487	3409	49
8	8	600	4800	64
9	9	648	5832	81
10	10	720	7200	100
SUMA	55	5207	30936	385
PROMEDIO	5.5	520.7		

REEMPLACE X	
AÑO	SERVICIO
11	673.86667
12	701.71515
13	729.56364
14	757.41212
15	785.26061
16	813.10909
17	840.95758
18	868.80606
19	896.65455
20	924.50303

a= promedio y- b* promedio x

b= nsuma(xy)-suma(x)suma (y) / nsuma(x^2)-(suma x)^2

=+(C26*E18-C18*D18)/(C26*F18-(C18)^2)

=+D19-C27*C19

n	10
b	27.848485
a	367.53333

y=a+bx

Y=367.5333+27.848485*X

Notamos que el primer método es el más práctico, con él encontramos la proyección de los otros servicios.

Cuadro con las proyecciones de los próximos 10 años

	A	B	C	D	E	F	G	H	I	J	K
1		SERVICIO 1			SERVICIO 2						
2	AÑO	TIPO 1	TIPO 2	TIPO 3	TIPO 1	TIPO 2	TIPO 3				
3	1	275.00	450	40	60	60	10				
4	2	283.00	457	45	60	60	11				
5	3	298.00	453	51	65	65	14				
6	4	311.00	455	57	70	70	16				
7	5	325.00	470	62	64	64	18				
8	6	321.00	467	67	75	75	16				
9	7	337.00	487	70	87	87	20				
10	8	349.00	600	80	100	100	22				
11	9	351.00	648	77	95	95	24				
12	10	364.00	720	95	105	105	23				
13	11	374.93	673.87	94.67	107.67	107.67	26.00				
14	12	384.67	701.72	100.17	113.04	113.04	27.56				
15	13	394.40	729.56	105.67	118.42	118.42	29.13				
16	14	404.13	757.41	111.18	123.79	123.79	30.69				
17	15	413.87	785.26	116.68	129.17	129.17	32.25				
18	16	423.60	813.11	122.18	134.55	134.55	33.82				
19	17	433.33	840.96	127.68	139.92	139.92	35.38				
20	18	443.07	868.81	133.19	145.30	145.30	36.95				
21	19	452.80	896.65	138.69	150.67	150.67	38.51				
22	20	462.53	924.50	144.19	156.05	156.05	40.07				
23											
24	AÑO	11	12	13	14	15	16	17	18	19	20
25	SER 1										
26	T1	374.93	384.67	394.40	404.13	413.87	423.60	433.33	443.07	452.80	462.53
27	T2	673.87	701.72	729.56	757.41	785.26	813.11	840.96	868.81	896.65	924.50
28	T3	94.6666667	100.169697	105.672727	111.175758	116.678788	122.181818	127.684848	133.187879	138.690909	144.193939
29	SER 2										
30	T1	107.666667	113.042424	118.418182	123.793939	129.169697	134.545455	139.921212	145.29697	150.672727	156.048485
31	T2	107.666667	113.042424	118.418182	123.793939	129.169697	134.545455	139.921212	145.29697	150.672727	156.048485
32	T3	26	27.5636364	29.1272727	30.6909091	32.2545455	33.8181818	35.3818182	36.9454545	38.5090909	40.0727273
33	SER 3	0.00	0.00	20.00	20.00	20.00	20.00	20.00	26.00	26.00	26.00
34	SER 4		0.00	100.00	100.00	100.00	100.00	100.00	130.00	130.00	130.00

Los servicios 3 y 4 tienen una proyección estimada a partir del 3er. año, estas proyecciones se calcularon teniendo en cuenta la data histórica del mercado de empresas similares y castigando en un 50 %. En otra hoja de cálculo vinculamos los resultados encontrados y los redondeamos con cero decimales.

	Q	R	S	T	U	V	W	X	Y	Z	AA
7	SERVICIO	1	2	3	4	5	6	7	8	9	10
8	SERVICIO 1										
9	TIPO 1	375.00	385.00	394.00	404.00	414.00	424.00	433.00	443.00	453.00	463.00
10	TIPO 2	674.00	702.00	730.00	757.00	785.00	813.00	841.00	869.00	897.00	925.00
11	TIPO 3	95.00	100.00	106.00	111.00	117.00	122.00	128.00	133.00	139.00	144.00
12	SERVICIO 2	0.00	0.00	0.00	0.00	0.00	0.00	0.00	0.00	0.00	0.00
13	TIPO 1	108.00	113.00	118.00	124.00	129.00	135.00	140.00	145.00	151.00	156.00
14	TIPO 2	108.00	113.00	118.00	124.00	129.00	135.00	140.00	145.00	151.00	156.00
15	TIPO 3	26.00	28.00	29.00	31.00	32.00	34.00	35.00	37.00	39.00	40.00
16	SERVIVO 3	0.00	0.00	20.00	20.00	20.00	20.00	20.00	26.00	26.00	26.00
17	SERVIVO 4		0.00	100.00	100.00	100.00	100.00	100.00	130.00	130.00	130.00
18	TOTALES										

Cálculo de ingresos e ingresos

Tenemos los siguientes precios de venta y costos de producción de los servicios.

	B	D	E
43	PRECIOS	VENTA	COSTO
44		DOLARES	DOLARES
45	SERVICIO 1		
46	TIPO 1	300.00	180.00
47	TIPO 2	400.00	200.00
48	TIPO 3	500.00	250.00
49	SERVICIO 2		
50	TIPO 1	300.00	180.00
51	TIPO 2	500.00	250.00
52	TIPO 3	1,600.00	1000.00
53	SERVIVO 3	500.00	210.00
54	SERVIVO 4	100.00	45.00

Con este cuadro de precios elaboramos el cuadro de proyección de ingresos y egresos para los próximos 10 años.

	Q	R	S	T	U	V	W	X	Y	Z	AA
20	INGRESOS PROYECCION EN 10 AÑOS EN SOLES										
21	SERVICIO	1	2	3	4	5	6	7	8	9	10
22	SERVICIO 1	429600.00	446300.00	463200.00	479500.00	496700.00	513400.00	530300.00	547000.00	564200.00	580900.00
23	TIPO 1	112500.00	115500.00	118200.00	121200.00	124200.00	127200.00	129900.00	132900.00	135900.00	138900.00
24	TIPO 2	269600.00	280800.00	292000.00	302800.00	314000.00	325200.00	336400.00	347600.00	358800.00	370000.00
25	TIPO 3	47500.00	50000.00	53000.00	55500.00	58500.00	61000.00	64000.00	66500.00	69500.00	72000.00
26	SERVICIO 2	128000.00	135200.00	140800.00	148800.00	154400.00	162400.00	168000.00	175200.00	183200.00	188800.00
27	TIPO 1	32400.00	33900.00	35400.00	37200.00	38700.00	40500.00	42000.00	43500.00	45300.00	46800.00
28	TIPO 2	54000.00	56500.00	59000.00	62000.00	64500.00	67500.00	70000.00	72500.00	75500.00	78000.00
29	TIPO 3	41600.00	44800.00	46400.00	49600.00	51200.00	54400.00	56000.00	59200.00	62400.00	64000.00
30	SERVICIO 3	0.00	0.00	10000.00	10000.00	10000.00	10000.00	10000.00	13000.00	13000.00	13000.00
31	SERVICIO 4	0.00	0.00	10000.00	10000.00	10000.00	10000.00	10000.00	13000.00	13000.00	13000.00
32	TOTALES	557600.00	581500.00	624000.00	648300.00	671100.00	695800.00	718300.00	748200.00	773400.00	795700.00
33											
34	COSTOS DE PRODUCCION PROYECCION EN 10 AÑOS EN SOLES										
35	SERVICIO	1	2	3	4	5	6	7	8	9	10
36	SERVICIO 1	226050.00	234700.00	243420.00	251870.00	260770.00	269420.00	278140.00	286790.00	295690.00	304340.00
37	TIPO 1	67500.00	69300.00	70920.00	72720.00	74520.00	76320.00	77940.00	79740.00	81540.00	83340.00
38	TIPO 2	134800.00	140400.00	146000.00	151400.00	157000.00	162600.00	168200.00	173800.00	179400.00	185000.00
39	TIPO 3	23750.00	25000.00	26500.00	27750.00	29250.00	30500.00	32000.00	33250.00	34750.00	36000.00
40	SERVICIO 2	72440.00	76590.00	79740.00	84320.00	87470.00	92050.00	95200.00	99350.00	103930.00	107080.00
41	TIPO 1	19440.00	20340.00	21240.00	22320.00	23220.00	24300.00	25200.00	26100.00	27180.00	28080.00
42	TIPO 2	27000.00	28250.00	29500.00	31000.00	32250.00	33750.00	35000.00	36250.00	37750.00	39000.00
43	TIPO 3	26000.00	28000.00	29000.00	31000.00	32000.00	34000.00	35000.00	37000.00	39000.00	40000.00
44	SERVICIO 3	0.00	0.00	4200.00	4200.00	4200.00	4200.00	4200.00	5460.00	5460.00	5460.00
45	SERVICIO 4	0.00	0.00	4500.00	4500.00	4500.00	4500.00	4500.00	5850.00	5850.00	5850.00
46	TOTALES	298490.00	311290.00	331860.00	344890.00	356940.00	370170.00	382040.00	397450.00	410930.00	422730.00

Para ver la fórmulas usadas utilizamos el icono **Mostrar fórmulas**, que se encuentra en la **ficha Fórmulas** en el grupo **Auditoría de fórmulas.**

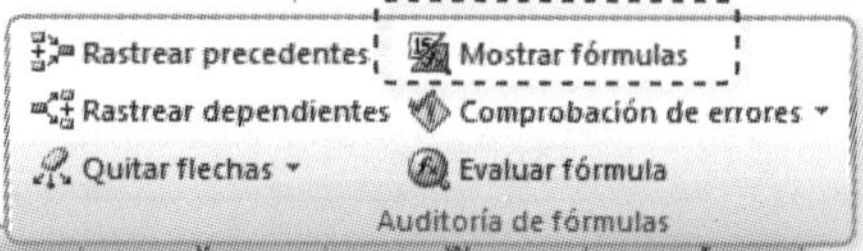

	Q	R	S	T	U	V	W	X
20	INGRESOS PROYECCION EN 10 AÑOS EN SOLES							
21	SERVICIO	1	2	3	4	5	6	7
22	SERVICIO 1	=SUMA(R23:R25)	=SUMA(S23:S25)	=SUMA(T23:T25)	=SUMA(U23:U25)	=SUMA(V23:V25)	=SUMA(W23:W25)	=SUMA(X23:X25)
23	TIPO 1	=R9*$C$46	=S9*$C$46	=T9*$C$46	=U9*$C$46	=V9*$C$46	=W9*$C$46	=X9*$C$46
24	TIPO 2	=R10*$C$47	=S10*$C$47	=T10*$C$47	=U10*$C$47	=V10*$C$47	=W10*$C$47	=X10*$C$47
25	TIPO 3	=R11*$C$48	=S11*$C$48	=T11*$C$48	=U11*$C$48	=V11*$C$48	=W11*$C$48	=X11*$C$48
26	SERVICIO 2	=SUMA(R27:R29)	=SUMA(S27:S29)	=SUMA(T27:T29)	=SUMA(U27:U29)	=SUMA(V27:V29)	=SUMA(W27:W29)	=SUMA(X27:X29)
27	TIPO 1	=R13*$C$50	=S13*$C$50	=T13*$C$50	=U13*$C$50	=V13*$C$50	=W13*$C$50	=X13*$C$50
28	TIPO 2	=R14*$C$51	=S14*$C$51	=T14*$C$51	=U14*$C$51	=V14*$C$51	=W14*$C$51	=X14*$C$51
29	TIPO 3	=R15*$C$52	=S15*$C$52	=T15*$C$52	=U15*$C$52	=V15*$C$52	=W15*$C$52	=X15*$C$52
30	SERVICIO 3	=R16*$C$53	=S16*$C$53	=T16*$C$53	=U16*$C$53	=V16*$C$53	=W16*$C$53	=X16*$C$53
31	SERVICIO 4	=R17*$C$54	=S17*$C$54	=T17*$C$54	=U17*$C$54	=V17*$C$54	=W17*$C$54	=X17*$C$54
32	TOTALES	=R31+R30+R26+R22	=S31+S30+S26+S22	=T31+T30+T26+T22	=U31+U30+U26+U22	=V31+V30+V26+V22	=W31+W30+W26+W22	=X31+X30+X26+X22
33								
34	COSTOS DE PRODUCCION PROYECCION EN 10 AÑOS EN SOLES							
35	SERVICIO	1	2	3	4	5	6	7
36	SERVICIO 1	=SUMA(R37:R39)	=SUMA(S37:S39)	=SUMA(T37:T39)	=SUMA(U37:U39)	=SUMA(V37:V39)	=SUMA(W37:W39)	=SUMA(X37:X39)
37	TIPO 1	=+R9*$E46	=+S9*$E46	=+T9*$E46	=+U9*$E46	=+V9*$E46	=+W9*$E46	=+X9*$E46
38	TIPO 2	=+R10*$E47	=+S10*$E47	=+T10*$E47	=+U10*$E47	=+V10*$E47	=+W10*$E47	=+X10*$E47
39	TIPO 3	=+R11*$E48	=+S11*$E48	=+T11*$E48	=+U11*$E48	=+V11*$E48	=+W11*$E48	=+X11*$E48
40	SERVICIO 2	=SUMA(R41:R43)	=SUMA(S41:S43)	=SUMA(T41:T43)	=SUMA(U41:U43)	=SUMA(V41:V43)	=SUMA(W41:W43)	=SUMA(X41:X43)
41	TIPO 1	=+R13*$E50	=+S13*$E50	=+T13*$E50	=+U13*$E50	=+V13*$E50	=+W13*$E50	=+X13*$E50
42	TIPO 2	=+R14*$E51	=+S14*$E51	=+T14*$E51	=+U14*$E51	=+V14*$E51	=+W14*$E51	=+X14*$E51
43	TIPO 3	=+R15*$E52	=+S15*$E52	=+T15*$E52	=+U15*$E52	=+V15*$E52	=+W15*$E52	=+X15*$E52
44	SERVICIO 3	=+R16*$E53	=+S16*$E53	=+T16*$E53	=+U16*$E53	=+V16*$E53	=+W16*$E53	=+X16*$E53
45	SERVICIO 4	=+R17*$E54	=+S17*$E54	=+T17*$E54	=+U17*$E54	=+V17*$E54	=+W17*$E54	=+X17*$E54
46	TOTALES	=R45+R44+R40+R36	=S45+S44+S40+S36	=T45+T44+T40+T36	=U45+U44+U40+U36	=V45+V44+V40+V36	=W45+W44+W40+W36	=X45+X44+X40+X36

Costo del proyecto

Este es el cuadro de precios de los equipos y locales que se necesita para implementar la empresa de servicios.

NRO	INVERSION	COSTO UNITARIO ($)	CANTIDAD	COSTO TOTAL ($)	US$
1	EQUIPO 1	45000.00	1	45,000.000	45,000.000
2	EQUIPO 2	25000.00	1	25,000.000	25,000.000
3	EQUIPO 3	15000.00	1	15,000.000	15,000.000
4	EQUIPO 4	600.00	50	30,000.000	30,000.000
5	LOCAL 1	17000.00	1	17,000.000	17,000.000
6	LOCAL 2	51000.00	1	51,000.000	51,000.000
TOTAL INVERSION				183,000.000	183,000.000

A esto se le debe adicionar el costo para la puesta en marcha que es de $ 6,500 dólares. La suma total es de $ 189,500 dólares, que serán afrontados por los socios y por un préstamo.

NRO	DETALLE	US$
1	TOTAL INVERSION	183,000.000
2	TOTAL PUESTA EN MARCHA	6,500.000
TOTAL DE INVERSION INCIAL		189,500.000
	CAPITAL DE APORTE DE LOS SOCIOS	94,750.000
	MONTO A FINANCIAR	94,750.000

Cálculo valor residual

El valor residual lo encontraremos con el método contable, los equipos tienen una depreciación de 10% anual y los locales de un 3%.

Valor Mercado
Los equipos y locales dentro de 10 años tienen un valor de venta de :

Equipo 1	$ 15,000
Equipo 2	$ 5,000
Equipo 3	$ 3,500
Equipo 4	$ 00
Local 1	$ 11,900
Local 2	$ 35,700

Con estos valores elaboramos el siguiente cuadro:

DEPRECIACION

DESCRIPCION	VALOR ADQUISION	%	ANUAL	10 AÑOS	AÑO 1 AL 4	AÑO 5	AÑO DEL 6 AL 10	TOTAL
EQUIPO 1	45,000.000	10	4500.00	45,000.00	4,500.00	4,500.00	4,500.00	45,000.00
EQUIPO 2	25,000.000	10	2500.00	25,000.00	2,500.00	2,500.00	2,500.00	25,000.00
EQUIPO 3	15,000.000	10	1500.00	15,000.00	1,500.00	1,500.00	1,500.00	15,000.00
EQUIPO 4	30,000.000	10	3000.00	30,000.00	3,000.00	3,000.00	3,000.00	30,000.00
LOCAL 1	17,000.000	3	510.00	5,100.00	510.00	510.00	510.00	5,100.00
LOCAL 2	51,000.000	3	1530.00	15,300.00	1,530.00	1,530.00	1,530.00	15,300.00
TOTALES	**183,000.000**		**13,540.000**	**135,400.00**	**13,540.00**	**13,540.00**	**13,540.00**	**135,400.00**

VALOR RESIDUAL METODO CONTABLE

	(1)	(2)	(3)=(1)-(2)	(4)	(5)=(4)-(3)	(6)=30%(5)	(7)=(5)-(6)	(8)=(3)+(7)
	V Adq	D. Acum	Valor Libros	V MCDO	I EXT	Impto	I neto	V Res
EQUIPO 1	45,000.00	45,000.00	0.00	15,000.00	15,000.00	4,500.00	10,500.00	**10,500.00**
EQUIPO 2	25,000.00	25,000.00	0.00	5,000.00	5,000.00	1,500.00	3,500.00	**3,500.00**
EQUIPO 3	15,000.00	15,000.00	0.00	3,500.00	3,500.00	1,050.00	2,450.00	**2,450.00**
EQUIPO 4	30,000.00	30,000.00	0.00	0.00	0.00	0.00	0.00	**0.00**
LOCAL 1	17,000.00	5,100.00	11,900.00	20,400.00	8,500.00	2,550.00	5,950.00	**17,850.00**
LOCAL 2	51,000.00	15,300.00	35,700.00	61,200.00	25,500.00	7,650.00	17,850.00	**53,550.00**
	183,000.00	**135,400.00**	**47,600.00**	**105,100.00**	**57,500.00**	**17,250.00**	**40,250.00**	**87,850.00**

- Encontramos la depreciación anual y la depreciación acumulada en los 10 años.
- El Valor en libros = Valor de Adquisición – Depreciación Acumulada.

- Ingreso Extraordinario= Valor de mercado-Valor en libros.
- Impuestos del 30%= Ingreso extraordinario * 30%.
- Ingreso Neto= Ingreso Extraordinario - Impuestos del 30%.
- Valor Residual= Valor en libro - Ingreso neto.

Con estos datos elaboramos el primer cuadro de flujo de caja con valor residual

	B	C	D	E	F	G	H	I	J
24	FLUJO DE CAJA CON VALOR RESIDUAL								
25									
26		0	1	2	3	4	5	6	7
27	INGRESO		557,600.00	581,500.00	624,000.00	648,300.00	671,100.00	695,800.00	718,300.00
28	INVERSIÓN								
29	EQUIPO 1	-45,000.000							
30	EQUIPO 2	-25,000.000							
31	EQUIPO 3	-15,000.000							
32	EQUIPO 4	-30,000.000							
33	LOCAL 1	-17,000.000							
34	LOCAL 2	-51,000.000							
35	CAMBIO DE CAPITAL	0.000		-5142.50					-3852.5
36	EGRESOS		-298490.00	-311290.00	-331860.00	-344890.00	-356940.00	-370170.00	-382040.00
37	GASTOS ADMINISTRATIVOS		-151,848.96	-151848.96	-151848.96	-151848.96	-151848.96	-151848.96	-151848.96
38	FLUJO DE CAJA	-183000.00	107261.04	113218.54	140291.04	151561.04	162311.04	173781.04	180558.54
39									
40	CAMBIO DE CAPITAL ES EL 25% DE LOS COSTOS VARIABLES								
41									
42									
43	CAMBIO DE CAPITAL	AÑO A	AÑO A+1	(AÑO A+1-AÑO A)/4					

Los valores de gastos administrativos serán calculados más adelante.
El cambio de capital es el 25 % de los costos variable (costos de producción directos), se darán en el año 2 y año 7.

Cálculo del monto de financiamiento

El monto que se debe financiar tiene dos alternativas que evaluaremos para determinar el más adecuado.
La primera tiene una tasa anual de 12% y se pagará en 5 cuotas.

	B	C	D	E	F	G	H
1	TALLER						
2							
3	ALTERNATIVA 1						
4							
5	MONTO A FINANCIAR	94750		NRO CUOTAS	5		
6				PAGO	(S/. 26,284.57)		
7							
8	PRESTAMO	CUOTA	INTERES	AMORTIZACIÓN	SALDO	AMORTIZACION	
9	n		12.00%			ACUMULADA	
10	0				94,750.00	-	
11	1	26,284.57	11,370.00	14,914.57	79,835.43	14,914.57	
12	2	26,284.57	9,580.25	16,704.32	63,131.11	31,618.89	
13	3	26,284.57	7,575.73	18,708.84	44,422.27	50,327.73	
14	4	26,284.57	5,330.67	20,953.90	23,468.37	71,281.63	
15	5	26,284.57	2,816.20	23,468.37	0.00	94,750.00	
18	IMPUESTOS	30%					
19			AÑOS				
20	F FINANCIAMIENTO	0	1	2	3	4	5
21	GASTOS FINANCIEROS		11,370.00	9,580.25	7,575.73	5,330.67	2,816.20
22	Ahorro en impuestos		3,411.00	2,874.08	2,272.72	1,599.20	844.86
23	Costos despues impuestos		7,959.00	6,706.18	5,303.01	3,731.47	1,971.34
24							
25	Amortiza principal		14,914.57	16,704.32	18,708.84	20,953.90	23,468.37
26	Préstamo	94,750.00					
27	Flujo neto	94,750.00	-22,873.57	-23,410.50	-24,011.85	-24,685.37	-25,439.71

En este cuadro mostramos las fórmulas utilizadas para el cálculo de los intereses, amortizaciones, ahorro de impuestos y flujo neto.

	A	B	C	D	E	F	G	H
3		ALTERNATIVA 1						
4								
5		MONTO A FINANCIAR	=+'INVERSION FIJA'!F46		NRO CUOTAS	5		
6					PAGO	=PAGO(D9,F5,F10)		
7								
8		PRESTAMO	CUOTA	INTERES	AMORTIZACIÓN	SALDO	AMORTIZACION ACUMULADA	
9		n		0.12				
10		0				=+C5	=SUMA(E10:E$10)	
11		1	=-F6	=F10*$D$9	=C11-D11	=F10-E11	=SUMA(E$10:E11)	
12		2	=C11	=F11*$D$9	=C12-D12	=F11-E12	=SUMA(E$10:E12)	
13		3	=C12	=F12*$D$9	=C13-D13	=F12-E13	=SUMA(E$10:E13)	
14		4	=C13	=F13*$D$9	=C14-D14	=F13-E14	=SUMA(E$10:E14)	
15		5	=C14	=F14*$D$9	=C15-D15	=F14-E15	=SUMA(E$10:E15)	
18		IMPUESTOS	0.3					
19				AÑOS				
20		F FINANCIAMIENTO	0	1	2	3	4	5
21		GASTOS FINANCIEROS		=D11	=D12	=D13	=D14	=D15
22		Ahorro en impuestos		=D21*$C$18	=E21*$C$18	=F21*$C$18	=G21*$C$18	=H21*$C$18
23		Costos despues impuestos		=D21-D22	=E21-E22	=F21-F22	=G21-G22	=H21-H22
24								
25		Amortiza principal		=E11	=E12	=E13	=+E14	=+E15
26		Préstamo	=F10					
27		Flujo neto	=SUMA(C26)	=-SUMA(D23:D26)	=-SUMA(E23:E26)	=-SUMA(F23:F26)	=-SUMA(G23:G26)	=-SUMA(H23:H26)

VALOR RESIDUAL CAP FC / FINANCIAMIENTO / INGRESOS E EGRESOS / PLANILLA GAST ADMI / EEPPGG / FCE / EEPPGGFINACIERO

Segunda alternativa

Cuadro para la segunda alternativa; tiene 6 cuotas y tasa del 12% y se paga a partir del 2 año.

	A	B	C	D	E	F	G	H	I
36		ALTERNATIVA 2							
37		FINANCIAMIENTO DE CUOTAS FIJAS CON UN AÑO DE GRACIA							
38									
39		MONTO A FINACIAR		94750					
40									
41					FORMULA DE PAGO				
42		PAGO =R	29438.72						
43		PRESTAMO	94750.00						
44		K	1.00						
45		n	5.00						
46		i	0.12						
47									
49		TABLA DE AMORTIZACIONES							
50									
51		NRO	CUOTAS	INTERES	AMORTIZACION	SALDO	INTERES DE CAPITAL		
52		0				94,750.00			
53		1		-	-	106,120.00	11,370.00		
54		2	29,438.72	12,734.40	16,704.32	89,415.68			
55		3	29,438.72	10,729.88	18,708.84	70,706.84			
56		4	29,438.72	8,484.82	20,953.90	49,752.94			
57		5	29,438.72	5,970.35	23,468.37	26,284.57			
58		6	29,438.72	3,154.15	26,284.57	0.00			
59									
60									
61		IMPUESTOS	30%	AÑOS					
62		F FINANCIAMIENTO	0	1	2	3	4	5	6
63		Gastos financieros		-	12,734.40	10,729.88	8,484.82	5,970.35	3,154.15
64		Ahorro en impuestos		0.00	3,820.32	3,218.96	2,545.45	1,791.11	946.24
65		Costos despues imptos		0.00	8,914.08	7,510.92	5,939.37	4,179.25	2,207.90
66									
67		Amortiza principal		0.00	16,704.32	18,708.84	20,953.90	23,468.37	26,284.57
68		Préstamo	94,750.00						
69		Flujo neto	94,750.00	0.00	-25,618.40	-26,219.76	-26,893.27	-27,647.61	-28,492.48
70		VPN	-86,299.87						
71		VAN	8,450.13						

FORMULA DE PAGO

$$R = P(1+i)^k \times \left[\frac{i}{1-(1+i)^{-n}}\right]$$

VALOR RESIDUAL CAP FC / FINANCIAMIENTO / INGRESOS E EGRESOS / PLANILLA GAST ADMI

Con los valores obtenidos hacemos el análisis del Valor actual neto, para eso ponemos una tasa igual para las dos alternativas y usamos la fórmula valor neto actual **(VNA).**

Para la **primera** alternativa seleccionamos la tasa del 10% que se encuentra en la celda C80 y usamos los valores del flujo neto de D27 hasta H27.

Para la segunda alternativa seleccionamos la tasa del 10% que se encuentra en la celda D80 y usamos los valores del flujo neto de D69 hasta I69.

El valor neto será la suma del préstamo con el VNA del flujo neto de cada uno.

	A	B	C	D
78				
79		ANALISIS DE ALTERNATIVAS	ALTERNATIVA 1	ALTERNATIVA 2
80		TASA PARA COMPARAR	0.1	0.1
81		VA PAGOS	=+VNA(C80,D27:H27)	=+VNA(D80,D69:I69)
82		VAN	=+C68+C81	=+C69+D81
83				

	A	B	C	D
78				
79		ANALISIS DE ALTERNATIVAS	ALTERNATIVA 1	ALTERNATIVA 2
80		TASA PARA COMPARAR	10%	10%
81		VA PAGOS	-90839	-92490
82		VAN	3911	2260
83				
84		USAMOS LA ALTERNATIVA 2		

Usamos la segunda alternativa

Obtenemos los valores de $ 3,911 y $ 2,260. A primera impresión utilizaríamos la primera alternativa, pero la diferencia es de $ 1,651 que se compensa porque la segunda alternativa se paga al segundo año, dejándonos mayor liquidez.

Estado de pérdidas y ganancias económicas

Para elaborar el siguiente cuadro tenemos los siguientes datos: gastos administrativos anuales de $ 151,846 dólares, el ingreso extraordinario al décimo año es $ 57,500, la depreciación es $ 13,540 y los impuestos son del 30% (datos obtenidos de cuadros anteriores).

TALLER DE COSTOS

ESTADO DE PERDIDAS Y GANANCIAS

Periodo	Año 0	Año 1	Año 2	Año 3	Año 4	Año 5	Año 6	Año 7	Año 8	Año 9	Año 10
+INGRESOS por ventas		557,600	581,500	624,000	648,300	671,100	695,800	718,300	748,200	773,400	795,700
Ingreso por venta activos											57,500
COSTOS OPERATIVOS											
SERVICIO 1		226,050	234,700	243,420	251,870	260,770	269,420	278,140	286,790	295,690	304,340
TIPO 1		67,500	69,300	70,920	72,720	74,520	76,320	77,940	79,740	81,540	83,340
TIPO 2		134,800	140,400	146,000	151,400	157,000	162,600	168,200	173,800	179,400	185,000
TIPO 3		23,750	25,000	26,500	27,750	29,250	30,500	32,000	33,250	34,750	36,000
SERVICIO 2		72,440	76,590	79,740	84,320	87,470	92,050	95,200	99,350	103,930	107,080
TIPO 1		19,440	20,340	21,240	22,320	23,220	24,300	25,200	26,100	27,180	28,080
TIPO 2		27,000	28,250	29,500	31,000	32,250	33,750	35,000	36,250	37,750	39,000
TIPO 3		26,000	28,000	29,000	31,000	32,000	34,000	35,000	37,000	39,000	40,000
SERVICIO 3		0	0	4,200	4,200	4,200	4,200	4,200	5,460	5,460	5,460
SERVICIO 4		0	0	4,500	4,500	4,500	4,500	4,500	5,850	5,850	5,850
TOT GAST OPER		298,490	311,290	331,860	344,890	356,940	370,170	382,040	397,450	410,930	422,730
DEPRECIACION		-13,540	-13,540	-13,540	-13,540	-13,540	-13,540	13,540	-13,540	13,540	-13,540
SUBTOTAL		245,570	256,670	278,600	289,870	300,620	312,090	349,800	337,210	376,010	359,430
GASTOS ADMINISTRATIVOS		-151,849	-151,849	-151,849	-151,849	-151,849	-151,849	-151,849	-151,849	-151,849	-151,849
UTILIDAD OPERATIVA		93,721	104,821	126,751	138,021	148,771	160,241	197,951	185,361	224,161	207,581
- IMPUESTOS (30%)		-28,116	-31,446	-38,025	-41,406	-44,631	-48,072	-59,385	-55,608	-67,248	-62,274
UTILIDAD NETA		121,837	136,267	164,776	179,427	193,402	208,313	257,336	240,969	291,409	269,855

VALOR RESIDUAL CAP FC | FINANCIAMIENTO | INGRESOS E EGRESOS | PLANILLA GAST ADMI | EEPPGG | FCE | EEPPGGFINACIERO | COK | FC

Costo de oportunidad

El costo de oportunidad lo calculamos con las tasas de interés que la multiplicamos por el porcentaje que aporta cada uno de ellos.

En el préstamo usamos la tasa de 12% y es 50 % del monto total.
El aporte del capital de los socios también es del 50% y la tasa por invertir en este negocio es 20% (se estima que es lo que dejaría de ganar en otro negocio).

El costo de oportunidad, entonces, es la suma de los productos del % del monto y las tasas de interés.

En la celda E4 digitamos = C4* D4
En la celda E5 digitamos = C5* D5
En la celda E6 digitamos = E4 + E5

COSTO DE OPORTUNIDAD			
	% MONTO	TASA	PROD
PRESTAMO	50%	0.12	0.06
CAPITAL DE SOCIOS	50%	0.2	0.1
		COK	0.16

Costo de oportunidad = 16%

El porcentaje del costo de oportunidad también se obtiene del % que el mercado nos da, es decir el % que rinden servicios iguales o similares al que estamos evaluando.
Usaremos este costo de oportunidad del 16% para calcular el VAN y el TIR.

Flujo de caja económico

Es flujo de caja de ingresos y egresos que se darán en 10 años sin tomar en cuenta los gastos financieros.

FLUJO DE CAJA ECONOMICO

Periodo		Año 0	Año 1	Año 2	Año 3	Año 4	Año 5	Año 6	Año 7	Año 8	Año 9	Año 10
+INGRESOS por ventas			557,600	581,500	624,000	648,300	671,100	695,800	718,300	748,200	773,400	795,700
COSTOS DE PRODUCCION			-298,490	-311,290	-331,860	-344,890	-356,940	-370,170	-382,040	-397,450	-410,930	-422,730
INVERSION												
	EQUIPO 1	-45,000										15,000
	EQUIPO 2	-25,000										5,000
	EQUIPO 3	-15,000										3,500
	EQUIPO 4	-30,000										0
	LOCAL 1	-17,000										20,400
	LOCAL 2	-51,000										61,200
GASTOS ADMINISTRATIVOS			-151,849	-151,849	-151,849	-151,849	-151,849	-151,849	-151,849	-151,849	-151,849	-151,849
IMPUESTOS			-28,116	-31,446	-38,025	-41,406	-44,631	-48,072	-59,385	-55,608	-67,248	-62,274
FLUJO DE CAJA ECONOMICO		-183,000	79,145	86,915	102,266	110,155	117,680	125,709	125,026	143,293	143,373	263,947

COK	16.00%
VAN	S/. 552,278.24
VALOR ACTUAL NETO	369,278.24
TIR	52%

=VNA(C19,D17:M17)
=+C20+C17
=TIR(C17:M17)

FINANCIAMIENTO / INGRESOS Y EGRESOS / PLANILLA GAST ADMI / EEPPGG / FCE / EEPPGGFINACIERO / COK / FCF / INGRESOS / EGRESOS

Los ingresos, costos de producción, los obtenemos de las tablas anteriores, vinculando con la hoja de INGRESOS Y EGRESOS.

Por ejemplo, el valor de ingresos del año 2 (celda E4) lo obtenemos al digitar la fórmula ='INGRESOS Y EGRESOS'!R32.

El VAN del flujo en los años es = VNA(C9,D17:M177) y el valor actual neto total = C17-C20 , que nos da una suma de $369,278.24

La Tasa de retorno interna es =TIR(C17:M17) y arroja un valor de 52%, es decir que nuestro proyecto está económicamente aceptable.

Estado de pérdidas y ganancias financiero

Al estado de pérdidas y ganancias económico le sumamos los gastos financieros (que se encuentra en la hoja de FINANCIAMIENTO).

ESTADO DE PERDIDAS Y GANANCIAS

Periodo	Año 1	Año 2	Año 3	Año 4	Año 5	Año 6	Año 7	Año 8	Año 9	Año 10
+INGRESOS por ventas	557,600	581,500	624,000	648,300	671,100	695,800	718,300	748,200	773,400	795,700
Ingreso por venta activos										57,500
COSTOS OPERATIVOS										
SERVICIO 1	226,050	234,700	243,420	251,870	260,770	269,420	278,140	286,790	295,690	304,340
TIPO 1	67,500	69,300	70,920	72,720	74,520	76,320	77,940	79,740	81,540	83,340
TIPO 2	134,800	140,400	146,000	151,400	157,000	162,600	168,200	173,800	179,400	185,000
TIPO 3	23,750	25,000	26,500	27,750	29,250	30,500	32,000	33,250	34,750	36,000
SERVICIO 2	72,440	76,590	79,740	84,320	87,470	92,050	95,200	99,350	103,930	107,080
TIPO 1	19,440	20,340	21,240	22,320	23,220	24,300	25,200	26,100	27,180	28,080
TIPO 2	27,000	28,250	29,500	31,000	32,250	33,750	35,000	36,250	37,750	39,000
TIPO 3	26,000	28,000	29,000	31,000	32,000	34,000	35,000	37,000	39,000	40,000
SERVICIO 3	0	0	4,200	4,200	4,200	4,200	4,200	5,460	5,460	5,460
SERVICIO 4	0	0	4,500	4,500	4,500	4,500	4,500	5,850	5,850	5,850
TOT GAST OPER	298,490	311,290	331,860	344,890	356,940	370,170	382,040	397,450	410,930	422,730
DEPRECIACION	-13,540	-13,540	-13,540	-13,540	-13,540	-13,540	13,540	-13,540	13,540	-13,540
SUBTOTAL	245,570	256,670	278,600	289,870	300,620	312,090	349,800	337,210	376,010	359,430
GASTOS ADMINISTRATIVOS	-151,849	-151,849	-151,849	-151,849	-151,849	-151,849	-151,849	-151,849	-151,849	-151,849
GASTOS FINANCIEROS	0	0	-12,734	-10,730	-8,485	-5,970	-3,154	0	0	0
UTILIDAD OPERATIVA	93,721	104,821	114,017	127,291	140,286	154,271	194,797	185,361	224,161	207,581
- IMPUESTOS (30%)	-28,116	-31,446	-34,205	-38,187	-42,086	-46,281	-58,439	-55,608	-67,248	-62,274
UTILIDAD NETA	65,605	73,375	79,812	89,104	98,200	107,989	136,358	129,753	156,913	145,307

FINANCIAMIENTO / INGRESOS Y EGRESOS / PLANILLA GAST ADMI / EEPPGG / FCE / EEPPGGFINACIERO / COK / FCF / INGRESOS / EGRESOS

Flujo de caja financiero

Al flujo de caja económico le estamos agregando la parte financiera, en este caso estamos poniendo el servicio de deuda, los intereses y las amortizaciones.

FLUJO DE CAJA FINANCIERA

Periodo	Año 0	Año 1	Año 2	Año 3	Año 4	Año 5	Año 6	Año 7	Año 8	Año 9	Año 10
+INGRESOS por ventas		557,600	581,500	624,000	648,300	671,100	695,800	718,300	748,200	773,400	795,700
COSTOS DE PRODUCCION		-298,490	-311,290	-331,860	-344,890	-356,940	-370,170	-382,040	-397,450	-410,930	-422,730
INVERSION											
CAMION TIPO1	-45,000										15,000
CAMION TIPO2	-25,000										5,000
CAMION TIPO3	-15,000										3,500
EQUIPOS	-30,000										0
LOCAL 1	-17,000										20,400
LOCAL 2	-51,000										61,200
GASTOS ADMINISTRATIVOS		-151,849	-151,849	-151,849	-151,849	-151,849	-151,849	-151,849	-151,849	-151,849	-151,849
IMPUESTOS		-28,116	-31,446	-38,025	-41,406	-44,631	-48,072	-59,385	-55,608	-67,248	-62,274
FLUJO DE CAJA ECONOMICO	-183,000	79,145	86,915	102,266	110,155	117,680	125,709	125,026	143,293	143,373	263,947
SERVICIO DE DEUDA	94,750										
- Intereses		0	-12,734	-10,730	-8,485	-5,970	-3,154				
- Amortización de deuda		0	-16,704	-18,709	-20,954	-23,468	-26,285				
FLUJO DE FINANCIAMIENTO NETO			-29,439	-29,439	-29,439	-29,439	-29,439				
FLUJO DE CAJA FINANCIERO	-88,250	79,145	57,476	72,827	80,716	88,241	96,270	125,026	143,293	143,373	263,947

COK	16.00%	
VAN	S/. 469,182.54	=VNA(C26,D24:M24)
VAN TOTAL	S/. 380,932.54	=+C24+C27
TIR	85%	=TIR(C24:M24)

FINANCIAMIENTO / INGRESOS Y EGRESOS / PLANILLA GAST ADMI / EEPPGG / FCE / EEPPGGFINACIERO / COK / FCF / INGRESOS / EGRESOS

Hemos calculado el valor actual neto =VNA(C26,D24:M24) y el valor neto total obteniendo el valor de $ 380,932.54 y un valor del TIR(C24:M24) del 85%, con lo que nuestro proyecto es altamente rentable.

• FUNCIONES MATEMÁTICAS Y TRIGONOMÉTRICAS

ALEATORIO Devuelve un número aleatorio mayor o igual que 0 y menor que 1:

=ALEATORIO()

ALEATORIO.ENTRE Devuelve un número aleatorio entre dos números que uno determine:

=ALEATORIO.ENTRE(inferior, superior)

FACT Calcula el factorial de un número:

=FACT(Número)

Ejemplo 1:

- En la columna C usamos la función **=ALEATORIO()**
- En la columna D usamos la función **=ALEATORIA.ENTRE(0,20)**
- En la columna E usamos la función **FACT(D3)**

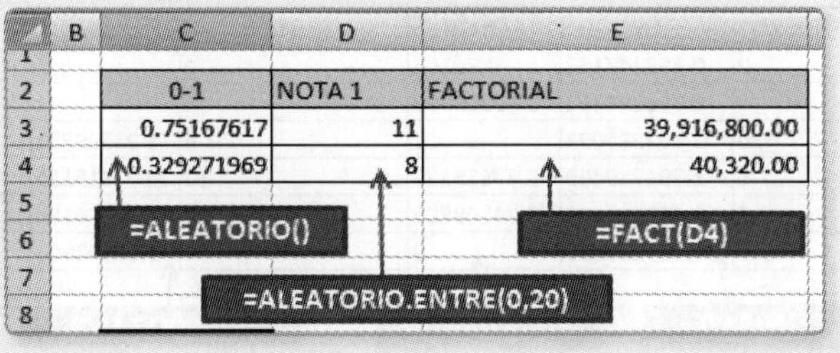

- Si copiamos una de las celdas de aleatorio, cambia todos los otros valores en forma automática.

LN Devuelve el logaritmo natural de un número:

=LN(Número)

LOG Devuelve el logaritmo de un número con la base:

=LOG(Número, Base)

LOG10 Devuelve el logaritmo de un número con la base 10:

=LOG10(Número)

Ejemplo 2:

Encontrar los valores de la siguiente tabla:

	A	B	C	D	E	F
10						
11		NÚMEROS	LN	LOG10	BASE	LOG
12		2			2	
13		4			4	
14		10			6	
15		6			10	
16		7			5	
17		100			4	
18						

- En la columna C usamos la función =LN(B12)
- En la columna D usamos la función =LOG10(B12)
- En la columna E usamos la función =LOG(B12,E12)
- Y copiamos a toda columna.

	A	B	C	D	E	F
10						
11		NÚMEROS	LN	LOG10	BASE	LOG
12		2	0.693147181	0.30103	2	1
13		4	1.386294361	0.60205999	4	1
14		10	2.302585093	1	6	1.28509721
15		6	1.791759469	0.77815125	10	0.77815125
16		7	1.945910149	0.84509804	5	1.20906196
17		100	4.605170186	2	4	3.32192809
18						
19		=LN(B17)		=LOG10(B17)	=LOG(B17,E17)	

M.C.D Encuentra el máximo común divisor de los números.

=M.C.D(Número 1, Número 2, Número 3,.....)

M.C.M Encuentra el mínimo común múltiplo de los números.

=M.C.M(Número 1, Número 2, Número 3,.....)

Ejemplo:

Encontrar el mínimo común múltiplo y el máximo común divisor de los números.

	G	H	I	J	K	L	M
10							
11		NRO 1	NRO 2	NRO 3	NRO 4	M.C.M	MCD
12		2	4	36	24		
13		4	8	32	16		
14		40	25	80	5		
15		16	100	4	44		
16		25	15	12	36		
17		16	64	48	24		
18		72	48	36	24		
19		24	16	36	48		

- En la columna L usamos la función = M.C.M(H12:K12)
- En la columna M usamos la función = M.C.D(H12:K12)
- Y copiamos al resto de celdas.

	NRO 1	NRO 2	NRO 3	NRO 4	M.C.M	MCD
12	2	4	36	24	72	2
13	4	8	32	16	32	4
14	40	25	80	5	400	5
15	16	100	4	44	4400	4
16	25	15	12	36	900	1
17	16	64	48	24	192	8
18	72	48	36	24	144	12
19	24	16	36	48	144	4

=M.C.M(H19:K19)

=M.C.D(H19:K19)

MDETERM Devuelve la matriz determinante de una matriz. Igual número de filas y columnas.

=MDETERM(MATRIZ)

MINVERSA Devuelve la matriz inversa de una matriz. Igual número de filas y columnas.

=MDETERM(MATRIZ)

MMULT Devuelve el producto de dos matrices. El número de filas de la primera matriz debe ser el número de c olumnas de la segunda y el número de columnas de la primera matriz el mismo número de filas de la segunda.

=MMULT(MATRIZ1,MATRIZ2)

Ejemplo:

Encontrar la determinante, la inversa y el producto de las matrices según el cuadro.

MATRIX 1		
3	4	5
12	16	12
1	3	10

MATRIX 2			
8	10	8	6
10	8	4	8
4	8	6	6
1	12	4	2

MATRIX 3
2
3
5
6

	MATRIX 1	MATRIX 2
MATRIX DETERMINANTE		
MATRIX INVERSA		

PRODUCTO DE MATRICES 2 Y 3	

- En la celda **Q19** **=MDETERM(O12:Q14)**
- En la celda **R19** **=MDETERM(S12:V15)**
- En la celda **Q20** **=MINVERSA(O12:Q14)**

- En la celda **R20** **=MINVERSA (S12:V15)**
- Y en la celda **W17** **=MMULT(S12:V15,X12:X15)**

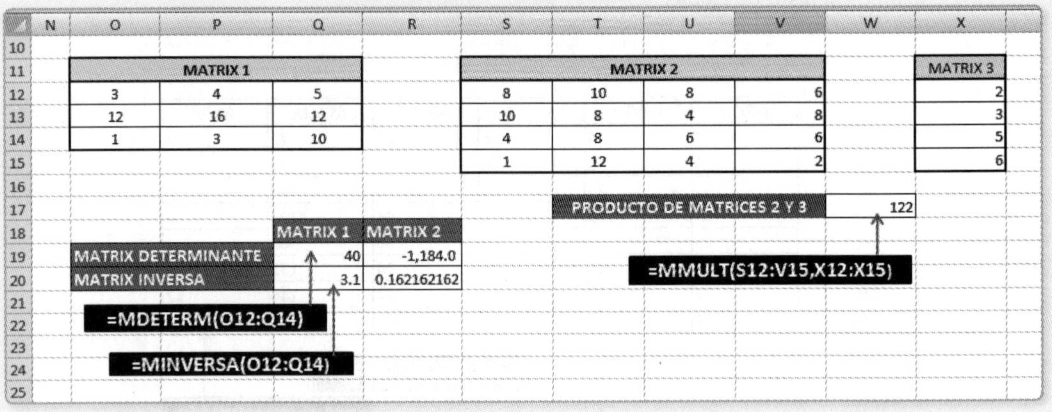

PI Valor constante 3.14159265.................

=PI()

GRADOS Convierte radianes en grados sexagesimales.

=GRADOS(ángulo)

RADIANES Convierte grados sexagesimales en radianes:

=RADIANES(ángulo)

SENO Devuelve el valor seno del ángulo dado, el ángulo debe estar en radianes:

=SENO(ángulo)

COSENO Devuelve el valor coseno del ángulo dado, el ángulo debe estar en radianes:

=COS(ángulo)

TANGENTE Devuelve el valor, tangente seno del ángulo dado, el ángulo debe estar en radianes:

=TAN(ángulo)

ARCO SENO Devuelve el valor seno del ángulo dado, el ángulo debe estar en radianes:

=ASENO(ángulo)

ARCO COSENO Devuelve el valor coseno del ángulo dado, el ángulo debe estar en radianes:

=ACOS(ángulo)

ARCO TANGENTE Devuelve el valor tangente seno del ángulo dado, el ángulo debe estar en radianes:

=ATAN(ángulo)

Ejemplo:

Encontrar los valores del seno, coseno, tangente y arcos de los ángulos.

GRADO	RADIANES	SENO	COSENO	TANGENTE	ARCO SENO	ARCO COSENO	ARCO TANGENTE	GRADO
0								
30								
45								
270								
165								

- La función seno trabaja con ángulos radianes, por eso debemos de transformar los grados sexagesimales en radianes.
- En la celda C3 =RADIANES(B3)
- En la celda D3 =SENO(C3)
- En la celda E3 =COS(C3)
- En la celda F3 =TAN(C3)
- En la celda G3 =ASENO(D3)
- En la celda H3 =ACOS(E3)
- En la celda I3 =ATAN(F3)
- Los valores de los arcos están en radianes, los pasamos a grados sexagesimales,
- En la celda J3 =GRADOS(G3).

GRADO	RADIANES	SENO	COSENO	TANGENTE	ARCO SENO	ARCO COSENO	ARCO TANGENTE	GRADO
0	0	0	1	0	0	0	0	0
30	0.5235988	0.5	0.8660254	0.57735027	0.52359878	0.523598776	0.523598776	30
45	0.7853982	0.7071068	0.70710678	1	0.78539816	0.785398163	0.785398163	45
270	4.712389	-1	-1.838E-16	5.4415E+15	-1.57079633	1.570796327	1.570796327	90
165	2.8797933	0.258819	-0.9659258	-0.26794919	0.26179939	2.879793266	-0.261799388	-15

=RADIANES(B7)
=SENO(C7)
=COS(C7)
=TAN(C7)
=ASENO(D7)
=ACOS(E7)
=ATAN(F7)
=GRADOS(I7)

TALLER E: MATRICES

RESOLVER ECUACIONES CON MATRICES

Para resolver ecuaciones con varias variables debemos tener igual número de ecuaciones con número de variables. Para resolver utilizando el sistema matricial debemos crear una matriz de igual número de filas y columnas, luego encontrar su matriz inversa y multiplicarla con la matriz de resultados.

- **PARTE 1**

Usando las siguientes ecuaciones encontrar las variables:

5*X+4*Y+10*Z-12=0

10*X+5*Y-10=0

X+6*Y+15*Z-5=0

Debemos crear la matriz 1 y la matriz 2 con los valores de las ecuaciones. La matriz 1 con los valores constantes de las variables y la matriz 2 con los resultados.

	A	B	C	D	E	F	G	H
1		X	Y	Z				
2		MATRIZ 1					MATRIZ 2	
3		5	4	10			12	
4		10	5	0			10	
5		1	6	15			5	
6								

• Matriz inversa

Para resolver las ecuaciones primero debemos aplicar la matriz inversa de la matriz 1.

	A	B	C	D	E	F	G	H
1		X	Y	Z				
2		MATRIZ 1					MATRIZ 2	
3		5	4	10			12	
4		10	5	0			10	
5		1	6	15			5	
6								
7								
8		MATRIZ INVERSA 1					MMULT	
9						X=		
10						Y=		
11						Z=		
12								

Encontrar la inversa de la Matriz 1

- Seleccionamos las celdas B9:D11.
- Escribimos la función =MINVERSA(B3:D5).
- Presionamos las teclas CTRL + SHIFT + ENTER.

	A	B	C	D	E
1		X	Y	Z	
2		MATRIZ 1			
3		5	4	10	
4		10	5	0	
5		1	6	15	
6					
7					
8		MATRIZ INVERSA 1			
9		=MINVERSA(B3:D5)		0.15384615	
10		-0.46153846	0.2	0.30769231	
11		0.16923077	-0.08	-0.04615385	

- Con esto encontramos la matriz inversa de la matriz 1.

	A	B	C	D
1		X	Y	Z
2		MATRIZ 1		
3		5	4	10
4		10	5	0
5		1	6	15
6				
7				
8		MATRIZ INVERSA 1		
9		0.23076923	1.1102E-17	-0.15384615
10		-0.46153846	0.2	0.30769231
11		0.16923077	-0.08	-0.04615385

• Multiplicación de matrices

Ahora multiplicamos la inversa de la matriz 1 con la matriz 2, para encontrar los resultados de las variables.

- Seleccionamos las celdas G9:G11.
- Escribimos la función =MMULT(B9:D11, G3:G5).
- Presionamos las teclas CTRL + SHIFT + ENTER.

MDETERM =MMULT(B9:D11,G3:G5

	A	B	C	D	E	F	G	H
1		X	Y	Z				
2		MATRIZ 1					MATRIZ 2	
3		5	4	10			12	
4		10	5	0			10	
5		1	6	15			5	
6								
7								
8		MATRIZ INVERSA 1					MMULT	
9		0.23076923	1.1102E-17	-0.15384615		X=	=MMULT(B9:D11,G3:G5	
10		-0.46153846	0.2	0.30769231		Y=	MMULT(matriz1, matriz2)	
11		0.16923077	-0.08	-0.04615385		Z=		

- Y aparecen los resultados de las variables.

	A	B	C	D	E	F	G
1		X	Y	Z			
2		MATRIZ 1					MATRIZ 2
3		5	4	10			12
4		10	5	0			10
5		1	6	15			5
6							
7							
8		MATRIZ INVERSA 1					MMULT
9		0.23076923	1.1102E-17	-0.15384615		X=	2
10		-0.46153846	0.2	0.30769231		Y=	-2
11		0.16923077	-0.08	-0.04615385		Z=	1
12							

- Resultados: X=2 Y= -2 y Z= 1

• PARTE 2

La estructura metálica de la figura tiene 2 cargas puntuales y se pide encontrar las reacciones en los puntos A y B. Para encontrar estos valores usaremos la sumatoria de momentos =0 en cada puntos (A y B) y la sumatoria de fuerzas horizontales y verticales en equilibrio. Estas ecuaciones las ordenamos matricialmente y solucionamos el ejercicio. (Para el ejercicio no estamos considerando el peso de la estructura).

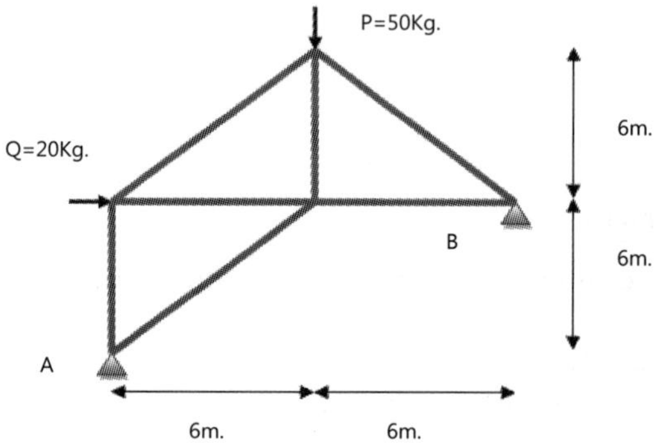

$$\sum M_A = V_B * 12 + H_B * 6 - P * 6 - Q * 6 = V_B * 12 + H_B * 6 - 420$$

$$\sum M_B = V_A * 12 - H_A * 6 - P * 6 = V_A * 12 - H_A * 6 - 300$$

$$\sum F_V = V_A + V_B - P = V_A + V_B - 50$$

$$\sum F_H = H_A + H_B - Q = H_A + H_B - 20$$

Las fórmulas las pasamos al formato matriz, para ello ordenamos las fórmulas:

00*VA+12*VB+0*HA+6*HB=420
12*VA+00*VB-6*HA+0*HB=300
01*VA+01*VB+0*HA+0*HB=50
00*VA+00*VB+1*HA+1*HB=20

Las escribimos los datos, creando las tablas de las matrices.

	A	B	C	D	E	F	G	H	I	J	K
1											
2			VA	VB	HA	HB		R			
3											
4			MATRIZ 1					MATRIZ 2			
5			0	12	0	6		420			
6			12	0	-6	0		300			
7			1	1	0	0		50			
8			0	0	1	1		20			
9											
10											
11											
12			INVERSA DE MATRIZ 1					MATRIZ 2		RESULTADO	
13								420			VA
14								300			VB
15								50			HA
16								20			HB

- Seleccionamos las celdas C13 hasta F16.
- Escribimos la función =MINVERSA(C5:F8).
- Presionamos las teclas CTRL+SHIFT+ENTER.

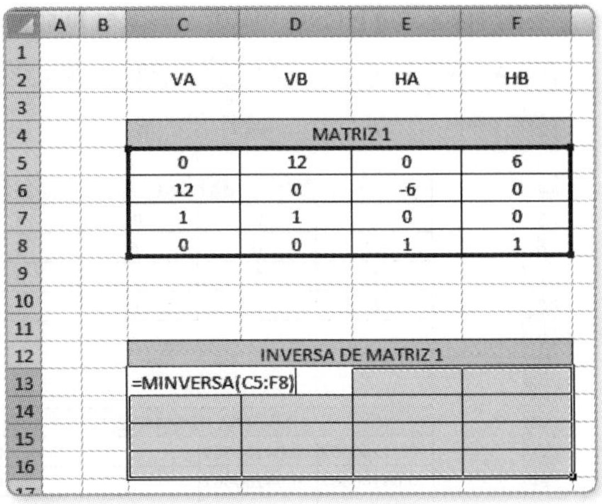

	A	B	C	D	E	F
1						
2			VA	VB	HA	HB
3						
4			MATRIZ 1			
5			0	12	0	6
6			12	0	-6	0
7			1	1	0	0
8			0	0	1	1
9						
10						
11						
12			INVERSA DE MATRIZ 1			
13			=MINVERSA(C5:F8)			
14						
15						
16						

- Aparece la matriz inversa.

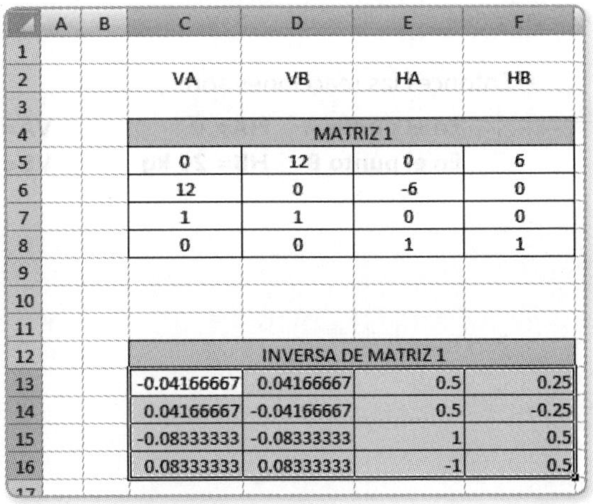

	A	B	C	D	E	F
1						
2			VA	VB	HA	HB
3						
4			MATRIZ 1			
5			0	12	0	6
6			12	0	-6	0
7			1	1	0	0
8			0	0	1	1
9						
10						
11						
12			INVERSA DE MATRIZ 1			
13			-0.04166667	0.04166667	0.5	0.25
14			0.04166667	-0.04166667	0.5	-0.25
15			-0.08333333	-0.08333333	1	0.5
16			0.08333333	0.08333333	-1	0.5

- Ahora generamos la multiplicación de las matrices.
- Seleccionamos las celdas J13 hasta J16.
- Escribimos la función =MMULT(C13:F16,H13:H16).
- Presionamos las teclas CTRL+SHIFT+ENTER.

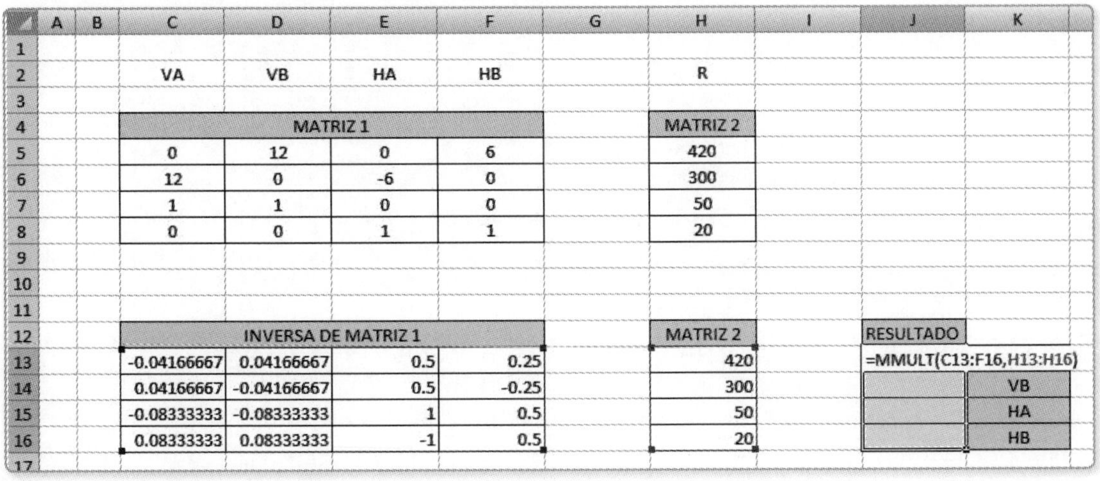

	A	B	C	D	E	F	G	H	I	J	K
1											
2			VA	VB	HA	HB		R			
3											
4			MATRIZ 1					MATRIZ 2			
5			0	12	0	6		420			
6			12	0	-6	0		300			
7			1	1	0	0		50			
8			0	0	1	1		20			
9											
10											
11											
12			INVERSA DE MATRIZ 1					MATRIZ 2		RESULTADO	
13			-0.04166667	0.04166667	0.5	0.25		420		=MMULT(C13:F16,H13:H16)	
14			0.04166667	-0.04166667	0.5	-0.25		300			VB
15			-0.08333333	-0.08333333	1	0.5		50			HA
16			0.08333333	0.08333333	-1	0.5		20			HB

- Aparece una tercera matriz y esta es la solución de las ecuaciones.

	A	B	C	D	E	F	G	H	I	J	K
1											
2			VA	VB	HA	HB		R			
3											
4			MATRIZ 1					MATRIZ 2			
5			0	12	0	6		420			
6			12	0	-6	0		300			
7			1	1	0	0		50			
8			0	0	1	1		20			
9											
10											
11											
12			INVERSA DE MATRIZ 1					MATRIZ 2		RESULTADO	
13			-0.04166667	0.04166667	0.5	0.25		420		25	VA
14			0.04166667	-0.04166667	0.5	-0.25		300		25	VB
15			-0.08333333	-0.08333333	1	0.5		50		0	HA
16			0.08333333	0.08333333	-1	0.5		20		20	HB
17											

- Entonces las reacciones son:

En el punto A HA= 0 VA= 25 kg
En el punto B HB= 20 kg VB= 25 kg

TALLER E: FUNCIONES TRIGONOMÉTRICAS

CALCULAR LA DECLINACIÓN DEL SOL EL DÍA 22 DE ABRIL

El día 22 de abril entre las 9 y 10 de la mañana en la ciudad de Lima, Perú, se hicieron mediciones angulares al sol con un teodolito. La corrección del uso horario es de 5 horas.

Calculando el promedio de las 4 mediciones de la hora y sumando la corrección del uso, encontramos la **HORA CORREGIDA**.
Calculando el promedio de los ángulos horizontales y verticales encontramos la **ALTURA CORREGIDA**.
Con la hora corregida y la fecha, buscamos en la tabla de declinaciones la **DECLINACIÓN DEL SOL**.
Con la declinación encontramos el **ÁNGULO POLAR**.
Con estos datos encontramos el **AZIMUT**.

• Cálculo de la hora corregida

- Medición de la hora y ángulos horizontal y vertical.
- Corrección del uso horario 5 horas.

	A	B	C	D	E	F	G	H	I	J	K	L	M	N	O
2															
3		Posición		Hora Cronometrica			Circulo Horizontal			Circulo Vertical			Altura		
4				h	m	s	h	m	s	h	m	s	h	m	s
5			D				00	00	25						
6			I				180	00	28						
7		3	I	9	23	45.00	293	44	10.0	312	33	42.0			
8		4	I	9	23	26.00	293	36	41.0	312	55	18.0			
9		5	D	9	27	9.00	113	34	11.5	47	14	49.0			
10		6	D	9	27	56.00	113	18	24.0	47	4	41.0			
11		Prom 4 y 5													
12		Prom 3 y 6													
13		Prom Serie													
14		Corr Cron								Corrección Paralaje					
15		Corr Uso		5						Corrección Refracción					
16		Hora correg			[illegible]	[illegible]				Altura corregida					

- En la celda D11, E11 y F11 calculamos el promedio de las mediciones 4 y 5.
- El promedio en segundos se calcula en la celda Q11, transformamos todo a segundos, lo promediamos y lo volvemos a pasar a horas, minutos y segundos.
- En la celda D12, E12 y F12 calculamos el promedio de las mediciones 3 y 6.
- El promedio en segundos se calcula en la celda Q12.
- En la celda D13, E13 y F13 calculamos el promedio de las series (4 y 6) y (3 y 6).
- El promedio de las series se calcula en la celda Q13.

Cuadro de cálculos adicionales

	Q
6	
7	
8	
9	=(90*3600-(J9*3600+K9*60+L9))
10	=(90*3600-(J10*3600+K10*60+L10))
11	=+(((D8*3600+E8*60+F8)+(D9*3600+E9*60+F9))/2)
12	=+(((D7*3600+E7*60+F7)+(D10*3600+E10*60+F10))/2)
13	=(Q11+Q12)/2
14	=+D14*3600+E14*60+F14
15	=+D15*3600+E15*60+F15
16	=+Q13+Q14+Q15
17	
18	

Cuadro de fórmulas de la hora cronométrica

	A	B	C	D	E	F
2						
3		Posición		Hora Cronometrica		
4				h	m	s
5			D			
6			I			
7		3	I	9	23	45
8		4	I	9	23	26
9		5	D	9	27	9
10		6	D	9	27	56
11		Prom 4 y 5		=+ENTERO(Q11/3600)	=+ENTERO((Q11-D11*3600)/60)	=+Q11-D11*3600-E11*60
12		Prom 3 y 6		=+ENTERO(Q12/3600)	=+ENTERO((Q12-D12*3600)/60)	=+Q12-D12*3600-E12*60
13		Prom Serie		**=+ENTERO(Q13/3600)**	**=+ENTERO((Q13-D13*3600)/60)**	**=+Q13-D13*3600-E13*60**
14		Corr Cron				
15		Corr Uso		5		
16		Hora correg		**=+ENTERO(Q16/3600)**	**=+ENTERO((Q16-D16*3600)/60)**	**=+Q16-D16*3600-E16*60**
17						

• Cálculo de la altura

Círculo horizontal

- A los ángulos mayores a 180 grados le restamos 180.
- En la columna R hacemos los cálculos adicionales en segundos.

	R
6	
7	CALCULOS ADICIONALES
8	
9	
10	
11	=+((((G8-180)*3600+H8*60+I8)+((G9)*3600+H9*60+I9))/2)
12	=+((((G7-180)*3600+H7*60+I7)+((G10)*3600+H10*60+I10))/2)
13	=(R11+R12)/2
14	
15	
16	
17	

- Luego en las columnas G, H e I, los calculados en el cuadro cálculos adicionales lo pasamos en horas, minutos y segundos, tal como se puede observar en el siguiente cuadro:

	G	H	I
2			
3	Circulo Horizontal		
4	h	m	s
5	0	0	25
6	180	0	28
7	293	44	10
8	293	36	41
9	113	34	11.5
10	113	18	24
11	=+ENTERO(R11/3600)	=+ENTERO((R11-G11*3600)/60)	=+R11-G11*3600-H11*60
12	=+ENTERO(R12/3600)	=+ENTERO((R12-G12*3600)/60)	=+R12-G12*3600-H12*60
13	**=+ENTERO(R13/3600)**	**=+ENTERO((R13-G13*3600)/60)**	**=+R13-G13*3600-H13*60**
14			

Círculo vertical

Con los datos obtenidos en las mediciones del círculo vertical, encontramos la altura.

- Calculamos el promedio de los ángulos verticales.

- Calculamos la corrección por paralaje y refracción.
- Finalmente, encontramos la altura corregida.

	S
6	
7	
8	
9	
10	
11	=+(((M8*3600+N8*60+O8)+(M9*3600+N9*60+O9))/2)
12	=+(((M7*3600+N7*60+O7)+(M10*3600+N10*60+O10))/2)
13	=(S11+S12)/2
14	=-8.8*COS(RADIANES(S13/3600))
15	=-60.6*(1/TAN(S13/3600))
16	=+S13+S14+S15
17	

	Q
6	
7	
8	
9	=(90*3600-(J9*3600+K9*60+L9))
10	=(90*3600-(J10*3600+K10*60+L10))
11	=+(((D8*3600+E8*60+F8)+(D9*3600+E9*60+F9))/2)
12	=+(((D7*3600+E7*60+F7)+(D10*3600+E10*60+F10))/2)
13	=(Q11+Q12)/2
14	=+D14*3600+E14*60+F14
15	=+D15*3600+E15*60+F15
16	=+Q13+Q14+Q15
17	

Cuadro de fórmulas y funciones para encontrar la altura.

	J	K	L	M	N	O
2						
3	Circulo Vertical			Altura		
4	h	m	s	h	m	s
5						
6						
7	312	33	42	=+J7-270	=+K7	=+L7
8	312	55	18	=+J8-270	=+K8	=+L8
9	47	14	49	=+ENTERO(Q9/3600)	=+ENTERO((Q9-M9*3600)/60)	=+(Q9-M9*3600-N9*60)
10	47	4	41	=+ENTERO(Q10/3600)	=+ENTERO((Q10-M10*3600)/60)	=+(Q10-M10*3600-N10*60)
11				=+ENTERO(S11/3600)	=+ENTERO((S11-M11*3600)/60)	=+S11-M11*3600-N11*60
12				=+ENTERO(S12/3600)	=+ENTERO((S12-M12*3600)/60)	=+S12-M12*3600-N12*60
13				**=+ENTERO(S13/3600)**	**=+ENTERO((S13-M13*3600)/60)**	**=+S13-M13*3600-N13*60**
14	Corrección Paralaje			=SI(S14>0,+ENTERO(S14/3600),(ENTERO(S14/-3600)))	=SI(S14>0,ENTERO((S14-M14*3600)/60),ENTERO((S14-M14*3600)/-60))	=+S14-M14*3600-N14*60
15	Corrección Refracción			=SI(S15>0,+ENTERO(S15/3600),-(ENTERO(S15/3600)))	=SI(S15>0,ENTERO((S15-M15*3600)/60),ENTERO((S15-M15*3600)/-60))	=+S15-M15*3600-N15*60
16	Altura corregida			**=+ENTERO(S16/3600)**	**=+ENTERO((S16-M16*3600)/60)**	**=+S16-M16*3600-N16*60**

Cuadro de datos procesados

	B	C	D	E	F	G	H	I	J	K	L	M	N	O
2														
3	Posición		Hora Cronometrica			Circulo Horizontal			Circulo Vertical			Altura		
4			h	m	s	h	m	s	h	m	s	h	m	s
5		D				00	00	25						
6		I				180	00	28						
7	3	I	9	23	45.00	293	44	10.0	312	33	42.0	42	33	42.0
8	4	I	9	23	26.00	293	36	41.0	312	55	18.0	42	55	18.0
9	5	D	9	27	9.00	113	34	11.5	47	14	49.0	42	45	11.0
10	6	D	9	27	56.00	113	18	24.0	47	4	41.0	42	55	19.0
11	Prom 4 y 5		9	25	17.50	113	35	26.25				42	50	14.50
12	Prom 3 y 6		9	25	50.50	113	31	17.00				42	44	30.50
13	Prom Serie		**9**	**25**	**34.00**	**113**	**33**	**21.63**				**42**	**47**	**22.50**
14	Corr Cron								Corrección Paralaje			0	0	-6.46
15	Corr Uso		5						Corrección Refracción			0	0	24.07
16	Hora correg		**14**	**25**	**34.00**				Altura corregida			**42**	**47**	**40.11**
17														

Hora corregida = 4 horas 25 minutos y 34 segundos.
Altura corregida = 42 horas 47 minutos y 40.11 segundos.

• Cálculo de la declinación

Con la fecha de las mediciones 22 de abril y con la hora corregida entramos al catálogo de declinaciones y encontramos la declinación para las 14 y 15 horas.

Ahora hacemos los cálculos de la declinación para las 14 horas 25 minutos y 34 segundos.

- Pasamos a segundos las declinaciones.
- Encontramos la diferencia de declinaciones.
- Pasamos a segundos la hora corregida.

- En forma proporcional encontramos la declinación.

	A	B	C	D	E	F	G	H	I	J	K	L	M
20													
21		CALCULO DE LA DECLINACION											
22									DECLINACIONES				
23									h	m	s		s
24		FECHA		22 de Abril			14		12	10	54.64		
25							15		12	11	45.12		
26													
27		Hora correg		14	25	34					DIF		
28													
29		Seg. Dif							DECLINACION				
30		Fac. Hora							h	m	s		s
31		Seg corr											
32													
33													

Cuadro de fórmulas

	A	B	C	D	E	F	G	H	I	J	K	L	M	N
20														
21		CALCULO DE LA DECLINACION												
22									DECLINACIONES					
23									h	m	s		s	
24		FECHA		22 de Abril			=+D16		12	10	54.64		=+I24*3600+J24*60+K24	
25							15		12	11	45.12		=+I25*3600+J25*60+K25	
26														
27		=+B16		=+D16	=+E16	=+F16					DIF		=+M25-M24	
28														
29		Seg. Dif		=+E27*60+F27					DECLINACION					
30		Fac. Hora		=+D29/3600					h	m	s		s	
31		Seg corr		=+D30*M27					=+ENTERO(M31/360(	=+ENTERO((M31-I31*3600)/(	=+M31-I31*3600-J31*60		=+M24+D31	
32														
33														
34														
35														
36														
37		DISTANCI												
38									h	m	s		s	h
39			p= 90+d			p=			=+ENTERO(M39/360	=+ENTERO((M39-I39*3600)/	=+M39-I39*3600-J39*60		=3600*90+M31	=+M39/3600
40														

Cuadro procesado

	A	B	C	D	E	F	G	H	I	J	K	L	M
21		CALCULO DE LA DECLINACION											
22									DECLINACIONES				
23									h	m	s		s
24		FECHA		22 de Abril			14		12	10	54.64		43854.64
25							15		12	11	45.12		43905.12
26													
27		Hora correg		14	25	34					DIF		50.48
28													
29		Seg. Dif		1534					DECLINACION				
30		Fac. Hora		0.426111					h	m	s		s
31		Seg corr		21.51009					12	11	16.15		43876.15009
32													
33													

La declinación es de 12 horas 11 minutos y 16.15 segundos.

• Cálculo de la distancia polar y azimut

- Con el valor de la declinación en segundos encontramos la distancia polar : p= 90 –d
- Con la distancia polar y la altura corregida en segundos calculamos el azimut y el ángulo marca de referencia.

	A	B	C	D	E	F	G	H	I	J	K	L	M	N
37		DISTANCIA POLAR												
38									h	m	s		s	h
39			p= 90+d			p=								
40														
41														
42		AZIMUT (a)												
43				p=				cos p =						
44				0=				sen O =						
45				h1=				sen h =						
46								cos h =						
47								cos O =						
48														
49				cosz=	-0.287705551			z=	106.72					
50														
51									h	m	s		s	h
52														
53														
54		ANGULO MARCA REF							h	m	s			
55														
56														
57														

Cuadro de fórmulas y funciones

	B	C	D	E	F	G	H	I	J	K	L	M	N
36													
37	**DISTANCIA POLAR**												
38								h	m	s		s	h
39		p= 90+d			p=			=+ENTERO(M39/3600)	=+ENTERO((M39-I39*3600)/60)	=+M39-I39*3600-J39*60		=3600*90+M31	=+M39/3600
40													
41													
42	**AZIMUT (a)**												
43			p=	=+N39			cos p =		=+COS(RADIANES(E43))				
44			0=	0			sen O =		=+SENO(RADIANES(E44))				
45			h1=	=+S16/3600			sen h =		=+SENO(RADIANES(E45))				
46							cos h =		=+COS(RADIANES(E45))				
47							cos O =		=+COS(RADIANES(E44))				
48													
49			cosz=	=+(J43-J44*J45)/(J46*J47)			z=	=GRADOS(ACOS(E49))					
50													
51								h	m	s		s	h
52								=+ENTERO(M52/3600)	=+ENTERO((M52-I52*3600)/60)	=+M52-I52*3600-J52*60		=+N52*3600	=+I49
53													
54	**ANGULO MARCA REF**							h	m	s			
55								=+ENTERO(M55/3600)	=+ENTERO((M55-I55*3600)/60)	=+I78			

Cuadro de respuesta final

	A	B	C	D	E	F	G	H	I	J	K	L	M	N
36														
37		**DISTANCIA POLAR**												
38									h	m	s		s	h
39			p= 90+d			p=			102	11	16.15		367876.1501	102.187819
40														
41														
42		**AZIMUT (a)**												
43				p=	102.1878195			cos p =		-0.21				
44				0=	0			sen O =		0				
45				h1=	42.79447552			sen h =		0.679				
46								cos h =		0.734				
47								cos O =		1				
48														
49				cosz=	-0.287705551			z=	106.72					
50														
51									h	m	s		s	h
52									106	43	14.31		384194.3058	106.72064
53														
54		**ANGULO MARCA REF**							h	m	s			
55									0	0	30.25			
56														

Distancia polar = 102 horas 11 minutos y 16 segundos.
Azimut = 106 horas 43 minutos y 14.31 segundos.
Ángulo de marca referencia = 0 horas 0 minutos y 30.25 segundos.

CAPÍTULO 3

AUDITORÍA DE FÓRMULAS

OBJETIVO:

Aprender el uso de herramientas como Auditoria para la ubicación de la secuencia de ellas.

CONTENIDO:

- RASTREAR PRECEDENTES
- RASTREAR DEPENDENCIA
- QUITAR FLECHAS
- ICONO PARA DETECTAR ERRORES
- MOSTRAR FÓRMULAS
- EVALUAR FÓRMULAS

AUDITORÍA DE FÓRMULAS

Este grupo se encuentra dentro de la ficha Fórmulas. Estas funciones de Microsoft Excel nos muestra en forma gráfica la relación que existe entre dos o más celdas a través de flechas que indicarán la dependencia o precedente de una o de un grupo de celdas.

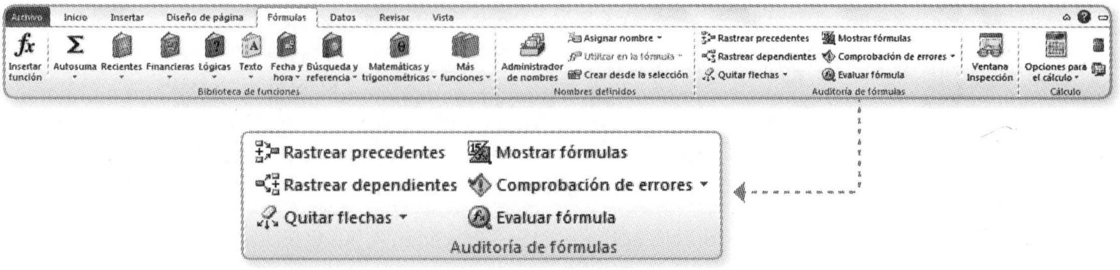

• RASTREAR PRECEDENTES

Al ubicarnos en una celda y usar este primer icono, el programa hace aparecer unas flechas relacionando la celda con sus celdas precedentes. Al dar otro clic aparece la relación en un segundo nivel y con el tercer icono quitamos de una a una las relaciones.

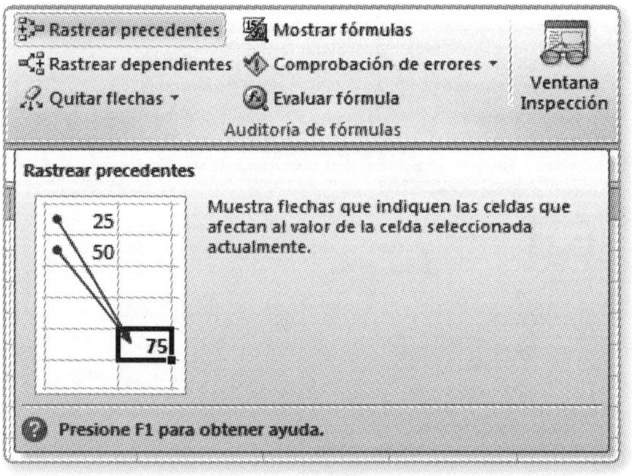

Ejemplo 1:

La siguiente tabla muestra el costo de los productos en soles y dólares de la siguiente manera:

- La columna D nos muestra los precios en dólares.
- La columna E nos muestra los precios en soles, pero esta columna tiene una relación directa con la celda G3 y tiene la siguiente fórmula = D6*$G$3 (esta fórmula se copia en la columna).
- La columna F nos muestra el total en dólares y está relacionada con las columnas C y D con la fórmula =C6*D6.
- La columna G nos muestra el total en soles y está relacionado con las columnas F y la celda G3 con la fórmula =F6*$G$3.

Bien, estas relaciones las conocemos porque estamos creando el cuadro, pero si otra persona la usara puede utilizar AUDITORÍA para ver las relaciones existentes entre las celdas.

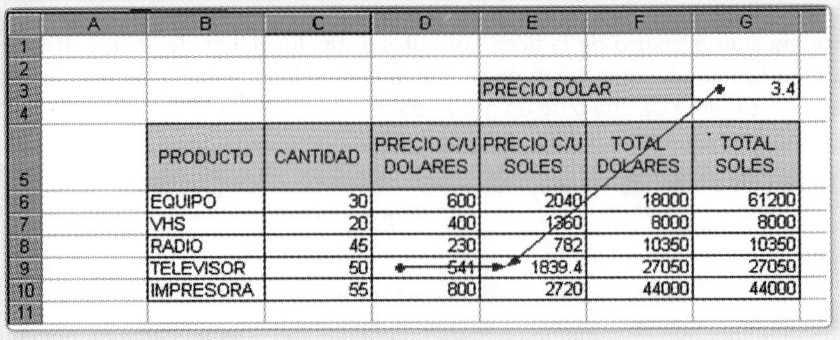

	A	B	C	D	E	F	G
1							
2							
3					PRECIO DÓLAR		3.4
4							
5		PRODUCTO	CANTIDAD	PRECIO C/U DOLARES	PRECIO C/U SOLES	TOTAL DOLARES	TOTAL SOLES
6		EQUIPO	30	600	2040	18000	61200
7		VHS	20	400	1360	8000	8000
8		RADIO	45	230	782	10350	10350
9		TELEVISOR	50	541	1839.4	27050	27050
10		IMPRESORA	55	800	2720	44000	44000
11							

Al ubicarnos en la celda E9 y dar un clic sobre el icono Precedente, Auditoria a través de flechas nos muestra la relación de esta celda con G3 y con D9.

• RASTREAR DEPENDENCIA

Al ubicamos en una celda y al dar un clic sobre este icono, aparecen flechas relacionando todas las celdas que dependen de dicha celda. Al dar otro clic aparece otra relación en un segundo nivel y con el icono de la derecha quitamos de una en una las relaciones.

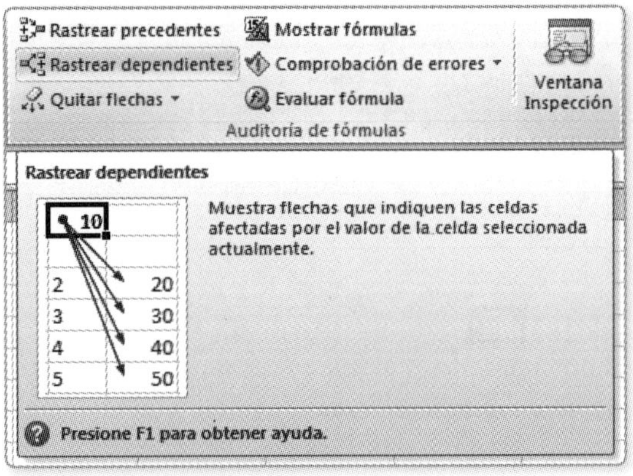

Ejemplo 2:

Utilizando la tabla creada en el ejemplo anterior, nos ubicamos en la celda G3 y damos un clic sobre el icono de dependencia, Auditoría nos muestra todas las celdas relacionadas con ella.

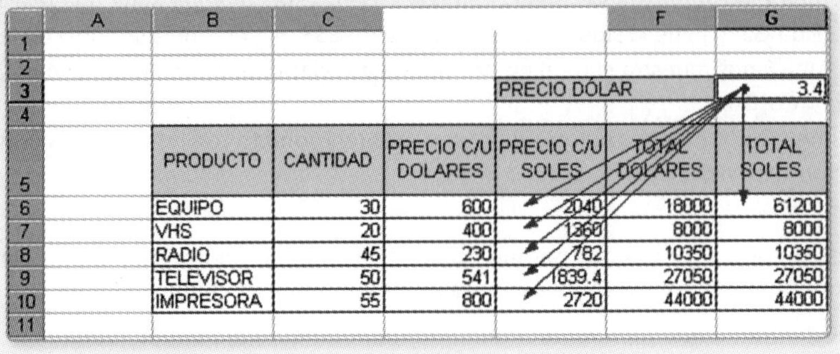

	A	B	C			F	G
1							
2							
3					PRECIO DÓLAR		3.4
4							
5		PRODUCTO	CANTIDAD	PRECIO C/U DOLARES	PRECIO C/U SOLES	TOTAL DOLARES	TOTAL SOLES
6		EQUIPO	30	600	2040	18000	61200
7		VHS	20	400	1360	8000	8000
8		RADIO	45	230	782	10350	10350
9		TELEVISOR	50	541	1839.4	27050	27050
10		IMPRESORA	55	800	2720	44000	44000
11							

• QUITAR FLECHAS

Con este icono quitamos las flechas de las relaciones creadas con los primeros iconos. Si deseamos podemos quitar estas relaciones nivel por nivel o todas.

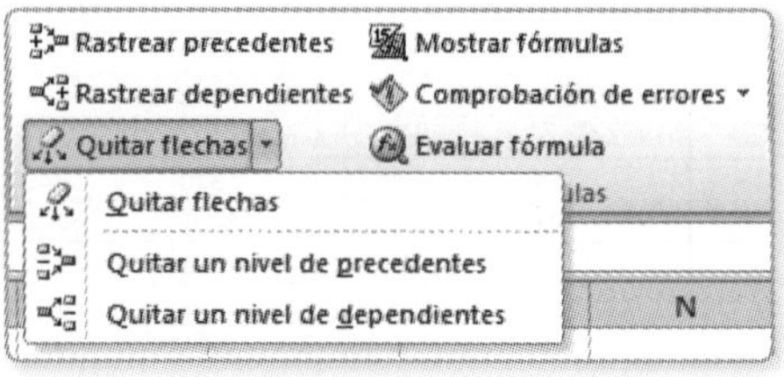

• ICONO PARA DETECTAR ERRORES

Cuando una celda nos muestra errores debemos utilizar este icono para que el programa pueda rastrear la ruta del error.

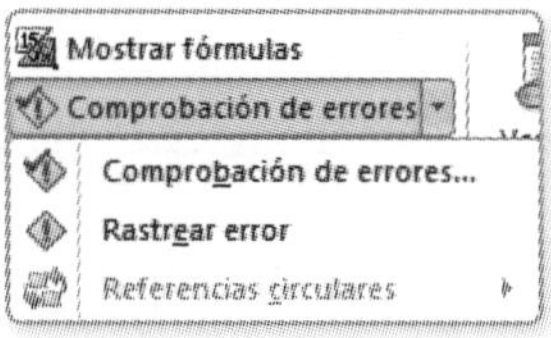

Ejemplo 3:

Dos celdas muestran error al ubicarnos en una de ellas y dar un clic sobre el icono Detectar error, Auditoría nos muestra la relación de la celda con otras y el lugar del error. En este caso el error es la celda que se encuentra vacía.

PRODUCTO	MONTO ANUAL SOLES	DÓLAR PROM ANUAL	MONTO ANUAL DOLARES	MONTO MENSUAL
EQUIPO	350850	3.6	97458.3333	8121.52778
VHS	50000	3.6	13888.8889	1157.40741
RADIO	264000	3.6	73333.3333	6111.11111
TELEVISOR	25000		#DIV/0!	#DIV/0!
IMPRESORA	32000	3.6	8888.88889	740.740741

• MOSTRAR FÓRMULA

Esta es una herramienta que me muestra en cada una de las celdas las fórmulas que hemos creado.

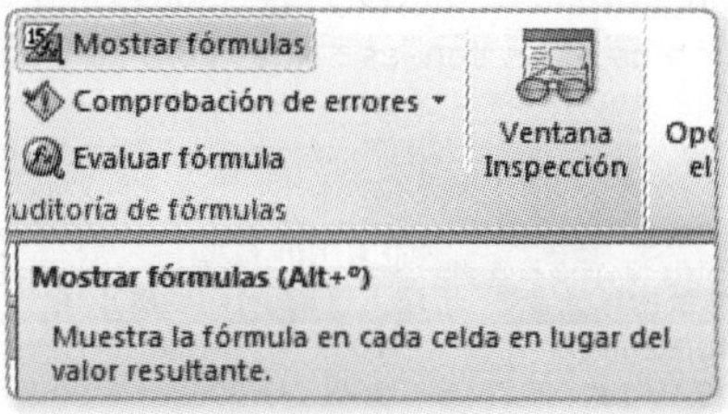

• EVALUAR FÓRMULAS

Esta es una herramienta que nos muestra todo paso por paso, el proceso de la ejecución de una fórmula o función.

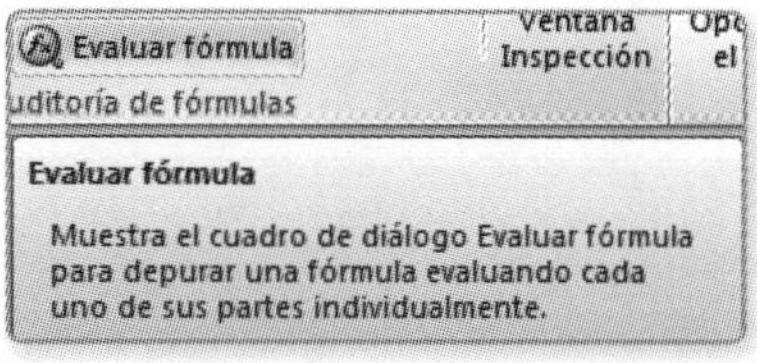

Ejemplo 4:

En la siguiente tabla debemos encontrar la relación que existe entre las celdas y mostrar las fórmulas.

CANTIDAD	PRODUCTO	DOLARES		SOLES	
		UNITARIO	TOTAL	UNITARIO	TOTAL
40	EQUIPOS	100	4000	310	12400
100	TV14"	200	20000	620	62000
500	MP3	50	25000	155	77500
150	MP4 2G	80	12000	248	37200
200	RADIOS	15	3000	46.5	9300
	TOTALES		64000		198400
		TIPO DE CAMBIO		3.1	

Solución:

RASTREAR PRECEDENTES

- Nos ubicamos en la celda G9 y nos ubicamos en el icono Rastrear precedentes.

- Vemos que existe una relación entre la celda G9 y las celdas G4 a G8; si volvemos a presionar el icono nos muestra la relación de estas con las celdas E5 a E8 y con G11.

- Si volvemos a presionar el icono, nos muestra la relación de estas últimas con las celdas D5 a D8 y B5 a B8.

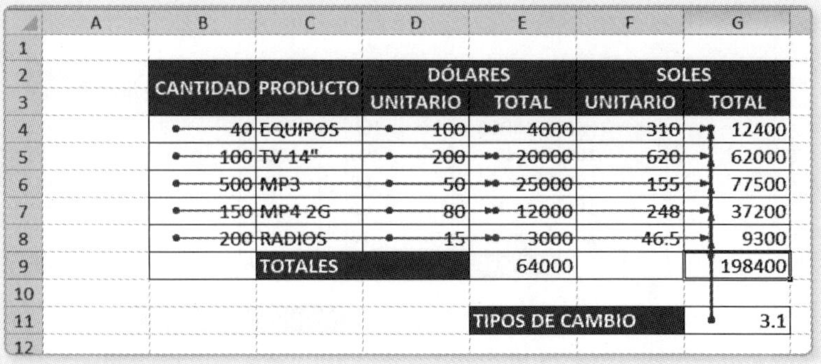

	A	B	C	D	E	F	G
1							
2		CANTIDAD	PRODUCTO	DÓLARES		SOLES	
3				UNITARIO	TOTAL	UNITARIO	TOTAL
4		40	EQUIPOS	100	4000	310	12400
5		100	TV 14"	200	20000	620	62000
6		500	MP3	50	25000	155	77500
7		150	MP4 2G	80	12000	248	37200
8		200	RADIOS	15	3000	46.5	9300
9			TOTALES		64000		198400
10							
11					TIPOS DE CAMBIO		3.1
12							

RASTREAR DEPENDIENTES

- Ahora borramos las relaciones (usamos el icono Quitar flechas) y nos ubicamos en la celda B4 y presionamos el icono Rastrear dependientes.

	A	B	C	D	E	F	G	H	I
1									
2		CANTIDAD	PRODUCTO	DÓLARES		SOLES			
3				UNITARIO	TOTAL	UNITARIO	TOTAL		
4		40	EQUIPOS	100	4000	310	12400		
5		100	TV 14"	200	20000	620	62000		
6		500	MP3	50	25000	155	77500		
7		150	MP4 2G	80	12000	248	37200		
8		200	RADIOS	15	3000	46.5	9300		
9			TOTALES		64000		198400		
10									
11					TIPOS DE CAMBIO		3.1		
12									

- Vemos como aparece una flecha mostrando la relación entre la celda B4 con E4.
- Volvemos a dar un clic en el icono Rastrear dependencia y nos muestra la relación entre estas últimas celdas E9 y G4.

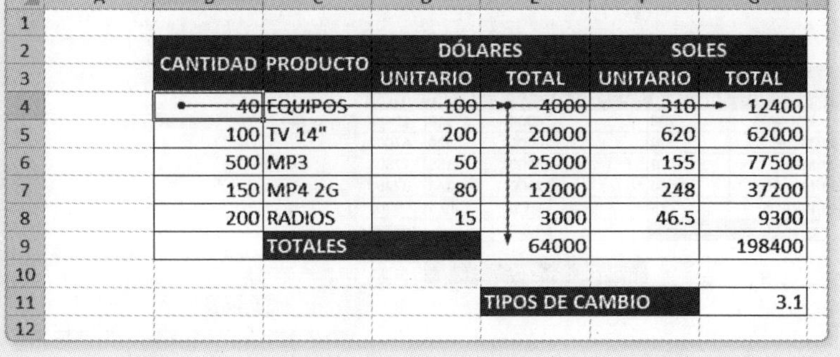

	A	B	C	D	E	F	G
1							
2		CANTIDAD	PRODUCTO	DÓLARES		SOLES	
3				UNITARIO	TOTAL	UNITARIO	TOTAL
4		40	EQUIPOS	100	4000	310	12400
5		100	TV 14"	200	20000	620	62000
6		500	MP3	50	25000	155	77500
7		150	MP4 2G	80	12000	248	37200
8		200	RADIOS	15	3000	46.5	9300
9			TOTALES		64000		198400
10							
11					TIPOS DE CAMBIO		3.1
12							

- Finalmente, usamos nuevamente el icono Rastrear dependencia y el programa nos muestra la última dependencia con la celda G9.

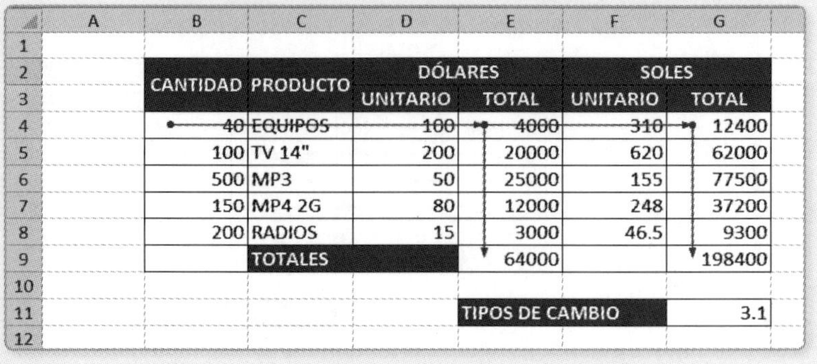

CANTIDAD	PRODUCTO	DÓLARES		SOLES	
		UNITARIO	TOTAL	UNITARIO	TOTAL
40	EQUIPOS	100	4000	310	12400
100	TV 14"	200	20000	620	62000
500	MP3	50	25000	155	77500
150	MP4 2G	80	12000	248	37200
200	RADIOS	15	3000	46.5	9300
	TOTALES		64000		198400
			TIPOS DE CAMBIO		3.1

Es decir, que la celda B4 se relaciona con la celda E4, luego con las celdas E9 y G4 y, finalmente, en un tercer nivel con G9.

MOSTRAR FÓRMULAS

- Usamos el icono MOSTRAR FÓRMULAS y la celda nos muestra el contenido de las celdas con sus fórmulas donde existen.

CANTIDAD	PRODUCTO	DÓLARES		SOLES	
		UNITARIO	TOTAL	UNITARIO	TOTAL
40	EQUIPOS	100	=B4*D4	=D4*$G$11	=E4*$G$11
100	TV 14"	200	=B5*D5	=D5*$G$11	=E5*$G$11
500	MP3	50	=B6*D6	=D6*$G$11	=E6*$G$11
150	MP4 2G	80	=B7*D7	=D7*$G$11	=E7*$G$11
200	RADIOS	15	=B8*D8	=D8*$G$11	=E8*$G$11
	TOTALES		=SUMA(E4:E8)		=SUMA(G4:G8)
			TIPOS DE CAMB		3.1

EVALUAR FÓRMULAS

Evaluaremos la fórmula del total de totales la celda G9.

- Nos ubicamos en la celda G9 y usamos el icono EVALUAR FÓRMULAS.

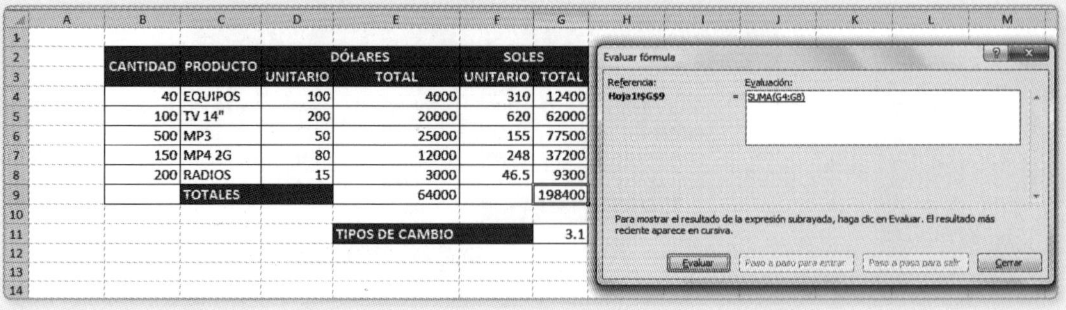

CANTIDAD	PRODUCTO	DÓLARES		SOLES	
		UNITARIO	TOTAL	UNITARIO	TOTAL
40	EQUIPOS	100	4000	310	12400
100	TV 14"	200	20000	620	62000
500	MP3	50	25000	155	77500
150	MP4 2G	80	12000	248	37200
200	RADIOS	15	3000	46.5	9300
	TOTALES		64000		198400
			TIPOS DE CAMBIO		3.1

- Aparece el cuadro de diálogo con la fórmula y al presionar el botón Evaluar, nos muestra los resultados.

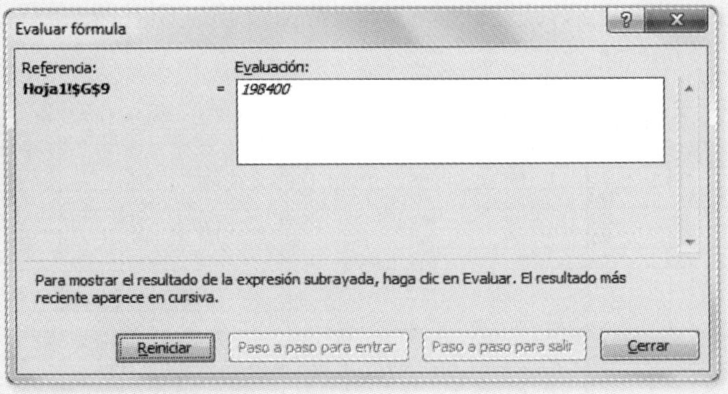

Ejemplo 5:

Tenemos un área agrícola de 1150 hectáreas, los costos y beneficios son los que están en la tabla.

	A	B	C	D	E	F	G	H	I	J	K	L	M	N
4														
5		PRODUCTO	GASTOS POR HECTAREA					COSTO TOTAL		VENTA TOTAL			GANANCIA	
6			ALQUILER	AGUA	AGUA	MANO DE OBRA	TOTAL	NRO HECT	EGRESO	NRO HECT	VENTA X HEC	INGRESO	SOLES	DOLARES
7		MAIZ	100	250	50	150		150		150	800			
8		ARROZ	100	600	10	50		300		300	900			
9		PAPA	100	200	50	100		200		200	500			
10		CAÑA	100	300	30	80		500		500	600			
11		TOTAL												
12														
13										TIPO DE CAMBIO		3.25		
14														

Bien, ahora hacemos los siguientes cálculos:

1. En la celda G7 escribimos la fórmula =SUMA(C7:F7).
2. La celda I7 debe contener el costo total de las 150 hectáreas de maíz, por lo tanto la fórmula es =G7*H7.
3. La celda L7 es el ingreso de la venta de las 150 hectáreas a 800 nuevos soles, entonces la fórmula es =J7*K7.
4. La celda M7 me muestra la ganancia en soles que es el ingreso menos el egreso, entonces la fórmula es =L7-I7.
5. La celda N7 me muestra la ganancia en dólares y esto es la división entre la ganancia en soles entre el tipo de cambio, es decir =N7/$L$13, (escribimos L13 con celda fija porque es una fórmula que al copiar cambia N7, pero no debe cambiar L13).
6. Finalmente, copiamos en forma vertical y encontramos los totales.

PRODUCTO	GASTOS POR HECTAREA					COSTO TOTAL		VENTA TOTAL			GANANCIA	
	ALQUILER	AGUA	AGUA	MANO DE OBRA	TOTAL	NRO HECT	EGRESO	NRO HECT	VENTA X HEC	INGRESO	SOLES	DOLARES
MAIZ	100	250	50	150	550	150	82500	150	800	120000	37500	11538.46
ARROZ	100	600	10	50	760	300	228000	300	900	270000	42000	12923.08
PAPA	100	200	50	100	450	200	90000	200	500	100000	10000	3076.92
CAÑA	100	300	30	80	510	500	255000	500	600	300000	45000	13846.15
TOTAL	400	1350	140	380	2270	1150	655500	1150	2800	790000	134500	41384.62
								TIPO DE CAMBIO		3.25		

AHORA USAMOS LA BARRA DE AUDITORÍA

- Ahora nos ubicamos en la celda N11 y usamos los iconos de precedente. Al dar un clic te muestra la primera relación y cada vez que le damos otro clic me mostrará las otras relaciones de un segundo o tercer nivel.

PRODUCTO	GASTOS POR HECTAREA					COSTO TOTAL		VENTA TOTAL			GANANCIA	
	ALQUILER	AGUA	AGUA	MANO DE OBRA	TOTAL	NRO HECT	EGRESO	NRO HECT	VENTA X HEC	INGRESO	SOLES	DOLARES
MAIZ	100	250	50	150	550	150	82500	150	800	120000	37500	11538.46
ARROZ	100	600	10	50	760	300	228000	300	900	270000	42000	12923.08
PAPA	100	200	50	100	450	200	90000	200	500	100000	10000	3076.92
CAÑA	100	300	30	80	510	500	255000	500	600	300000	45000	13846.15
TOTAL	400	1350	140	380	2270	1150	655500	1150	2800	790000	134500	41384.62
								TIPO DE CAMBI	3.25			

PRODUCTO	GASTOS POR HECTAREA					COSTO TOTAL		VENTA TOTAL			GANANCIA	
	ALQUILER	AGUA	AGUA	MANO DE OBRA	TOTAL	NRO HECT	EGRESO	NRO HECT	VENTA X HEC	INGRESO	SOLES	DOLARES
MAIZ	100	250	50	150	550	150	82500	150	800	120000	37500	11538.46
ARROZ	100	600	10	50	760	300	228000	300	900	270000	42000	12923.08
PAPA	100	200	50	100	450	200	90000	200	500	100000	10000	3076.92
CAÑA	100	300	30	80	510	500	255000	500	600	300000	45000	13846.15
TOTAL	400	1350	140	380	2270	1150	655500	1150	2800	790000	134500	41384.62
								TIPO DE CAMBI	3.25			

- Ahora nos ubicamos en la celda C7, usamos los iconos de dependencia y al dar un clic te muestra la primera relación, y cada vez que damos otro clic me mostrará las otras relaciones.

PRODUCTO	GASTOS POR HECTAREA					COSTO TOTAL		VENTA TOTAL			GANANCIA	
	ALQUILER	AGUA	AGUA	MANO DE OBRA	TOTAL	NRO HECT	EGRESO	NRO HECT	VENTA X HEC	INGRESO	SOLES	DOLARES
MAIZ	100	250	50	150	550	150	82500	150	800	120000	37500	11538.46
ARROZ	100	600	10	50	760	300	228000	300	900	270000	42000	12923.08
PAPA	100	200	50	100	450	200	90000	200	500	100000	10000	3076.92
CAÑA	100	300	30	80	510	500	255000	500	600	300000	45000	13846.15
TOTAL	400	1350	140	380	2270	1150	655500	1150	2800	790000	134500	41384.62
								TIPO DE CAMBI	3.25			

PRODUCTO	GASTOS POR HECTAREA					COSTO TOTAL		VENTA TOTAL			GANANCIA	
	ALQUILER	AGUA	AGUA	MANO DE OBRA	TOTAL	NRO HECT	EGRESO	NRO HECT	VENTA X HEC	INGRESO	SOLES	DOLARES
MAIZ	100	250	50	150	550	150	82500	150	800	120000	37500	11538.46
ARROZ	100	600	10	50	760	300	228000	300	900	270000	42000	12923.08
PAPA	100	200	50	100	450	200	90000	200	500	100000	10000	3076.92
CAÑA	100	300	30	80	510	500	255000	500	600	300000	45000	13846.15
TOTAL	400	1350	140	380	2270	1150	655500	1150	2800	790000	134500	41384.62
								TIPO DE CAMBI	3.25			

CAPÍTULO 4

TABLAS, TABLAS DINÁMICAS Y GRÁFICOS DINÁMICOS

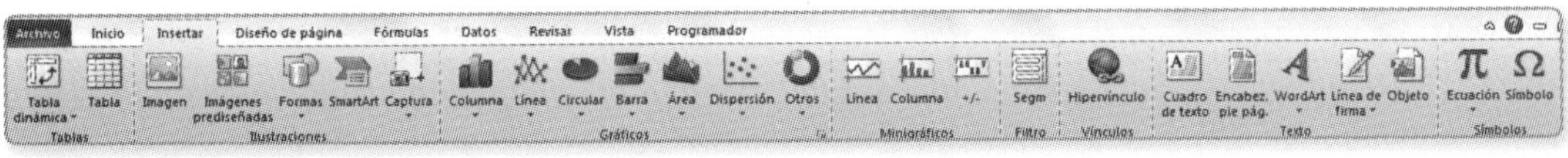

OBJETIVO:

Administrar la información de una base de datos con mayor eficiencia para obtener resultados utilizando las herramientas que nos proporciona.

CONTENIDO:

- TABLAS
- TABLA DINÁMICA
- GRÁFICOS DINÁMICOS

• Ficha Insertar / Grupo Tablas

Es una herramienta que sirve para administrar la información de una base de datos de acuerdo a los requerimientos del usuario.

Si tenemos la siguiente Base de Datos, usando Tablas o Tablas Dinámicas podemos crear una base alternativa que te muestre, por ejemplo, la relación ordenada por obra, año y mes en forma matricial.

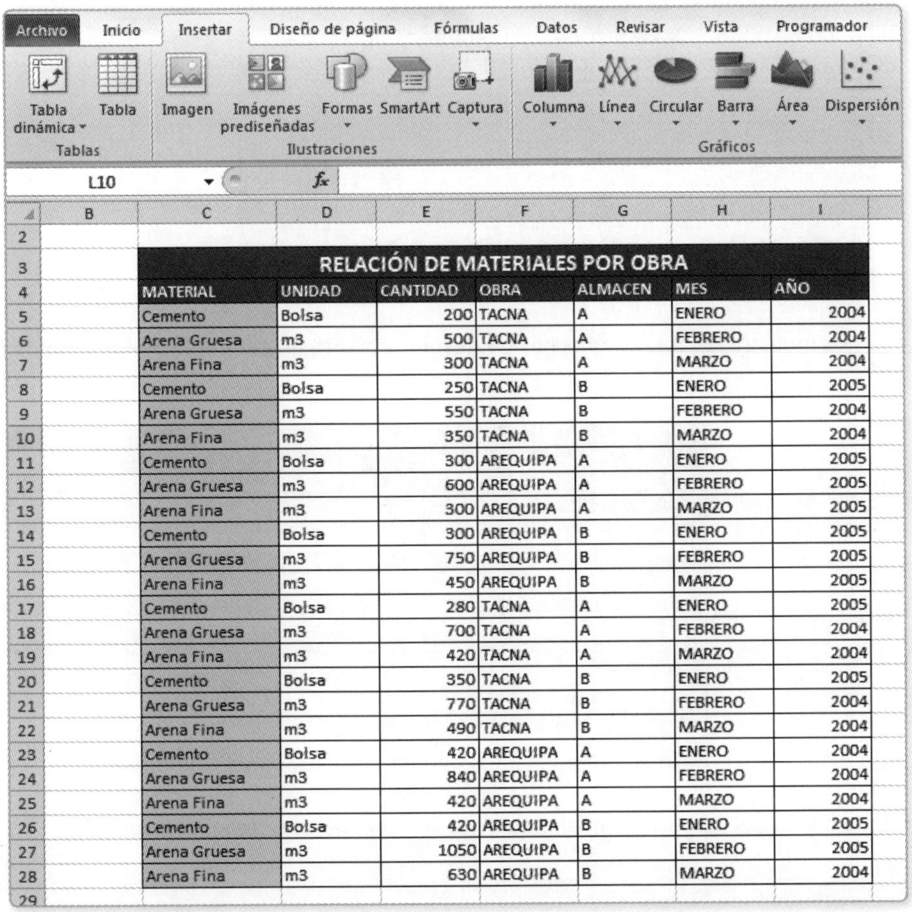

RELACIÓN DE MATERIALES POR OBRA						
MATERIAL	UNIDAD	CANTIDAD	OBRA	ALMACEN	MES	AÑO
Cemento	Bolsa	200	TACNA	A	ENERO	2004
Arena Gruesa	m3	500	TACNA	A	FEBRERO	2004
Arena Fina	m3	300	TACNA	A	MARZO	2004
Cemento	Bolsa	250	TACNA	B	ENERO	2005
Arena Gruesa	m3	550	TACNA	B	FEBRERO	2004
Arena Fina	m3	350	TACNA	B	MARZO	2004
Cemento	Bolsa	300	AREQUIPA	A	ENERO	2005
Arena Gruesa	m3	600	AREQUIPA	A	FEBRERO	2005
Arena Fina	m3	300	AREQUIPA	A	MARZO	2005
Cemento	Bolsa	300	AREQUIPA	B	ENERO	2005
Arena Gruesa	m3	750	AREQUIPA	B	FEBRERO	2005
Arena Fina	m3	450	AREQUIPA	B	MARZO	2005
Cemento	Bolsa	280	TACNA	A	ENERO	2005
Arena Gruesa	m3	700	TACNA	A	FEBRERO	2004
Arena Fina	m3	420	TACNA	A	MARZO	2004
Cemento	Bolsa	350	TACNA	B	ENERO	2005
Arena Gruesa	m3	770	TACNA	B	FEBRERO	2004
Arena Fina	m3	490	TACNA	B	MARZO	2004
Cemento	Bolsa	420	AREQUIPA	A	ENERO	2004
Arena Gruesa	m3	840	AREQUIPA	A	FEBRERO	2004
Arena Fina	m3	420	AREQUIPA	A	MARZO	2004
Cemento	Bolsa	420	AREQUIPA	B	ENERO	2005
Arena Gruesa	m3	1050	AREQUIPA	B	FEBRERO	2005
Arena Fina	m3	630	AREQUIPA	B	MARZO	2004

• TABLAS

Si activamos el icono Tablas del grupo Tabla, nos muestra un cuadro de diálogo donde nos pide el rango de la tabla.

RELACIÓN DE MATERIALES POR OBRA

MATERIAL	UNIDAD	CANTIDAD	OBRA	ALMACEN	MES	AÑO
Cemento	Bolsa	200	TACNA	A	ENERO	2004
Arena Gruesa	m3	500	TACNA	A	FEBRERO	2004
Arena Fina	m3	300	TACNA	A	MARZO	2004
Cemento	Bolsa	250	TACNA	B	ENERO	2005
Arena Gruesa	m3	550	TACNA	B	FEBRERO	2004
Arena Fina	m3	350	TACNA	B	MARZO	2004
Cemento	Bolsa	300	AREQUIPA	A	ENERO	2005
Arena Gruesa	m3	600	AREQUIPA	A	FEBRERO	2005
Arena Fina	m3	300	AREQUIPA	A	MARZO	2005
Cemento	Bolsa	300	AREQUIPA	B	ENERO	2005
Arena Gruesa	m3	750	AREQUIPA	B	FEBRERO	2005
Arena Fina	m3	450	AREQUIPA	B	MARZO	2005
Cemento	Bolsa	280	TACNA	A	ENERO	2005
Arena Gruesa	m3	700	TACNA	A	FEBRERO	2004
Arena Fina	m3	420	TACNA	A	MARZO	2004
Cemento	Bolsa	350	TACNA	B	ENERO	2005
Arena Gruesa	m3	770	TACNA	B	FEBRERO	2004
Arena Fina	m3	490	TACNA	B	MARZO	2004
Cemento	Bolsa	420	AREQUIPA	A	ENERO	2004
Arena Gruesa	m3	840	AREQUIPA	A	FEBRERO	2004

El programa nos muestra la tabla con flechas de desplazamiento en cada uno de los campos (autofiltro).

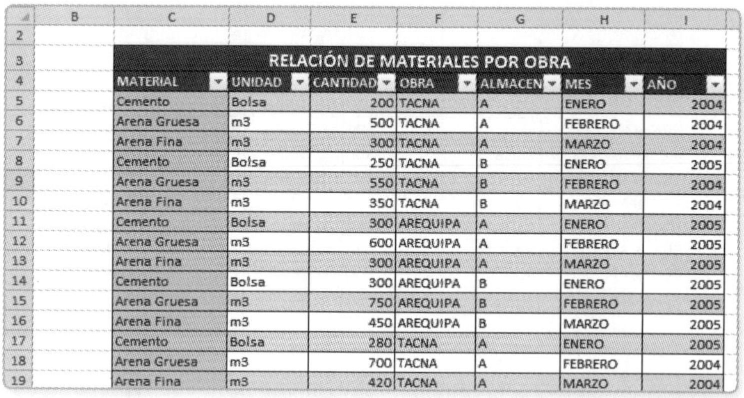

RELACIÓN DE MATERIALES POR OBRA

MATERIAL	UNIDAD	CANTIDAD	OBRA	ALMACEN	MES	AÑO
Cemento	Bolsa	200	TACNA	A	ENERO	2004
Arena Gruesa	m3	500	TACNA	A	FEBRERO	2004
Arena Fina	m3	300	TACNA	A	MARZO	2004
Cemento	Bolsa	250	TACNA	B	ENERO	2005
Arena Gruesa	m3	550	TACNA	B	FEBRERO	2004
Arena Fina	m3	350	TACNA	B	MARZO	2004
Cemento	Bolsa	300	AREQUIPA	A	ENERO	2005
Arena Gruesa	m3	600	AREQUIPA	A	FEBRERO	2005
Arena Fina	m3	300	AREQUIPA	A	MARZO	2005
Cemento	Bolsa	300	AREQUIPA	B	ENERO	2005
Arena Gruesa	m3	750	AREQUIPA	B	FEBRERO	2005
Arena Fina	m3	450	AREQUIPA	B	MARZO	2005
Cemento	Bolsa	280	TACNA	A	ENERO	2005
Arena Gruesa	m3	700	TACNA	A	FEBRERO	2004
Arena Fina	m3	420	TACNA	A	MARZO	2004

Si activamos la flecha del campo material, podemos seleccionar uno de los registros.

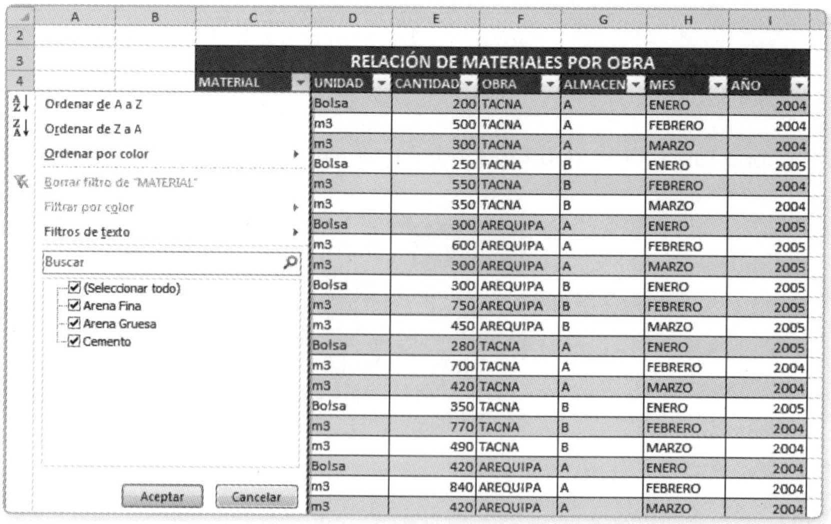

RELACIÓN DE MATERIALES POR OBRA

UNIDAD	CANTIDAD	OBRA	ALMACEN	MES	AÑO
Bolsa	200	TACNA	A	ENERO	2004
m3	500	TACNA	A	FEBRERO	2004
m3	300	TACNA	A	MARZO	2004
Bolsa	250	TACNA	B	ENERO	2005
m3	550	TACNA	B	FEBRERO	2004
m3	350	TACNA	B	MARZO	2004
Bolsa	300	AREQUIPA	A	ENERO	2005
m3	600	AREQUIPA	A	FEBRERO	2005
m3	300	AREQUIPA	A	MARZO	2005
Bolsa	300	AREQUIPA	B	ENERO	2005
m3	750	AREQUIPA	B	FEBRERO	2005
m3	450	AREQUIPA	B	MARZO	2005
Bolsa	280	TACNA	A	ENERO	2005
m3	700	TACNA	A	FEBRERO	2004
m3	420	TACNA	A	MARZO	2004
Bolsa	350	TACNA	B	ENERO	2005
m3	770	TACNA	B	FEBRERO	2004
m3	490	TACNA	B	MARZO	2004
Bolsa	420	AREQUIPA	A	ENERO	2004
m3	840	AREQUIPA	A	FEBRERO	2004
m3	420	AREQUIPA	A	MARZO	2004

Por ejemplo, podemos seleccionar solo Arena fina.
Y obtenemos la siguiente tabla:

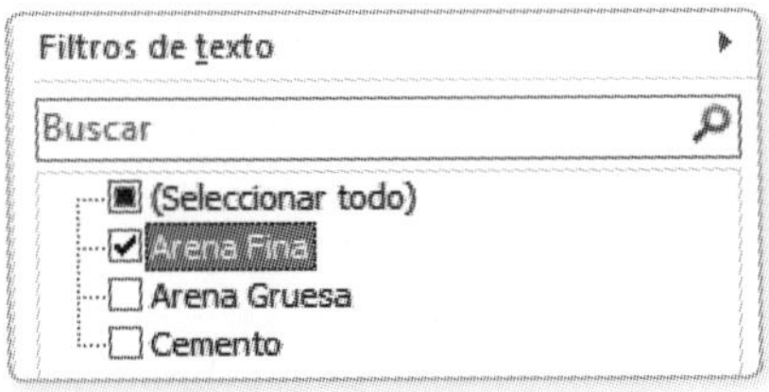

RELACIÓN DE MATERIALES POR OBRA						
MATERIAL	UNIDAD	CANTIDAD	OBRA	ALMACEN	MES	AÑO
Arena Fina	m3	300	TACNA	A	MARZO	2004
Arena Fina	m3	350	TACNA	B	MARZO	2004
Arena Fina	m3	300	AREQUIPA	A	MARZO	2005
Arena Fina	m3	450	AREQUIPA	B	MARZO	2005
Arena Fina	m3	420	TACNA	A	MARZO	2004
Arena Fina	m3	490	TACNA	B	MARZO	2004
Arena Fina	m3	420	AREQUIPA	A	MARZO	2004
Arena Fina	m3	630	AREQUIPA	B	MARZO	2004

• TABLA DINÁMICA

Al usar el icono Tabla dinámica, nos muestra el cuadro de diálogo donde damos el rango de la tabla y marcamos la ubicación de la tabla, en este caso seleccionamos en la misma hoja.

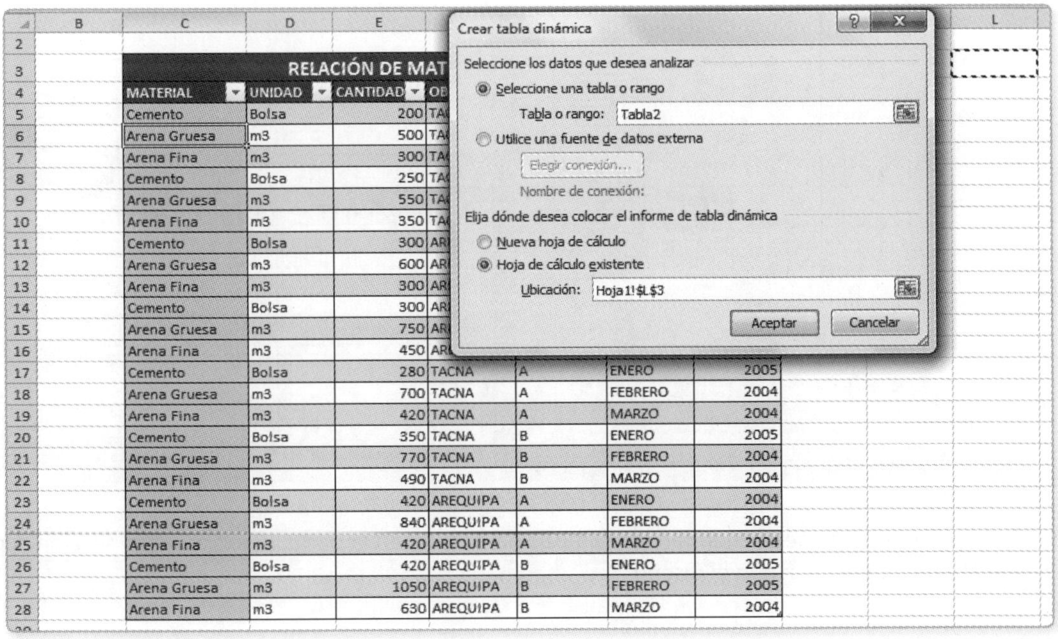

El programa muestra la ficha OPCIONES y un asistente para la generación de la tabla dinámica.

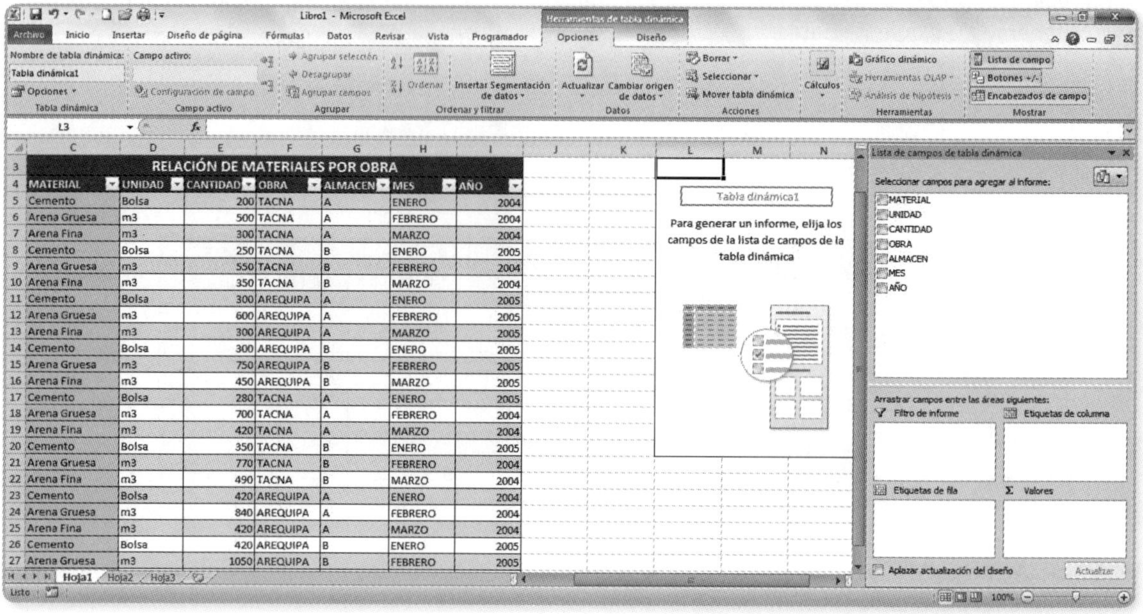

Asistente dinámico

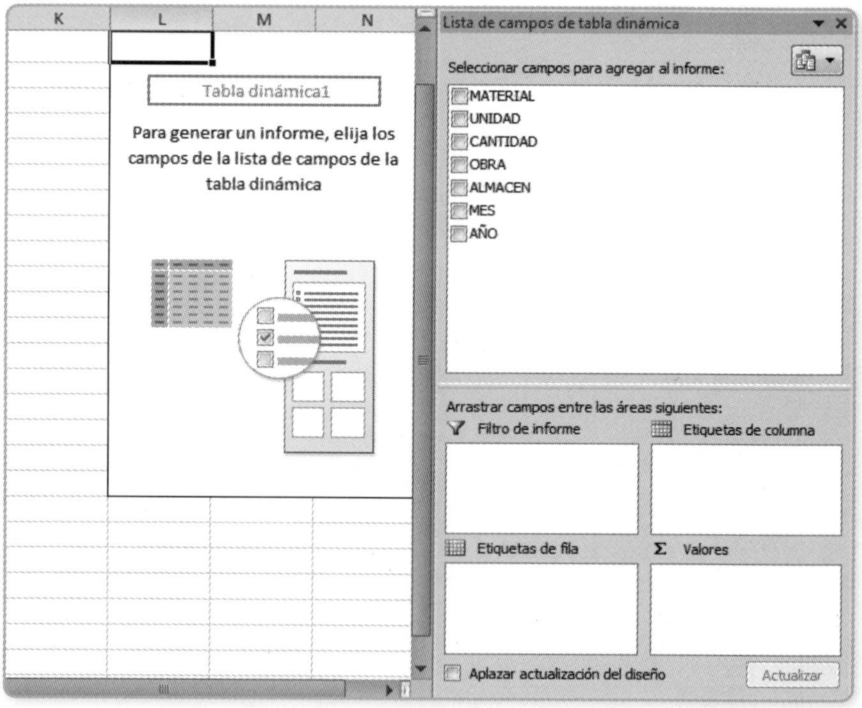

- En la parte superior se encuentran los campos de datos y en la parte inferior cuadro secciones para arrastrar los campos según el diseño.

- Si arrastramos el campo AÑO al rótulo de columna y el campo MATERIAL al rótulo de fila:

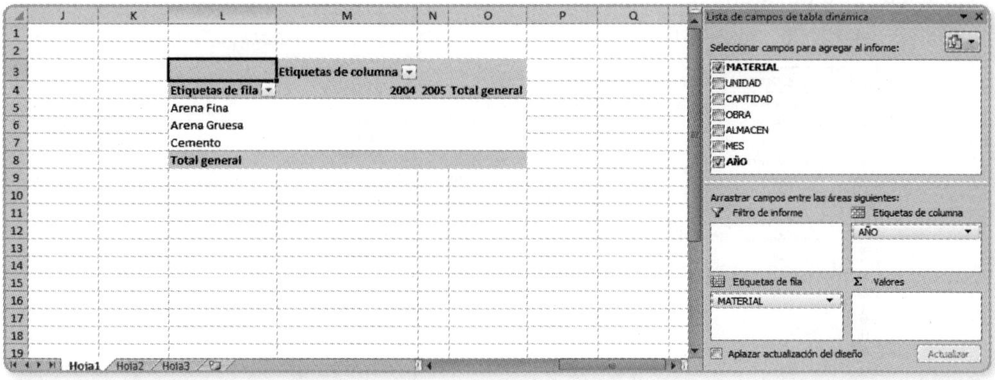

- Si arrastramos los campos AÑO y MES al rótulo de columna y los campos MATERIAL y OBRA al rótulo de fila:

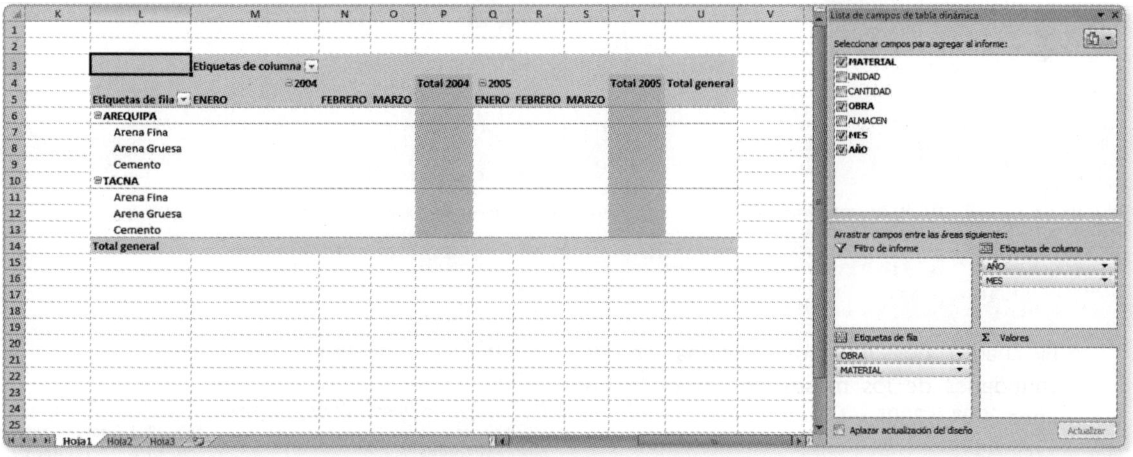

- Ahora seleccionamos el campo CANTIDAD al área Valores.

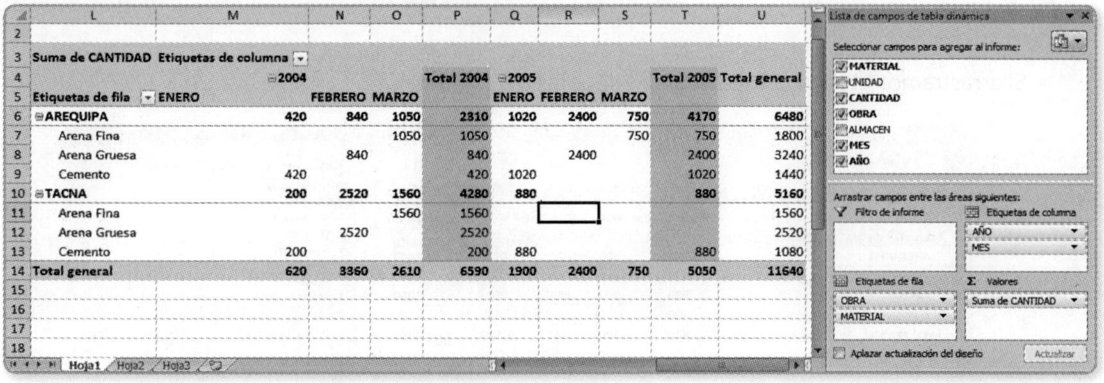

Suma de CANTIDAD	Etiquetas de columna								
	2004			Total 2004	2005			Total 2005	Total general
Etiquetas de fila	ENERO	FEBRERO	MARZO		ENERO	FEBRERO	MARZO		
AREQUIPA	420	840	1050	2310	1020	2400	750	4170	6480
Arena Fina			1050	1050			750	750	1800
Arena Gruesa		840		840		2400		2400	3240
Cemento	420			420	1020			1020	1440
TACNA	200	2520	1560	4280	880			880	5160
Arena Fina			1560	1560					1560
Arena Gruesa		2520		2520					2520
Cemento	200			200	880			880	1080
Total general	620	3360	2610	6590	1900	2400	750	5050	11640

- Ahora si queremos mostrar solo los datos de los meses de enero, arrastramos el campo MES al área de trabajo Filtro de informe.

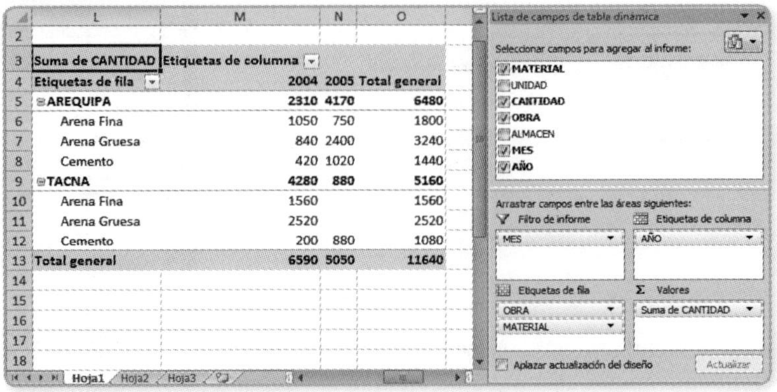

Suma de CANTIDAD	Etiquetas de columna		
Etiquetas de fila	2004	2005	Total general
AREQUIPA	2310	4170	6480
Arena Fina	1050	750	1800
Arena Gruesa	840	2400	3240
Cemento	420	1020	1440
TACNA	4280	880	5160
Arena Fina	1560		1560
Arena Gruesa	2520		2520
Cemento	200	880	1080
Total general	6590	5050	11640

- Ahora activamos la flecha del campo Mes y activamos solo el mes de ENERO.

- El cuadro nos muestra la suma de las cantidades de los meses de enero de los años 2004 y 2005.

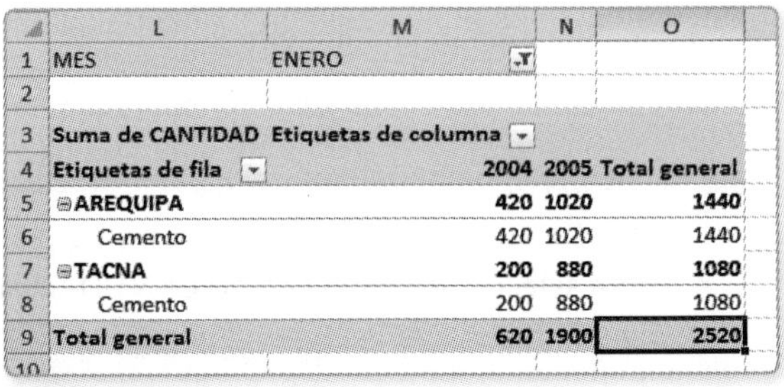

MES	ENERO		
Suma de CANTIDAD	Etiquetas de columna		
Etiquetas de fila	2004	2005	Total general
AREQUIPA	420	1020	1440
Cemento	420	1020	1440
TACNA	200	880	1080
Cemento	200	880	1080
Total general	620	1900	2520

- Si arrastramos el campo MES al área Etiquetas de columna:

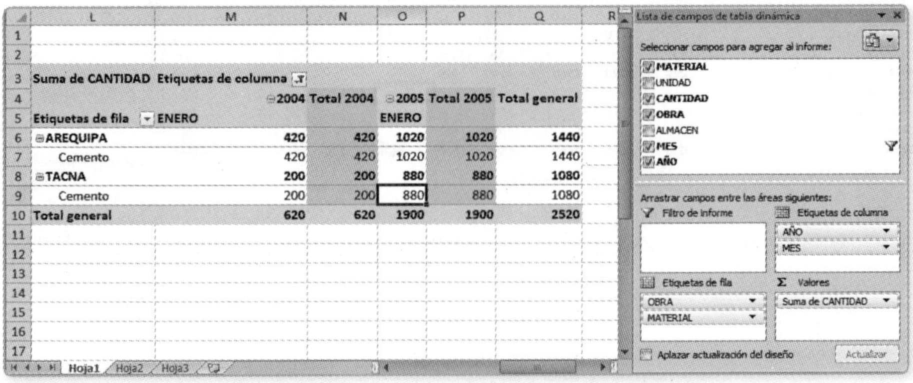

Suma de CANTIDAD	Etiquetas de columna				
	2004	Total 2004	2005	Total 2005	Total general
Etiquetas de fila	ENERO		ENERO		
AREQUIPA	420	420	1020	1020	1440
Cemento	420	420	1020	1020	1440
TACNA	200	200	880	880	1080
Cemento	200	200	880	880	1080
Total general	620	620	1900	1900	2520

• Cambio de suma por promedio de cantidades

Si queremos por ejemplo el promedio y no la suma, bastará con usar en área **Valores**, le damos un clic en **Suma de CANTIDAD**.

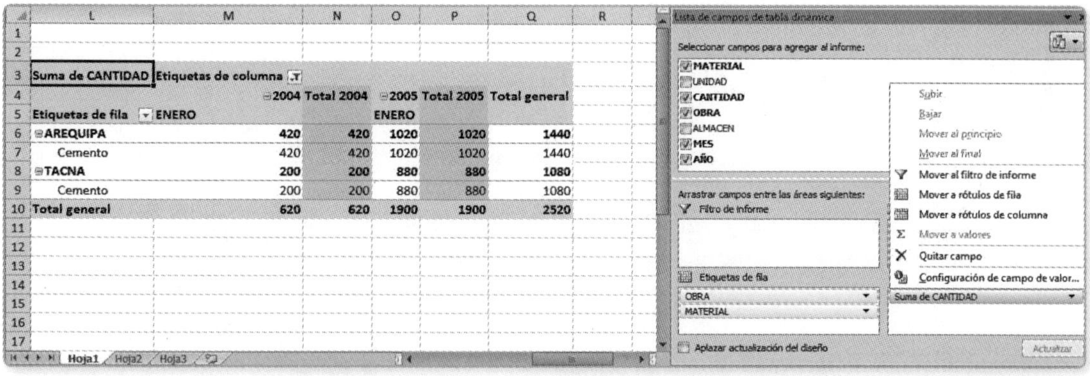

Seleccionar **Configuración del campo valor**. De esta manera, se activa el cuadro de diálogo donde seleccionamos el tipo de cálculo promedio.

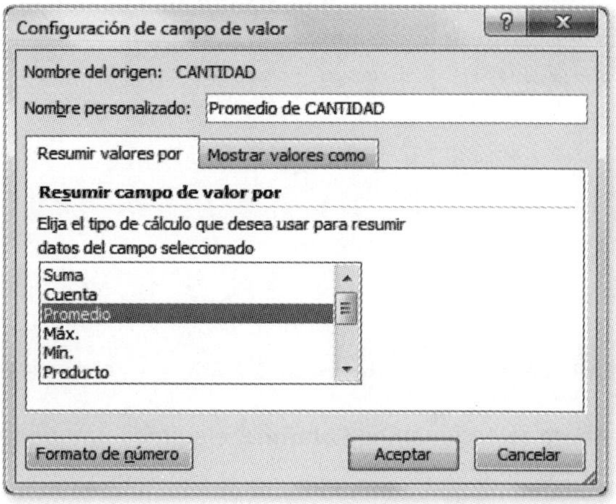

Al presionar el botón Aceptar, el programa nos mostrará la tabla dinámica con el promedio de la cantidades.

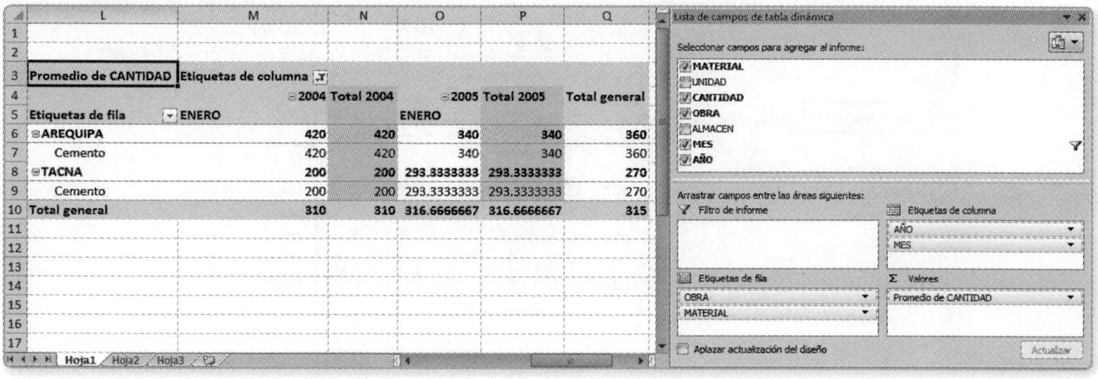

• GRÁFICOS DINÁMICOS

Las tablas dinámicas que se he creado anteriormente pueden ser graficadas, para ello debemos utilizar la ficha **INSERTAR** y el grupo **GRÁFICOS**.

> **Nota**
> *El cursor debe estar en la tabla dinámica.*

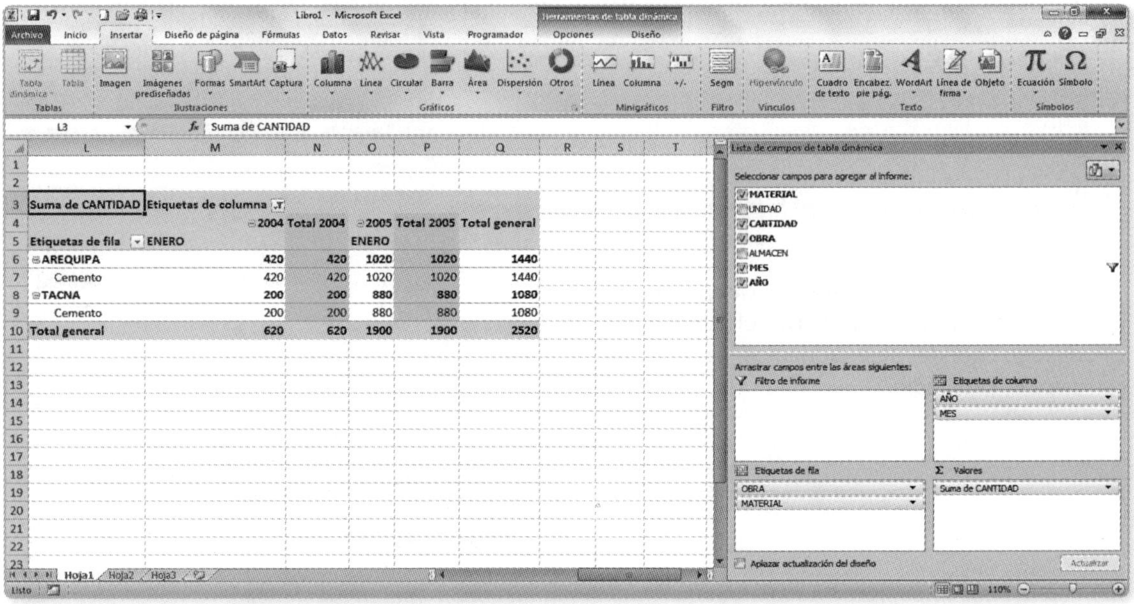

Ahora seleccionamos **Columna**, elegimos uno de los tipos de gráfico.

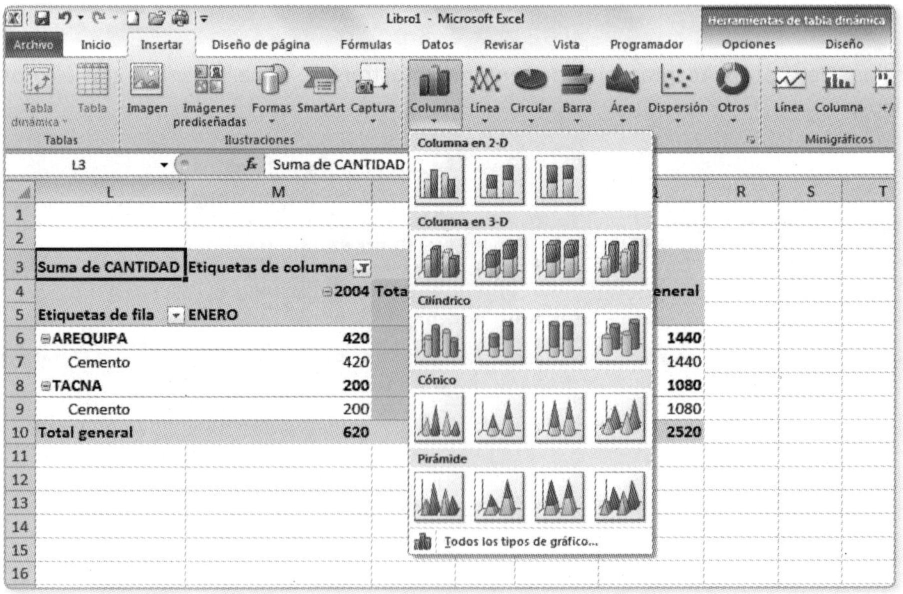

El gráfico aparece en la hoja de cálculo y las herramientas del gráfico dinámico, con las opciones de Diseño, Presentación, Formato y Analizar.

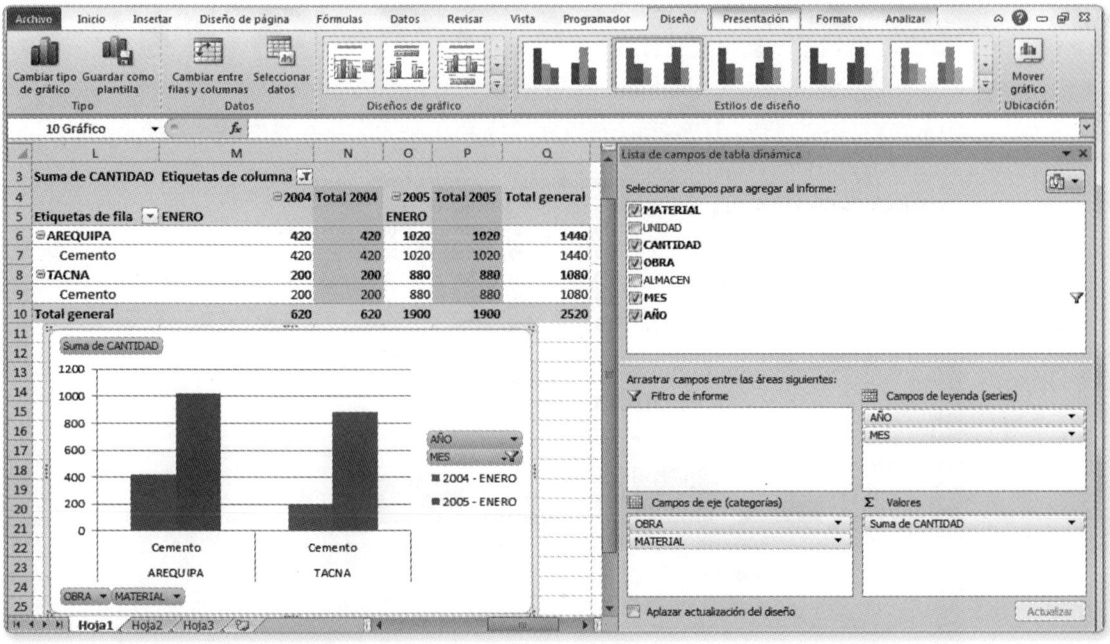

Modificamos el diseño del gráfico.

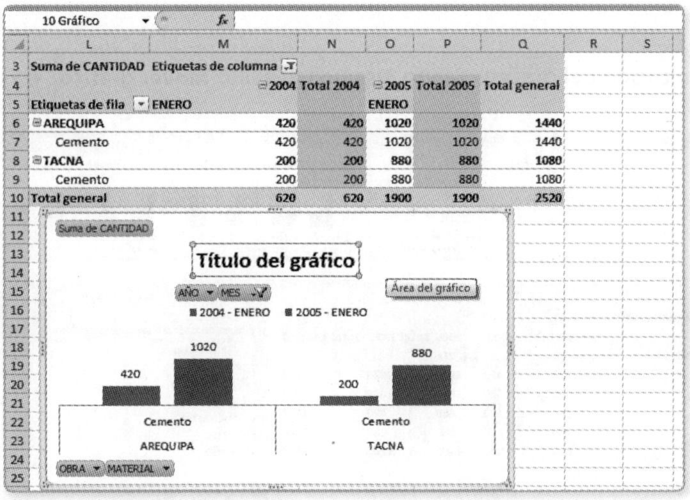

Seleccionamos el icono con el título y leyenda, en título escribimos PRODUCCIÓN.

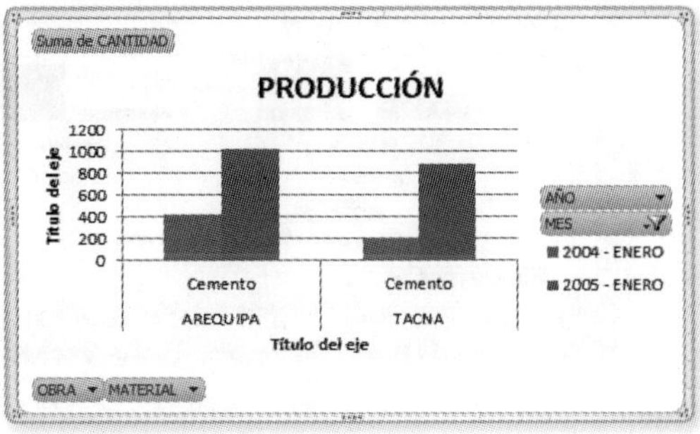

Seleccionamos otro formato.

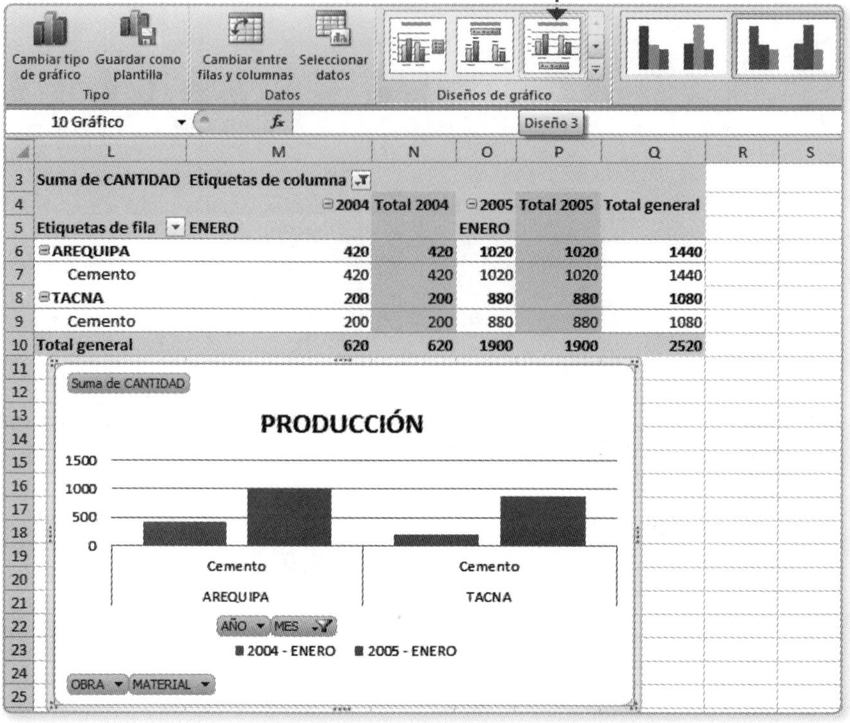

MOVER GRÁFICO

Para cambiar la ubicación del gráfico creado, usamos el icono **Mover gráfico.**

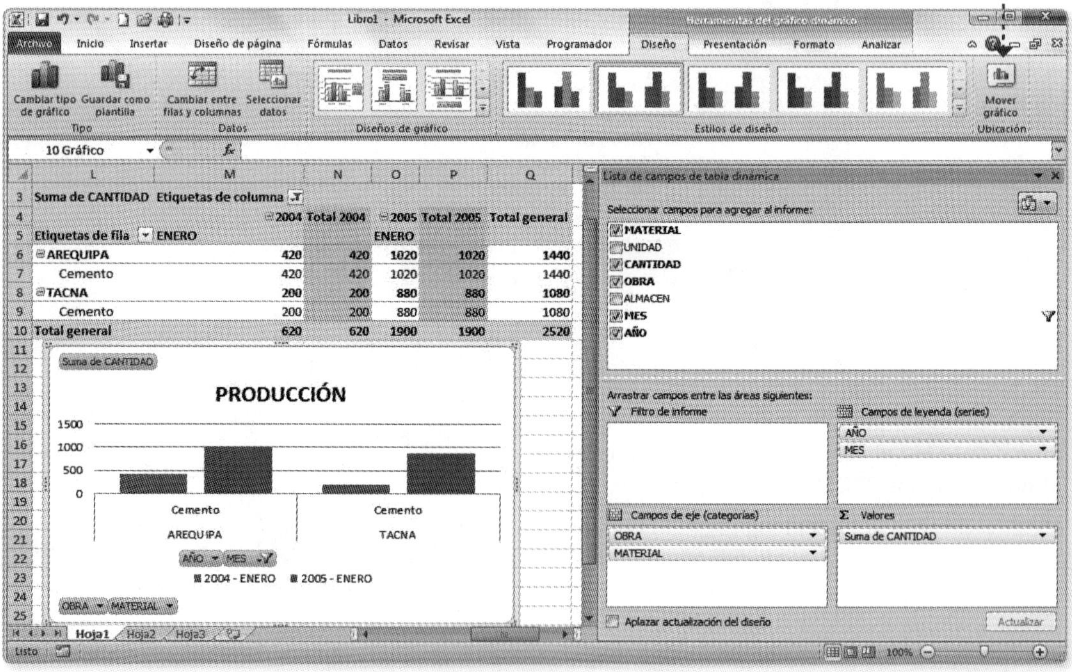

Nos muestra un cuadro de diálogo donde seleccionaremos que queremos el gráfico en la **Hoja2.**

En este cuadro de diálogo seleccionamos dónde queremos el gráfico **Hoja2.**

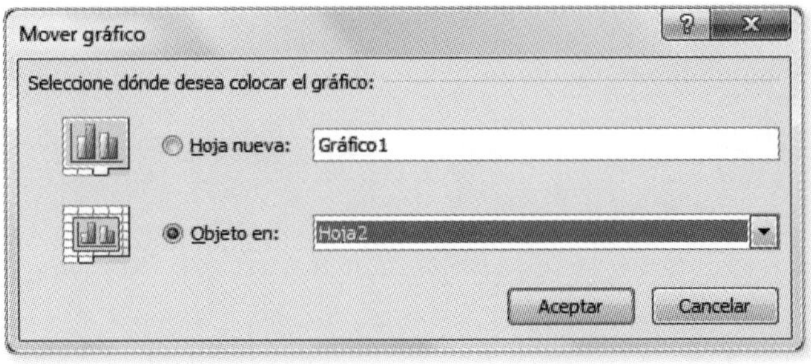

En la **Hoja1** encontramos los datos de la tabla, ahora seleccionamos la **Hoja2.**

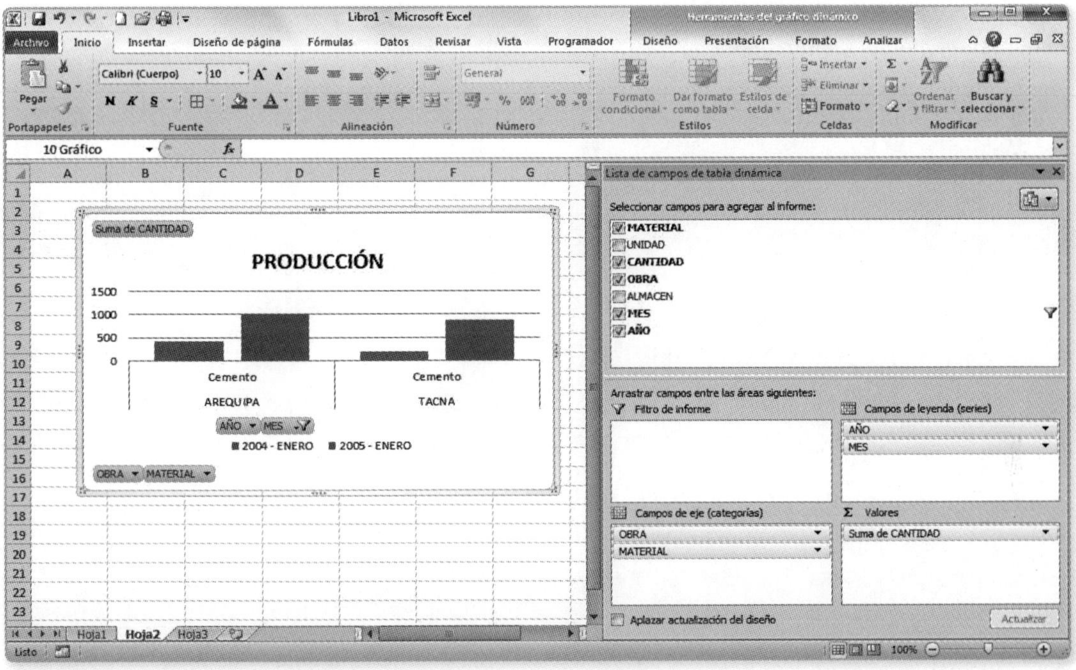

CAPÍTULO 5

ADMINISTRACIÓN DE ESCENARIOS, BUSCAR OBJETIVO Y TABLA DE DATOS

FICHA DATOS / GRUPO HERRAMIENTAS DE DATOS

FICHA DATOS / ANÁLISIS

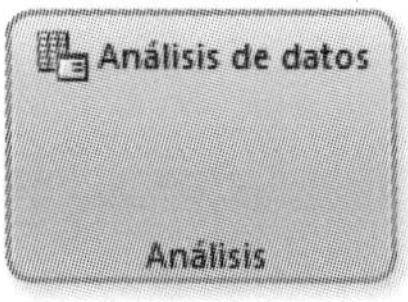

OBJETIVO:

Administrar información para buscar nuevas alternativas de datos usando herramientas de análisis, para resolver ejercicios donde se presentan ecuaciones e inecuaciones algebraicas con una o varias variables.

CONTENIDO:

- ANÁLISIS Y SÍ
- ADMINISTRADOR DE ESCENARIOS
- BUSCAR OBJETIVO
- TABLAS DE DATOS
- FUNCIÓN SOLVER

• ANÁLISIS Y SI

Es uno de los iconos de Herramientas de datos que nos permite trabajar con el administrador de escenarios, buscar objetivos y tabla de datos.

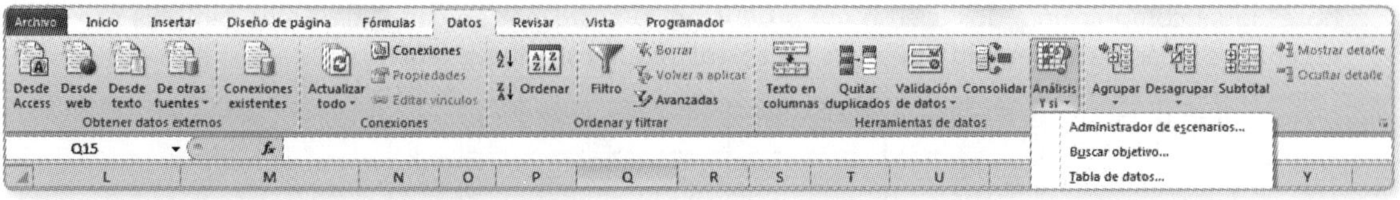

• ADMINISTRADOR DE ESCENARIOS

Es una opción que nos permite trabajar con diferentes respuestas probables usando una tabla de datos.

Para crear una tabla de escenarios primero debemos:

- Crear tablas usando fórmulas que deben estar relacionadas con otras como variables.
- Crear una tabla adicional cambiando los valores constantes de los futuros escenarios.

Para ingresar al Administrador de Escenarios, debemos de activar la **ficha Datos** y usar el grupo **Herramientas de Datos** y el icono **Análisis y si**:

Ejemplo 1:

Debes crear las siguientes tablas agregando fórmulas donde corresponda:

- En E18 la fórmula =C18*D18
- En D21 la fórmula =C18*C21
- En D22 la fórmula =C18*C22
- En D23 la fórmula =C18*C23
- En E24 la fórmula =SUMA(D21:D23)
- En E25 la fórmula =E18-E24

	A	B	C	D	E
16					
17		INGRESOS	CANTIDAD	PRECIO C/U	TOTAL
18		VENTA	300	70	=+C18*D18
19					
20		EGRESOS	UNIDAD	SUBTOTAL	TOTAL
21		MATERIA PRIMA	20	=+C21*$C$18	
22		PRODUCCION	15	=+C22*$C$18	
23		MARKETIN	10	=+C23*$C$18	
24					=SUMA(D21:D23)
25		GANANCIA			=+E18-E24
26					

	A	B	C	D	E
16					
17		INGRESOS	CANTIDAD	PRECIO C/U	TOTAL
18		VENTA	250	70	17500
19					
20		EGRESOS	UNIDAD	SUBTOTAL	TOTAL
21		MATERIA PRIMA	25	6250	
22		PRODUCCION	20	5000	
23		MARKETIN	10	2500	
24					13750
25		GANANCIA			3750
26					
27					

Si cambiamos el contenido de C18 varía todo el contenido de la tabla.

También sabemos que los costos de producción varían de acuerdo al número de productos, es decir no es igual comprar uno, dos, cien o mil productos; el costo por unidad varía. Estos cambios son los escenarios y para este ejemplo usaremos los costos según esta nueva tabla.

CANTIDAD	MATERIA PRIMA	PRODUCCION	MARKETIN
PARA 100	30	25	15
PARA 200	25	20	15
PARA 300	20	15	10

Ahora sí, usemos la función Escenarios para determinar cuál será la ganancia en cada uno de los casos.

Ingresamos al Administrador de escenarios (ficha Datos / grupo Herramientas de datos / Administrador de escenarios)

- En esta ventana elegimos Agregar.

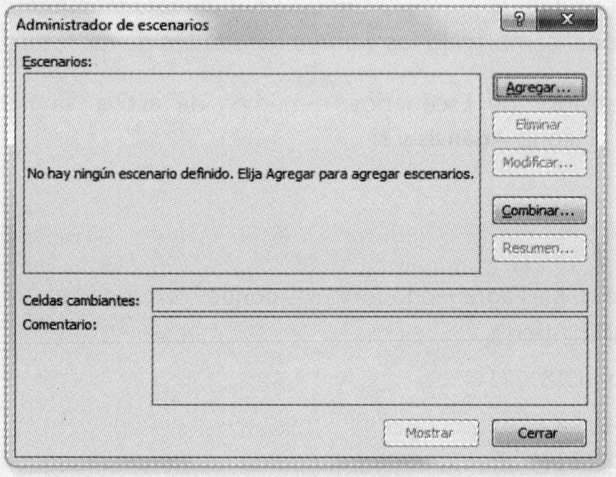

- En el Nombre del escenario escribimos PARA CIEN (puede ser texto o número).

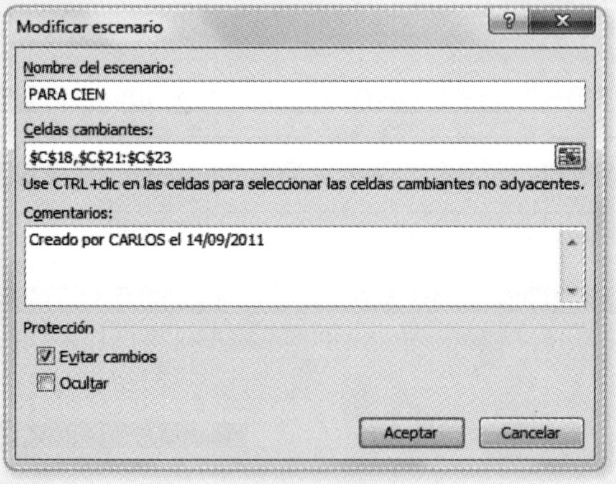

- Seleccionamos las celdas variables y presionamos el botón Aceptar.

C18 es la cantidad a vender.
C21, C22 y C23 son las cantidades unitarias de los egresos.

- En esta ventana escribimos los valores que corresponden al primer escenario y usamos la opción Agregar para seleccionar otro escenario (damos Aceptar si no hay otro escenario).

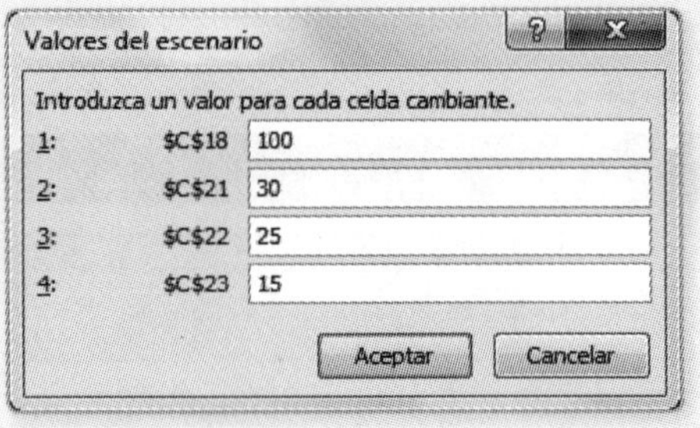

- De la misma manera agregamos los otros escenarios y al final usamos la opción Aceptar.

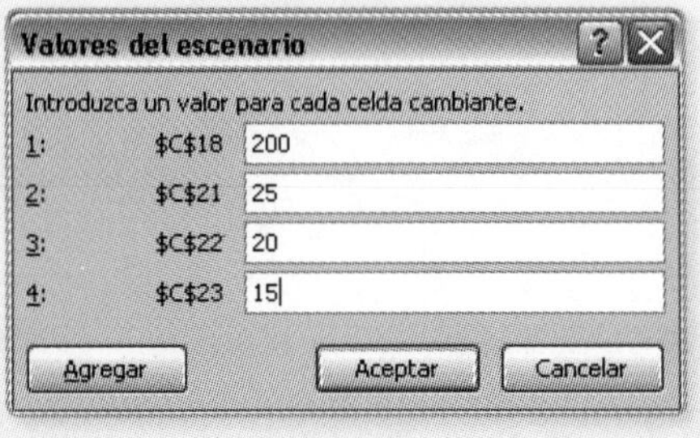

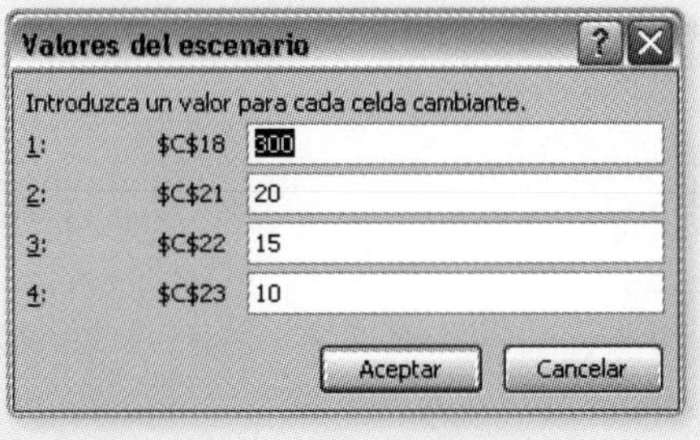

- En esta nueva ventana, puedes ver momentáneamente los valores usa la opción Mostrar, pero si quieres tener la tabla de futuros escenarios usa la opción Resumen.

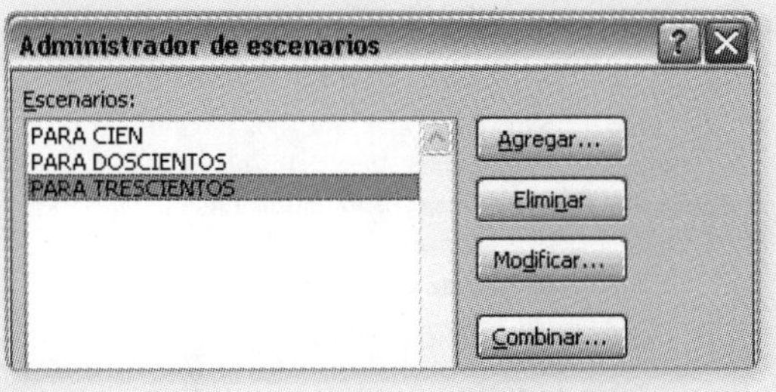

- En esta ventana seleccionamos Resumen y en celdas resultante E25, que es la celda que muestra la ganancia y, finalmente, Aceptar.

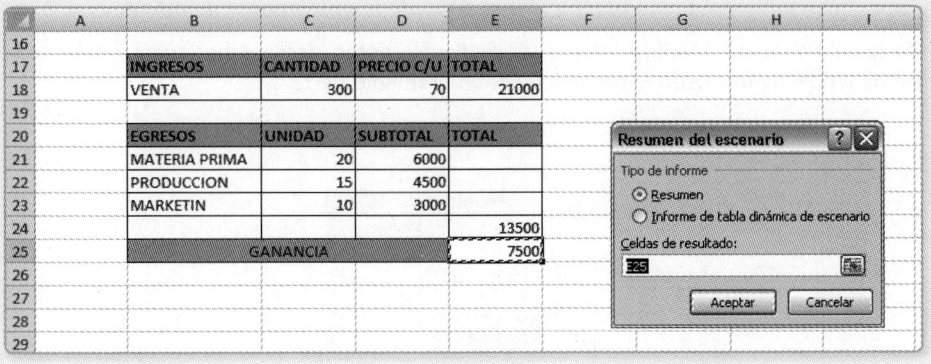

- El programa nos mostrará el Resumen de escenarios donde podemos comparar los valores y determinar cuál de ellos nos conviene.

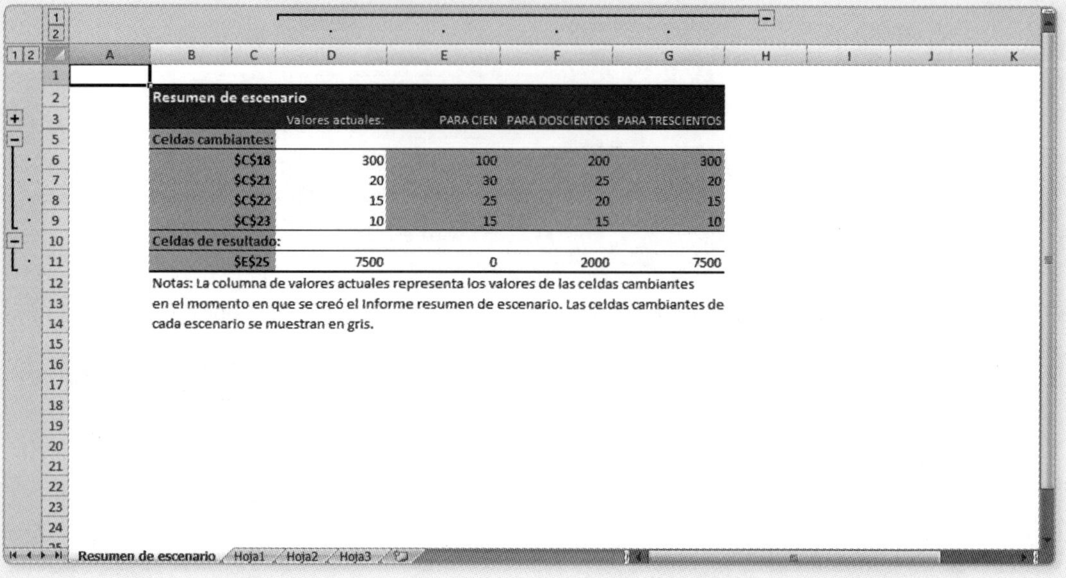

Resumen de escenario	Valores actuales:	PARA CIEN	PARA DOSCIENTOS	PARA TRESCIENTOS
Celdas cambiantes:				
$C$18	300	100	200	300
$C$21	20	30	25	20
$C$22	15	25	20	15
$C$23	10	15	15	10
Celdas de resultado:				
$E$25	7500	0	2000	7500

Notas: La columna de valores actuales representa los valores de las celdas cambiantes en el momento en que se creó el Informe resumen de escenario. Las celdas cambiantes de cada escenario se muestran en gris.

• BUSCAR OBJETIVO

Esta función nos sirve para determinar un valor buscado en una celda, dicha celda debe estar relacionada con otra a través de una fórmula o función.

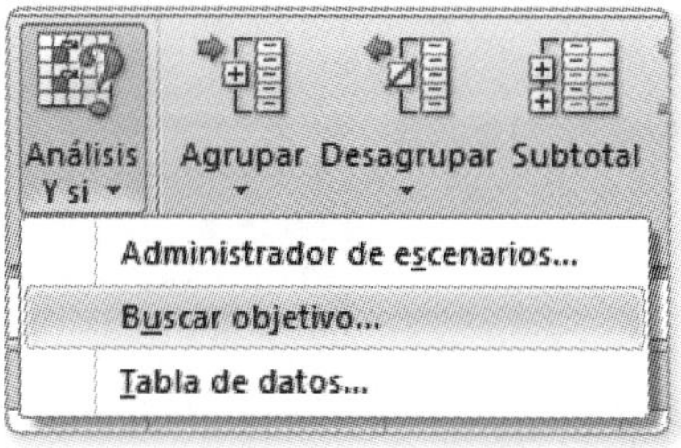

Ejemplo 1:

Uno de los alumnos del Módulo 3 tiene las siguientes notas, desea saber cuánto debe tener en su examen de teoría de Microsoft Excel para tener un promedio de 13

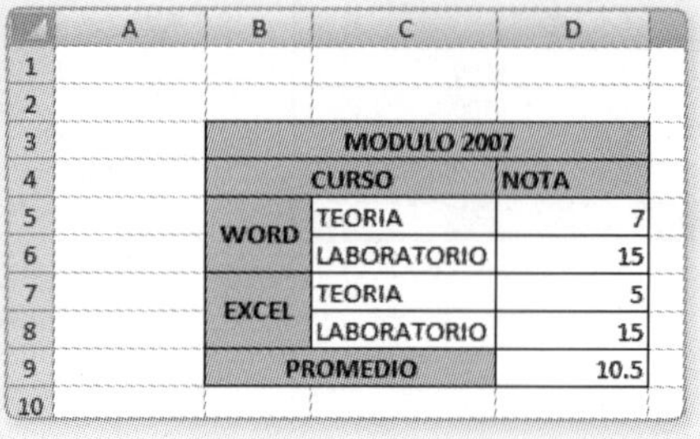

MODULO 2007		
CURSO		NOTA
WORD	TEORIA	7
	LABORATORIO	15
EXCEL	TEORIA	5
	LABORATORIO	15
PROMEDIO		10.5

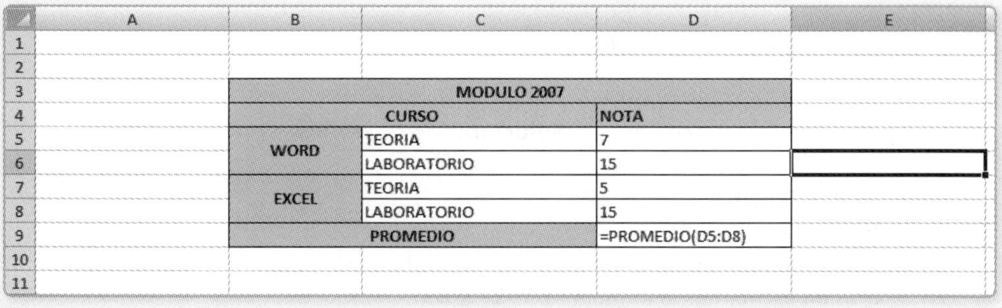

Solución:

- Verificar que en la celda **D9** esté la función **=Promedio(D5:D8)**
- Debemos buscar obtener 13 en la celda **D9** y la celda que se debe cambiar es **D7**.
- Ingresamos al icono Análisis Y si y usamos la opción **Buscar objetivo**.

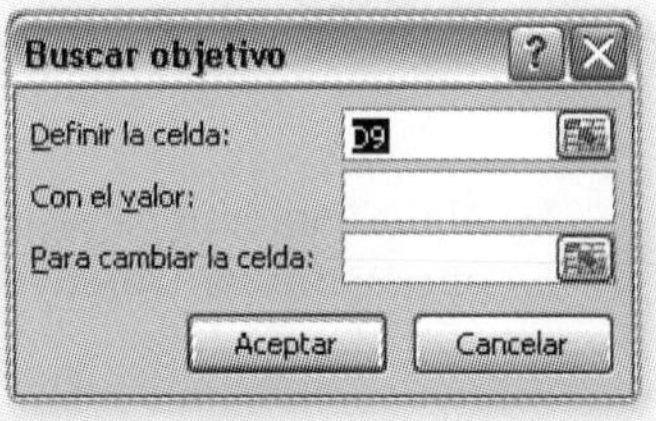

- En Definir celda seleccionamos la celda **D9**.
- Con el Valor, escribimos **13**.

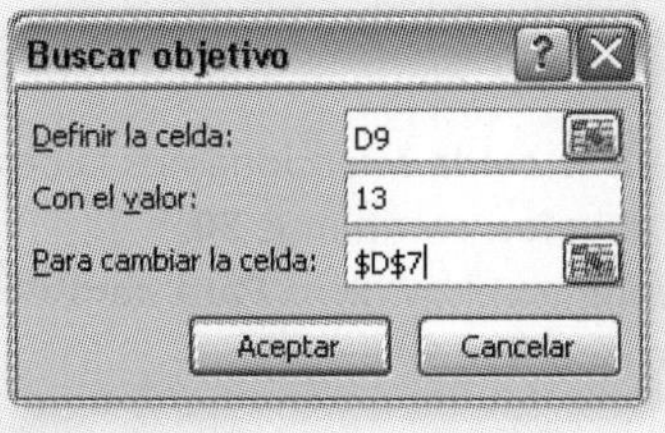

- Para cambiar la celda marcamos **D7** y, finalmente, damos **Aceptar**.

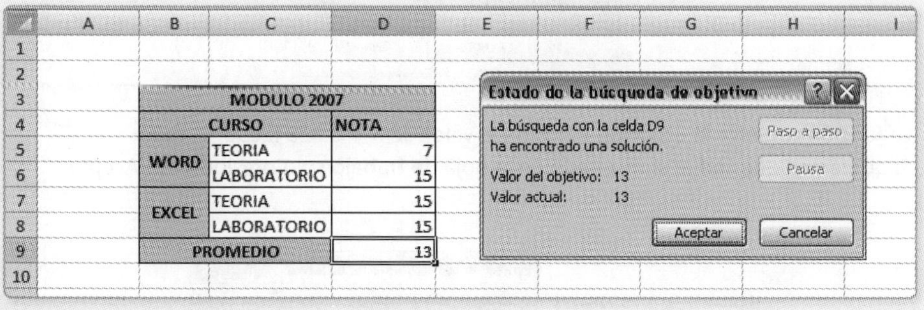

- Te muestra el valor del objetivo y el valor actual de la celda D9.
- Al dar Aceptar, estamos admitiendo los valores como repuesta.
- La tabla de valores se reestructura en forma automática: necesita 15 para poder aprobar.

Ejemplo 2:

Resolver la siguiente ecuación X2+3X-50= 0

Solución:

- Tenemos X2+3X=50
- Creamos la siguiente tabla.
- **B3** viene a ser la variable X.
- En la celda **B4** escribimos la fórmula **=B3^2+3*B3**

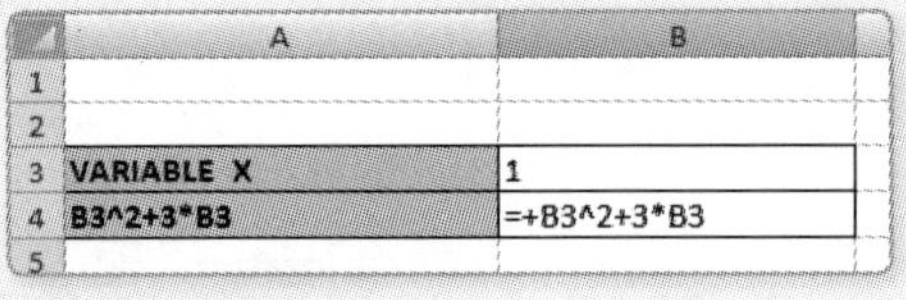

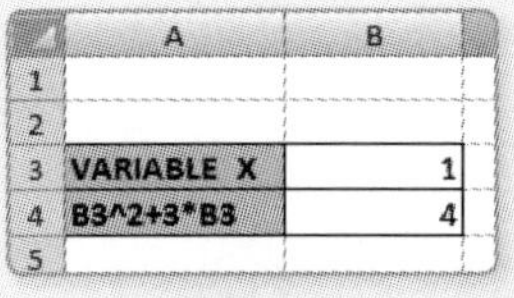

- Ahora ingresamos al icono Análisis Y si y usamos la opción **Buscar Objetivo**.

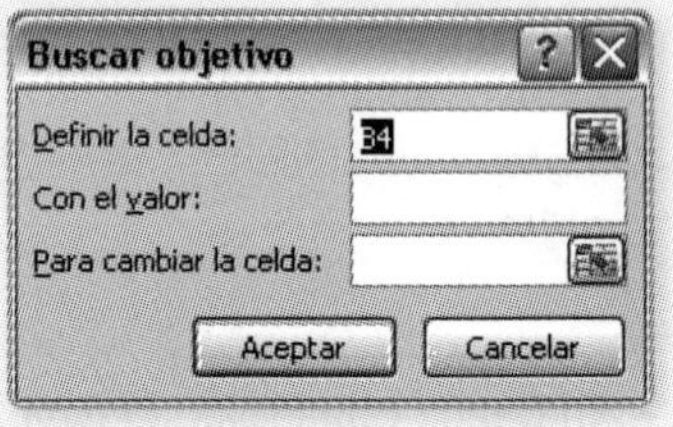

- En **Definir la celda** seleccionamos la celda **B4** (es la que contiene la fórmula o función).
- En **Con el valor**: escribimos **50.**
- Finalmente, en el casillero **Para cambiar la celda**: seleccionamos la celda **B3** y presionamos el botón **Aceptar**.

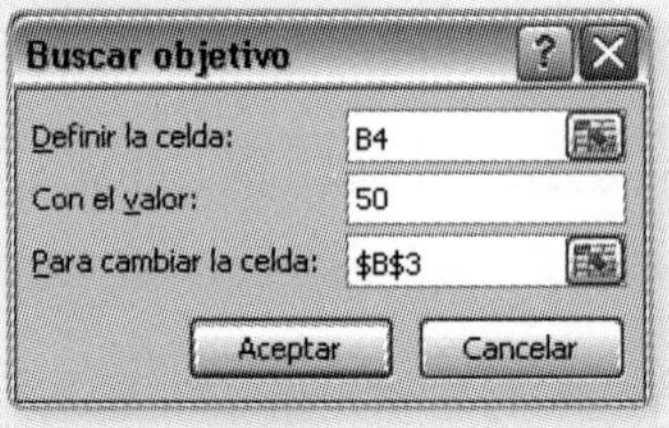

- La función resuelve la ecuación y nos da el valor de X = 5.72842696
- Si queremos que se fije el resultado en la hoja de trabajo solo presionamos Aceptar.

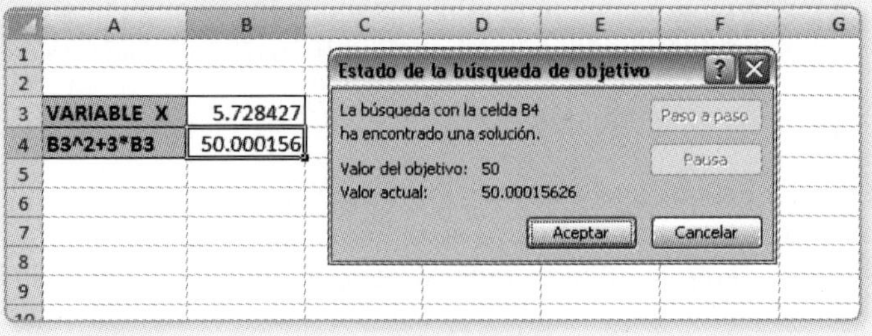

• TABLAS DE DATOS

Microsoft Excel nos da una herramienta más para resolver en forma múltiple la solución de un ejercicio, modificando uno o dos valores de la fórmula o función principal. Para ello necesitamos identificar la celdas variables en la fórmula o función, luego crear una fila o columna con los valores que queremos modificar y finalmente usar la función tabla y señalar la celda variable en la fórmula o función de acuerdo a la fila o columna.

• Funcion tablas de datos

Se encuentra en la ficha Datos, utiliza el grupo Herramientas de datos en el icono Análisis Y si.

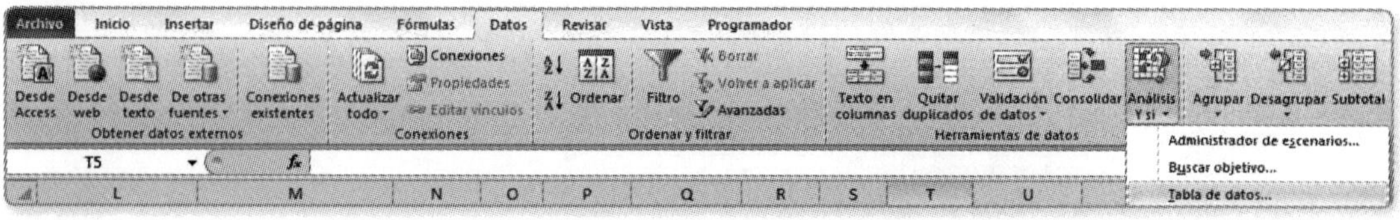

Ejemplo 1:

Al preguntar por el precio de un producto nos informan lo siguiente:

- El producto que tiene el valor de 5000.
- El interés anual es del 10%

Nosotros lo compramos para pagar en 6 meses.

¿Cuál es el pago mensual que efectuaremos?

Solución:

- Primero creamos la tabla de valores con los datos de la siguiente forma:
  - En la celda C3 escribimos el interes en porcentaje.
  - En la celda C4 escribimos el número de cuotas.
  - En la celda C5 escribimos el costo (lo escribimos estre paréntesis denotando que es un valor negativo).
  - En la celda C6 escribimos la función =PAGO(C3/12,C4,C5), el valor de interés lo dividimos entre 12 por ser anual.

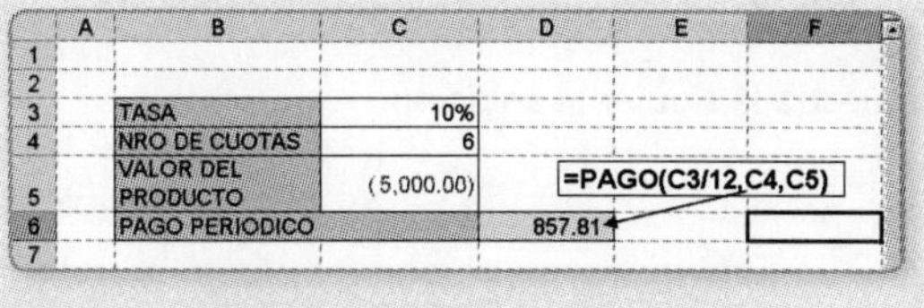

	A	B	C	D	E	F
1						
2						
3		TASA	10%			
4		NRO DE CUOTAS	6			
5		VALOR DEL PRODUCTO	(5,000.00)		=PAGO(C3/12,C4,C5)	
6		PAGO PERIODICO		857.81		
7						

- Ahora debemos encontrar el pago para los intereses de 7%, 12% y 18%.

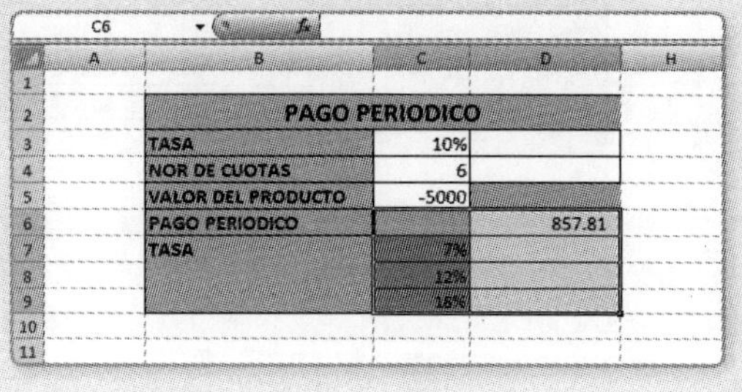

	A	B	C	D	H
1					
2		PAGO PERIODICO			
3		TASA	10%		
4		NOR DE CUOTAS	6		
5		VALOR DEL PRODUCTO	-5000		
6		PAGO PERIODICO		857.81	
7		TASA	7%		
8			12%		
9			18%		
10					
11					

- Adicionamos a la tabla los porcentajes de la siguiente manera.
- Ahora seleccionamos desde **C6** hasta **D9**.
- Activamos la **ficha Datos**, seleccionamos el **grupo Herramientas**, el icono **Análisis Y si** y la opción **Tabla de datos...**

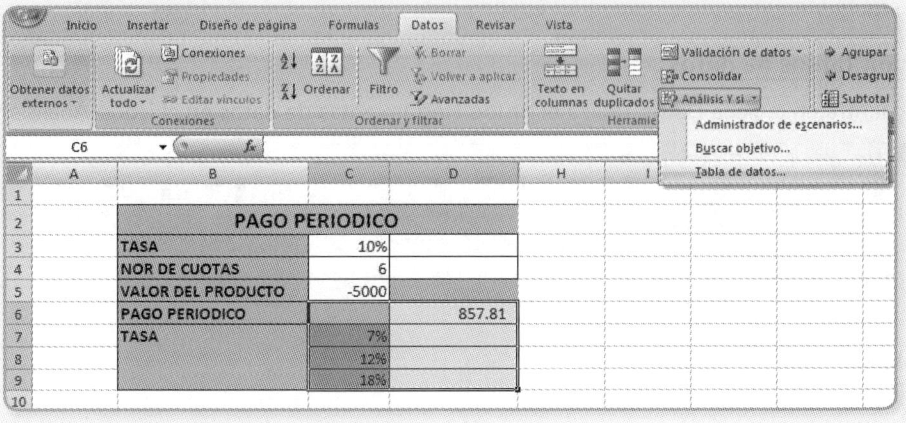

- El programa me muestra un cuadro de diálogo donde me solicita cuál es la celda de la fórmula pago(), dónde van a actuar los valores de la columna (en este caso las tasas de interés).

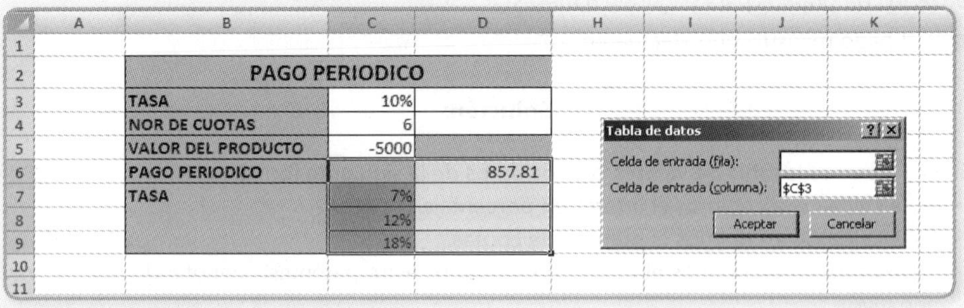

- Entonces en Celda de entrada (columna) marcamos C3.
- Presionamos el botón Aceptar.
- El programa nos muestra la siguiente solución:

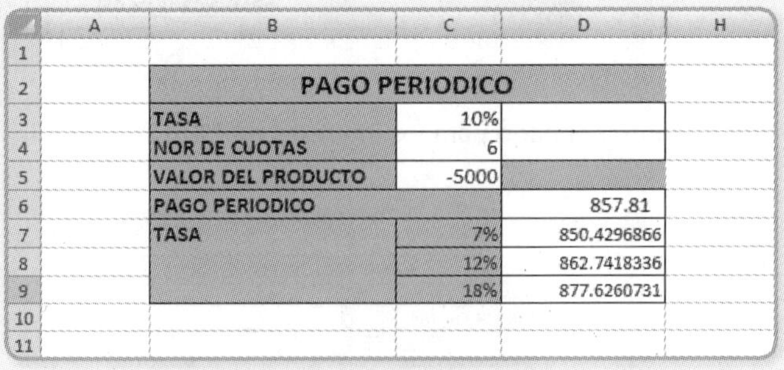

Ejemplo 2:

Usando el ejercicio anterior, ahora debemos encontrar el pago para los intereses de 7%, 12% y 18% y para los plazos de 3, 15, 20 y 30 meses.

¿Cuál es el pago mensual que efectuaremos?

Solución:

- Modificamos la tabla anterior de la siguiente manera:

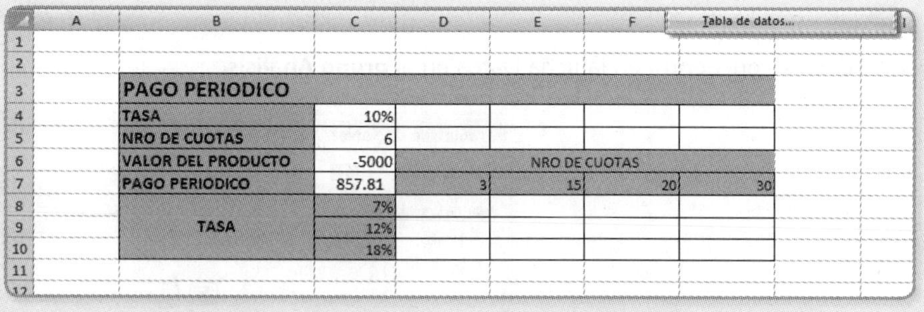

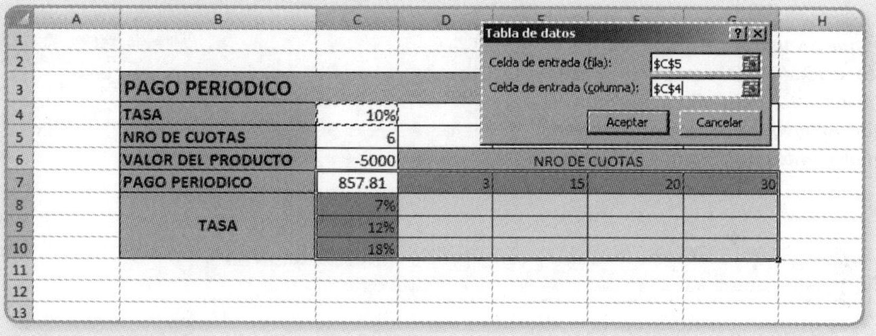

- Seleccionamos las celdas desde **C7** hasta **G10.**
- Activamos el icono **Análisis Y si** y la opción **Tabla de datos...**
- Los valores de los intereses se encuentran en **columna** y de los meses en **fila**; en la función los primeros están representado por la celda **C4** y de los segundos por la celda **C5**.
- Entonces en **Celda de entrada (fila)** marcamos **C5**.
- Y en **Celda de entrada (columna)** marcamos **C4**.
- Presionamos el botón **Aceptar**.
- El programa nos muestra la siguiente solución:

PAGO PERIODICO					
TASA	10%				
NRO DE CUOTAS	6				
VALOR DEL PRODUCTO	-5000	NRO DE CUOTAS			
PAGO PERIODICO	857,81	3	15	20	30
TASA	7%	1686,14881	349,0999752	265,5944704	182,1595362
	12%	1700,110557	360,6189009	277,0765745	193,7405661
	18%	1716,914801	374,7217783	291,2286794	208,1959413

• FUNCIÓN SOLVER

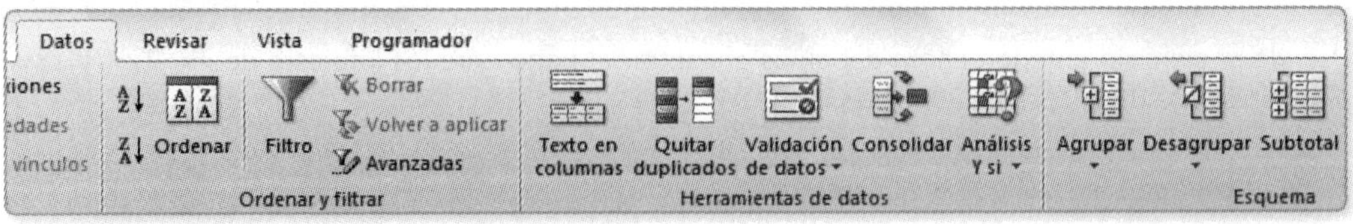

Es una de las funciones especiales de Microsoft Excel, nos sirve para buscar el valor óptimo de una serie de ecuaciones con varias incógnitas.

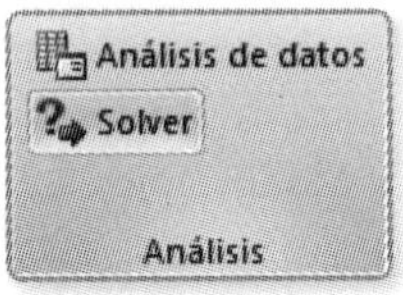

- La función **SOLVER** se encuentra en la ficha Datos en el **grupo Análisis.**

Nota: *Si es que no aparece el grupo Análisis y el icono SOLVER, debemos activar este complemento, para ello activamos el botón Archivo y utilizamos la opción Complementos y activamos Opciones.*

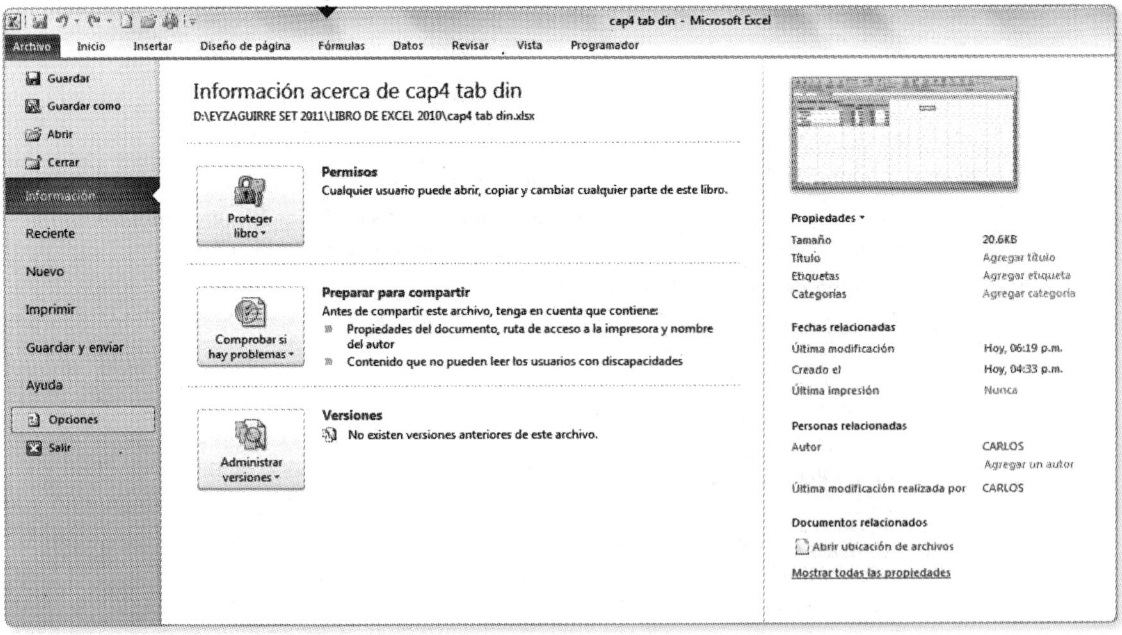

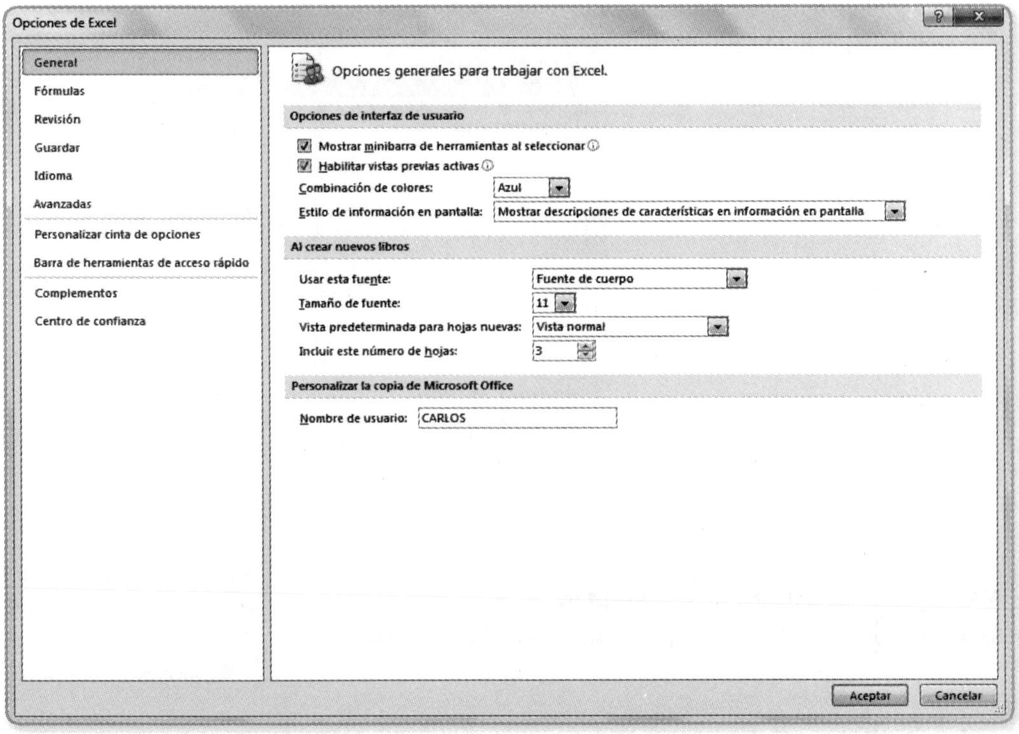

- Dentro de esta ventana activamos **Complementos.**

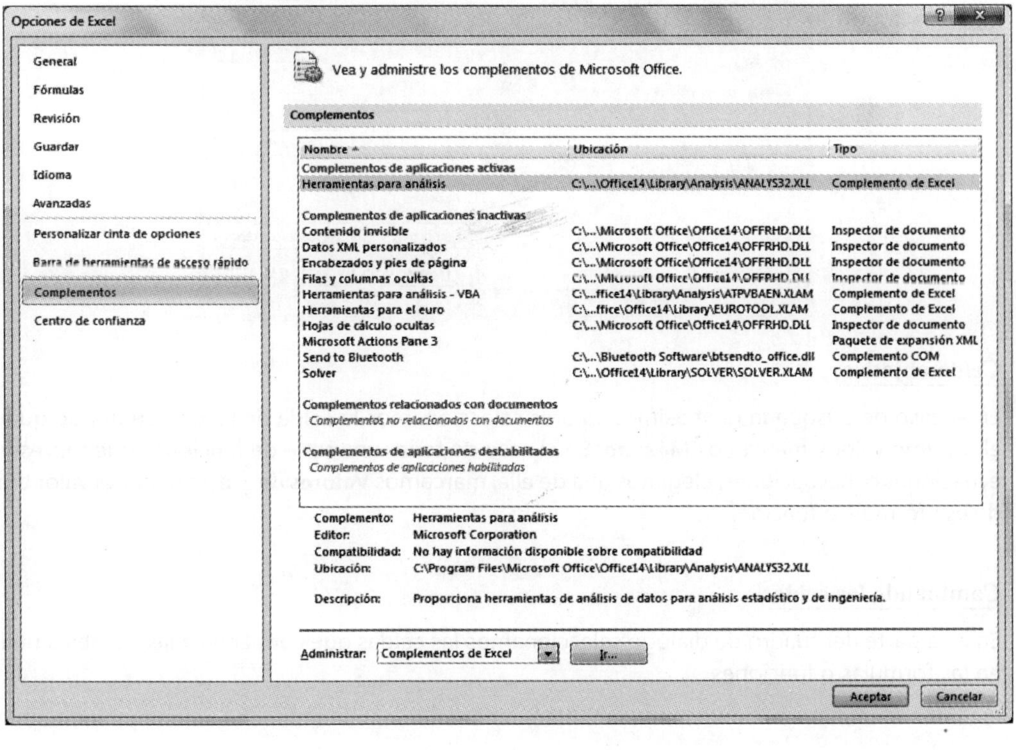

- Y presionamos el botón Ir.

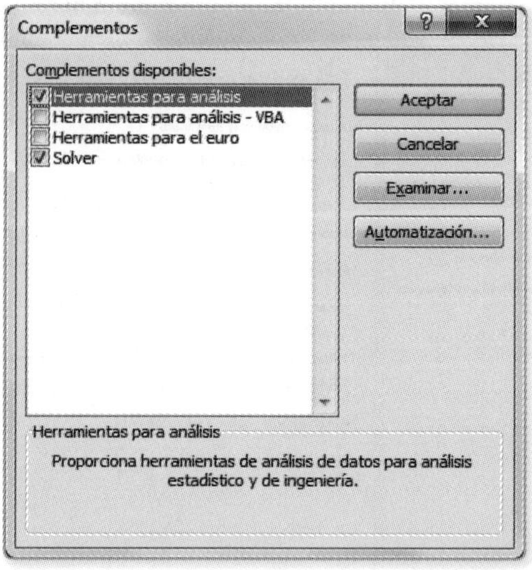

- Ahora activamos **Solver** y damos **Aceptar.**
- Se activa el icono Solver en el grupo **Análisis** de la ficha **Datos.**

• Cuadro de diálogo Solver

Celda objetivo

En el caso de búsqueda de máximos valores seleccionamos la celda de la función donde queremos el máximo valor y marcamos **Máximo**. En el caso de tener una serie de funciones que representan a ecuaciones o inecuaciones, elegimos una de ella, marcamos **Valores de**: y escribimos el valor buscado de esa fórmula o función.

Cambiando las celdas

En esta parte del cuadro de diálogo seleccionamos las celdas que contienen a las variables utilizadas en las fórmulas o funciones.

Sujeta a las siguientes restricciones

Al utilizar el botón **Agregar** definimos las restricciones del problema propuesto (seleccionamos el resto de celdas que contiene las fórmulas y funciones).

En Referencia de la celda: Seleccionamos la celda donde se encuentra la fórmula o función y desplazamos las condiciones y elegimos uno de los signos.

En **Restricciones** escribimos el valor buscado en la celda de la función.

Luego regresamos al cuadro de diálogo y presionamos el botón **Resolver.**

Finalmente, te muestra los resultados obtenidos y te sugiere utilizar la solución en tu hoja de trabajo. Al dar **Aceptar** fijaremos la solución.

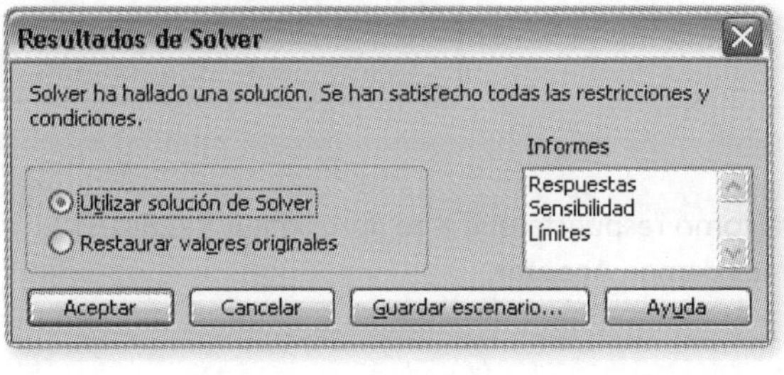

Ejemplo 1:

Tenemos la Ecuación X2+3X-50= 0

Solución:

- Si queremos resolver la ecuación debemos asignar la celda **B3** como la variable **X** y a la celda **B4** la fórmula = **B3^ 2+3*B3**

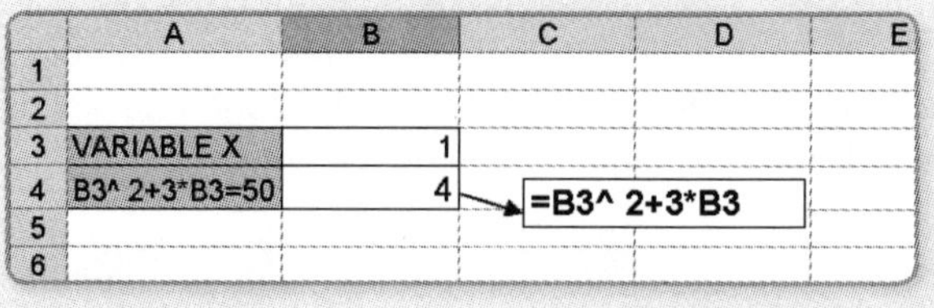

- Ahora debemos ingresar a la función **Solver.**
- Designar como **Celda objetivo**: B4.
- Marcar **Valores de:** 50.
- En **Cambiando las** celdas asignamos B3.
- No hay más restricciones, presionamos el botón **Resolver.**

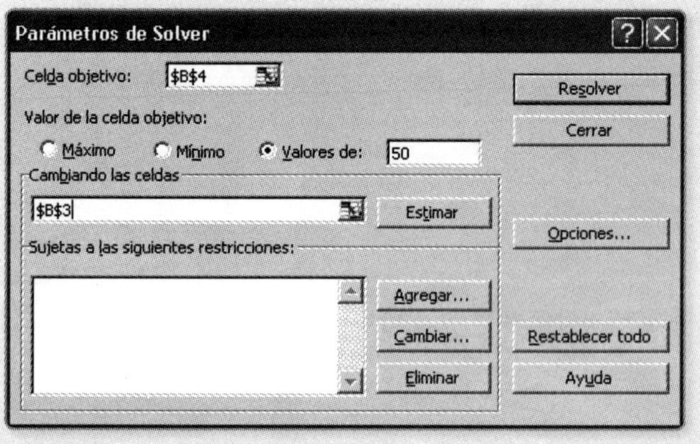

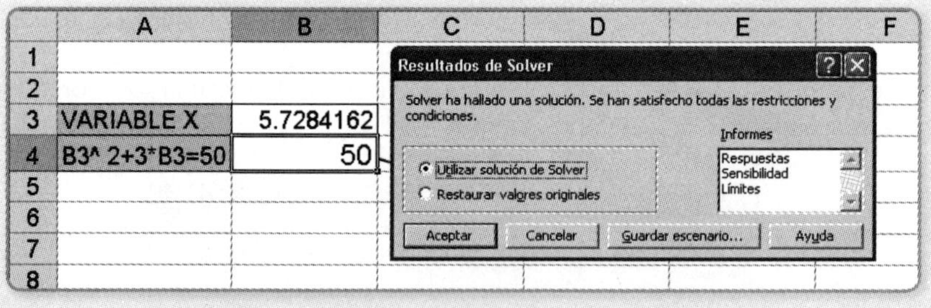

- El programa nos da como respuesta que X se aproxima a 5.72841613
- Si estamos conformes damos **Aceptar.**

Ejemplo 2:

Una escuela tiene 150 alumnos en 5to. año distribuido de la siguiente forma:

- La suma de alumnos de la sección A y la sección B es 85.
- La suma de alumnos de la sección C y la sección D es 65.
- La suma de alumnos de la sección B y la sección C es 80.
- La suma de alumnos de la sección A y la sección D es 70.
- La suma de alumnos de la sección B y dos veces de la sección C es 100.

¿Cuántos alumnos hay en cada sección?

Solución:

1. Las fórmulas o ecuaciones son las siguientes:
   - **a.** A+B=85
   - **b.** C+D=65
   - **c.** B+C=80
   - **d.** A+D=70
   - **e.** B+2*C=100
   - **f.** A+B+C+D=150
2. Para utilizar la función Solver debemos asignar las variables y las funciones.
3. Creamos la primera tabla asignando como variables a las celdas C7, C8, C9 y C10.
4. Ahora, en la segunda tabla de fórmulas asignamos como se observa las fórmulas en las celdas F7, F8, F9, F10, F11 y F12.

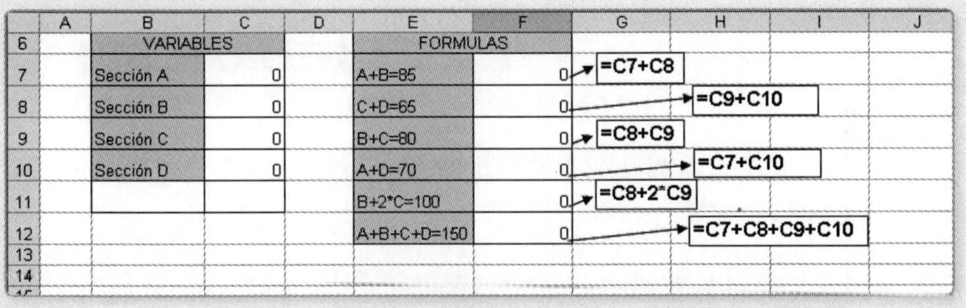

5. Ahora sí podemos aplicar la función Solver.
6. Ficha Datos / grupo Análisis / Solver.

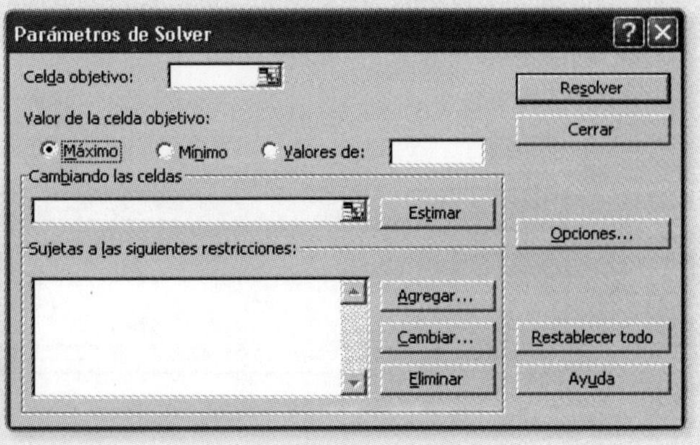

- En la **Celda objetivo** escribimos o seleccionamos la celda F7 (en este caso podemos asignar cualquiera de las celdas con funciones.
- En **Valor de la celda de objetivo**: seleccionamos **Valores de**: y escribimos el valor que queremos, en este caso 85.
- En **Cambiando las celdas** seleccionamos las celdas de las variables, es decir de C7,C8,C9 Y C10.

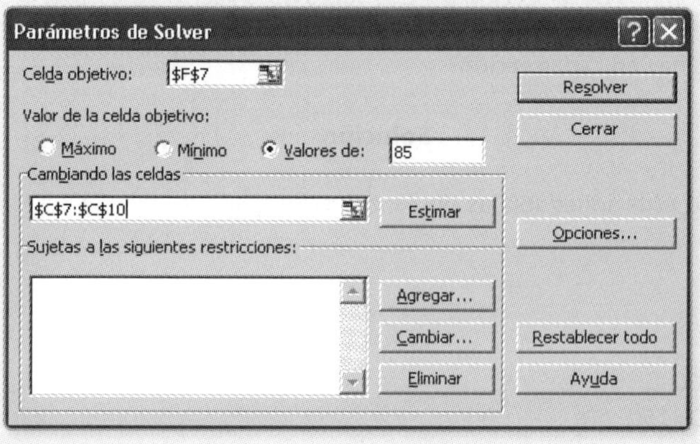

- Ahora en **Sujeta a las siguientes restricciones**: usamos el botón **Agregar** para asignar el resto de las funciones.
- Le damos un clic en **Agregar**.
- La celda F8 debe ser igual a 65.

- Como seguimos agregando restricciones damos un clic en el botón Agregar.
- La celda F9 debe ser igual a 80.

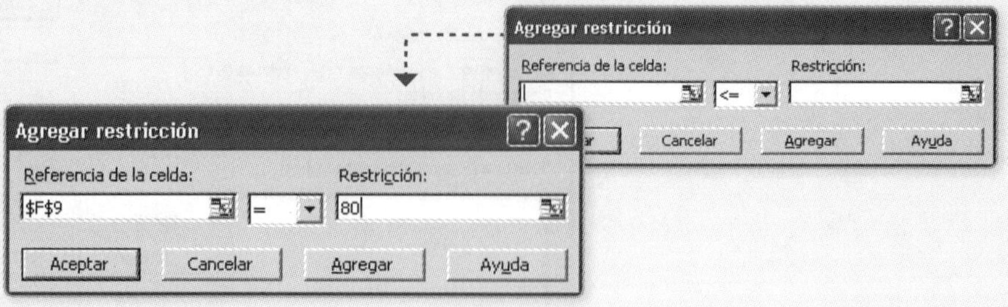

- Le damos un clic en el botón Agregar.
- La celda F10 debe ser igual a 70.

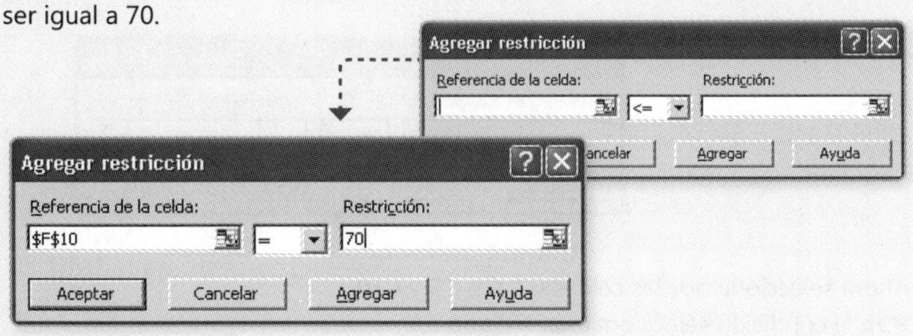

- Le damos un clic en el botón Agregar.
- La celda F11 debe ser igual a 100.

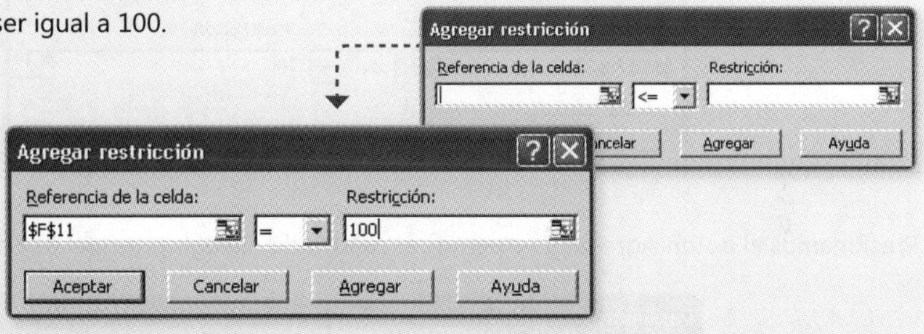

- Le damos un clic en el botón Agregar.
- La celda F12 debe ser igual a 150.

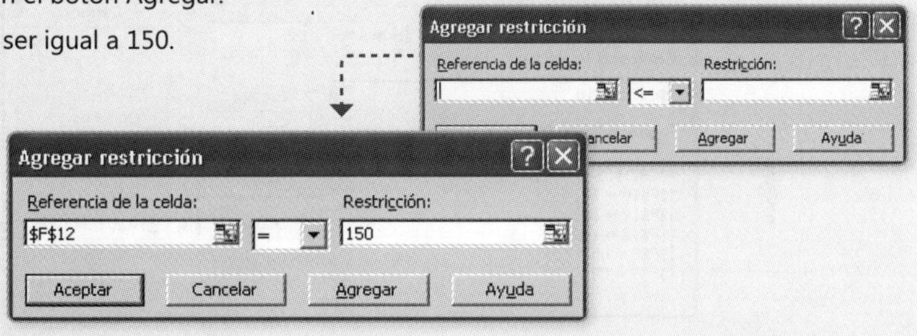

- Ahora, si terminamos con las funciones le damos un clic en Aceptar.

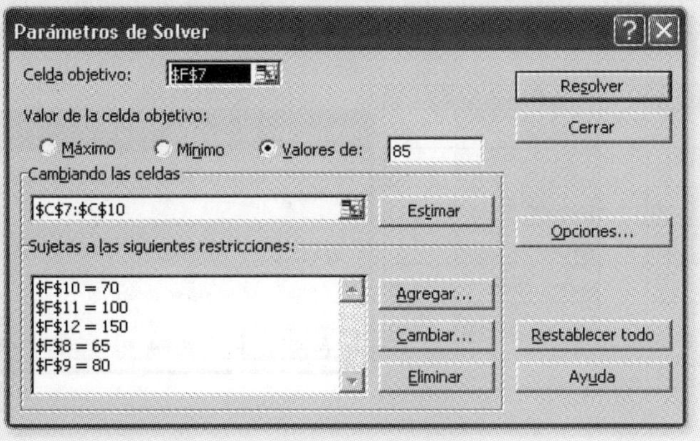

- Pero no hemos restringido para que las variables no sean números negativos (no hay aulas con alumnos en negativo). Entonces volvemos a dar Agregar.

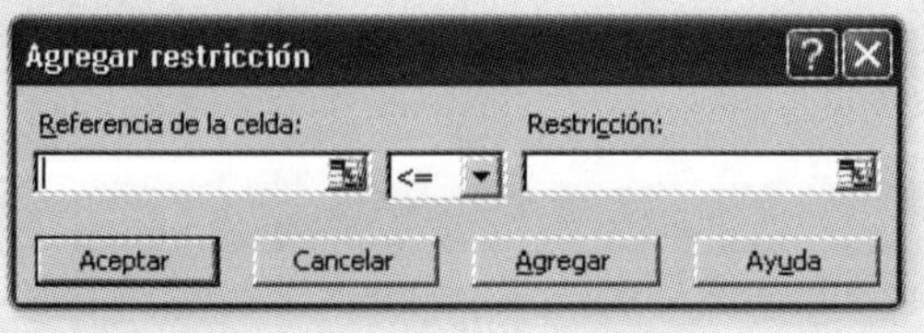

- Ahora seleccionamos las celdas C7, C8, C9 y C10.
- Y en la condición seleccionamos >= que 0

- Presionamos el botón Agregar y volvemos al cuadro de dialogo principal de Solver.

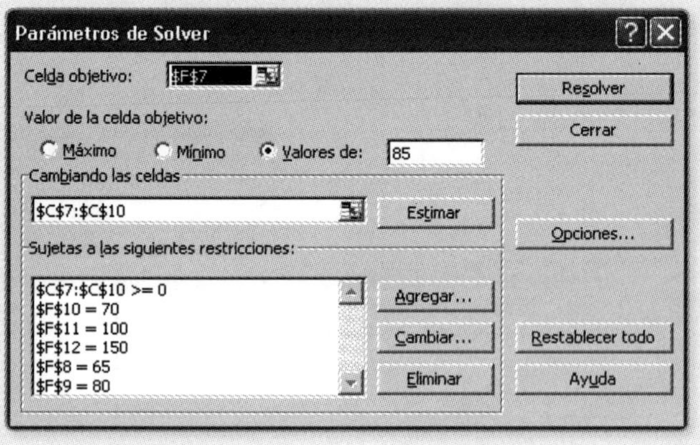

- Ahora, si le damos resolver obtenemos las respuestas (Solver pide verificación de uso de la solución). Le damos Aceptar y se fijan las respuestas.

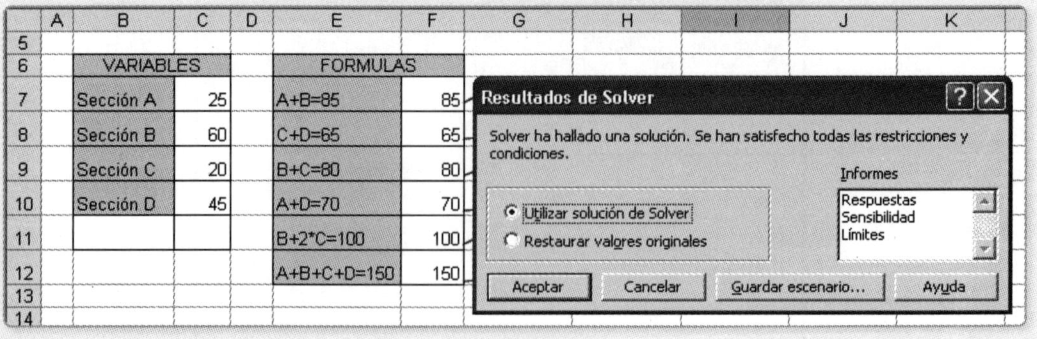

EJERCICIO

Un agricultor cultiva en una parcela de 18 hectáreas trigo y maíz. Si sabemos que:

- Puede vender hasta 140 sacos de trigo y 120 de maíz.
- Cada hectárea de trigo produce 10 sacos y de maíz 8 sacos.
- El saco de trigo se vende a $ 100 y el de maíz a $ 150.
- La cosecha de una hectárea de trigo toma 12 horas de trabajo y de maíz 20 horas.
- Se puede conseguir hasta 350 horas de trabajo con un costo de $ 25 por hora.

A ¿Cuántas hectárea de maíz y de trigo deberán sembrar para obtener el máximo beneficio?

B Si el precio del maíz bajara a $ 120 el saco, ¿cuál es la nueva solución óptima?

SOLUCIÓN

Según los datos:

RENDIMIENTO POR HECTÁREA						NRO. MAX. DE SACOS PARA VENTA
CULTIVO	SACOS	PRECIO	COSECHA HORAS	COSTO x HORA	COSTO DE PRODUCCIÓN	
TRIGO	10	100	12	25	300	140
MAÍZ	8	150	20	25	500	120

- Máximo costo de horas de trabajo = 25x350= 8750
- Por lo tanto:

	Valor de producción		Costo de Producción	
Beneficio Trigo =	10 x 100	-	12* 25	= 700 dólares/Hect.
Beneficio Maíz =	8 x 150	-	20* 25	= 700 dólares/Hect.

X1 = Hectáreas de trigo X2 = Hectáreas de maíz
Entonces el beneficio total = 700 X1 + 700 X2

Restricciones:

1 Uso de la tierra: x1+x2 <= 18

2 Capital 300X1 + 500X2 <=8750

3 Venta 140 + 120 = 260
10X1 + 8X2 <= 260

4 Mayor x1 + x2 >= 0

x1	x2=18-X1	X2=(8750-300*X1)/500	X2=(260-10*X1)/8
0	18	17.5	32.5
4	14	15.1	27.5
8	10	12.7	22.5
12	6	10.3	17.5
14	4	9.1	15
18	0	6.7	10
26	-8	1.9	0
28	-10	0.1	-2.5
29	-12	0.7	-3.75
32	-14	-1.7	-7.5

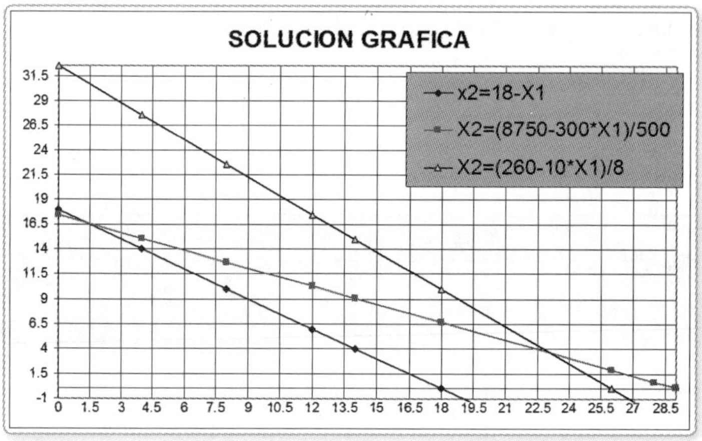

Según la gráfica el punto de intersección es (1.5, 16.5).

A Por lo tanto:

Beneficio1= 700 X1 + 700X2 = 700x1.5 + 700x16.5 =12600

B Si baja el precio del maíz a 120:

Beneficio2= 700 X1 + 460X2
700x1.5 + 700x16.5 =8640

UTILZANDO SOLVER

Solución A:

- Debemos crear las siguientes tablas de variables y funciones.
- X1 es D14 y X2 es D15.
- En la celda G14 escribimos la fórmula donde queremos el máximo valor =700*D14+700*D15
- En la celda G15 escribimos la fórmula =D14+D15
- En la celda G16 escribimos la fórmula =300*D14+500*D15
- En la celda G17escribimos la fórmula =10*D14+8*D15
- En la celda G18 escribimos la fórmula =D14+D15

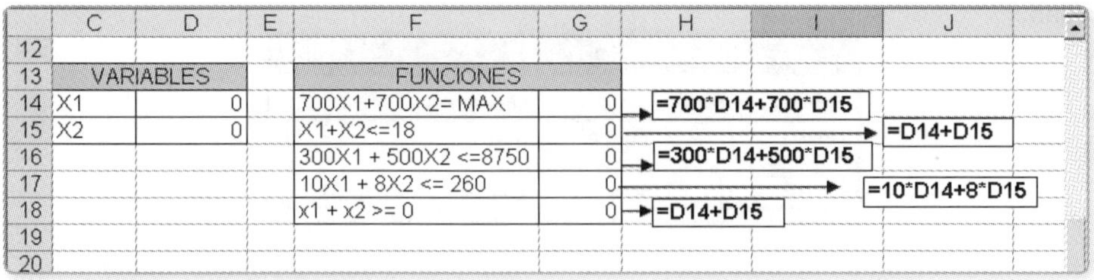

- Ahora activamos la opción Solver.

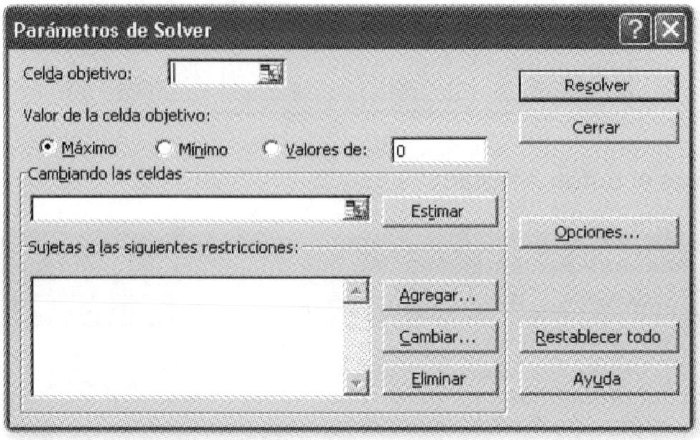

- En la Celda objetivo seleccionamos la celda G14.
- En Valor de la celda objetivo marcamos Máximo.
- En Cambiando las celdas seleccionamos las celdas D14 y D15.
- Ahora agregamos en Sujeta a las siguientes restricciones:

- Agregamos las inecuaciones planteadas:

- Agregar:

- Agregar:

- Agregar:

- Ahora presionamos el botón Aceptar.

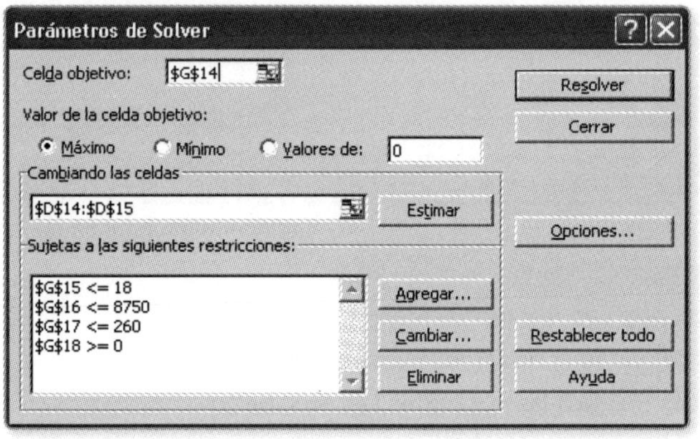

- Regresamos al cuadro de diálogo principal y presionamos el botón Aceptar.
- Finalmente, la función nos da la siguiente solución:

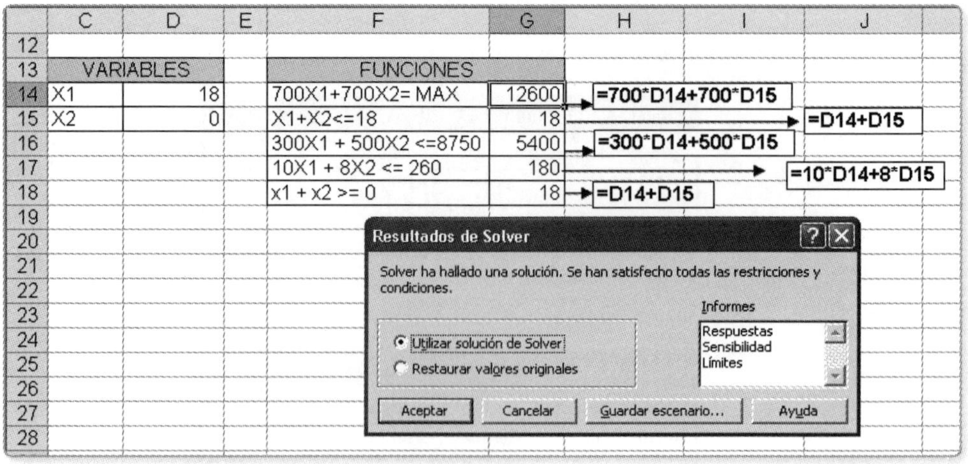

- Pero puede haber otras soluciones como:

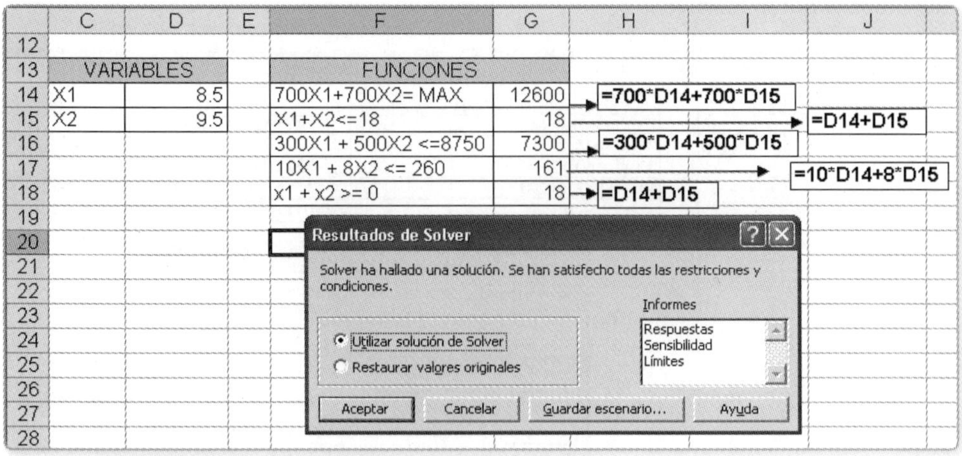

Solución B:

Si baja el precio del maíz a 120

El Beneficio2 será = 700 X1 + 460X2

- Modificamos las tablas o las elaboramos en otra Hoja de cálculo.

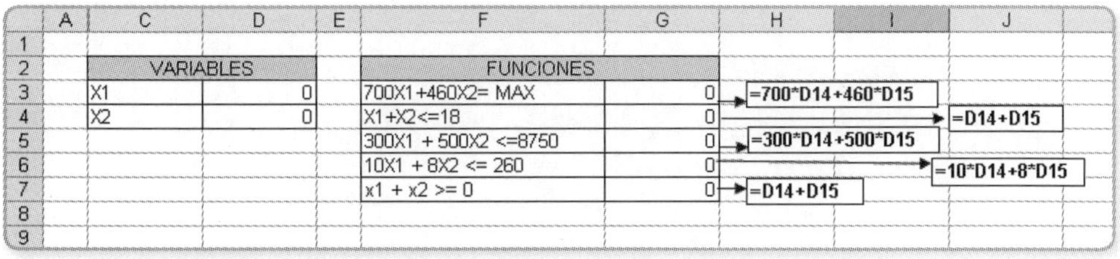

- Ahora aplicamos la función Solver.

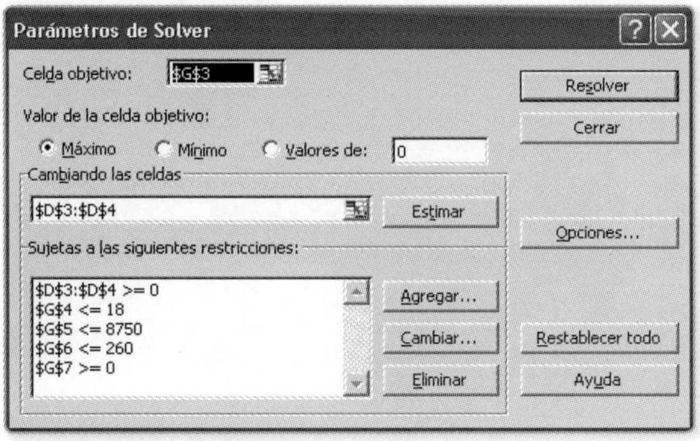

- A este cuadro le agregamos la restricción de que las variables sean números positivos.
- Presionamos el botón Resolver.

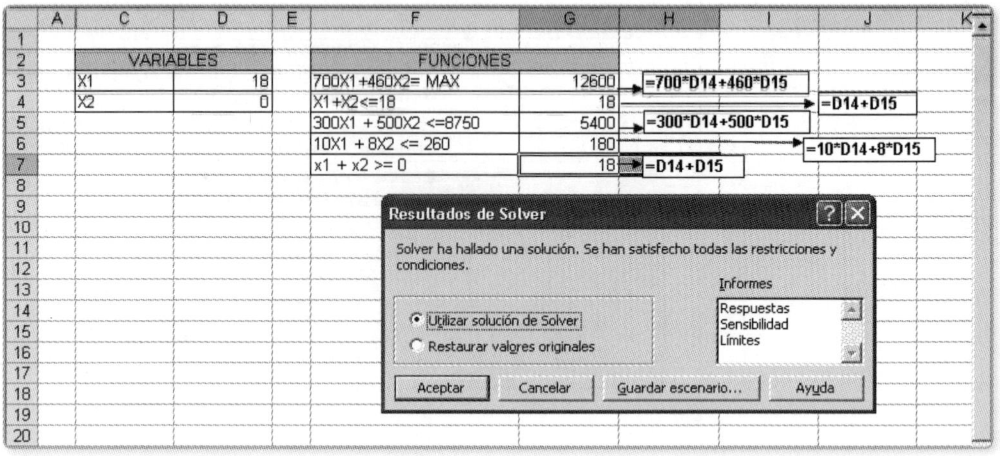

Tenemos como solución X1=18, X2=0 y como máximo beneficio 12600.

CAPÍTULO 6

IMPORTAR UNA BASE DE DATOS, VINCULAR, HIPERVÍNCULO Y VALIDACIÓN

FICHA DATOS / GRUPO OBTENER DATOS EXTERNOS

FICHA INSERTAR / GRUPO VÍNCULOS

OBJETIVO:

Aprender a importar bases de datos con otros programas, vincular celdas con otras hojas de cálculo o archivos y utilizar restricciones en el ingreso de valores en una tabla o rango de valores.

CONTENIDO:

- OBTENER DATOS EXTERNOS
- VINCULAR
- HIPERVÍNCULO

• OBTENER DATOS EXTERNOS

Es una herramienta adicional que nos ayuda a importar datos que están elaborados en otros programas y que facilitarán nuestro trabajo.

Esta herramienta la encontraremos en la ficha Datos, en el grupo Obtener datos externos.

- Bastará con seleccionar el icono y se activará una barra donde nos mostrará alternativas de dónde extraer datos.

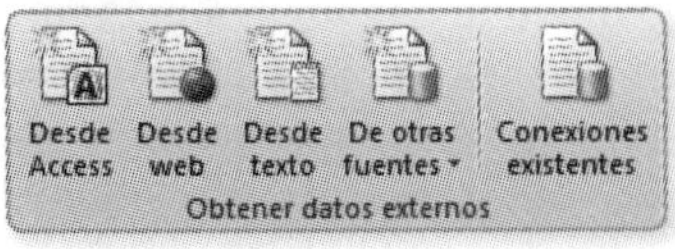

- En esta oportunidad extraeremos datos de la base de datos creada en Access, por lo tanto seleccionamos Desde Access.
- El programa me mostrará una ventana de diálogo donde seleccionaremos el archivo que necesitamos.

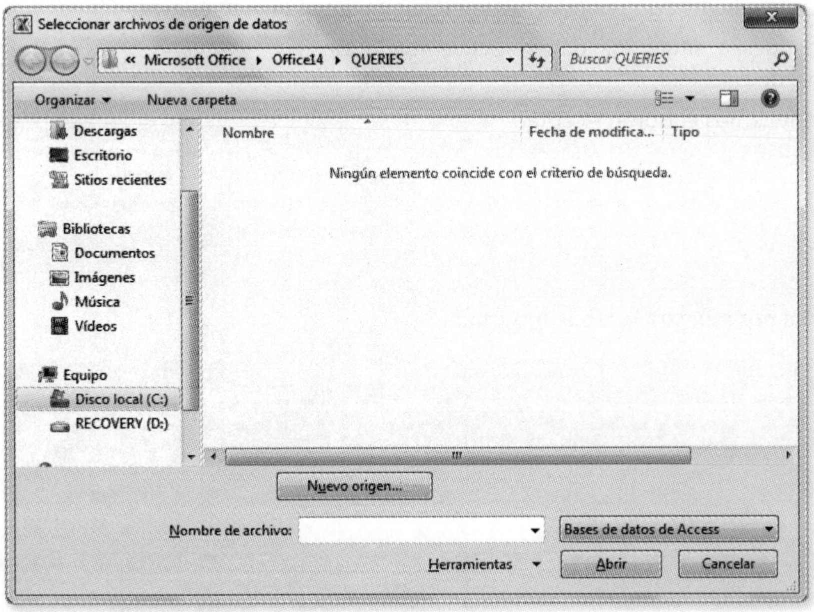

- Seleccionamos la ruta.

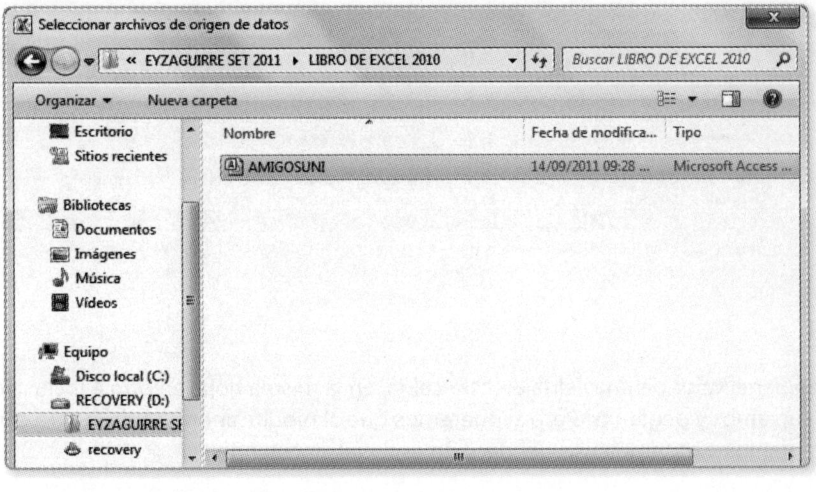

- El archivo AMIGOSUNI es una base de datos y presionamos el botón Abrir.
- Ahora seleccionamos la tabla EJEMPLO 1 y presionamos el botón Aceptar.

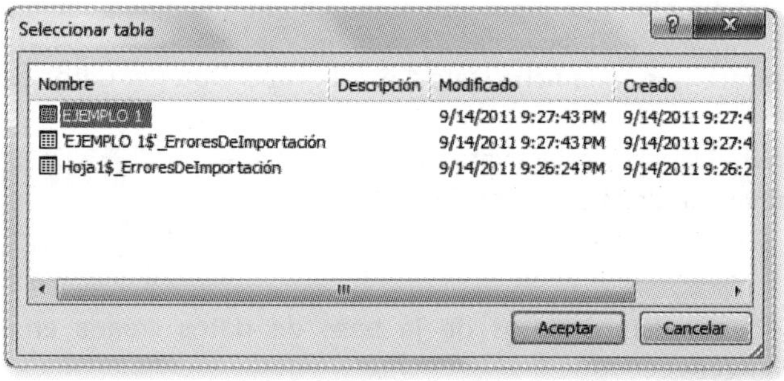

- En este cuadro de diálogo seleccionamos tabla.
- En ¿dónde desea situar los datos? activamos la opción Nueva hoja de cálculo.
- Ahora presionamos el botón Aceptar.

- El programa nos muestra la tabla importada.

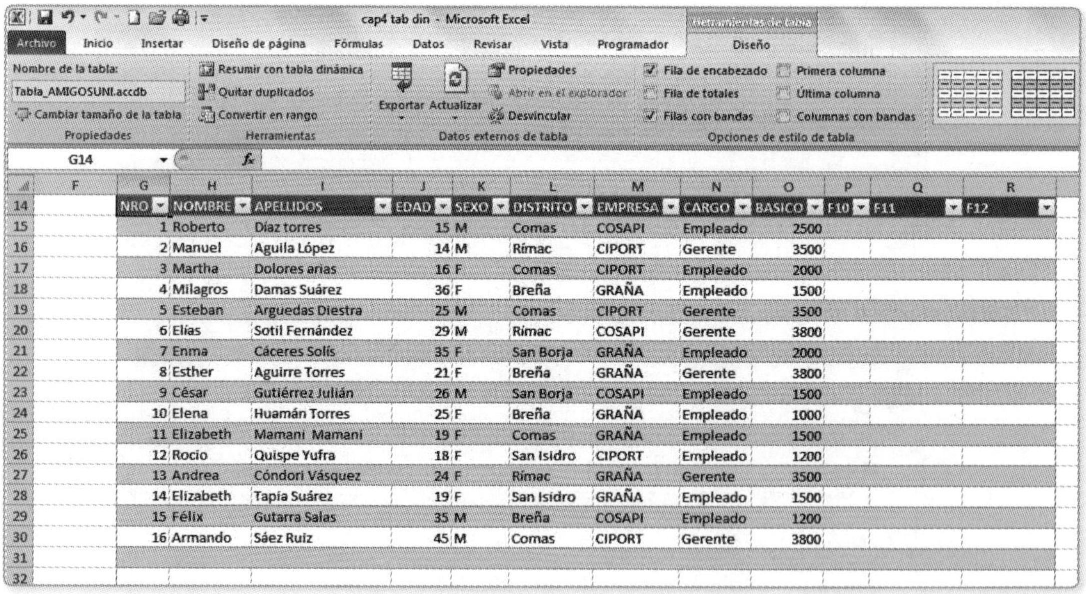

NRO	NOMBRE	APELLIDOS	EDAD	SEXO	DISTRITO	EMPRESA	CARGO	BASICO	F10	F11	F12
1	Roberto	Díaz torres	15	M	Comas	COSAPI	Empleado	2500			
2	Manuel	Aguila López	14	M	Rímac	CIPORT	Gerente	3500			
3	Martha	Dolores arias	16	F	Comas	CIPORT	Empleado	2000			
4	Milagros	Damas Suárez	36	F	Breña	GRAÑA	Empleado	1500			
5	Esteban	Arguedas Diestra	25	M	Comas	CIPORT	Gerente	3500			
6	Elías	Sotil Fernández	29	M	Rímac	COSAPI	Gerente	3800			
7	Enma	Cáceres Solís	35	F	San Borja	GRAÑA	Empleado	2000			
8	Esther	Aguirre Torres	21	F	Breña	GRAÑA	Gerente	3800			
9	César	Gutiérrez Julián	26	M	San Borja	COSAPI	Empleado	1500			
10	Elena	Huamán Torres	25	F	Breña	GRAÑA	Empleado	1000			
11	Elizabeth	Mamani Mamani	19	F	Comas	GRAÑA	Empleado	1500			
12	Rocío	Quispe Yufra	18	F	San Isidro	CIPORT	Empleado	1200			
13	Andrea	Cóndori Vásquez	24	F	Rímac	GRAÑA	Gerente	3500			
14	Elizabeth	Tapia Suárez	19	F	San Isidro	GRAÑA	Empleado	1500			
15	Félix	Gutarra Salas	35	M	Breña	COSAPI	Empleado	1200			
16	Armando	Sáez Ruiz	45	M	Comas	CIPORT	Gerente	3800			

• VINCULAR

Si queremos copiar el valor de una celda en otra celda, en la misma hoja, en otra e inclusive en otro libro, simplemente copiamos y pegamos. Pero si queremos que al modificar una celda la otra cambie en forma automática, copiamos y hacemos uso del pegado especial vinculando.

Pero también podemos escribir en la segunda celda el signo igual y señalar la primera celda.

Ejemplo 1:

El valor del tipo de cambio en la celda C3 de la hoja 2 es 3.4, para vincularlo con la celda E2 de la Hoja 3 escribimos en la celda E2 la fórmula =Hoja2!C3.

- Para ello nos ubicamos en la Hoja 3 en la celda E2.
- Escribimos la fórmula.

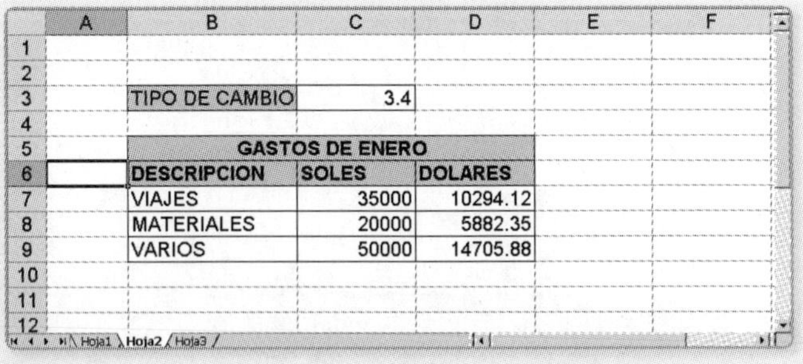

	A	B	C	D	E	F
1						
2						
3		TIPO DE CAMBIO	3.4			
4						
5		GASTOS DE ENERO				
6		DESCRIPCION	SOLES	DOLARES		
7		VIAJES	35000	10294.12		
8		MATERIALES	20000	5882.35		
9		VARIOS	50000	14705.88		
10						
11						
12						

- Ahora, cada vez que cambiemos el valor en la Hoja 2 cambiará en la Hoja 3.

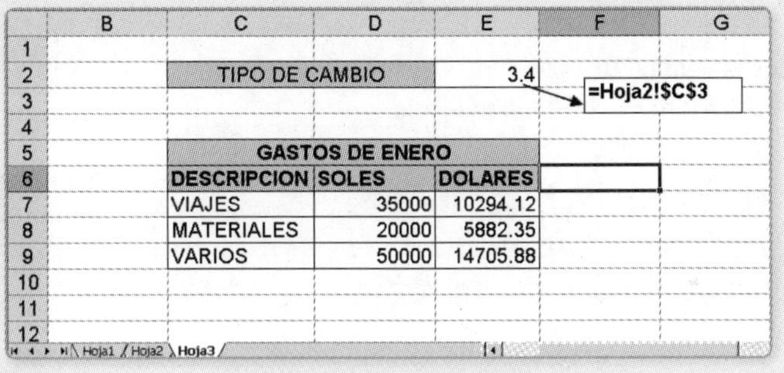

	B	C	D	E	F	G
1						
2		TIPO DE CAMBIO		3.4		
3						
4						
5		GASTOS DE ENERO				
6		DESCRIPCION	SOLES	DOLARES		
7		VIAJES	35000	10294.12		
8		MATERIALES	20000	5882.35		
9		VARIOS	50000	14705.88		
10						
11						
12						

• HIPERVÍNCULO

Se encuentra en la ficha Insertar en el grupo Vínculos.

Es una de las funciones que sirve para relacionar una celda o una imagen con un archivo (abrir un archivo que se encuentra en mi disco duro o en Internet).

Para usar el hipervínculo podemos hacer uso del ICONO:

=HIPERVÍNCULO (ubicación_del_vinculo;nombre_descriptivo).

Ejemplo 1:

Usando hipervínculo debes relacionar las celdas para abrir los archivos donde se encuentran los archivos clientes, empresas y empleados.

Solución:

- Creamos el siguiente cuadro:

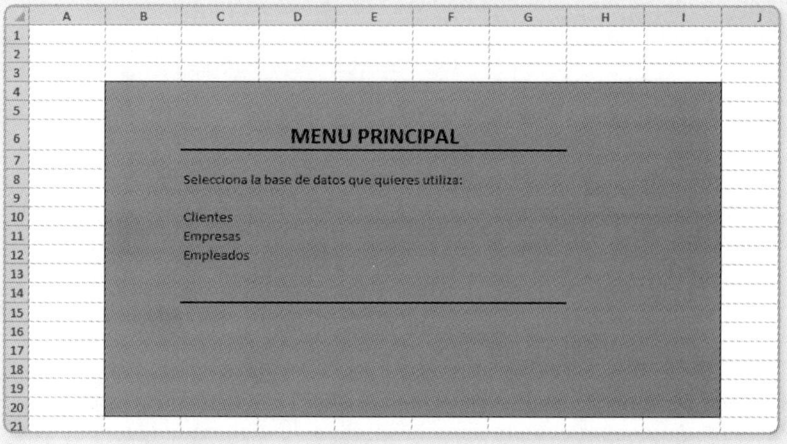

- Seleccionamos la celda C10.
- Le damos un clic sobre el icono hipervínculo.

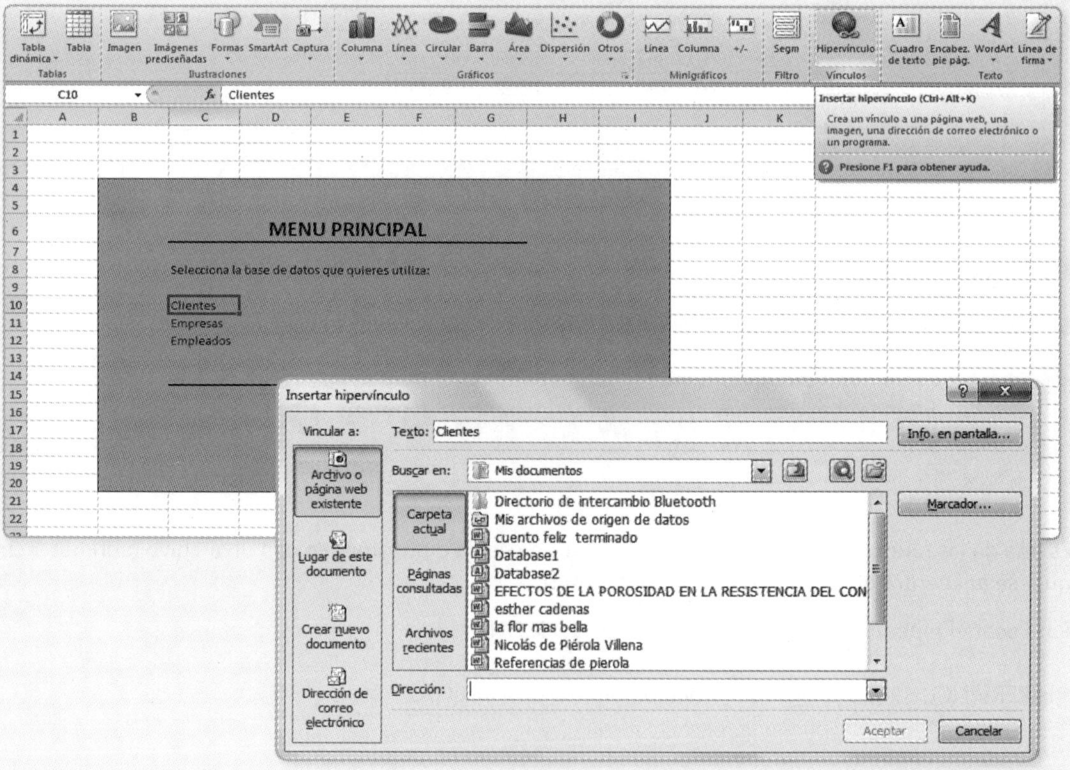

- Ahora buscamos la ruta del archivo a vincular.

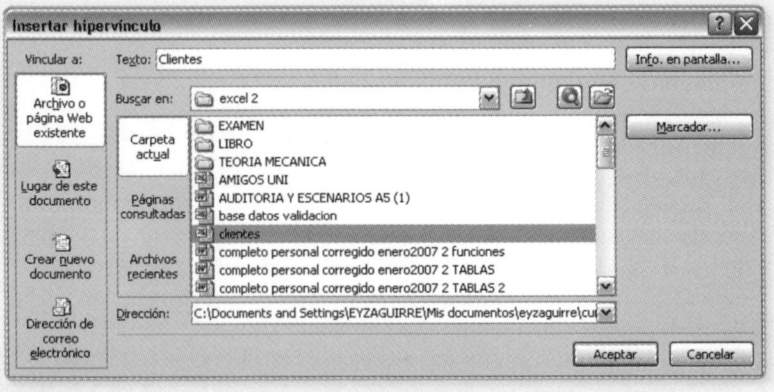

- Una vez ubicado la ruta del archivo marcamos Aceptar.
- Ahora la celda C10 es un hipervínculo, cada vez que acercamos el cursor es una mano y si damos un clic se abre el archivo Clientes.xls

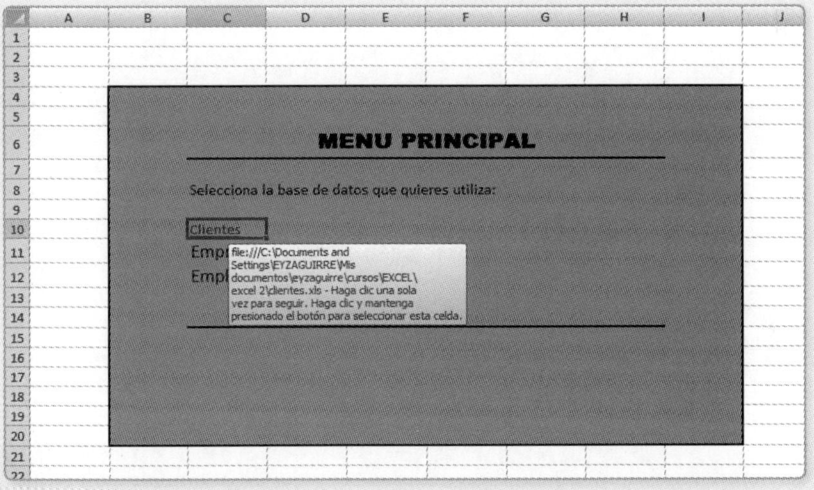

Ejemplo 2:

Usando la función hipervínculo, abrir el archivo Amigos2.xls

Solución:

- Nos ubicamos en una celda.
- Escribimos la función:

  =HIPERVINCULO("C:\Documents and Settings\EYZAGUIRRE\Mis documentos\eyzaguirre\cursos\EXCEL\excel2\AMIGOS2.XLS,[AMIGOS2.xls",B2)

- Ahora, al dar un clic sobre la celda abre en forma automática el archivo Amigos 2.

CAPÍTULO

7

PROGRAMACIÓN USANDO FORMULARIO, MACROS GRABADORA Y MACROS CON VISUAL BASIC

FICHA PROGRAMADOR

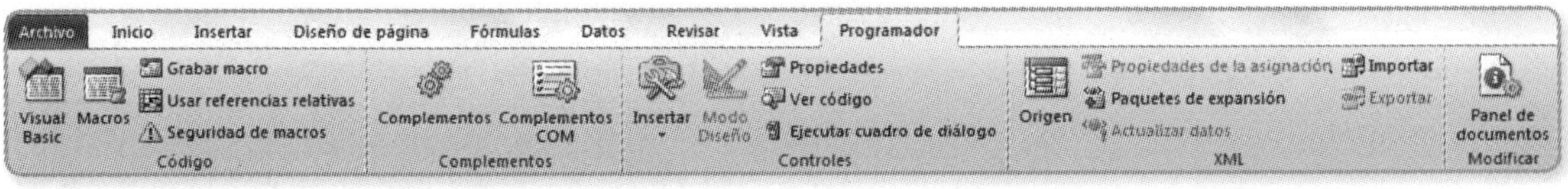

OBJETIVO:

Utilizar herramientas gráficas para la creación de fichas o formularios para que el usuario solo ingrese datos fácilmente e inclusive vinculando los resultados con otras celdas o utilizando macros.

Crear macros uniendo todas las funciones o acciones que se repiten constantemente, en una nueva función, utilizando el grabador de Microsoft Excel o el editor del Visual Basic.

CONTENIDO:

- FICHA PROGRAMADOR
- FORMULARIOS CON CONTROLES
- MACROS
- MACROS USANDO EL EDITOR VISUAL BASIC
- CREAR FORMULARIOS CON EL EDITOR VISUAL BASIC
- CREAR FUNCIONES CON EL EDITOR VISUAL BASIC

• FICHA PROGRAMADOR

Para la elaboración de formularios y para la creación de macros necesitamos hacer uso de la ficha PROGRAMADOR.

Si es que esta ficha no está activa debemos de activarla de la siguiente forma:

• Agregar la ficha programador

1 Hacemos un clic en el **Archivo**, el programa nos mostrará la siguiente ventana de herramientas de administración.

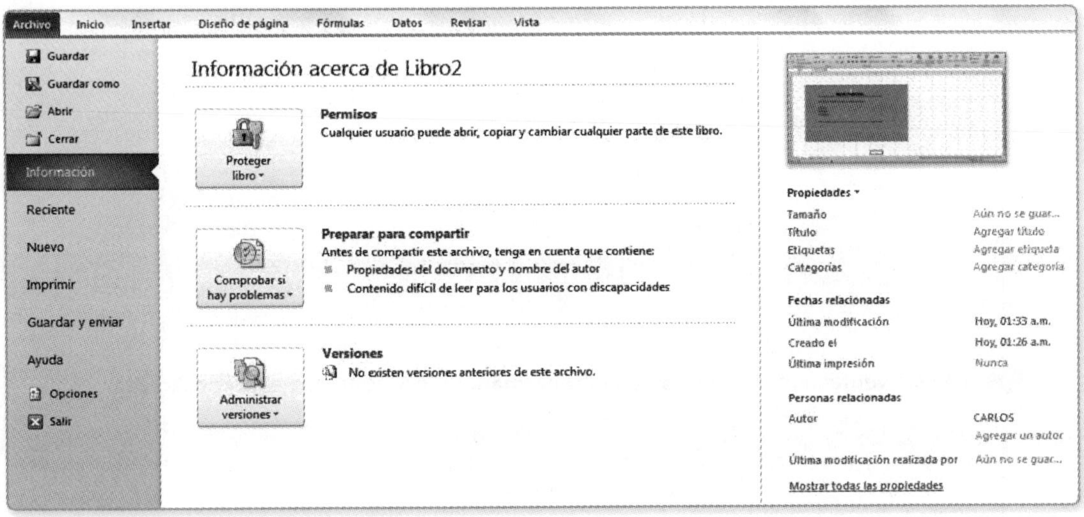

2 Nosotros usaremos el botón **Opciones**, que se encuentra en la parte inferior izquierda de esta ventana.

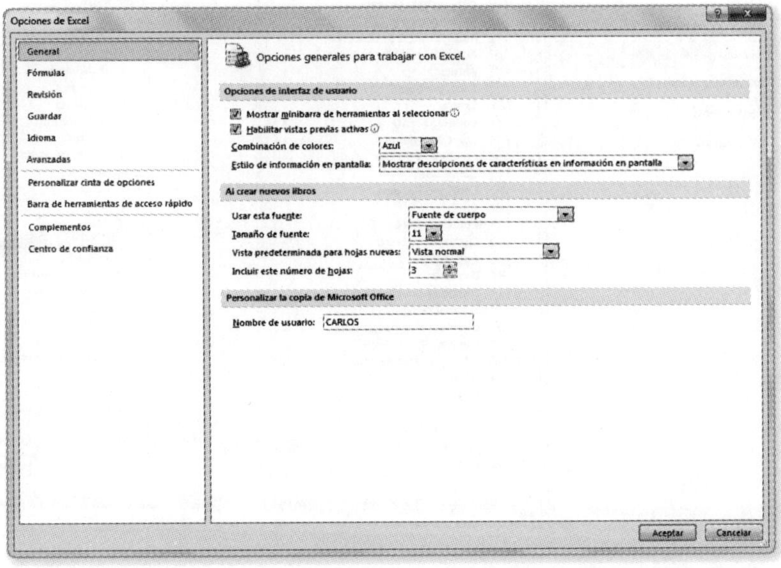

3 En esta ventana activamos **Personalizar cinta de opciones** y presionamos.

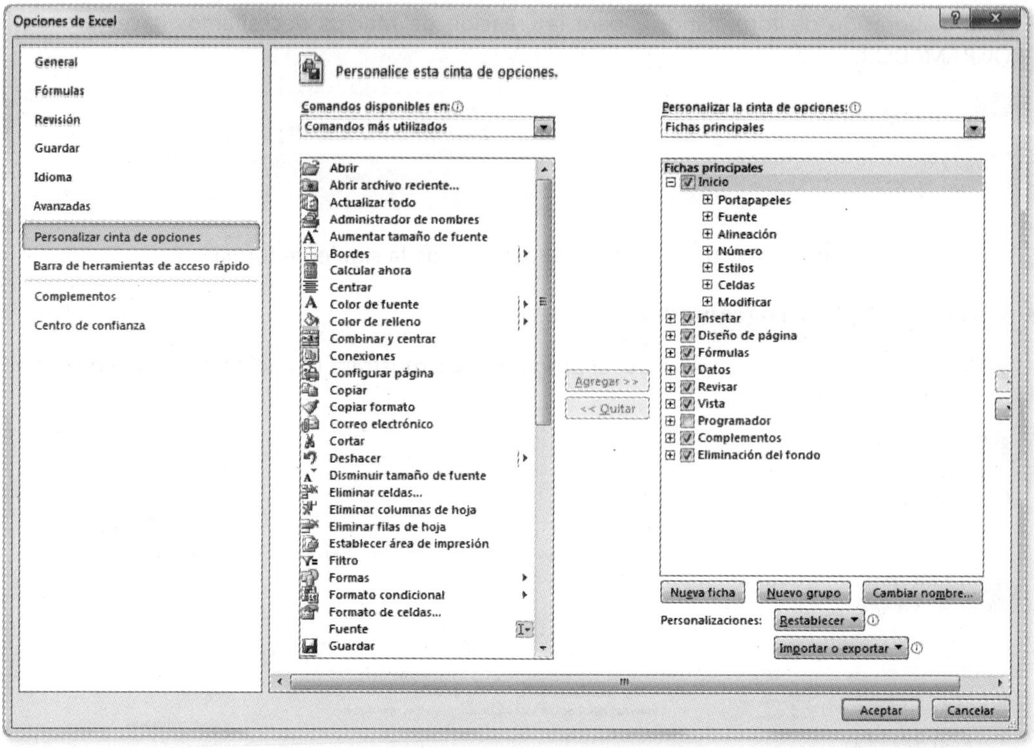

4 En esta ventana marcamos la ficha **Programador** y presionamos el botón **Aceptar**.

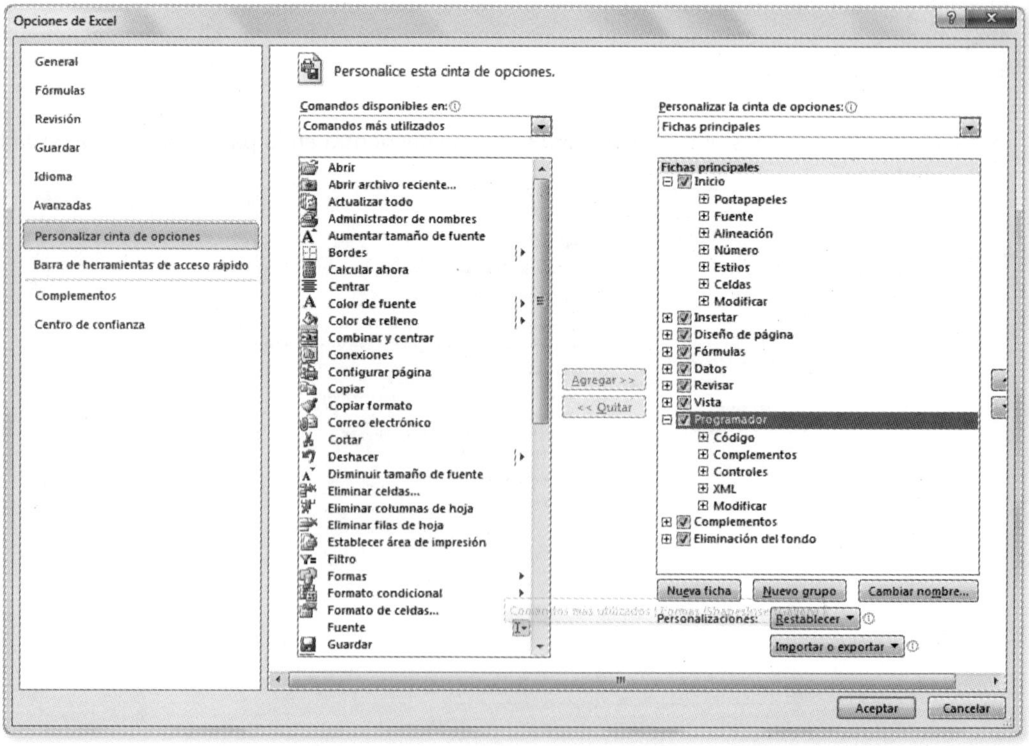

5 Inmediatamente, la ficha Programador aparece en la ventana del programa.

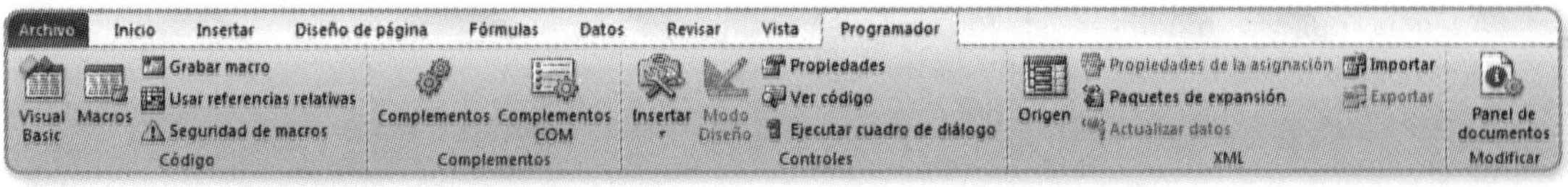

• FORMULARIO CON CONTROLES

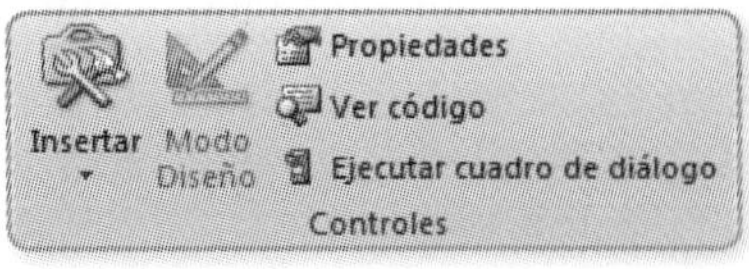

La creación de formularios de Excel que se encontraban en la barra de herramientas Formularios hasta la versión 2003, la encontramos ahora en el grupo Controles de la ficha Programador.

Al usar el icono Insertar, el programa nos muestra los controles de formulario, con ellos crearemos los formularios.

• Botón 

Este icono nos sirve para crear botones gráficos sobre una área de trabajo, este botón puede ser vinculado a una macro.

Ejemplo:

Al dar un clic sobre el icono de botón y dibujarlo sobre la hoja de trabajo, aparece el botón y luego nos muestra una ventana y te pedirá que le asignes una Macro. La macro seleccionada se ejecutará cada vez que presiones el botón.

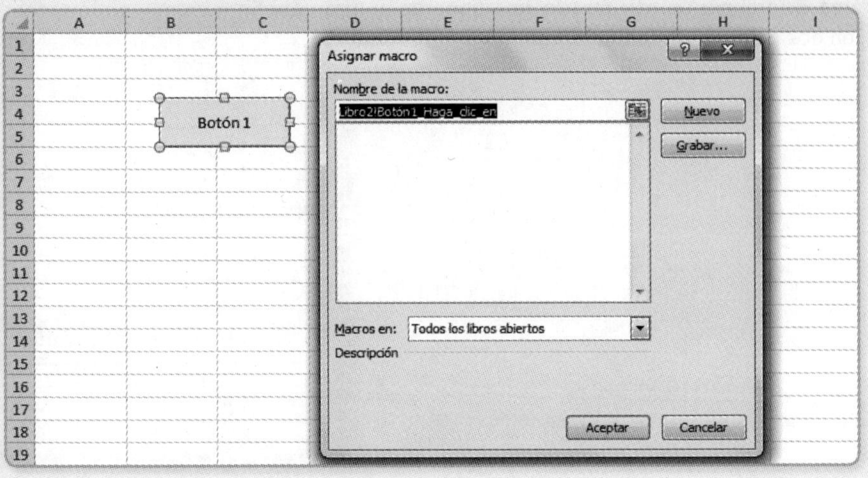

Además puedes modificar el formato de botón, para ello activamos el menú contextual y seleccionamos Formato de control.

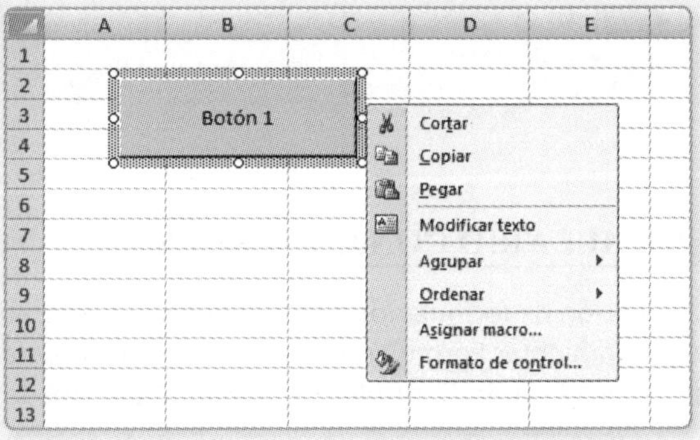

En este formato elegimos la orientación, alineación horizontal, vertical y la dirección del texto.

Ejemplos de botones

En esta área de trabajo se han creado tres tipos de botones, en dos de ellos se modificó el texto.

• Cuadro combinado

Sirve para relacionar una celda con una lista, esta se desplaza en forma vertical (además podemos seleccionar el número de líneas de esa lista desplegable).

Ejemplo:

Vincular la lista de Materiales que se encuentra en el rango F13:F22 con la celda H22.

1. Damos un clic en el cuadro combinado y seleccionamos un área de trabajo.

2. Usando el Menú contextual activa la opción Formato de control.
3. En esta ventana seleccionamos como rango F13:F22 y vinculamos con la celda H22.

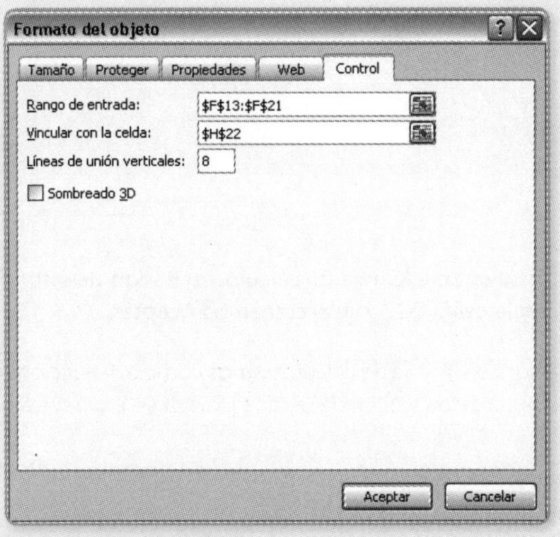

4. Así, cada vez que damos un clic en el cuadro este se desplazará en forma vertical; luego seleccionamos un elemento.

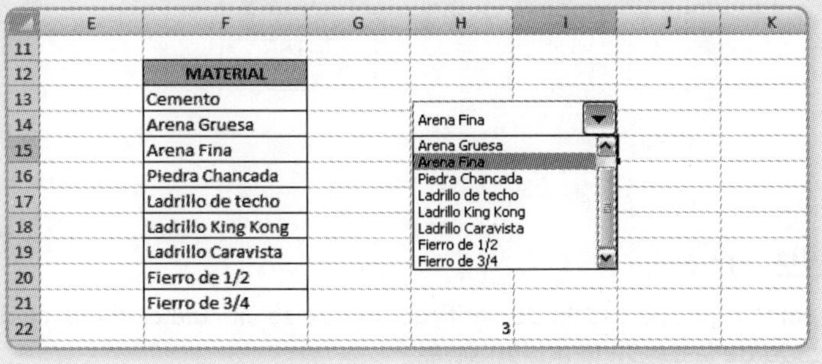

5. En este caso seleccionamos Arena Fina y en forma automática aparece en la celda H22 el número 3 (Arena Fina es el tercer elemento de lista de materiales).

• Cuadro de lista

Este icono sirve para crear una lista que estará vinculada con una celda; al seleccionar un elemento de lista el número de celda vinculada cambia.

Ejemplo:

Usamos el icono Cuadro de lista y damos doble clic sobre el mismo cuadro y nos muestra la siguiente ventana de diálogo:

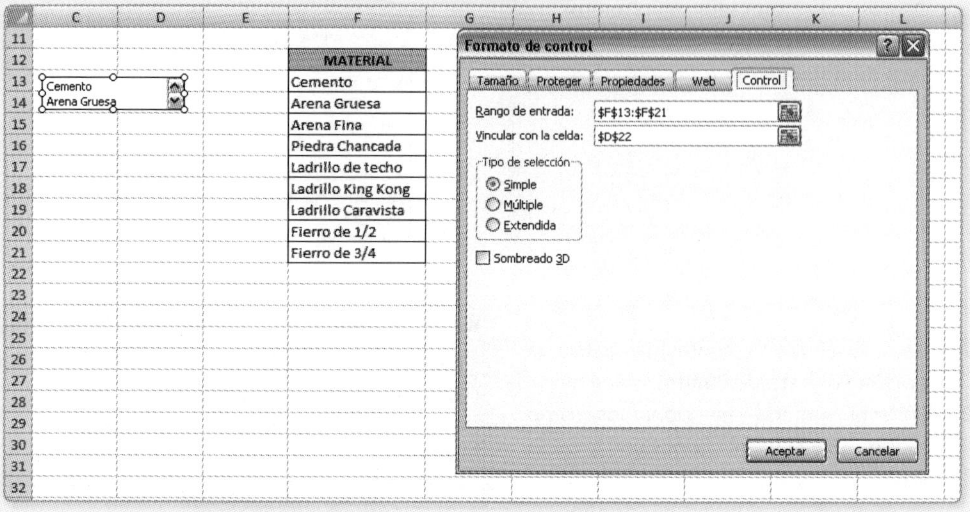

De acuerdo a la hoja de cálculo, en Rango de entrada seleccionamos desde F13 hasta F21, vinculamos con la celda D22 y seleccionamos Aceptar.

Ahora en la hoja de cálculo vemos como al seleccionar Arena Gruesa del cuadro de lista aparece el número 2 en la celda vinculada (Arena gruesa se encuentra en el segundo lugar de la lista antes seleccionada).

• Cuadro de casilla

Este es un icono para crear una casilla de verificación que se vincula con una celda.
De acuerdo al estado de la casilla la acción será:

Activado	Verdadero
Desactivado	Falso

Ejemplo:

Crear el cuadro de casilla para trabajo y vincularlo con la celda **E5.**

1. Damos un clic en el icono de casilla y seleccionamos un área de trabajo.
2. Luego usando el menú contextual podemos modificar el texto o usar el Formato de control.

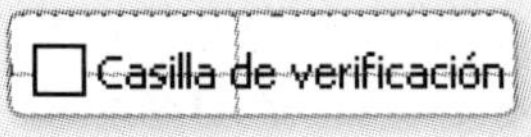

3. Modificamos el texto con el nombre TRABAJO.
4. Seguidamente, activamos el Formato de control donde por defecto debe aparecer Activo y vinculamos la casilla con la celda E5.

5. Al dar un clic en la casilla esta quedará desactivada y cambia el valor de la celda E5.

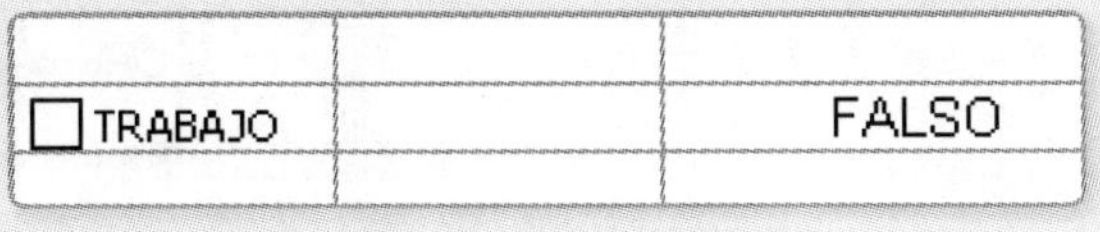

• Botón opciones 

Sirve para seleccionar una lista de opciones, todas las opciones están relacionadas con una misma celda (al activar una opción el resto se desactiva).

Ejemplo:

Usando el cuadro de verificación crear un formulario para Estado Civil y relacionarlo con la celda E4.

1. Damos un clic en el icono de verificación y seleccionamos el área de trabajo a utilizar.

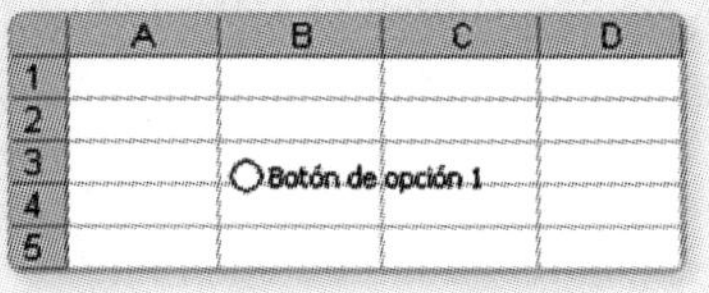

2. De la misma manera adicionamos 3 cuadros.

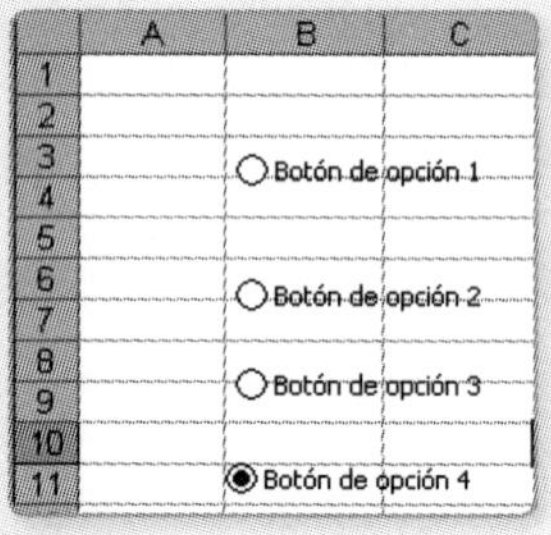

3. Utilizando Formato vinculamos con la celda E4.

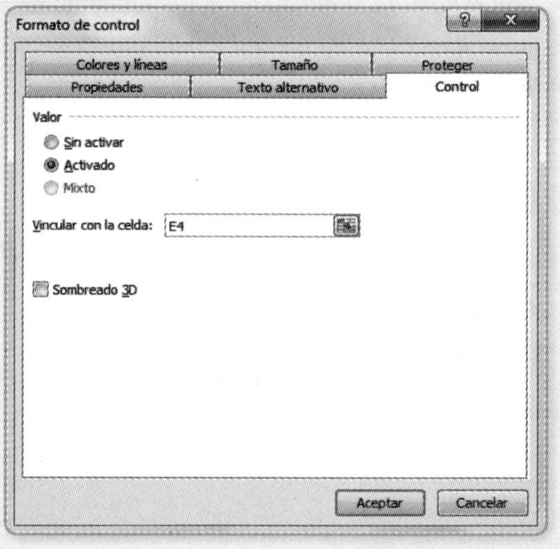

4. Modificamos los textos.
5. Ahora observamos que cada opción es un número diferente en la celda vinculada E4 y al activar una opción el resto se desactiva.

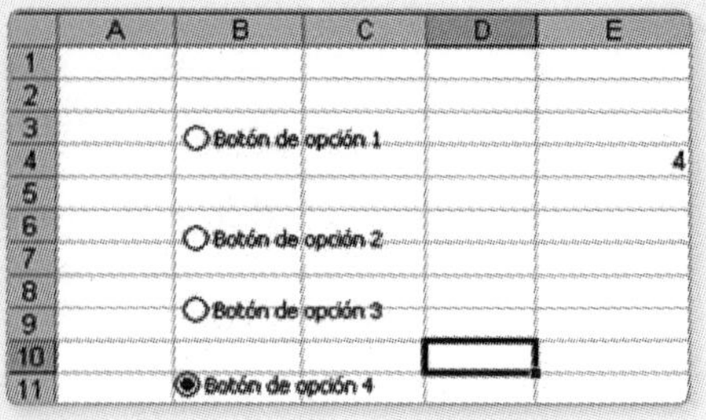

- Cambiamos el texto.
- Observamos la celda E4 como cambia al seleccionar una casilla.

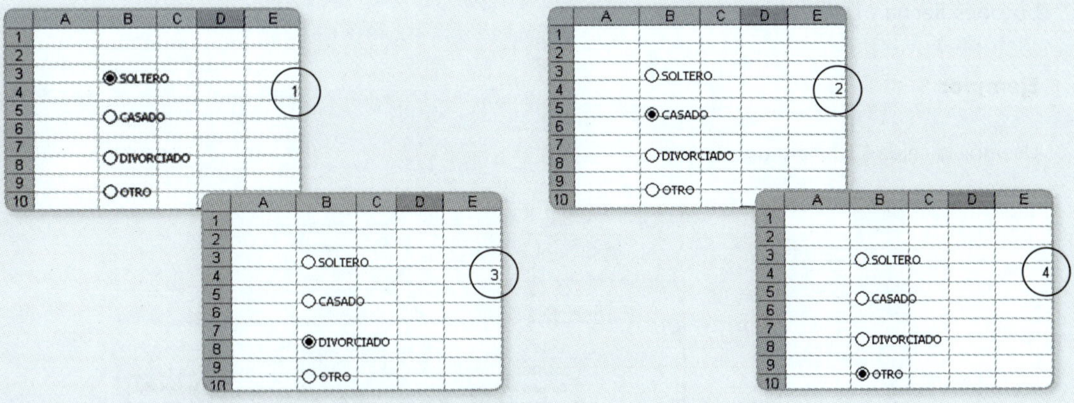

• Cuadro de grupo

Sirve para agrupar un grupo de botones, opciones o texto, dentro de una marco gráfico, que se puede desplazar por toda el área de trabajo.

Ejemplo:

Al dar un clic sobre el icono cuadro de grupo y seleccionar un área de trabajo, el programa me mostrará el cuadro que se encuentra a la izquierda, luego podemos cambiar el título de este cuadro como se muestra en el lado derecho.

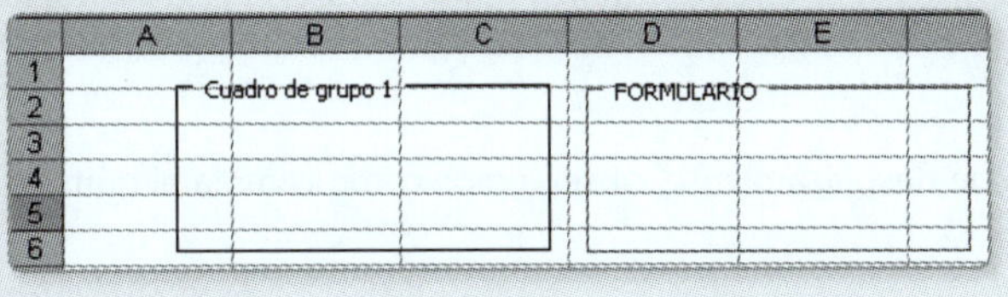

• Etiqueta

Con este icono podemos tener un texto en forma gráfica para ser insertado en cualquier parte del documento, sin alterar el contenido de ninguna celda.

Ejemplo:

Creamos un texto que puede ser desplazado por toda la hoja de cálculo.

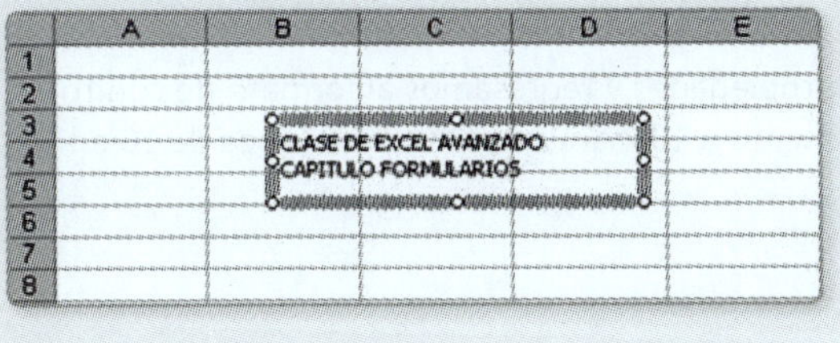

- **Barra de desplazamiento** 

Con esta barra podemos avanzar los valores de una celda usando una razón aritmética.

Al seleccionarla debemos seleccionar de cuanto en cuanto avanza y con qué celda se vinculan los botones flecha.

Ejemplo:

Usemos la celda C10, para usar la barra.

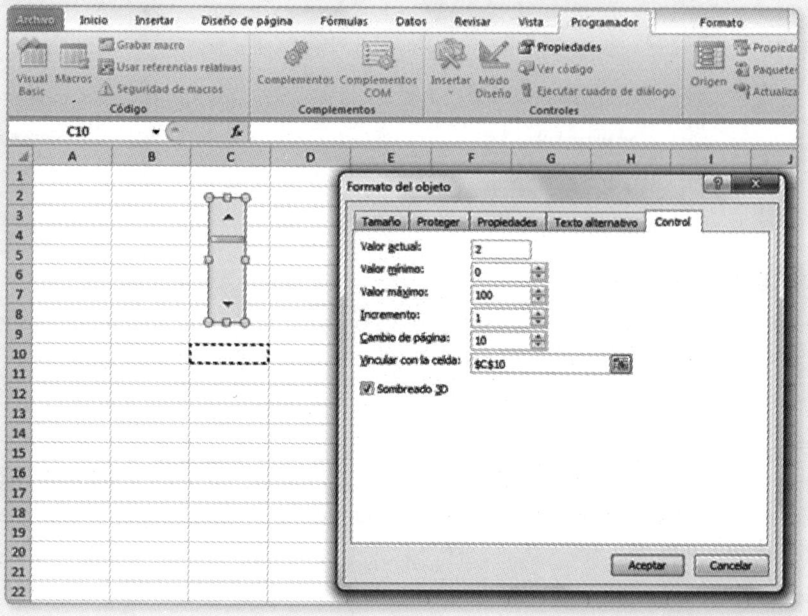

Ahora al usar las flechas de desplazamiento, observemos cómo cambia el número de uno en uno, en la celda C10.

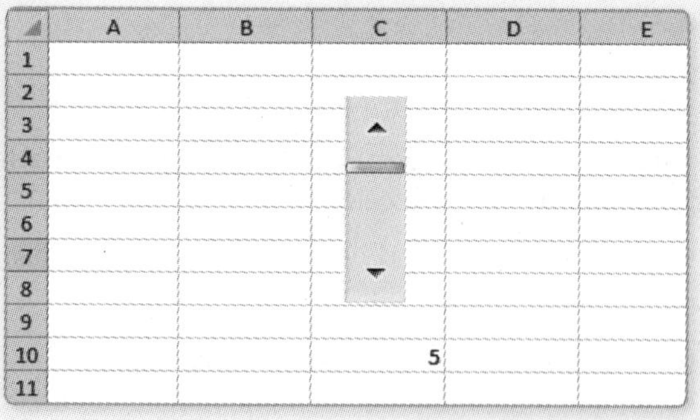

- Aplicamos el icono propiedades y regresamos al formato de control.
- Cambiamos el incremento a 10, para que la flecha avance de 10 en 10.

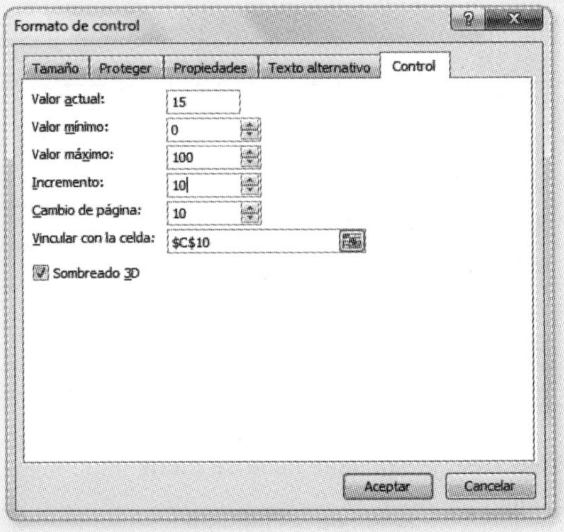

Observemos que al hacer uso de la flecha, el número que aparece es 15 (5 +10, porque ahora avanza de 10 en 10).

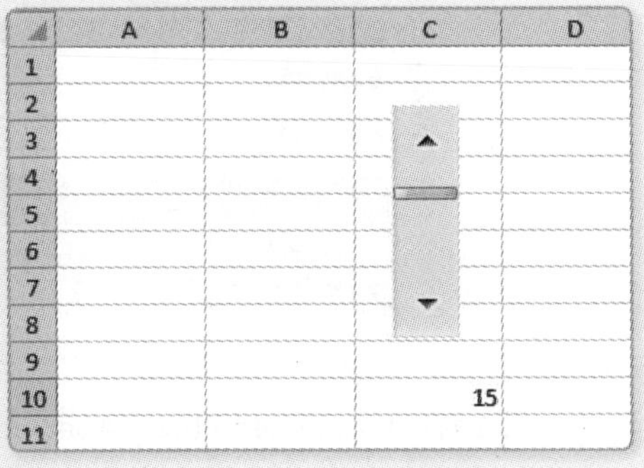

EJERCICIO 1

Debemos crear una pantalla de ingreso de datos.
PRIMERA PARTE (Administración de datos usando formularios).

1 En la Hoja 2 ingresa las siguientes tablas:

NRO	CODIGO	CURSOS	CREDITOS
1	EA 112	TEORIA ECONOMICA I	4
2	EB 111	INTRODUCCION A LOS PROCESOS TECNOLOGICOS I	2
3	EC 103	ALGEBRA LINEAL	3
4	EC 110	COMPUTACION	2
5	EC 112	MATEMATICA I	4
6	ED 110	HISTORIA DE LA CIVILIZACION	2
7	ED 113	LENGUA ESPAÑOLA Y LITERATURA	2
8	ED 131	IDIOMAS I	2
9	EA 113	TEORIA ECONOMICA II	4
10	EB 131	INTRODUCCION A LOS PROCESOS TECNOLOGICOS II	2

NRO	CODIGO	HORARIO	AULA	CALIFICACION
1	EA 112	LU-MA 8-10	9	F
2	EB 111	LU-MA 10-12	8	F
3	EC 103	MI-VI 10-12	AUDITORIO	G
4	EC 110	MI-VI 16-18	8	G
5	EC 112	LU-MI 18-20	7	G
6	ED 110	LU-JU 16-20	6	F
7	ED 113	LU-MA 14-16	8	F
8	ED 131	MI-VI 16-18	7	G
9	EA 113	LU-MA 8-10	10	F
10	EB 131	LU-MA 10-12	8	F

2 Ahora en la Hoja 1 debes crear la siguiente ficha de datos:

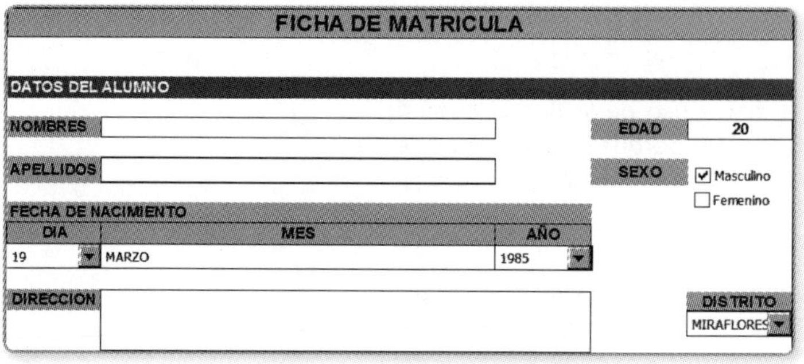

a. Las celdas de Nombre y Apellidos las dejamos libres.
b. Para la fecha de nacimiento, utiliza formularios en cada una y debe desplegarse mostrándote:
   - Día del 1 al 31
   - Mes de Enero a Diciembre
   - Año de 1900 al 2150
c. El cuadro de sexo es una casilla de verificación vinculada con una celda.
d. Dirección debe ser un grupo de celdas combinadas.
e. El distrito debe tener el listado de los distritos de Lima.
f. La Edad debe ser calculada de acuerdo a la fecha de nacimiento.

3 En la parte inferior debes crear la segunda parte, Datos de la Matrícula.

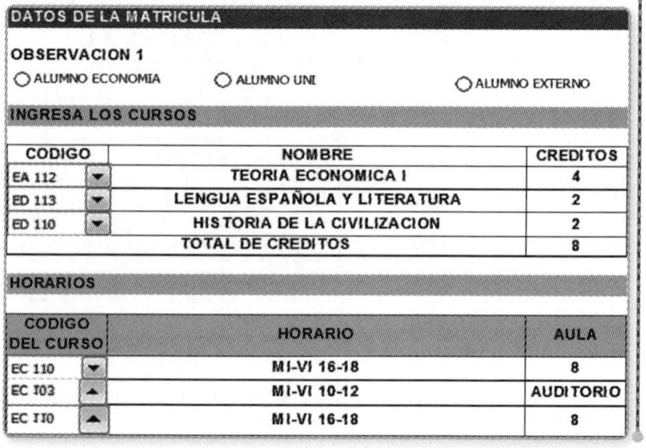

a. Para la Observación 1 debe usarse los botones de opción y vincularlo con una celda (deberá aparecer Matrícula Lunes si es de Economía, Matrícula Martes si es de UNI y Matrícula Miércoles si es externo.
b. Crear con formulario una lista desplegable en curso.
c. En Ingreso del código curso: el nombre del curso y el número de créditos debe aparecer en forma automática (usar la función CONSULTAV).
d. En horarios: el Horario y aula debe aparecer automáticamente.
e. El total de créditos debe ser una fórmula.

Ahora tenemos listo la primera parte de la pantalla de ingreso de datos, cuando ingresemos a Macros utilizaremos la segunda parte.

TALLER F: FORMULARIOS Y FUNCIONES

ENCONTRAR EL MOMENTO DE UNA VIGA

Las características de la viga son:

- Tiene un peso de Q kg/m.
- Una carga puntual de P kg.
- La longitud de la viga es L metros y puede ser 4, 5, 6, 7,8 ó 10 metros.
- El punto X varía de L/20 en L/20.

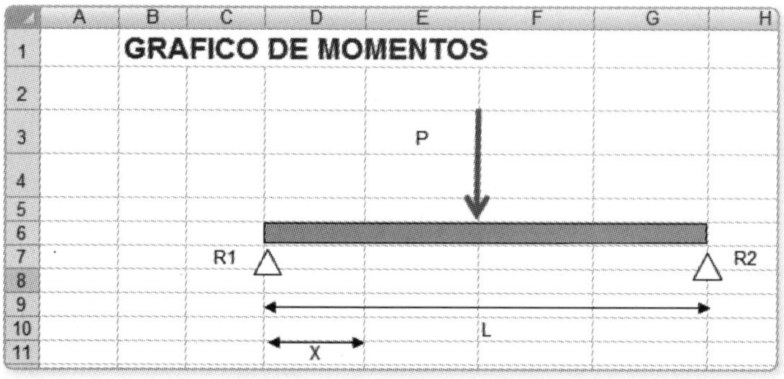

Solución:

- Creamos una tabla para ingresar los datos.

CREAR CUADRO DE OPCIONES

- Creamos un cuadro para ingresar los botones de opción de controles de formulario.

Seleccionamos el botón Opción y lo insertamos.
Le cambiamos de nombre.
Y creamos el resto de opciones.

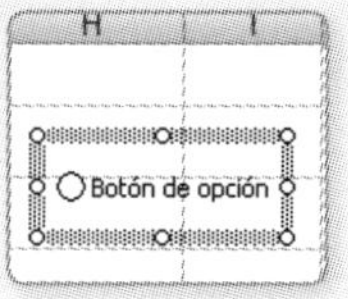

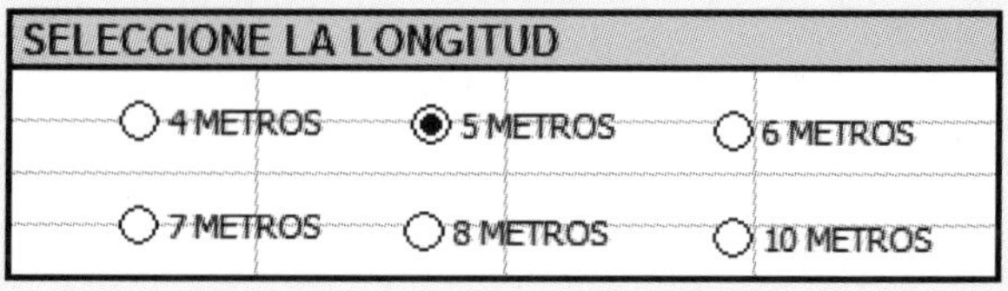

Estos botones los vinculamos con la celda **J10.**
Bastará con seleccionar uno de los botones y usar menú contextual.

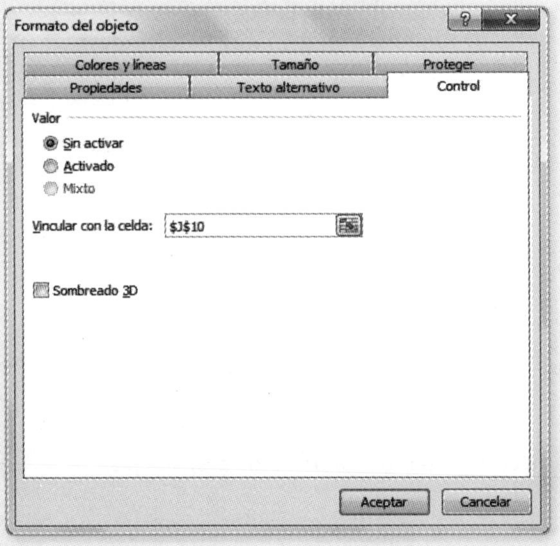

Cada vez que marquemos una opción, el número del botón Opción aparece en la celda J10.
Por ejemplo, si marcamos 5 METROS, entonces en J10 aparece el número 3 (es el tercer botón creado).
Ahora debemos crear una tabla LONG para que relacione el número del botón Opción con los valores de longitud que queremos relacionar. Esto lo hacemos en las celdas J13 hasta K18.

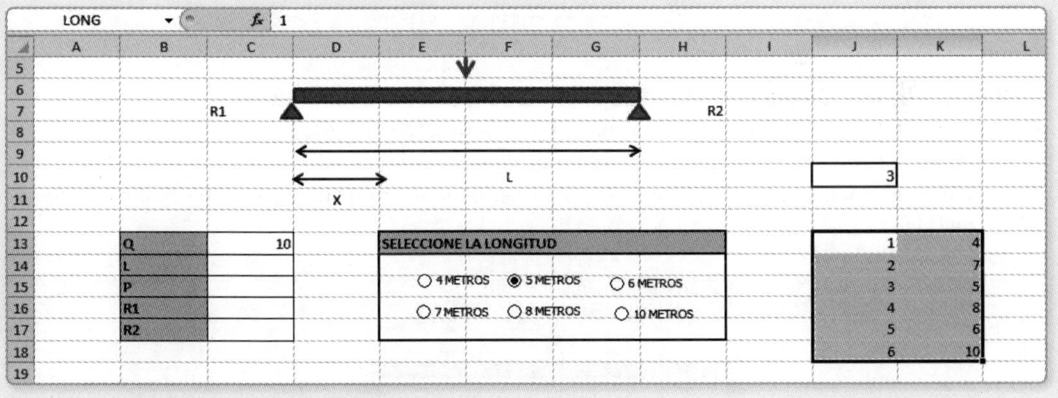

VALIDACIÓN DE LISTA DESPLEGABLES

- Ahora en la celda C13, insertamos una lista de validación.
  - Nos ubicamos en la celda C13.
  - Activamos el icono validación del grupo Herramientas de datos de la ficha Datos.

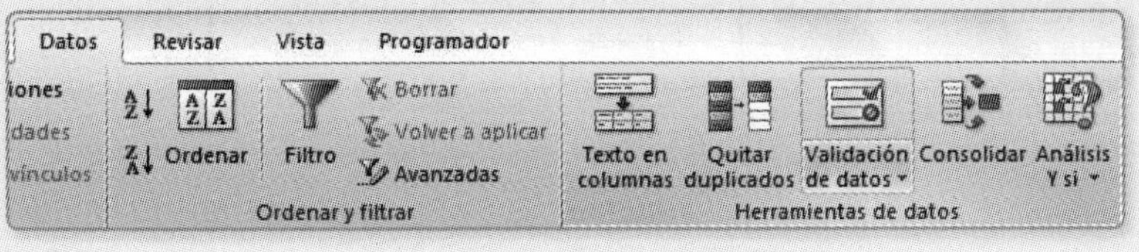

- Seleccionamos la opción Lista y el rango, seleccionamos los valores de las celdas B23 a B42.

- De esta forma, la celda tiene su lista de datos desplegable.

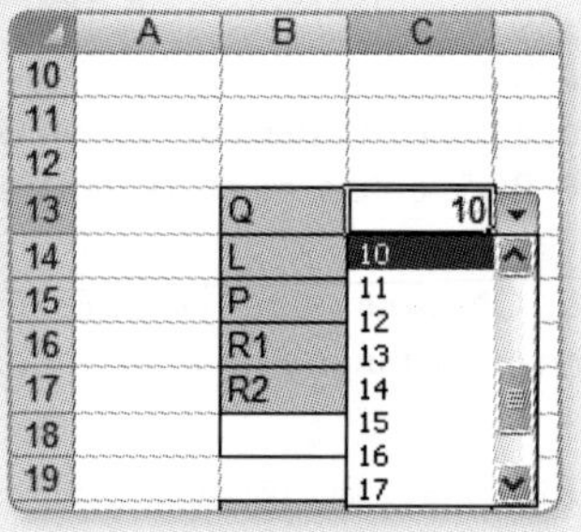

VINCULACIÓN DE CUADRO DE VALORES PARA LA LONGITUD Y REACCIONES

- La celda de longitud C14 la calculamos con la fórmula =CONSULTAV(J10,LONG,2)
  - J10 es la celda de vinculación de los botones de opción.
  - LONG es la tabla J13 a K18, que sirve para relacionar el contenido de la celda J2 con el valor de L.

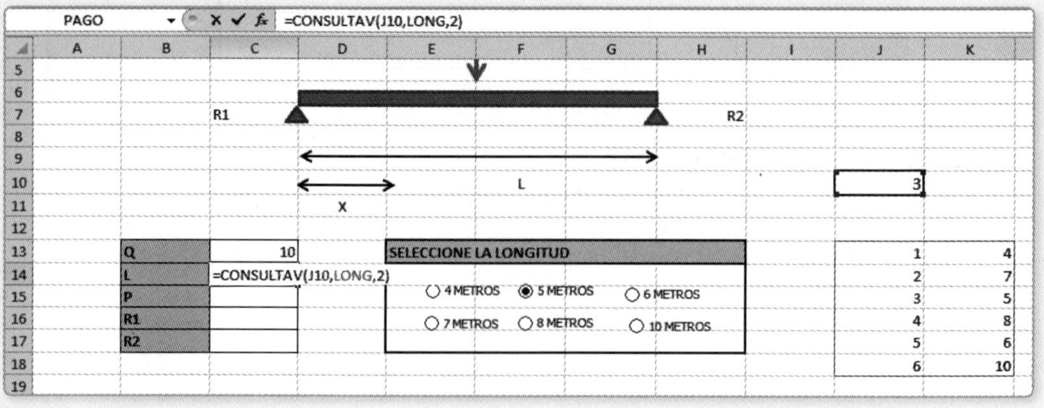

- Las reacciones R1 y R2 se calculan con la semisuma del peso puntual P con el peso de la viga.

	A	B	C	D
13		Q	10	
14		L	5	
15		P	10	
16		R1	=C13*C14/2+C15/2	
17		R2	30	
18				

TABLA DE VALORES DE MOMENTOS

- Para calcular los valores de los momentos de 21 valores de X:
  - En la celda C20 dividimos la longitud L en 20

    =C14/20

  - En la celda C23 escribimos 0.
  - En la celda C24 la fórmula C23+$C$20 y copiamos a toda la columna.
  - En la celda D23 la función sí que contiene la fórmula del momento.

    =SI(B23<11,C23*$C$16-C23*C23*$C$13/2,C23*$C$16-C23*C23*$C$13/2-(C23-$C$14/2)*$C$15)

	A	B	C	D	E	F	G	H	I
19							6		
20		VARIA	0.25						
21									
22		NRO	X	MOMENTO					
23		1	0	0.0					
24		2	0.25	7.2					
25		3	0.5	13.8					
26		4	0.75	19.7					
27		5	1	25.0					
28		6	1.25	29.7					
29		7	1.5	33.8					
30		8	1.75	37.2					
31		9	2	40.0					
32		10	2.25	42.2					
33		11	2.5	43.8					
34		12	2.75	42.2					
35		13	3	40.0					
36		14	3.25	37.2					
37		15	3.5	33.8					
38		16	3.75	29.7					
39		17	4	25.0					
40		18	4.25	19.7					
41		19	4.5	13.8					
42		20	4.75	7.2					
43		21	5	0.0					

=SI(B23< 11,C23*$C$16-C23*C23*$C$13/2, C23*$C$16-C23*C23*$C$13/2-(C23-$C$14/2)*$C$15)

=+C23+$C$20

Gráfico de momentos

- Finalmente, seleccionamos los valores de X y de los momentos.
- De la ficha Insertar/Gráficos, seleccionamos el tipo de gráfico Dispersión.

- El gráfico aparece en forma automática.

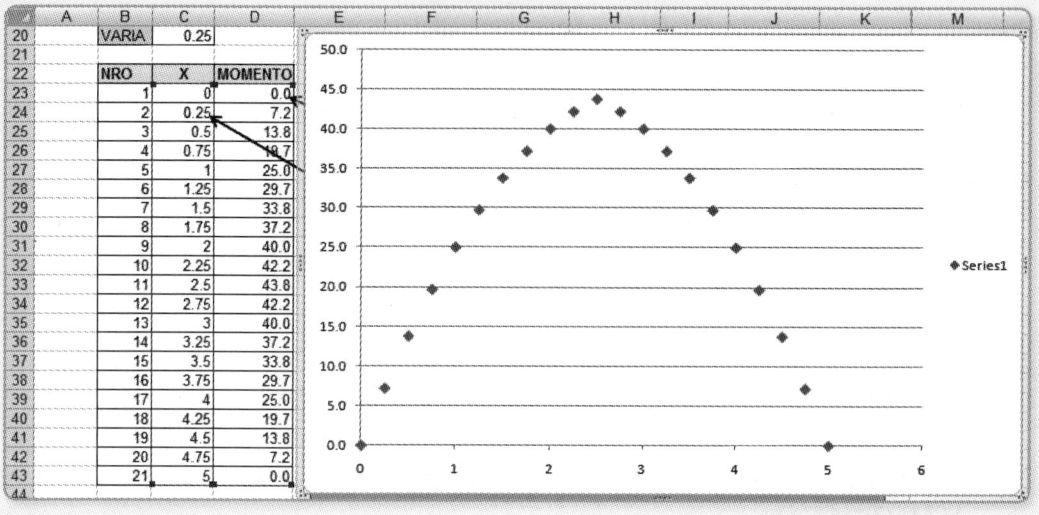

- Modificamos el formato del gráfico.

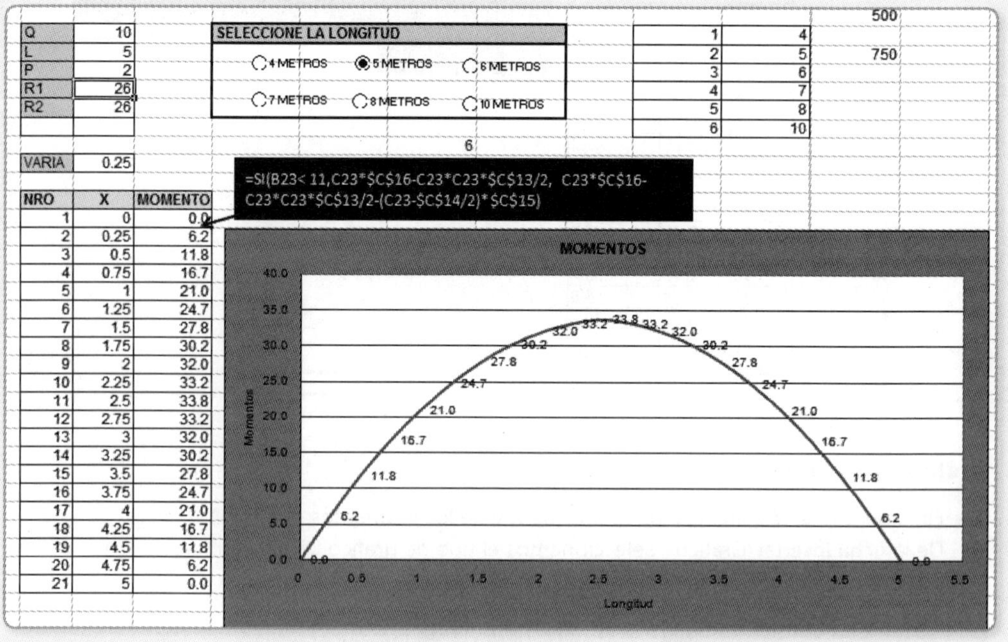

CAMBIAMOS LA LONGITUD L Y LA CARGA Q → CAMBIA LAS REACCIONES, LOS MOMENTOS Y LAS GRÁFICAS.

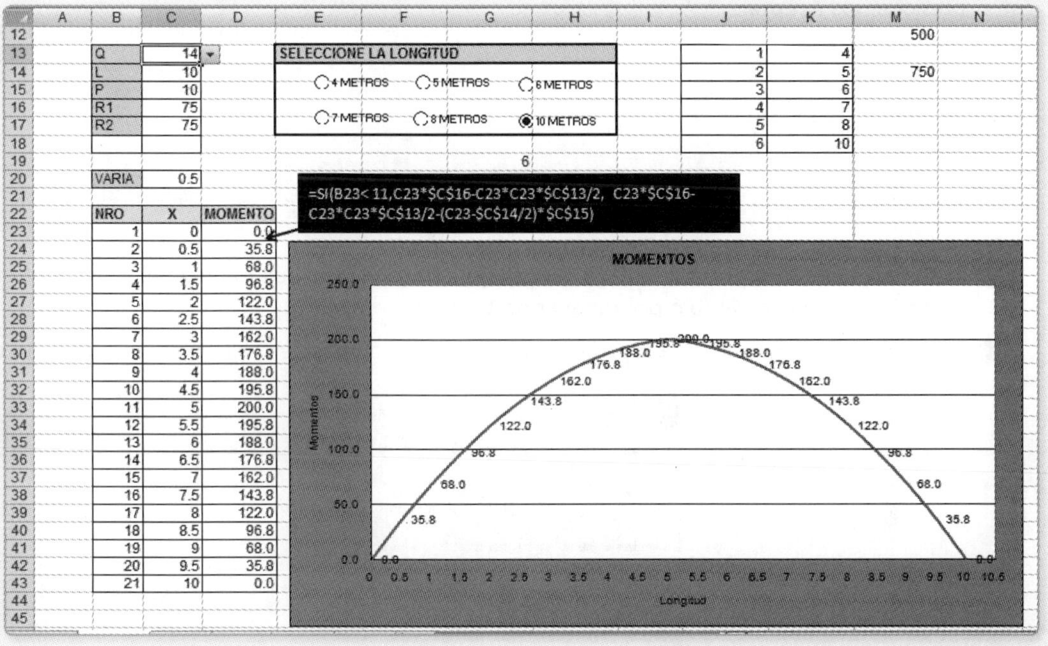

• MACROS

Una Macro viene a ser una función que reemplaza a una serie de funciones y acciones concentrada en una nueva. Microsoft Excel te da la alternativa de crear macros usando una grabadora o usando el Editor de Visual Basic.

• Crear Macros usando la grabadora

Para usar la grabadora debemos dar los siguientes pasos:

1. Ingresar a la ficha Programador.
2. Seleccionamos el grupo Código.
3. Usamos la opción Grabar Macro.

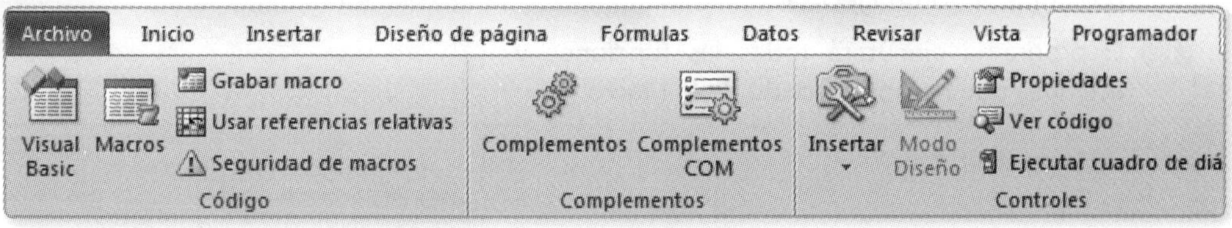

4. En el siguiente cuadro de diálogo, por defecto aparece el nombre de **Macro 1** (si desea puedes cambiar el nombre de la macro), luego presionamos **Aceptar.**

5. Automáticamente regresa a la Hoja de trabajo. (Observemos que dentro del grupo Código, el icono Grabar macro cambió por detener grabación).

6. A partir de este momento todas las funciones y acciones que realices serán grabadas en la Macro1.

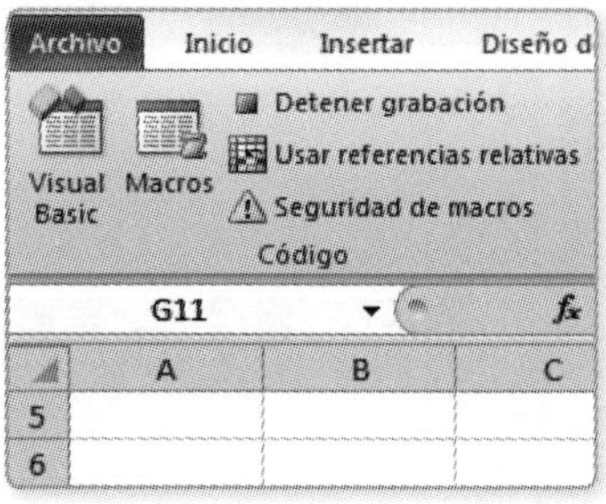

7. Para finalizar, tienes que dar un clic en el icono Detener grabación y la Macro1 queda grabada.

• Ejecutar una Macro

Para ejecutar una macro debemos de seguir los siguientes pasos:

1. Usaremos el icono Macros que se encuentra en el grupo Código de la ficha Programador.

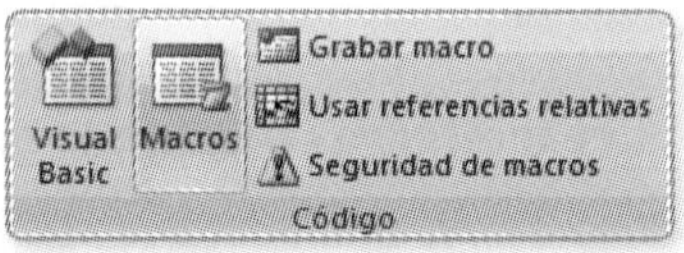

2. Seleccionamos Macros y el programa te mostrará las macros existentes.
3. En esta ventana seleccionamos Macro1 y pulsamos el botón Ejecutar.
4. El programa ejecutará todas las funciones y acciones que hemos grabado en la Macro.

• Facilitar el uso de Macros

Para usar una macro de la forma más rápida podemos agregarla a los grupos de las fichas de herramientas, crearlas como teclado rápido o también crear un botón formularios para ejecutarla.

Agregar una macro como icono en la barra de herramientas de acceso rápido
Una vez creada una macro debes darlos siguientes pasos:

1. En la barra de acceso rápido que se encuentra en la parte superior izquierda, damos un clic sobre la ficha desplegable.
2. Luego seleccionamos **Más comandos.**

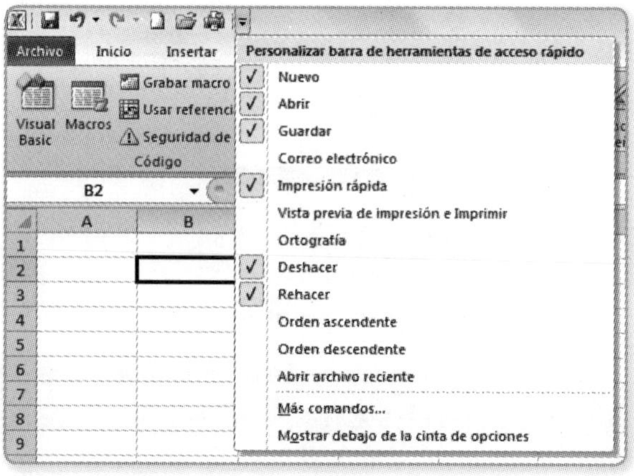

3. El programa nos muestra el cuadro de diálogo de Opciones de excel, en la opción Barra de herramientas de acceso rápido.

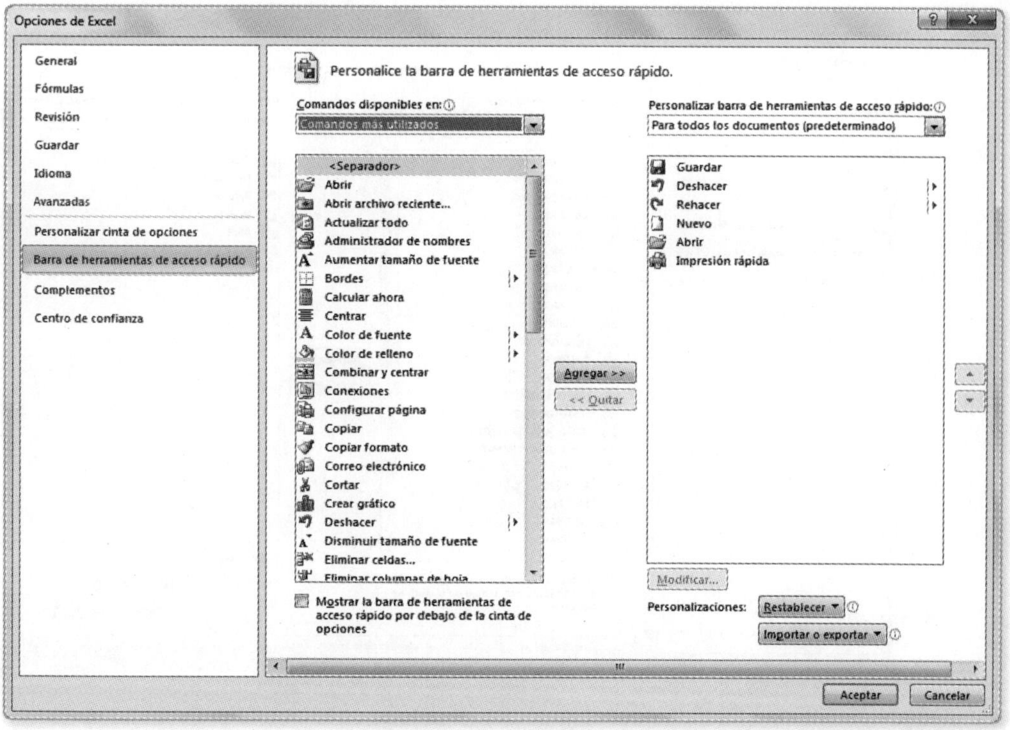

4 En este cuadro seleccionamos en Comandos disponible en: Macros.

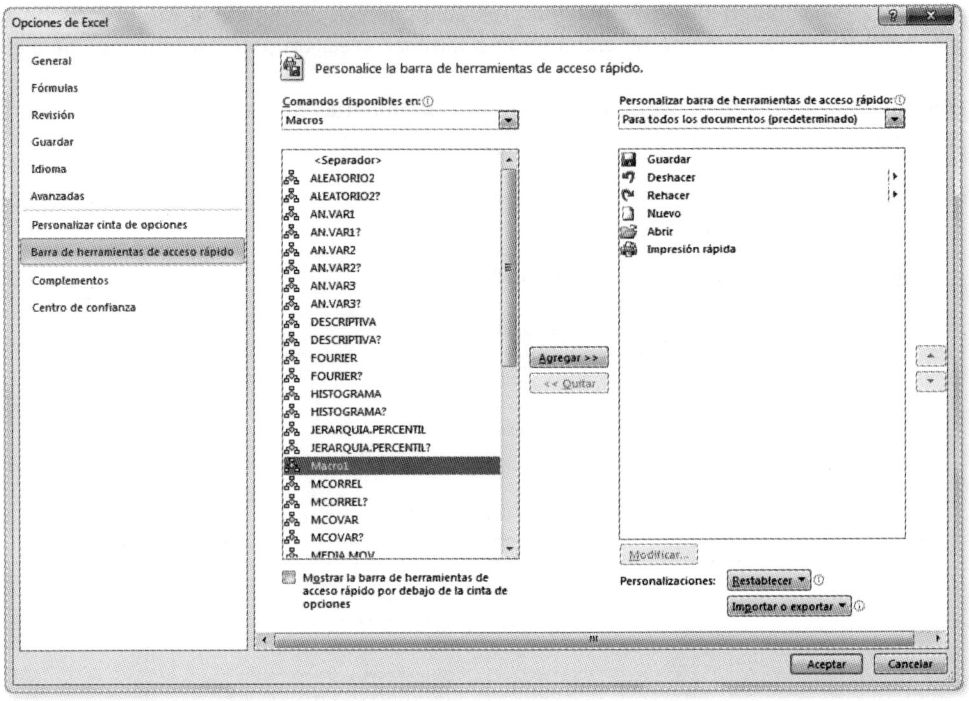

5 Observamos que aparecen las macros creadas en el separador, estás usando el botón Agregar, las adicionamos a la barra de acceso rápido.

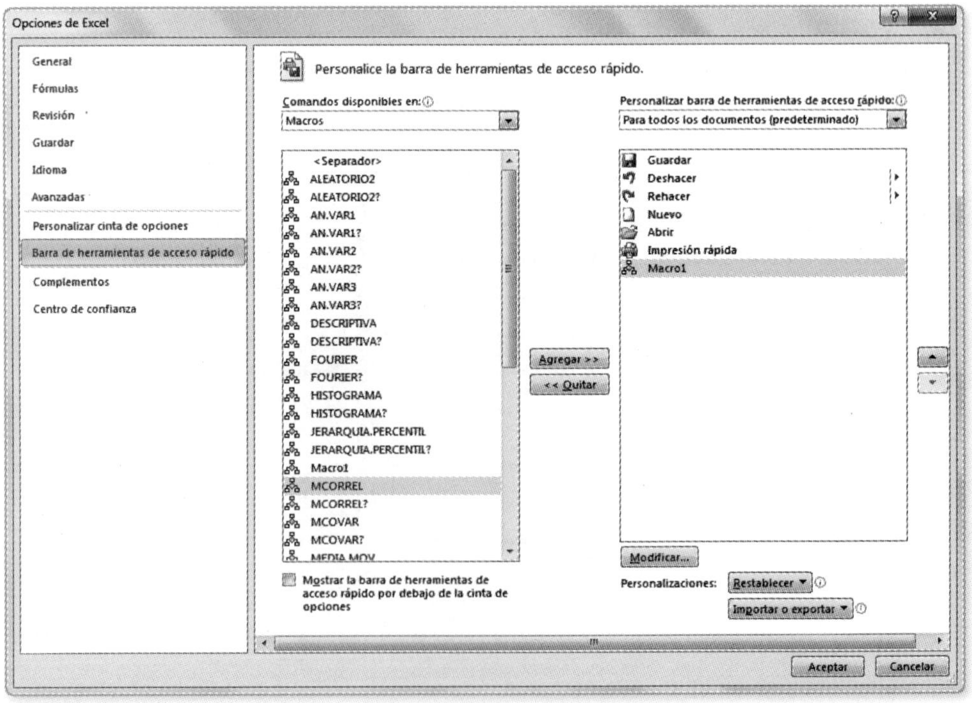

6 Inmediatamente presionamos el botón Aceptar.

7 Observemos ahora que aparecen en la barra de acceso rápido.

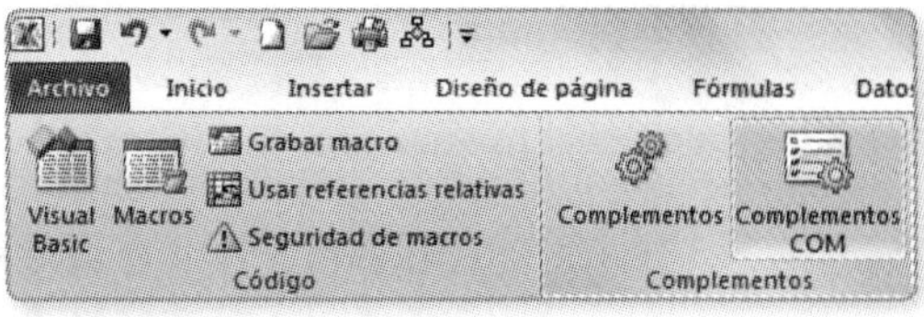

8 Al acercar el cursor a uno de estos iconos aparece su nombre, en este caso Macro 1.

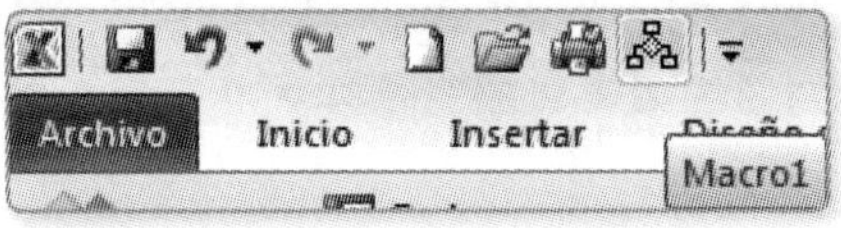

9 Al presionar uno de estos iconos la macro se ejecuta.

PERSONALIZAR EL ICONO – MODIFICAR BOTÓN

10 Para personalizar el icono, ingresamos nuevamente desde la barra de acceso rápido que se encuentra en la parte superior izquierda, damos un clic sobre la ficha desplegable.

11 Luego seleccionamos Más comandos.

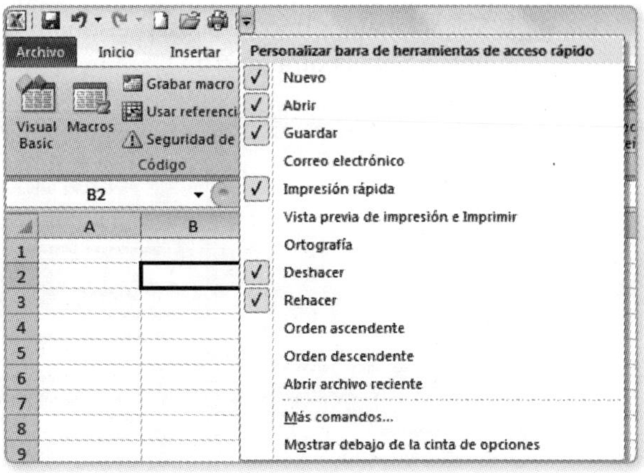

12 En el cuadro de diálogo **Opciones de Excel**

13 Seleccionamos el icono de la macro que cambiaremos y presionamos el botón **Modificar.**

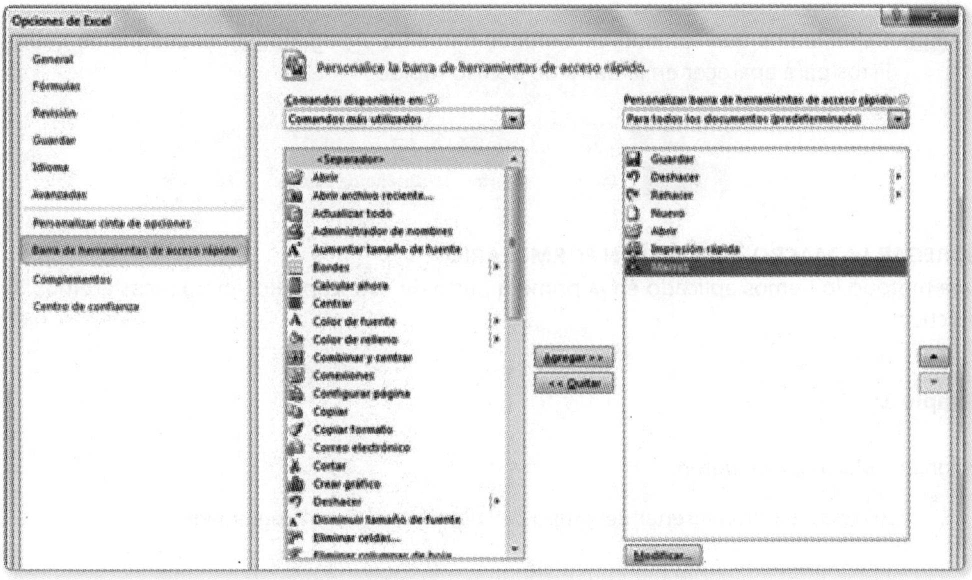

14 El programa nos muestra una serie de botones para cambiarlo por el anterior.

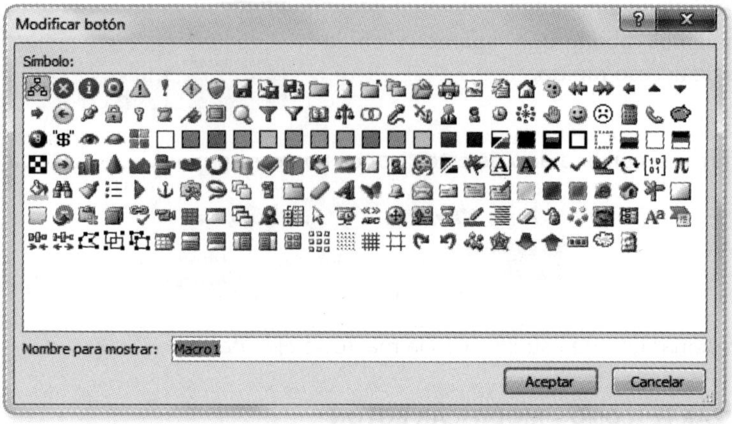

15 Seleccionamos uno de ellos, presionamos Aceptar y repetimos los pasos para seleccionar otro botón para la otra macro.

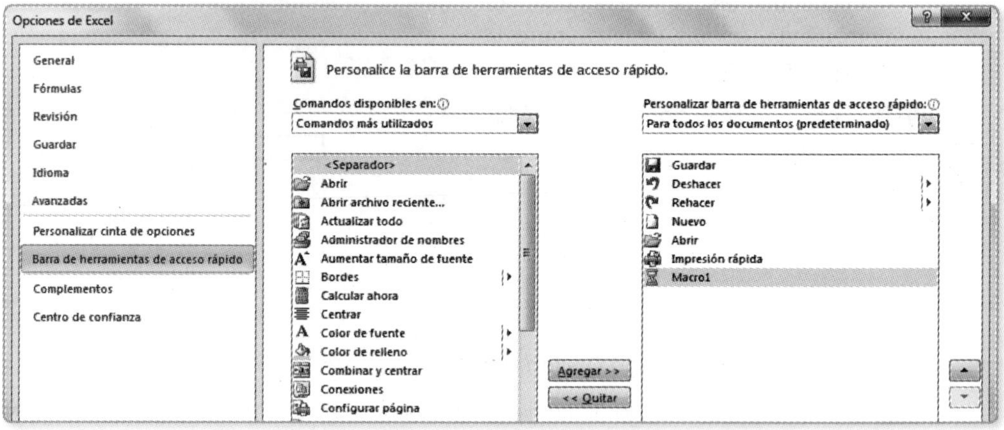

16 Observemos que los nuevos botones han sido agregados en el cuadro de diálogo y están listos para aparecer en la barra de acceso rápido.

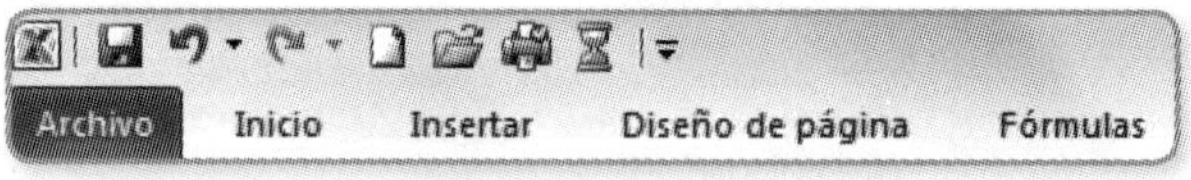

AGREGAR LA MACRO A UN BOTÓN FORMULARIO

Este método lo hemos aplicado en la primera parte de este capítulo, ahora mostraremos un ejemplo práctico.

Ejemplo 1:

Asignar la Macro 2 a un botón.

1. Activamos el botón Insertar del grupo de control de la ficha Programador.

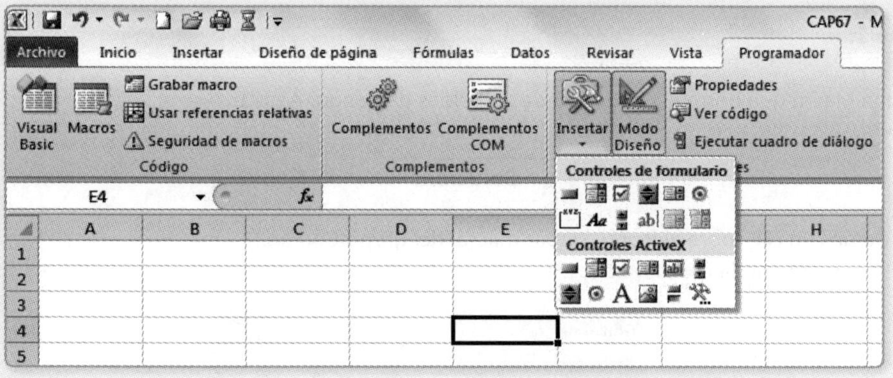

2. Seleccionamos la dimensión del botón en un área de trabajo.

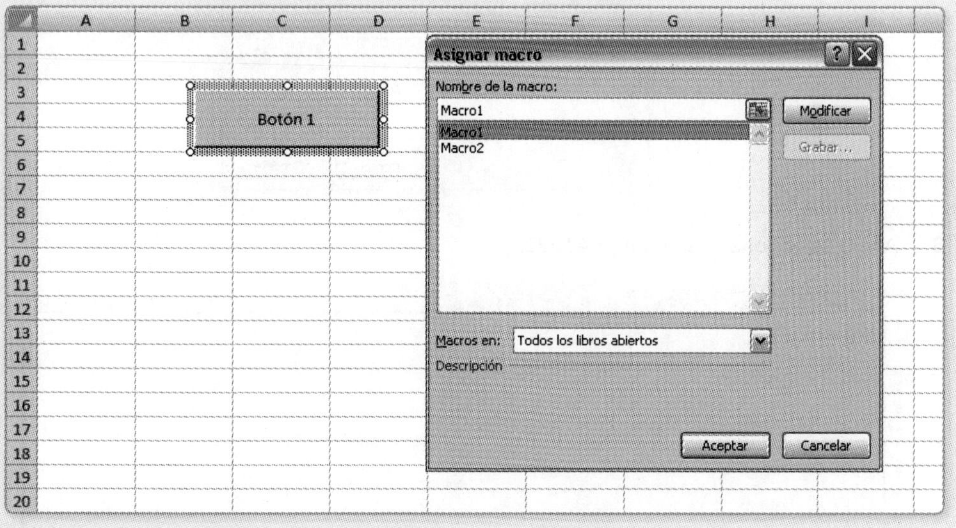

3. En forma automática aparece una ventana que pide asignar macro, seleccionamos la macro a utilizar y luego escribimos Macro 1 en el botón.

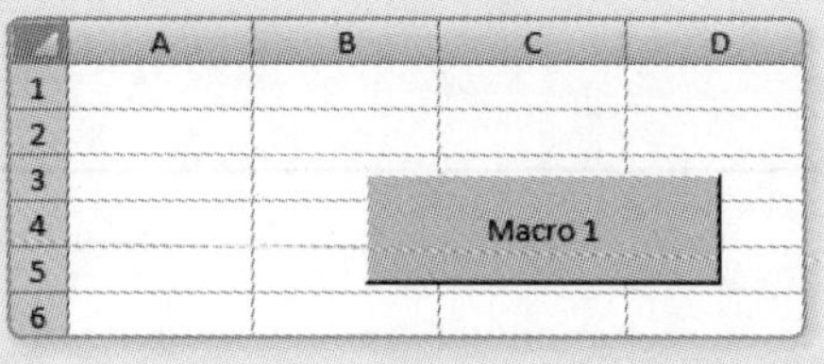

4. Ahora cada vez que demos un clic sobre el botón se ejecuta la Macro 1.

EJEMPLOS DE MACROS

Ejemplo 1:

Crear una Macro que borre el contenido de las celdas del rango A1:J21.

Solución:

1. Damos un clic sobre el icono Grabar macro, del grupo Código.
2. El nombre queda como Macro 1.

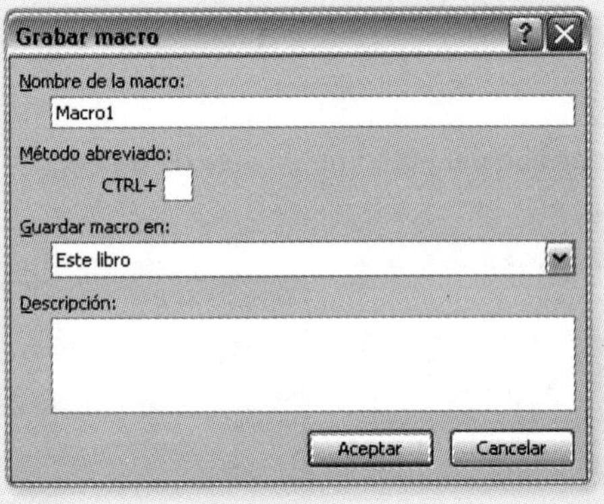

3. Ahora seleccionamos el rango A1:J21.

4. Para borrar tienes que usar simplemente la tecla Supr.
5. Finalmente, detén la grabación presionando el botón Detener (del grupo Código)

Ejemplo 2:

Crear una Macro que borre el contenido de las celdas que se seleccionen antes de ejecutar la Macro.

Solución:

1. En este caso primero seleccionar un rango de celdas (en este ejemplo seleccionamos A1:D6).

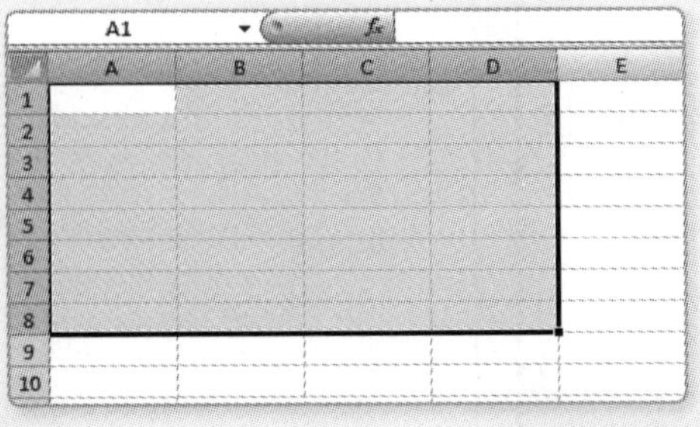

2. Ahora ingresa al Menú herramientas – Macro.
3. Usamos la opción Grabar macro.
4. El nombre queda como Macro 2.

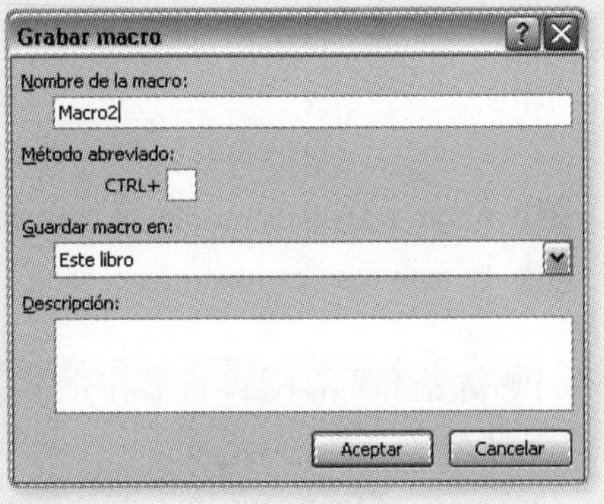

5. Dentro del área de trabajo borramos lo seleccionado.
6. Finalmente, detén la grabación usando el icono..

• Modificar una macro usando el editor de Visual Basic

Modificar la Macro 1
Modifica la macro cambiando el rango a borrar.

1 Usamos el botón Macros.

2 Seleccionamos la Macro1.

3 Ahora damos un clic en el botón Modificar y entramos al editor de Visual Basic.

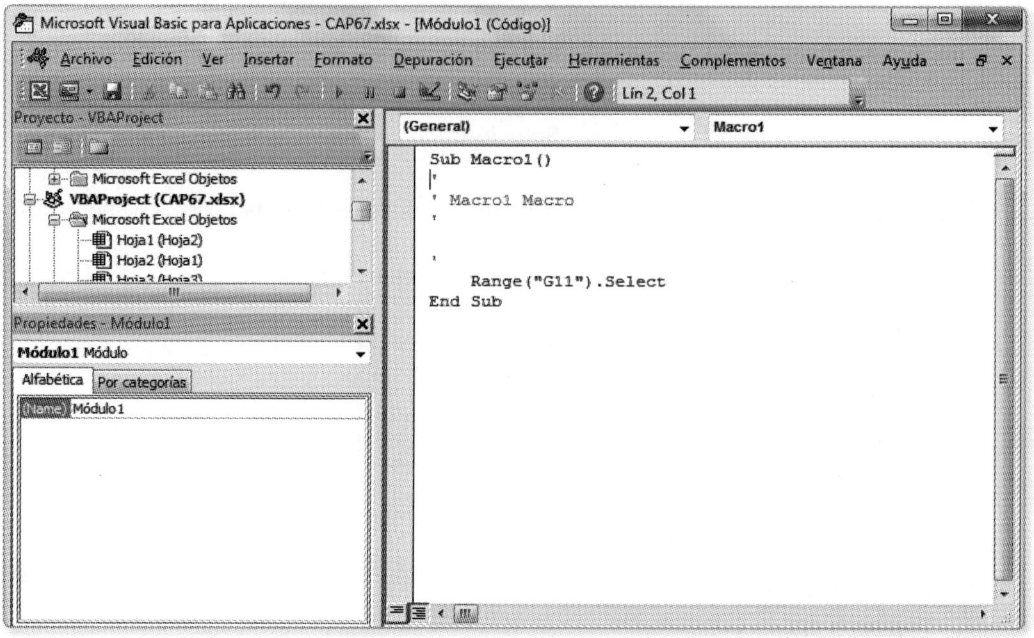

4 Ahora podemos modificar la Macro cambiando simplemente los rangos utilizados.

5 En este caso cambiamos el rango de A1:D6 a B1:B21.

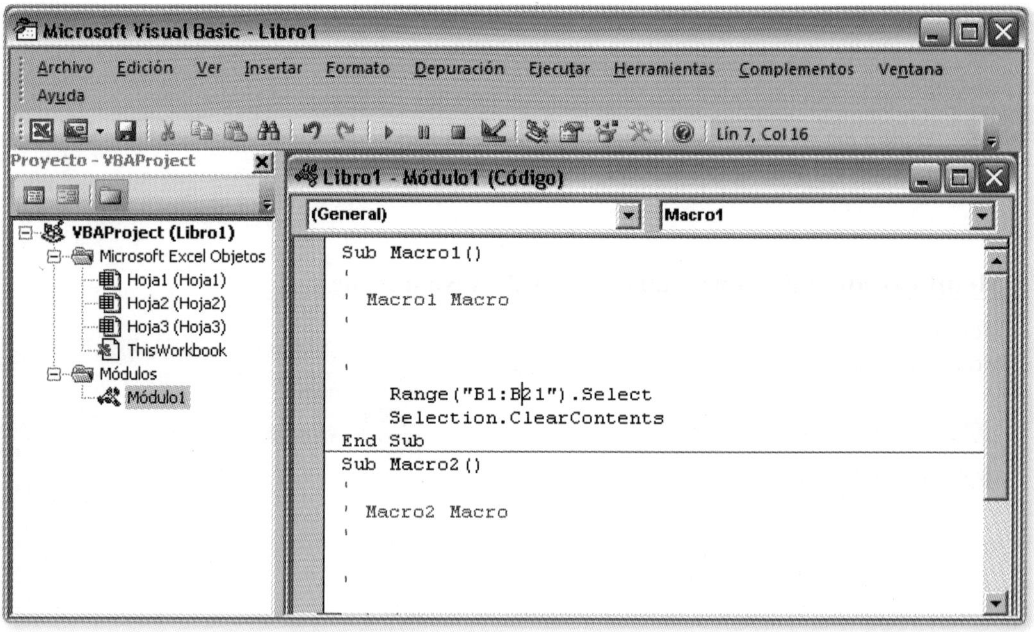

6 Una vez modificado usamos el menú Archivo y la opción Cerrar y volver a Microsoft Excel.

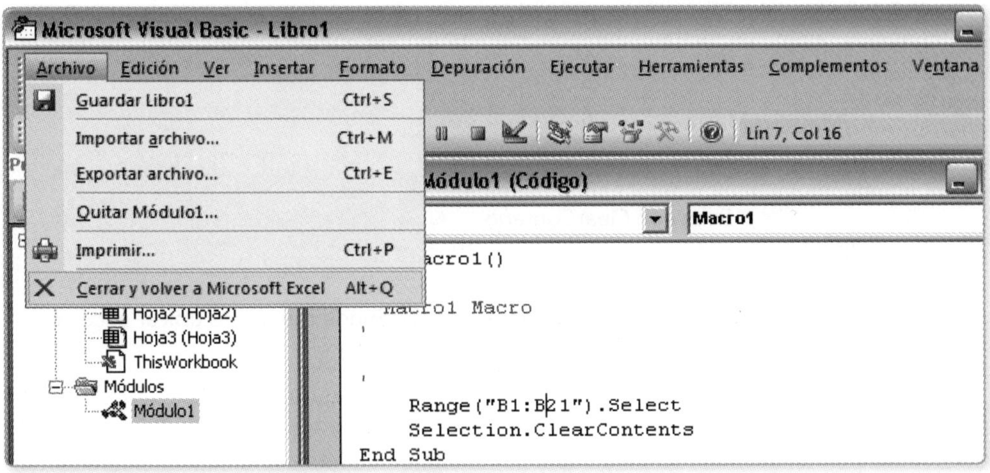

• Modificar la Macro 2

Modifica la macro para una vez que borre lo que esta seleccionado se ubique en la celda D10.

1 Usamos el botón Macros.

2 Seleccionamos Macro2.

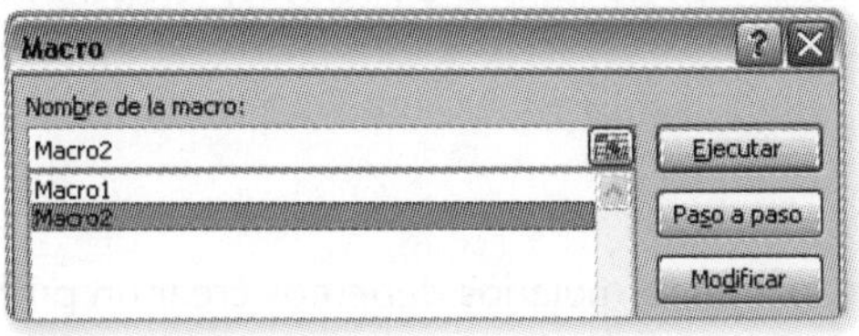

3 Ahora damos un clic en el botón Modificar y entramos al editor de Visual Basic.

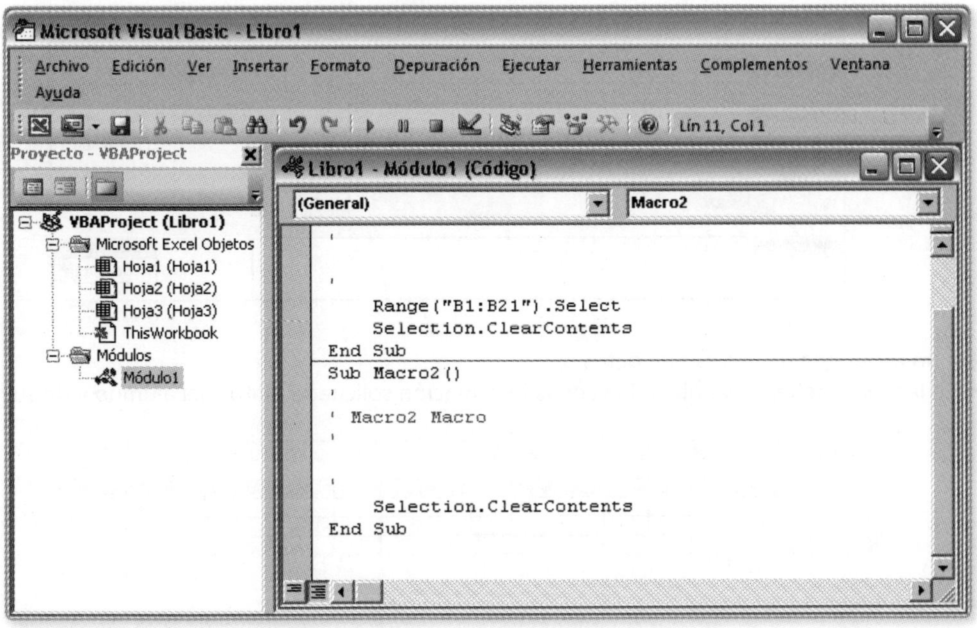

4. Observamos que la macro solo tiene el comando Selection.ClearContents, es decir esta macro elimina el rango previamente seleccionado.

```
Sub Macro2()
'
' Macro2  Macro
'
'
            Selection.ClearContents
End Sub
```

5. Dentro de ella agregamos simplemente la celda donde queremos ubicar el cursor.

```
Sub Macro2()
'
' Macro2  Macro
'
'
   Selection.ClearContents
Range("D10").Select
End Sub
```

6. Una vez modificado usamos el menú Archivo y la opción Cerrar y volver a Microsoft Excel.

EJERCICIO 1

Usando el ejercicio principal de formularios debemos crear un programa de ingreso de datos.

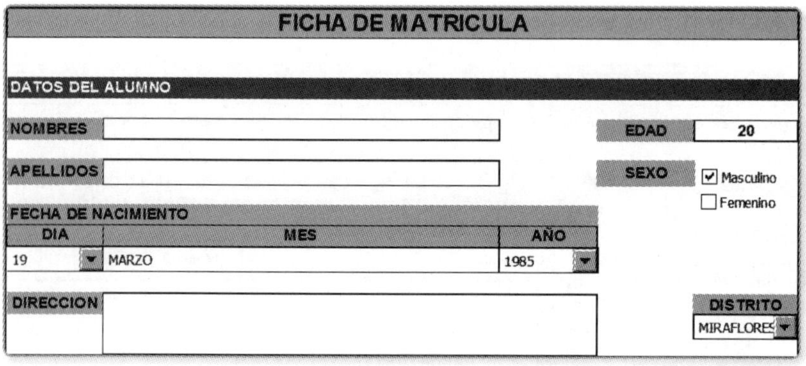

Crear un programa de ingreso de datos

- En la hoja 3 debes crear una tabla con la información solicitada (datos del alumno y de su matrícula).

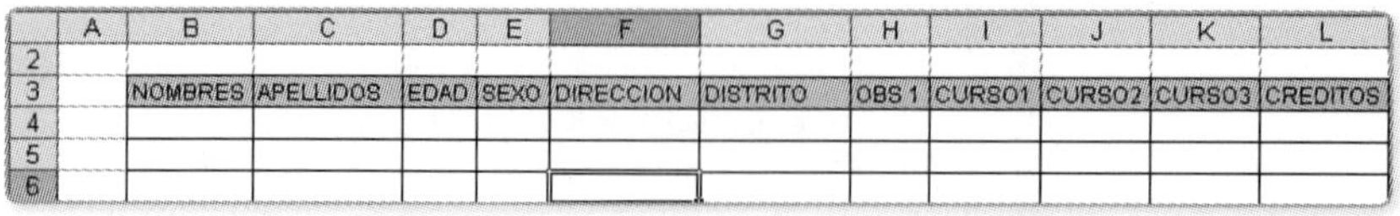

- Y en la hoja 1 deberás crear una Macro que ingrese la información a la hoja 3 y luego regrese a la hoja 1 borra los datos y esté apta para ingresar nuevos datos.

1. Para la hoja 3, los datos nombres, apellidos, edad, dirección y créditos pueden simplemente ser agregados usando un simple =Hoja 1 (y la ubicación del dato).

   En B4 =Hoja1!C7

   En C4 =Hoja 1!C9

   En D4 =Hoja 1!H7

2. Para el resto de datos debemos utilizar la función si o consultav.
3. Si cambiamos los datos en la hoja 1 y debe cambiar en la Hoja 3.
4. Ahora debes crear un botón formulario en la hoja 1 que tenga asignado una macro que en forma automática copie los datos del alumno en una lista y esté apta para ingresar una nueva información.

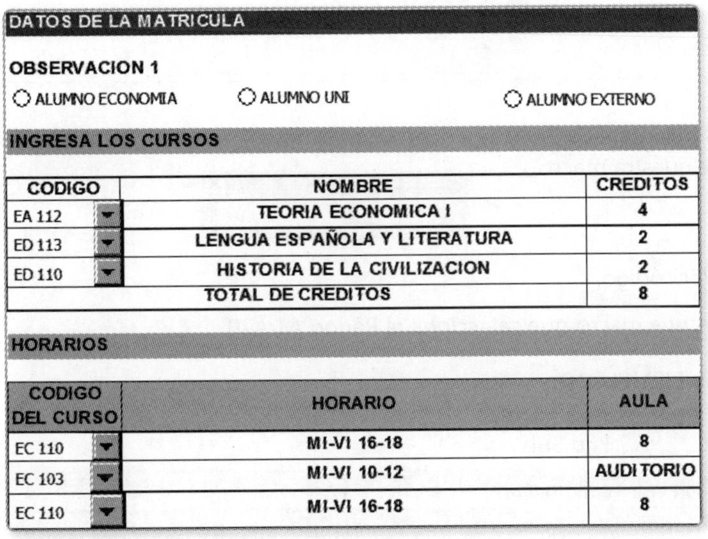
DATOS DE LA MATRICULA

OBSERVACION 1

○ ALUMNO ECONOMIA ○ ALUMNO UNI ○ ALUMNO EXTERNO

INGRESA LOS CURSOS

CODIGO	NOMBRE	CREDITOS
EA 112	TEORIA ECONOMICA I	4
ED 113	LENGUA ESPAÑOLA Y LITERATURA	2
ED 110	HISTORIA DE LA CIVILIZACION	2
	TOTAL DE CREDITOS	8

HORARIOS

CODIGO DEL CURSO	HORARIO	AULA
EC 110	MI-VI 16-18	8
EC 103	MI-VI 10-12	AUDITORIO
EC 110	MI-VI 16-18	8

• MACROS USANDO EL EDITOR DE VISUAL BASIC

Microsoft Excel nos da la alternativa de crear Macros usando el Editor de Visual Basic. Para trabajar con el editor necesitamos aprender a usar en forma correcta las funciones y comandos del Visual.

Para activar el Editor:

1. Usamos el botón Visual Basic.

2 El programa nos muestra Microsoft Visual Basic.

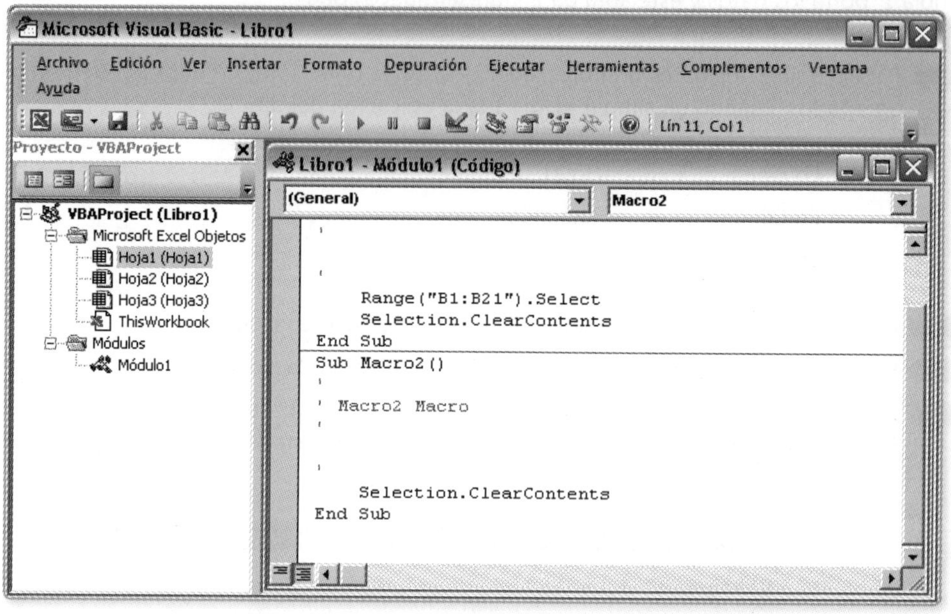

3 Con los siguientes iconos (Ver código, Ver objeto y Alternar carpetas), modificamos el área de trabajo de nuestra macro.

4 Usamos Ver código.

5 Escribimos una macro que selecciona el Rango A1:A20.

```
Sub EJEMPLO1()
 Range("A1:A20").Select
        End Sub
```

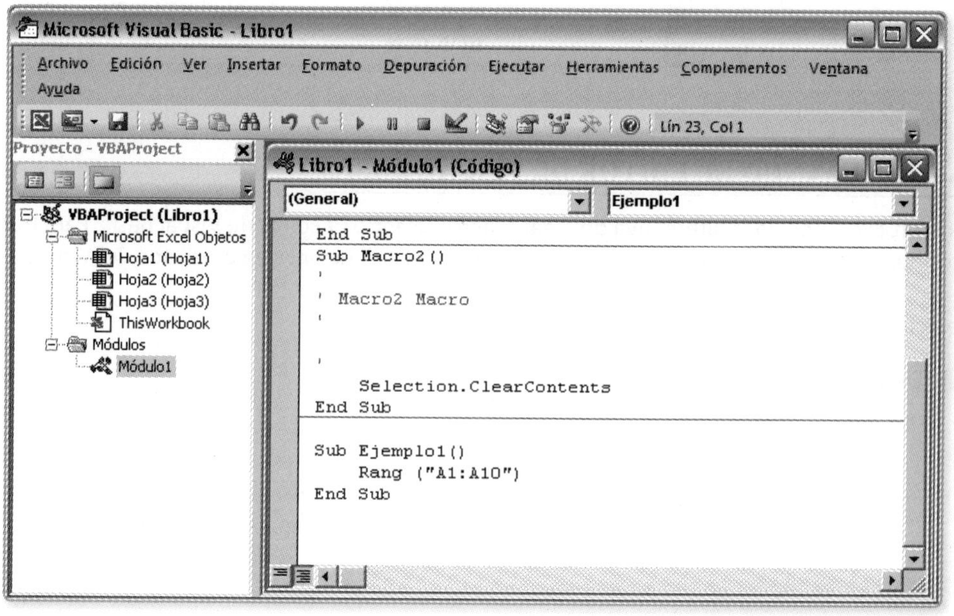

6 Una vez creada nuestra Macro usamos el menú Archivo y la opción Cerrar y volver a Microsoft Excel y la Macro Ejemplo1 está creada.

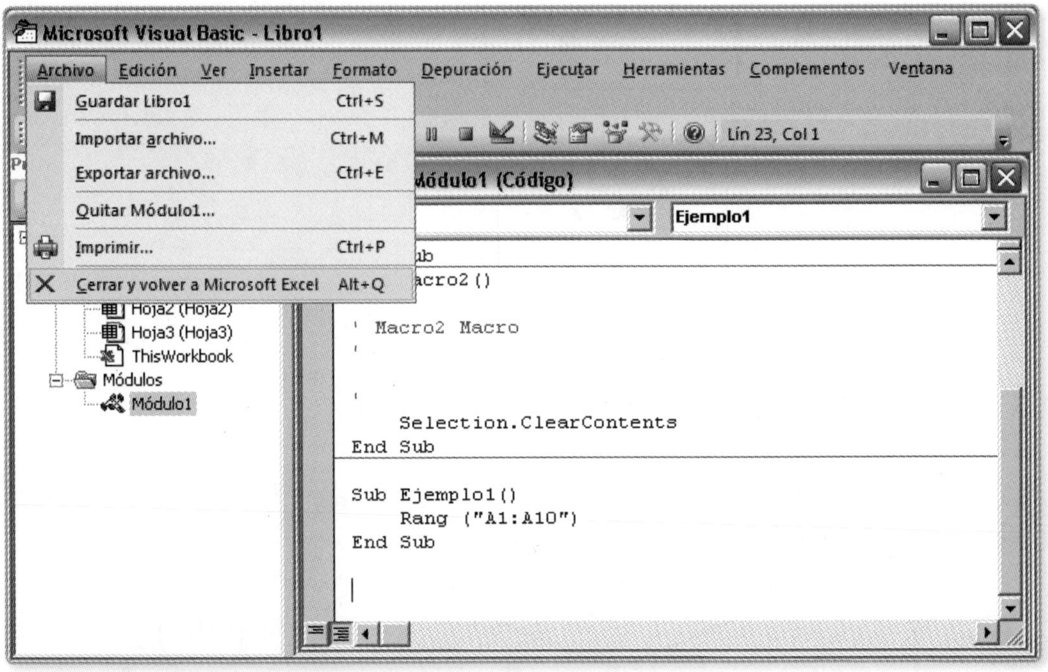

Como verán el procedimiento para crear una Macro es sencillo.

Sub NOMBRE( ) → Se escribe el nombre de la Macro

CONTENIDO → Se escribe las funciones que queremos en la Macro

End Sub Fin del programa → Al final siempre End Sub para cerrar.

Lo que demandará tiempo es el contenido de la Macro. Para ello, debemos darnos un tiempo prudente para elaborar el diagrama de flujo de nuestro programa y luego usando las funciones y comandos del lenguaje de programación elaborar el programa.

Otro detalle importante es saber elaborar los diagramas de flujo. A continuación un ejemplo de diagrama de flujo.

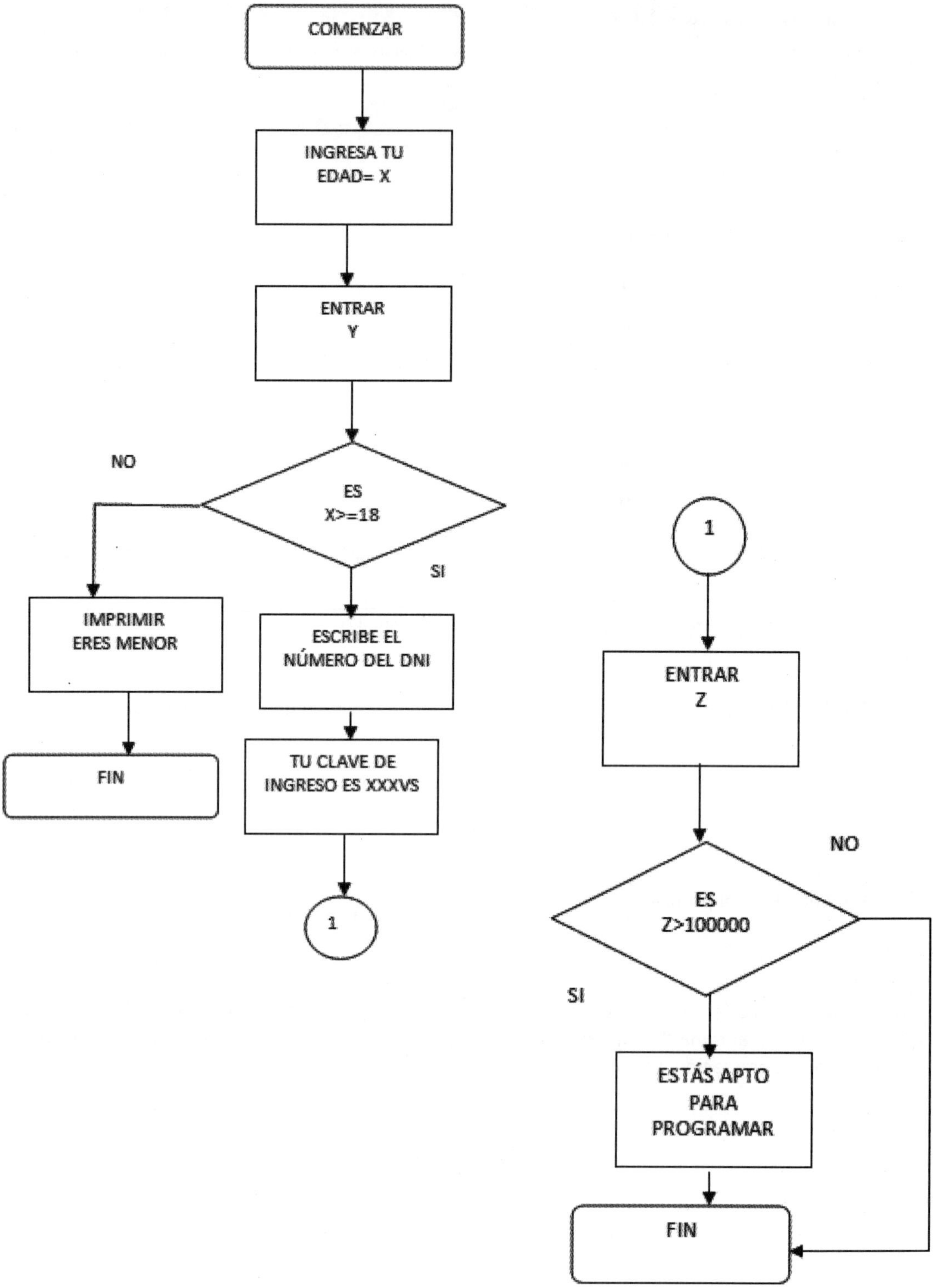

Algunos comandos básicos de programación

COMO SELECCIONAR RANGOS

Object.Range(Cell1,Cell")

Ejemplo 1:

Escribe en la celda A1 el número 1.

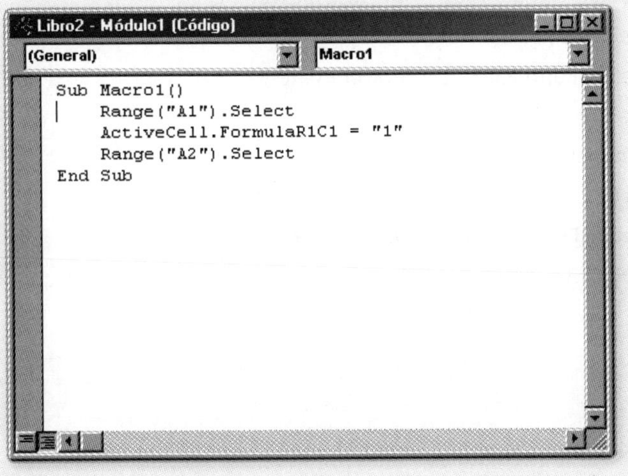

Ejemplo 2:

Escribe en la celda seleccionada el número 1.

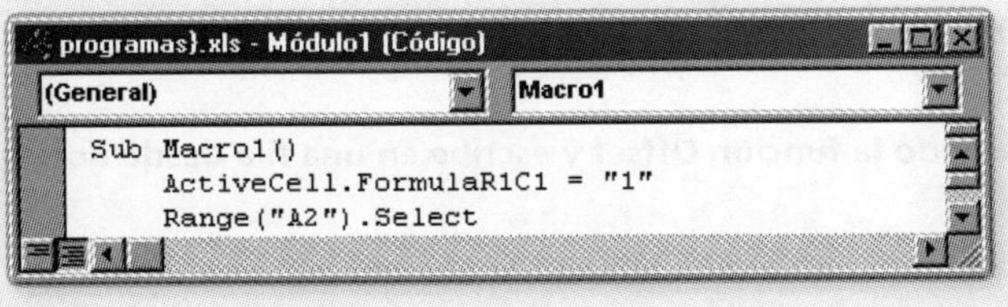

Ejemplo 3:

Escribir Microsoft Word, Windows, Microsoft Excel, Power Point, Access y Visual Basic en las celdas.

Solución:

Te doy varias formas de crear este programa:

La solución A es como si lo hiciera la grabadora de Macros desde la celda C8

```
Sub Ejemlo3A()
'
        Range("C8").Select
        ActiveCell.FormulaR1C1 = "Microsoft Word"
        Range("C9").Select
        ActiveCell.FormulaR1C1 = "Windows"
        Range("C10").Select
        ActiveCell.FormulaR1C1 = "Microsoft Excel"
        Range("C11").Select
        ActiveCell.FormulaR1C1 = "Power Point"
        Range("C12").Select
ActiveCell.FormulaR1C1 = "Access"
        Range("C12").Select
        ActiveCell.FormulaR1C1 = "Visual Basic"
        Range("C13").Select
End Sub
```

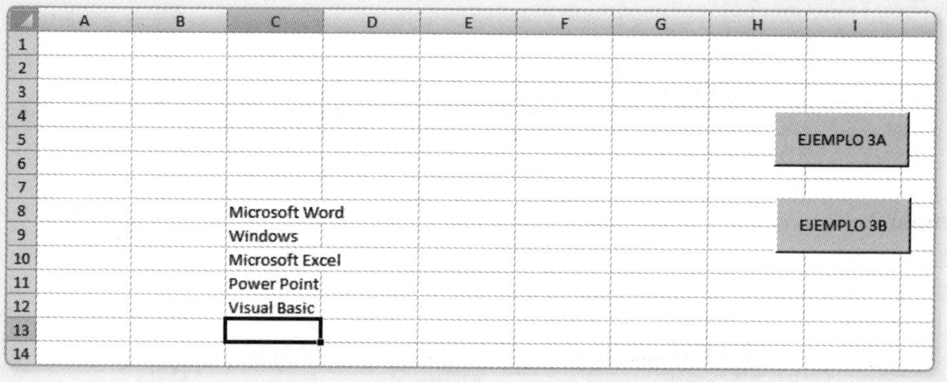

La solución B es usando la función Offset y escribe en una fila desde donde estaba el cursor

```
Sub Ejemplo3B()

' Macro grabada el 18/02/2005 por PC3
'
  ActiveCell.Offset(0, 0) = "Microsoft Word"
  ActiveCell.Offset(0, 1) = "windows"
  ActiveCell.Offset(0, 2) = "Microsoft Excel"
  ActiveCell.Offset(0, 3) = "Power Point"
  ActiveCell.Offset(0, 4) = "Access"
  ActiveCell.Offset(0, 5) = "Visual Basic"
End Sub
```

Si nos ubicamos en la celda C8 y ejecutamos la Macro obtenemos:

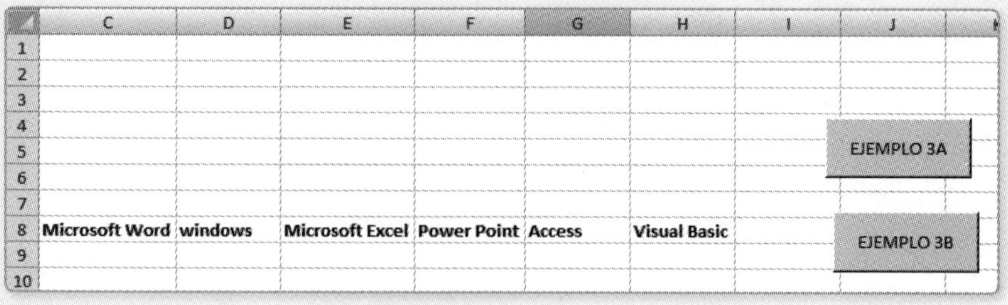

La solución C es usando la función Offset y escribes en la columna donde estaba el cursor.

```
Sub Ejemplo3C()
'
   ActiveCell.Offset(0, 0) = "Microsoft Word"
   ActiveCell.Offset(1, 0) = "windows"
   ActiveCell.Offset(2, 0) = "Microsoft Excel"
   ActiveCell.Offset(3, 0) = "Power Point"
   ActiveCell.Offset(4, 0) = "Access"
   ActiveCell.Offset(5, 0) = "Visual Basic"
End Sub
```

Si nos ubicamos en la celda B3 y ejecutamos la Macro obtenemos:

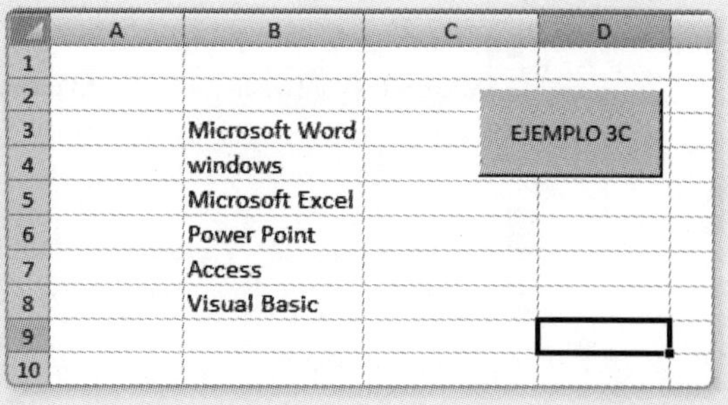

La solución D es usando la función With

```
Sub Ejemplo3D()
'
   With ActiveCell
      .Offset(0, 0) = "Microsoft Word"
      .Offset(1, 0) = "Windows"
      .Offset(2, 0) = "Microsoft Excel"
      .Offset(3, 0) = "access"
      .Offset(4, 0) = "power pont"
      .Offset(5, 0) ="Visual Basic"
   End With
End Sub
```

Si nos ubicamos en la celda A3 y ejecutamos la Macro obtenemos:

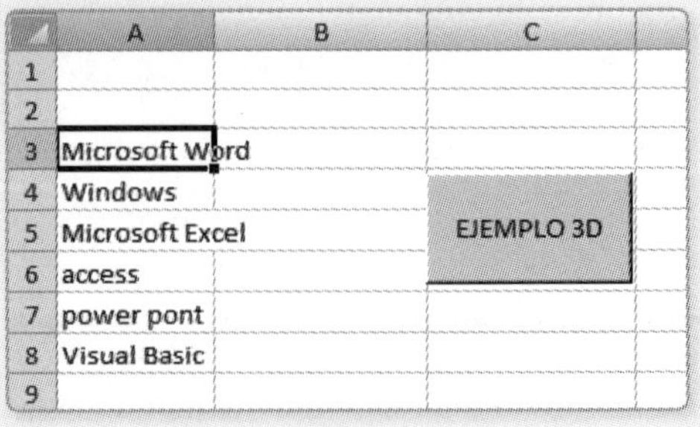

La solución E es usando la función RESIZE – ARRAY

```
Sub Ejemplo3E()
        ActiveCell.Resize(, 5) = Array("Microsoft Word", "windows", "Microsoft Excel", "access",
        "Power Point")
 End Sub
```

Si nos ubicamos en la celda A5 y ejecutamos la Macro obtenemos:

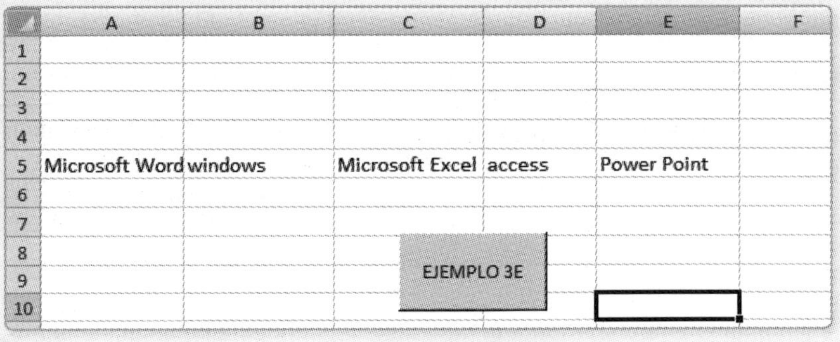

Ejemplo 4:

Borrar un rango de datos.
Usamos la función Selection.ClearContents para borrar el contenido del rango seleccionado.

```
Sub Ejemplo4()
' Ejemplo4 Macro
' Macro grabada el 22/02/2005 por Eyzaguirre
'
   Selection.ClearContents
End Sub
```

Si seleccionamos las celdas B3 hasta C8 y luego ejecutamos la Macro tenemos:

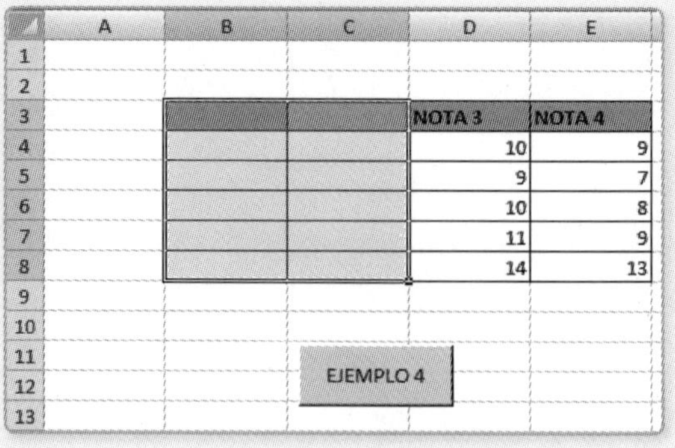

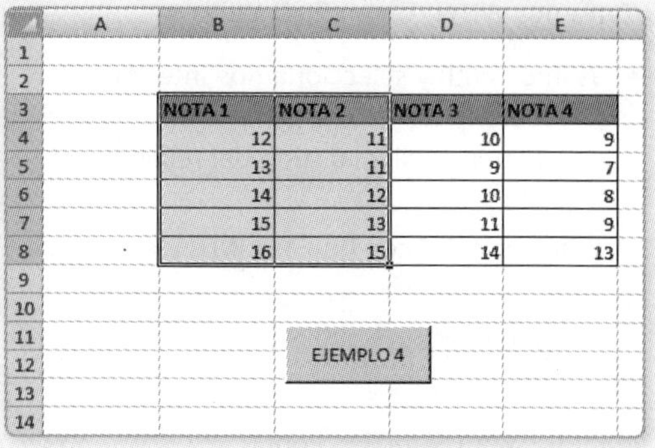

Note que la macro solo elimina el contenido de las celdas que previamente se seleccionan.

USO DEL WITH (función)

WITH (funcion)
(contenido)
END WITH (FIN)

Nos sirve para no repetir las secuencias en la escritura de los programas.
En el ejemplo 3C se repetía ActiveCell, pero en el ejemplo 3D se usa WHIT.

```
Sub Ejemplo3C()
'
   ActiveCell.Offset(0, 0) = "Microsoft Word"
   ActiveCell.Offset(1, 0) = "windows"
   ActiveCell.Offset(2, 0) = "Microsoft Excel"
   ActiveCell.Offset(3, 0) = "Power Point"
   ActiveCell.Offset(4, 0) = "Access"
   ActiveCell.Offset(5, 0) = "Visual Basic"
End Sub
```

```
Sub Ejemplo3D()
'
   With ActiveCell
      .Offset(0, 0) = "Microsoft Word"
      .Offset(1, 0) = "Windows"
      .Offset(2, 0) = "Microsoft Excel"
      .Offset(3, 0) = "access"
      .Offset(4, 0) = "power pont"
      .Offset(5, 0) ="Visual Basic"
   End With
End Sub
```

Ejemplo 5:

Modificar el formato de una celda.

Solución:

- Usamos With y seleccionamos font (fuente o letra).
  - .name (para ingresar el nombre de la fuente).
  - .FontStyle (el estilo de la fuente).
  - .Size (el tamaño de la fuente).
  - .ColorIndex (color de la fuente).

Cerramos WITH con un END WITH

- Usamos With y seleccionamos Interior.
  - .ColorIndex (color de la celda, el sombreado)
  - .Pattern = xlSolid (tipo del relleno)

Cerramos WITH con un END WITH

```
Sub Ejemplo7 ()
'
    With Selection.Font
        .Name = "Arial Black"
        .FontStyle = "Negrita"
        .Size = 16
        .Strikethrough = False
        .Superscript = False
        .Subscript = False
        .OutlineFont = False
        .Shadow = False
        .Underline = xlUnderlineStyleNone
        .ColorIndex = 3
    End With
    With Selection.Interior
        .ColorIndex = 40
        .Pattern = xlSolid
        .PatternColorIndex = xlAutomatic
    End With
End Sub
```

Si seleccionamos de B3 hasta E8 y activamos la macro ocurre lo siguiente:

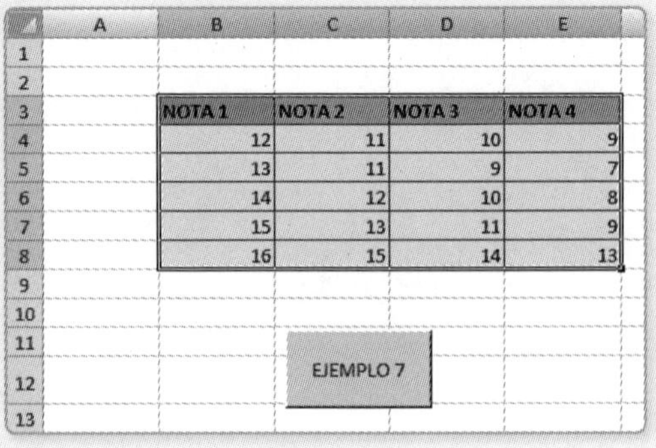

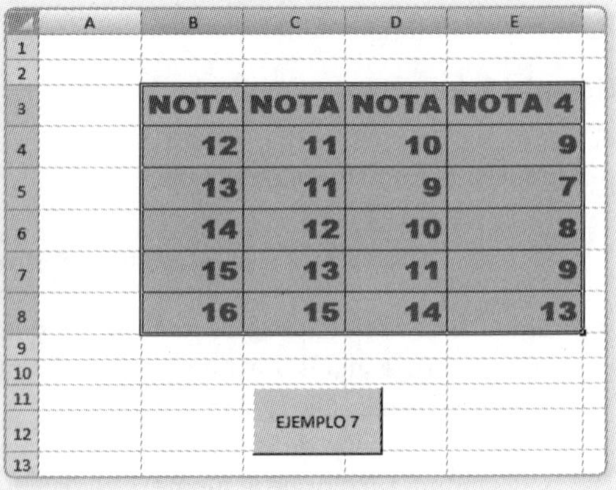

USO DEL IF (SI) Y THEN (ENTONCES)
Este comando lo usamos para comparar una variable y de acuerdo a esta comparación el programa debe ejecutar otra función o comando.

Usamos el **IF** para condicionar y **THEN** para dar la orden si la condición es verdadera.
Valores, la siguiente línea del programa es la orden si la condición es falsa.

USO DE MENSAJES DE INGRESO Y SALIDA
Visual Basic nos da la alternativa de ingresar datos y editar mensajes de acuerdo a alguna condición previa a través de mensajes de cajón.

INPUTBOX("MENSAJE DE INGRESO")
Muchas veces necesitamos ingresar valores. Para la ejecución de programas usamos el Inputbox, le agregamos un mensaje y le asignamos una variable.

MSGBOX ("MENSAJE DE SALIDA")
También podemos dar mensajes durante la ejecución de programas, para este caso utilizamos Msgbox.

Ejemplo 6:

- Este programa deberá en primer lugar preguntar la Edad y guardar la información en la variable años.
- Luego con **IF** comparará la edad y si es superior a 18 debe ir a la línea Mayor, si es superior emite el mensaje "Eres menor de edad no puedes usar este programa" y cierra el programa.
- Si eres mayor de edad pide ingresar el número del D.N.I. y lo compara simplemente que sea mayor a 9999999. Si es así debe ir a la línea Ingreso y le damos una clave, si es menor sale el mensaje "Eres menor no puedes usar este programa" y cierra el programa.

```
Sub macroif()
   AÑOS = InputBox("CUANTOS AÑOS TIENES")
   If AÑOS >= 18 Then GoTo Mayor
   MsgBox ("Eres menor no puedes usar este programa ")
   Exit Sub
Mayor:
   MsgBox ("ERES MAYOR DE EDAD")
   DNI = InputBox("CUAL ES EL NRO DE TU DNI =")
   If DNI > 999999 Then GoTo INGRESO
   MsgBox ("Eres menor no puedes usar este programa ")
   Exit Sub
INGRESO:
   MsgBox ("TU CLAVE DE INGRESO ES XX23")
End Sub
```

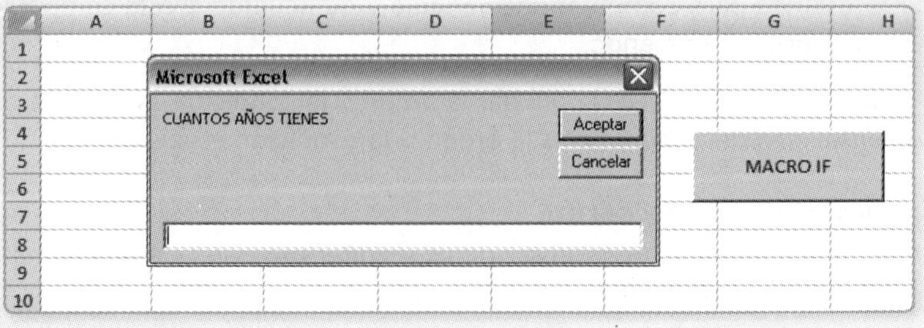

- Al escribir 12 y dar Aceptar:
- El programa detecta que eres menor de edad y al dar Aceptar sales del programa.

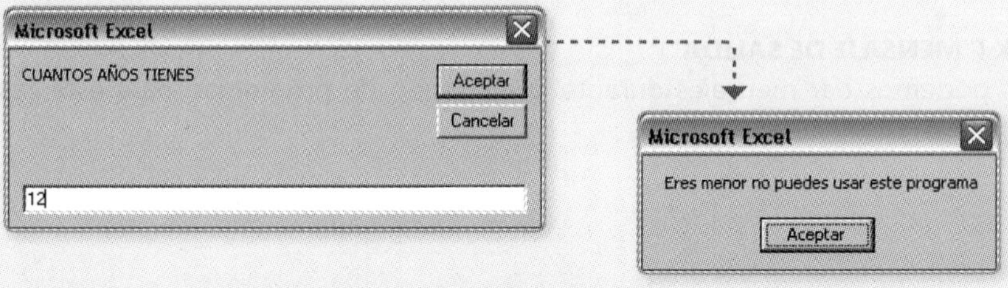

- Volvemos a ejecutar la Macro if, pero ahora escribimos 18 y le damos Aceptar.
- El programa detecta que eres mayor de edad y al dar Aceptar te pide el número de tu D.N.I.

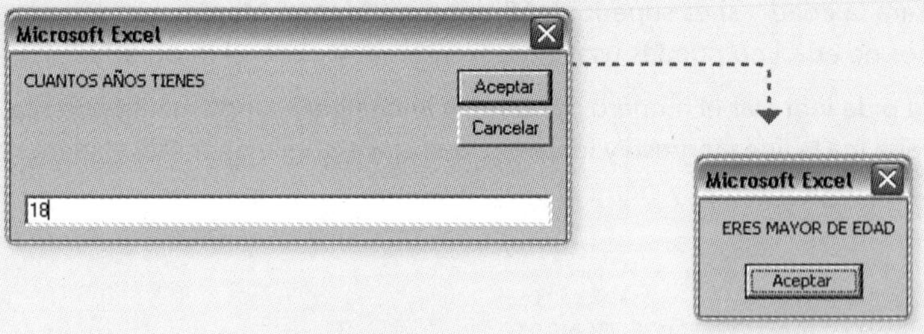

- Al digitar el número de tu D.N.I. y dar Aceptar:

- Finalmente, el programa te da una clave y al dar Aceptar finaliza el programa.

Ejemplo 7:

Crear una macro que pregunte la edad y de acuerdo a la respuesta escriba:

- Eres Master si la edad es igual o superior a 40.
- Eres Adulto si la edad es igual o superior de 18 e inferior de 40.
- Eres Adolescente si la edad es igual o superior de 12 e inferior de 18.
- Eres un niño si la edad es superior a 6 e inferior de 12.
- Eres un bebe si la edad es igual o inferior a 6 años.

Solución:

- Escribimos lo siguiente:

```
Sub macroif2()
   AÑOS = InputBox("CUANTOS AÑOS TIENES")
   If AÑOS >= 40 Then MsgBox ("Eres un Master ")
   If AÑOS < 40 And AÑOS >= 18 Then MsgBox ("Eres Adulto ")
   If AÑOS >= 12 And AÑOS < 18 Then MsgBox ("Eres Adolecente ")
   If AÑOS < 12 And AÑOS > 6 Then MsgBox ("Eres aun niño ")
   If AÑOS <= 6 Then MsgBox ("Eres un bebe ")
   Exit Sub
End Sub
```

- Al activar la Macro if2 el programa te muestra la siguiente caja de mensajes:

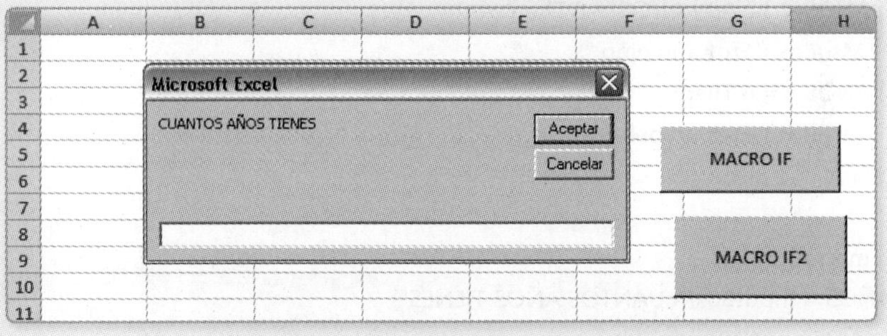

- Al escribir 12 y dar Aceptar:

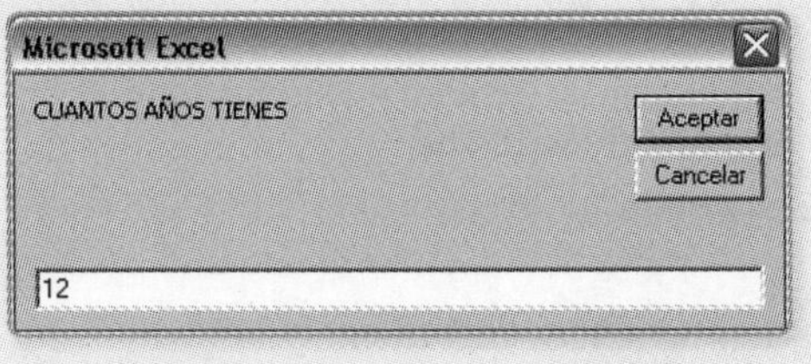

- El programa nos muestra el mensaje **"Eres adolescente"**.

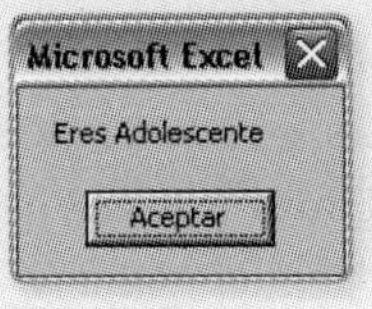

- Si volvemos a repetir la macro y escribimos 25 años:

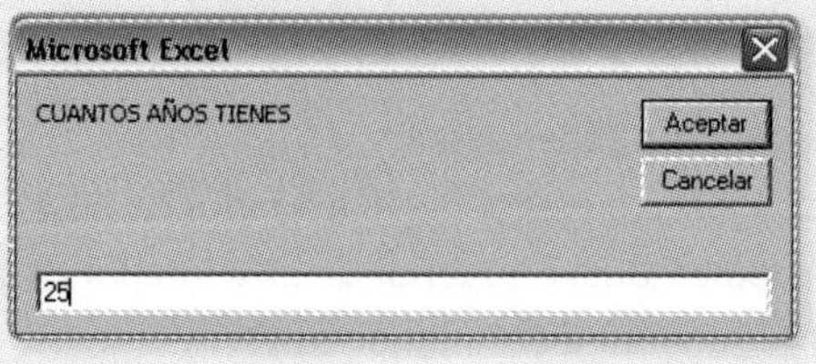

- El programa verifica la edad y escribe "Eres Adulto" y termina el programa.

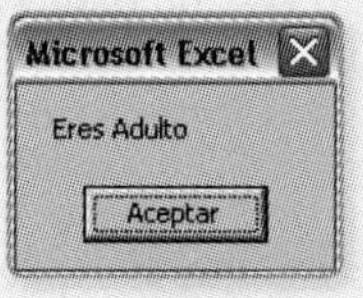

- Los siguientes programas ejecutan exactamente el mismo programa, la diferencia está en la estructura de cada uno de ellos.

```
Sub macroif3()
   AÑOS = InputBox("cUANTOS AÑOS TIENES")
   If AÑOS >= 40 Then
      MsgBox ("Eres un Master ")
   If AÑOS < 40 And AÑOS >= 18 Then
      MsgBox ("Eres Adulto ")
   If AÑOS >= 12 And AÑOS < 18 Then
      MsgBox ("Eres Adolecente ")
   If AÑOS < 12 And AÑOS > 6 Then
      MsgBox ("Eres aun niño ")
   If AÑOS <= 6 Then
      MsgBox ("Eres un bebe ")
End Sub

Sub macroELSE1()
   AÑOS = InputBox("cUANTOS AÑOS TIENES")
  If AÑOS >= 40 Then
      MsgBox ("Eres un Master ")
   Else
      If AÑOS < 40 And AÑOS >= 18 Then
         MsgBox ("Eres Adulto ")
      Else
         If AÑOS >= 12 And AÑOS < 18 Then
            MsgBox ("Eres Adolecente ")
         Else
            If AÑOS < 12 And AÑOS > 6 Then
               MsgBox ("Eres aun niño ")
```

```
            Else
                If AÑOS <= 6 Then
                MsgBox ("Eres un bebe ")
                End If
            End If
        End If
    End If
  End If
End Sub

Sub macroCASE1()
  AÑOS = InputBox("cUANTOS AÑOS TIENES")
  Select Case EDAD
    Case Is >= 40
    MsgBox ("Eres un Master ")
    Case 18 To 39
    MsgBox ("Eres Adulto ")
    Case 12 To 17
    MsgBox ("Eres Adolecente ")
    Case 6 To 11
    MsgBox ("Eres aun niño ")
    Case Is <= 5
    MsgBox ("Eres un bebe ")
  End Select
End Sub
```

DECLARAR COMENTARIOS Y VARIABLES

En Visual Basic por lo general con solo escribir las variables la da por creadas, pero también podemos declararlas y dar las características como número de caracteres, si es entera, etc.

Ejemplo 8:

```
Sub DECLARAR()
  Dim a As Integer
  Dim b As Integer
  Dim c As Integer
  a = Range("b5")
  b = Range("b6")
  c = Range("b7")
MsgBox a + b + c
End Sub
```

Estamos declarando a, b y c como variables numéricas enteras y están ubicadas en las celdas B5, B6 y B7.
Para comprobar le agrego un mensaje de suma de los tres valores.

Ahora insertamos un botón y le asignamos la macro

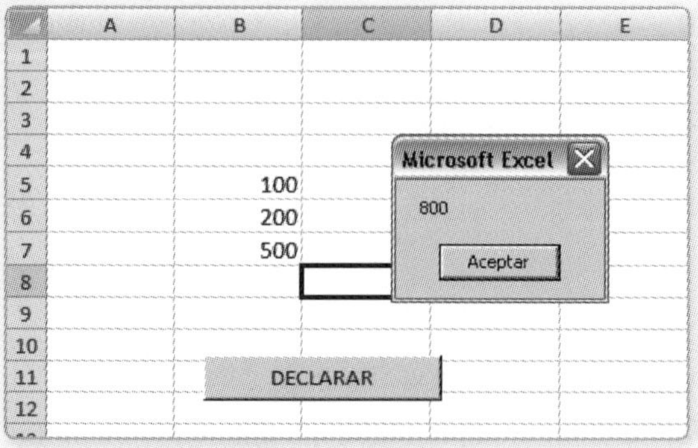

Al activar la macro observamos que el cuadro de salida nos da 800 como resultado.

Si a las celdas B5, B6 y B7, le asignamos valores con decimales el programa los redondea y los asume como enteros.

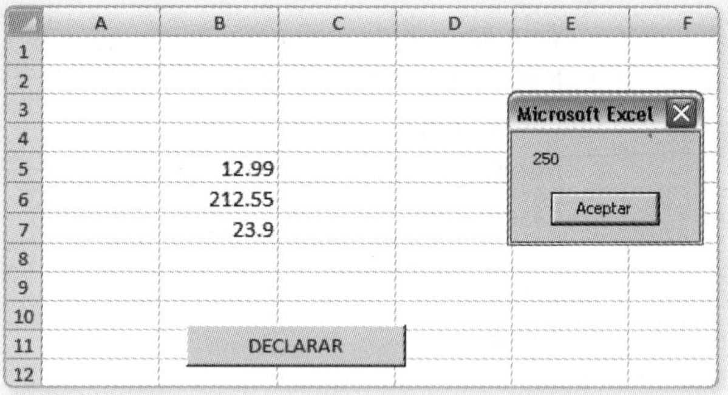

Nota

Estos son algunos comandos que se utilizan en Visual Basic para crear Macros. Si deseamos podemos continuar.

• CREAR FORMULARIOS CON VISUAL BASIC

Crearemos formularios para luego programarlos por medio de un cuadro de controles de acuerdo a los requerimientos del ejercicio que deseamos realizar.
Ingresaremos al editor del **Visual Basic.**

- **ALT + F11.**
- O también ingresamos al grupo **Código** de la ficha **Programador.**

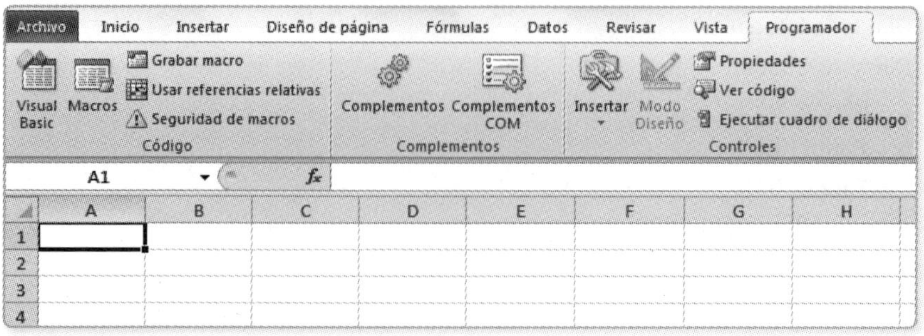

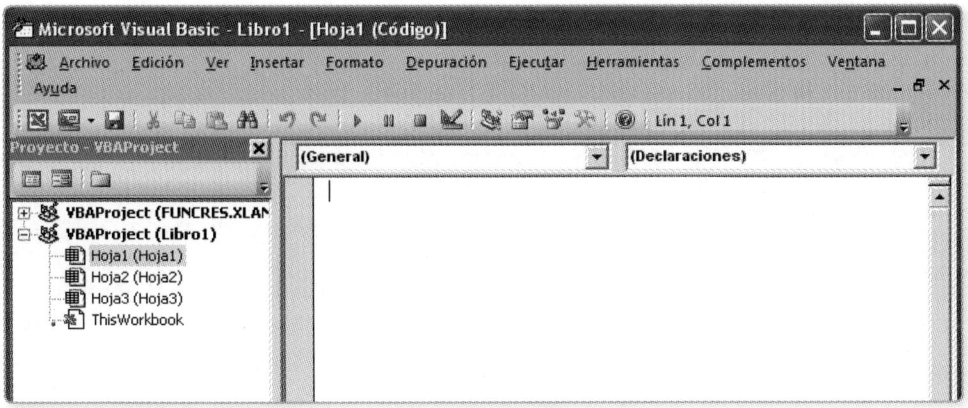

Para crear un formulario ingresamos:

- Al menú **Ver** y elegimos **Explorador de Proyectos**.
- Al menú **Ver** y elegimos **Ventana Propiedades**.

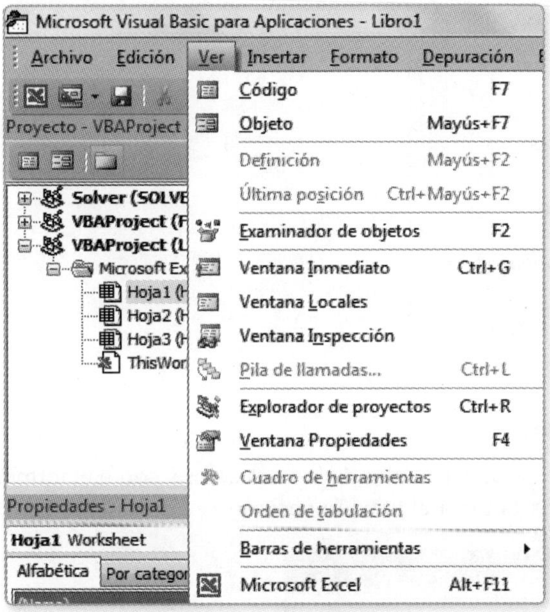

- Ahora ingresamos al menú Insertar y elegimos la opción UserForm.

El editor de Visual Basic está listo para trabajar.

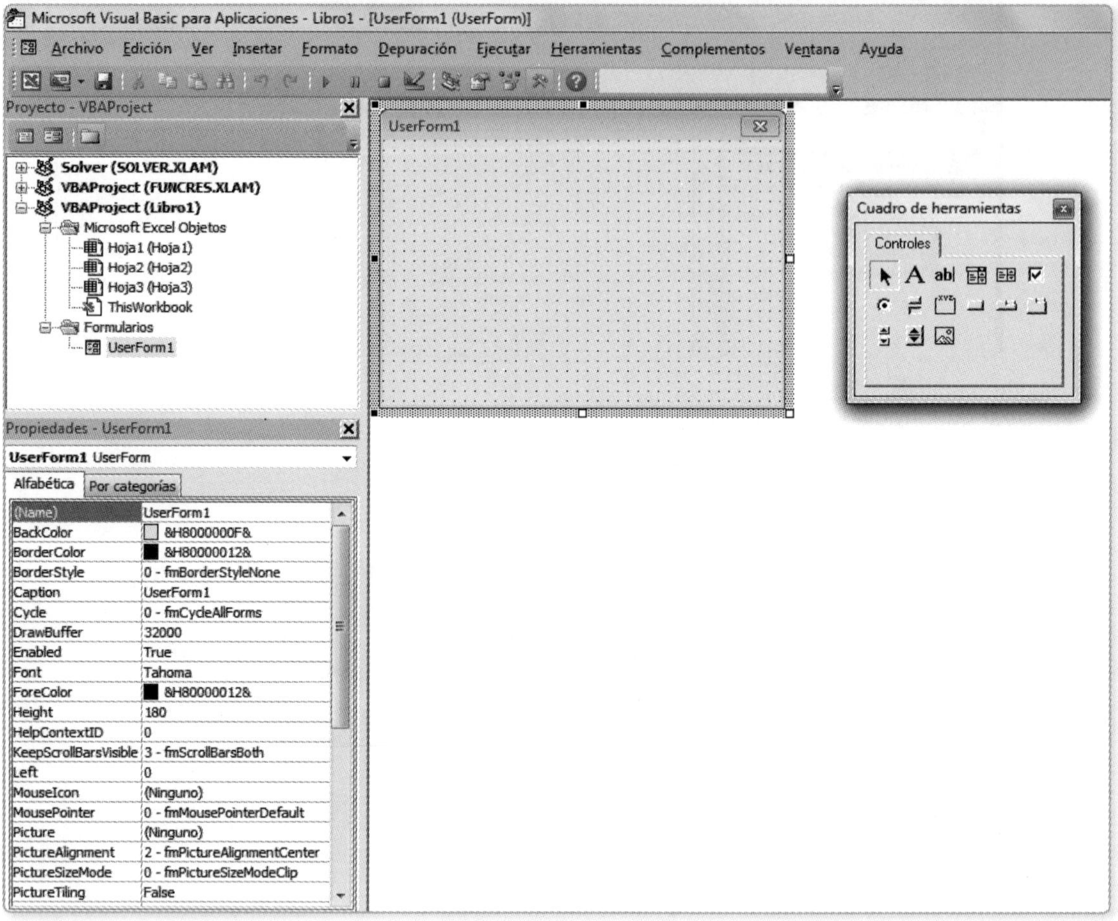

• Ingresar etiquetas

Seleccionamos el icono **A** del cuadro de herramientas y sobre el formulario picamos en un punto y sin soltar arrastramos hasta tener el tamaño necesario.

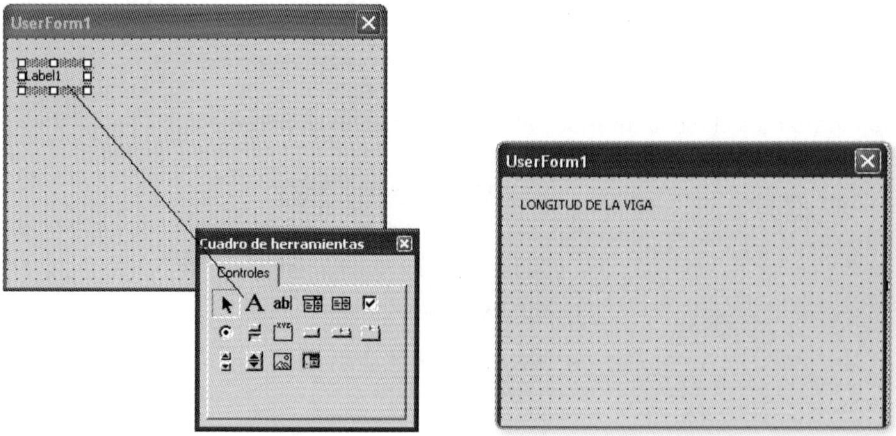

Para escribir simplemente damos un clic. En este caso digitamos LONGITUD DE LA VIGA.

• Ingresar un cuadro de texto

Ahora seleccionamos el icono **abI** del cuadro de herramientas y sobre el formulario picamos en un punto y sin soltar arrastramos hasta tener el tamaño necesario.

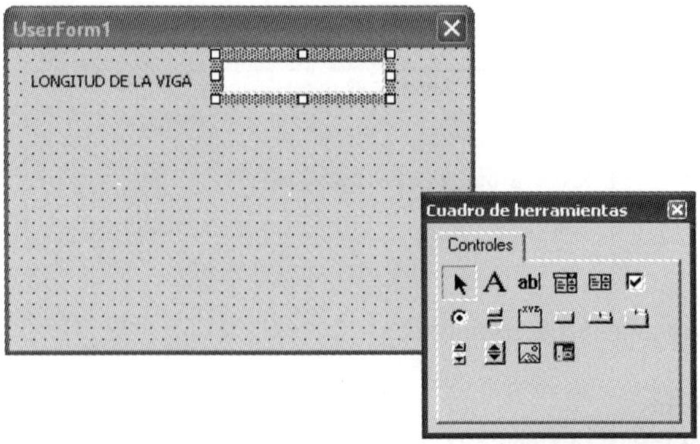

De la misma forma, ingresamos las etiquetas y cuadros de texto siguientes.

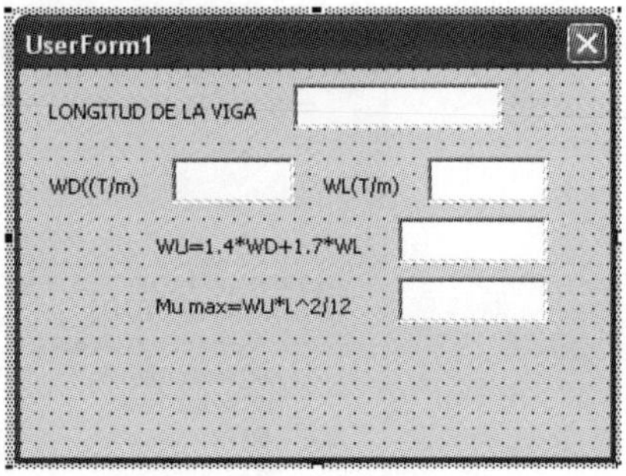

Las etiquetas son un texto que van sobre el formulario pero no tienen vinculación directa con variables ni funciones.
Los cuadros de texto si están relacionados y cada uno de ellos tiene el nombre de una variable que por defecto es **Textbox1**. Conforme creamos un cuadro de texto la numeración de la variable cambia: **Textbox2, Textbox3, Textbox4 y Textbox5.**

VINCULAR EL CONTENIDO DE LOS CUADROS DE TEXTO TEXTBOX
Vincularemos los cuadros de textos de la siguiente manera:

Textbox1	➔	A la celda B5
Textbox2	➔	A la celda C5
Textbox3	➔	A la celda D5
Textbox4	➔	A la celda G5
Textbox5	➔	A la celda G7

Textbox1 a la celda B5
Nos ubicamos en el cuadro de texto 1 y le damos doble clic.

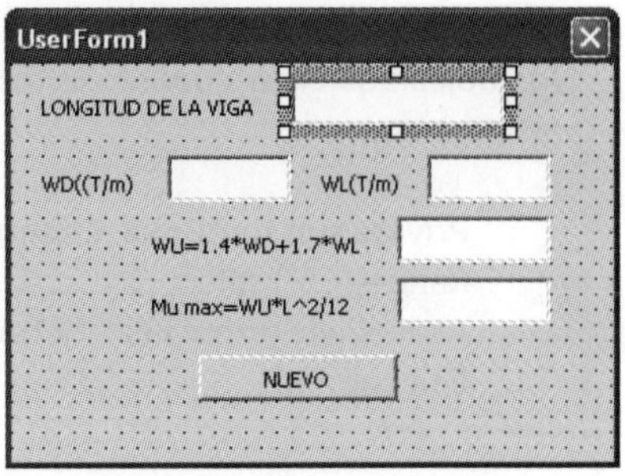

El programa nos envía a la opción Ver código, donde ya se encuentra creado el programa para el cuadro de texto

Private sub textBox1_Change()

End sub

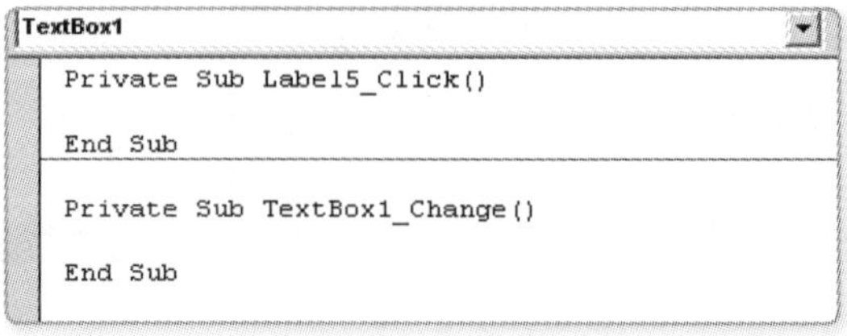

Ahora ingresamos la vinculación escribiendo:

Range("B5").select
ActiveCell.FormulaR1C1=TextBox1

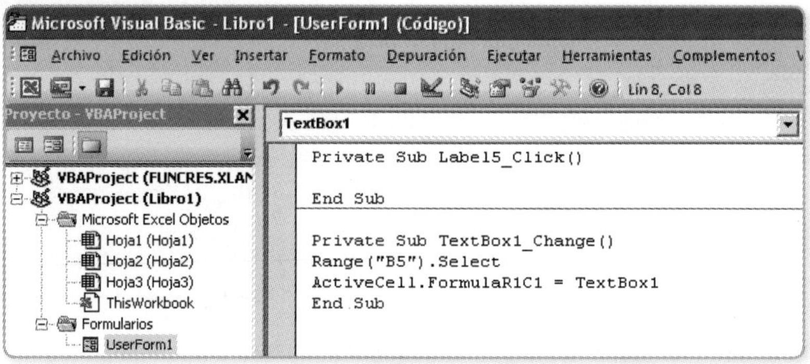

Volvemos al formulario dando un clic sobre el icono **Ver objeto.**

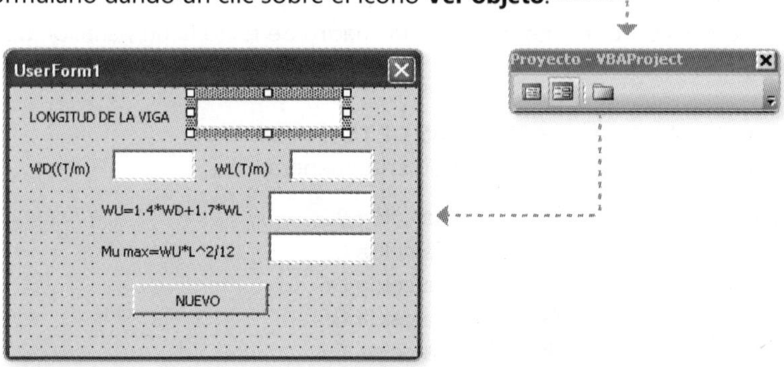

Textbox2 a la celda C5
Nos ubicamos en el cuadro de texto 2, le damos doble clic y escribimos:

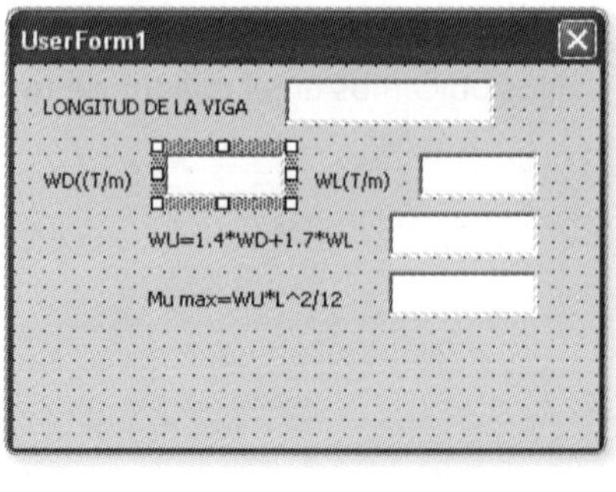

Private sub textBox2_Change()
Range("C5").select
ActiveCell.FormulaR1C1=TextBox2
End sub

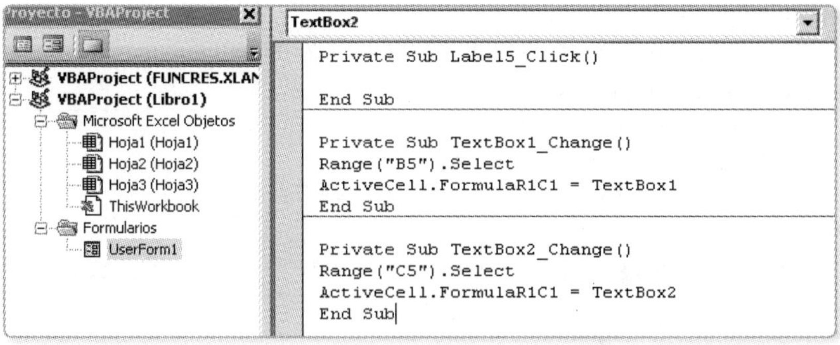

Textbox3 a la celda D5

Nos ubicamos en el cuadro de texto 3, le damos doble clic y digitamos:

```
Private sub textBox3_Change()
        Range("D5").select
        ActiveCell.FormulaR1C1=TextBox3
End sub
```

Con esto bastará para que el contenido del cuadro de texto se inserte en la celda, pero podemos aprovechar para definir la fórmula del Wu que debe ir en el cuadro de texto 4 (textbox4).

```
Private sub textBox3_Change()
        Range("D5").select
        ActiveCell.FormulaR1C1=TextBox3
        TextBox4=1.4*Val(TextBox2)+1.7*Val(TextBox3)
End sub
```

Los datos que se ingresan en **textbox** son de formato texto. Para la fórmula es necesario usar la función Val que convierte el texto en número.

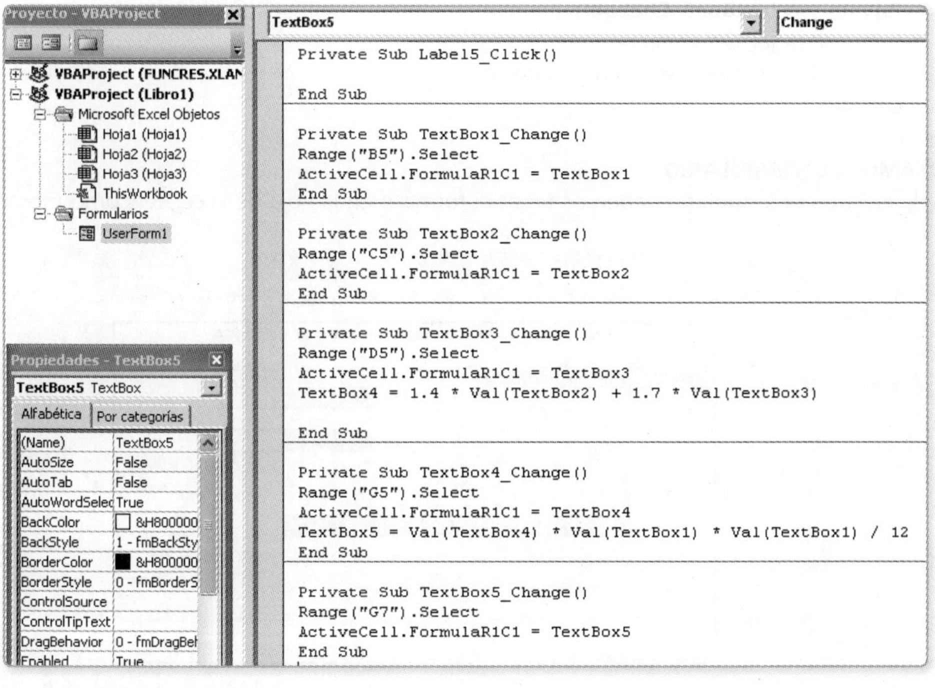

Textbox4 a la celda G5

Nos ubicamos en el cuadro de texto 4, le damos doble clic y digitamos:

```
Private sub textBox4_Change()
        Range("G5").select
        ActiveCell.FormulaR1C1=TextBox4
        TextBox5=Val(TextBox4)*Val(TextBox1)* Val(TextBox1)/12
End sub
```

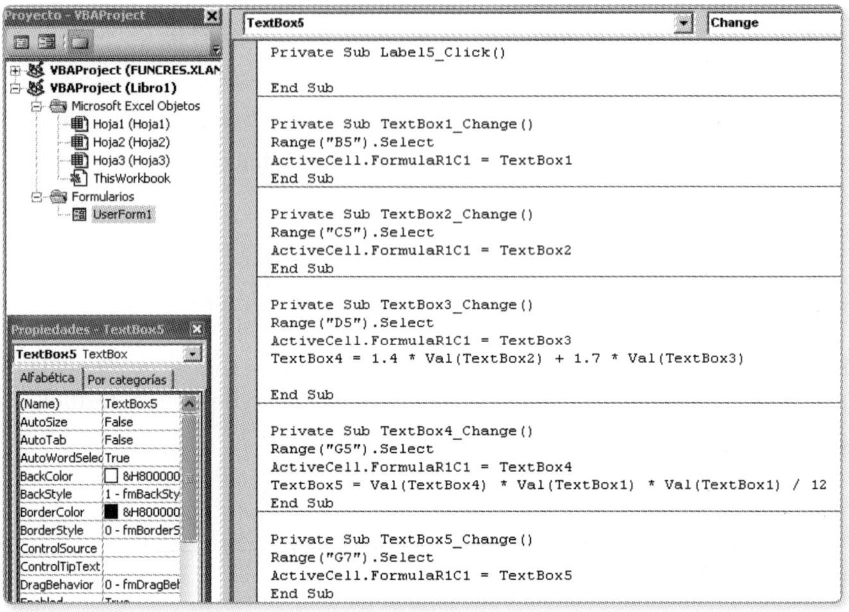

Textbox5 a la celda G7

Nos ubicamos en el cuadro de texto 4, le damos doble clic y digitamos:

```
Private sub textBox5_Change()
        Range("G7").select
        ActiveCell.FormulaR1C1=TextBox5
End sub
```

EJECUTAMOS EL FORMULARIO

Antes de ejecutar el formulario debemos tener el formato en la hoja de Excel, tal como mostramos:

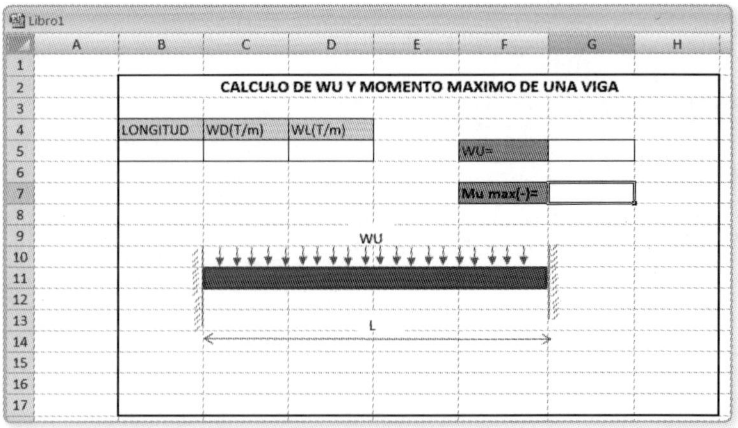

Regresamos al editor de Visual Basic y presionamos F5 o usamos el icono ejecutar.

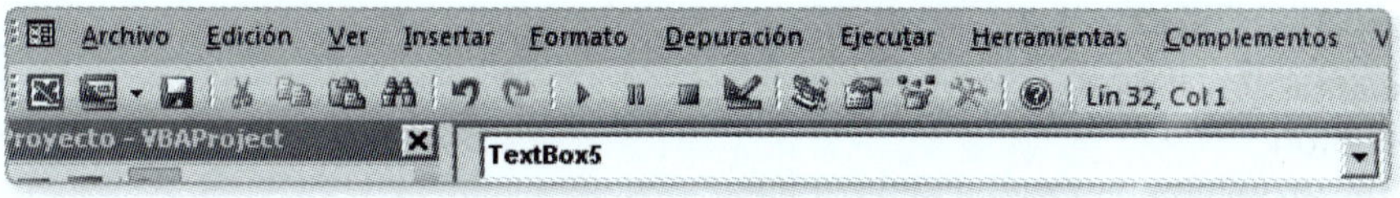

En forma automática pasamos a la hoja de Excel y aparece el formulario, listo para ingresar los datos.

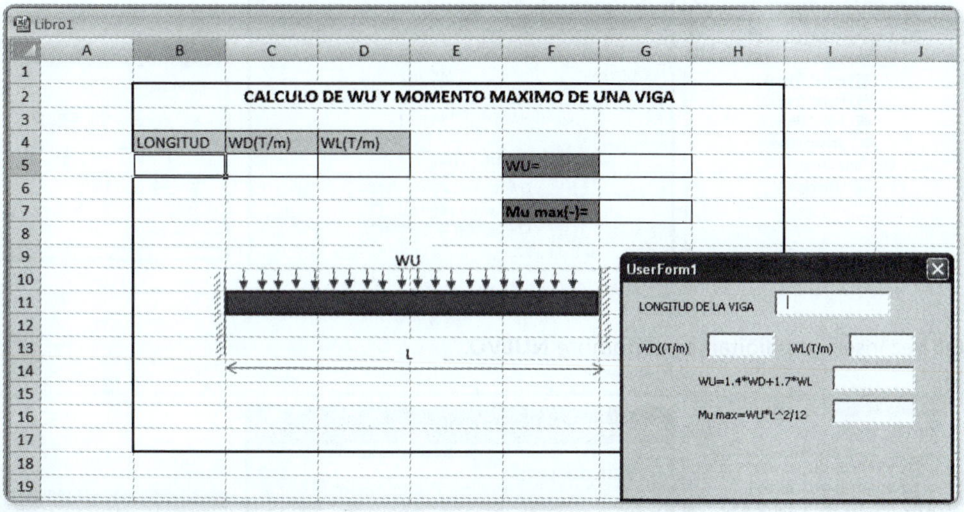

Ingresamos:

En la longitud de la viga 10.

WD 5

WL 8.5

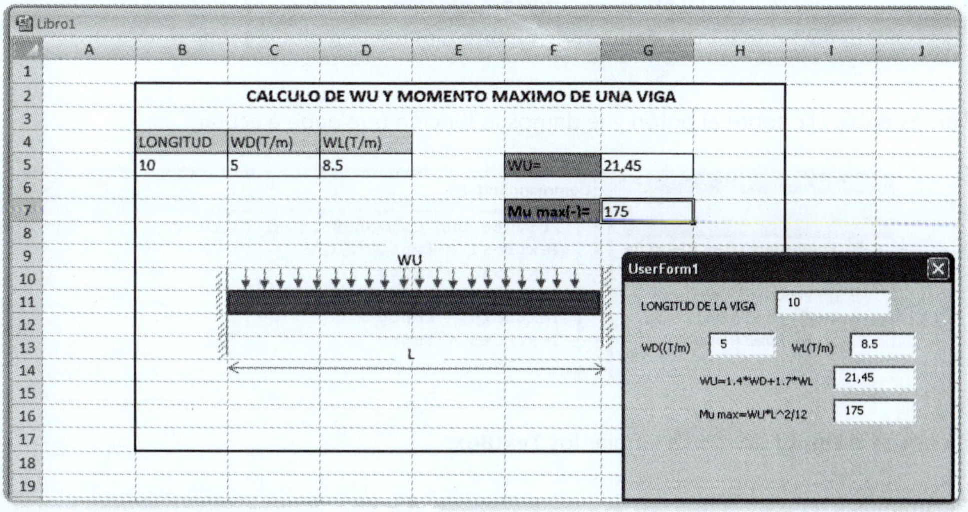

Observemos que en forma automática en las celdas:

B5 se inserta 10

C5 se inserta 5

D5 se inserta 8.5

Además, calcula el valor de Wu y Mu y aparece tanto en el formulario como en las celdas G5 y G7.

Insertar un botón que borra los valores

Regresamos al editor de Visual Basic, damos un clic, insertamos sobre el icono **Botón** del **Cuadro de herramientas** y picamos en el formulario y sin soltar arrastramos hasta tener el tamaño necesario para el botón.

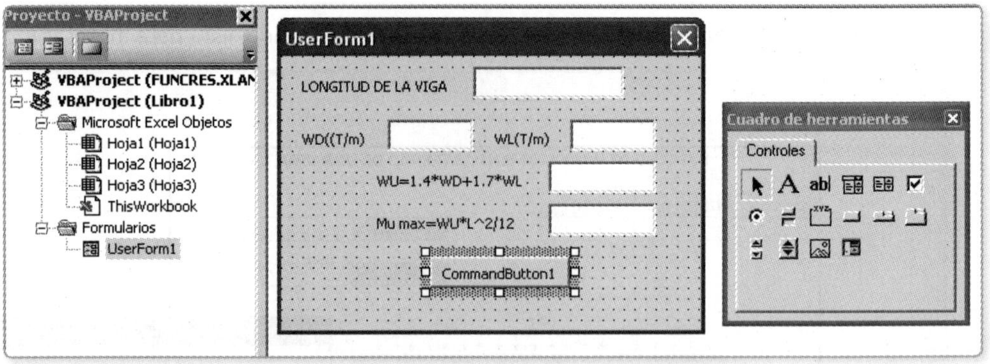

Una vez insertado digitamos el nombre **NUEVO**.

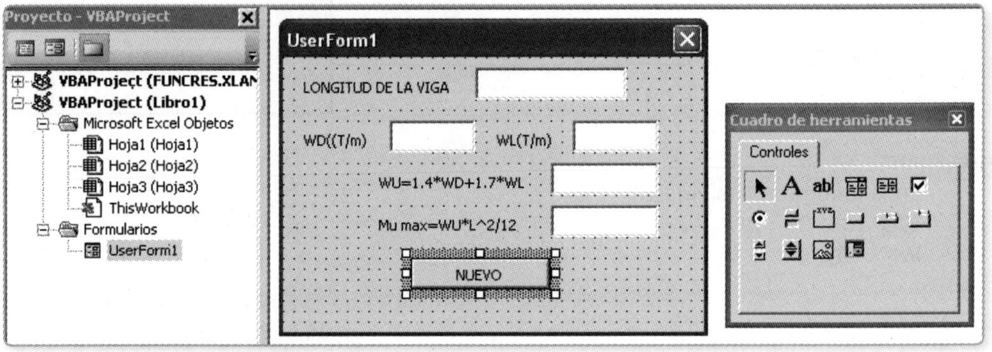

Damos doble clic sobre el botón y le damos la función que debe ejecutar.

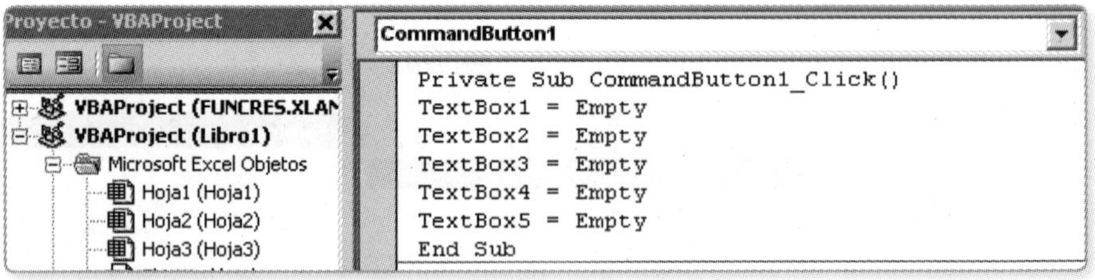

El comando **Empty** sirve para limpiar los **TextBox.**

Ejecutamos

Presionamos F5, escribimos los datos en longitud de la viga 6, en WD 5 y en WL 3 y el programa calcula los otros valores.

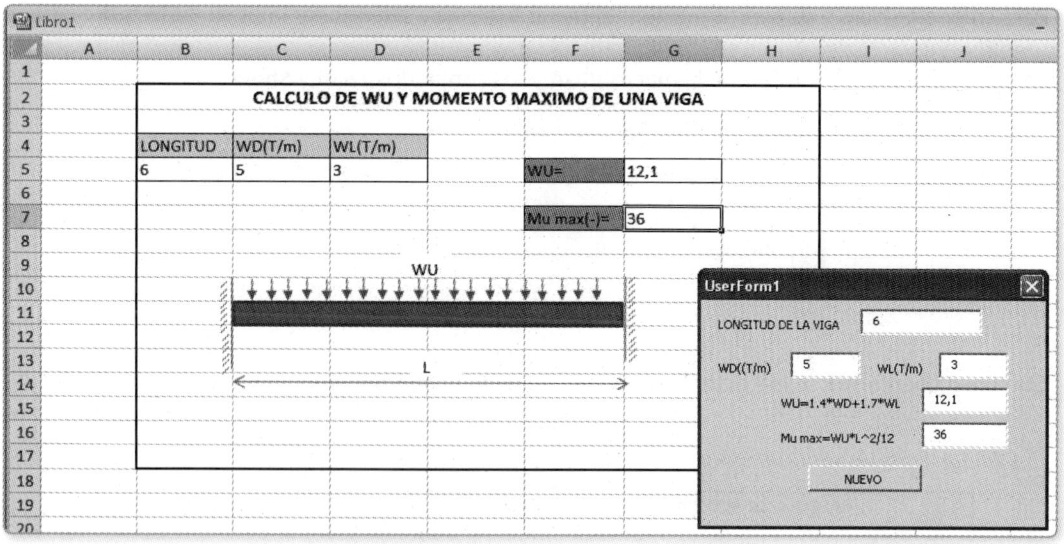

Ahora al presionar el botón NUEVO, los valores desaparecen esperando nuevos valores.

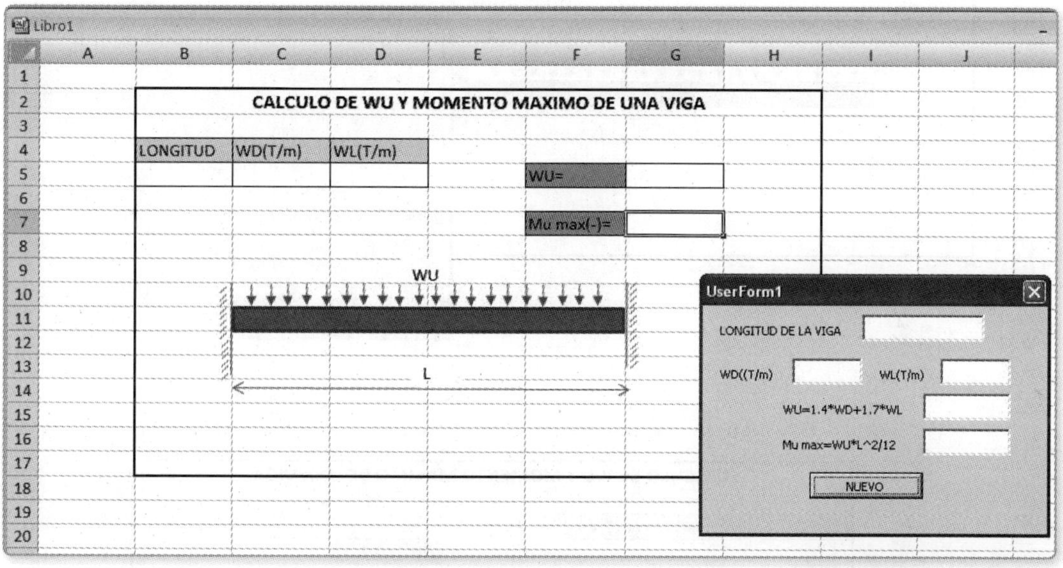

CREAR LA MACRO PARA ENTRADA DESDE EXCEL

Para ingresar directamente desde Microsoft Excel, necesitamos crear una macro adicional.

El formulario UserForm1 se encuentra en la carpeta Formulario, la macro que queremos debe estar dentro de un módulo y se encontrará en la carpeta Módulo.

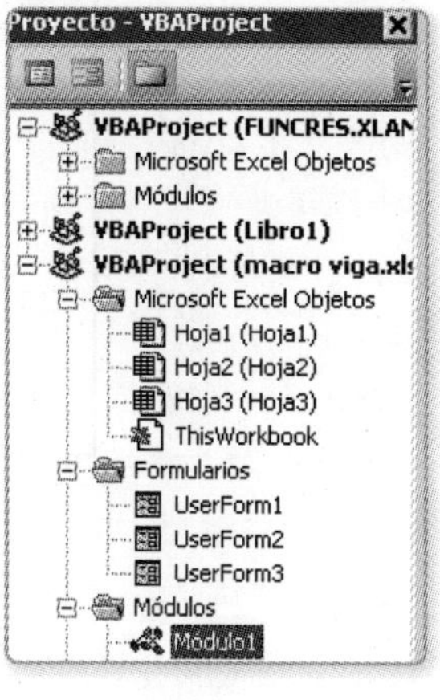

Para crear esta macro debemos ingresar al menú **Insertar** y seleccionar la opción **Módulo.**

En ella escribimos el nombre de la macro **VIGA** y los comandos **Load y Show.**

```
(General)

Sub VIGA()
Load UserForm1
UserForm1.Show
End Sub
```

Con **Load UserForm1** se lee el formulario 1 y con **UserForma1.Show** se muestra el formulario.

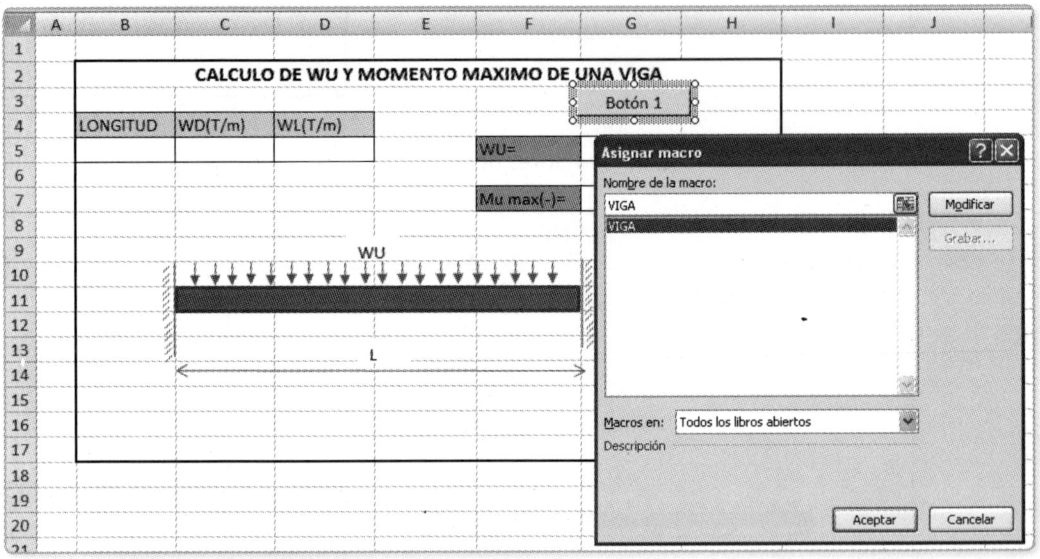

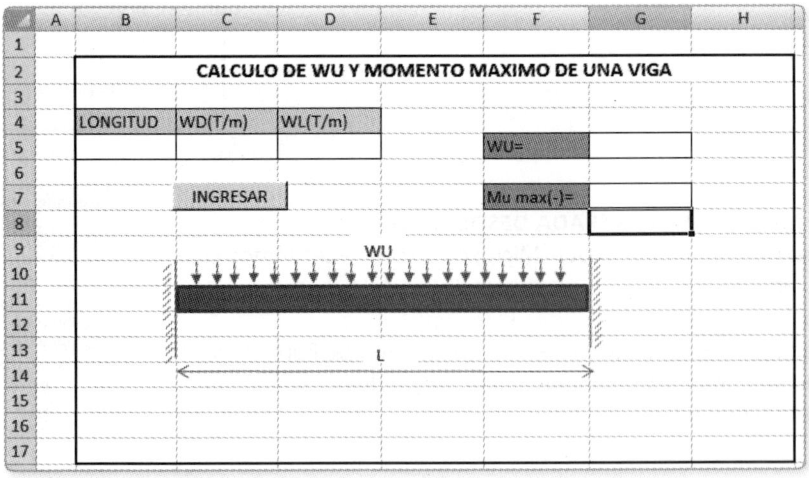

• CREAR FUNCIONES CON EL EDITOR VISUAL BASIC

Las funciones que hemos utilizado hasta el momento han sido creadas por los programadores Microsoft Excel usando Visual Basic. En este capítulo usaremos el editor de Visual Basic para crear nuestras propias funciones, los pasos son similares a la creación de macros.

Para crear una función damos los siguientes pasos:

- Ingresar al Editor de Visual Basic.

- Insertamos un módulo.

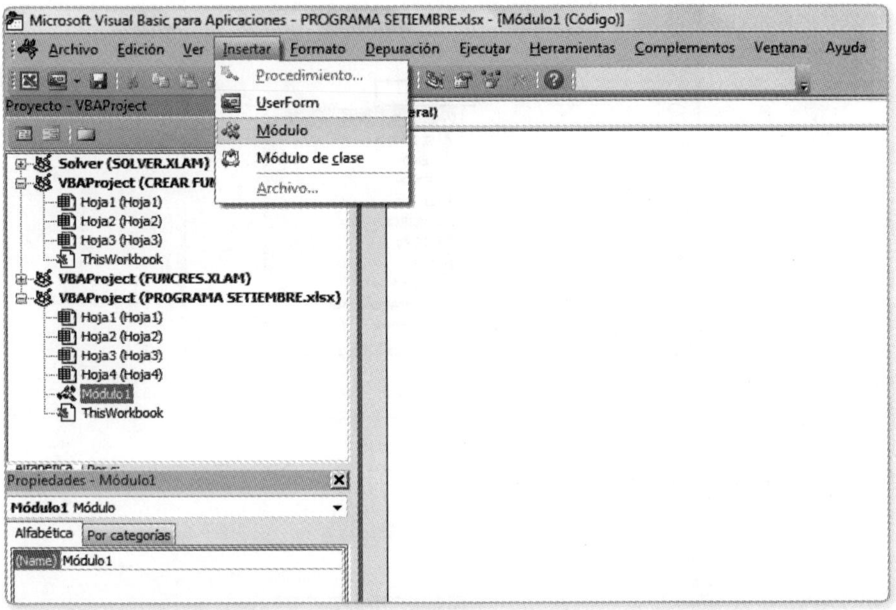

- Ahora podemos crear una función con las siguientes características:
  - Su nombre será **SALUDO.**
  - Al usarla debes seleccionar una celda con contenido 'X'.
  - La copias y dará como resultado: "HOLA X COMENZAMOS A TRABAJAR "

- Y en el escribimos:

  Function SALUDO(X)

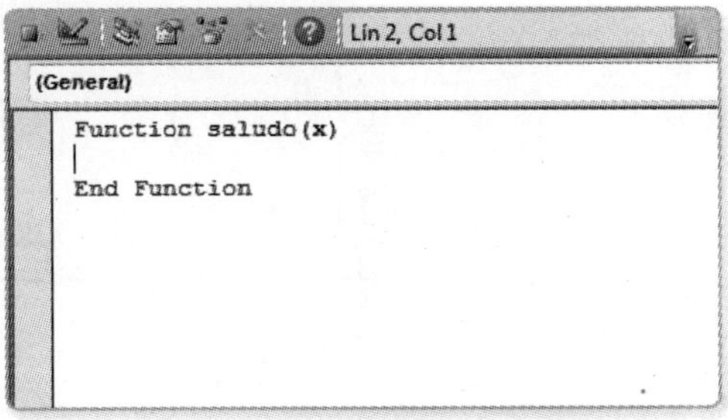

- En forma automática aparece el cierre de la función.

- Ahora ingresamos el contenido, que la función SALUDO compare el contenido de la celda X y escriba "HOLA X COMENZAMOS A TRABAJAR".

```
(General)
Function saludo(x)
saludo = "HOLA " & x & " COMENZAMOS A TRABAJAR !"
End Function
```

Para usar la función:

- Regresamos a Microsoft Excel, Menú Archivo, opción Cerrar y volver a Microsoft Excel.

- Nos ubicamos en la celda C6 y al ingresar las primeras letras de la función, esta aparece en el listado de funciones.

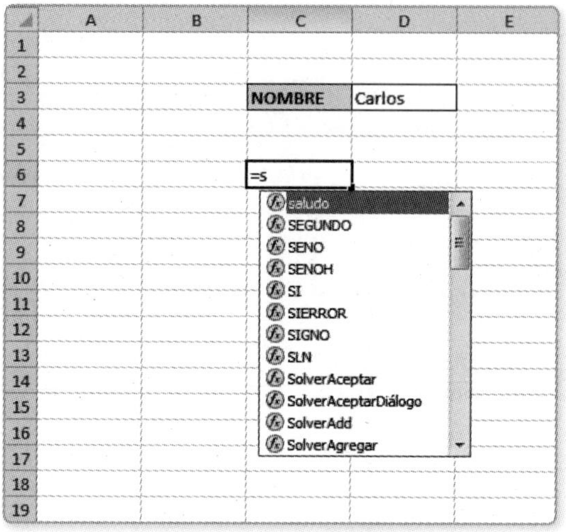

- Seleccionamos la función y seleccionamos la celda D3.

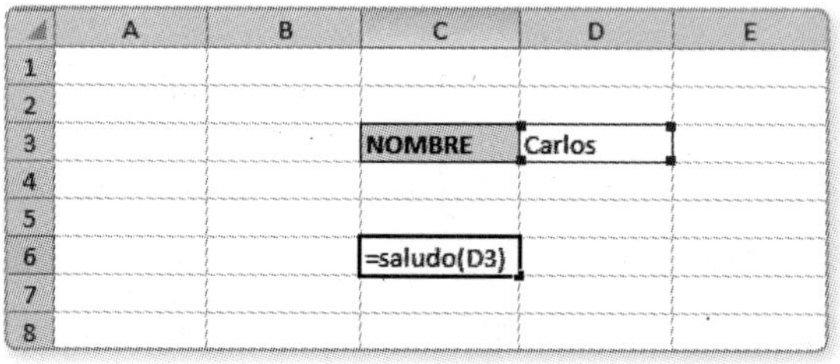

- Al dar Enter la función ejecuta sus instrucciones y escribe el contenido.

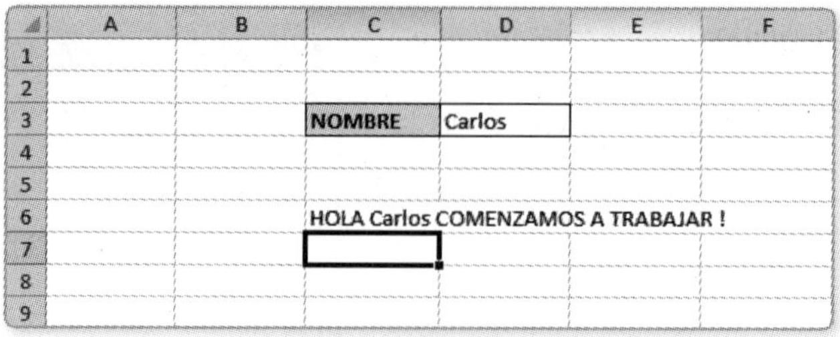

Ejemplo:

Se debe calcular el peso por tonelada de una viga y su máximo momento negativo. Esto lo podemos hacer usando fórmulas, lo hemos resuelto creando una macro y ahora lo resolveremos creando dos funciones.

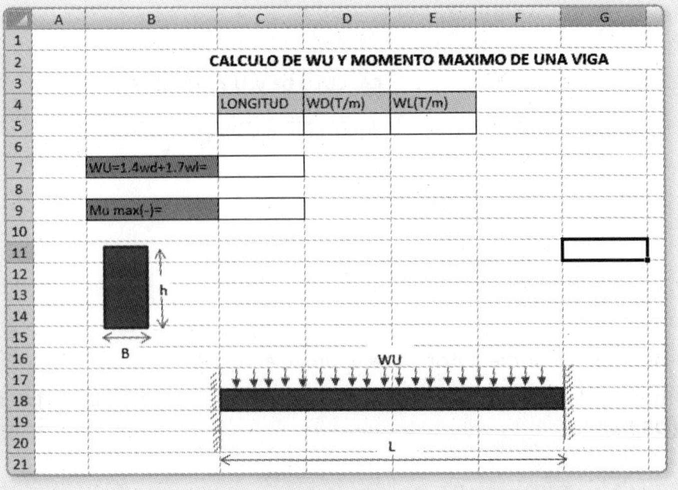

Solución:

Ingresamos al editor de Visual Basic y en creamos la función wu y momentomax.

Crear la función WU

```
Function WU(X,Y)
WU= 1.4*X+1.7*Y
End Function
```

Observemos que estamos utilizando dos variables (x, y). Es decir, para realizar la función seleccionaremos dos celdas por separado.

Crear la función momentomax

```
Function momentomax (X,Y,Z)
momentomax = (1.4*X+1.7*Y)*Z*Z/12
End Function
```

Ahora hemos utilizado 3 variables.

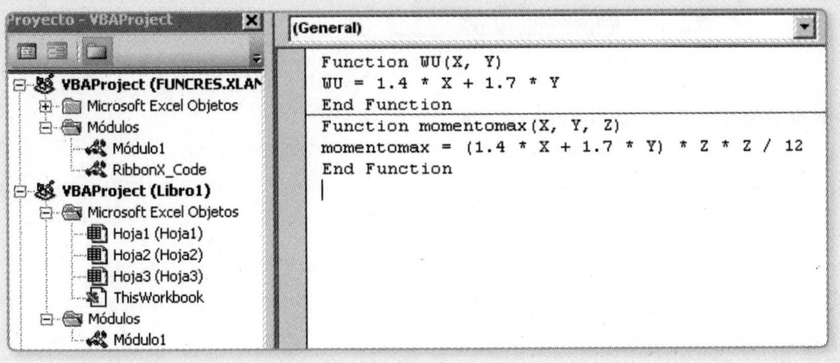

EJECUTAMOS LAS FUNCIONES

Regresamos a Microsoft Excel, **Menú Archivo**, opción Cerrar y volver a **Microsoft Excel.**

Nos ubicamos en la celda **C7,** digitamos la función y seleccionamos las celdas D5 y E5 **=wu(D5,E5).**

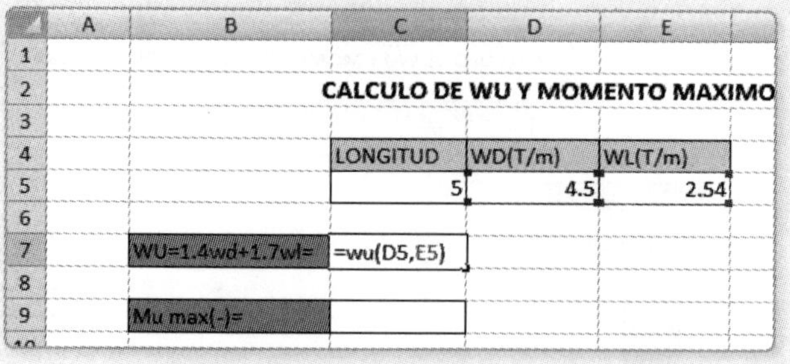

Al presionar la tecla **Enter** en forma automática aparece el resultado.

Ahora nos ubicamos en la celda **C9**, digitamos la función y seleccionamos las celdas D5, E5 y C5 **=momentomax(D5,E5,C5).**

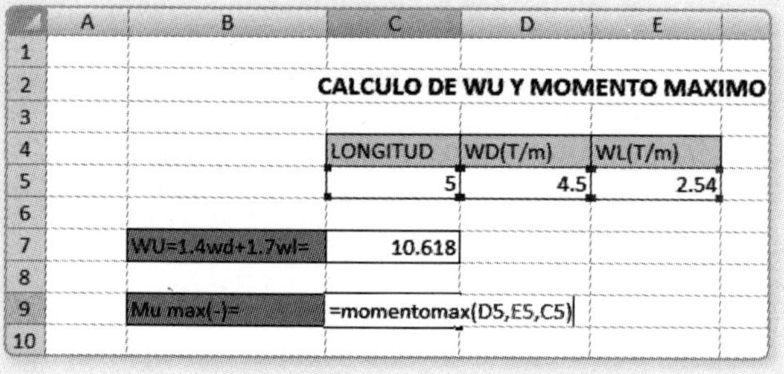

Al presionar la tecla Enter en forma automática aparece el resultado.

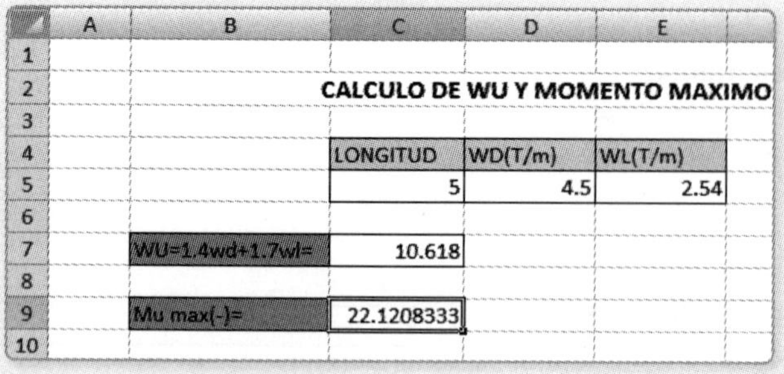

Como verás la creación de funciones es simple.

TALLER G: MACRO USANDO GRABADORA

PROGRAMA ALMACÉN

Necesitamos crear un programa usando una macro con Excel que registre la información de ingreso o salida de materiales de una obra y que en la primera hoja nos muestre el saldo actualizado.
Tenemos la siguiente tabla con la lista de materiales que queremos utilizar.

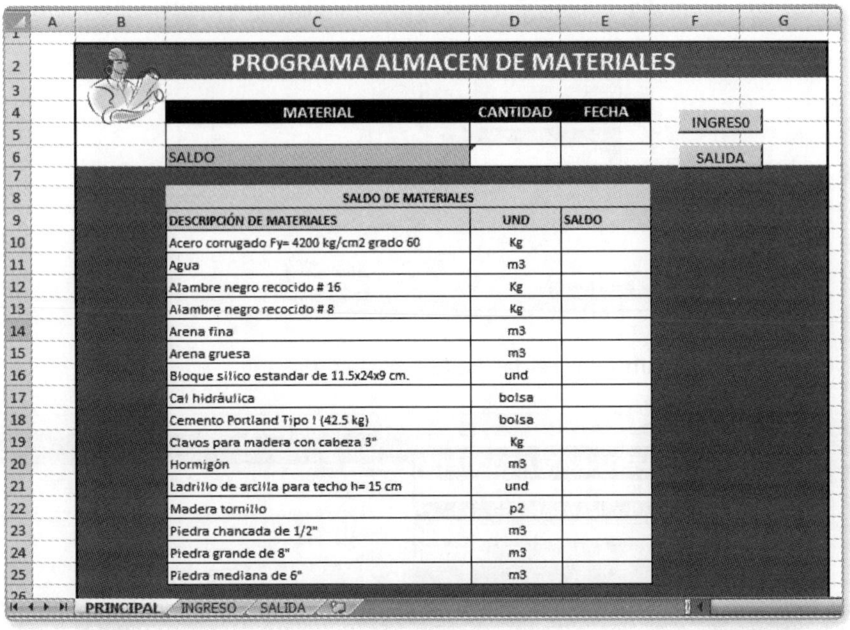

DESCRIPCIÓN DE MATERIALES	UND	SALDO
Acero corrugado Fy= 4200 kg/cm2 grado 60	Kg	
Agua	m3	
Alambre negro recocido # 16	Kg	
Alambre negro recocido # 8	Kg	
Arena fina	m3	
Arena gruesa	m3	
Bloque silico estandar de 11.5x24x9 cm.	und	
Cal hidráulica	bolsa	
Cemento Portland Tipo I (42.5 kg)	bolsa	
Clavos para madera con cabeza 3"	Kg	
Hormigón	m3	
Ladrillo de arcilla para techo h= 15 cm	und	
Madera tornillo	p2	
Piedra chancada de 1/2"	m3	
Piedra grande de 8"	m3	
Piedra mediana de 6"	m3	

El cuadro nos muestra:

- Una primera línea de trabajo donde se debe registrar el material ingresante o saliente. Tiene tres campos: nombre del material, cantidad y fecha.
- Dos botones para marcar si los datos son para ingreso o salida.
- Y finalmente, un cuadro de resumen de materiales donde registrará el saldo de cada material.
- Adicionalmente trabajaremos con dos hojas de cálculo, INGRESO y SALIDA, donde debemos crear las listas de ingreso y salida de los materiales.

• Crear el cuadro de ingreso

- Usaremos la función validación para que el usuario solo elija el material y no tenga que digitarlo, ahorrando tiempo y ahorrándonos errores de digitación que generarían nuevos materiales equivocadamente.

  - Nos ubicamos en la celda C5.
  - Seleccionamos la ficha Datos.
  - El grupo Herramientas de datos y
  - El icono Validación de datos.

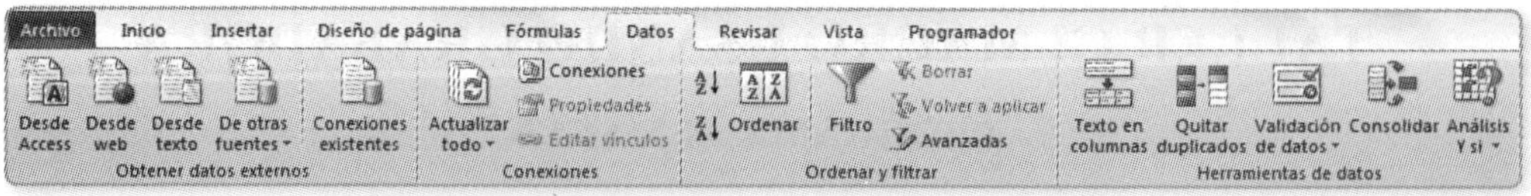

- En este cuadro, en Permitir activamos Lista.

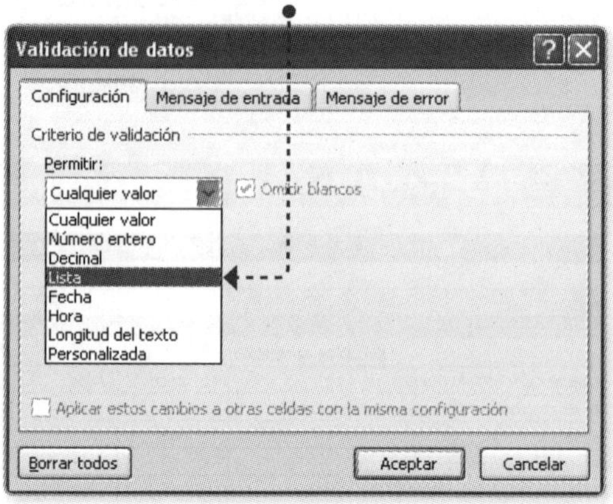

- En Origen seleccionamos las celdas de C10 hasta C25.

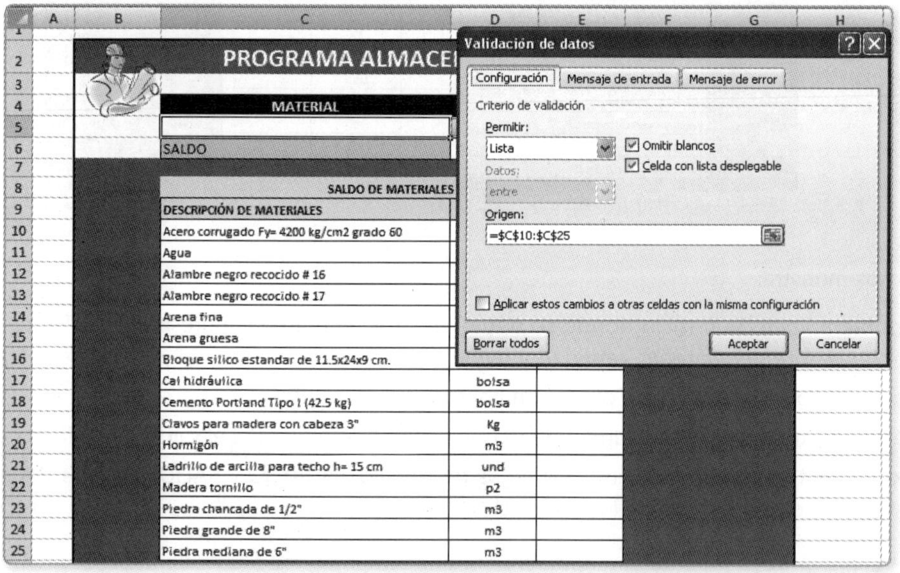

- Ahora sí, al ubicarnos en la celda C5 podemos seleccionar el material.

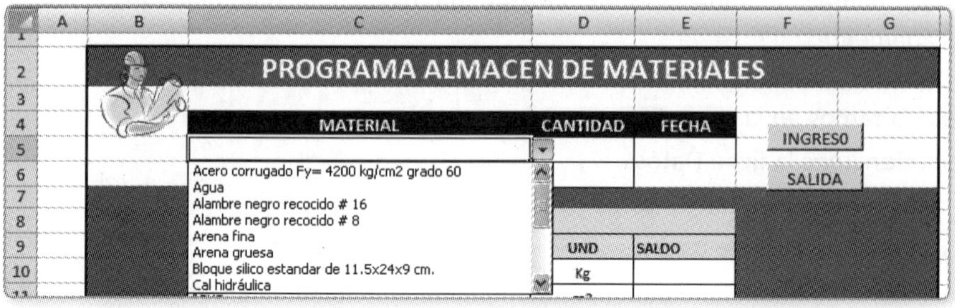

• Crear el cuadro de lista de ingreso

Ahora nos ubicaremos en la hoja Ingreso y en ella debemos registrar todos los materiales que ingresan al almacén y debemos tener una tabla de totales.

LISTA DE INGRESO DE MATERIALES

MATERIAL	CANTIDAD	FECHA
0		

TOTAL DE MATERIALES		
DESCRIPCIÓN DE MATERIALES	UND	TOTAL
Acero corrugado Fy= 4200 kg/cm2 grado 60	Kg	0
Agua	m3	0
Alambre negro recocido # 16	Kg	0
Alambre negro recocido # 8	Kg	0
Arena fina	m3	0
Arena gruesa	m3	0
Bloque silico estandar de 11.5x24x9 cm.	und	0
Cal hidráulica	bolsa	0
Cemento Portland Tipo I (42.5 kg)	bolsa	0
Clavos para madera con cabeza 3"	Kg	0
Hormigón	m3	0
Ladrillo de arcilla para techo h= 15 cm	und	0
Madera tornillo	p2	0
Piedra chancada de 1/2"	m3	0
Piedra grande de 8"	m3	0
Piedra mediana de 6"	m3	0

En el cuadro vinculamos las celdas.

- Seleccionamos la celda **C5**, escribimos = y regresamos a la hoja PRINCIPAL y seleccionamos la celda **C5**.

- De igual forma hacemos para las otras celdas.

Nota

Adicionalmente, en la celda donde va la fecha (E5) debemos dar formato fecha

En el cuadro de totales debemos usar la función sumar.si

- Nos ubicamos en la celda E10 y escribimos la fórmula:

  =SUMAR.SI(C5:C6,C10,D5:D6)

  De la celda **C5 hasta C6**, son las celdas donde se busca el material.
  La celda **C10** es el material buscado.
  Y el rango de **D5 hasta D6** es el rango que se debe sumar si el material es igual a al celda **C10.**

LISTA DE INGRESO DE MATERIALES

MATERIAL	CANTIDAD	FECHA
	0	

TOTAL DE MATERIALES		
DESCRIPCIÓN DE MATERIALES	UND	TOTAL
Acero corrugado Fy= 4200 kg/cm2 grado 60	Kg	=SUMAR.SI(C5:C6,C10,D5:D6)
Agua	m3	SUMAR.SI(rango, criterio, [rango_suma])

- Para copiar la función debemos dar formato absoluto a los rangos, para que al copiarlo siempre sean los mismos.

  =SUMAR.SI($C$5:$C$6,C10,$D$5:$D$6)
- Luego copiamos en la columna.

• Crear el cuadro de lista de salida

Ahora nos ubicaremos en la hoja Salida y en ella registraremos todos los materiales que salen del almacén y crearemos una tabla de totales.

LISTA DE SALIDA

MATERIAL	CANTIDAD	FECHA

TOTAL DE SALIDAS DE MATERIALES		
DESCRIPCIÓN DE MATERIALES	UND	TOTAL
Acero corrugado Fy= 4200 kg/cm2 grado 60	Kg	0
Agua	m3	0
Alambre negro recocido # 16	Kg	0
Alambre negro recocido # 8	Kg	0
Arena fina	m3	0
Arena gruesa	m3	0
Bloque silico estandar de 11.5x24x9 cm.	und	0
Cal hidráulica	bolsa	0
Cemento Portland Tipo I (42.5 kg)	bolsa	0
Clavos para madera con cabeza 3"	Kg	0
Hormigón	m3	0
Ladrillo de arcilla para techo h= 15 cm	und	0
Madera tornillo	p2	0
Piedra chancada de 1/2"	m3	0
Piedra grande de 8"	m3	0
Piedra mediana de 6"	m3	0

De la misma forma que en la hoja INGRESO, vinculamos las celdas C5, D5 y E5 e ingresamos las funciones sumar.si en la columna total.

=SUMAR.SI($C$5:$C$6,C10,$D$5:$D$6)

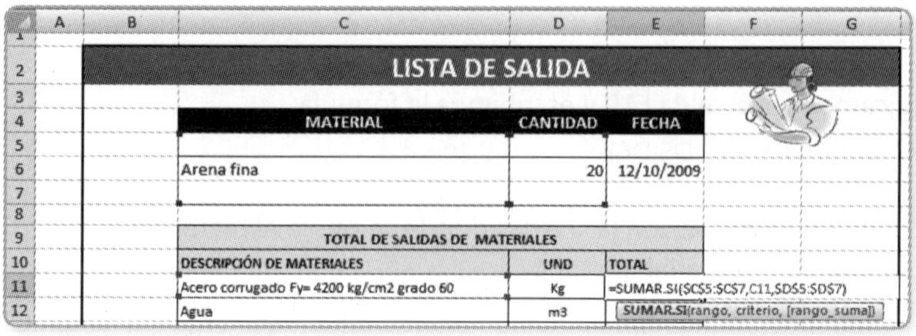

LISTA DE SALIDA

MATERIAL	CANTIDAD	FECHA
Arena fina	20	12/10/2009

TOTAL DE SALIDAS DE MATERIALES		
DESCRIPCIÓN DE MATERIALES	UND	TOTAL
Acero corrugado Fy= 4200 kg/cm2 grado 60	Kg	=SUMAR.SI($C$5:$C$7,C11,$D$5:$D$7)
Agua	m3	SUMAR.SI(rango, criterio, [rango_suma])

- Luego copiamos en la columna.

• Crear la macro desde la hoja principal

Regresamos a la hoja de principal, terminamos de ingresar los totales en la tabla de saldos.
Nos ubicamos en la celda **E10** y escribimos la fórmula, sumando la celda E10 de la hoja INGRESO y la celda E10 de la hoja SALIDA:

=INGRESO!E10+SALIDA!E10

Ahora copiamos en toda la columna.
En la celda D6 escribimos **=CONSULTAV(C5,C10:E25,3)** para que aparezca el saldo del material seleccionado.

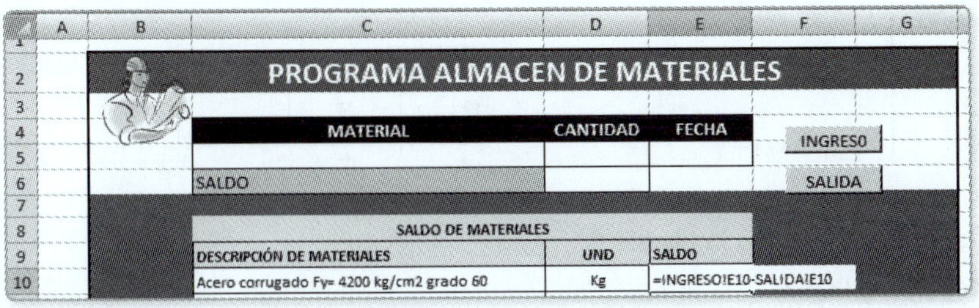

Ingresamos nuestro primer dato, seleccionamos en material Arena fina, en cantidad digitamos 55 y en la fecha 10/09/09.

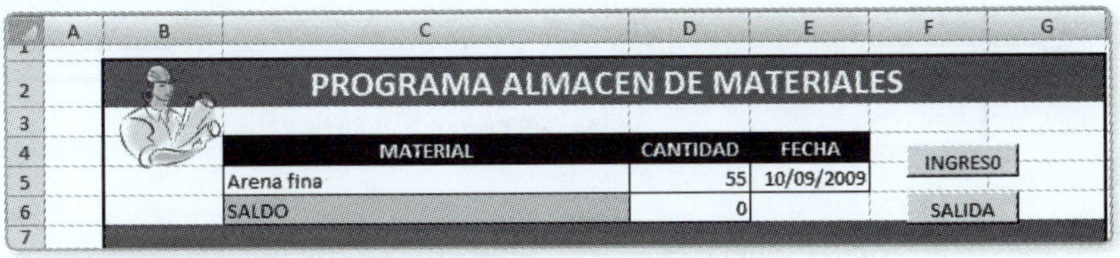

• Crear la macro ingresar

Para crear la macro ingresamos a la ficha Programador y al grupo Código y usamos el botón Grabar macro.

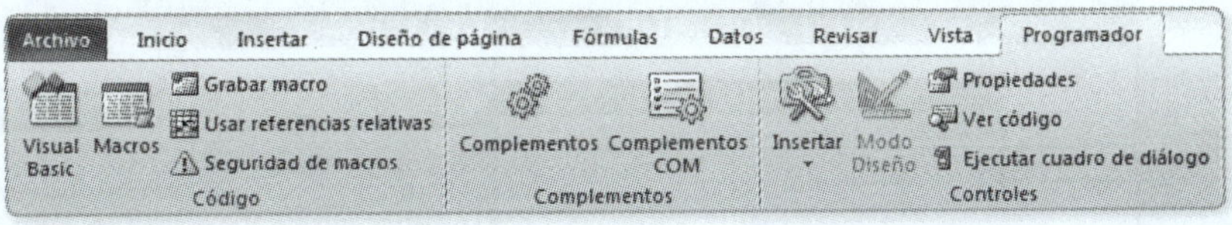

El programa nos muestra un cuadro de diálogo donde debemos ingresar el nombre de la macro.

Luego le damos Aceptar.

A partir de ese momento todo lo que escribimos, las funciones usadas y toda acción que hacemos quedarán grabados en la macro.

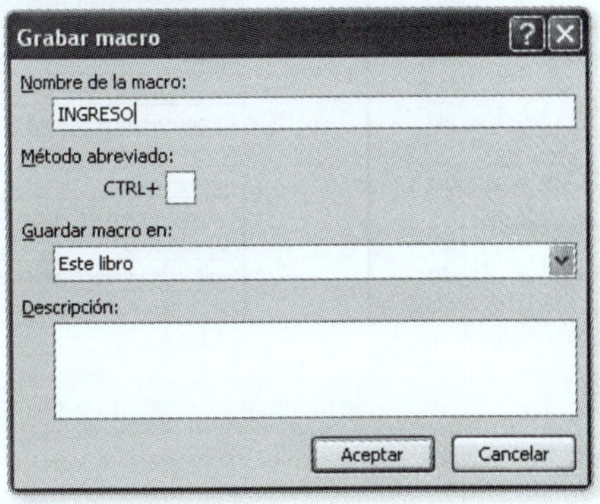

Contenido de la Macro

- Nos vamos a la hoja INGRESO.
- Seleccionamos la fila 6.
- Le damos un clic derecho y presionamos la opción Insertar.

- Ahora seleccionamos la fila 5.
- Y copiamos la fila.

- Seleccionamos la fila 6.
- Usamos la opción Pegado especial.
- Y en este cuadro de diálogo Pegar / Valores.

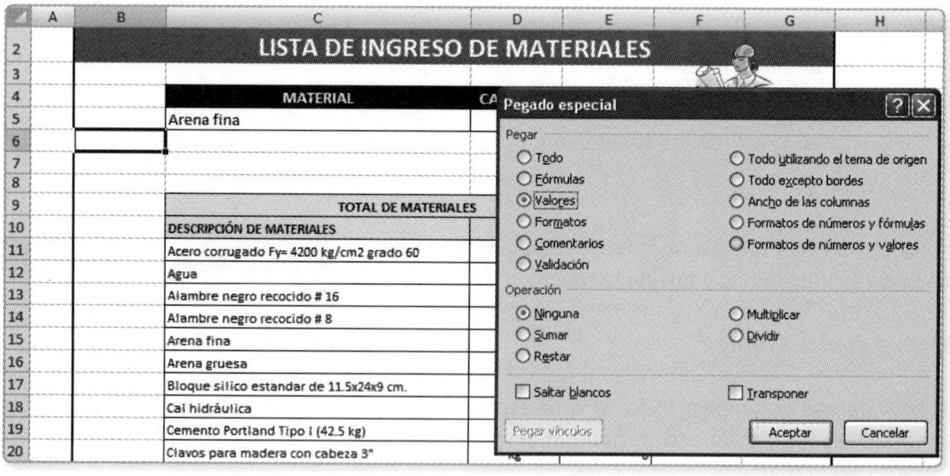

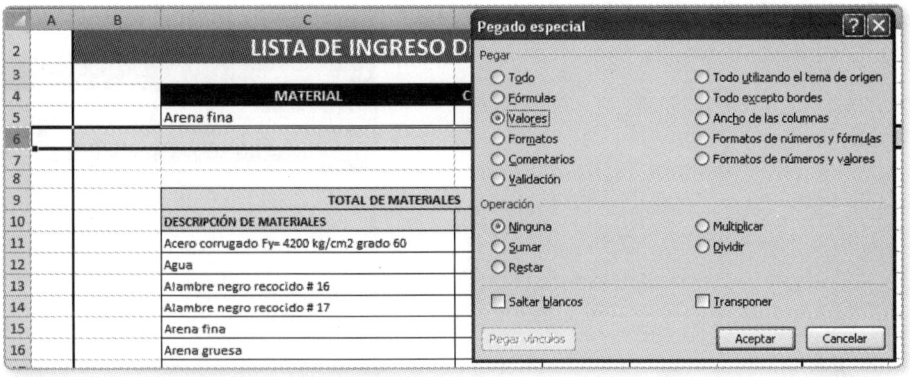

- Regresamos a la hoja PRINCIPAL.
- Seleccionamos la fila 5 y borramos contenido.

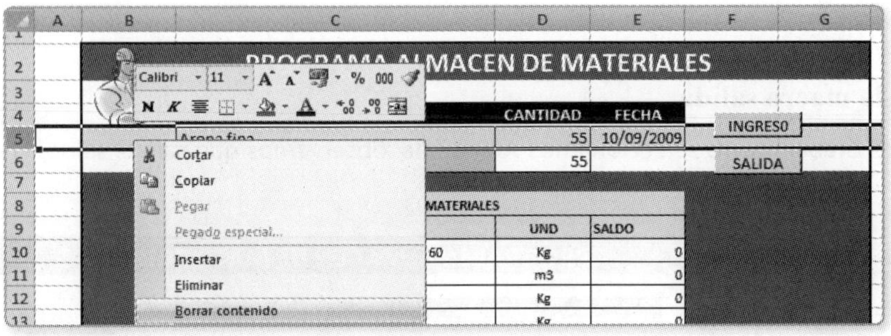

Finalmente, presionamos el icono Detener grabación.

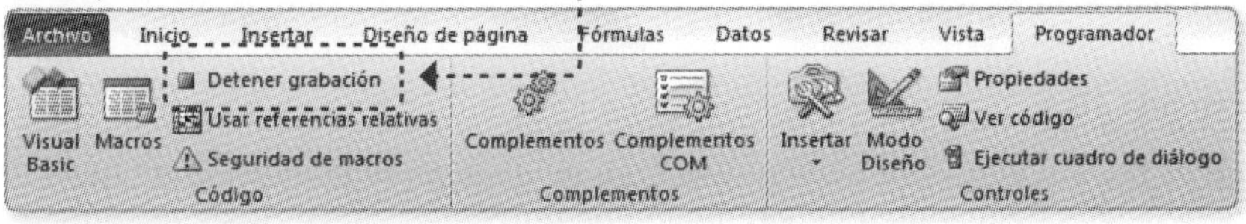

Este paso es muy importante, sino la macro INGRESAR sigue grabando.

Asignar la Macro al botón

Seleccionamos el botón **INGRESO,** y usando el menú contextual usamos **Asignar macro**.

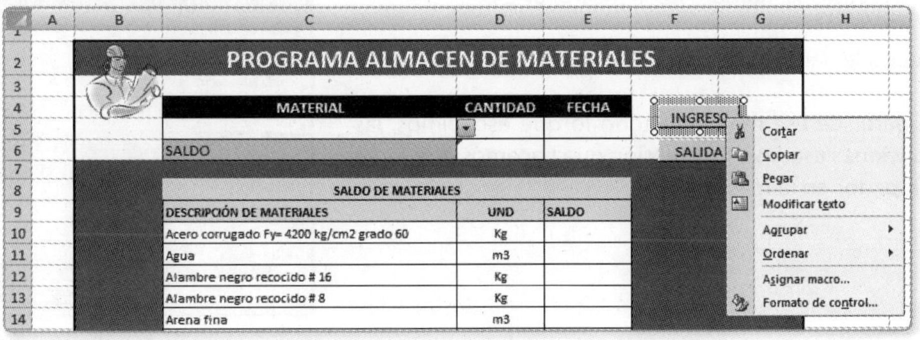

- En el cuadro de diálogo seleccionamos la macro INGRESO y presionamos el botón Aceptar.

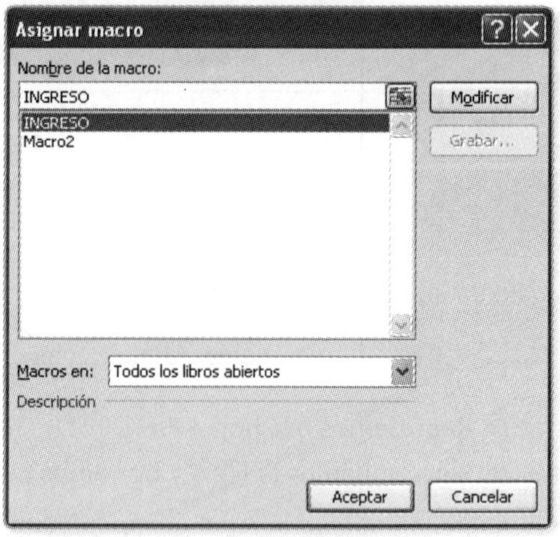

Nota

Observemos que en la fila de Arena fina aparece como saldo 55, monto ingresado.

• Crear la macro salida

Antes de Grabar macro seleccionamos Arena fina, observemos que sale el saldo.

Terminamos digitando la cantidad 20 y la fecha 12 /10/09.

Macro SALIDA

Como ya nos encontramos en el grupo Código, directamente usamos el botón Grabar macro.

Ingresamos el nombre de la macro: SALIDA.

Luego le damos Aceptar.

A partir de ese momento todo lo que escribimos, las funciones usadas y toda acción que hacemos quedarán grabados en la macro.

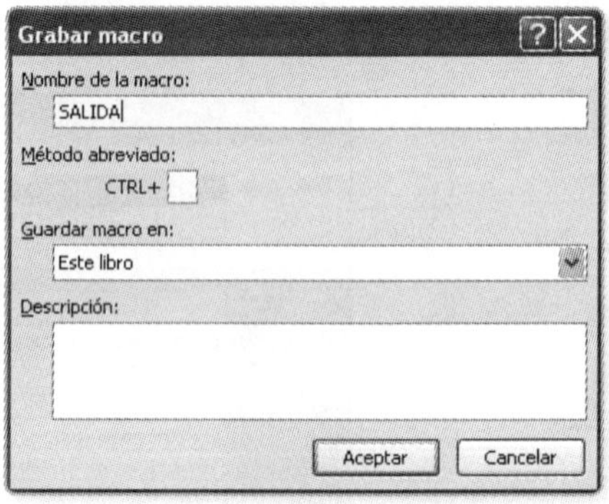

Contenido de la Macro

- Nos vamos a la hoja SALIDA.
- Seleccionamos la fila 6.
- Le damos un clic derecho y presionamos la opción Insertar.

- Ahora seleccionamos la fila 5.
- Y copiamos la fila.

- Seleccionamos la fila 6.
- Usamos la opción Pegado especial.
- Y en este cuadro de diálogo **Pegar / Valores.**

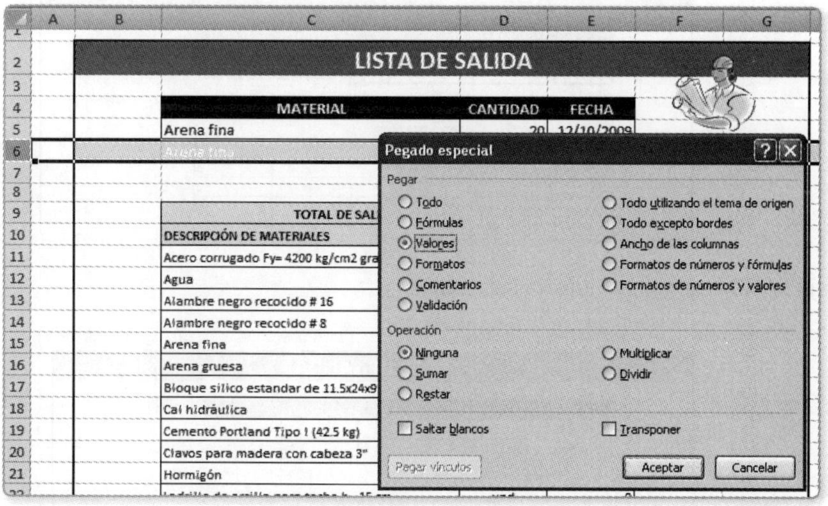

- Regresamos a la hoja PRINCIPAL.
- Seleccionamos la fila 5 y borramos contenido.

Finalmente, presionamos el icono detener grabación.

Asignar la macro al botón

- Seleccionamos el botón SALIDA, y usando el menú contextual usamos Asignar macro.
- En el cuadro de diálogo seleccionamos la macro SALIDA y presionamos el botón Aceptar.

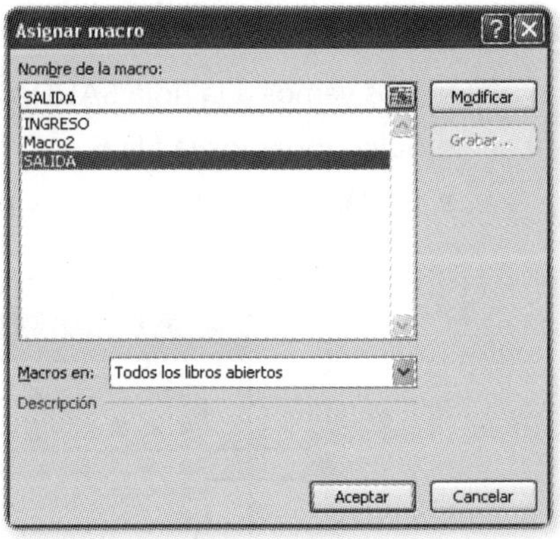

Las macros están creadas y el programa listo para ser utilizado.

PROGRAMA ALMACEN DE MATERIALES

MATERIAL	CANTIDAD	FECHA
Arena fina		
SALDO	35	

INGRESO · SALIDA

SALDO DE MATERIALES		
DESCRIPCIÓN DE MATERIALES	UND	SALDO
Acero corrugado Fy= 4200 kg/cm2 grado 60	Kg	0
Agua	m3	0
Alambre negro recocido # 16	Kg	0
Alambre negro recocido # 8	Kg	0
Arena fina	m3	35

Si seleccionamos Arena fina, la celda E14 nos muestra el saldo de 35.
Las hojas de ingreso nos muestran el ingreso obtenido.

LISTA DE INGRESO DE MATERIALES

MATERIAL	CANTIDAD	FECHA
Arena fina	0	00/01/1900
Arena fina	55	12/10/2009

TOTAL DE MATERIALES		
DESCRIPCIÓN DE MATERIALES	UND	TOTAL
Acero corrugado Fy= 4200 kg/cm2 grado 60	Kg	0
Agua	m3	0
Alambre negro recocido # 16	Kg	0
Alambre negro recocido # 8	Kg	0

Y la hoja SALIDA también muestra sus totales.

LISTA DE SALIDA

MATERIAL	CANTIDAD	FECHA
Arena fina	0	00/01/1900
Arena fina	20	12/10/2009

TOTAL DE SALIDAS DE MATERIALES		
DESCRIPCIÓN DE MATERIALES	UND	TOTAL
Acero corrugado Fy= 4200 kg/cm2 grado 60	Kg	0
Agua	m3	0
Alambre negro recocido # 16	Kg	0
Alambre negro recocido # 8	Kg	0
Arena fina	m3	20
Arena gruesa	m3	0
Bloque silico estandar de 11.5x24x9 cm.	und	0
Cal hidráulica	bolsa	0
Cemento Portland Tipo I (42.5 kg)	bolsa	0

Observemos las Macros

Con icono el Visual Basic o con el icono Macros / Modificar, ingresamos al editor de Visual Basic y podemos ver las macros que hemos grabado en lenguaje de programación VB.

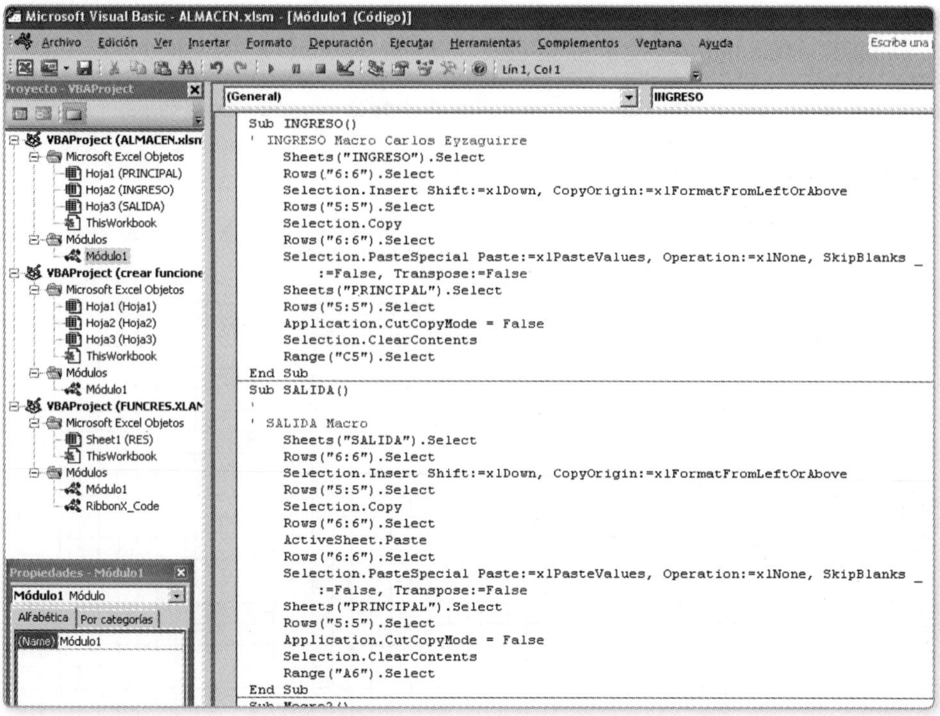

Regresamos a Microsoft Excel, presionando el icono Excel que se encuentra en la barra de herramientas de VB o usando las teclas ALT + F11.

Nota

El Editor de Visual Basic nos muestra todos los pasos que dimos para grabar la macro, con comandos, fórmulas y funciones que podemos entender si tenemos una noción mínima de programación.

Podemos observar que las dos macros son similares, varían solo en el la primera fila de comandos donde señala la hoja a seleccionar.

SHEETS("INGRESO").Select *y* ***SHEETS("SALIDA").Select***

Esto se debe a que el procedimiento es casi igual, por lo tanto podemos crear la macro simplemente copiando su contenido y luego cambiando solo lo necesario.

TALLER H: MACRO USANDO EDITOR VB

PROGRAMA DE CRONOGRAMA DE ACTIVIDADES

Se debe crear un programa donde uno ingresa el número de tareas y el programa nos pide el nombre de la tarea y la duración, estos nombres deben aparecer en las celdas correspondientes y en el cronograma las celdas aparecen sombreadas en un número igual al de la duración de la tarea.

Creamos la siguiente tabla para el cronograma

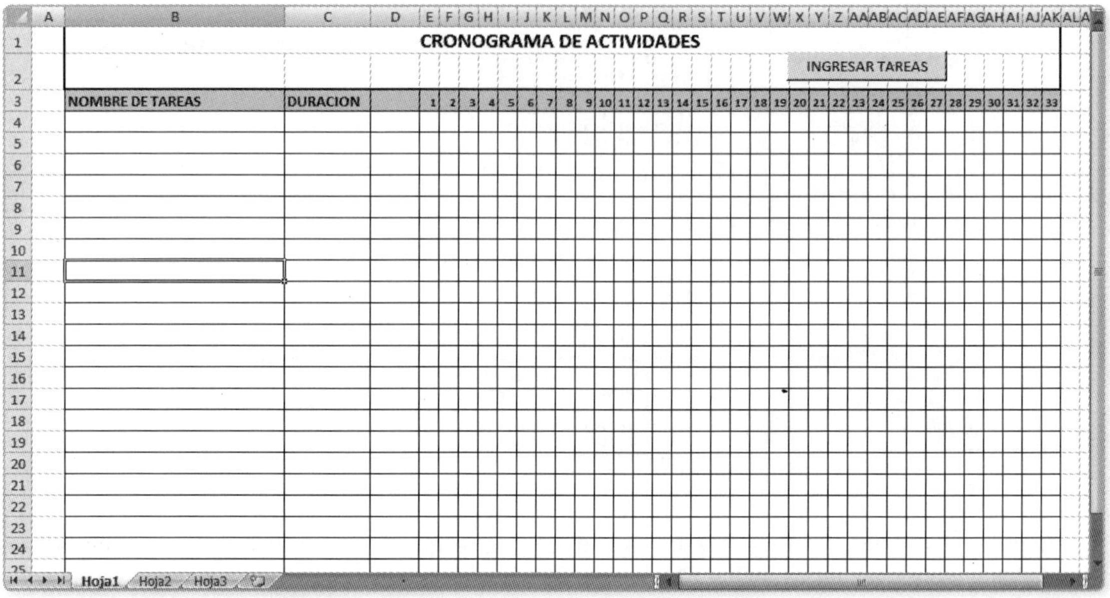

Creamos el programa cronograma
Ingresamos al Visual Basic de Excel y escribimos:
Sub Cronograma ()

Declaramos las variables
Con la función DIM se declara las variables:

DIM I, N, X

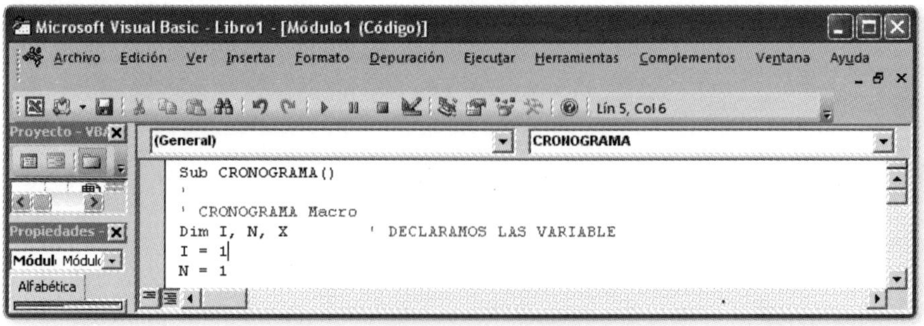

Creamos la caja de entrada (INPUTBOX) número de tareas

N= Inputbox ("Cuántas tareas?","NÚMERO DE TAREAS")

Ingresamos el nombre de la tarea en la celda b4

Para asignar un valor o texto a la celda B4, digitamos CELLS(4,2), es decir la fila =4 y la columna B=2. Como vamos a ingresar en B4, B5, B6, B7... hasta el número de tareas N, usamos la variable I.

La asignación a estas celdas será:

Cells(3+I,2)= inputbox("NOMBRE DE LA TAREA "& I, "NOMBRE DE TAREA")

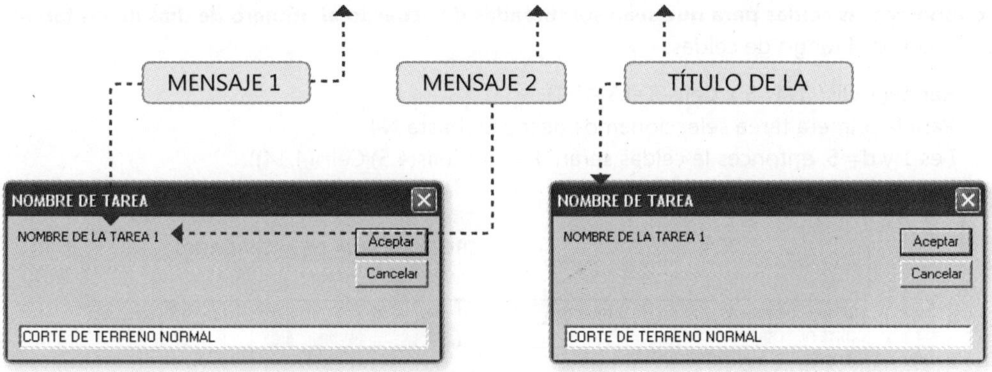

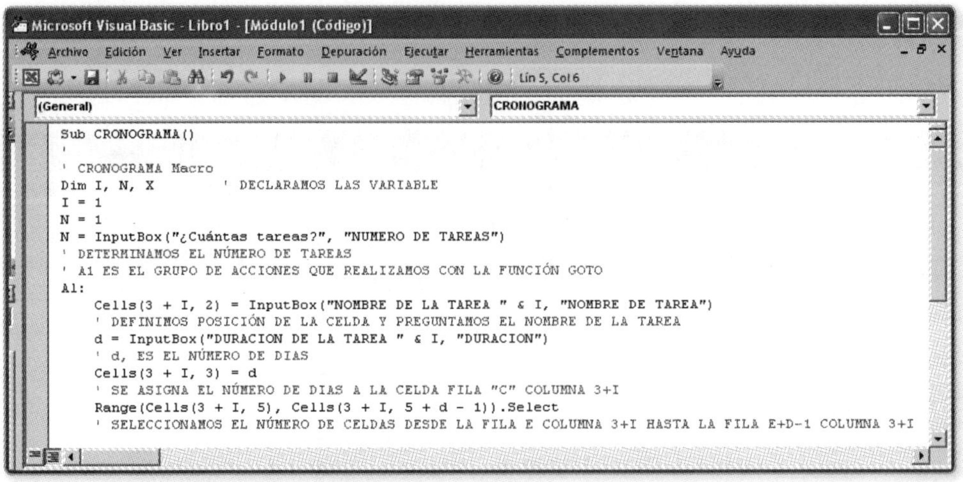

Ingresamos la duración de la tarea en la celda C4

Para asignar un valor a la celda C4, digitamos CELLS(4,3), es decir la fila =4 y la columna C=3.

Como vamos a ingresar en C4, C5, C6, C7... hasta el número de tareas N, usamos la variable I y la asignación a estas celdas será con la función:

Cells(3+I,3)= d

d= Inputbox("DURACION DE LA TAREA " & I, "DURACION")

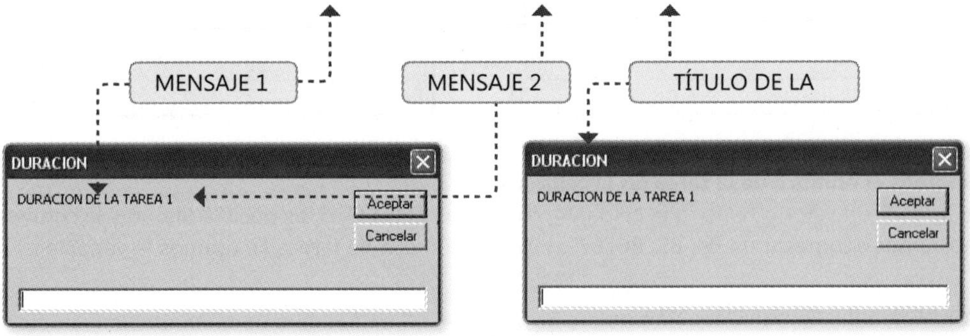

Seleccionamos las celdas para que sean sombreadas de acuerdo al número de días de las tareas

Seleccionamos el rango de celdas:

Range(Cells(3+I , 5), Cells(3+I,5+d-1).

Para la primera tarea seleccionamos desde E4 hasta N4.

I es 1 y d= 5, entonces la celdas serán Range(Cells(4,5),Cells(4,14)).

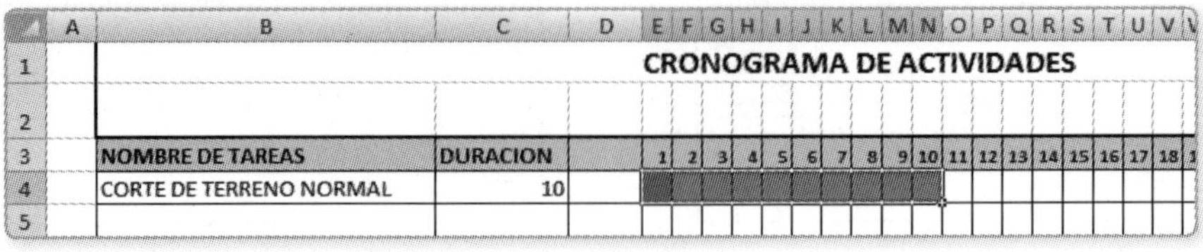


```
' SE ASIGNA EL NÚMERO DE DIAS A LA CELDA FILA "C" COLUMNA 3+I
Range(Cells(3 + I, 5), Cells(3 + I, 5 + d - 1)).Select
```

Rellenamos las celdas de color celeste

Para ello usamos los comandos WITH (Con) y definimos formato de color de las celdas seleccionadas, en este caso el relleno de la celda es azul claro.

```
With Selection.Interior      ' COLOR DE RELLENO DE LAS CELDAS SELECCIONADAS
.Pattern = xlSolid
.PatternColorIndex = xlAutomatic
.ThemeColor = xlThemeColorLight2
.TintAndShade = 0.399975585192419
.PatternTintAndShade = 0
End With
```

Para ingresar los datos de las otras tareas

Hacemos uso de la función FOR y NEXT.

Comienza con For I=X To N, es decir usamos el contador desde 1 hasta N (número de tareas).
En el contenido usamos GOTO A1 (Grupo de datos donde se repite las preguntas para las otras tareas).
Ahora escribimos NEXT I hasta que I sea N.
Y pasa a la siguiente fila donde Msgbox ("TERMINAMOS GRACIA").

```
For I = X To N
    GoTo A1
Next I
MsgBox ("TERMINAMOS GRACIAS")
End Sub
```

Programa completo

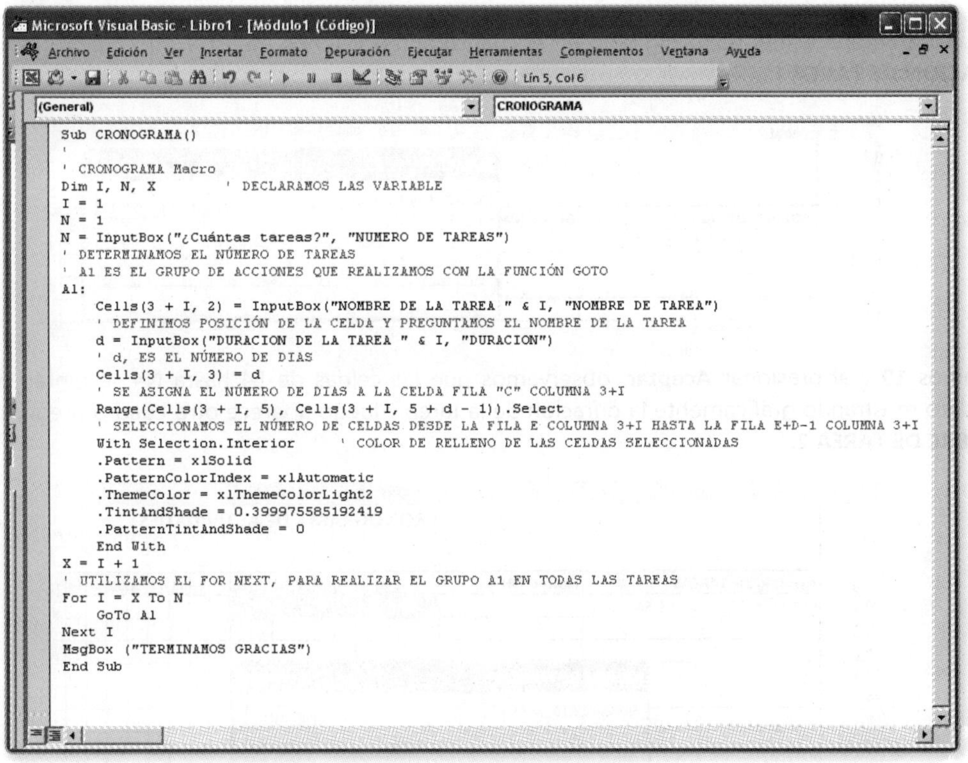


```
Sub CRONOGRAMA()
'
' CRONOGRAMA Macro
Dim I, N, X          ' DECLARAMOS LAS VARIABLE
I = 1
N = 1
N = InputBox("¿Cuántas tareas?", "NUMERO DE TAREAS")
' DETERMINAMOS EL NÚMERO DE TAREAS
' A1 ES EL GRUPO DE ACCIONES QUE REALIZAMOS CON LA FUNCIÓN GOTO
A1:
    Cells(3 + I, 2) = InputBox("NOMBRE DE LA TAREA " & I, "NOMBRE DE TAREA")
    ' DEFINIMOS POSICIÓN DE LA CELDA Y PREGUNTAMOS EL NOMBRE DE LA TAREA
    d = InputBox("DURACION DE LA TAREA " & I, "DURACION")
    ' d, ES EL NÚMERO DE DIAS
    Cells(3 + I, 3) = d
    ' SE ASIGNA EL NÚMERO DE DIAS A LA CELDA FILA "C" COLUMNA 3+I
    Range(Cells(3 + I, 5), Cells(3 + I, 5 + d - 1)).Select
    ' SELECCIONAMOS EL NÚMERO DE CELDAS DESDE LA FILA E COLUMNA 3+I HASTA LA FILA E+D-1 COLUMNA 3+I
    With Selection.Interior      ' COLOR DE RELLENO DE LAS CELDAS SELECCIONADAS
    .Pattern = xlSolid
    .PatternColorIndex = xlAutomatic
    .ThemeColor = xlThemeColorLight2
    .TintAndShade = 0.399975585192419
    .PatternTintAndShade = 0
    End With
X = I + 1
' UTILIZAMOS EL FOR NEXT, PARA REALIZAR EL GRUPO A1 EN TODAS LAS TAREAS
For I = X To N
    GoTo A1
Next I
MsgBox ("TERMINAMOS GRACIAS")
End Sub
```

Ejecutamos el programa

En la hoja del formato insertamos un botón y le adicionamos la macro creada. Ahora presionamos el botón.

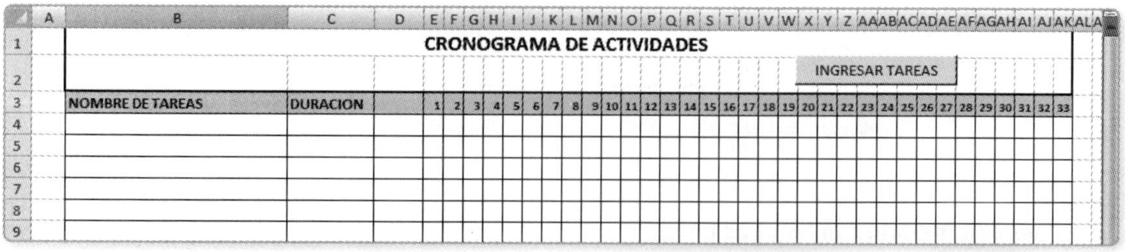

Aparece el cuadro de diálogo NÚMERO DE TAREAS que pregunta **¿Cuántas tareas?**

- Escribimos **5** y presionamos el botón Aceptar.

Ahora aparece el cuadro pidiendo el NOMBRE DE TAREA 1.

- Escribimos **CORTE DE TERRENO** y presionamos el botón Aceptar.

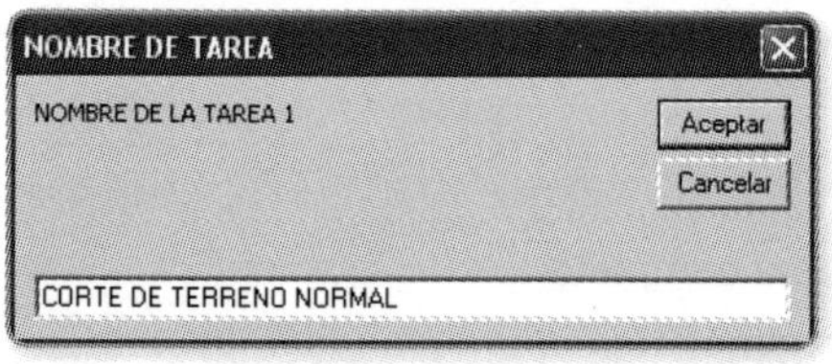

En la celda B4 aparece el texto digitado en el cuadro anterior y nos muestra otro cuadro pidiendo la **DURACIÓN DE TAREA 1.**

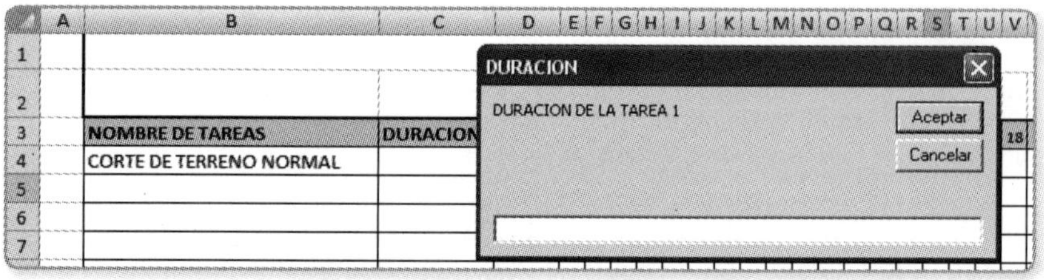

Digitamos **10** y al presionar **Aceptar,** observamos que las celdas de E4 hasta N4 se pintan de color azul claro mostrando gráficamente la duración de la tarea y luego aparece otro cuadro preguntando el **NOMBRE DE TAREA 2.**

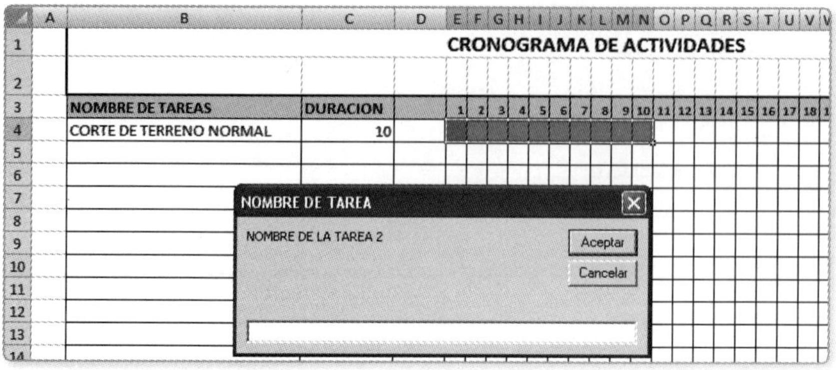

Escribimos el **RELLENO CON MATERIAL PROP**, este aparece en la celda **B5** y en otro cuadro nos pregunta por la **DURACIÓN DE TAREA 2.**

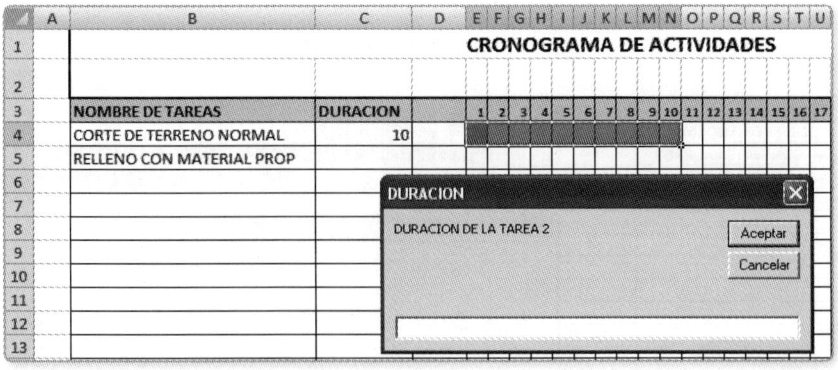

Digitamos **21,** se pintan las celdas desde E5 hasta Y5 y en otro cuadro nos pregunta por el **NOMBRE DE TAREA 3.**

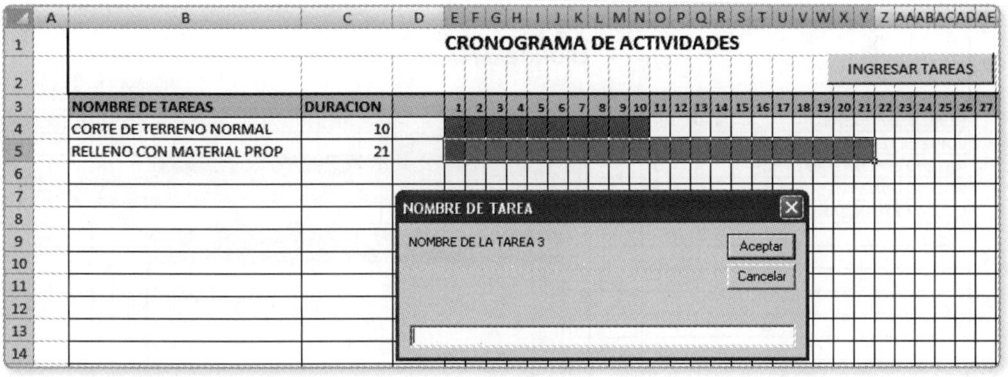

Escribimos el **RELLENO CON MATERIAL SELEC,** este aparece en la celda **B6** y en otro cuadro nos pregunta por la **DURACIÓN DE TAREA 3.**

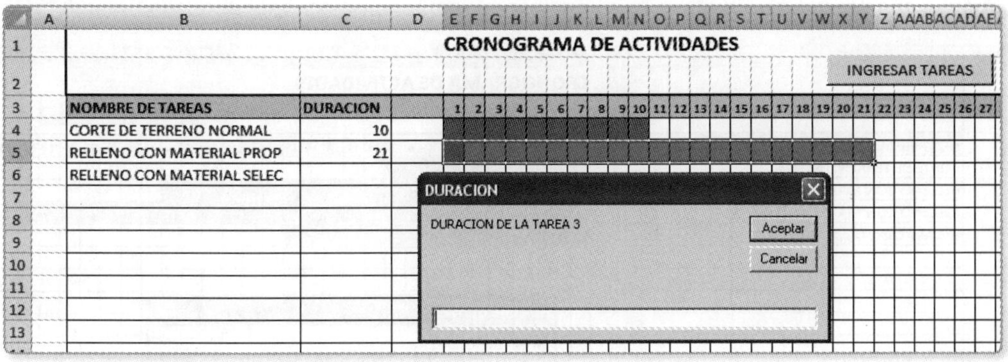

Digitamos **28**, se pintan las celdas desde E6 hasta AF6 y en otro cuadro nos pregunta por el **NOMBRE DE TAREA 4.**

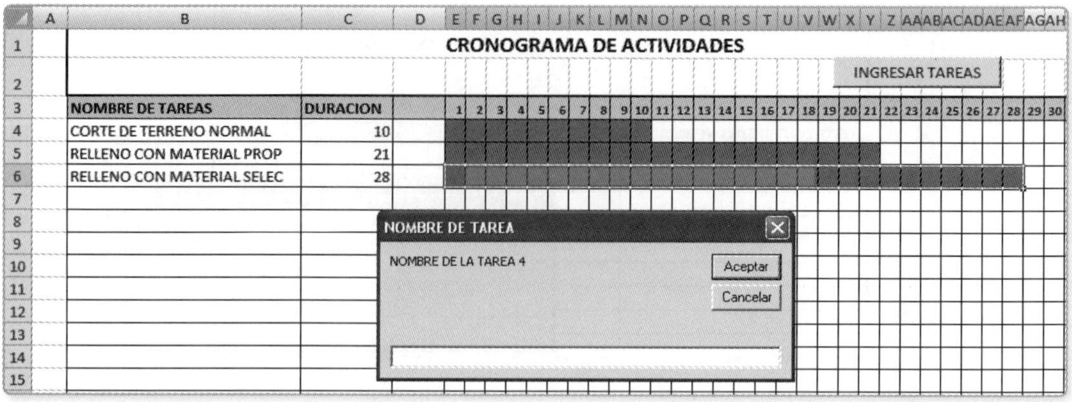

Escribimos la **EXCAVACIÓN DE ZANJAS**, este aparece en la celda **B7** y en otro cuadro nos pregunta por la **DURACIÓN DE TAREA 4.**

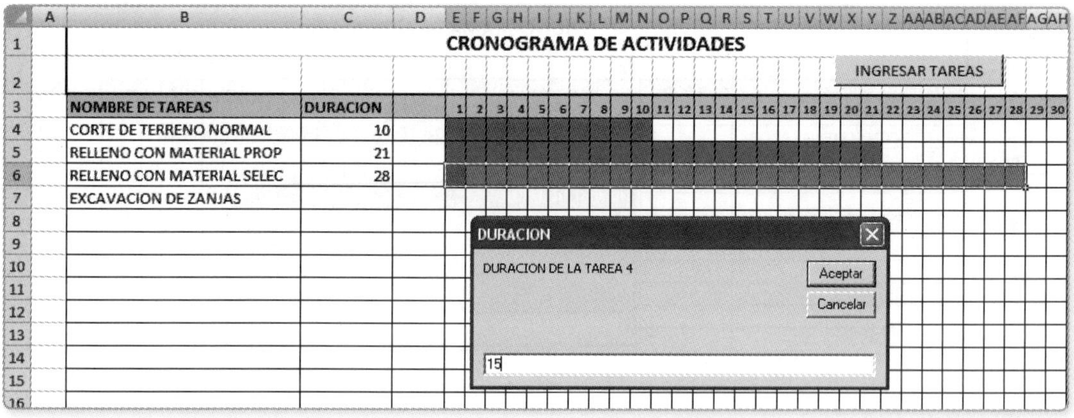

Digitamos **15**, se pintan las celdas desde E7 hasta S7 y en otro cuadro nos pregunta por el **NOMBRE DE TAREA 5.**

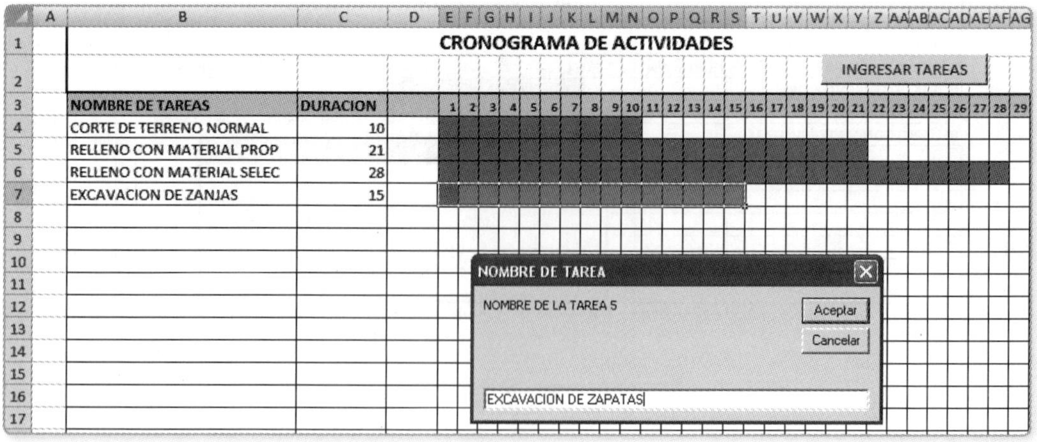

Escribimos la **EXCAVACIÓN DE ZAPATAS**, este aparece en la celda **B8** y en otro cuadro nos pregunta por la **DURACIÓN DE TAREA 5.**

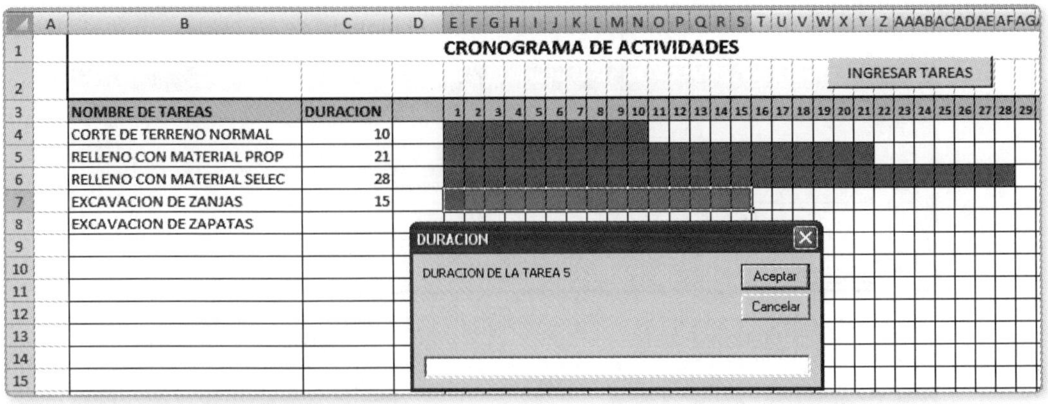

Digitamos 20, se pintan las celdas desde E8 hasta X8 y en otro cuadro termina el programa con el mensaje **TERMINAMOS GRACIAS.**

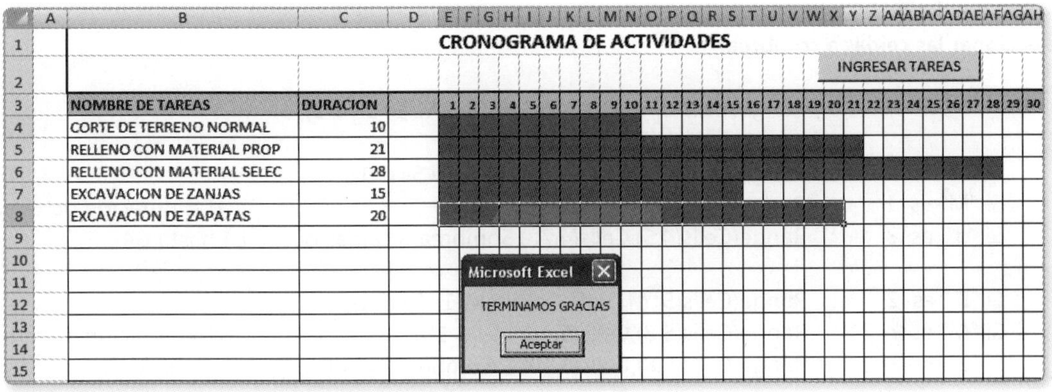

Corregir el programa pidiendo ¿QUÉ DÍA EMPIEZA LA TAREA?
El programa debe pedir adicionalmente ¿Cuándo inicia la tarea?, con este dato corregimos el inicio del rango que queremos sombrear.

DEFINIR UNA NUEVA VARIABLE

Dim I, N, X, M

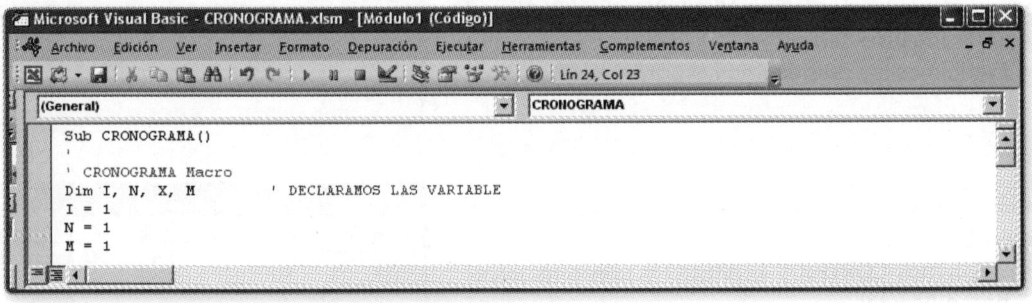

Creamos el cuadro de la caja de entrada "DÍA DE INICIO"

M= InputBox ("¿Qué día empieza la tarea", "DÍA DE INICIO").

La variable 'M', guarda el número de día que se debe iniciar el pintado de las celdas.

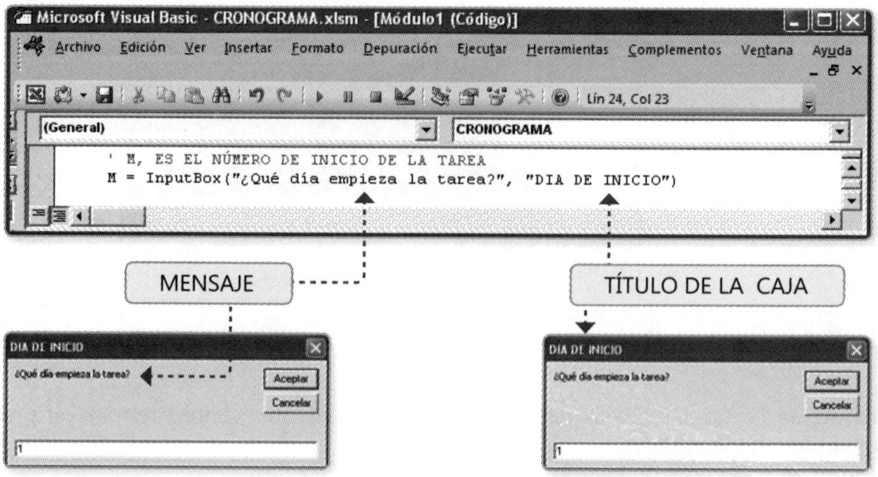

Seleccionar las celdas a sombrear

Range(Cells(3+I ,M-1+5),Cells(3+I,M-1+5+d-1))

Si "I" es 1	Range(Cells(4 ,M-1+5),Cells(4,M-1+5+d-1))	
Si "M" es 1	Range(Cells(4,5),Cells(4,5+d-1))	d = duración de tarea
Si "d" es 3	Range(Cells(4,5),Cells(4,7)) Sombrea 3 celdas desde E4 hasta G4	
Si "I" es 2	Range(Cells(5 ,M-1+5),Cells(5,M-1+5+d-1))	
Si "M" es 4	Range(Cells(5,8),Cells(5,4-1+5+d-1))	d = duración de tarea
Si "d" es 3	Range(Cells(5,8),Cells(5,10)) Sombrea 3 celdas desde H5 hasta j5	

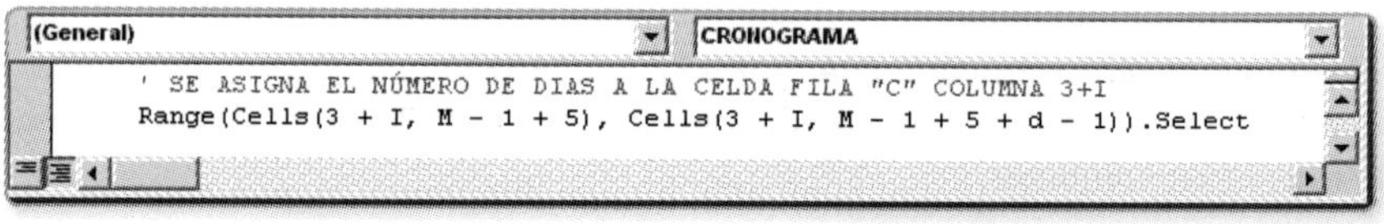

Ejecutamos el programa corregido

Aparece el cuadro de diálogo NÚMERO DE TAREAS que pregunta **¿Cuántas tareas?**

- Escribimos 5 y presionamos el botón Aceptar.

Ahora aparece el cuadro pidiendo el NOMBRE DE TAREA 1.

- Escribimos CORTE DE TERRENO y presionamos el botón Aceptar.

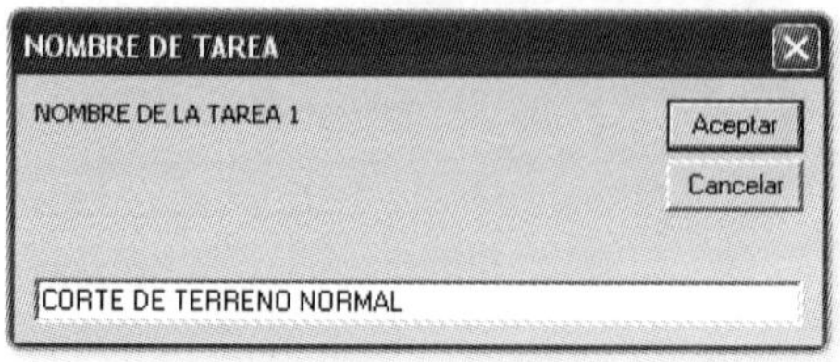

En la celda B4 aparece el texto digitado en el cuadro anterior y nos muestra otro cuadro pidiendo la **DURACIÓN DE TAREA 1.**

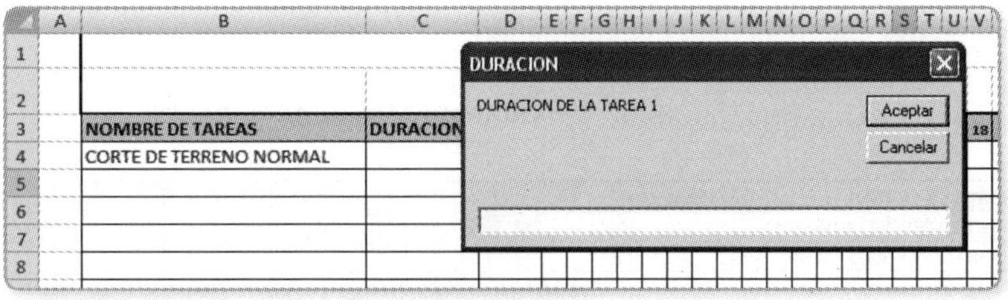

Escribimos **10,** este valor aparece en la celda **C4** y aparece el cuadro preguntando **¿Qué día empieza la tarea?**

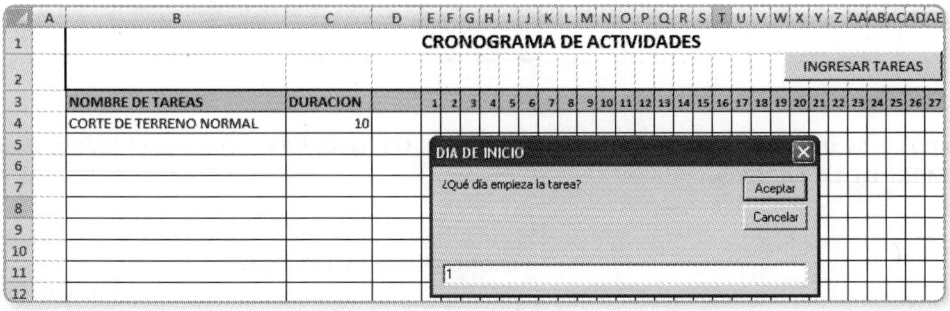

Digitamos **1**, se pintan las celdas de color azul claro de E4 hasta N4 y aparece el cuadro preguntando el **NOMBRE DE LA TAREA 2.**

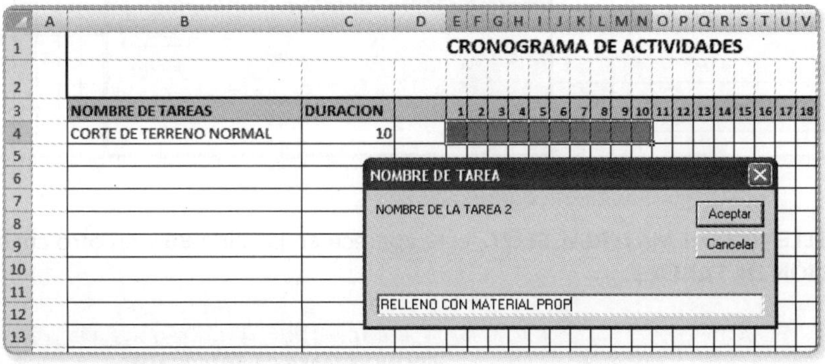

Escribimos **RELLENO CON MATERIAL PROP,** este aparece en la celda **B5** y en otro cuadro nos pregunta por la **DURACIÓN DE TAREA 2.**

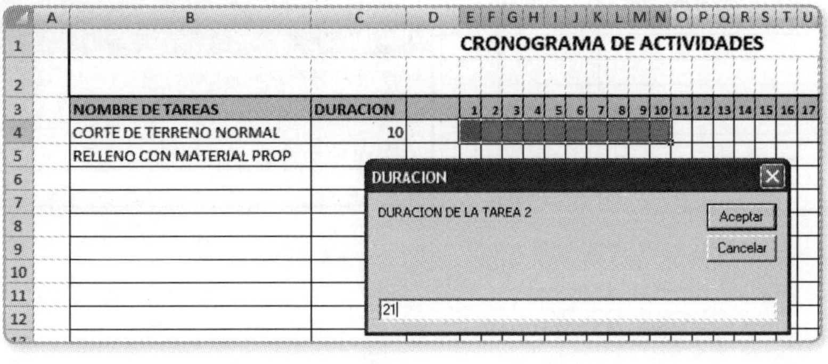

Escribimos **21**, este valor aparece en la celda **C5** y aparece el cuadro preguntando **¿Qué día empieza la tarea?**

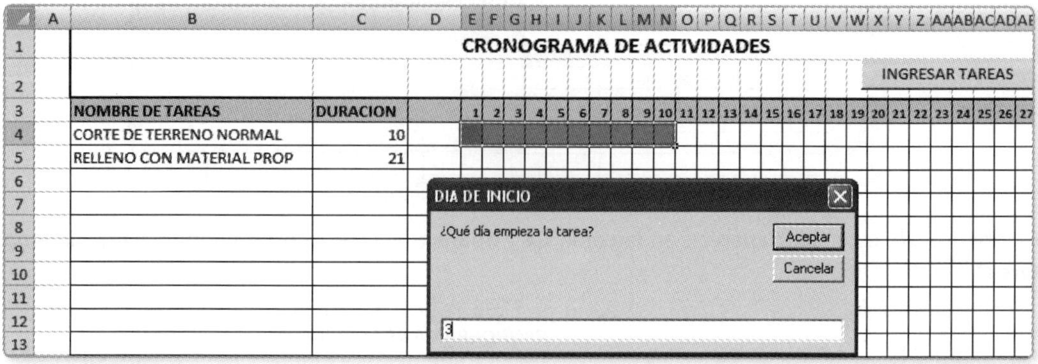

Digitamos 3, se pintan las celdas de color azul claro de **G5 hasta AA5** y aparece el cuadro preguntando el **NOMBRE DE LA TAREA 3.**

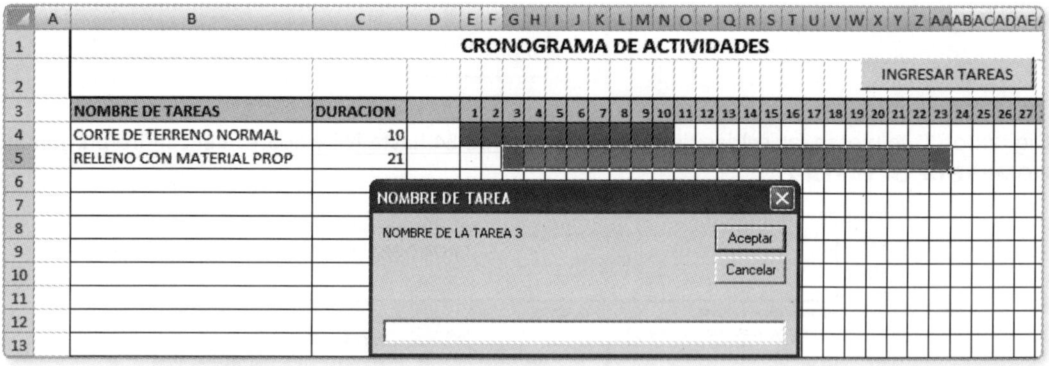

Escribimos **RELLENO CON MATERIAL SELEC,** este aparece en la celda **B6** y en otro cuadro nos pregunta por la **DURACIÓN DE TAREA 3.**

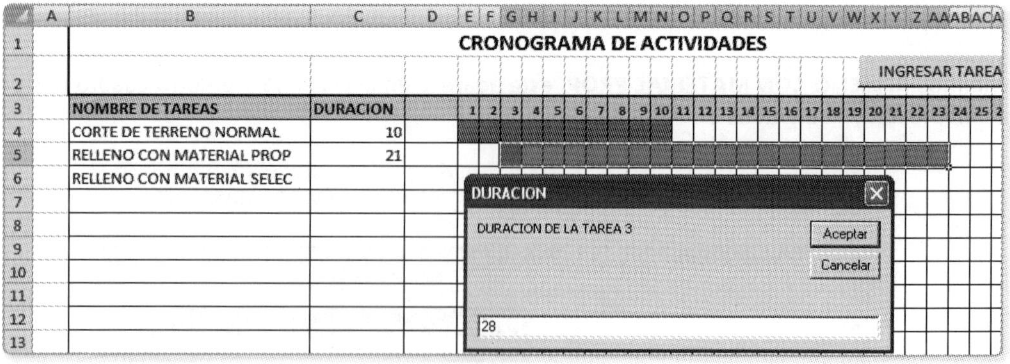

Escribimos **28**, este valor aparece en la celda **C6** y aparece el cuadro preguntando **¿Qué día empieza la tarea?**

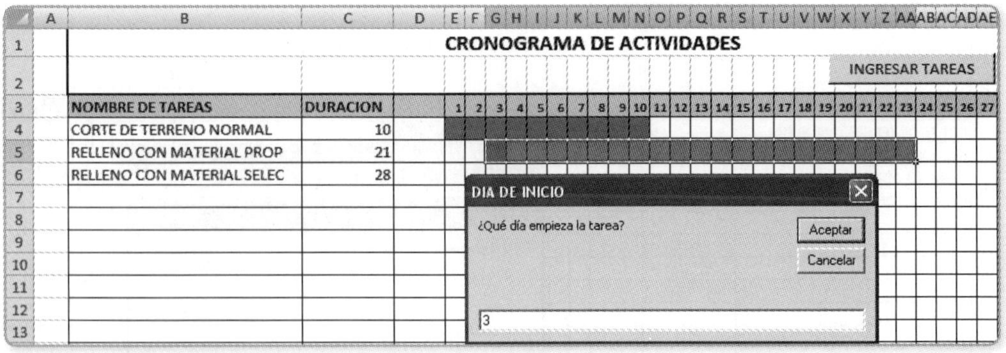

Digitamos 3, se pintan las celdas de color azul claro de **G6 hasta AH6** y aparece el cuadro preguntando el **NOMBRE DE LA TAREA 4.**

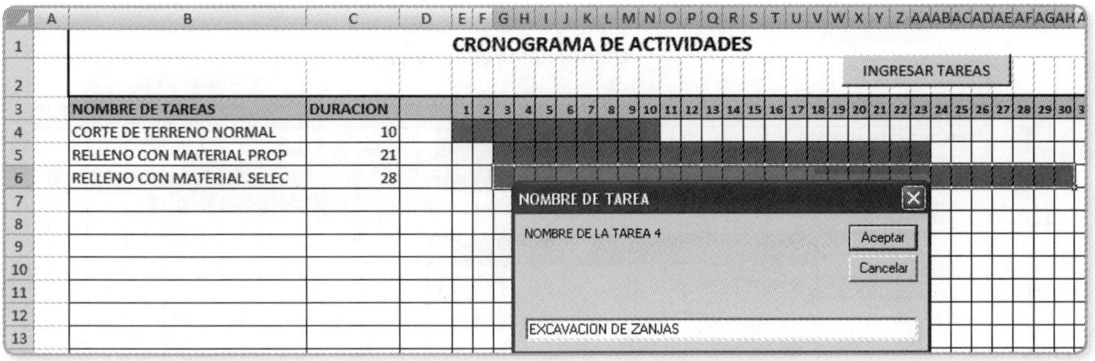

Escribimos **EXCAVACIÓN DE ZANJAS**, este aparece en la celda **B7** y en otro cuadro nos pregunta por la **DURACIÓN DE TAREA 4.**

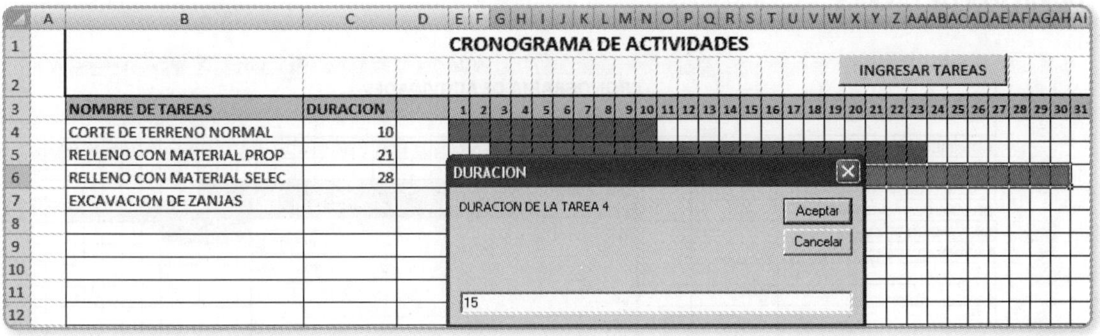

Escribimos **15**, este valor aparece en la celda **C7** y aparece el cuadro preguntando **¿Qué día empieza la tarea?**

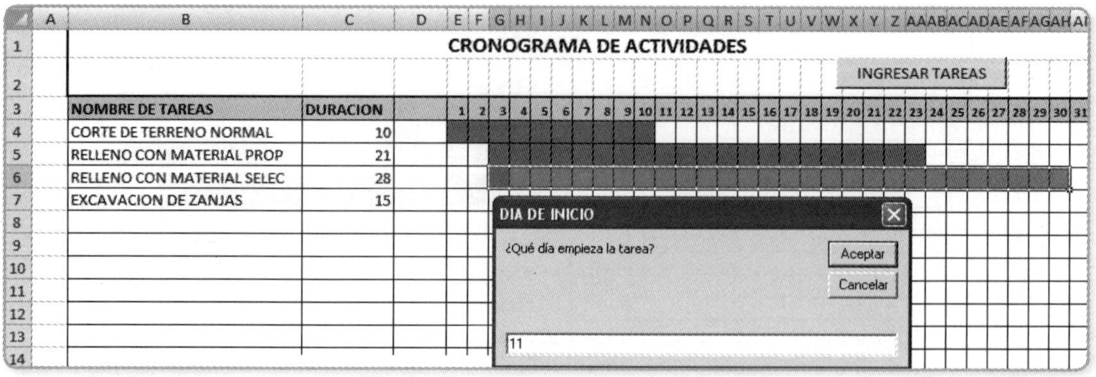

Digitamos **11**, se pintan las celdas de color azul claro de **O7 hasta AC7** y aparece el cuadro preguntando el **NOMBRE DE LA TAREA 5.**

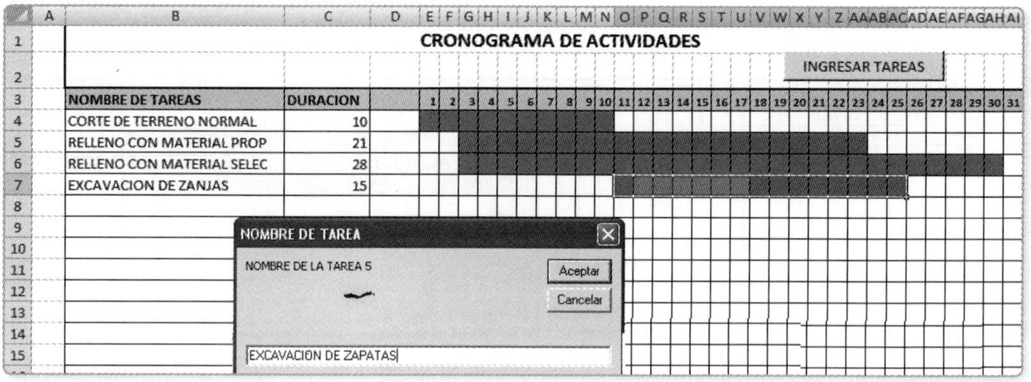

Escribimos **EXCAVACIÓN DE ZAPATAS**, este aparece en la celda **B8** y en otro cuadro nos pregunta por la **DURACIÓN DE TAREA 5.**

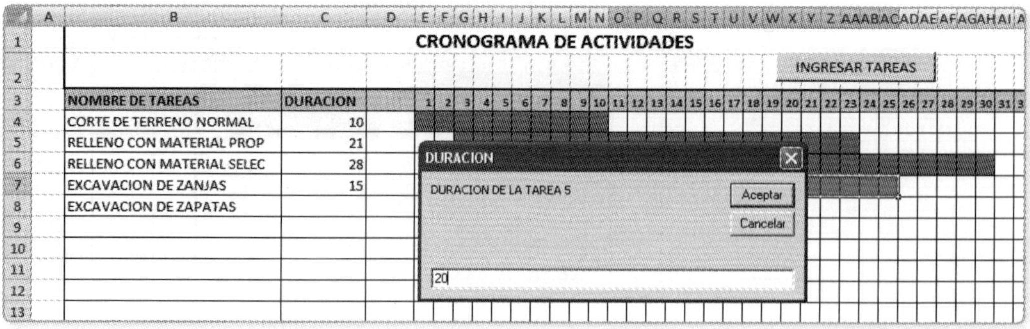

Escribimos **20**, este valor aparece en la celda **C9** y aparece el cuadro preguntando **¿Qué día empieza la tarea?**

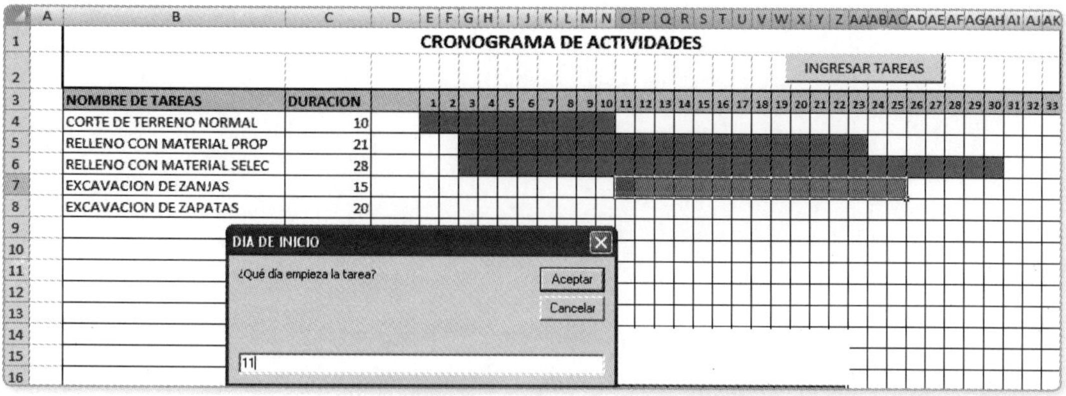

Digitamos **11**, se pintan las celdas de color azul claro de **O8 hasta AH30** y aparece el cuadro final que dice **TERMINAMOS GRACIAS.**

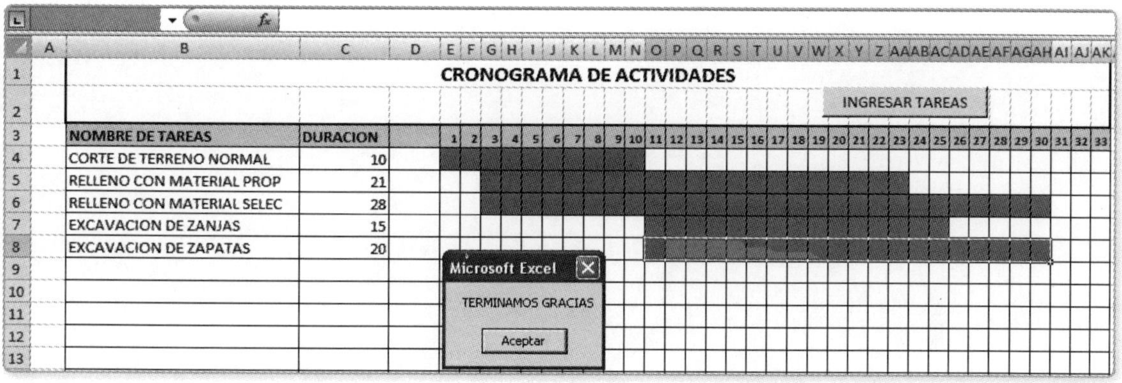

Al presionar el botón Aceptar nos queda el CRONOGRAMA TERMINADO.

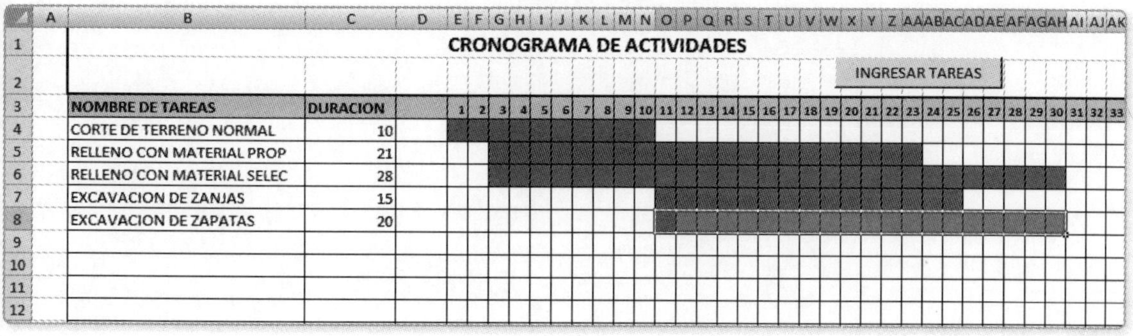

CAPÍTULO

8

LO BÁSICO DE MICROSOFT EXCEL

OBJETIVO:

En este capítulo el autor pretende tener una guía de la parte básica que debe conocer. Desde como ingresar al programa, ingresar datos, formato, administrar archivos, funciones básicas, manejo de tabla de datos, insertar gráficos e imprimir.

CONTENIDO:

- INGRESAR A MICROSOFT EXCEL
- PANTALLA DE TRABAJO
- ADMINISTRAR ARCHIVOS
- ADMINISTRAR INFORMACIÓN
- INGRESAR DATOS
- FORMATO
- FORMATO CONDICIONAL
- BASE DE DATOS
- INSERTAR GRÁFICOS
- DISEÑO DE PÁGINA
- ADMINISTRAR IMPRESIÓN

FICHA INICIO

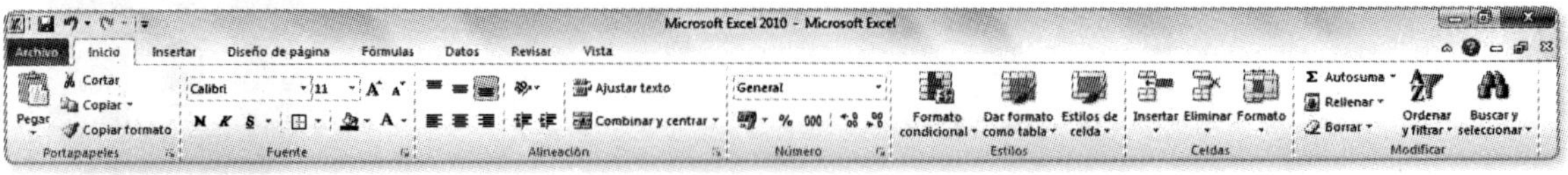

FICHA INSERTAR

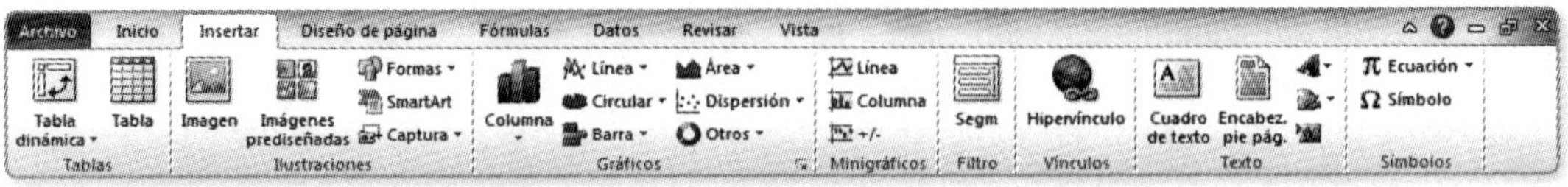

FICHA DISEÑO DE PÁGINA

FICHA FÓRMULA

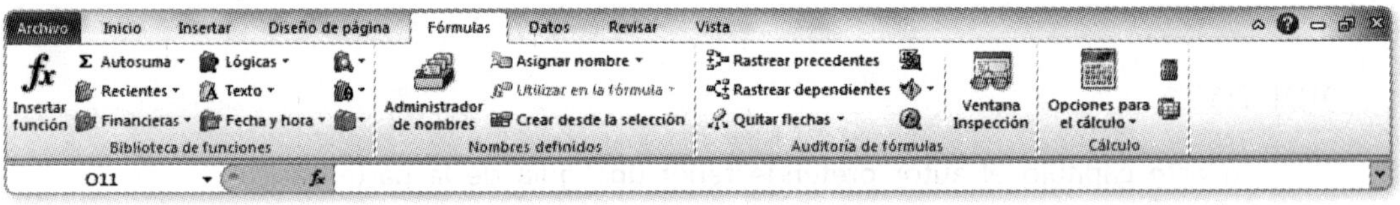

FICHA DATOS

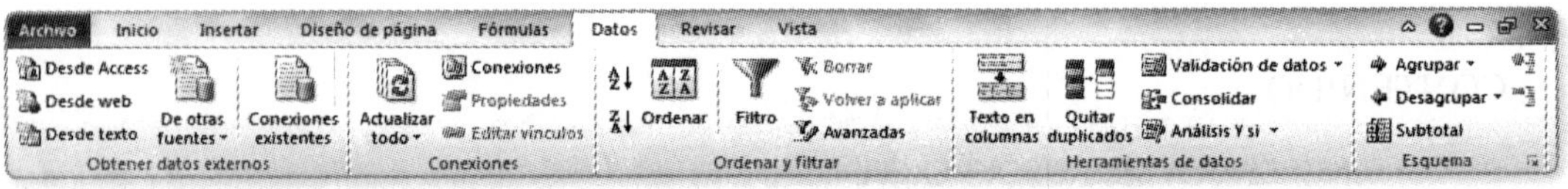

• INGRESAR A MICROSOFT EXCEL

Para ingresar se puede utilizar una serie de procedimientos, pero los más utilizados son:

- Usando un acceso directo (buscamos en el escritorio de Windows y le damos doble clic).
- Usando el botón Inicio (aparecen los programas usados).
- Usando el botón Inicio :

1. Dar un clic en botón Inicio.
2. Seleccione Todos los Programas.
3. Seleccione Microsoft Office – Microsoft Excel 2010 y damos un clic.

El ingreso al programa puede tener una ruta diferente, eso depende de la instalación del Microsoft Excel en la computadora.

• PANTALLA DE MICROSOFT EXCEL

Al ingresar al programa aparece la siguiente pantalla, que está conformada por iconos de control, fichas, grupos de trabajo, una barra de fórmulas, la línea de estado y una área de trabajo.

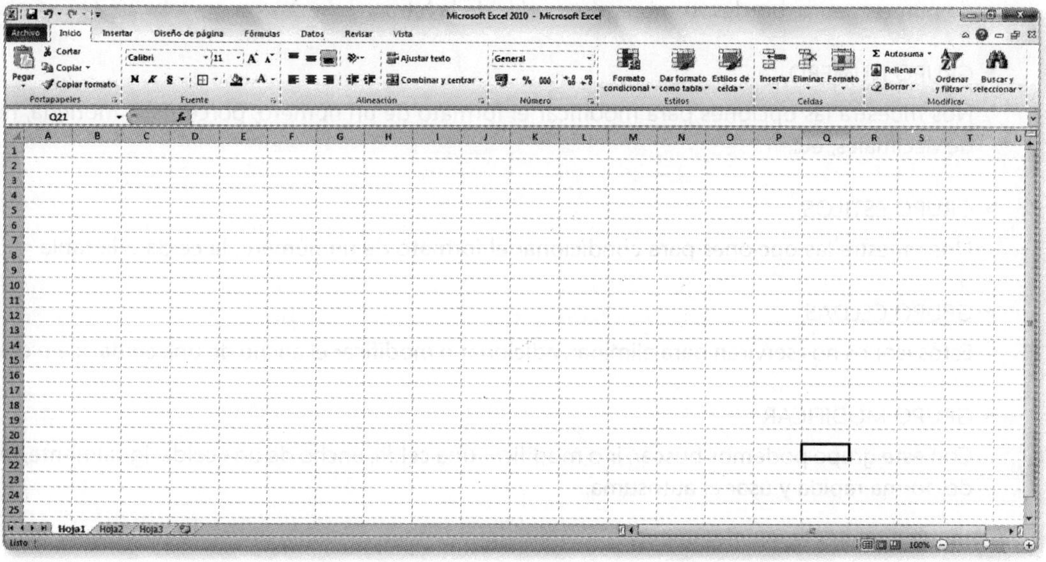

Partes principales de la pantalla

Cuando ingresamos al programa la pantalla no siempre es la misma, encontramos diferentes fichas, esto se debe a la personalización de la pantalla.

Presentamos las principales partes de la pantalla:

• Barra de fichas

Al dar un clic sobre cualquiera de las pestañas de la barra, aparecen las FICHAS con grupos de trabajo, opciones para poder trabajar el documento.

Ficha INICIO

Nos muestra los grupos: Portapapeles, Fuente, Alineación, Número, Estilos, Celdas y Modificar.

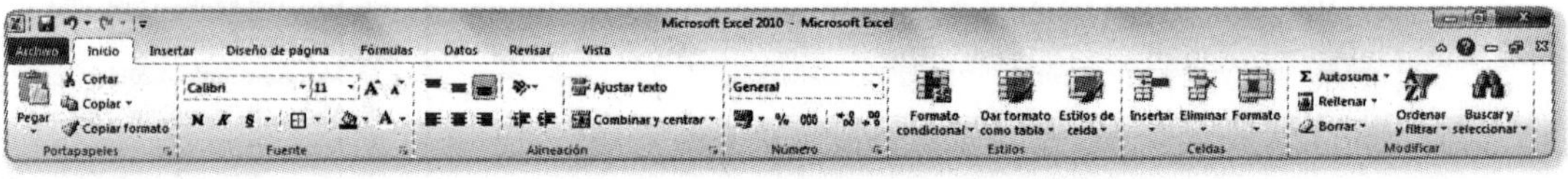

- GRUPO PORTAPAPELES

  Aquí tenemos los iconos Pegar, Cortar, Copiar, Copiar formato. Son los iconos más usados de office.

- GRUPO FUENTE

  Este grupo nos sirve para modificar el formato a una celda o a un grupo de celdas previamente seleccionadas, podemos cambiar el tipo de letra, tamaño, aspecto.

- GRUPO ALINEACIÓN

  Nos muestra la alineación del texto en la celda ya sea horizontal o vertical, la orientación, formato de número, euro, bordes, sombreado y color de la letra.

- GRUPO NÚMERO

  Nos muestra las opciones para modificar el formato de un número, porcentaje, moneda, número de decimales, etc.

- GRUPO ESTILOS

  Nos muestra las opciones para condicionar el formato de un número, la celda o la tabla.

- GRUPO CELDAS

  Estos iconos nos servirán para eliminar, adicionar o modificar el ancho de una celda, fila o columna.

- GRUPO MODIFICAR

  Con este grupo podemos buscar, ir o modificar una celda, ancho de una celda; igualmente, ordenar de forma rápida y usar el autosuma.

Ficha INSERTAR

Esta ficha nos muestra los iconos separados en 5 grupos: Tablas, Ilustraciones, Gráficos, Minigráficos, Filtros, Vínculos, Texto, Símbolos.

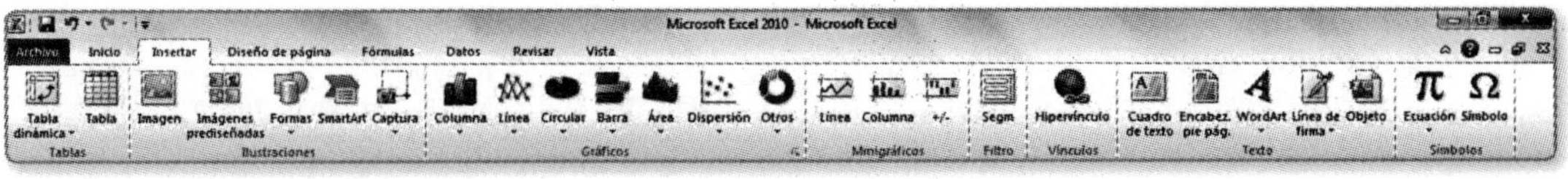

Ficha DISEÑO DE PÁGINA

Esta cinta nos muestra los iconos separados en 5 grupos: Temas, Configurar página, Ajustar área de impresión, Opciones de la hoja y Organizar.

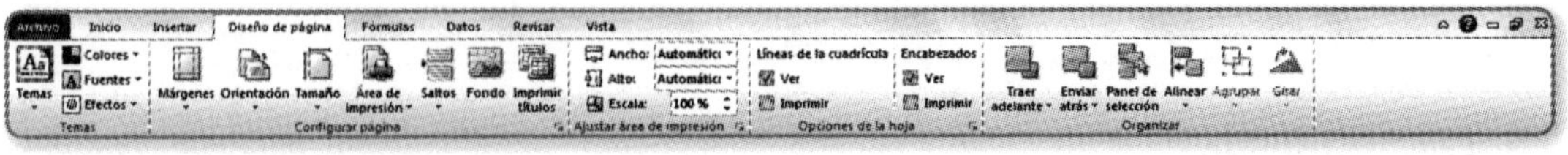

Ficha DISEÑO DE FÓRMULAS

Esta cinta nos muestra los iconos separados en 4 grupos: Biblioteca de funciones, Nombre definido, Auditoría de fórmulas y Cálculo.

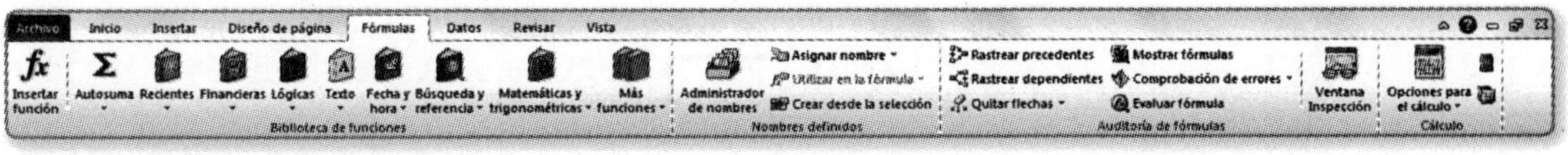

Ficha DISEÑO DE DATOS

Esta cinta nos muestra los iconos separados en 4 grupos: Conexiones, Ordenar y filtrar, Herramientas de datos y Esquemas.

Ficha DISEÑO DE REVISAR

Esta cinta nos muestra los iconos separados en 3 grupos: Revisión, Comentarios y Cambios.

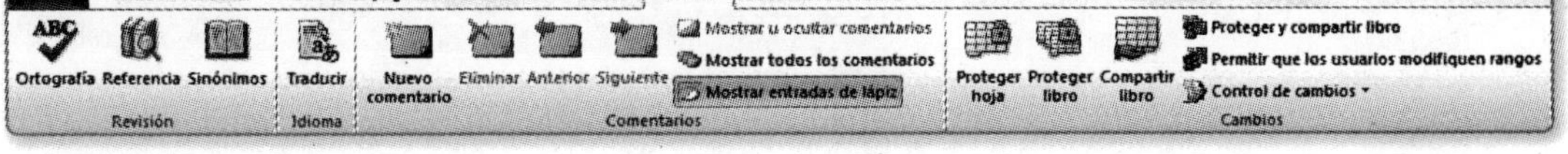

FICHA DISEÑO DE VISTA

Esta cinta nos muestra los iconos separados en 4 grupos: Vista de libro, Mostrar, Zoom, Ventana y Macros.

Ficha DISEÑO PROGRAMADOR

Esta cinta nos muestra los iconos separados en 5 grupos: Código, Complementos, Controles, XML y Modificar.

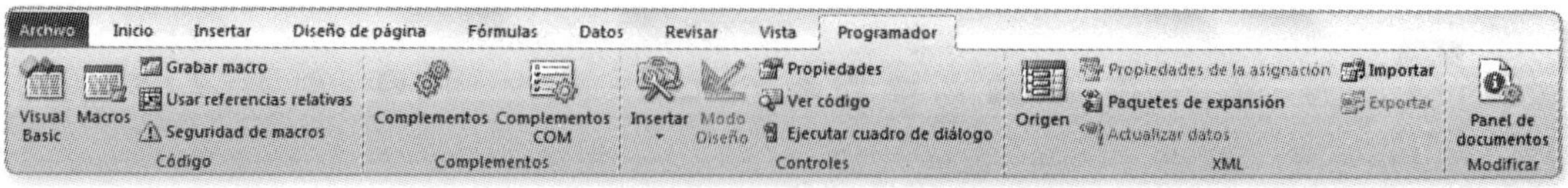

• Barra de fórmulas

Esta barra es una de las principales, me indica en primer lugar la celda en la cual se encuentra el cursor; en ella podemos escribir la operación que se va efectuar.

• Área de trabajo

La unidad del área de trabajo es la celda que está nombrada por la posición de la columna y fila.

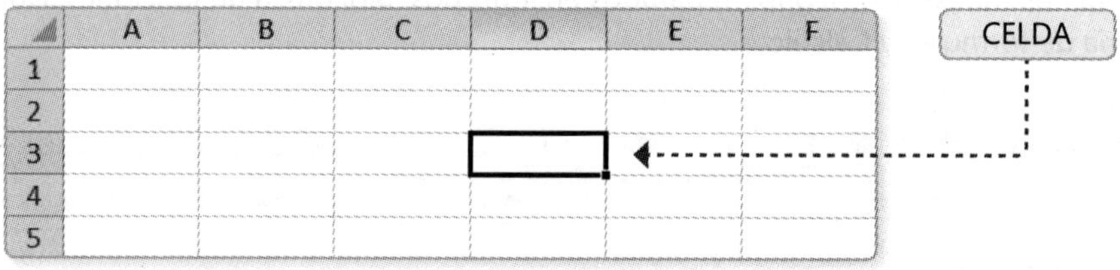

El área de trabajo de Excel 2003 es una gran tabla compuesta de 256 columnas y 65536 filas.

- Las columnas tienen como nomenclatura letras que van desde la A hasta IV.
- Las filas simplemente se encuentran numeradas.
- La intersección de columnas y filas forman celdas y esta llevará como nombre el nombre de la columna y el número de la fila.

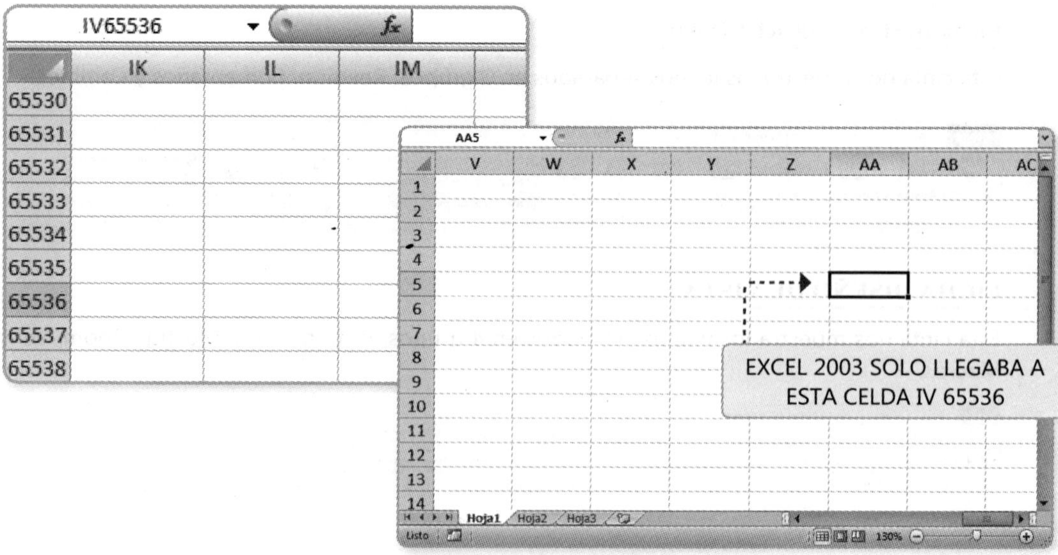

En la versión 2010, Microsoft Excel amplía esta área de trabajo ya que tiene 1´048,576 filas por 16384 columnas.

- Las columnas son nombradas con letras y cuando termina el abecedario continúa con AA, AB, AC...
- Termina la columna IV (base de la versión 2003), llega al ZZ y continúa con AAA, AAB, AAC, AAD, AAE...

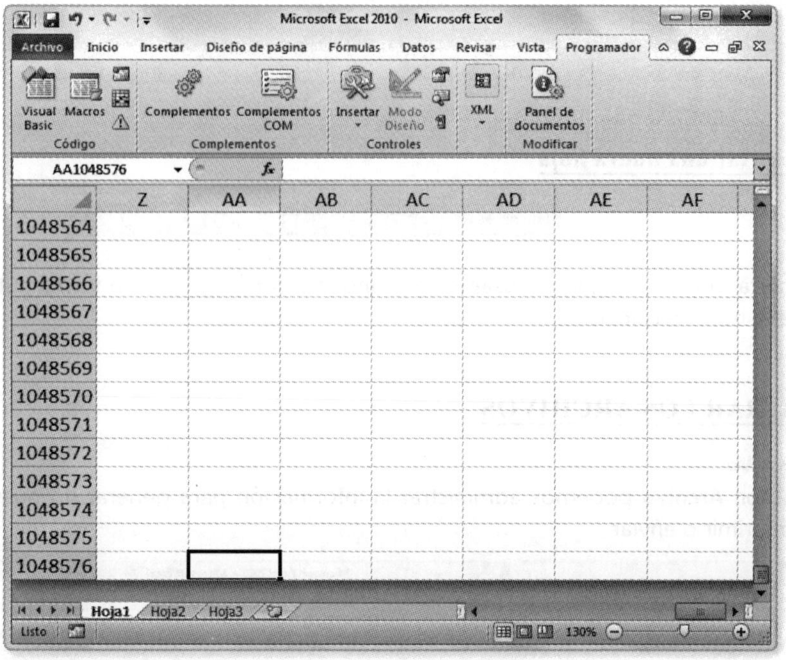

- Llegamos hasta la columna XFD.
- Las filas son números, en este caso llegamos a la fila 1048552.

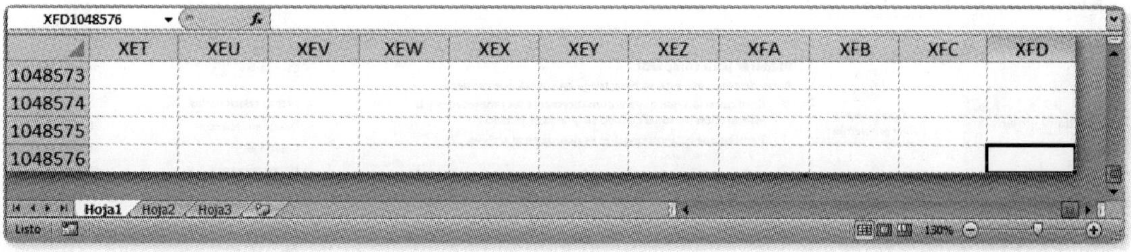

Etiqueta de la Hoja

Me muestra en qué hoja estoy trabajando, aparecen 3 hojas pero podemos insertar más solo presionando el último icono de la derecha.

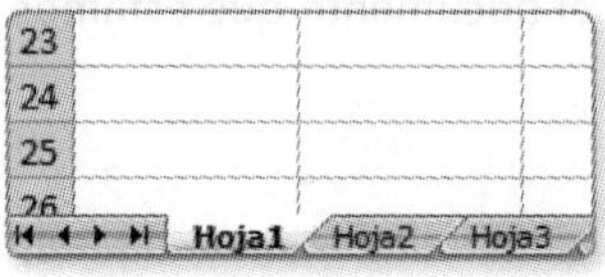

Si deseamos, al darle doble clic sobre una de las etiquetas podemos cambiar su nombre.

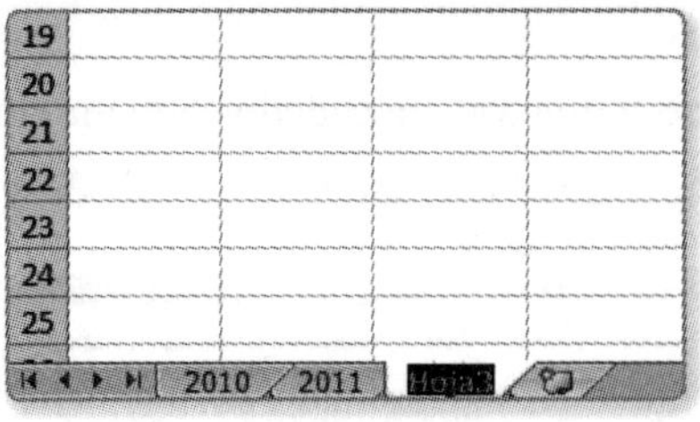

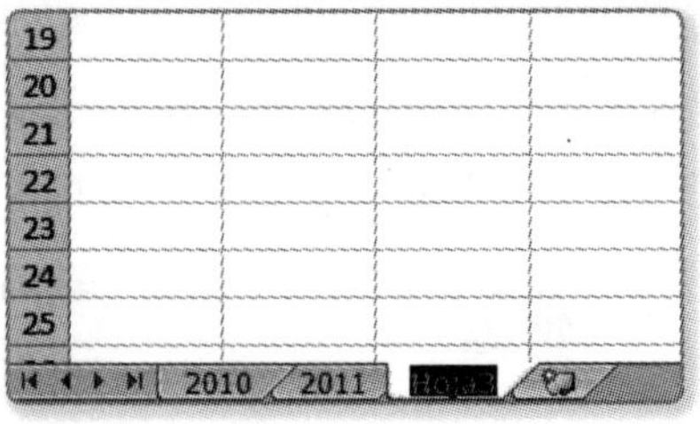

Para insertar una nueva hoja

Para insertar una nueva página, usamos el icono Insertar y en forma automática se agrega una nueva hoja de cálculo.

• ADMINISTRAR LOS ARCHIVOS

Botón de archivo

Al usar el botón **Archivo** podemos administrar la información para generar un nuevo archivo, abrirlo, guardarlo, imprimir o enviar.

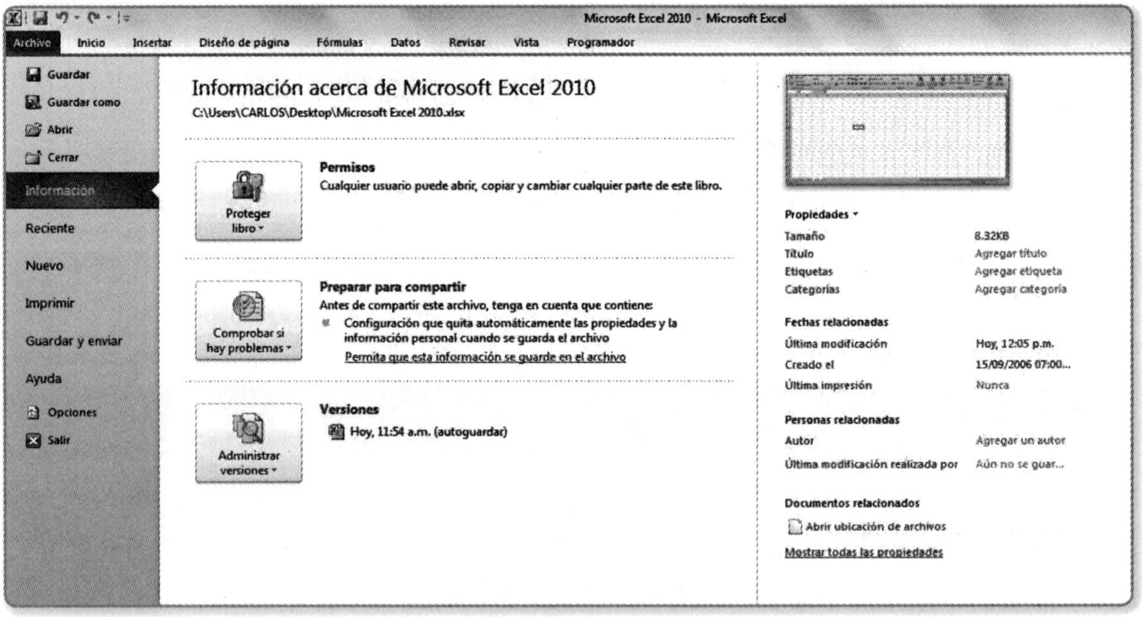

• Guardar un documento

Tenemos dos opciones para guardar el documento que estamos usando.

- Si el archivo es nuevo y vamos a grabar por primera vez, ambas opciones nos llevan al cuadro de diálogo Guardar como.
  - Si el archivo es uno que ya estamos usando y tiene nombre, la primera opción será guardado rápido (presionamos el botón y archiva el documento actualizando los cambios rápidamente); la segunda opción te muestra el cuadro de diálogo Guardar, dándole la opción de cambiar de nombre al archivo que estamos usando.

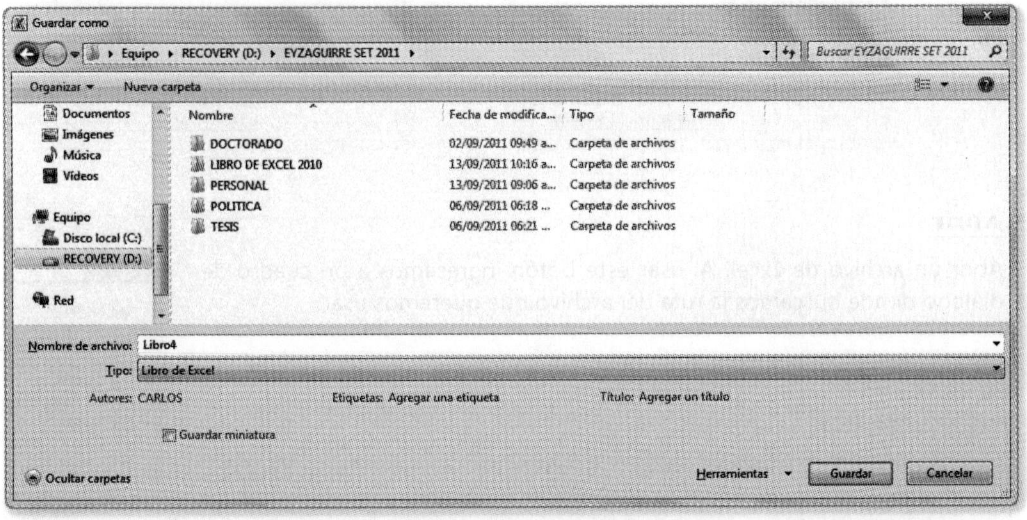

- En este cuadro seleccionamos la ruta donde queremos guardar el archivo, digitamos el nombre.
- Si usamos Herramientas y en ella Opciones generales podemos crear copias de seguridad o crear contraseñas.

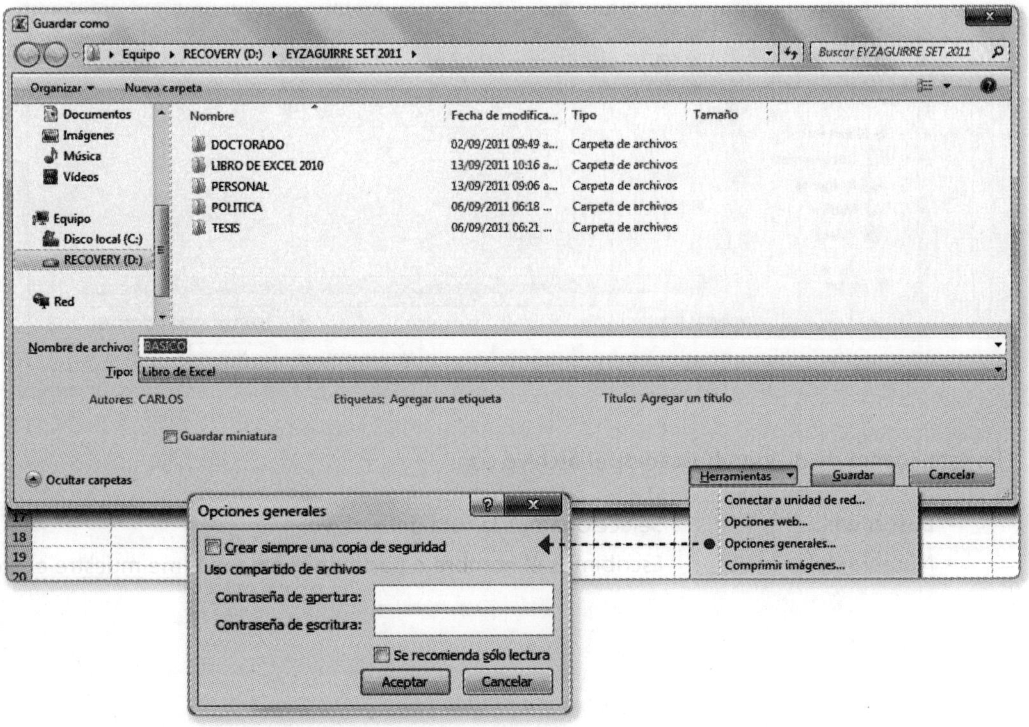

- La contraseña puede ser de protección o contra escritura, para ambos casos al escribir la contraseña el programa nos muestra solo asteriscos. Al dar Aceptar debemos confirmar la contraseña, es decir escribir la misma, si es correcta podemos grabar y sino el programa te pedirá nueva contraseña.

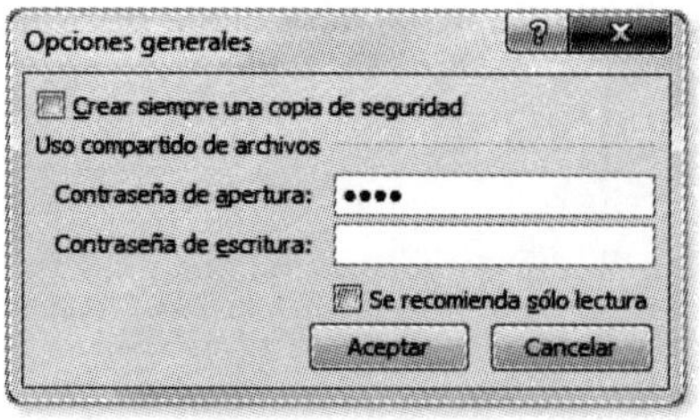

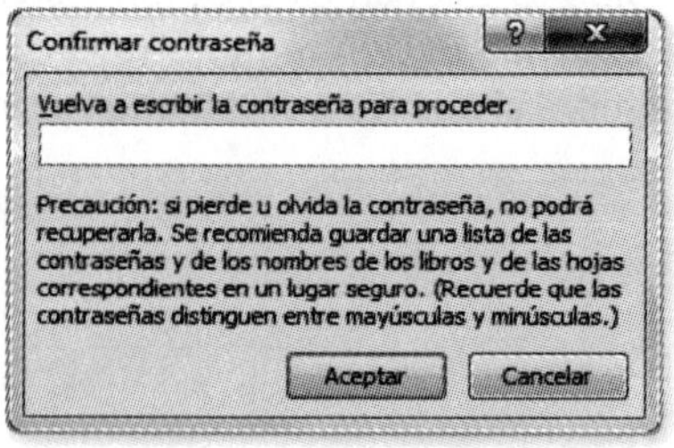

- **Abrir**

Abrir un archivo de Excel. Al usar este botón ingresamos a un cuadro de diálogo donde buscamos la ruta del archivo que queremos usar.

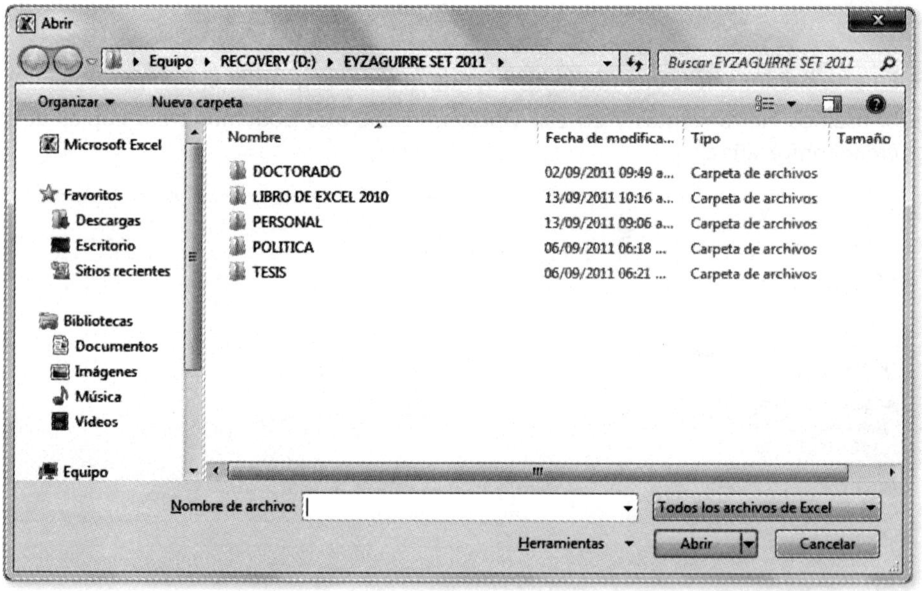

En este cuadro de diálogo buscamos el archivo con:

- Buscar en: Seleccionamos la ruta del archivo.
- Nombre del archivo: Escribimos el nombre o parte de él para que me muestre el archivo.

• Nuevo

Con este botón ingresamos a un nuevo documento de Microsoft Excel. El programa te da opciones para usar formatos, plantillas predeterminadas; la forma más rápida es usando la opción Libro en blanco.

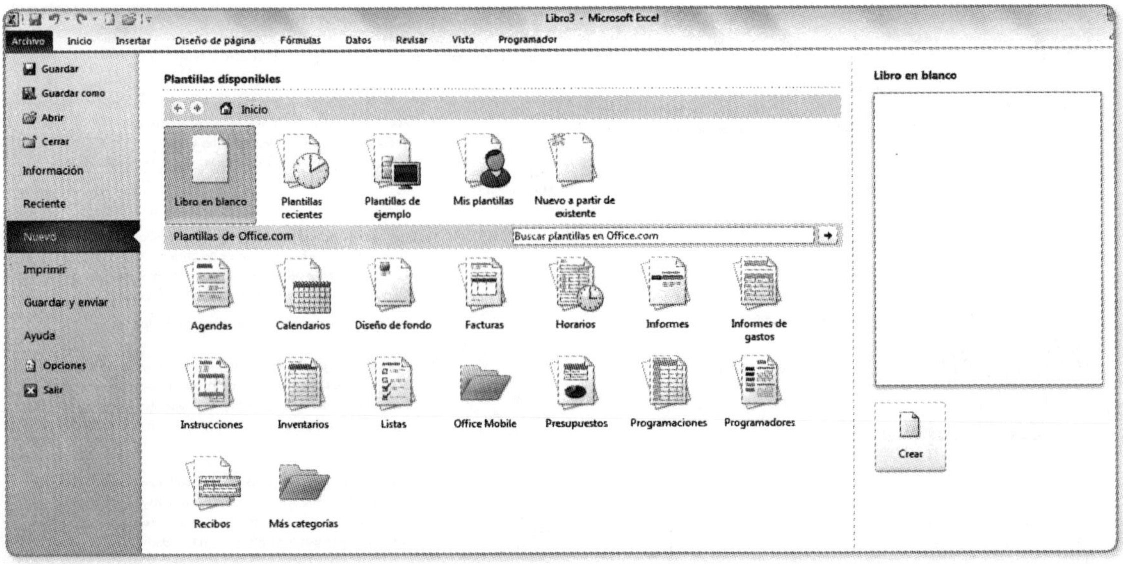

• Imprimir

Esta opción nos muestra alternativas de impresión de nuestro documento.

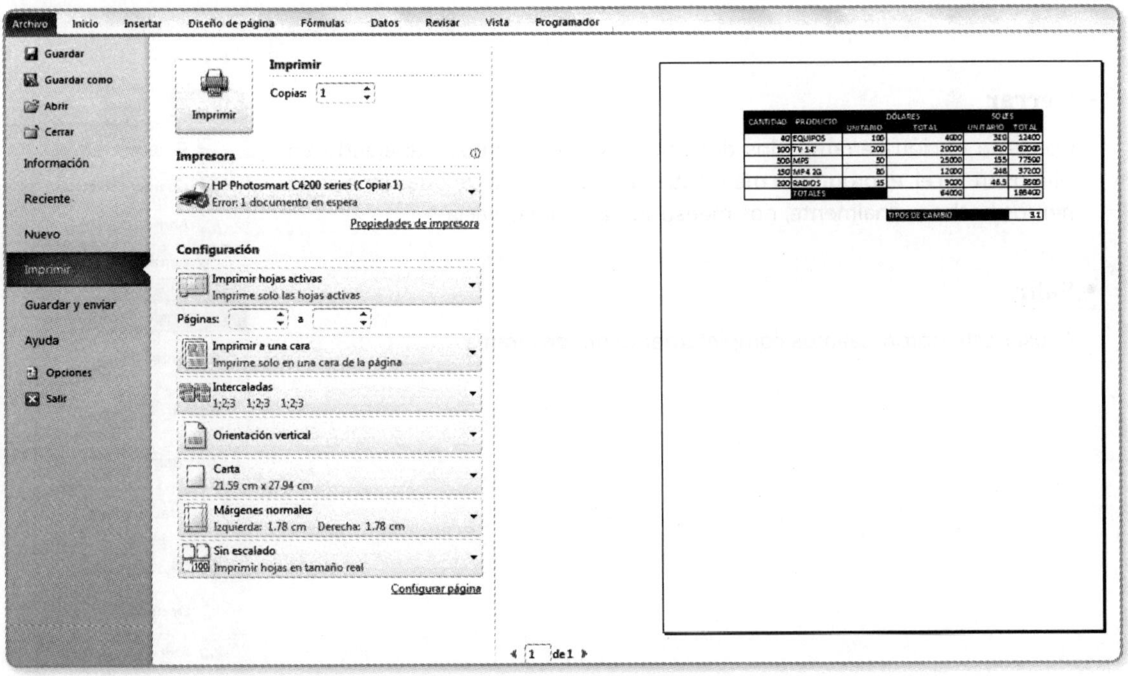

• Guardar y Enviar

Esta es una de las opciones preferidas para las personas que envían sus archivos por Internet. Encontramos una serie de variantes, pero principalmente es para enviar usando tu correo electrónico.

Puedes cambiar tu formato (PDF, etc.).

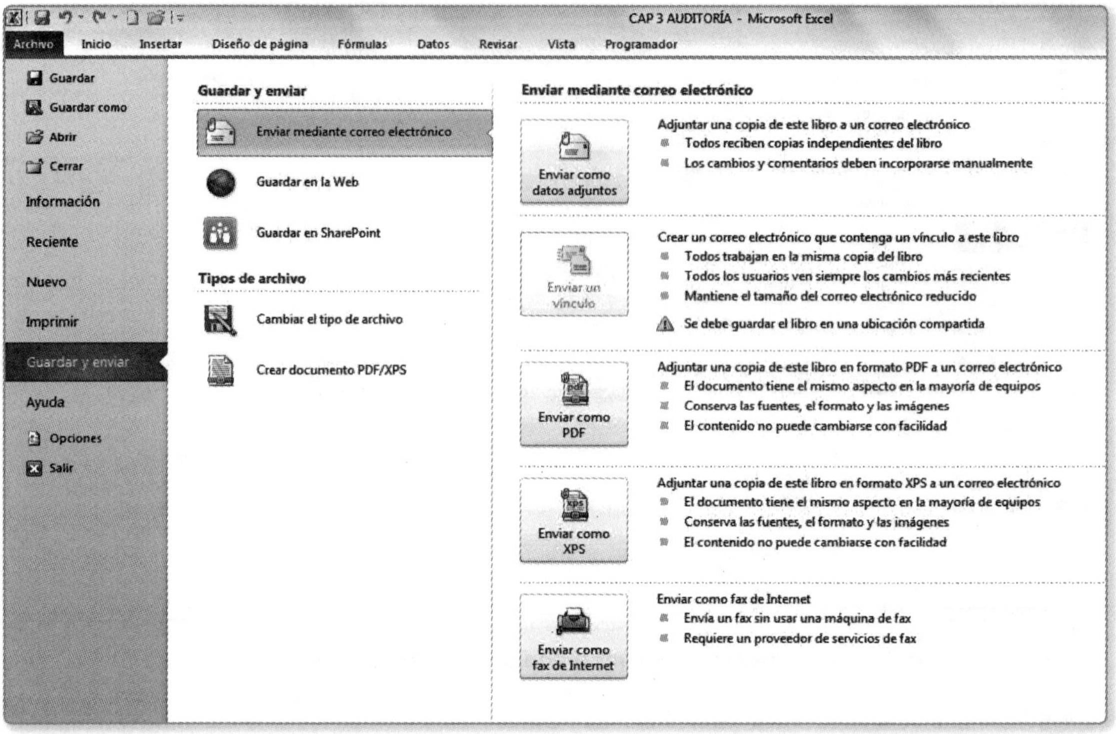

• Cerrar

Con esta opción cerramos los documentos que estamos trabajando en Microsoft Excel, el programa me mostrará la alternativa de guardar sino lo hemos hecho y, finalmente, nos muestra una pantalla vacía.

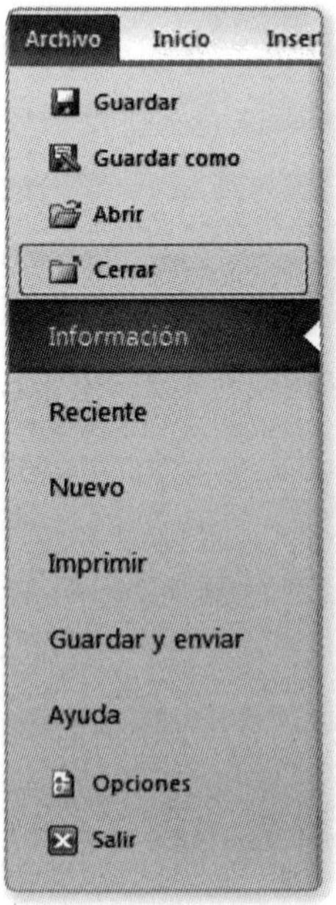

• Salir

Al usar este botón, salimos completamente del programa.

• ADMINISTRAR LA INFORMACIÓN

• Menú contextual

Al usar el botón derecho del mouse, se despliega un menú contextual que nos muestra de acuerdo al trabajo que estamos realizando una serie de iconos de formato y opciones de trabajo.

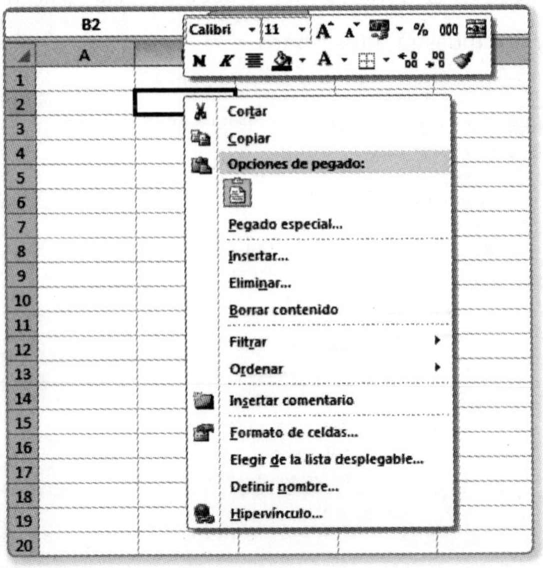

• Opciones de autorelleno

Cuando estamos copiando nos aparece un recuadro, donde nos da las alternativas de formato de copia.

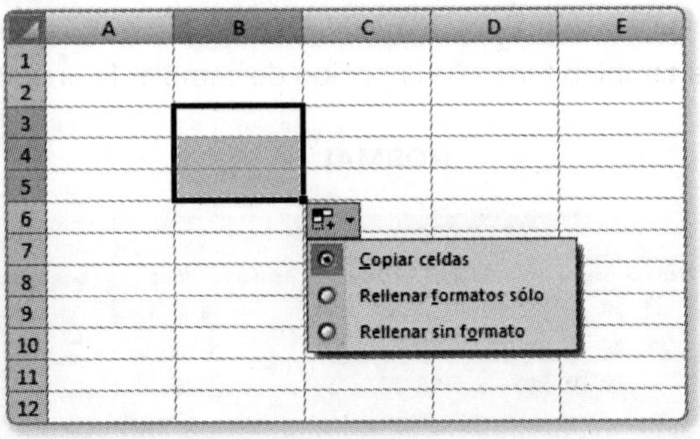

• Celdas inteligentes

Cuando generamos una secuencia de fórmulas o copias diferente a la que se está haciendo o cometemos un error, el programa nos mostrará un rombo con el signo de admiración, que al ser desplegado nos dará alternativas de solución (si es que la necesitamos).

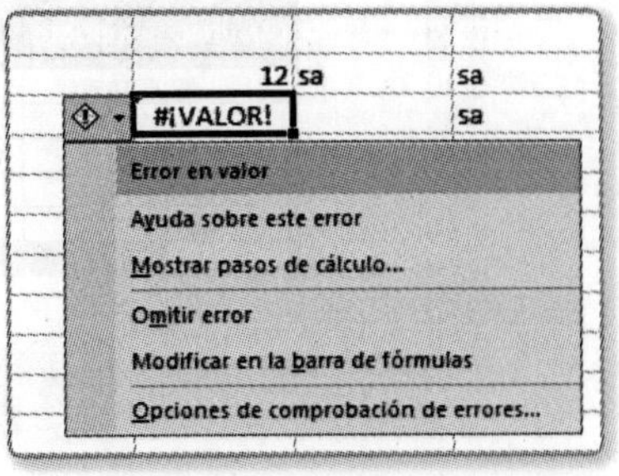

• Barra de acceso rápido

En la parte superior derecha, junto al icono office, se encuentran los accesos rápidos como Guardar, Deshacer y Rehacer.

A esta barra podemos agregarle más iconos, para ello debemos usar la flecha que se encuentra al final.

Dicha flecha se desplaza y nos muestra otros iconos.

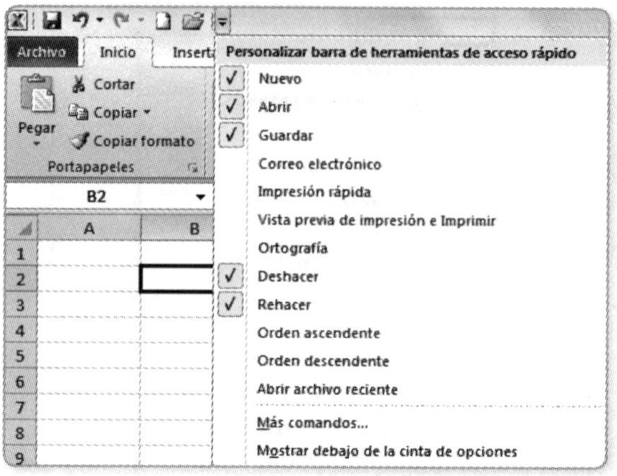

• Zoom

En la parte inferior derecha tenemos la barra para modificar el tamaño de la pantalla.

• Vistas 

En la parte inferior derecha también tenemos la opción de cambiar la presentación de la hoja.

NORMAL

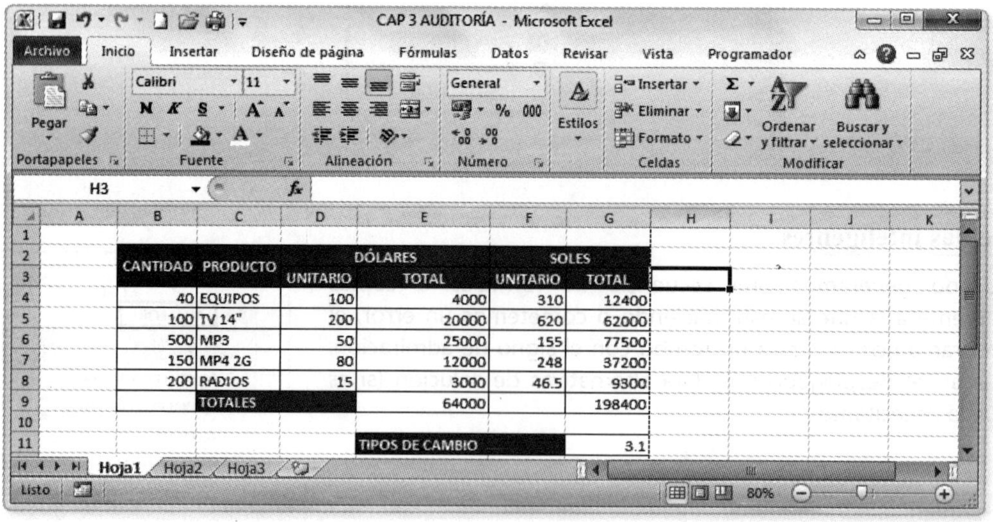

DISEÑO DE PÁGINA

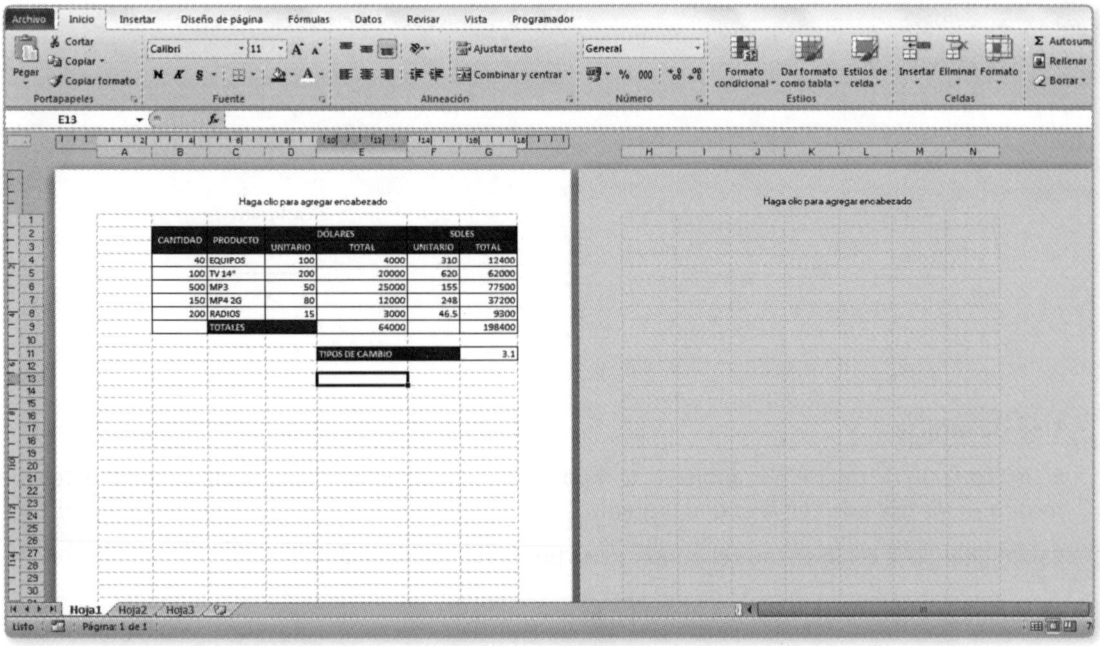

VISTA PRELIMINAR

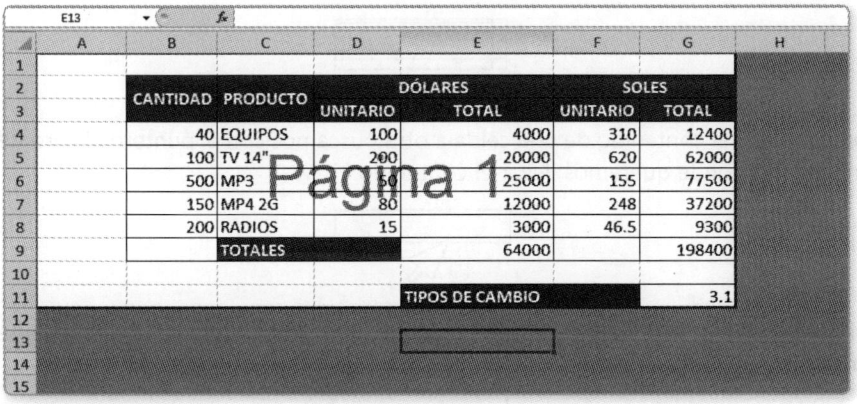

CANTIDAD	PRODUCTO	DÓLARES		SOLES	
		UNITARIO	TOTAL	UNITARIO	TOTAL
40	EQUIPOS	100	4000	310	12400
100	TV 14"	200	20000	620	62000
500	MP3	50	25000	155	77500
150	MP4 2G	80	12000	248	37200
200	RADIOS	15	3000	46.5	9300
	TOTALES		64000		198400
			TIPOS DE CAMBIO		3.1

• INGRESAR DATOS

Para ingresar datos tenemos que seguir los siguientes pasos:

1. Seleccionar con el mouse la celda.
2. Escribir.
3. Observemos que lo que escribimos aparece tanto en la barra de fórmulas como en la celda.
4. Al terminar debemos dar un Enter o mover uno de los cursores.
5. Si el contenido es un texto o un número este aparece en forma normal, pero si es una fórmula o una función el programa procesa la información y escribirá en la celda el resultado.

Nótese que un texto es alineado automáticamente a la izquierda y un número a la derecha.

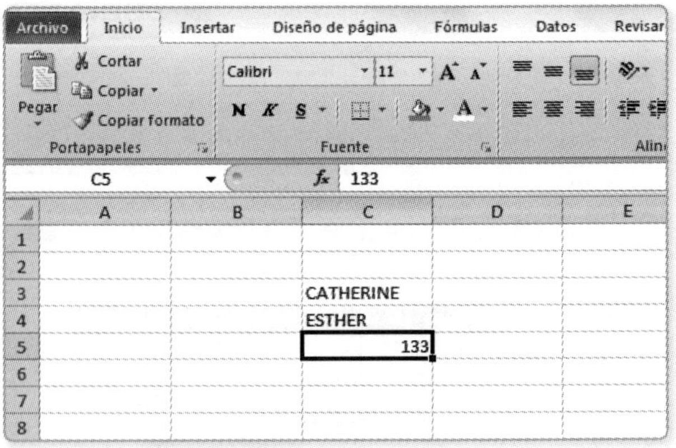

• Uso de mouse

El uso correcto de mouse nos ahorrará tiempo y nuestro trabajo será más efectivo, por ello debemos reconocer los tipos de cursores que usaremos.

Para digitar en la celda se sitúa el puntero y se busca el cursor lineal.

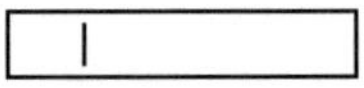

Para seleccionar una o varias celdas debemos buscar con el puntero casi en el centro de la celda el cursor cruz blanca y luego se arrastra seleccionando las celdas.

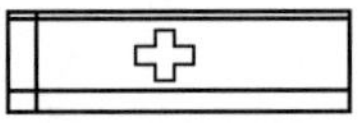

Si deseamos mover el contenido de una celda a otra buscamos con el puntero el cursor flecha y luego arrastramos hasta donde queremos llevar el contenido.

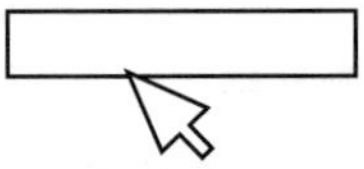

Ahora, si queremos copiar el contenido debemos buscar con el puntero en la esquina inferior izquierda el cursor siguiente y luego arrastrar.

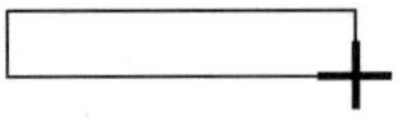

• Editar

Si queremos editar el contenido de una celda nos ubicamos en ella y presionamos F2 o le damos doble clic sobre la celda hasta que el cursor línea aparezca.

• Seleccionar

Para seleccionar celdas podemos utilizar el uso del cursor cruz blanca o usamos combinación de teclado.

Combinación de teclado

Para seleccionar un rango de celdas:

1. Nos ubicamos en la celda inicial.
2. Presionamos SHIFT sin soltar.
3. Nos ubicamos en la última celda.
4. Soltamos SHIFT y todo el rango queda seleccionado.

Para seleccionar celdas en forma individual:

1. Nos ubicamos en la celda inicial.
2. Presionamos CTRL sin soltar.
3. Y con el mouse le damos un clic sobre las celdas a seleccionar.
4. Soltamos CTRL y las celdas quedan seleccionadas.

• Cortar Copiar y pegar

Son sin duda alguna las operaciones más utilizadas, el cortar o copiar un carácter, una página, un documento, un gráfico, etc. El sistema guarda en el portapapeles hasta que el usuario lo necesite, o en caso contrario lo reemplace al volver a copiar o cortar.

Uso de los iconos

Se encuentran en el grupo portapapeles.

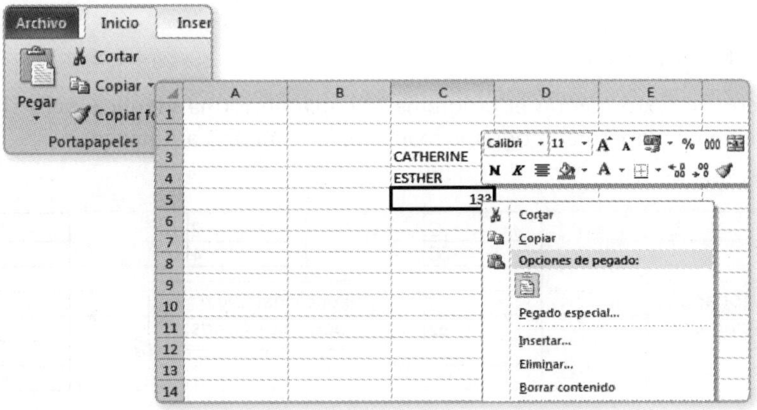

Uso de menú Contextual

Aparece al pulsar el botón derecho del mouse sobre lo seleccionado. Aparece un menú con las opciones más usadas.

Uso del teclado

Para **Copiar** usamos **CTRL + C**
Para **Cortar** usamos **CTRL + X**
Para **Pegar** usamos **CTRL + V**

Ejemplo:

Copiar los números 23, 25 ,28 y 30 a otra columna.

1. Seleccionamos usando CTRL (son celdas individuales).
2. Un clic en el icono.

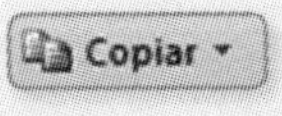

3. Nos ubicamos en la celda donde queremos pegar y le damos un clic en el icono.

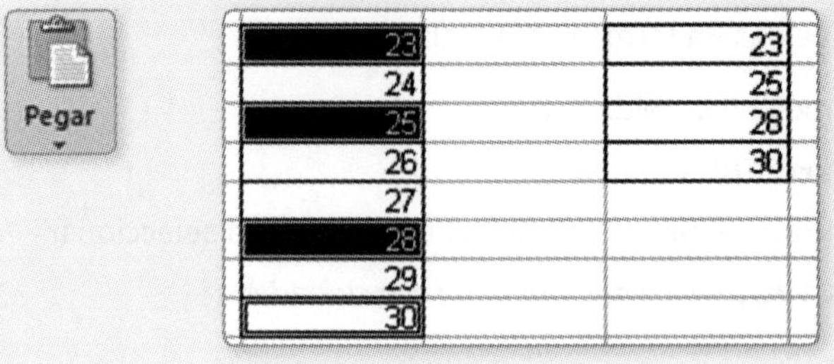

4. En forma automática aparecen los números en forma continua.

• Series de datos

Datos Numéricos

Si copiamos un número al programa lo copia en forma idéntica.
Si seleccionamos dos números y copiamos el programa utiliza la progresión aritmética de estos números y la mantiene.

Datos Alfabéticos

Si copiamos un texto común el programa lo copia en forma idéntica, pero si copiamos un texto terminado en un número el programa mantiene la secuencia aritmética.

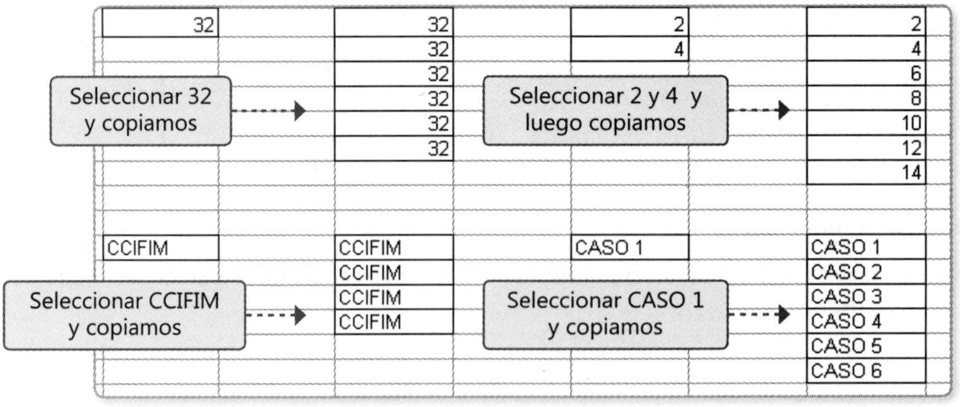

Nos damos cuenta que cuando copiamos un texto simple o un número, el programa copia en forma idéntica, pero cuando copiamos dos números el programa mantiene su relación aritmética y cuando se copia un texto con un número el programa copia el texto y varía el número.

Datos fecha

Si se copia una celda que contiene fecha, el programa copia usando una relación especial.

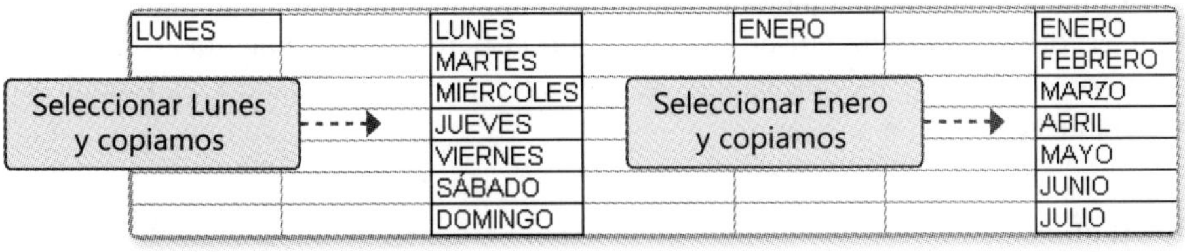

• Trabajo con varios documentos

Se puede abrir varios documentos a la vez y el programa nos mostrará siempre el último. Para verlos a la vez debemos de:

- Usar el grupo Ventana de la ficha Vista.
- Seleccionamos Organizar todo.

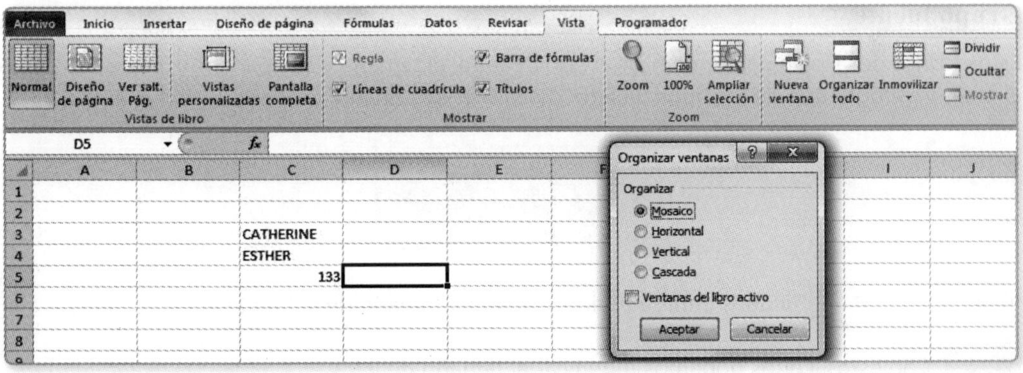

- En este cuadro de diálogo seleccionamos la opción Mosaico.

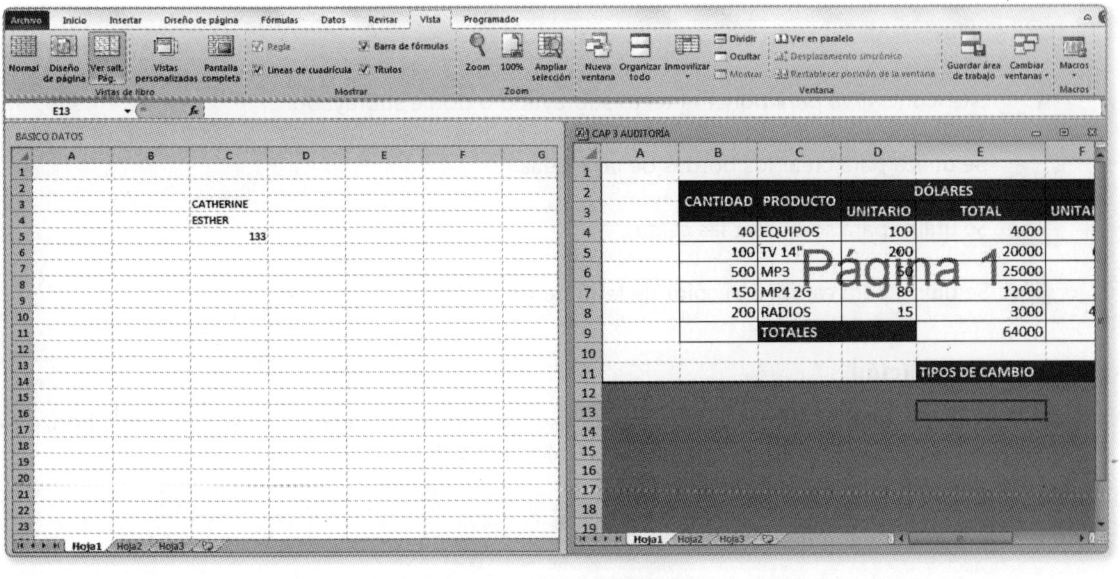

- Observemos que el programa muestra los dos documentos a la vez (los dos que estaban abiertos).

• FORMATO

El formato de una hoja en Microsoft Excel es simple y nosotros podemos modificarlo para obtener algunos resultados o para tener una mejor presentación.
Para modificar el formato podemos usar los iconos de la barra de herramientas o el menú formato. Usamos los iconos cuando las modificaciones son simples y el Menú cuando las modificaciones son especiales o personalizadas.

• Uso de los iconos

La forma más fácil de modificar el formato es haciendo uso los iconos que se encuentran en la ficha Inicio.

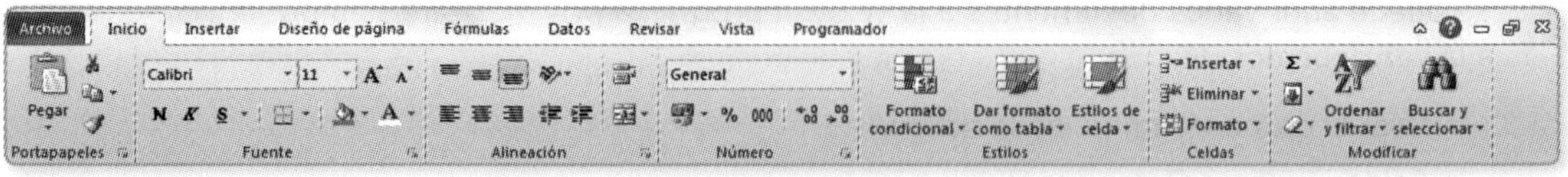

• Grupo fuente

Estos iconos nos sirven para modificar el tipo de letra, el tamaño y su apariencia. Basta con seleccionar el texto y escoger uno de los tipos de letra o cambiar su tamaño.

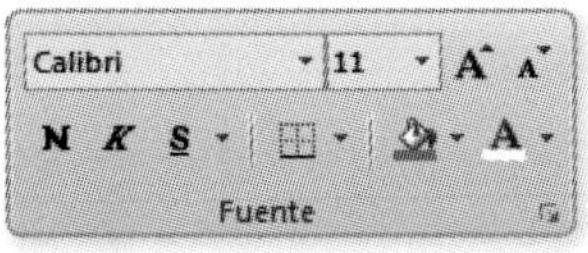

Iconos para seleccionar el tipo y tamaño de la fuente.

 Con estos iconos podemos modificar el tamaño de letra.

 Si seleccionamos el texto y le damos un clic en este icono el texto estará en negritas.

 Con este icono el texto estará en cursivas.

 Este icono sirve para poner el texto subrayado o doble subrayado.

 Se utiliza para crear los bordes de las celdas.

 Se utiliza para sombrear las celdas.

 Se utiliza para cambiar el color de letra de las celdas seleccionadas.

• Grupo alineación

Con este grupo modificaremos la posición de texto o número en la celda, ya sea en forma horizontal, vertical o para ordenar su texto combinando o ajustando.

 Con estos iconos modificamos la posición vertical del texto o número en una celda.

 Sirve para modificar la alineación horizontal de las celdas seleccionadas.

 Este icono no muestra alternativas para la orientación del texto.

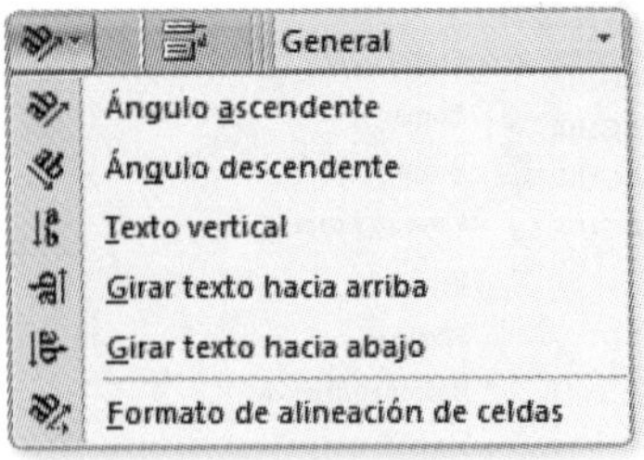

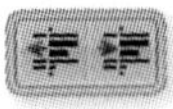 Sirve para aplicar o desactivar sangrías.

 Se usa para ajustar el texto en una celda.

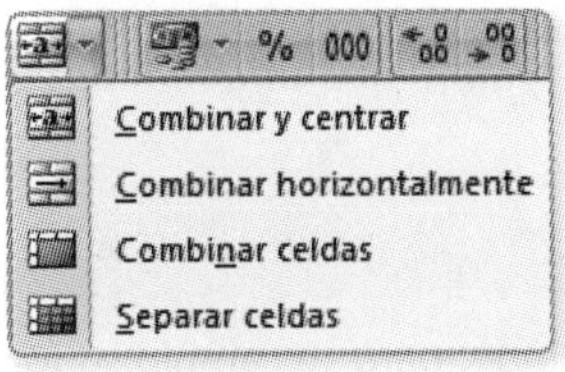

 Se usa para combinar las celdas (unir celdas) seleccionadas y darles una característica.

- **Grupo número**

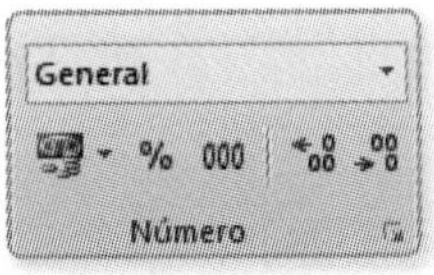

 Se usa para darle a la celda un formato monetario.

 Se usa para darle a la celda un formato en porcentajes, la unidad será el 100%

 Se utiliza para aumentar o disminuir decimales a un número.

- **Grupo estilo**

Con estas opciones le damos una característica especial al contenido de las celdas, condicionando el formato y usando estilos.

• Uso del menú contextual

Las funciones que más se usaron se encuentran en el menú contextual (clic derecho del mouse).

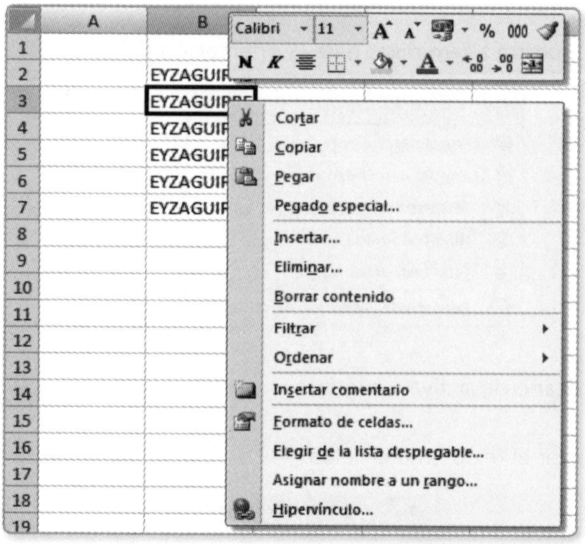

Ejemplo:

Estas columnas tienen un mismo contenido, pero se cambió su formato:

- La primera es simple.
- Se seleccionó la segunda columna y luego se utilizó el icono para agregar decimales aumentando a 3.
- Se seleccionó la tercera columna y luego se utilizó el icono porcentajes.
- Y en la última se utilizó el icono monetario.

1	1.000	100%	S/. 1
14	14.000	1400%	S/. 14
15	15.000	1500%	S/. 15
16	16.000	1600%	S/. 16

• Uso de los grupos de la ficha Inicio

Al usar la opción cuadro de diálogo de los grupos (para activarlo bastará con presionar el icono que se encuentra en la parte inferior del grupo, al lado derecho del título). Tenemos más alternativas para modificar las características con la cuales trabaja el programa. Microsoft Excel es principalmente una hoja de cálculo, por ello modificar hojas, columnas, filas y celdas son las principales opciones a modificar.

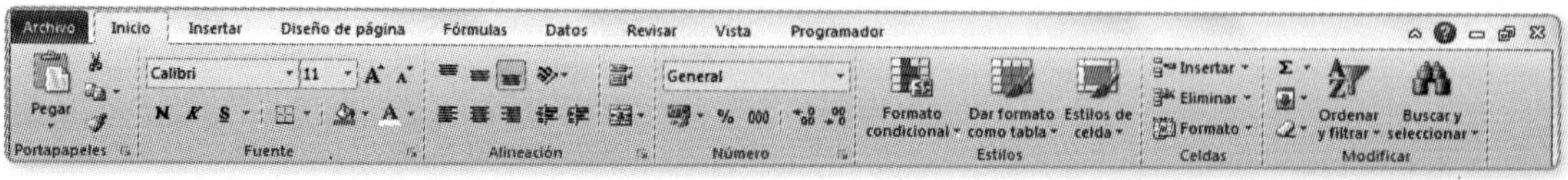

- En el grupo Fuente

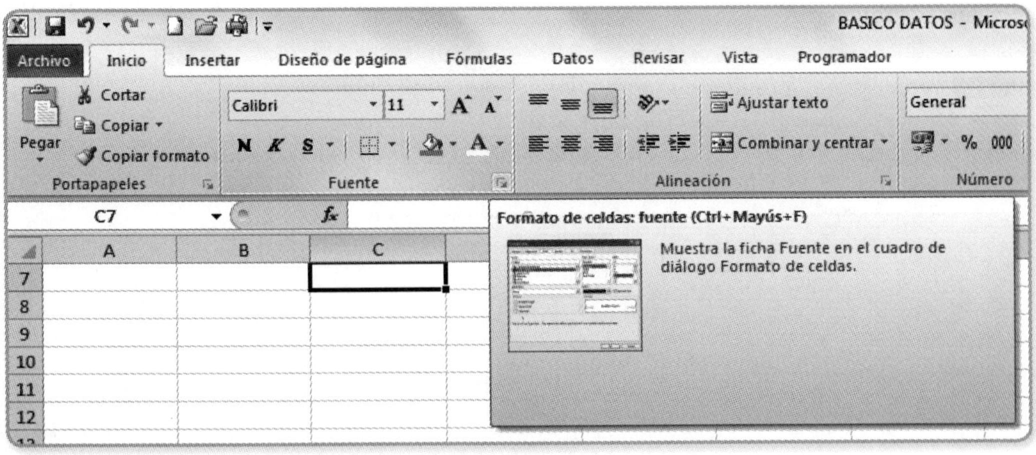

- En el grupo Alineación

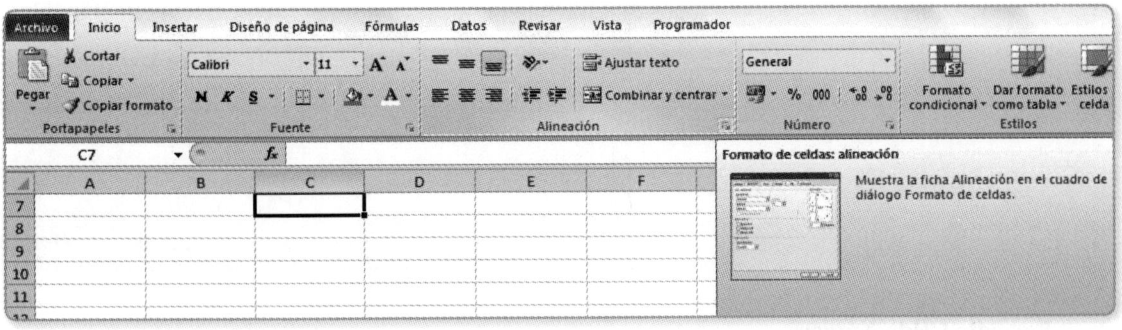

- En el grupo Número

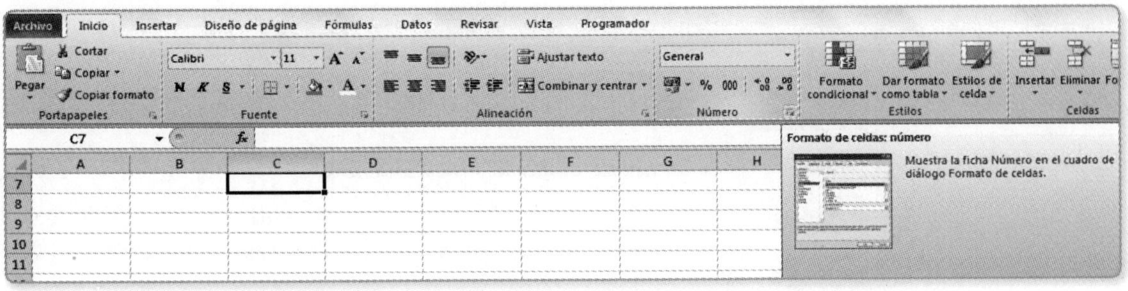

• Formato celda

Al usar esta opción el programa nos ofrece el uso de seis solapas: Número, Alineación, Fuente, Bordes, Relleno y Proteger.

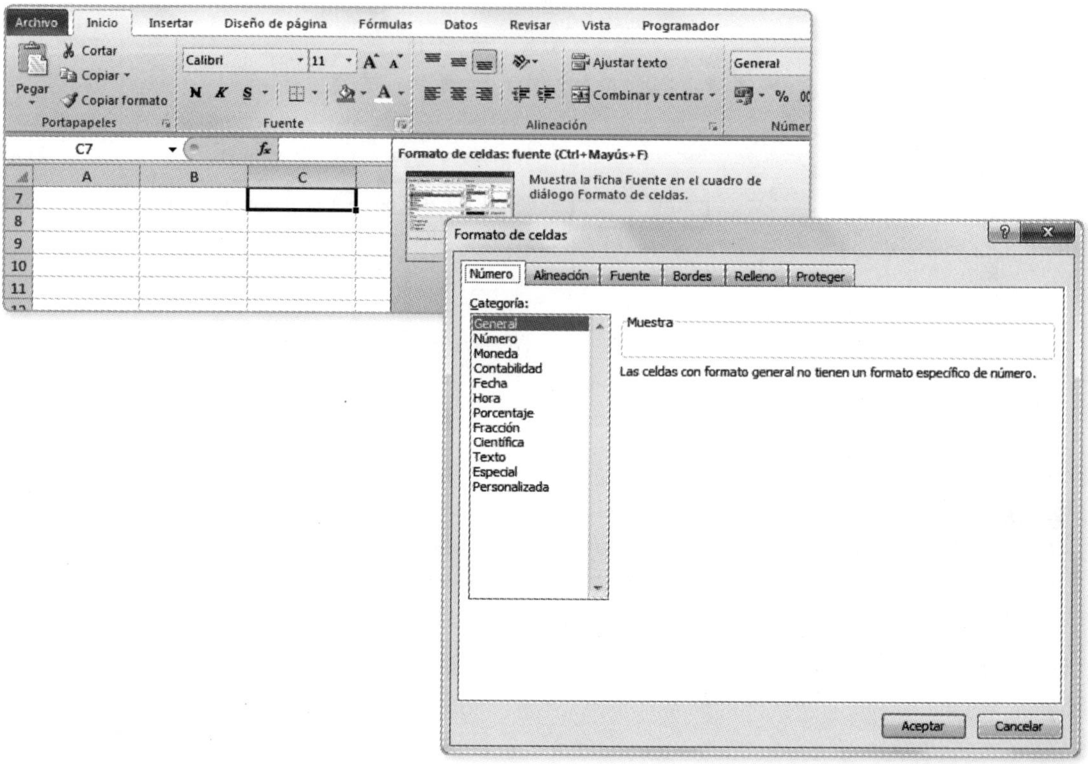

Formato Celda Número

Es sin duda alguna la solapa más utilizada. Aquí podemos modificar el número de decimales, moneda, contabilidad, fecha, porcentaje, fracción, científica, personalizada, etc.

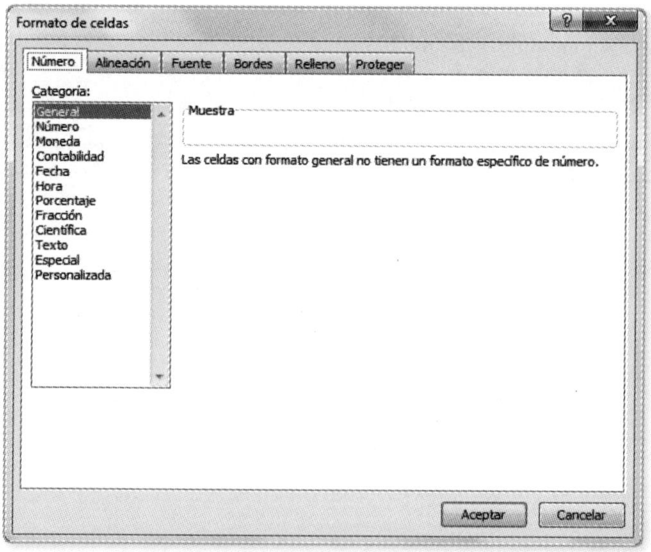

Formato Celda Número - Número

Si en categoría seleccionamos número, podemos modificar el número de decimales o agregar una coma para la separación de miles.

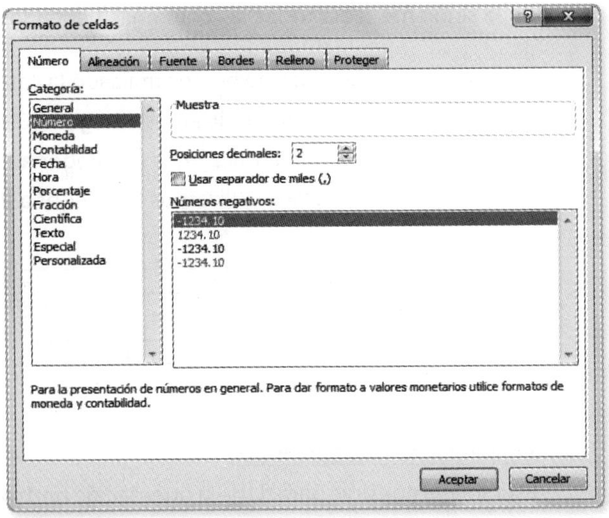

Formato Celda Número Moneda

En la categoría Moneda debemos seleccionar Símbolo para elegir el tipo de moneda que utilizaremos.

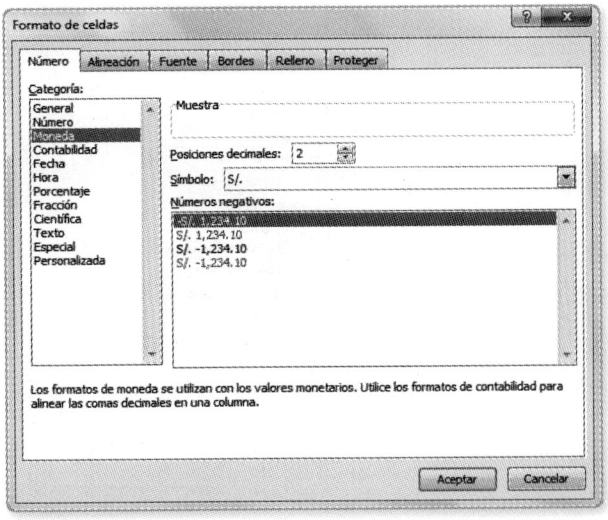

Formato Celda Número Personalizar

Al utilizar personalizar podemos trabajar formatos especiales, por ejemplo podemos combinar ceros al lado izquierdo, trabajar con letra y números, etc.

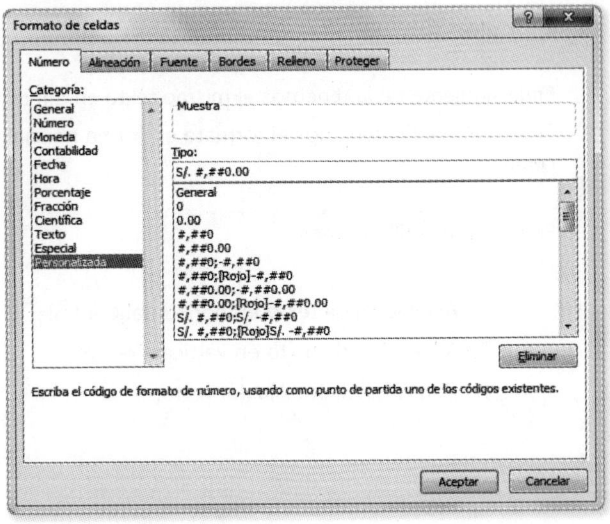

En la siguiente tabla todas las columnas tienen los mismos valores pero:

- En la segunda columna hemos utilizado la categoría Moneda y el tipo es Inglés (Estados Unidos).
- En la tercera columna utilizamos categoría Científica.
- En la cuarta columna utilizamos la categoría Personalizar y en tipo escribimos 000.00
- En la quinta columna utilizamos la categoría Personalizar y en tipo escribimos "CARLOS" #

1	$1	1.E+00	001.00	CARLOS 1
14	$14	1.E+01	014.00	CARLOS 14
15	$15	2.E+01	015.00	CARLOS 15
16	$16	2.E+01	016.00	CARLOS 16

Formato Celda - Alineación

Esta solapa nos sirve para darle la orientación horizontal o vertical del texto en las celdas seleccionadas.

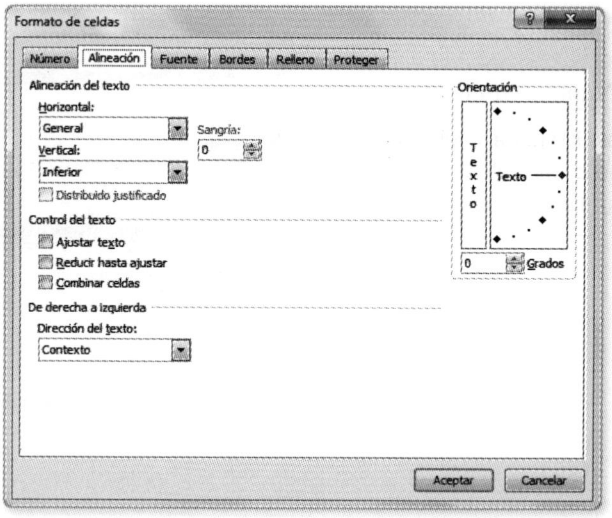

Ejemplo:

En la siguiente tabla tenemos el mismo texto en diferentes filas.

En la primera fila tenemos el formato en forma normal y observamos que el contenido no alcanza en la celda.

En la segunda fila usamos:

- En Alineación de texto en horizontal Central.
- En Alineación de texto en vertical Central.
- En Control de texto Ajustar texto.

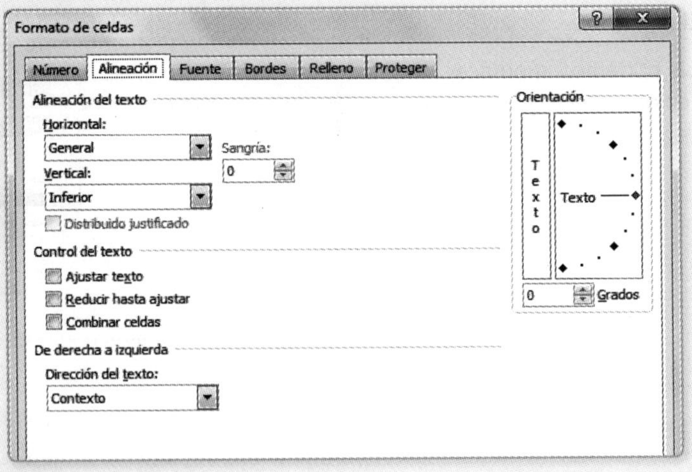

En la tercera fila usamos:

En control de texto **Reducir hasta ajustar.**

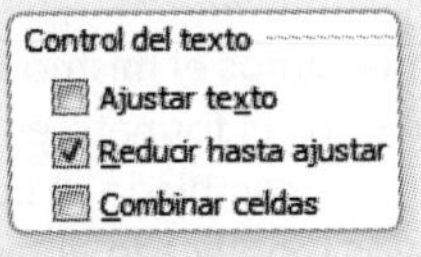

Y en la cuarta fila aplicamos Orientación del Texto **Grados 45.**

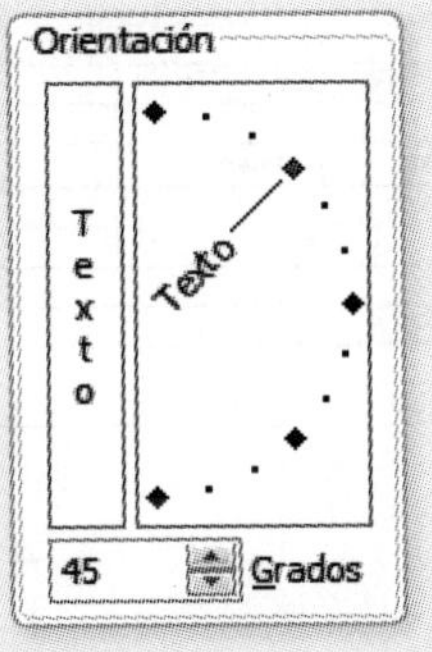

Resultado

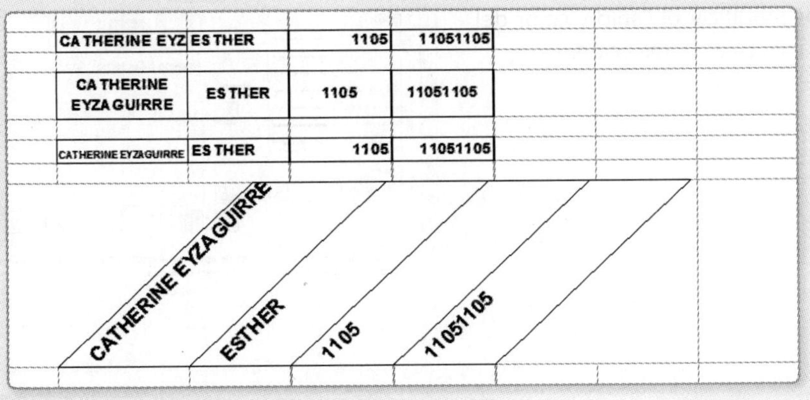

Formato Celda - Fuente

En esta solapa podemos modificar el tamaño, tipo, color, aspecto y efecto de la letra.

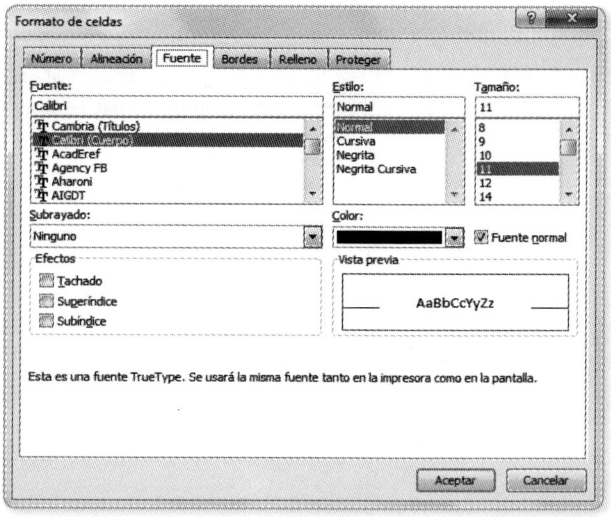

Ejemplo:

En la siguiente tabla tenemos el mismo texto en diferentes filas.
En la primera fila tenemos el formato en forma normal.
En la segunda fila hemos cambiado el tipo de letra.
En la tercera fila hemos modificado el tamaño de letra.
En la cuarta fila hemos modificado tamaño, estamos usando cursivas y subrayado.
Y en la quinta fila hemos cambiado el color de letra

CATHERINE EYZAGUIRRE	ESTHER	2805	1908
CATHERINE EYZAGUIRRE	**ESTHER**	**2805**	**1908**
CATHERINE EYZAGUIRRE	ESTHER	2805	1908
CATHERINE EYZAGUIRRE	*ESTHER*	*2805*	*1908*
CATHERINE EYZAGUIRRE	ESTHER	2805	1908

Formato Celda - Bordes

Podemos modificar el Estilo y color del borde e inclusive su ubicación.

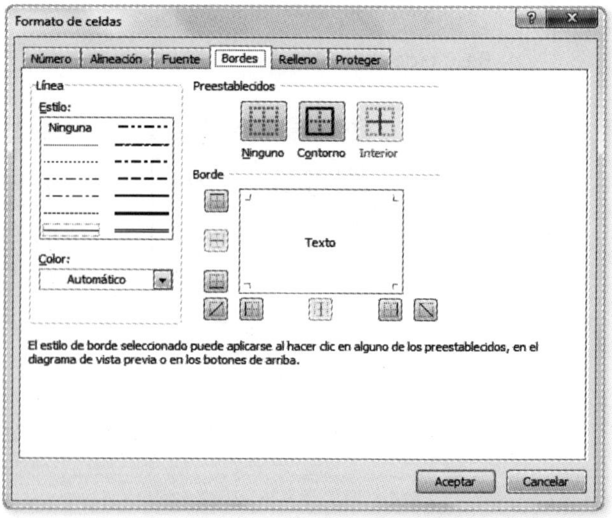

Formato Celda - Relleno

Con esta solapa podemos dar color al fondo de las celdas seleccionadas y además podemos poner tramas.

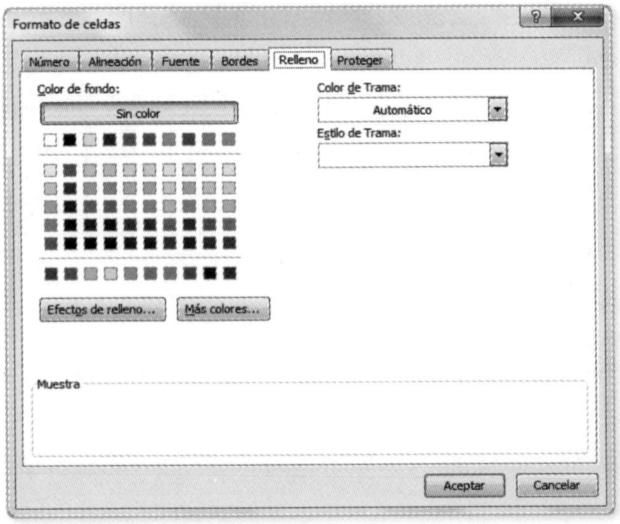

- ## Formato

Esta opción nos sirve para desplegar las opciones del icono Formato, que se encuentra en la ficha Inicio, Grupo Celda.

Tamaño de celda

Esta opción nos sirve para cambiar al alto de las filas ú ocultarlas, para lo cual previamente debemos seleccionarlas. Para el caso de las columnas nos sirve para cambiar al ancho de las columnas ú ocultarlas, para ello previamente debemos seleccionarlas.

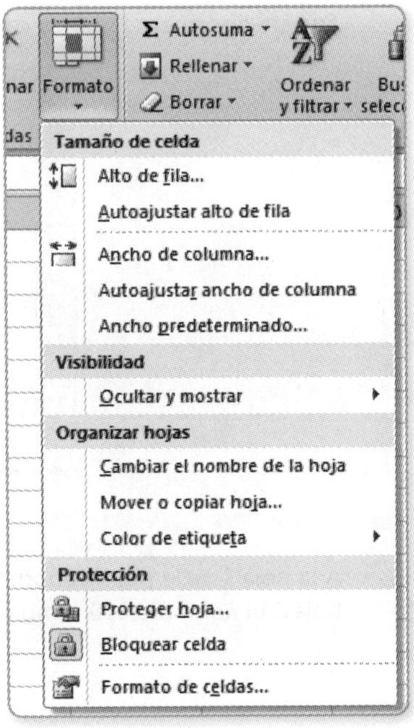

Visibilidad

Opción que nos sirve para ocultar o mostrar las filas o columnas seleccionadas.

Organizar Hojas

Para modificar el nombre, mover, ponerle color a la etiqueta del nombre de las hojas de cálculo.

Protección

Para proteger un grupo de celdas seleccionadas.

Ejemplo:

- Tenemos la siguiente tabla de datos:

	A	B	C	D	G
1					
2					
3					
4		NOMBRE	APELLIDO	NOTA 1	PROMEDIO
5		JOSE	ACOSTA	15	17.33
6		ROSA	ACOSTA	14	15.67
7		ROMULO	JUSTO	18	16.67
8		GERARDO	VEGA	15	15.00
9		DELIA	BASURCO	16	17.00
10					

- En esta tabla hemos modificado el formato de columna cambiando el ancho de algunas de ellas y además ocultando las columnas E y F.
- En esta tabla hemos modificado el formato de fila cambiando el alto de fila 4 y además ocultando las filas 6 y 7.

	A	B	C	D	E	F	G
1							
2							
3							
4		NOMBRE	APELLIDO	NOTA 1	NOTA 2	NOTA 3	PROMEDIO
5		JOSE	ACOSTA	15	18	19	17.33
8		GERARDO	VEGA	15	16	14	15.00
9		DELIA	BASURCO	16	18	17	17.00
10							

- Y en la etiqueta de la hoja:

En este documento hemos cambiado el nombre a las hojas de cálculo.

A la hoja 1 se le puso el nombre 2008 y color de fondo, en la hoja 2 se puso el nombre 2009 y en la hoja 3 el nombre 2010, simplemente dando doble clic o usando el menú contextual.

Fondo de Hoja

Para el fondo de la hoja usamos la cinta Diseño de página, el grupo Configurar página, icono Fondo y en ella elegimos una imagen (Machu Picchu).

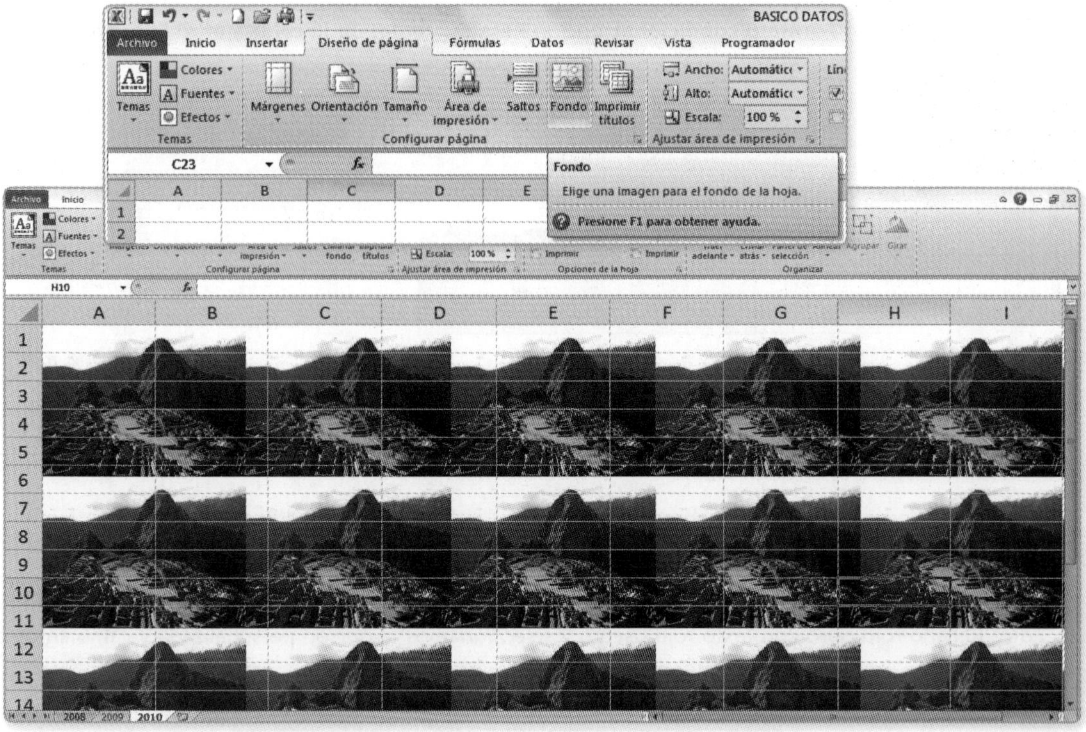

• FORMATO CONDICIONAL

Es una de la herramientas de Microsoft Excel que modifica el formato de una celda de acuerdo a una o varias condiciones. Esta herramienta lleva el nombre de Formato condicional y se encuentra en la ficha Inicio, en el grupo Estilos.

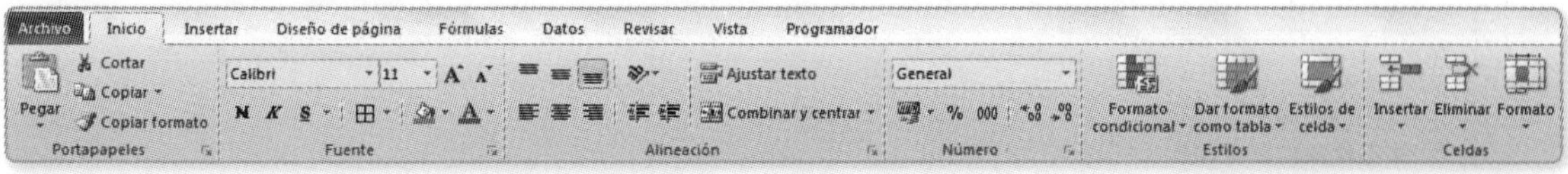

Para activar este icono previamente debemos seleccionar las celdas que queremos modificar y luego desplegamos las opciones del icono y usamos una de ellas.

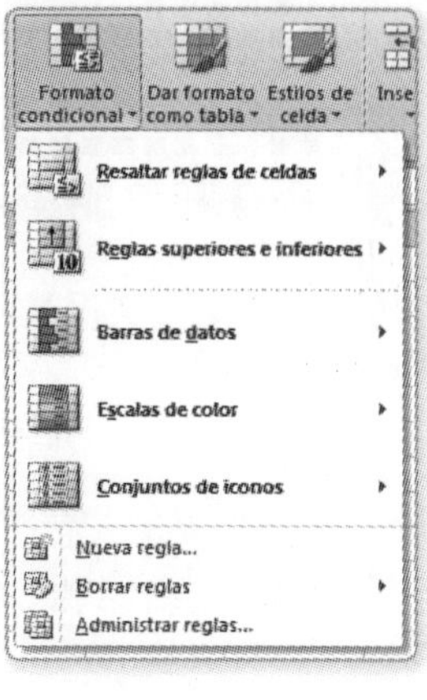

Ejemplo:

Tenemos una tabla de notas y queremos que las celdas con notas mayores de 15 tengan color de relleno.

Seleccionamos las notas.

Activamos el icono **Formato condicional**, opción **Resaltar reglas de la celda** y en él **Es mayor que**.

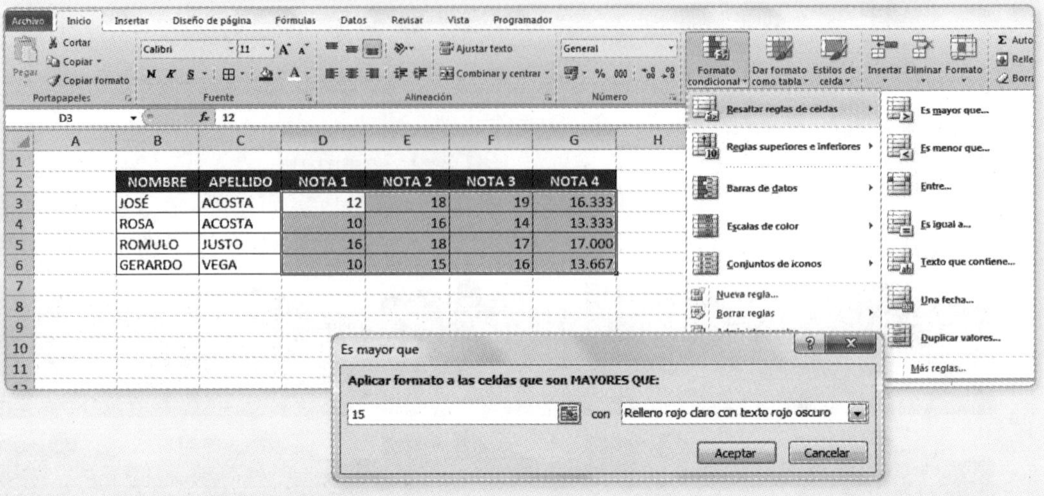

En este cuadro de diálogo digitamos la condición 15 y si queremos podemos modificar la opción que dice Relleno rojo claro con texto rojo oscuro y seleccionamos la opción personalizada y cambiamos el formato.

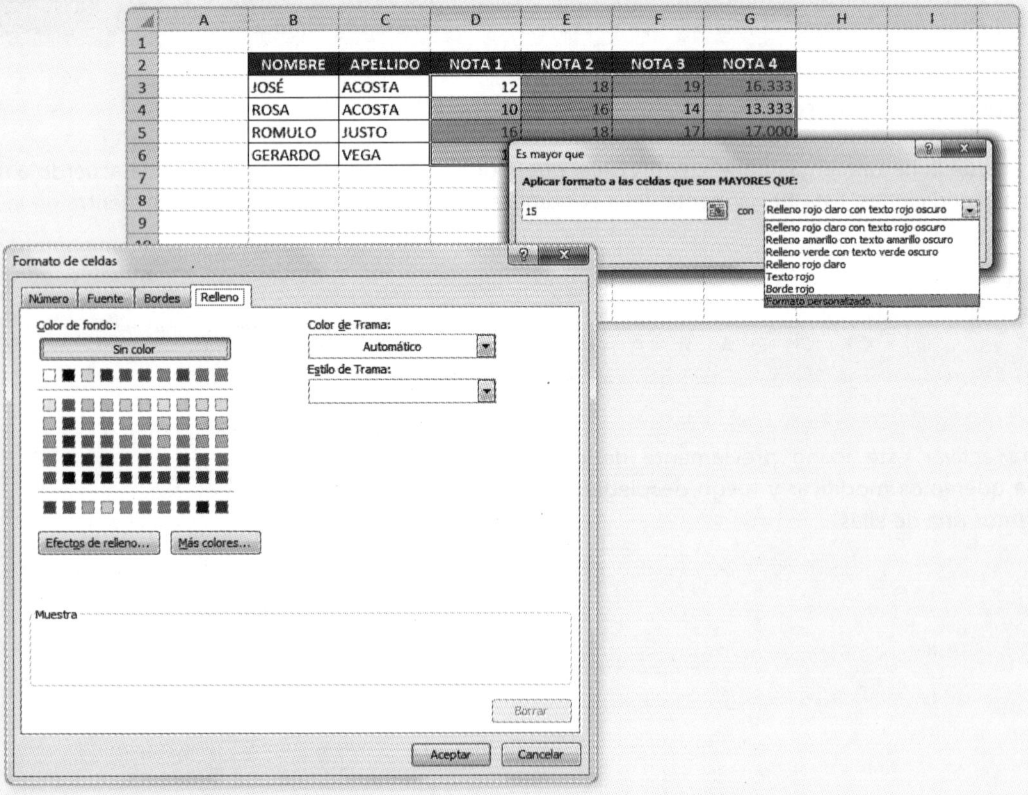

Al dar el nuevo formato, automáticamente cambian las celdas seleccionadas.

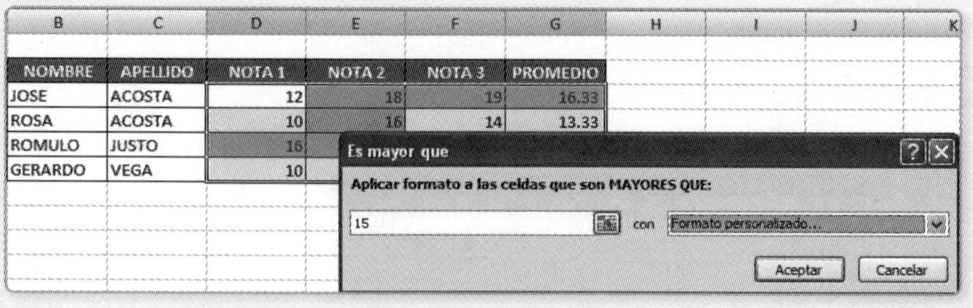

• Opción reglas superiores e inferiores

Los formatos se condicionan a los 10 mejores, 10% mejores, 10 peores, etc.

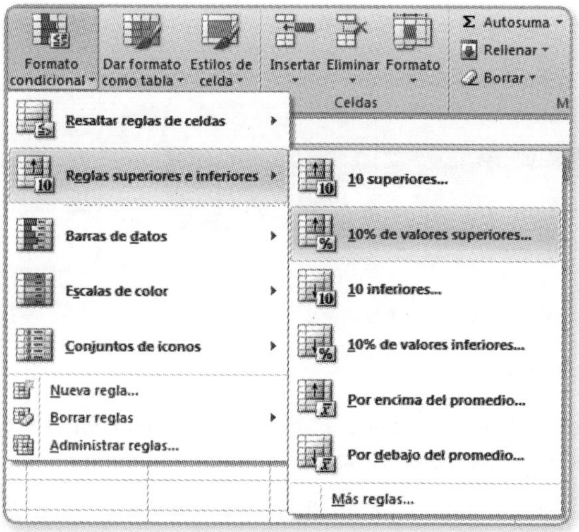

En este caso ponemos los 10 mejores y dejamos el formato.

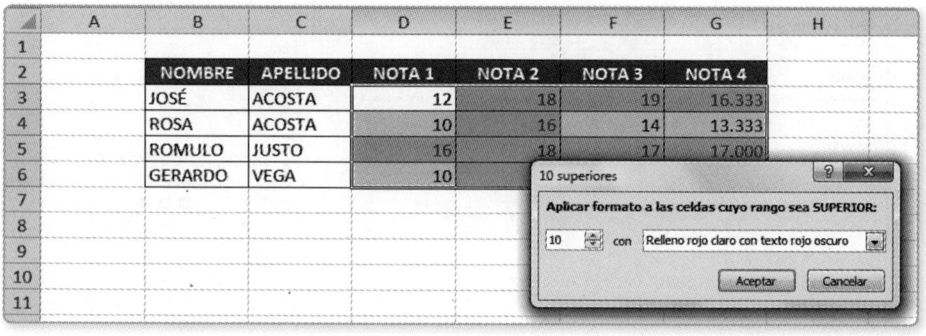

• Opción barras de estado

Con esta opción las celdas son coloreadas en forma parcial (degradada) de acuerdo a la condición a mayor número mayor área coloreada.

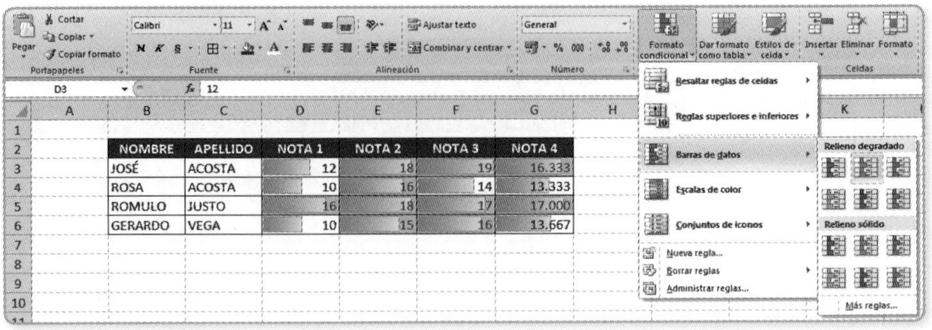

• Opción escala de color

Con esta opción las celdas son coloreadas y los tonos son de acuerdo a la condición, en este caso a mayor número mayor tonalidad.

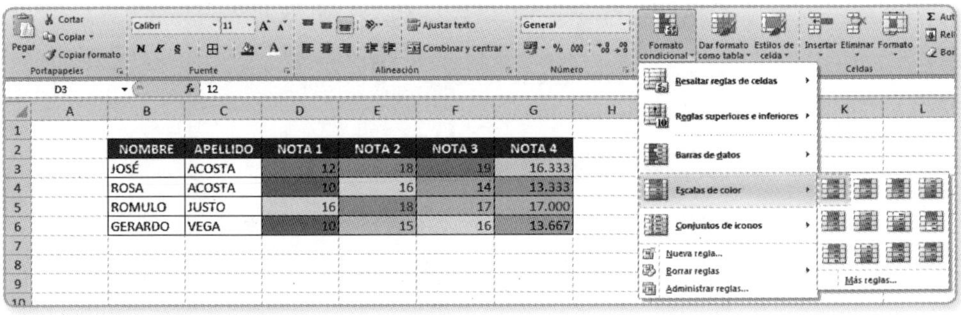

• Opción conjunto de iconos

Con esta opción las celdas llevan un icono en el lado izquierdo. En este caso los iconos son flechas, la dirección y el color van de acuerdo a las notas.

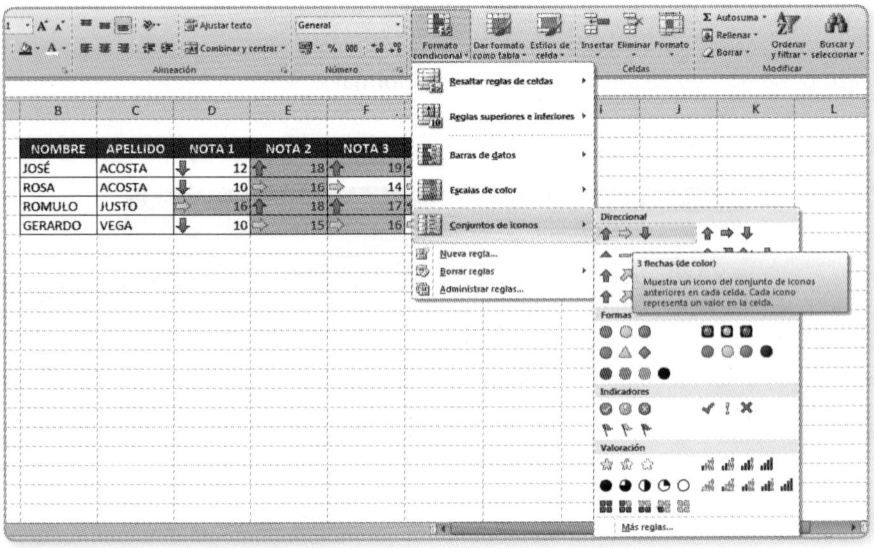

• Opción nuevas reglas

En este cuadro de diálogo cambiamos las reglas de los colores y dónde se aplican los formatos anteriores.

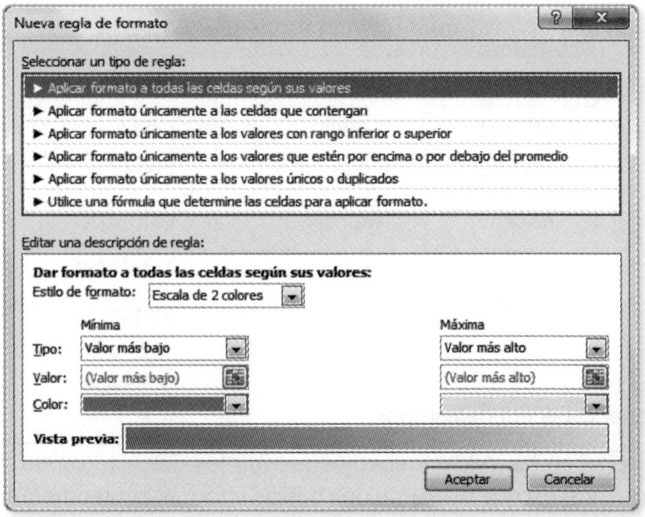

Opción administrador de reglas

La condición que dimos en las primeras opciones y las celdas seleccionadas pueden cambiarse en este cuadro de diálogo.

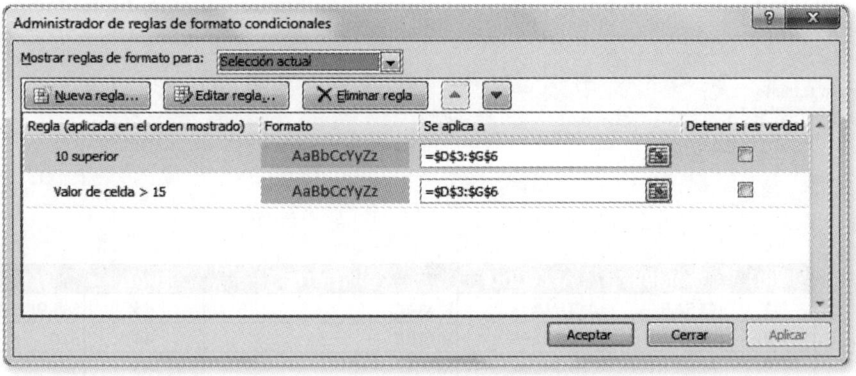

• BASE DE DATOS

Se denomina base de datos a toda información ordenada y clara de instituciones, personas o cosas; por lo general se trabaja con tablas. Esta información estará seleccionada por campos y registros.

CAMPO

Antes de crear una tabla de datos la información debe ser clasificada.
Por ejemplo: nombre, apellido, etc.

REGISTRO
Es toda la información individual de una persona, institución o cosa, que estará dividida en campos.

	CAMPO 1	CAMPO2	CAMPO 3	CAMPO 4
CABECERA	NOMBRE	APELLIDO	DISTRITO	EDAD
1er. Registro	Gina	Pinedo	RÍMAC	26
2do. Registro	Cristina	Carrillo	LINCE	25
3er. Registro	Patricia	Escobar	RÍMAC	26
4to. Registro	Rosa	Atúncar	CERCADO	31
5to. Registro	María	Espinoza	CERCADO	28
6to. Registro	Ana	Morales	RÍMAC	15

Toda tabla debe tener cabecera de campos.

Al ingresar información en las celdas debemos escribir los datos teniendo en cuenta que se pueden comparar los campos, y si escribe diferente una misma información tendremos errores.

Por ejemplo, si escribes SAN MARTÍN en un campo de un registro, en otro registro en el mismo campo no debemos escribir si S. MARTÍN.

ORDENAR
Para trabajar esta parte crearemos la siguiente tabla:

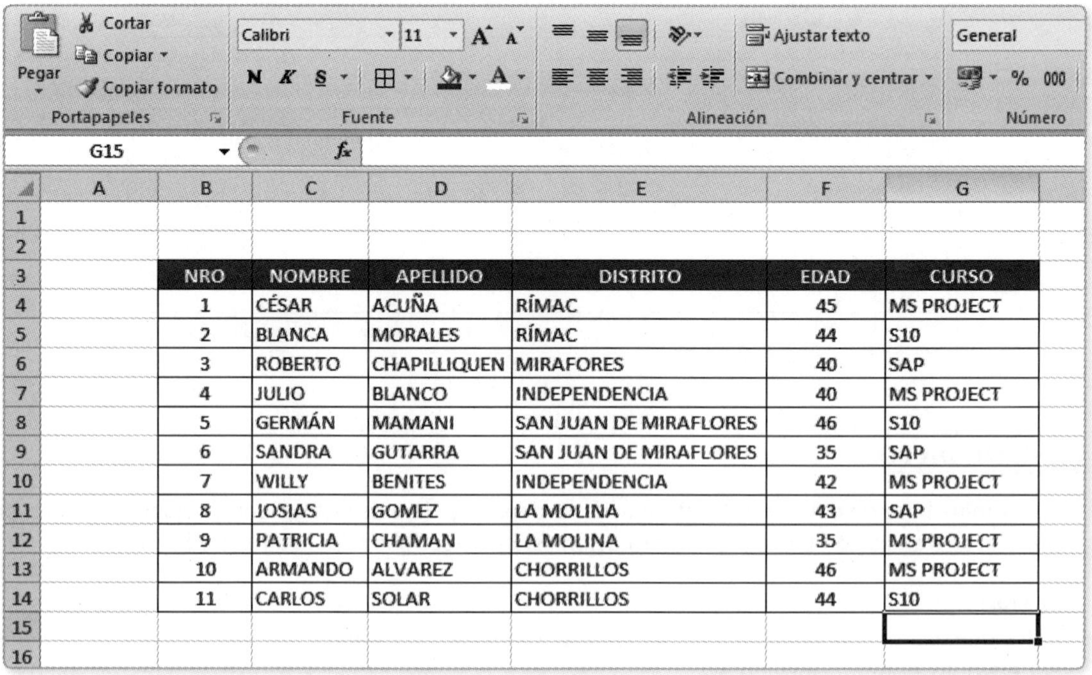

	A	B	C	D	E	F	G
1							
2							
3		NRO	NOMBRE	APELLIDO	DISTRITO	EDAD	CURSO
4		1	CÉSAR	ACUÑA	RÍMAC	45	MS PROJECT
5		2	BLANCA	MORALES	RÍMAC	44	S10
6		3	ROBERTO	CHAPILLIQUEN	MIRAFORES	40	SAP
7		4	JULIO	BLANCO	INDEPENDENCIA	40	MS PROJECT
8		5	GERMÁN	MAMANI	SAN JUAN DE MIRAFLORES	46	S10
9		6	SANDRA	GUTARRA	SAN JUAN DE MIRAFLORES	35	SAP
10		7	WILLY	BENITES	INDEPENDENCIA	42	MS PROJECT
11		8	JOSIAS	GOMEZ	LA MOLINA	43	SAP
12		9	PATRICIA	CHAMAN	LA MOLINA	35	MS PROJECT
13		10	ARMANDO	ALVAREZ	CHORRILLOS	46	MS PROJECT
14		11	CARLOS	SOLAR	CHORRILLOS	44	S10
15							
16							

Si deseamos ordenar una tabla de acuerdo al nombre debemos dar los siguientes pasos:

1. Nos ubicamos en la celda **C4** de la columna **NOMBRE.**
2. Usar la ficha **INICIO**.
3. Seleccionar el grupo **Modificar.**
4. La opción **Ordenar y filtrar/Ordenar de A a Z.**

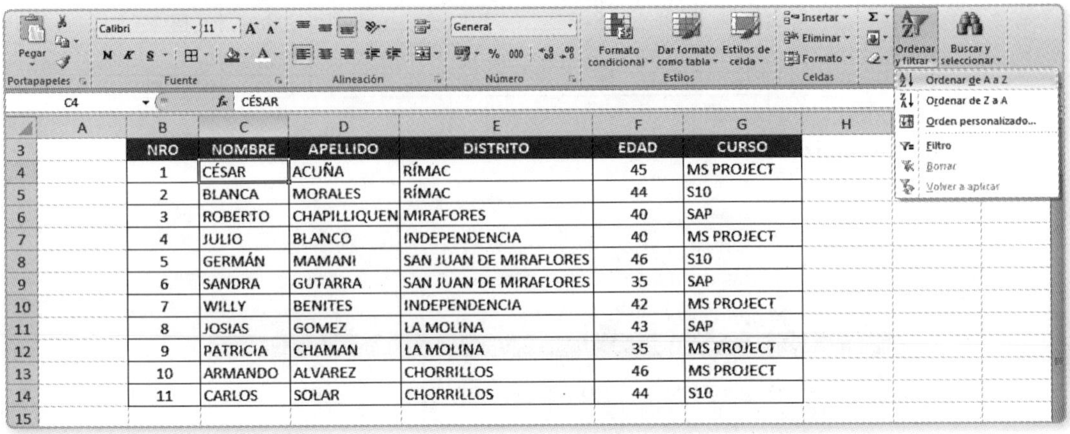

NRO	NOMBRE	APELLIDO	DISTRITO	EDAD	CURSO
1	CÉSAR	ACUÑA	RÍMAC	45	MS PROJECT
2	BLANCA	MORALES	RÍMAC	44	S10
3	ROBERTO	CHAPILLIQUEN	MIRAFORES	40	SAP
4	JULIO	BLANCO	INDEPENDENCIA	40	MS PROJECT
5	GERMÁN	MAMANI	SAN JUAN DE MIRAFLORES	46	S10
6	SANDRA	GUTARRA	SAN JUAN DE MIRAFLORES	35	SAP
7	WILLY	BENITES	INDEPENDENCIA	42	MS PROJECT
8	JOSIAS	GOMEZ	LA MOLINA	43	SAP
9	PATRICIA	CHAMAN	LA MOLINA	35	MS PROJECT
10	ARMANDO	ALVAREZ	CHORRILLOS	46	MS PROJECT
11	CARLOS	SOLAR	CHORRILLOS	44	S10

5. El programa nos mostrará la tabla ordenada de acuerdo al nombre en forma ascendente.

NRO	NOMBRE	APELLIDO	DISTRITO	EDAD	CURSO
10	ARMANDO	ALVAREZ	CHORRILLOS	46	MS PROJECT
2	BLANCA	MORALES	RÍMAC	44	S10
11	CARLOS	SOLAR	CHORRILLOS	44	S10
1	CÉSAR	ACUÑA	RÍMAC	45	MS PROJECT
5	GERMÁN	MAMANI	SAN JUAN DE MIRAFLORES	46	S10
8	JOSIAS	GOMEZ	LA MOLINA	43	SAP
4	JULIO	BLANCO	INDEPENDENCIA	40	MS PROJECT
9	PATRICIA	CHAMAN	LA MOLINA	35	MS PROJECT
3	ROBERTO	CHAPILLIQUEN	MIRAFORES	40	SAP
6	SANDRA	GUTARRA	SAN JUAN DE MIRAFLORES	35	SAP
7	WILLY	BENITES	INDEPENDENCIA	42	MS PROJECT

Ahora para ordenar de acuerdo al nombre en forma descendente:

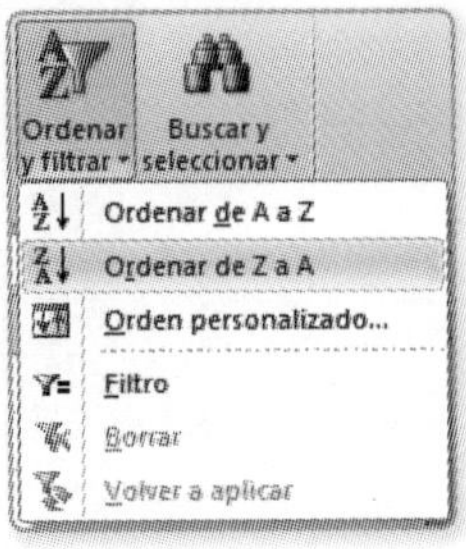

6. Ubicamos el cursor en la celda C17.
7. Usamos el icono Ordenar y filtrar.
8. La opción **Ordenar de Z a A.**

9 Y obtenemos la tabla ordenada.

NRO	NOMBRE	APELLIDO	DISTRITO	EDAD	CURSO
7	WILLY	BENITES	INDEPENDENCIA	42	MS PROJECT
6	SANDRA	GUTARRA	SAN JUAN DE MIRAFLORES	35	SAP
3	ROBERTO	CHAPILLIQUEN	MIRAFORES	40	SAP
9	PATRICIA	CHAMAN	LA MOLINA	35	MS PROJECT
4	JULIO	BLANCO	INDEPENDENCIA	40	MS PROJECT
8	JOSIAS	GOMEZ	LA MOLINA	43	SAP
5	GERMÁN	MAMANI	SAN JUAN DE MIRAFLORES	46	S10
1	CÉSAR	ACUÑA	RÍMAC	45	MS PROJECT
11	CARLOS	SOLAR	CHORRILLOS	44	S10
2	BLANCA	MORALES	RÍMAC	44	S10
10	ARMANDO	ALVAREZ	CHORRILLOS	46	MS PROJECT

Orden Personalizado

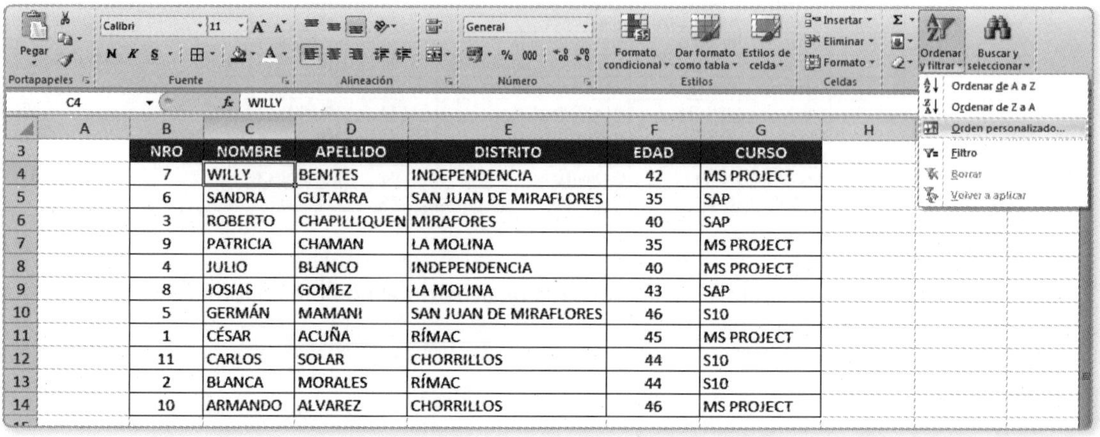

En esta ventana de diálogo podemos ordenar de acuerdo a un campo en Ordenar por.

En ella podemos seleccionar el campo: número, nombre, apellido, distrito, edad, curso.

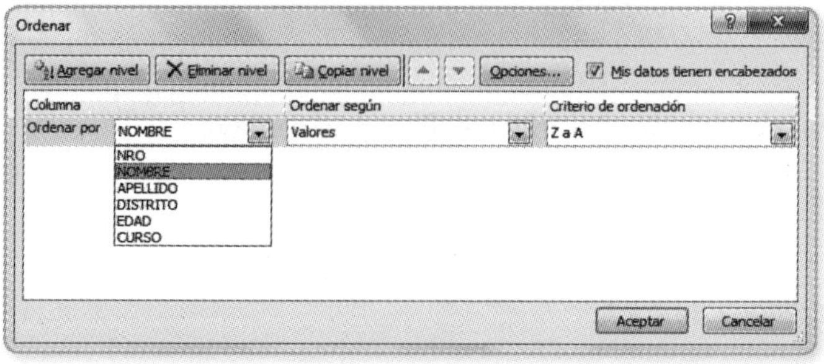

En **Ordenar según** podemos seleccionar:
Valores
Color de Celda
Color de Fuente
Icono de Celda
Es decir, no solo se ordena por el texto contenido.

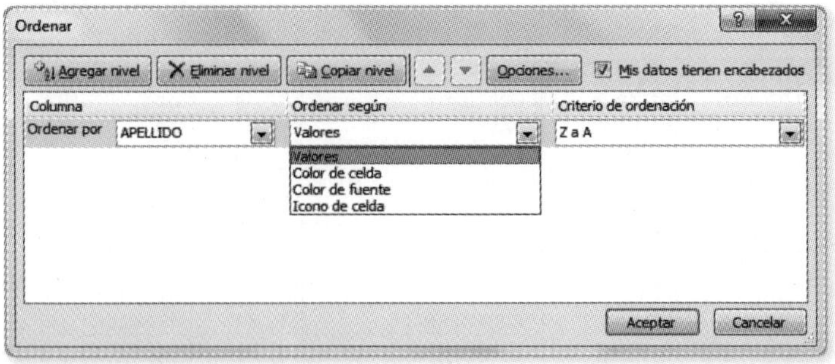

En **Criterio de ordenación** podemos seleccionar:
A a Z
Z a A
Lista personalizada

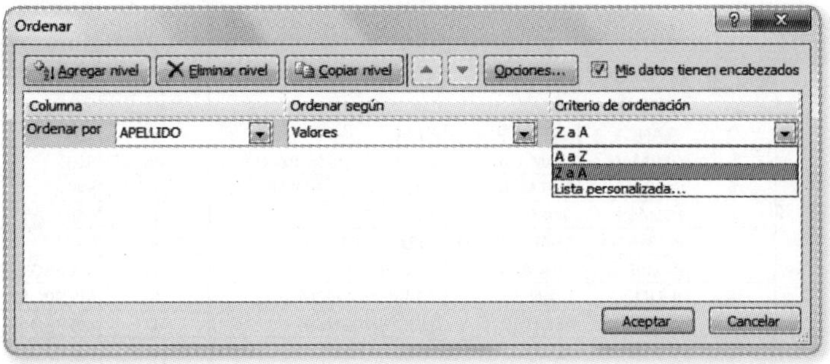

En listas personalizadas encontramos las series listas (en una hoja de datos al copiar uno de sus registros aparece el resto de la lista).

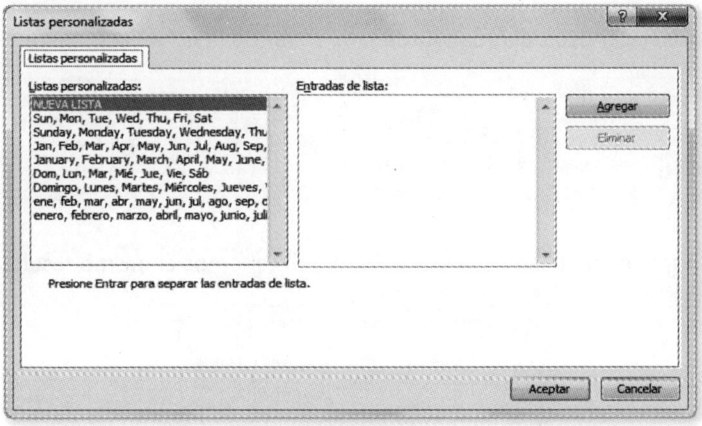

• FILTROS SIMPLES O AUTOFILTRO

Estas herramientas nos sirven para seleccionar registros de acuerdo a uno o varios criterios.

NRO	NOMBRE	APELLIDO	DISTRITO	EDAD	CURSO
11	CARLOS	SOLAR	CHORRILLOS	44	S10
2	BLANCA	MORALES	RÍMAC	44	S10
5	GERMÁN	MAMANI	SAN JUAN DE MIRAFLORES	46	S10
6	SANDRA	GUTARRA	SAN JUAN DE MIRAFLORES	35	SAP
8	JOSIAS	GOMEZ	LA MOLINA	43	SAP
3	ROBERTO	CHAPILLIQUEN	MIRAFORES	40	SAP
9	PATRICIA	CHAMAN	LA MOLINA	35	MS PROJECT
4	JULIO	BLANCO	INDEPENDENCIA	40	MS PROJECT
7	WILLY	BENITES	INDEPENDENCIA	42	MS PROJECT
10	ARMANDO	ALVAREZ	CHORRILLOS	46	MS PROJECT
1	CÉSAR	ACUÑA	RÍMAC	45	MS PROJECT

En el grupo Modificar de la ficha INICIO solo encontramos el Filtro simple (Autofiltro) que al activarlo sobre la tabla modifica la cabecera de campos agregándoles una flecha de datos desplegables.

NRO	NOMBRE	APELLIDO	DISTRITO	EDAD	CURSO
11	CARLOS	SOLAR	CHORRILLOS	44	S10
2	BLANCA	MORALES	RÍMAC	44	S10
5	GERMÁN	MAMANI	SAN JUAN DE MIRAFLORES	46	S10
6	SANDRA	GUTARRA	SAN JUAN DE MIRAFLORES	35	SAP
8	JOSIAS	GOMEZ	LA MOLINA	43	SAP
3	ROBERTO	CHAPILLIQUEN	MIRAFORES	40	SAP
9	PATRICIA	CHAMAN	LA MOLINA	35	MS PROJECT
4	JULIO	BLANCO	INDEPENDENCIA	40	MS PROJECT
7	WILLY	BENITES	INDEPENDENCIA	42	MS PROJECT
10	ARMANDO	ALVAREZ	CHORRILLOS	46	MS PROJECT
1	CÉSAR	ACUÑA	RÍMAC	45	MS PROJECT

También podemos hacer uso del grupo Ordenar y filtrar de la ficha DATOS.

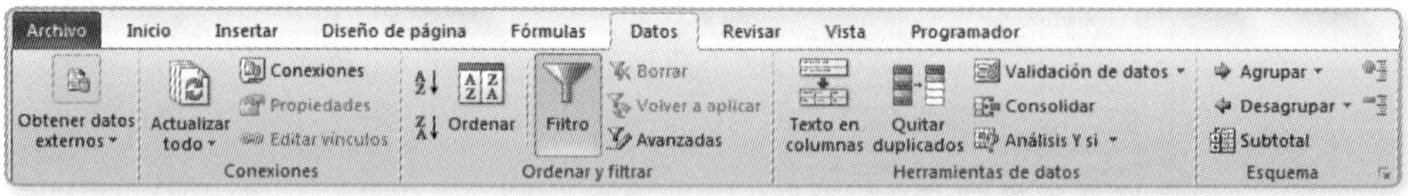

En este grupo simplemente usamos el icono Filtro y obtenemos el mismo resultado.

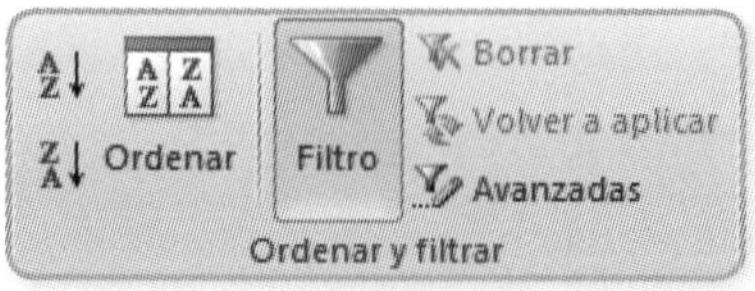

Ejemplo:

Mostrar los registros que son del distrito del **RÍMAC.**

NRO	NOMBRE	APELLIDO	DISTRITO	EDAD	CURSO
11	CARLOS	SOLAR	CHORRILLOS	44	S10
2	BLANCA	MORALES	RÍMAC	44	S10
5	GERMÁN	MAMANI	SAN JUAN DE MIRAFLORES	46	S10
6	SANDRA	GUTARRA	SAN JUAN DE MIRAFLORES	35	SAP
8	JOSIAS	GOMEZ	LA MOLINA	43	SAP
3	ROBERTO	CHAPILLIQUEN	MIRAFORES	40	SAP
9	PATRICIA	CHAMAN	LA MOLINA	35	MS PROJECT
4	JULIO	BLANCO	INDEPENDENCIA	40	MS PROJECT
7	WILLY	BENITES	INDEPENDENCIA	42	MS PROJECT
10	ARMANDO	ALVAREZ	CHORRILLOS	46	MS PROJECT
1	CÉSAR	ACUÑA	RÍMAC	45	MS PROJECT

Solución:

- En la tabla seleccionamos el icono Filtro.
- La tabla se modifica.

NRO	NOMBRE	APELLIDO	DISTRITO	EDAD	CURSO
11	CARLOS	SOLAR	CHORRILLOS	44	S10
2	BLANCA	MORALES	RÍMAC	44	S10
5	GERMÁN	MAMANI	SAN JUAN DE MIRAFLORES	46	S10
6	SANDRA	GUTARRA	SAN JUAN DE MIRAFLORES	35	SAP
8	JOSIAS	GOMEZ	LA MOLINA	43	SAP
3	ROBERTO	CHAPILLIQUEN	MIRAFORES	40	SAP
9	PATRICIA	CHAMAN	LA MOLINA	35	MS PROJECT
4	JULIO	BLANCO	INDEPENDENCIA	40	MS PROJECT
7	WILLY	BENITES	INDEPENDENCIA	42	MS PROJECT
10	ARMANDO	ALVAREZ	CHORRILLOS	46	MS PROJECT
1	CÉSAR	ACUÑA	RÍMAC	45	MS PROJECT

- Desplegamos el campo Distrito y solo seleccionamos RÍMAC.

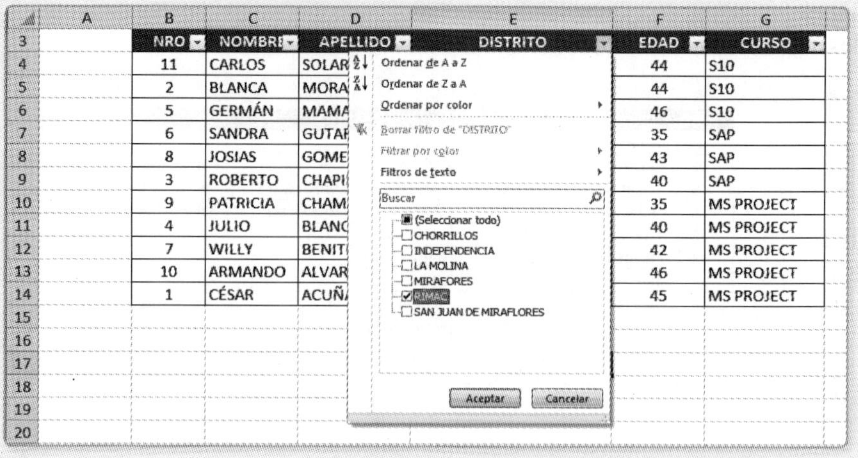

- El programa nos muestra solo los registros que se encuentran en las filas 5 y 14.

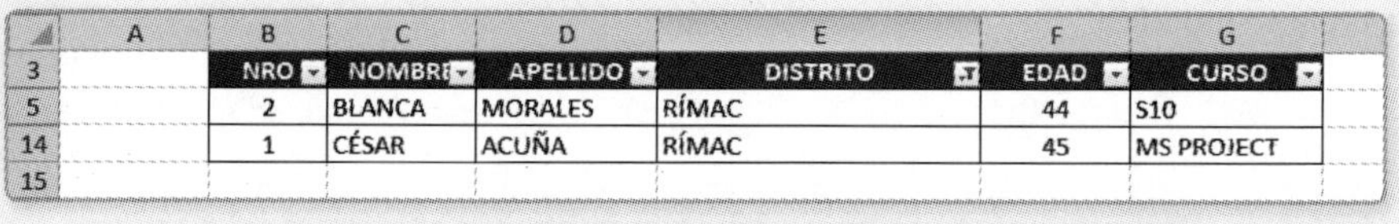

• Borrar filtro

Para eliminar el filtro, presionamos nuevamente la flecha desplegable de apellido y esta vez para eliminar el filtro usamos Borrar filtro de DISTRITO.

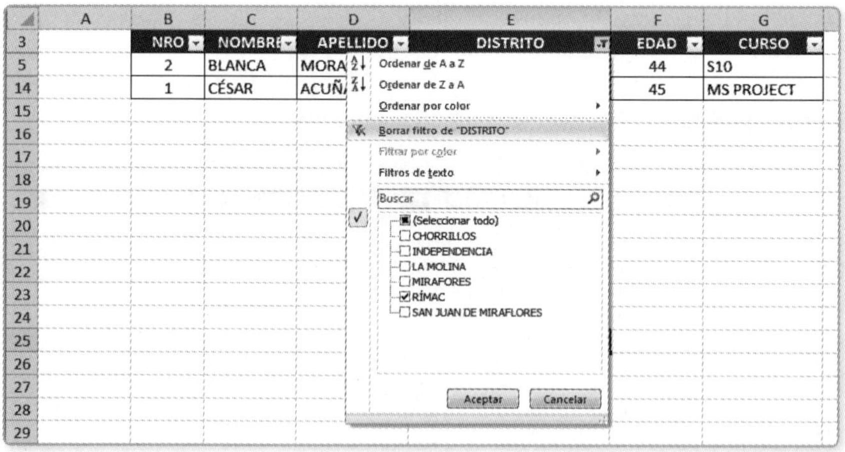

• Filtro de texto

Si queremos ordenar los distritos en forma personalizada debemos dar un clic en la flecha de campo DISTRITO y luego usamos Filtros de texto.

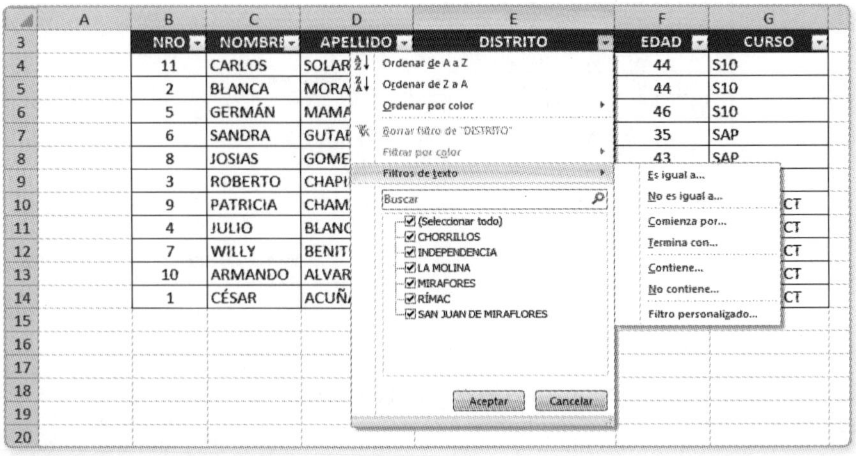

En la ventana de diálogo seleccionamos:

- En primera condición seleccionamos es igual a y en condiciones seleccionamos RÍMAC.
- En opciones marcamos O.
- En la segunda condición seleccionamos es igual a y en condiciones seleccionamos INDEPENDENCIA.
- Y presionamos el botón Aceptar.

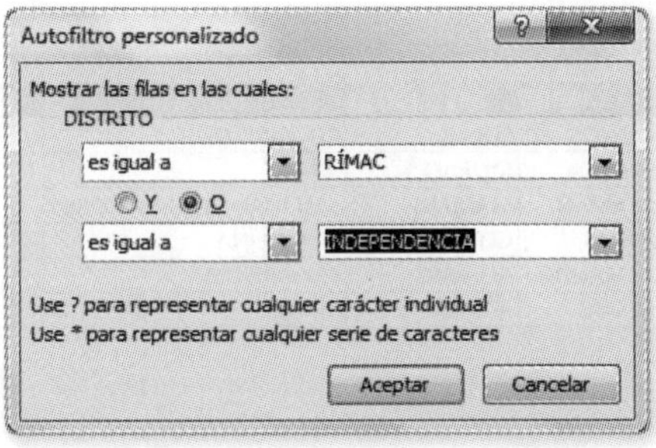

- En forma automática el programa nos muestra los siguientes registros:

	NRO	NOMBRE	APELLIDO	DISTRITO	EDAD	CURSO
5	2	BLANCA	MORALES	RÍMAC	44	S10
11	4	JULIO	BLANCO	INDEPENDENCIA	40	MS PROJECT
12	7	WILLY	BENITES	INDEPENDENCIA	42	MS PROJECT
14	1	CÉSAR	ACUÑA	RÍMAC	45	MS PROJECT

• Filtro número

En la tabla de datos completa, ahora nos ubicamos en las celdas que contienen la edad y damos un clic en la flecha de campo DISTRITO y usamos Filtros de número.

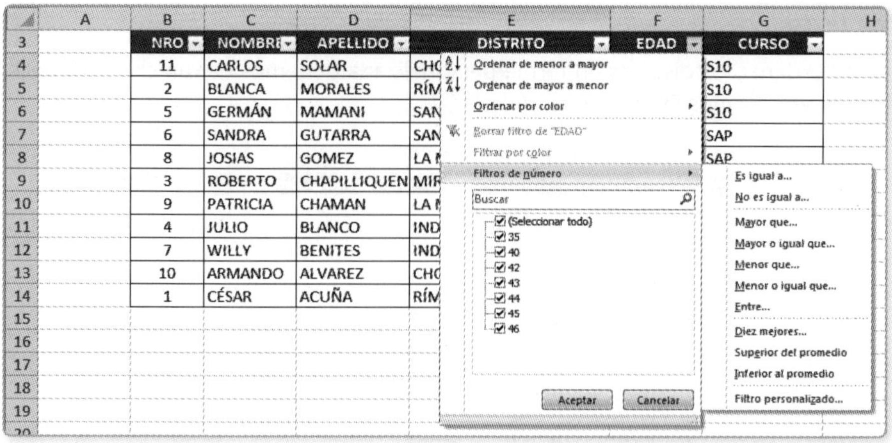

En la ventana de diálogo:

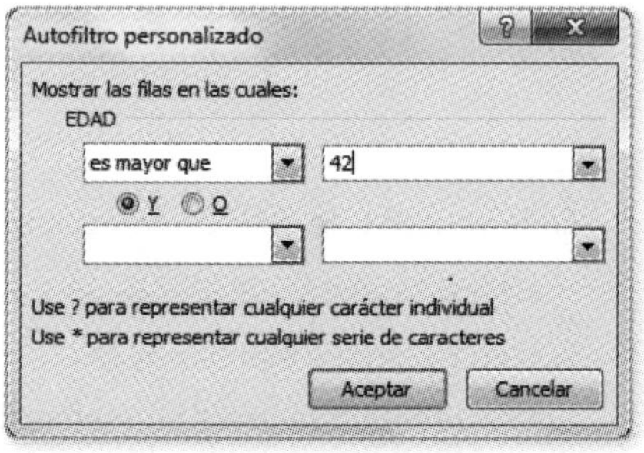

- En primera condición seleccionamos **es mayor que** y en condiciones seleccionamos o digitamos 42.
- Y presionamos el botón **Aceptar.**

- El programa nos muestra 6 registros que cumplen con la condición.

NRO	NOMBRE	APELLIDO	DISTRITO	EDAD	CURSO
11	CARLOS	SOLAR	CHORRILLOS	44	S10
2	BLANCA	MORALES	RÍMAC	44	S10
5	GERMÁN	MAMANI	SAN JUAN DE MIRAFLORES	46	S10
8	JOSIAS	GOMEZ	LA MOLINA	43	SAP
10	ARMANDO	ALVAREZ	CHORRILLOS	46	MS PROJECT
1	CÉSAR	ACUÑA	RÍMAC	45	MS PROJECT

• Filtro avanzado

Esta es una opción que nos sirve para realizar consultas desde las más fáciles hasta las más complicadas (que con autofiltro no se puede). Filtro avanzado necesita aparte de la Tabla de datos una tabla de criterios adicional.

Filtro avanzado se encuentra en la ficha **DATOS**, en el grupo **ORDENAR Y FILTRAR**.

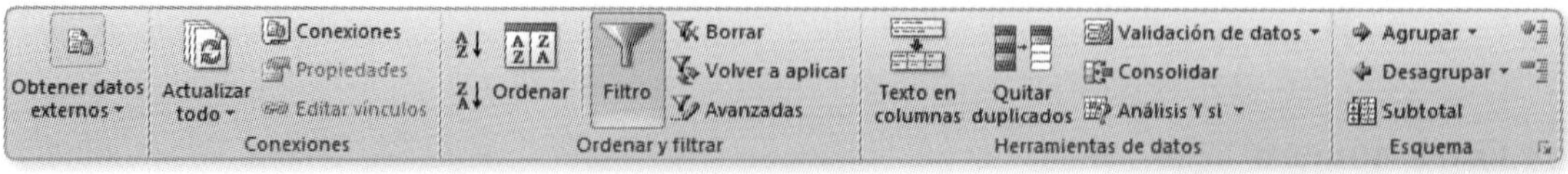

En este grupo el icono Filtro realiza la misma operación que filtros de la ficha Inicio del grupo **INICIO,** en el grupo **MODIFICAR.**

El icono Avanzadas nos sirve para usar filtros avanzados.

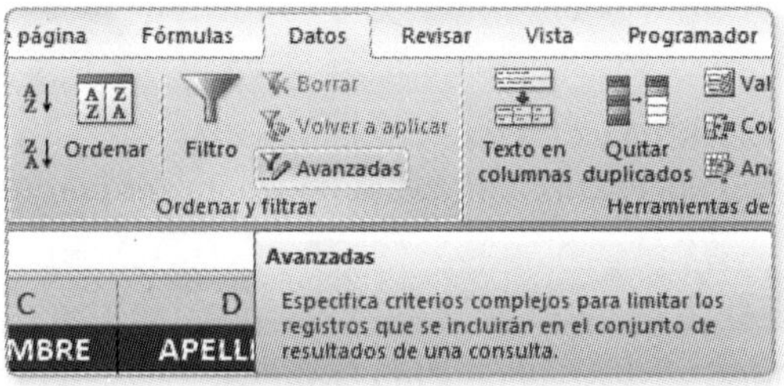

Tabla de criterios

Las tablas de criterio deben construirse teniendo en cuenta lo siguiente:

1. La primera fila será para la cabecera de campos.
2. A partir de la segunda fila se escriben los criterios.
3. El nombre de los campos implicados en el criterio deben ser copiados de la tabla original.
4. Dejar una celda libre significa que cumple en todos los casos.

Ejemplos de tablas de criterio:

NOMBRE	EDAD
JUAN	23

El criterio dice: Que su nombre sea Juan **y** su edad igual a 23.

El criterio implica la función **Y**.

NOMBRE	EDAD
JUAN	
	23

El criterio dice: que su nombre sea Juan **o** su edad igual a 23.

El criterio implica la función **O**.

Ejemplo:

En la tabla que mostramos a continuación, mostrar los registros que cumplan con:

	A	B	C	D	E	F	G
3		NRO	NOMBRE	APELLIDO	DISTRITO	EDAD	CURSO
4		11	CARLOS	SOLAR	CHORRILLOS	44	S10
5		2	BLANCA	MORALES	RÍMAC	44	S10
6		5	GERMÁN	MAMANI	SAN JUAN DE MIRAFLORES	46	S10
7		6	SANDRA	GUTARRA	SAN JUAN DE MIRAFLORES	35	SAP
8		8	JOSIAS	GOMEZ	LA MOLINA	43	SAP
9		3	ROBERTO	CHAPILLIQUEN	MIRAFORES	40	SAP
10		9	PATRICIA	CHAMAN	LA MOLINA	35	MS PROJECT
11		4	JULIO	BLANCO	INDEPENDENCIA	40	MS PROJECT
12		7	WILLY	BENITES	INDEPENDENCIA	42	MS PROJECT
13		10	ARMANDO	ALVAREZ	CHORRILLOS	46	MS PROJECT
14		1	CÉSAR	ACUÑA	RÍMAC	45	MS PROJECT
15							

1. Del distrito **RÍMAC** y del curso **MS PROJECT.**
2. Del distrito **RÍMAC** o del curso **MS PROJECT.**

Solución 1:

Creamos la tabla de criterio:

- Copiamos los campos DISTRITO y CURSO.
- Ahora digitamos RÍMAC y MS PROJECT en forma horizontal (es porque el criterio es Y).

DISTRITO	CURSO
RÍMAC	MS PROJECT

- Ahora damos un clip dentro de la tabla principal y en el grupo ORDENAR Y FILTRAR seleccionamos AVANZADAS.

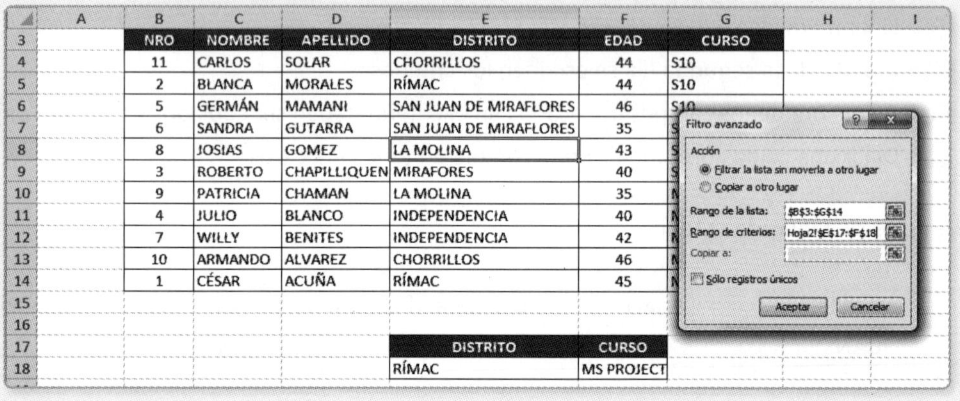

	A	B	C	D	E	F	G	H	I
3		NRO	NOMBRE	APELLIDO	DISTRITO	EDAD	CURSO		
4		11	CARLOS	SOLAR	CHORRILLOS	44	S10		
5		2	BLANCA	MORALES	RÍMAC	44	S10		
6		5	GERMÁN	MAMANI	SAN JUAN DE MIRAFLORES	46	S10		
7		6	SANDRA	GUTARRA	SAN JUAN DE MIRAFLORES	35	S		
8		8	JOSIAS	GOMEZ	LA MOLINA	43	S		
9		3	ROBERTO	CHAPILLIQUEN	MIRAFORES	40	S		
10		9	PATRICIA	CHAMAN	LA MOLINA	35	M		
11		4	JULIO	BLANCO	INDEPENDENCIA	40	M		
12		7	WILLY	BENITES	INDEPENDENCIA	42	M		
13		10	ARMANDO	ALVAREZ	CHORRILLOS	46	M		
14		1	CÉSAR	ACUÑA	RÍMAC	45	M		
15									
16									
17					DISTRITO	CURSO			
18					RÍMAC	MS PROJECT			

- Lo primero que debemos verificar es si el rango de la lista es igual al rango de la tabla de datos.
- Luego se selecciona el rango de criterio de E17 hasta F18.
  Se debe tener cuidado que el rango de criterio encierre solo a las filas y columnas que necesitamos.
- Finalmente presionamos Aceptar.
- El programa nos muestra un solo registro que cumple las condiciones.

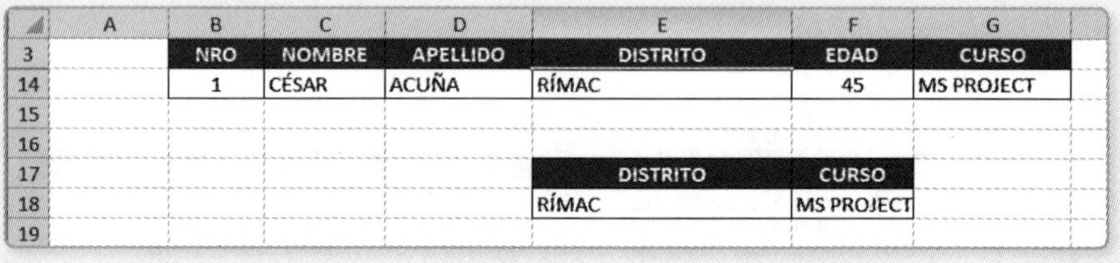

	A	B	C	D	E	F	G
3		NRO	NOMBRE	APELLIDO	DISTRITO	EDAD	CURSO
14		1	CÉSAR	ACUÑA	RÍMAC	45	MS PROJECT
15							
16							
17					DISTRITO	CURSO	
18					RÍMAC	MS PROJECT	
19							

Solución 2:

Creamos la tabla de criterio:

- Copiamos los campos **DISTRITO** y **CURSO.**
- Ahora digitamos **RÍMAC** en la primera línea y **MS PROJECT** en la segunda línea (es porque el criterio es O).

DISTRITO	CURSO
RÍMAC	
	MS PROJECT

- Ahora damos un clip dentro de la tabla principal y en el grupo **ORDENAR Y FILTRAR** seleccionamos **AVANZADAS.**

	A	B	C	D	E	F	G
3		NRO	NOMBRE	APELLIDO	DISTRITO	EDAD	CURSO
4		11	CARLOS	SOLAR	CHORRILLOS	44	S10
5		2	BLANCA	MORALES	RÍMAC	44	S10
6		5	GERMÁN	MAMANI	SAN JUAN DE MIRAFLORES	46	S1
7		6	SANDRA	GUTARRA	SAN JUAN DE MIRAFLORES	35	S
8		8	JOSIAS	GOMEZ	LA MOLINA	43	S
9		3	ROBERTO	CHAPILLIQUEN	MIRAFORES	40	S
10		9	PATRICIA	CHAMAN	LA MOLINA	35	M
11		4	JULIO	BLANCO	INDEPENDENCIA	40	M
12		7	WILLY	BENITES	INDEPENDENCIA	42	M
13		10	ARMANDO	ALVAREZ	CHORRILLOS	46	M
14		1	CÉSAR	ACUÑA	RÍMAC	45	M
17					DISTRITO	CURSO	
18					RÍMAC	MS PROJECT	
20					DISTRITO	CURSO	
21					RÍMAC		
22						MS PROJECT	

- En la ventana de diálogo selecciona en rango de criterio de E20 hasta F22.
- Y presionamos **Aceptar.**

El programa nos muestra 6 registros que cumplen con las condiciones.

	A	B	C	D	E	F	G
3		NRO	NOMBRE	APELLIDO	DISTRITO	EDAD	CURSO
5		2	BLANCA	MORALES	RÍMAC	44	S10
10		9	PATRICIA	CHAMAN	LA MOLINA	35	MS PROJECT
11		4	JULIO	BLANCO	INDEPENDENCIA	40	MS PROJECT
12		7	WILLY	BENITES	INDEPENDENCIA	42	MS PROJECT
13		10	ARMANDO	ALVAREZ	CHORRILLOS	46	MS PROJECT
14		1	CÉSAR	ACUÑA	RÍMAC	45	MS PROJECT

Borra los filtros

Para borrar los filtros simplemente usamos el icono **BORRAR** del grupo **ORDENAR Y FILTRAR** de la ficha **DATOS.**

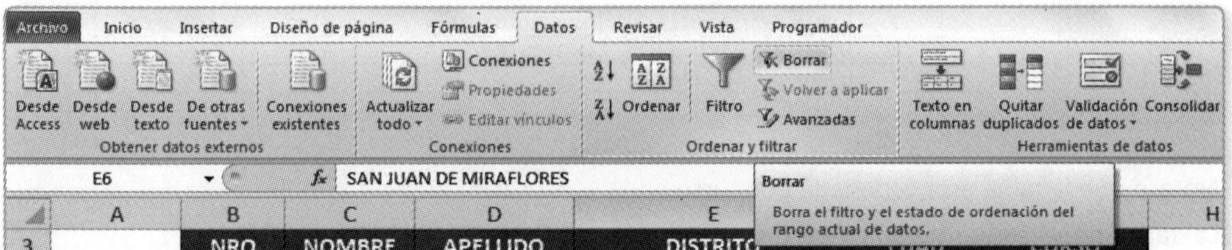

	A	B	C	D	E	F	G
3		NRO	NOMBRE	APELLIDO	DISTRITO	EDAD	CURSO
5		2	BLANCA	MORALES	RÍMAC	44	S10
10		9	PATRICIA	CHAMAN	LA MOLINA	35	MS PROJECT
11		4	JULIO	BLANCO	INDEPENDENCIA	40	MS PROJECT
12		7	WILLY	BENITES	INDEPENDENCIA	42	MS PROJECT
13		10	ARMANDO	ALVAREZ	CHORRILLOS	46	MS PROJECT
14		1	CÉSAR	ACUÑA	RÍMAC	45	MS PROJECT

Y el programa vuelve a presentarnos la tabla completa.

	A	B	C	D	E	F	G
3		NRO	NOMBRE	APELLIDO	DISTRITO	EDAD	CURSO
4		11	CARLOS	SOLAR	CHORRILLOS	44	S10
5		2	BLANCA	MORALES	RÍMAC	44	S10
6		5	GERMÁN	MAMANI	SAN JUAN DE MIRAFLORES	46	S10
7		6	SANDRA	GUTARRA	SAN JUAN DE MIRAFLORES	35	SAP
8		8	JOSIAS	GOMEZ	LA MOLINA	43	SAP
9		3	ROBERTO	CHAPILLIQUEN	MIRAFORES	40	SAP
10		9	PATRICIA	CHAMAN	LA MOLINA	35	MS PROJECT
11		4	JULIO	BLANCO	INDEPENDENCIA	40	MS PROJECT
12		7	WILLY	BENITES	INDEPENDENCIA	42	MS PROJECT
13		10	ARMANDO	ALVAREZ	CHORRILLOS	46	MS PROJECT
14		1	CÉSAR	ACUÑA	RÍMAC	45	MS PROJECT
15							

• Subtotales

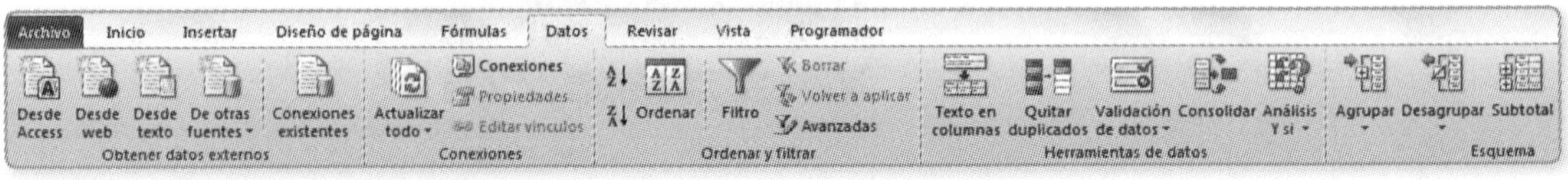

En el grupo ESQUEMA de la ficha DATOS encontramos la opción Subtotales, con la cual podemos separar los registros de acuerdo a uno de los campos y realizar una operación matemática con los datos del campo seleccionado.

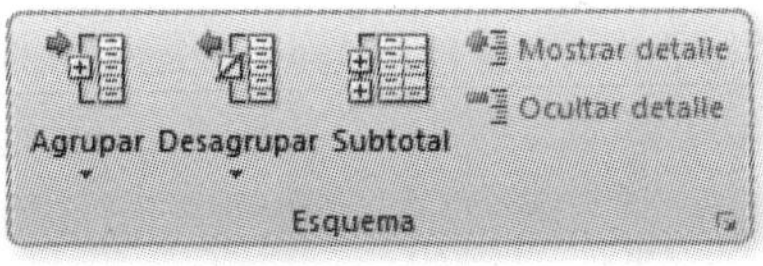

Ejemplo:

Promedio de edades de los registros, separando de acuerdo al campo distrito.

	A	B	C	D	E	F	G
3		NRO	NOMBRE	APELLIDO	DISTRITO	EDAD	CURSO
4		11	CARLOS	SOLAR	CHORRILLOS	44	S10
5		2	BLANCA	MORALES	RÍMAC	44	S10
6		5	GERMÁN	MAMANI	SAN JUAN DE MIRAFLORES	46	S10
7		6	SANDRA	GUTARRA	SAN JUAN DE MIRAFLORES	35	SAP
8		8	JOSIAS	GOMEZ	LA MOLINA	43	SAP
9		3	ROBERTO	CHAPILLIQUEN	MIRAFORES	40	SAP
10		9	PATRICIA	CHAMAN	LA MOLINA	35	MS PROJECT
11		4	JULIO	BLANCO	INDEPENDENCIA	40	MS PROJECT
12		7	WILLY	BENITES	INDEPENDENCIA	42	MS PROJECT
13		10	ARMANDO	ALVAREZ	CHORRILLOS	46	MS PROJECT
14		1	CÉSAR	ACUÑA	RÍMAC	45	MS PROJECT
15							

Nótese que la tabla está ordenada por curso.

La tabla debe ser ordenada por distrito ya sea en forma ascendente o descendente. Para ello nos ubicamos en la columna distrito y usamos el icono Ordenar en forma ascendente.

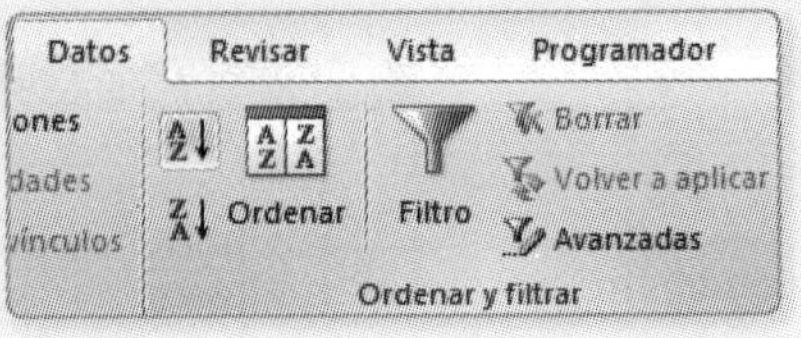

	A	B	C	D	E	F	G
3		NRO	NOMBRE	APELLIDO	DISTRITO	EDAD	CURSO
4		11	CARLOS	SOLAR	CHORRILLOS	44	S10
5		10	ARMANDO	ALVAREZ	CHORRILLOS	46	MS PROJECT
6		4	JULIO	BLANCO	INDEPENDENCIA	40	MS PROJECT
7		7	WILLY	BENITES	INDEPENDENCIA	42	MS PROJECT
8		8	JOSIAS	GOMEZ	LA MOLINA	43	SAP
9		9	PATRICIA	CHAMAN	LA MOLINA	35	MS PROJECT
10		3	ROBERTO	CHAPILLIQUEN	MIRAFORES	40	SAP
11		2	BLANCA	MORALES	RÍMAC	44	S10
12		1	CÉSAR	ACUÑA	RÍMAC	45	MS PROJECT
13		5	GERMÁN	MAMANI	SAN JUAN DE MIRAFLORES	46	S10
14		6	SANDRA	GUTARRA	SAN JUAN DE MIRAFLORES	35	SAP
15							

Ahora podemos trabajar subtotales:

1. Damos un clic en el icono **Subtotal.**
2. Aparece la siguiente ventana:

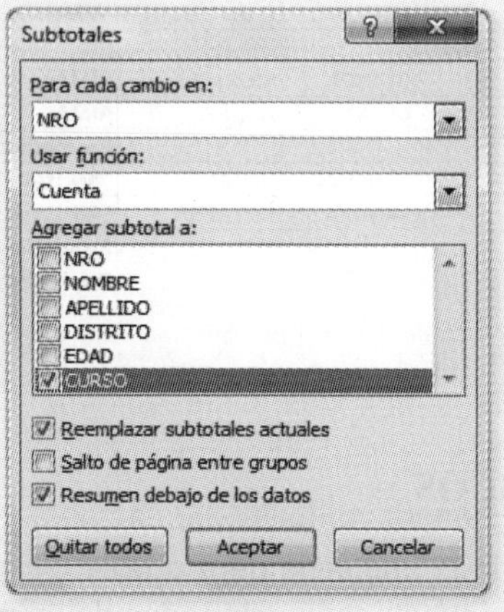

3. Ahora en **Para cada Cambio** en: seleccionamos **DISTRITO.**
4. En **Usar función** seleccionamos **Promedio.**
5. En **agregar subtota**l a: marcamos **Edad.**
6. Y finalmente presionamos el botón **Aceptar.**

	A	B	C	D	E	F
3		NRO	NOMBRE	APELLIDO	DISTRITO	EDAD
4		11	CARLOS	SOLAR	CHORRILLOS	44
5		10	ARMANDO	ALVAREZ	CHORRILLOS	46
6		4	JULIO	BLANCO	INDEPENDENCIA	40
7		7	WILLY	BENITES	INDEPENDENCIA	42
8		8	JOSIAS	GOMEZ	LA MOLINA	43
9		9	PATRICIA	CHAMAN	LA MOLINA	35
10		3	ROBERTO	CHAPILLIQUEN	MIRAFORES	40
11		2	BLANCA	MORALES	RÍMAC	44
12		1	CÉSAR	ACUÑA	RÍMAC	45
13		5	GERMÁN	MAMANI	SAN JUAN DE MIRAFLORES	46
14		6	SANDRA	GUTARRA	SAN JUAN DE MIRAFLORES	35
15						
16						

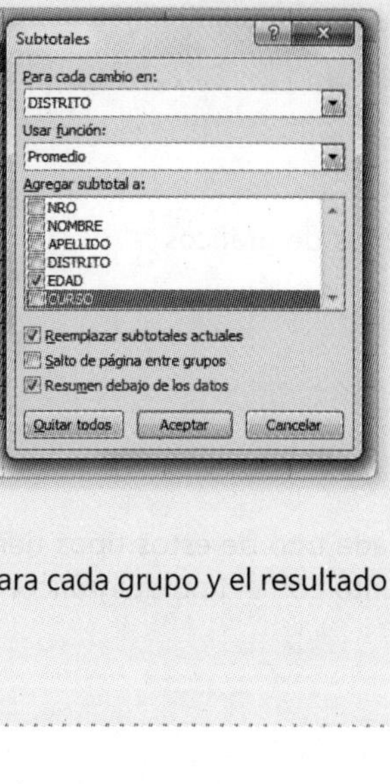

Es decir que la tabla agrupará por DISTRITO, usará la función promedio para cada grupo y el resultado saldrá en la columna de EDAD.

En forma automática el programa nos mostrará la siguiente tabla:

- Está separada por distrito.
- Suma las edades de acuerdo al distrito.
- Suma el total de todos los registros.

	A	B	C	D	E	F	G
3		NRO	NOMBRE	APELLIDO	DISTRITO	EDAD	CURSO
4		11	CARLOS	SOLAR	CHORRILLOS	44	S10
5		10	ARMANDO	ALVAREZ	CHORRILLOS	46	MS PROJECT
6					**Promedio CHORRILLOS**	45	
7		4	JULIO	BLANCO	INDEPENDENCIA	40	MS PROJECT
8		7	WILLY	BENITES	INDEPENDENCIA	42	MS PROJECT
9					**Promedio INDEPENDENCIA**	41	
10		8	JOSIAS	GOMEZ	LA MOLINA	43	SAP
11		9	PATRICIA	CHAMAN	LA MOLINA	35	MS PROJECT
12					**Promedio LA MOLINA**	39	
13		3	ROBERTO	CHAPILLIQUEN	MIRAFORES	40	SAP
14					**Promedio MIRAFORES**	40	
15		2	BLANCA	MORALES	RÍMAC	44	S10
16		1	CÉSAR	ACUÑA	RÍMAC	45	MS PROJECT
17					**Promedio RÍMAC**	44.5	
18		5	GERMÁN	MAMANI	SAN JUAN DE MIRAFLORES	46	S10
19		6	SANDRA	GUTARRA	SAN JUAN DE MIRAFLORES	35	SAP
20					**Promedio SAN JUAN DE MIRAFLORES**	40.5	
21					**Promedio general**	41.818182	
22							

• INSERTAR GRÁFICOS

Microsoft Excel nos brinda una serie de modelos de gráficos creados para diferentes tipos de trabajo, estos gráficos pueden a su vez ser modificados de acuerdo al gusto del usuario.

Para insertar uno de estos gráficos, hacemos uso del grupo Gráfico de la ficha Insertar. En este grupo elegimos uno de los tipos de gráficos.

Tipos de gráficos

Cada uno de estos tipos tiene subtipos de gráficos que se verán al desplegar las flechas que aparecen junto con el tipo de gráfico.

Subtipos de gráfico:

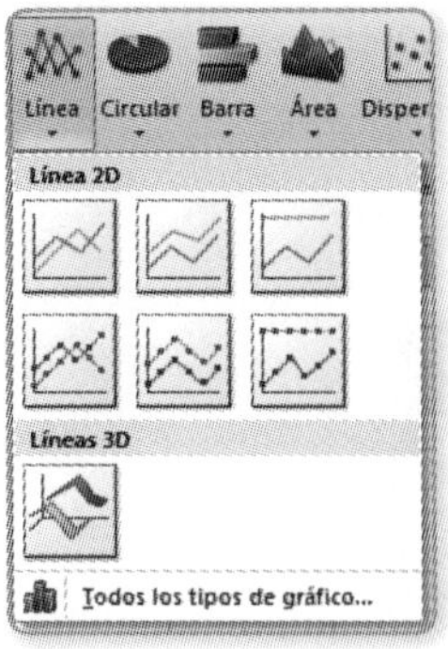

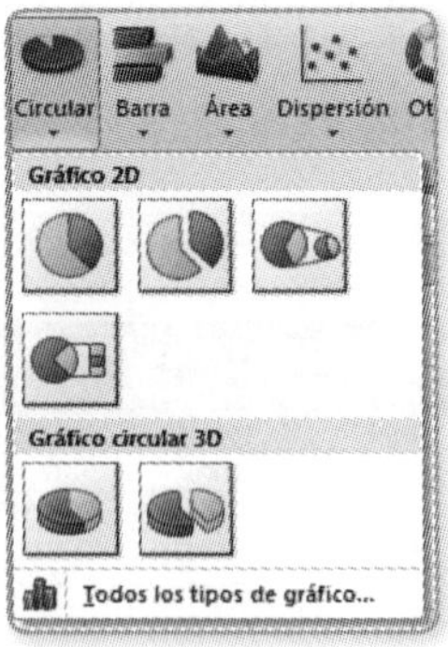

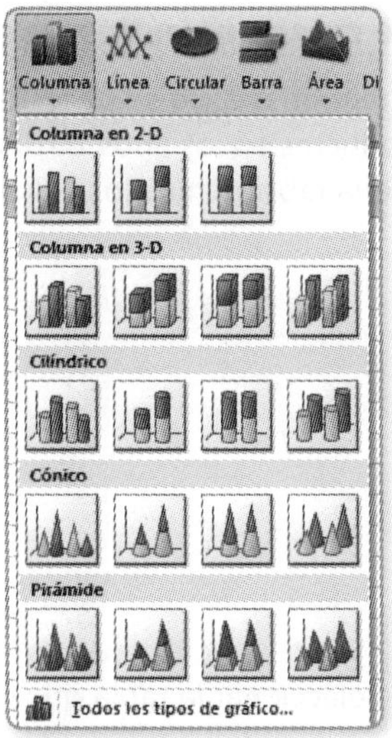

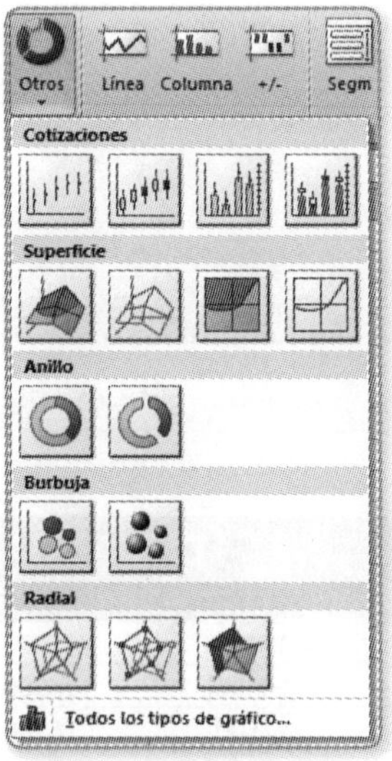

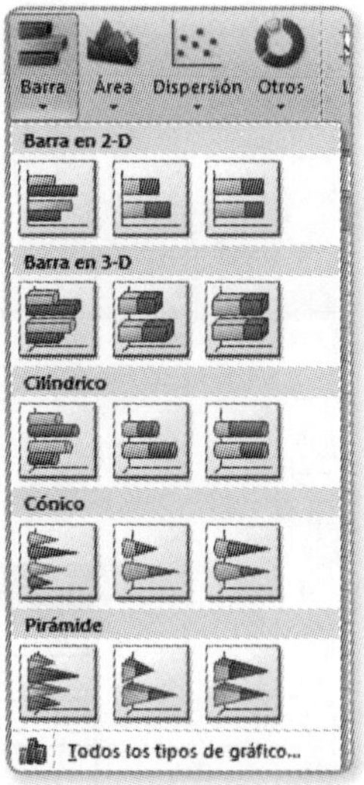

También podemos hacer uso del cuadro de diálogo Insertar gráfico, que aparece al usar el icono que se encuentra en la parte inferior derecha del grupo Gráfico.

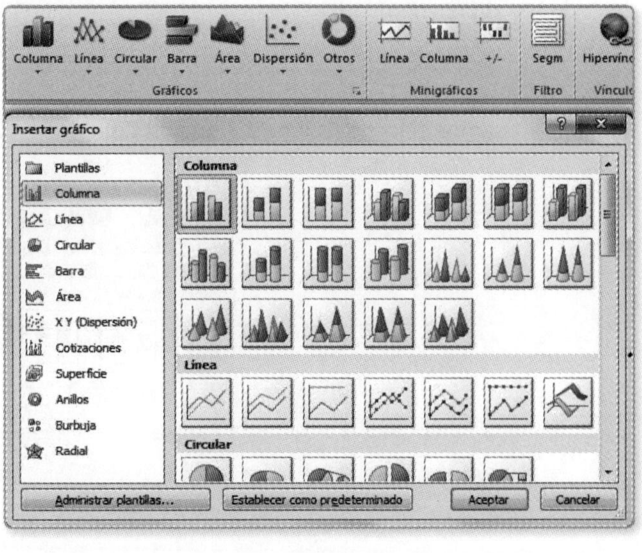

• Como crear un gráfico

Para crear un gráfico se necesita una tabla de datos. Usaremos la siguiente tabla que es las demandas de productos en los años 2010 al 2014.
Creado la tabla damos los siguientes pasos:

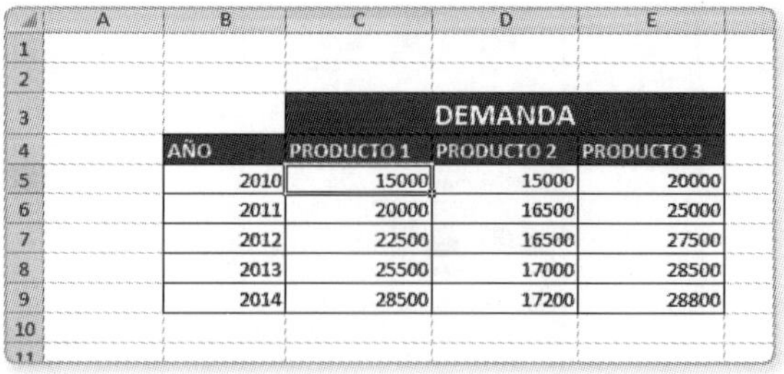

	DEMANDA		
AÑO	PRODUCTO 1	PRODUCTO 2	PRODUCTO 3
2010	15000	15000	20000
2011	20000	16500	25000
2012	22500	16500	27500
2013	25500	17000	28500
2014	28500	17200	28800

1 Seleccionar la tabla que queremos graficar o ubicar el cursor sobre un celda.

2 Ingresamos a la ficha Insertar al grupo gráficos.

3 Usamos el icono Columna / opción Columna en 2 D / la primera alternativa.

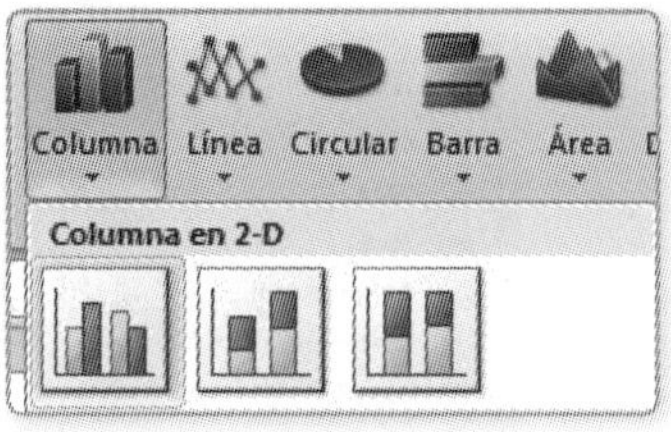

4 El gráfico aparece en forma automática.

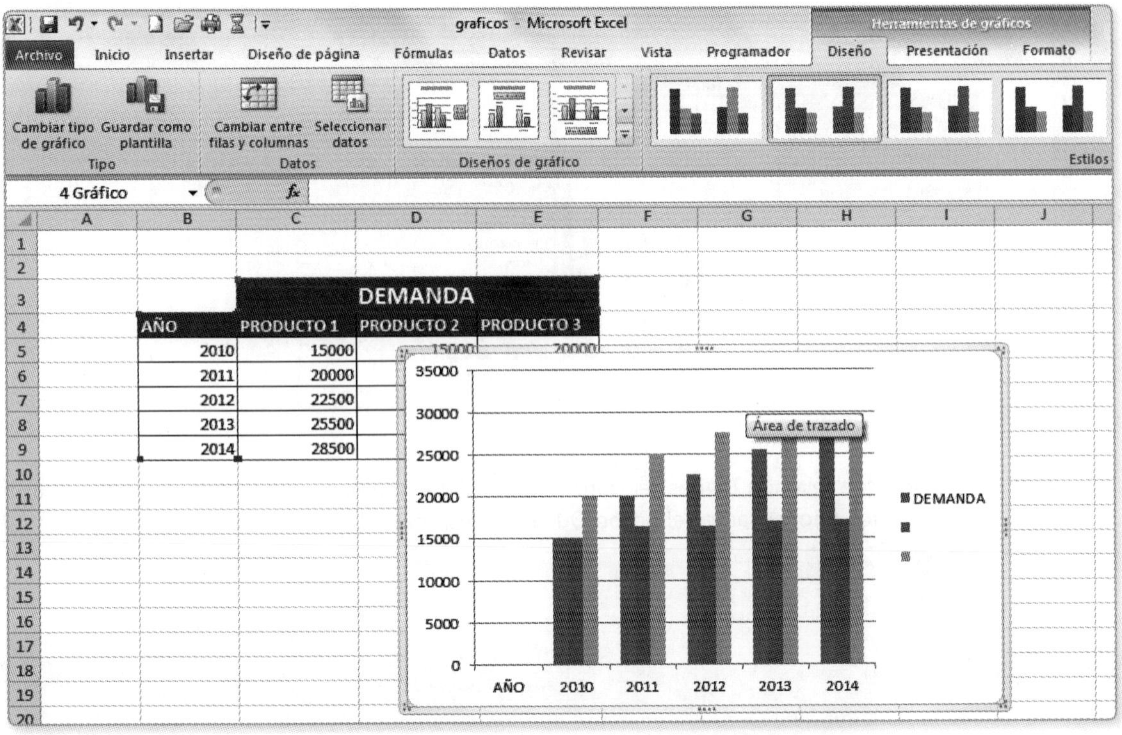

5 Observemos que la ficha cambia. Ahora es una herramienta de gráficos, donde existen tres fichas adicionales: Diseño, Presentación y Formato con grupos de iconos para modificar el formato del gráfico.

6 Como vemos el gráfico necesita algunas correcciones.

MODIFICAMOS DATOS

7 Para estos cambios utilizamos el grupo Datos de la ficha Diseño.

8 Usamos el icono Seleccionar datos.

Seleccionar datos

9 Modificamos el rango de datos del gráfico. Con esto cambia la entrada de leyenda y el gráfico.

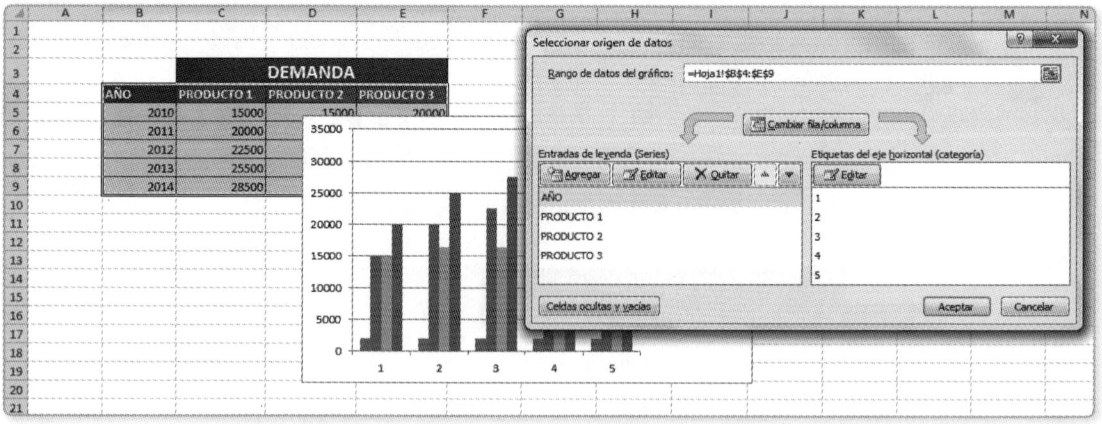

10 En Entradas de leyenda (Series) el dato Año no debe aparecer, debe ser eliminado, para eso seleccionamos Año y usamos el botón Quitar y presionamos el botón Aceptar.

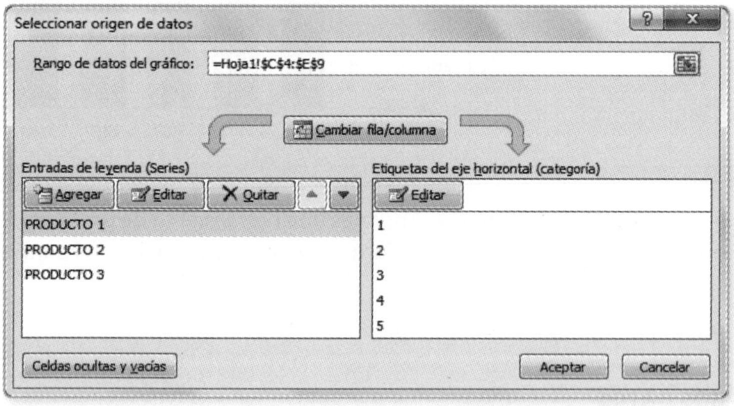

11 El gráfico ahora aparece sin la leyenda Año.

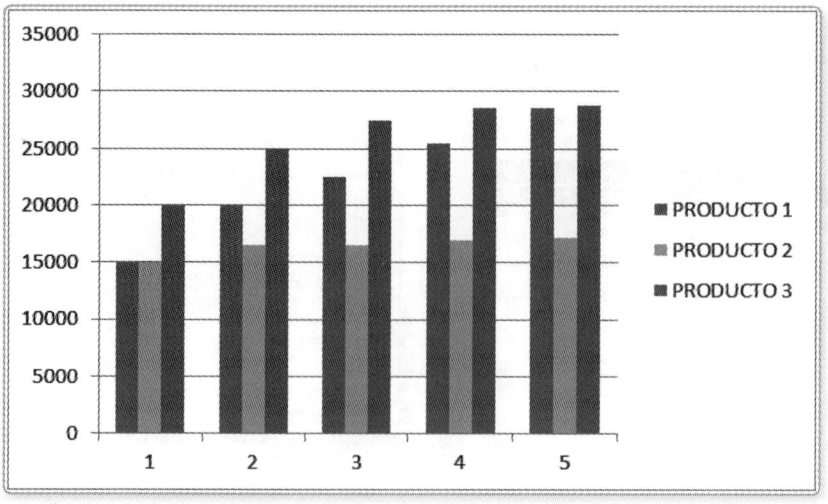

12 Ahora cambiaremos la etiqueta del eje horizontal.

13 Usamos nuevamente Seleccionar datos.

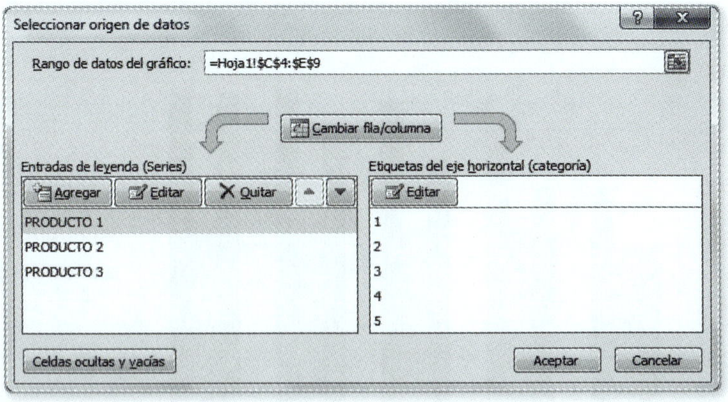

14 Seleccionamos Editar de etiquetas del eje horizontal y seleccionamos de B5 hasta B9 (los años).

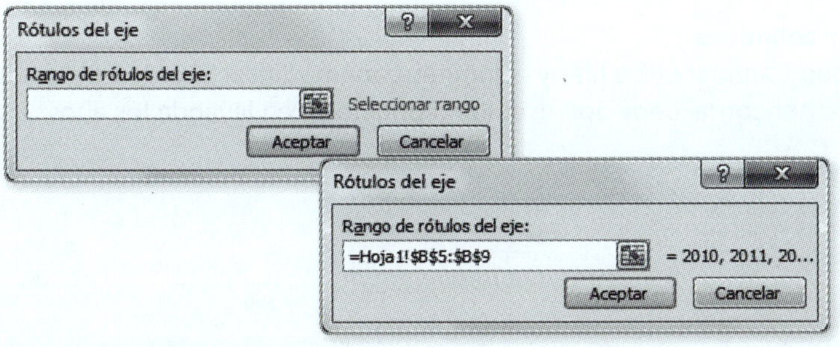

15 Al presionar Aceptar, aparece en Etiqueta del eje horizontal los años.

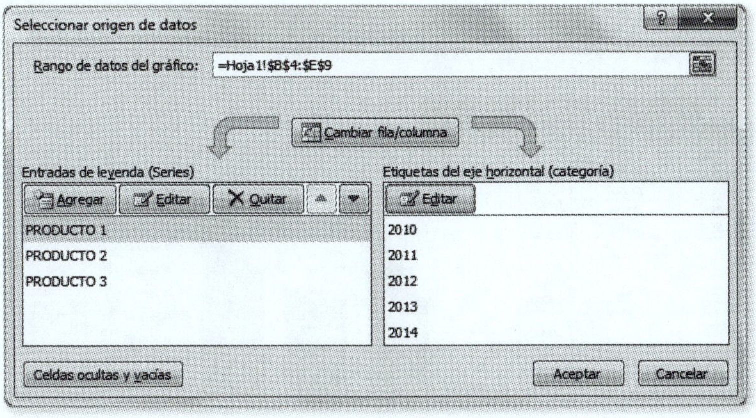

16 Ahora en el cuadro de diálogo Origen de datos, presionamos Aceptar y aparece el gráfico con los cambios.

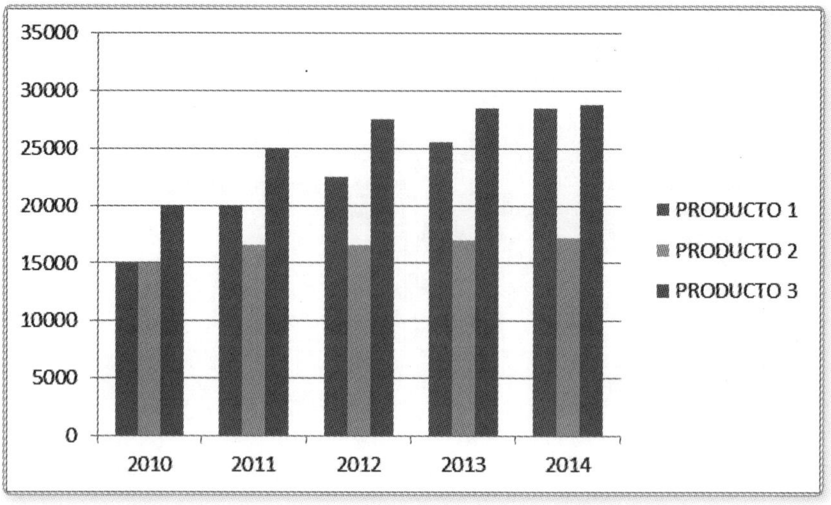

Cambiar entre filas y columnas

Ahora usamos el icono Cambiar entre filas y columnas para modificar el orden de los datos del gráfico En la etiqueta del eje horizontal debe aparecer los productos y en leyenda los años.

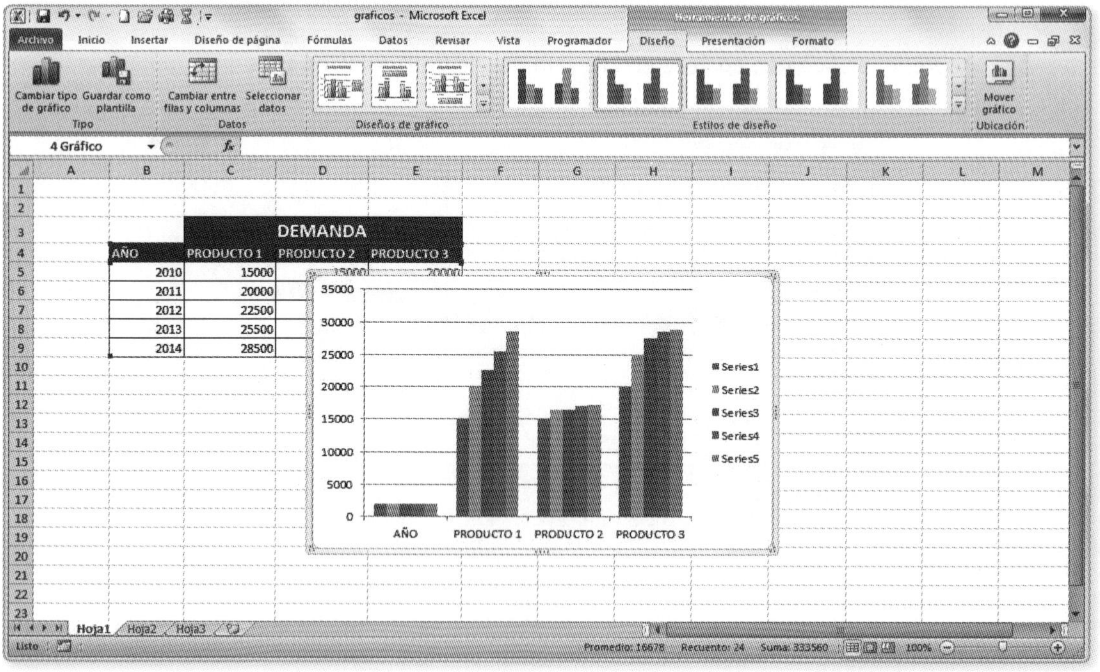

17 De igual forma que en el gráfico anterior, modificaremos la leyenda y las etiquetas de eje horizontal.

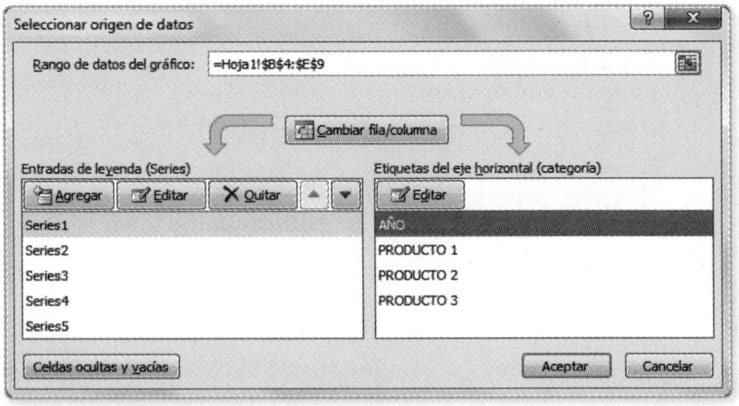

18 Seleccionamos en etiqueta del eje horizontal el botón Editar y cambiamos los valores.

19 Ahora nos ubicamos en entrada de leyenda en la serie 1 y usamos el botón Editar.

20 En Nombre de la serie escribimos B5 y en Valores de la serie C5 hasta E5.

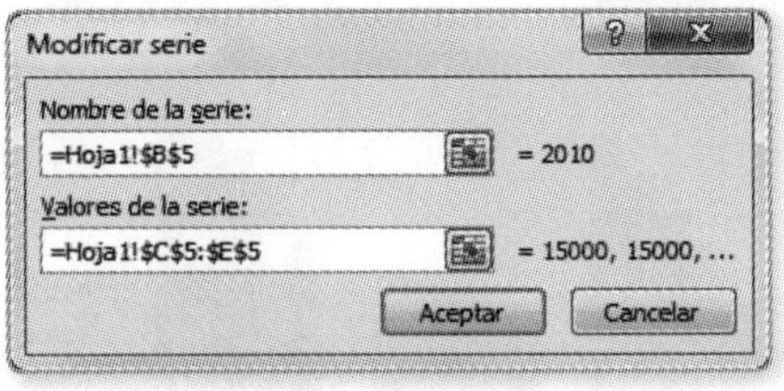

21 De la misma forma seleccionamos las otras series.

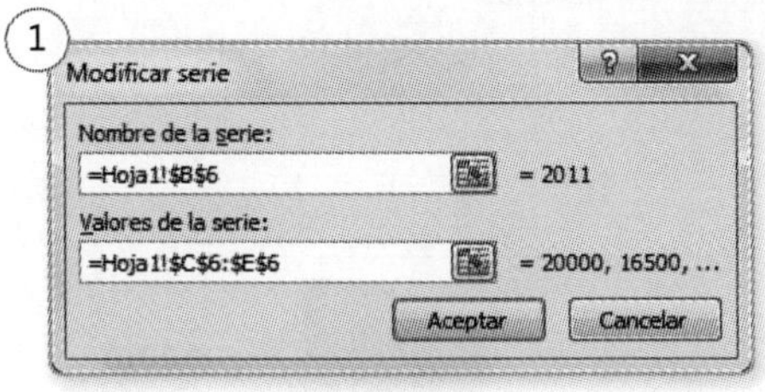

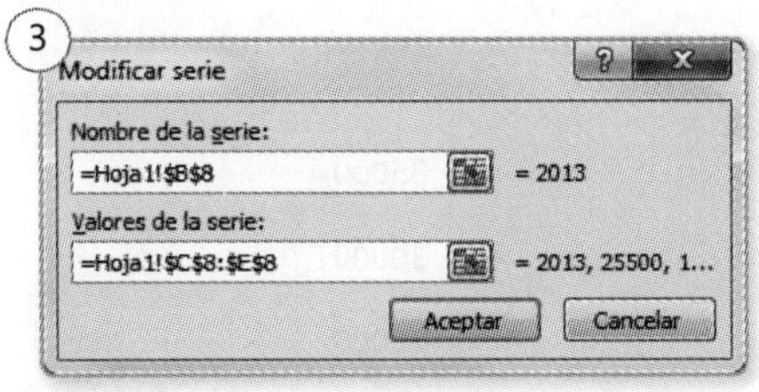

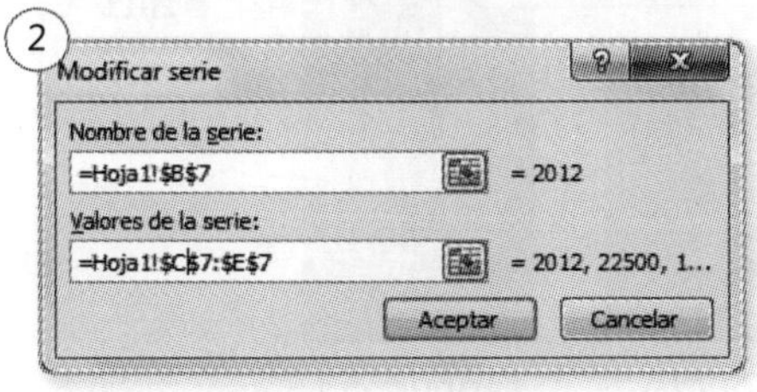

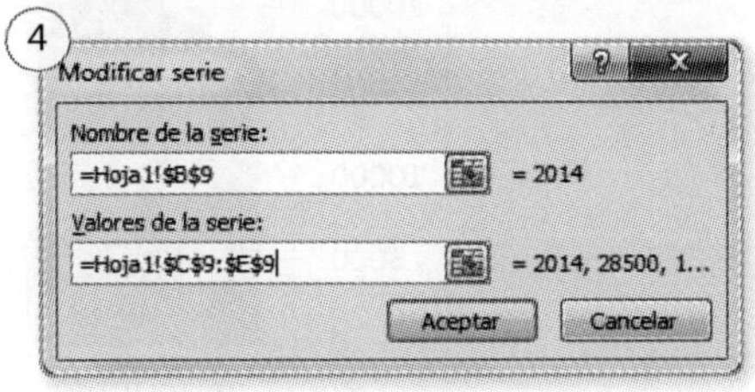

22 Finalmente, presionamos el botón Aceptar y luego de verificar los datos presionamos también el botón Aceptar.

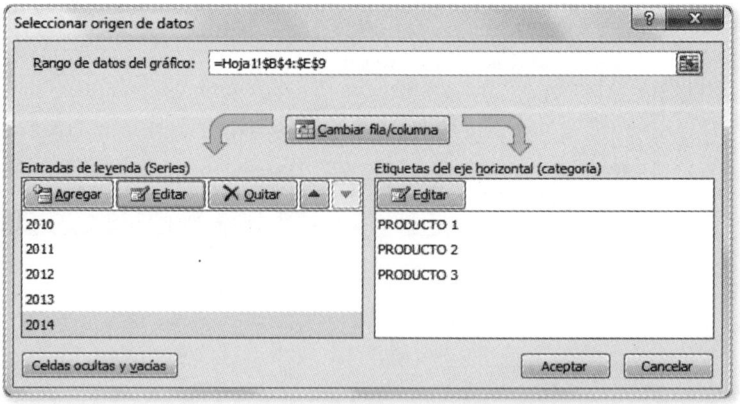

23 El programa nos muestra el gráfico con las correcciones realizadas.

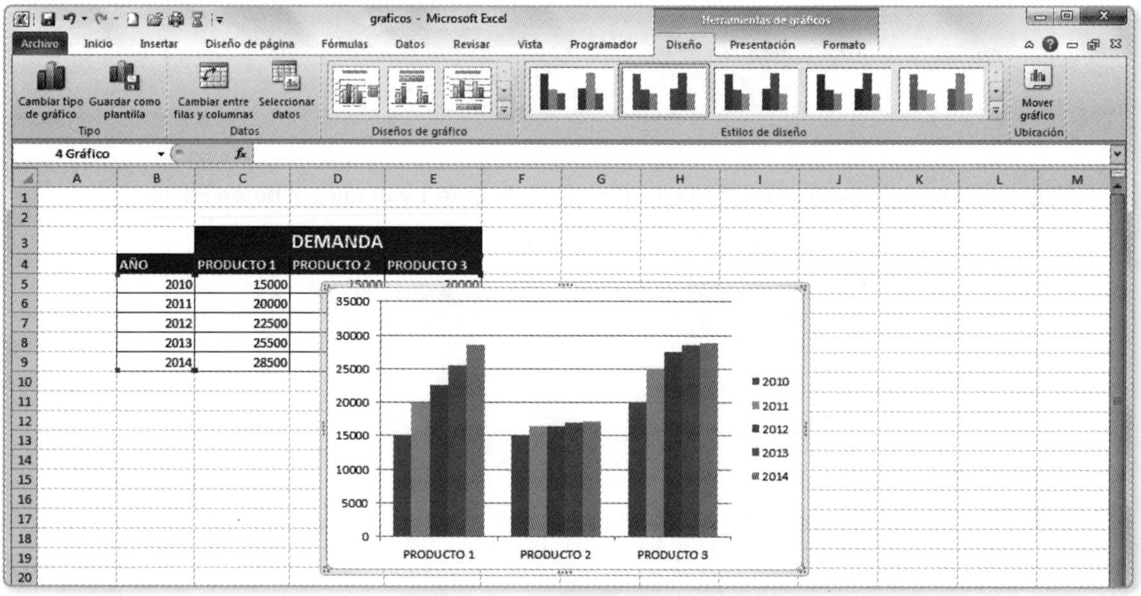

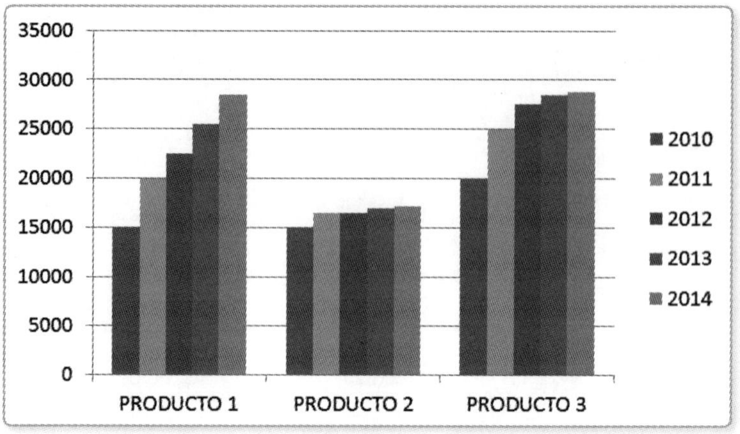

DISEÑO DE GRÁFICO

Usando el grupo Diseños de gráfico, adicionaremos por ejemplo el título o los rótulos a los datos.

24 Usamos el primer icono donde el titulo está en la parte superior y la leyenda se encuentra en el lado derecho.

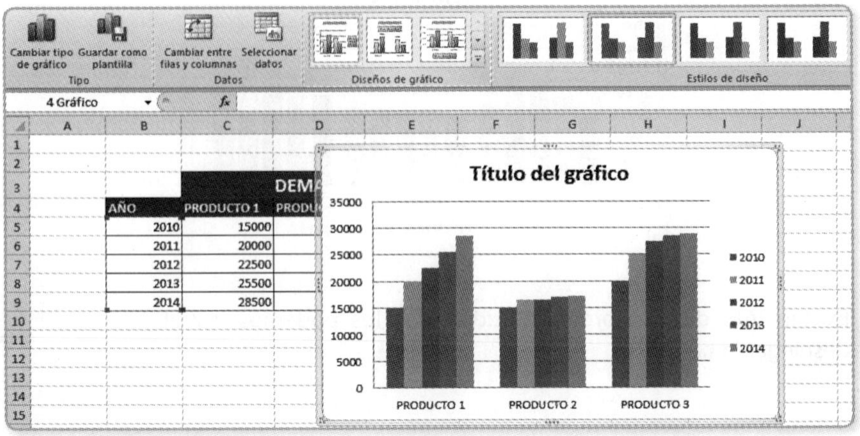

25 Ahora nos ubicamos en el título y digitamos el nombre del gráfico DEMANDA (este texto aparece también en la barra de fórmulas).

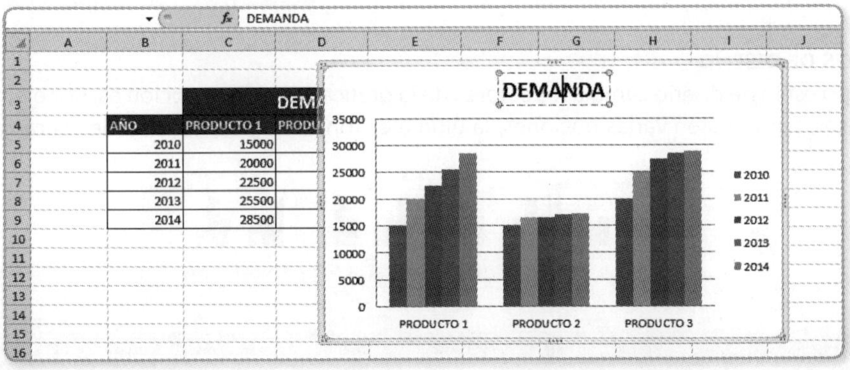

26 Ahora usamos el segundo icono (Diseño 2). Ahora el título se encuentra en la parte superior, la leyenda debajo de él y aparecen las barras con rótulos (valores).

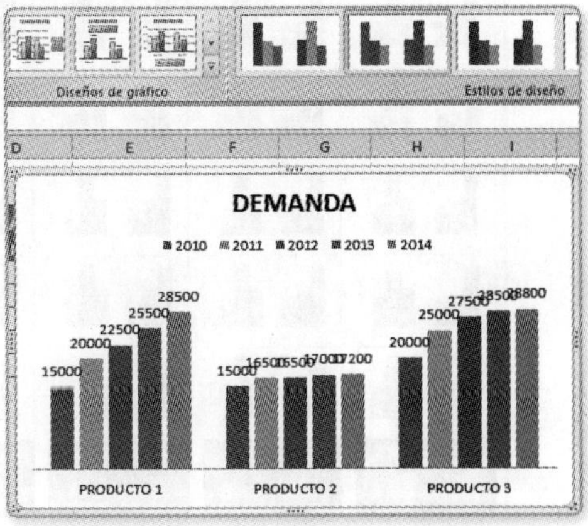

27 Finalmente, usamos la última opción de la primera fila (Diseño 3), donde aparece el título en la parte superior y la leyenda en la parte inferior.

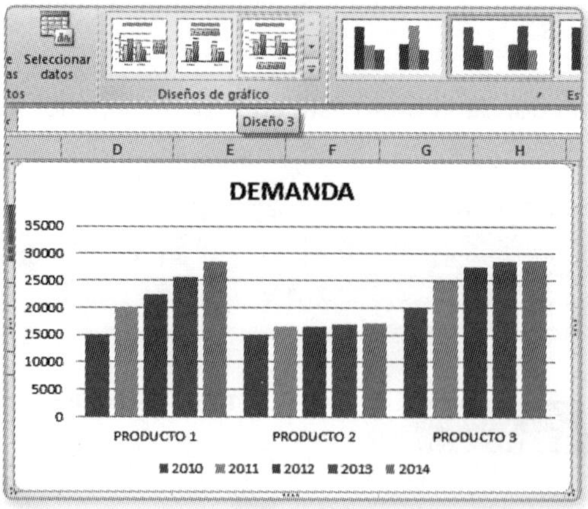

28 Existen más diseños preestablecidos que los podemos ver al desplegar la barra.

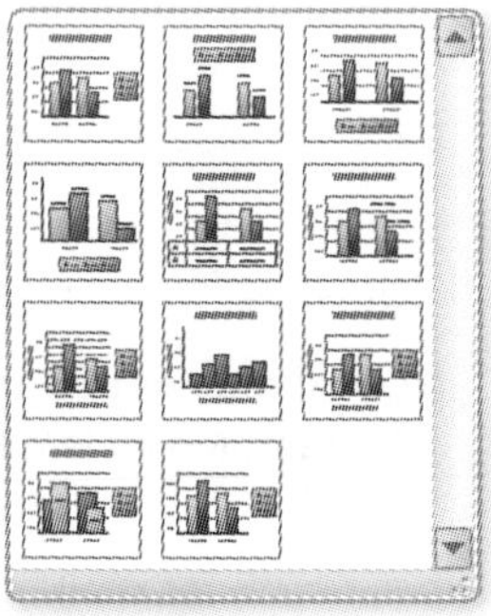

ESTILOS DE DISEÑO

El grupo estilo de diseño cambia los colores de la gráfica, la primera opción es, por ejemplo, tonalidades de grises, pero existen varias opciones, la última es fondo negro y tonalidades naranjas.

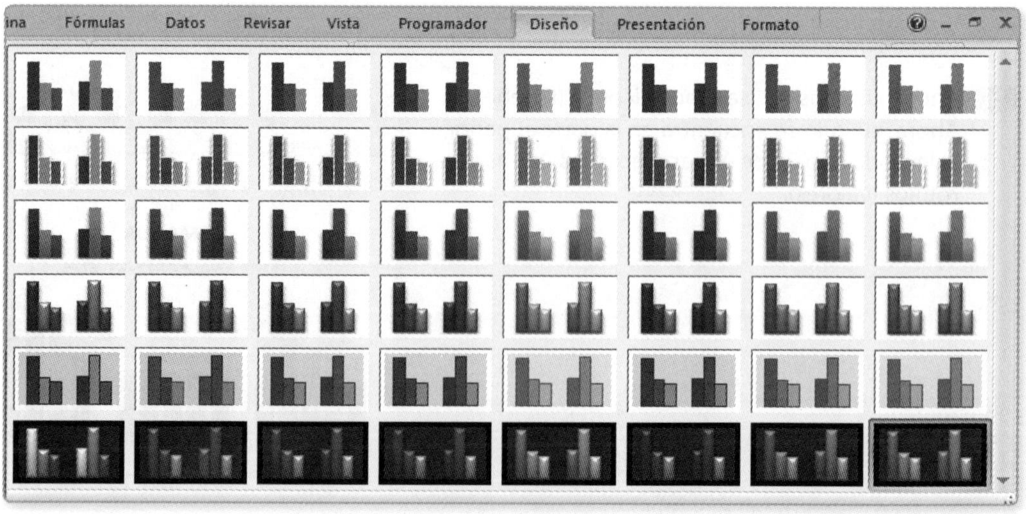

UBICACIÓN DE GRÁFICO

Este es el último grupo de diseño de gráfico, nos servirá para colocar el gráfico en una nueva hoja o en el documento en uso.

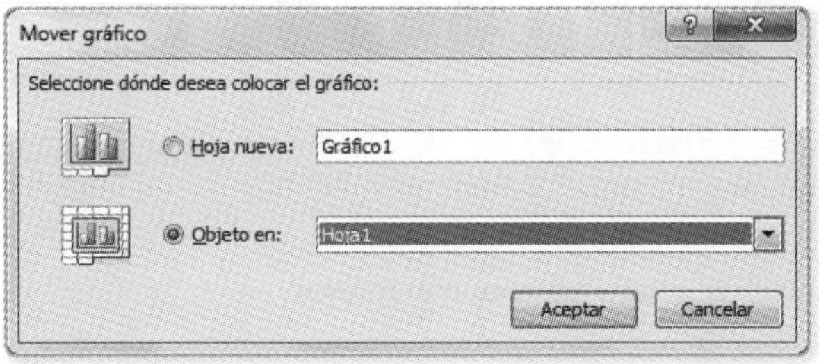

29 Usaremos la opción Hoja nueva.

30 El gráfico parece en la hoja Gráfico 1.

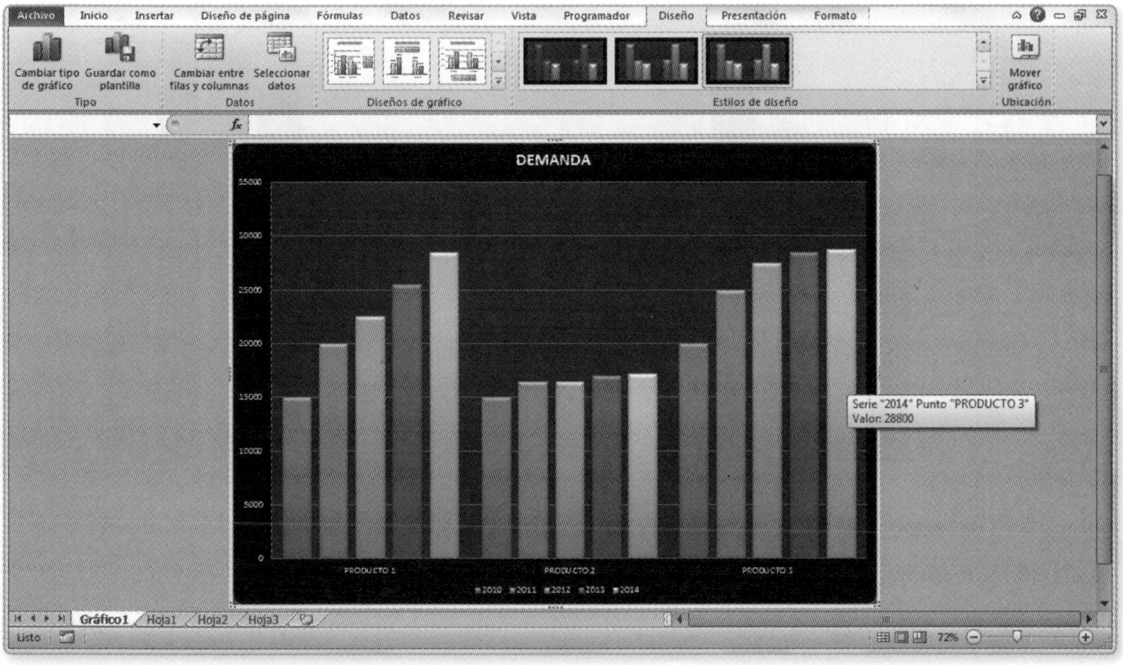

31 También podemos hacer modificaciones usando el menú contextual, por ejemplo nos ubicamos en una columna de datos, usamos el botón derecho del mouse y el programa nos da alternativas, nosotros elegimos Agregar etiqueta de datos.

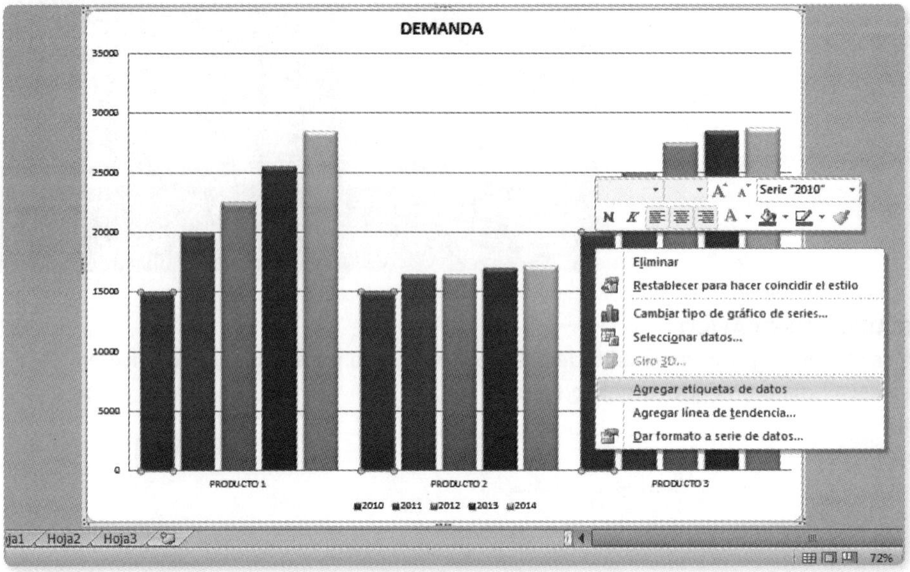

32 La primera serie seleccionada aparece con rótulos.

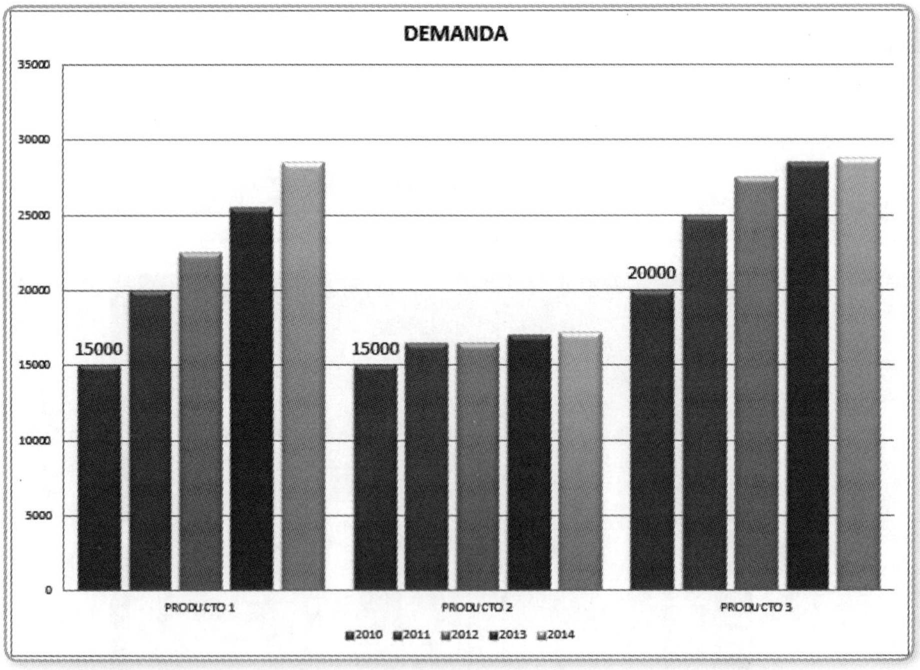

EJERCICIO 1

Graficar las funciones seno y coseno.

Solución:

Con los datos de la tabla y usando la función seno, hacemos el primer intento de tener los valores del seno.

GRADO	SENO
0	0
15	0.25881905
30	0.5
45	0.70710678
60	0.8660254
75	0.96592583
90	1
105	0.96592583
120	0.8660254
135	0.70710678
150	0.5
165	0.25881905
180	1.2251E-16
195	-0.25881905
210	-0.5
225	-0.70710678
240	-0.8660254
255	-0.96592583
270	-1
285	-0.96592583
300	-0.8660254
315	-0.70710678
330	-0.5
345	-0.25881905
360	-2.4503E-16

=SENO(B3)

Observemos que los valores obtenidos no corresponden a los valores del seno para grados sexagesimales. Para corregir este error, agregamos la función radianes dentro de la función seno, para que los valores de la columna B (grado) se conviertan en radianes.

= seno(radianes(B4)).

GRADO	SENO
0	0
15	0.25881905
30	0.5
45	0.70710678
60	0.8660254
75	0.96592583
90	1
105	0.96592583
120	0.8660254
135	0.70710678
150	0.5
165	0.25881905
180	1.2251E-16
195	-0.25881905
210	-0.5
225	-0.70710678
240	-0.8660254
255	-0.96592583
270	-1
285	-0.96592583
300	-0.8660254
315	-0.70710678
330	-0.5
345	-0.25881905
360	-2.4503E-16

=SENO(RADIANES(B3))

Ahora sí, los valores son los correctos y pasamos a graficar.

- Seleccionamos la tabla.
- Activamos la ficha Insertar y usamos el grupo Gráficos.

- Seleccionamos el icono Dispersión (valores numéricos tanto en la abscisa y ordenadas) y usamos la segunda alternativa Dispersión con líneas suavizadas y marcadores.

- Con esto obtenemos el gráfico siguiente:

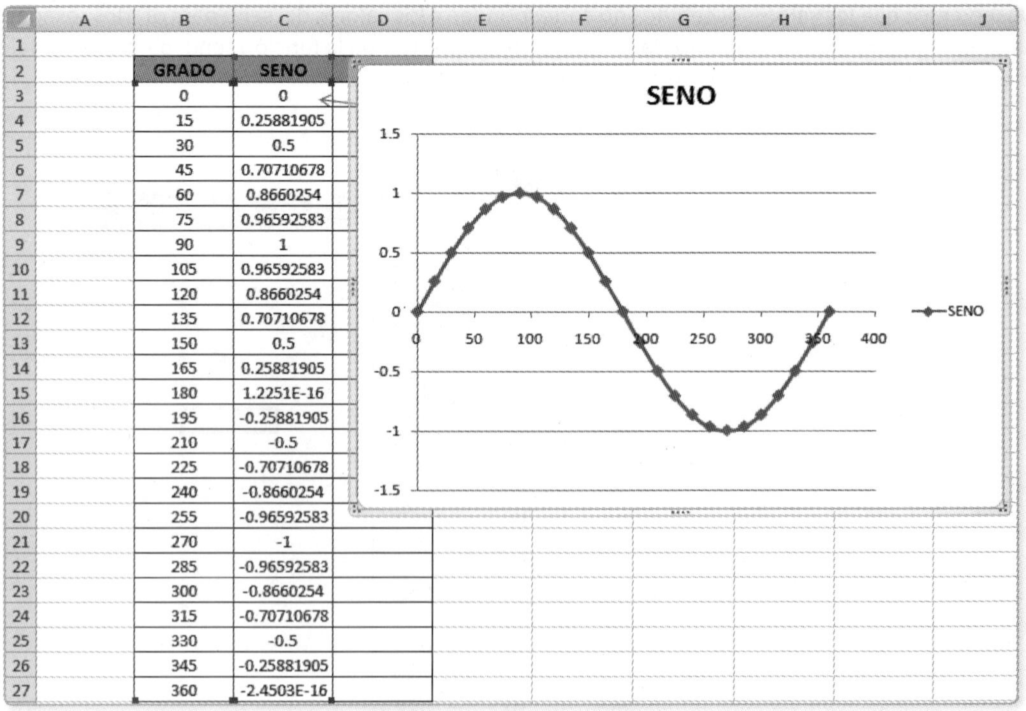

- De igual forma procedemos para el coseno.
  - Ingresamos la función =COS(RADIANES(B3) y copiamos en toda la columna.

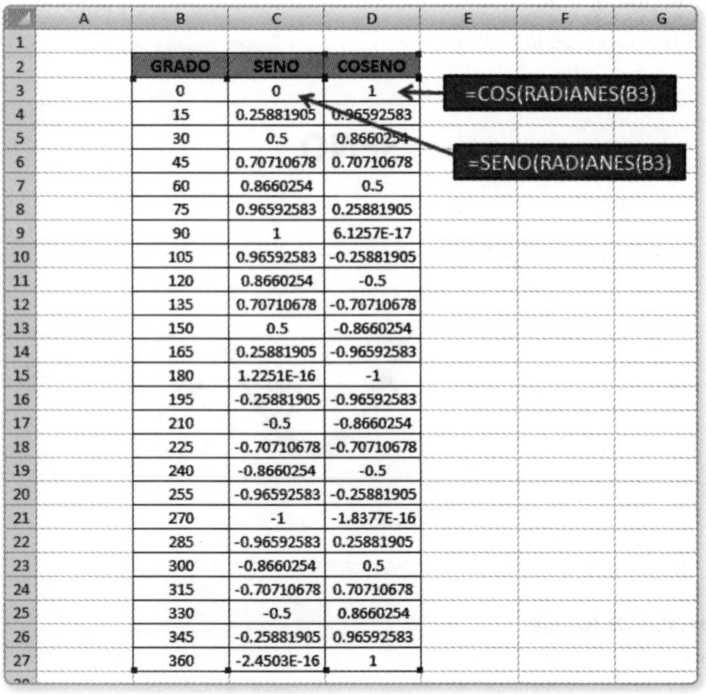

GRADO	SENO	COSENO
0	0	1
15	0.25881905	0.96592583
30	0.5	0.8660254
45	0.70710678	0.70710678
60	0.8660254	0.5
75	0.96592583	0.25881905
90	1	6.1257E-17
105	0.96592583	-0.25881905
120	0.8660254	-0.5
135	0.70710678	-0.70710678
150	0.5	-0.8660254
165	0.25881905	-0.96592583
180	1.2251E-16	-1
195	-0.25881905	-0.96592583
210	-0.5	-0.8660254
225	-0.70710678	-0.70710678
240	-0.8660254	-0.5
255	-0.96592583	-0.25881905
270	-1	-1.8377E-16
285	-0.96592583	0.25881905
300	-0.8660254	0.5
315	-0.70710678	0.70710678
330	-0.5	0.8660254
345	-0.25881905	0.96592583
360	-2.4503E-16	1

  - E insertamos también la gráfica dispersión.

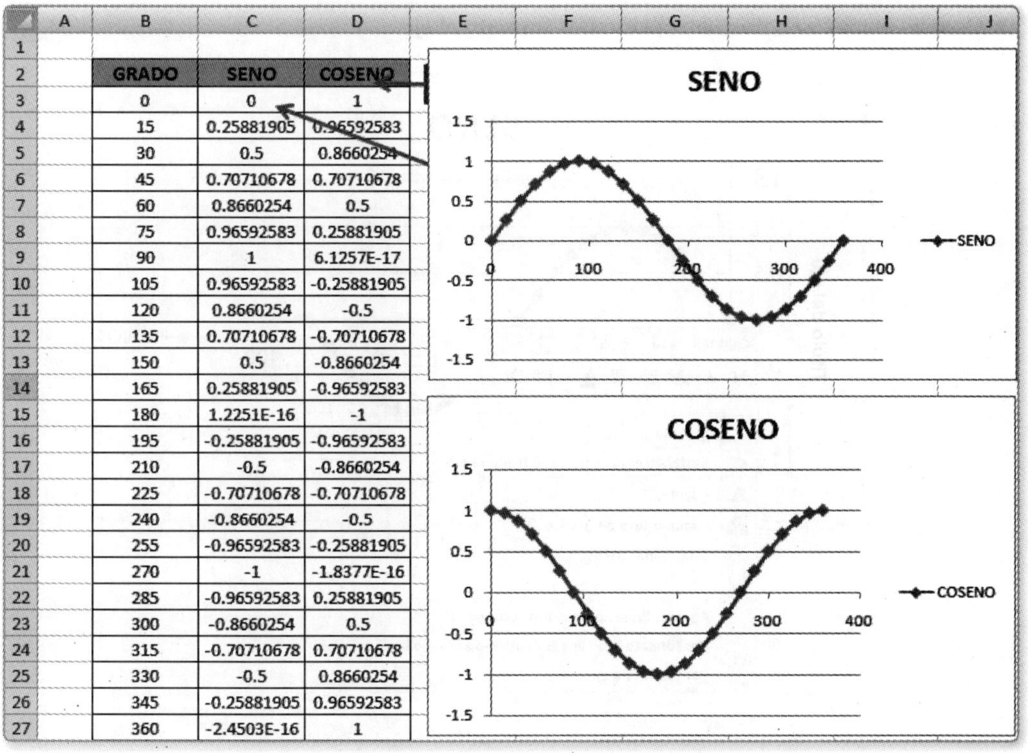

Ahora personalizamos los gráficos
Usamos el grupo **Diseños de gráfico**:

- Seleccionamos el primer icono.
- Y digitamos los nombres de los títulos.

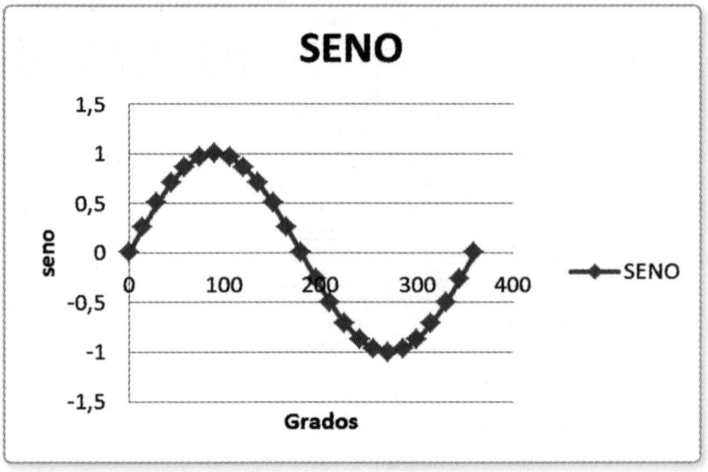

Modificamos las escalas de los ejes
Para la gráfica seno

Para cambiar la escala damos siguientes pasos:

- Seleccionamos la escala del eje.
- Usamos el menú contextual, opción **Dar formato al eje**.

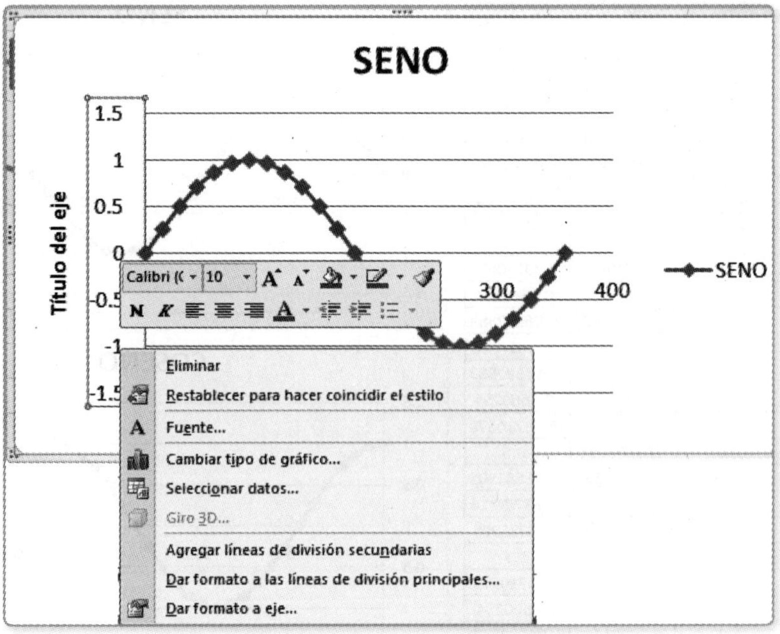

- En el cuadro de diálogo **Dar formato a eje**, cambiamos de automático a **fija**.
  - **Máxima** = 1
  - **Mínima** = -1
  - **Unidad mayor** = 30

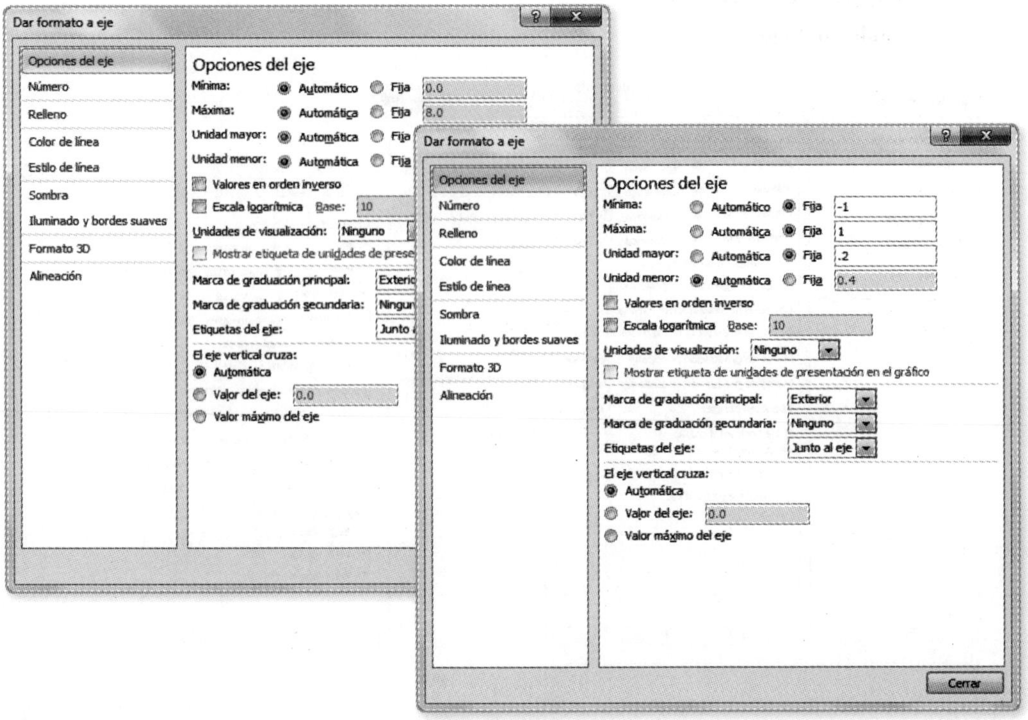

- Ahora seleccionamos el eje x.
- Dar formato al eje.

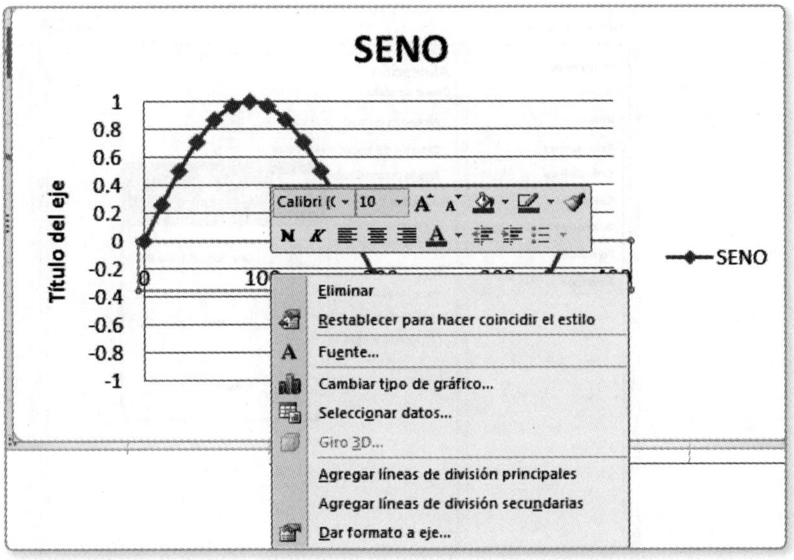

- En este eje fijamos:
  - **Máxima** = 360
  - **Mínima** = 0
  - **Unidad mayor** = 30
- En la opción **Eje vertical cruza**:
  - **Valor del eje** = 180

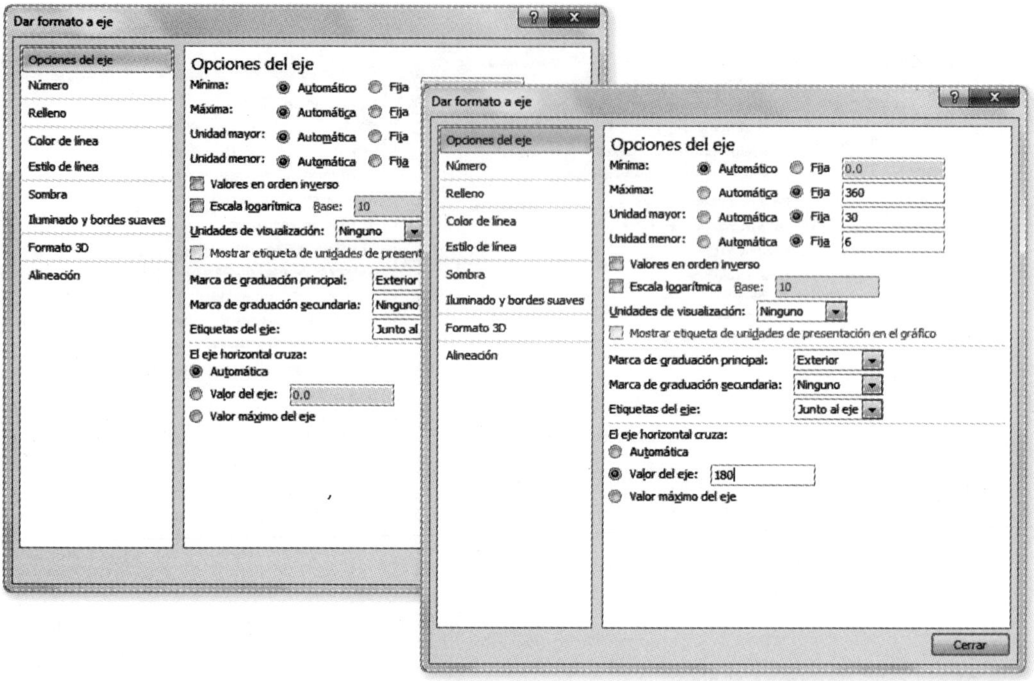

- Ahora nos ubicamos en Alineación y usamos Dirección del texto girar 270º.

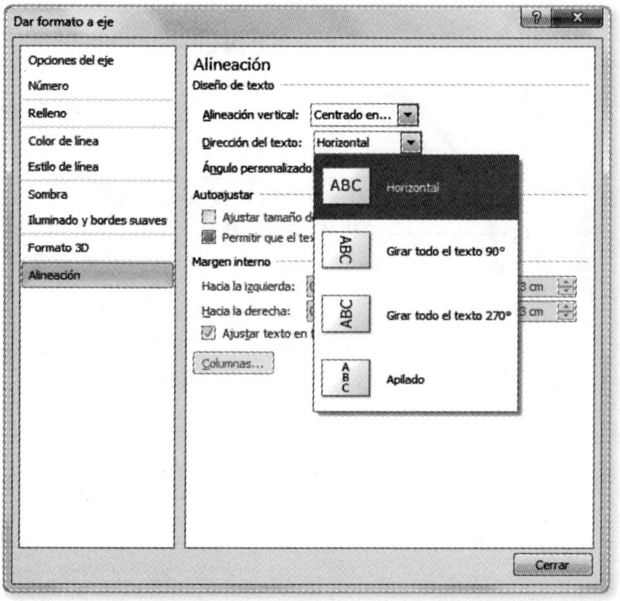

Modificar el gráfico del coseno

- De la misma forma MODIFICAMOS **Opciones del eje vertical**:
  - **Máxima** = 1
  - **Mínima** = -1
  - **Unidad mayor** = .20
  - Y en eje **Horizontal cruza** en el **valor = -1**
- Ahora seleccionamos el eje horizontal:
  - **Máxima** = 360
  - **Mínima** = 0
  - **Unidad mayor** = 30

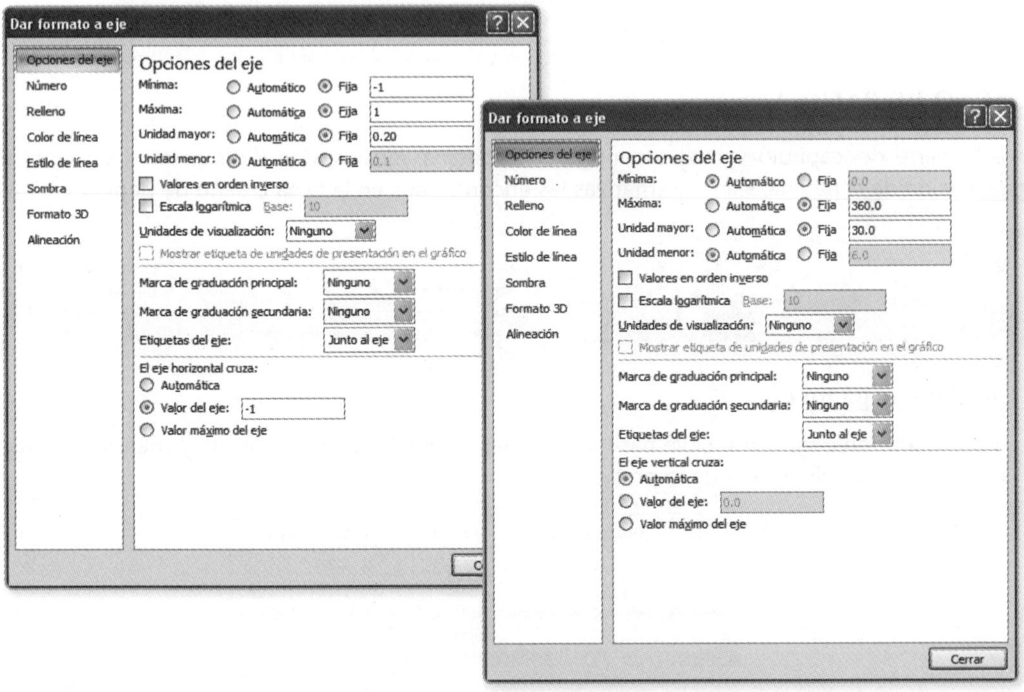

- Finalmente, las gráficas quedan así:

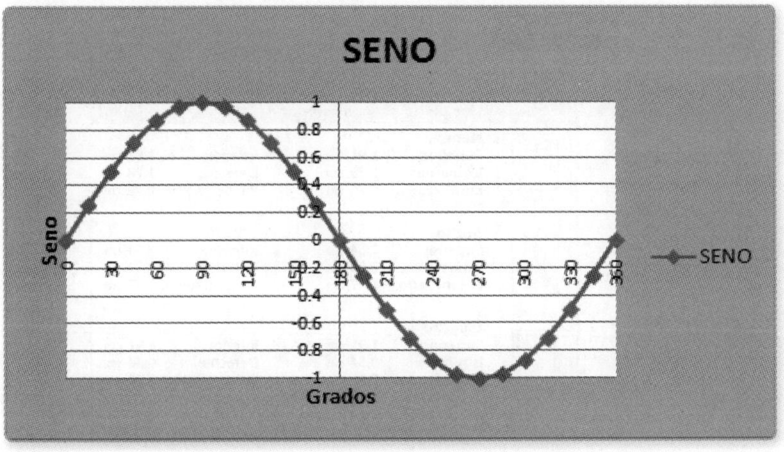

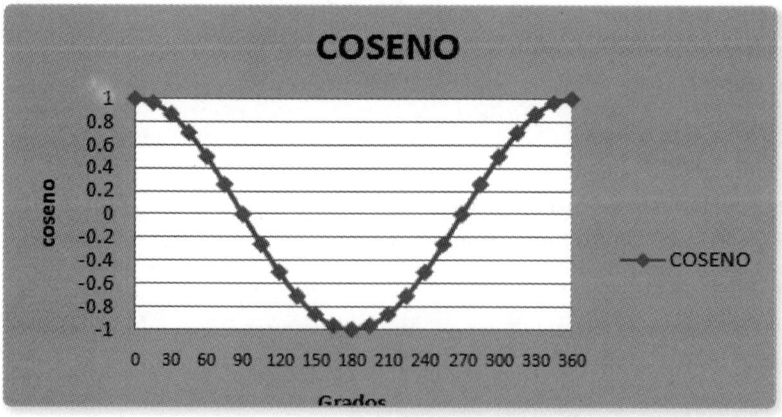

• DISEÑO DE PÁGINA

En esta parte del capítulo vamos a configurar la página, ajustar área de impresión y personalizar la presentación de la página. Estas alternativas las encontramos en la ficha Diseño de página.

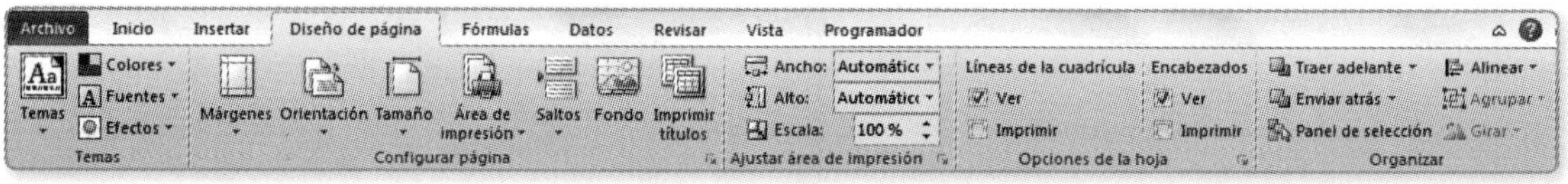

• Configurar página

La configuración página nos sirve para determinar el tamaño de hoja, los márgenes, la orientación de la página a imprimir, el área de impresión.

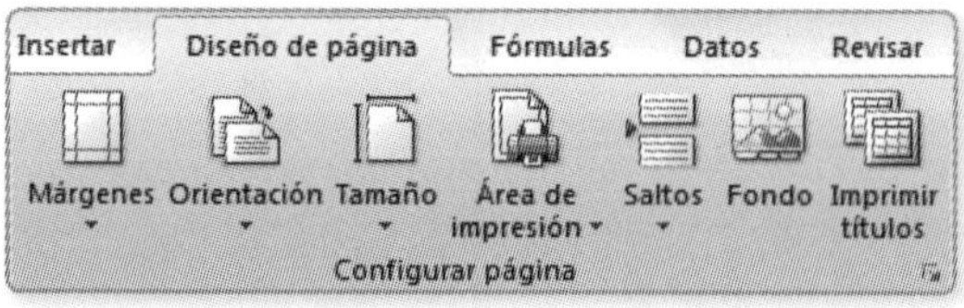

Márgenes

Usamos el icono márgenes y encontramos márgenes predeterminados y márgenes personalizados.

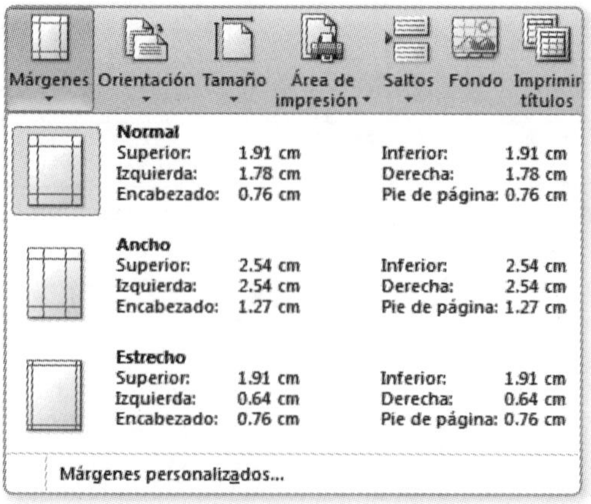

Si ingresamos a Márgenes personalizados, ingresamos a un cuadro de diálogo que tiene varias pestañas: página, márgenes, encabezados y pie de página y hoja.

En Márgenes seleccionamos o digitamos los márgenes: superior, inferior, derecho, izquierdo, encabezado, pie de página y centrar página.

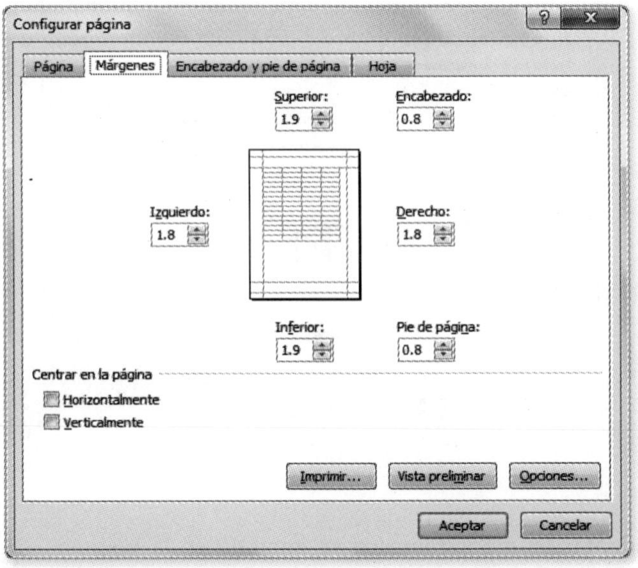

En la pestaña Página modificamos la opción Orientación, Ajustar a escala, Tamaño, etc.
En Encabezado y pie de página escribimos los encabezados que queremos que se impriman en las hojas.

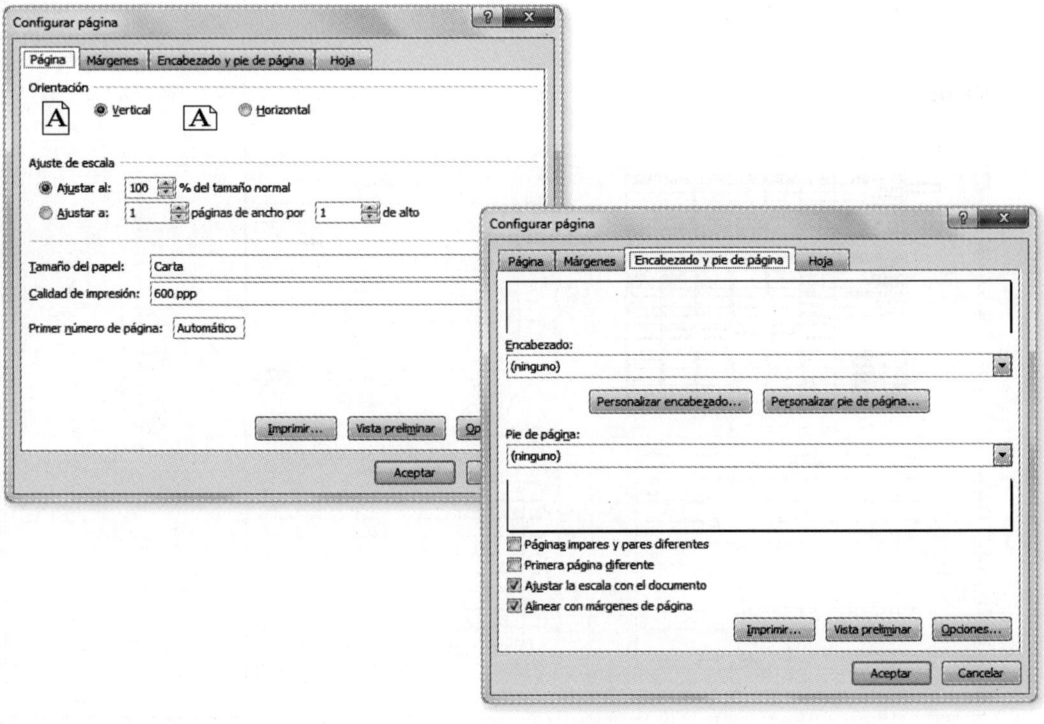

En la pestaña Página seleccionamos el área de impresión, los títulos para las filas y columnas, cómo queremos imprimir la hoja.

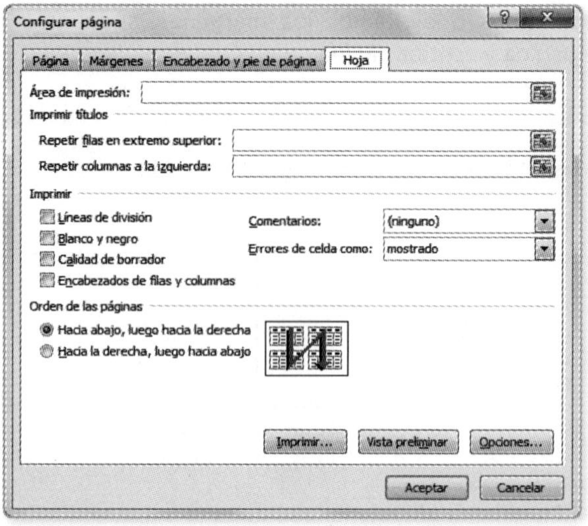

Orientación

En el icono de orientación modificamos si se imprime en la hoja en forma vertical u horizontal.

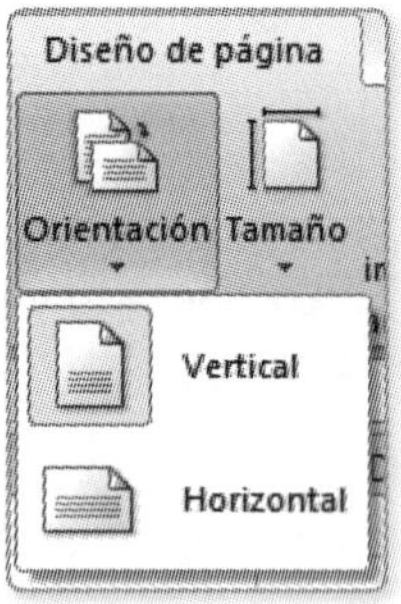

Vertical

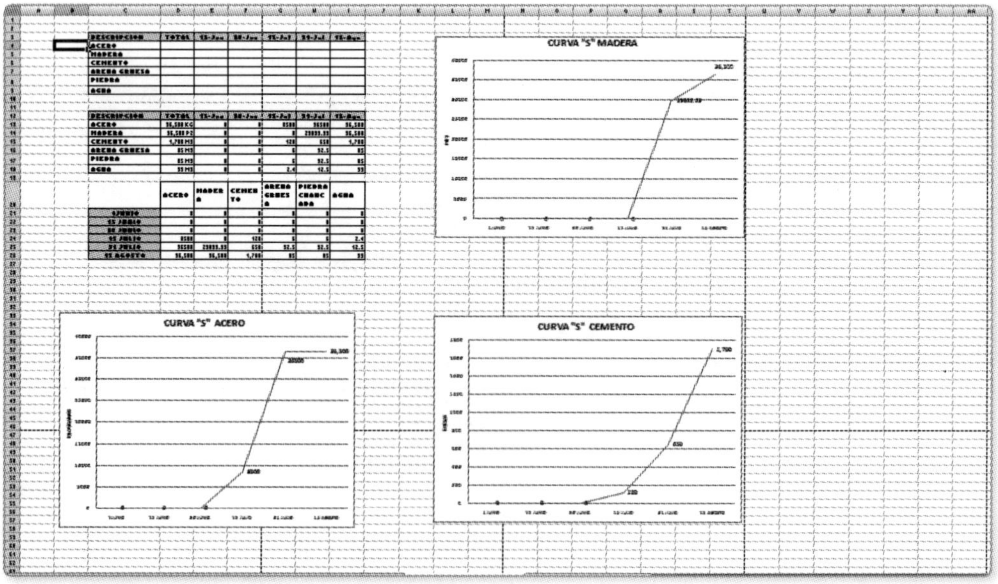

Horizontal

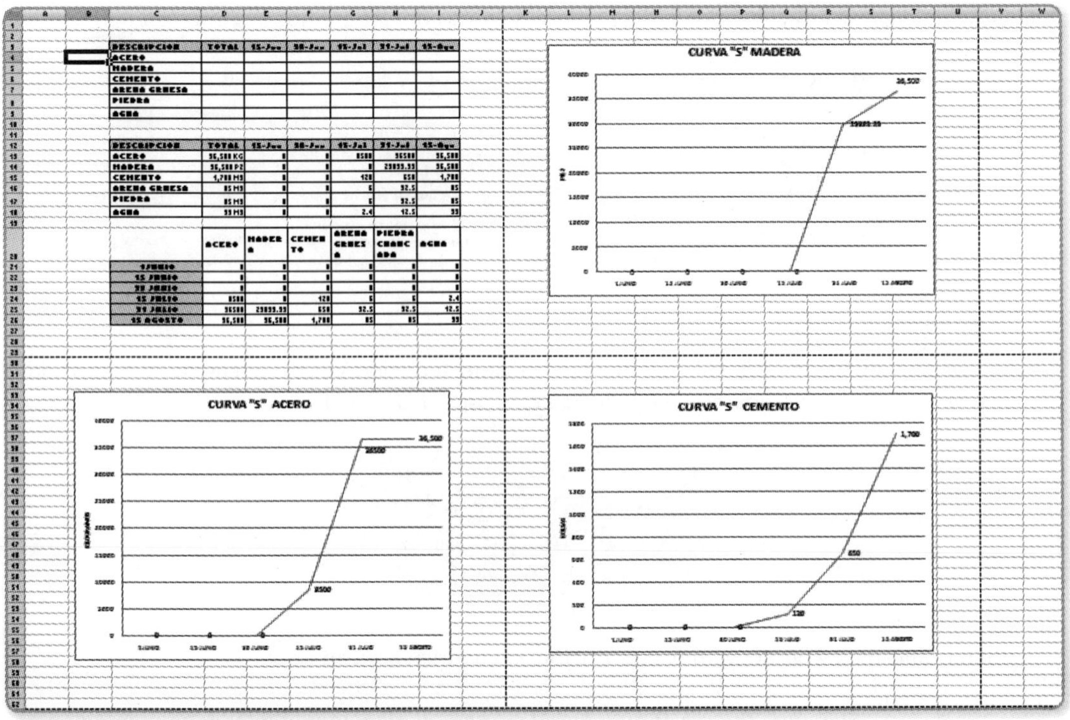

Tamaño

Con este icono seleccionaremos el tamaño de hoja que usamos para imprimir. Al usar un formato podemos configurar nuestro documento.

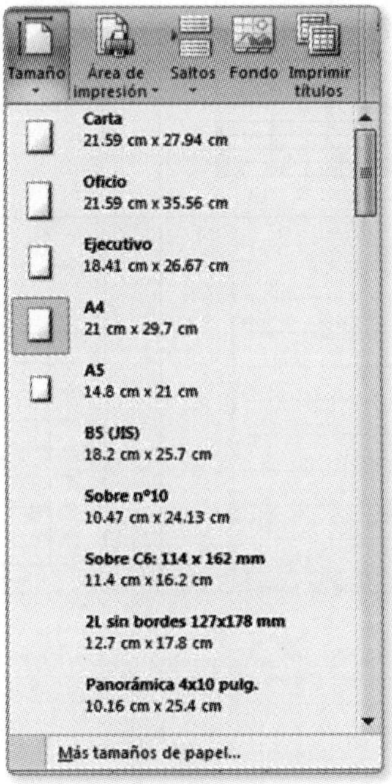

Área de impresión

Con este icono establecemos el área del documento que queremos sea impresa.

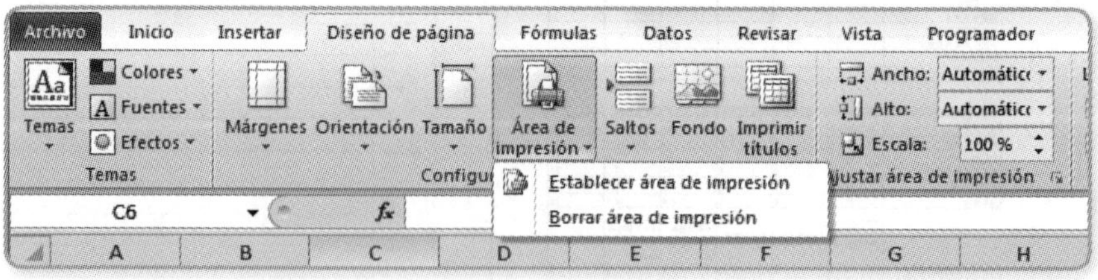

Opciones de la hoja

En el grupo Opciones de la hoja, aparece activada la opción Ver de Líneas de la cuadrícula, por eso en la hoja de trabajo aparece la cuadrícula que separa las celdas.

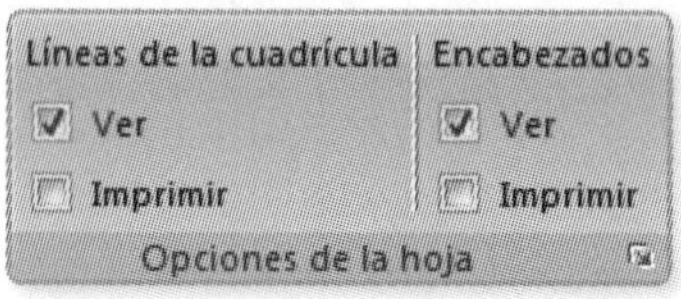

Si modificamos y desactivamos esta opción, la cuadrícula no aparece.

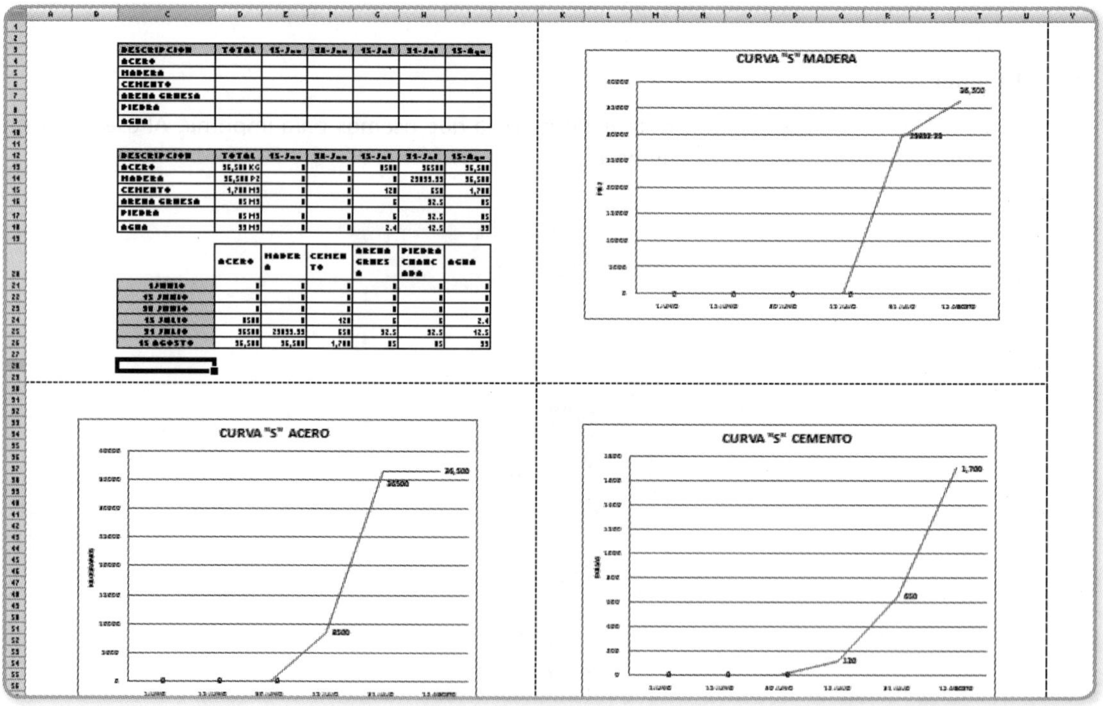

• ADMINISTRAR IMPRESIÓN

Una vez que terminamos nuestro trabajo, configurado las páginas, estamos listos para imprimir. Para ello activamos la opción Archivo y en ella seleccionamos Imprimir.
El programa nos muestra las opciones para imprimir que veremos a continuación:

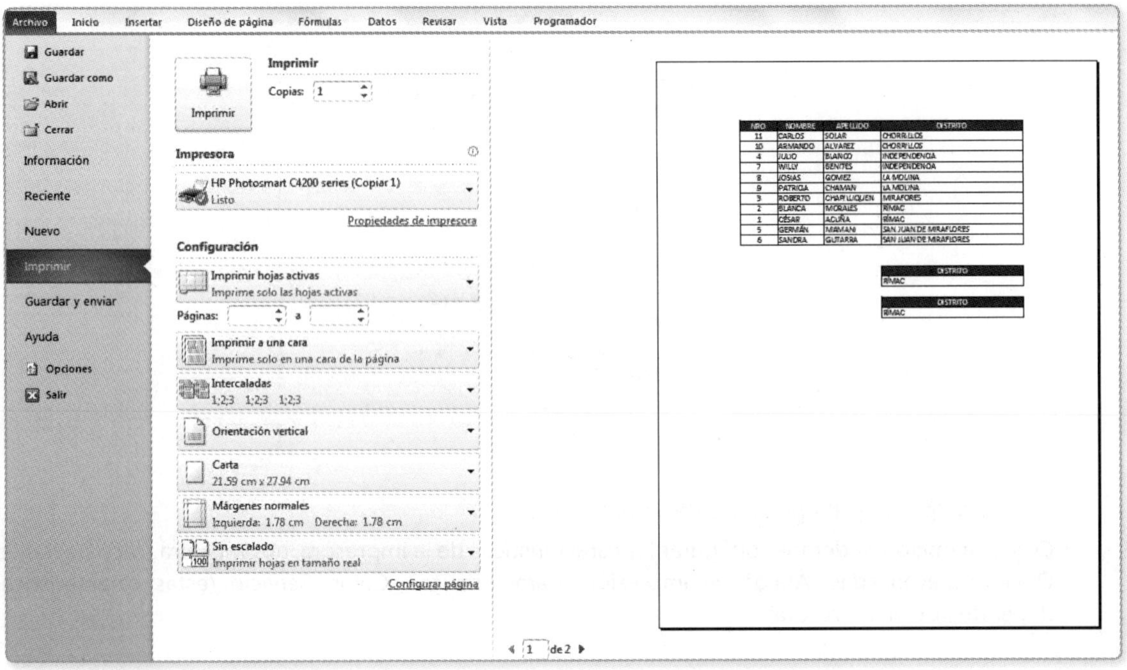

La pantalla está dividida en 3:

- En la primera encontramos las opciones generales donde elegimos Imprimir.
- En la segunda encontramos las opciones de impresión, que dependen bastante del tipo de impresora que hemos elegido y tenemos configurada.
- Y la tercera es la Vista Preliminar, donde el programa nos muestra cómo serán impresas las páginas del documento.

Opciones de la segunda parte:

- La primera opción es el botón Imprimir, la usamos cuando estamos de acuerdo con la presentación preliminar y la configuración dada.
- Al costado tenemos la segunda opción Copias donde digitamos o asignamos el número de copias que queremos del documento a imprimir.

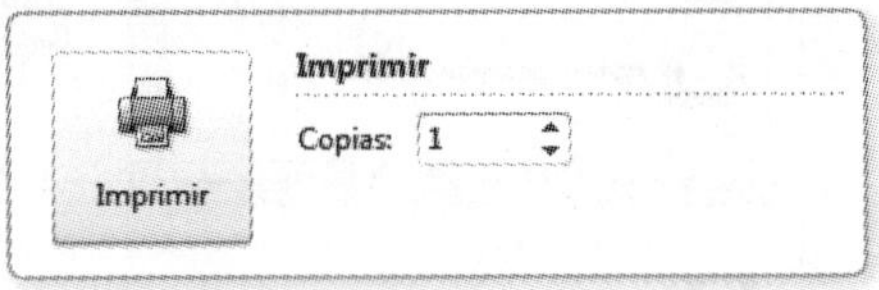

- La tercera opción es Impresora, donde seleccionamos la impresora a usar.

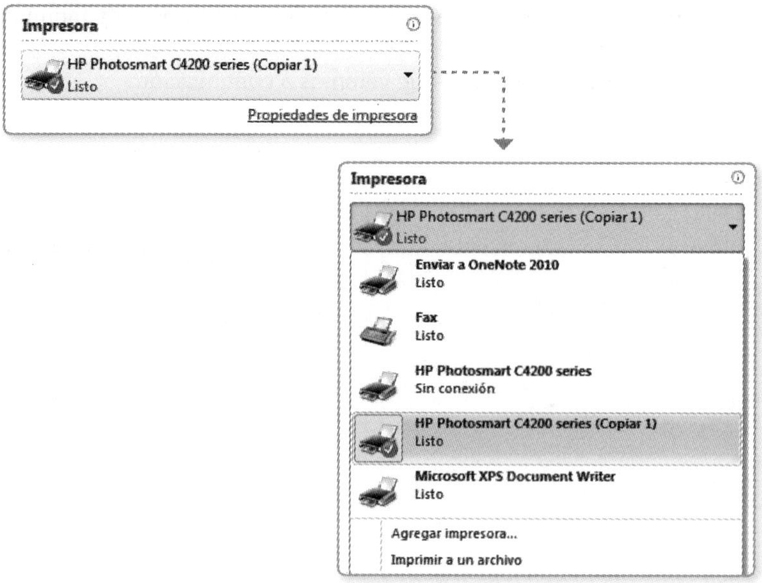

- La cuarta opción es Propiedades de impresora.
- Con esta opción podemos configurar las características de la impresora, nos muestra cinco pestañas: Opciones avanzadas, Atajos de impresión, Características, Color, Servicio (estas características dependen de la impresora).

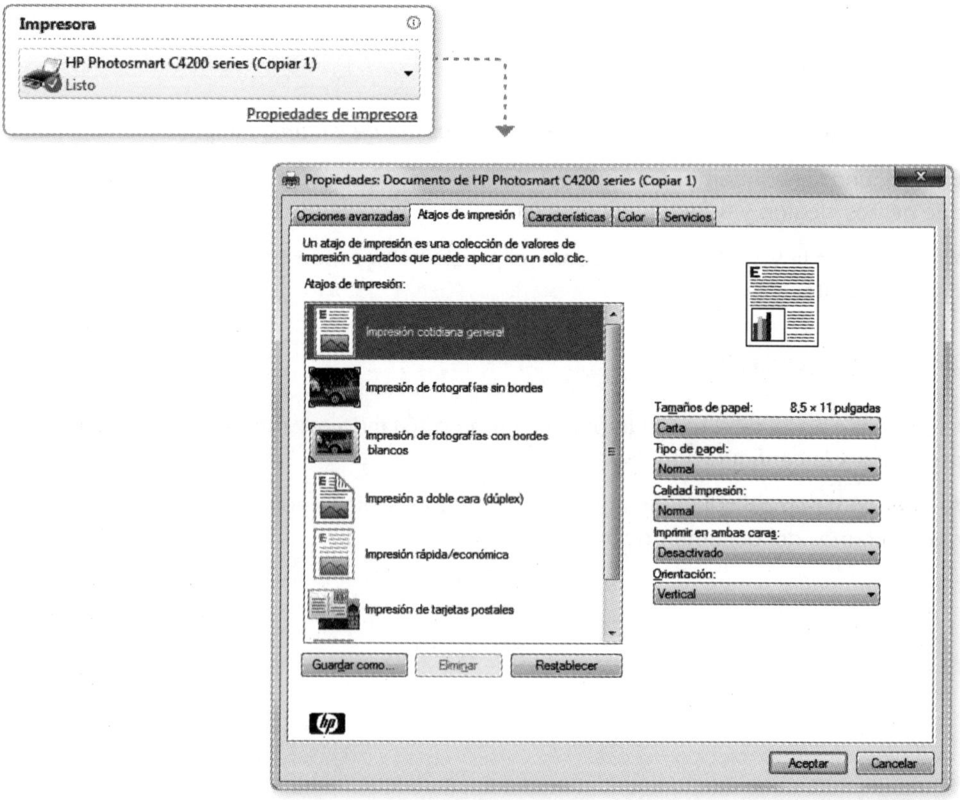

- La quinta opción es **Configuración**. En esta opción definimos la forma de impresión, como qué hojas imprimir, cómo imprimir, orientación de la hoja, tamaño, márgenes, etc.

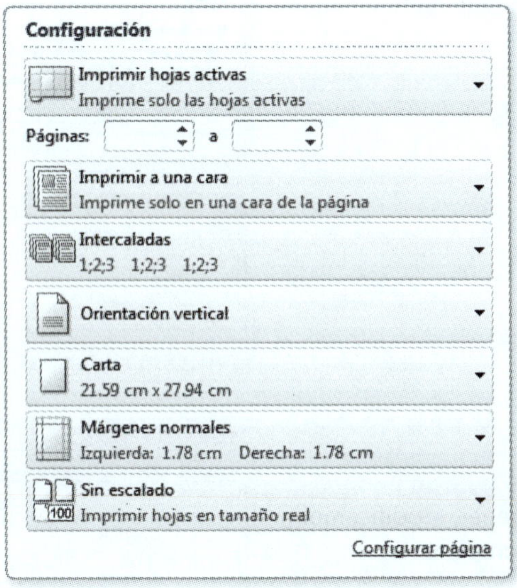

- La sexta opción es **Configurar página**. Con ella ingresamos al cuadro de diálogo para modificar la hoja.

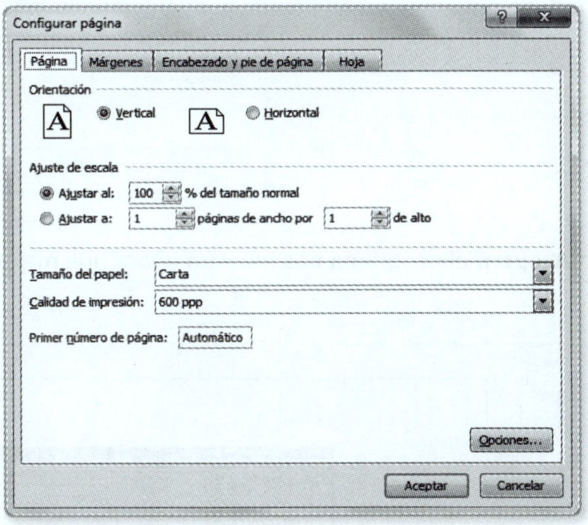

Ahora veremos algunas de estas opciones para realizar las modificaciones antes de imprimir.

• Configurar página

Como vemos en la figura anterior, el documento que queremos no alcanza en una hoja vertical, y la tabla es partida en dos, modificaremos la configuración. En las pestañas:

Página

Modificamos la orientación vertical, marcamos horizontal.

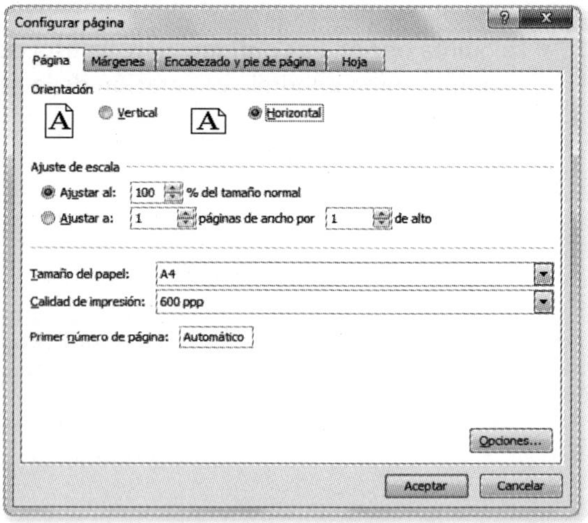

Márgenes

Usamos la solapa de Márgenes, modificamos y marcamos centrar horizontalmente.

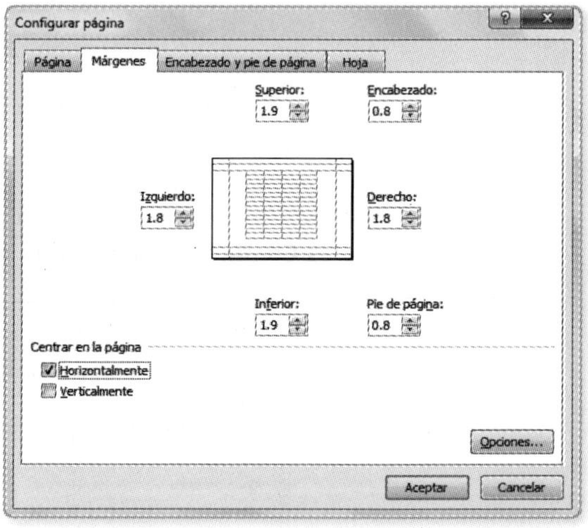

Al presionar el botón **Aceptar,** el programa nos muestra ahora una mejor presentación de la hoja a imprimir.

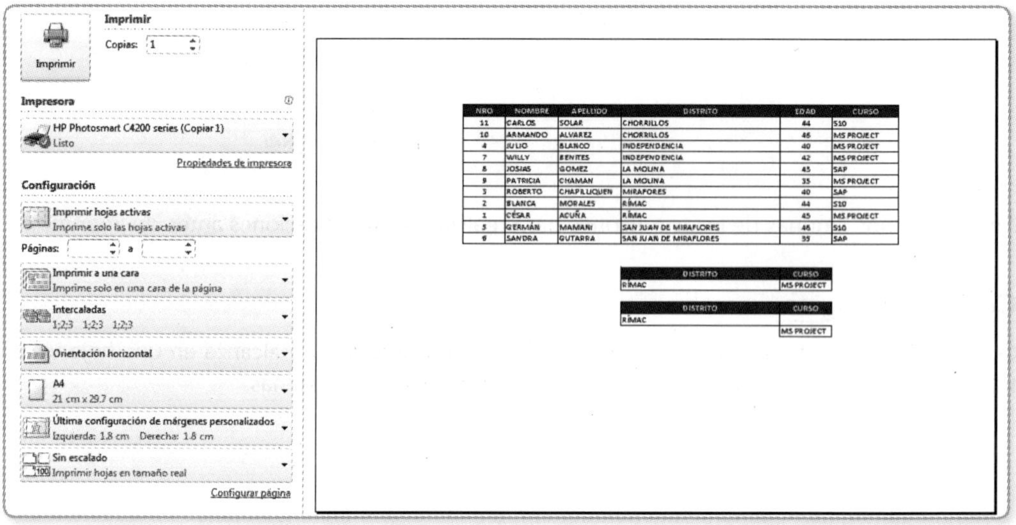

Regresamos a Configura página

Usamos la pestaña página y en esta la opción Ajustar al y seleccionamos 50%.

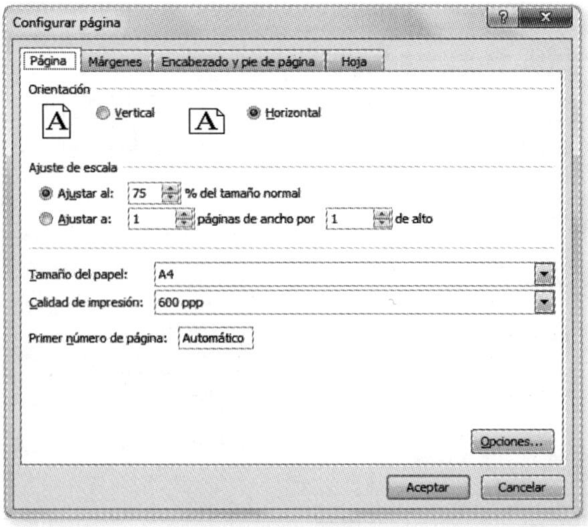

Al presionar el botón Aceptar, el programa nos muestra mayor área de impresión, cumpliendo con nuestras expectativas.

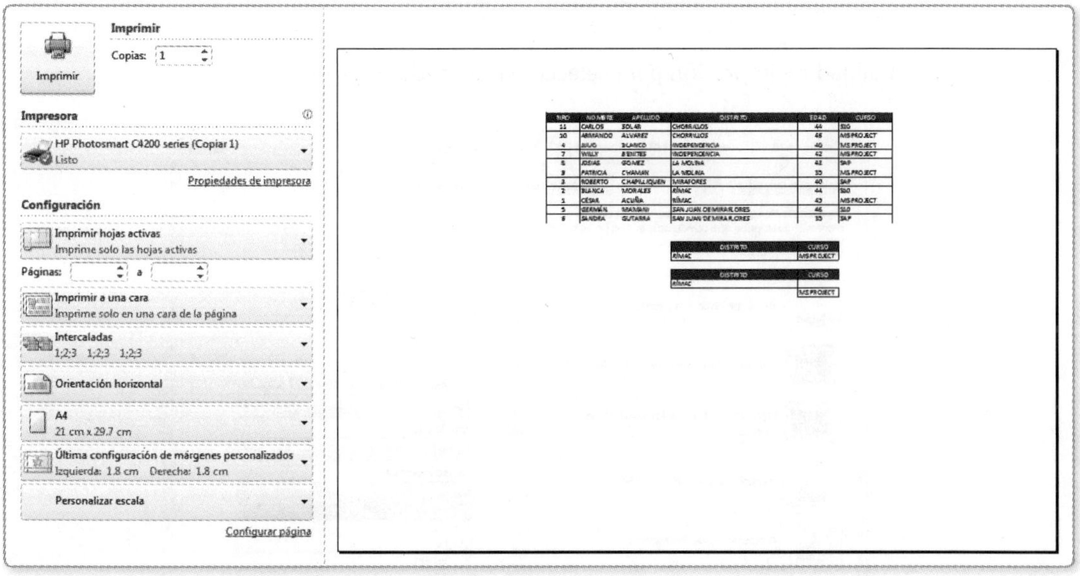

• Propiedades de Impresora

Ahora: Queremos imprimir solo con tinta negra, calidad impresión tipo borrador.

Usamos la opción **Propiedades de impresora**, nos muestra un cuadro de diálogo donde podemos ordenar la forma de impresión.

- En esta pestaña tenemos atajos de impresión y modificaciones de la hoja.

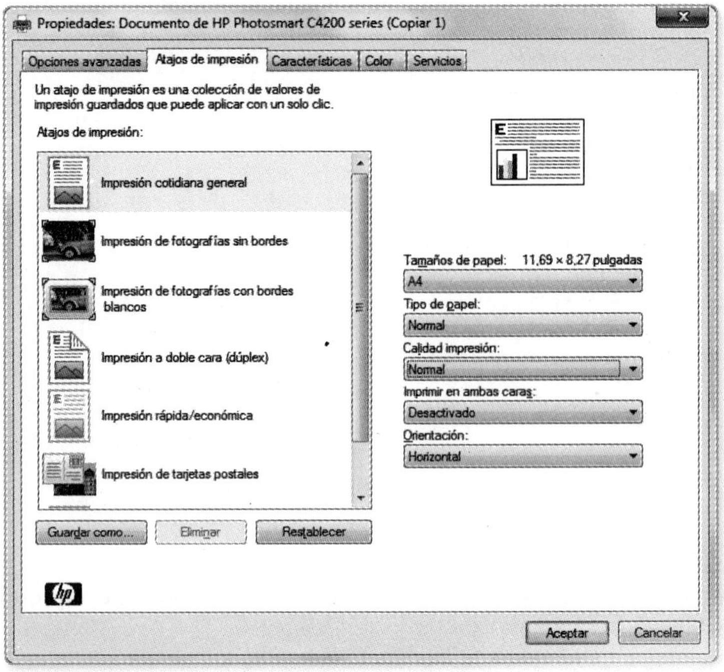

- Usaremos Calidad de impresión para seleccionar Borrador rápido.

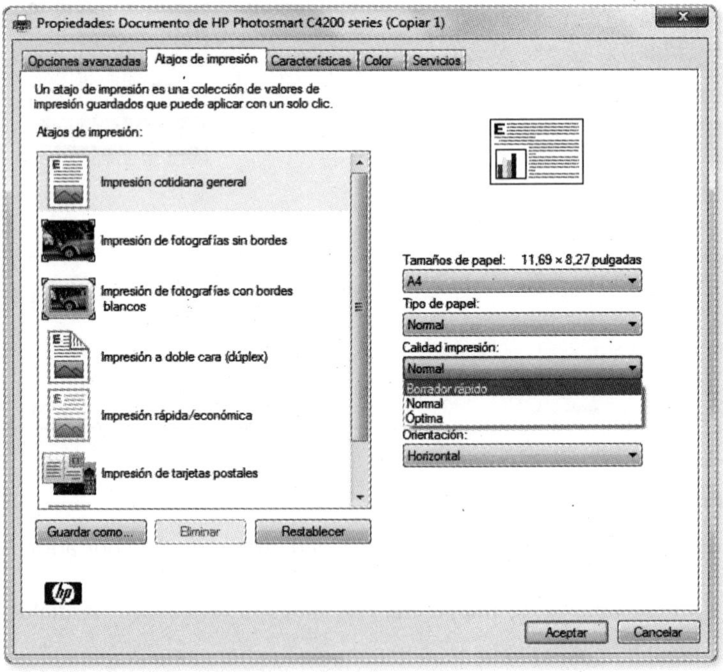

- En la pestaña Color, activamos la opción Impresión en escala de grises y seleccionamos Sólo tinta negra.

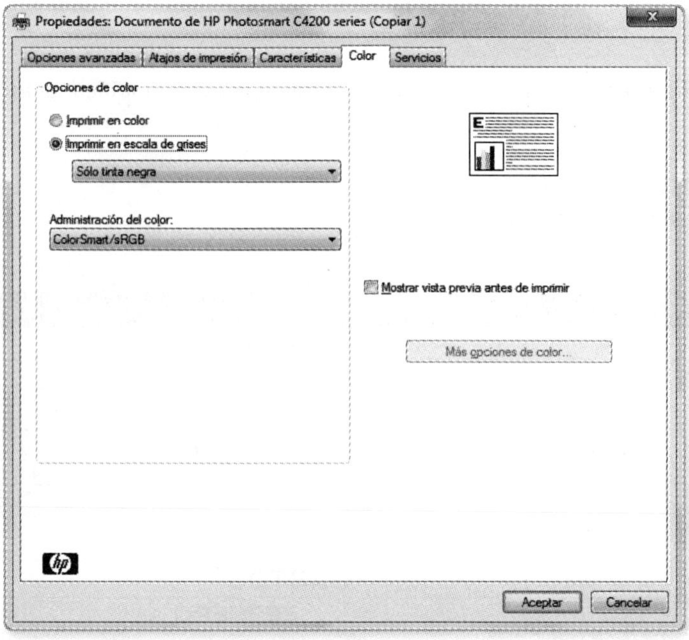

- Usamos el botón Aceptar.

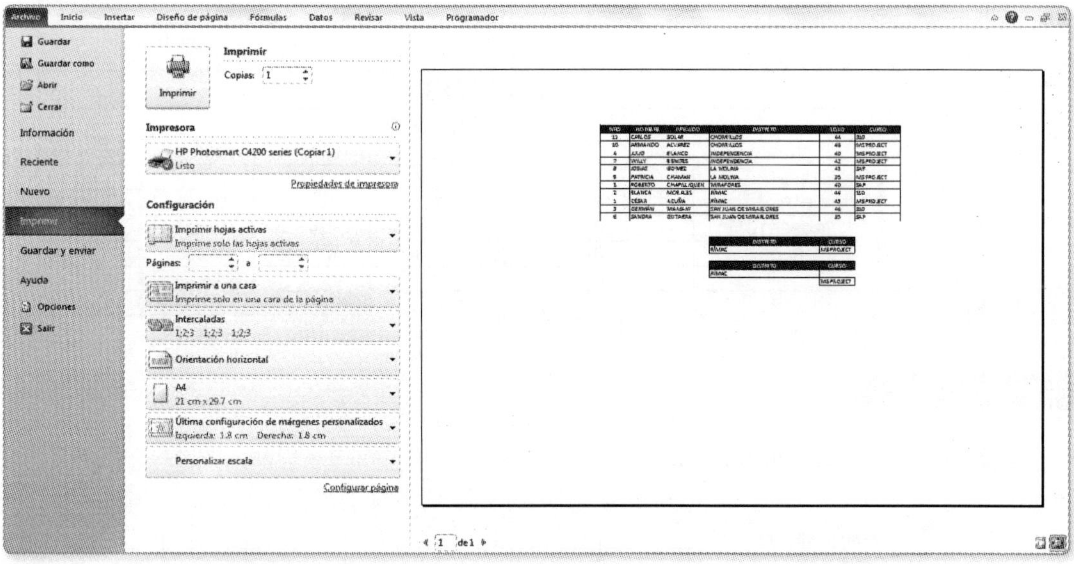

- Y finalmente presionamos el botón Imprimir.

TALLER J:FORMATO

• Objetivo:

El objetivo del presente taller es aprender a introducir datos y modificar el formato de una celda o un rango de ellas.

PRIMERA PARTE: formato básico
Crear la siguiente tabla de datos:

	A	B	C	D	E	F	G	H	I
1		EMPRESA EDIFICANDO SAC							
2		GASTOS							
3			ENERO						
4		PERSONAL	NOMBRE	PASAJE	COSTO	SUBTOTAL	VIATICOS	OTROS	TOTAL
5			JULIO	3	540	1,620.000	162.000	250.000	$ 2,032.00
6			CHARLY	4	456	1,824.000	182.400	350.000	$ 2,356.40
7			ROBERTO	1	852	852.000	85.200	450.000	$ 1,387.20
8			CARLOS	5	159	795.000	79.500	350.000	$ 1,224.50
9								TOTAL	$ 7,000.10
12		GASTOS							
13			FEBRERO						
14		PERSONAL	NOMBRE	PASAJE	COSTO	SUBTOTAL	VIATICOS	OTROS	TOTAL
15			JULIO	2	540	1,080.000	108.000	250.000	$ 1,438.00
16			CHARLY	5	456	2,280.000	228.000	350.000	$ 2,858.00
17			ROBERTO	4	852	3,408.000	340.800	450.000	$ 4,198.80
18			CARLOS	3	159	477.000	47.700	350.000	$ 874.70
19								TOTAL	$ 9,369.50
22		GASTOS							
23			MARZO						
24		PERSONAL	NOMBRE	PASAJE	COSTO	SUBTOTAL	VIATICOS	OTROS	TOTAL
25			JULIO	1	540	540.000	54.000	250.000	$ 844.00
26			CHARLY	12	456	5,472.000	547.200	350.000	$ 6,369.20
27			ROBERTO	23	852	19,596.000	1,959.600	450.000	$ 22,005.60
28			CARLOS	30	159	4,770.000	477.000	350.000	$ 5,597.00
29								TOTAL	$ 34,815.80
30							TOTAL TRIMESTRE		$ 51,185.40

SOLUCIÓN

1 Escribimos los siguientes datos:

	A	B	C	D	E	F	G	H	I
1		EMPRESA EDIFICANDO SAC							
2		GASTOS							
3			ENERO						
4		PERSONAL	NOMBRE	PASAJE	COSTO	SUBTOTAL	VIATICOS	OTROS	TOTAL
5			JULIO	3	540			250.000	
6			CHARLY	4	456			350.000	
7			ROBERTO	1	852			450.000	
8			CARLOS	5	159			350.000	
9								TOTAL	

2 Modificaremos el formato de un rango de celdas.

2.1 Seleccionamos desde la celda B1 hasta la celda I1, usamos el icono Combinar y centrar, al texto le damos tipo de letra Arial, tamaño 18, color rojo y negrita.

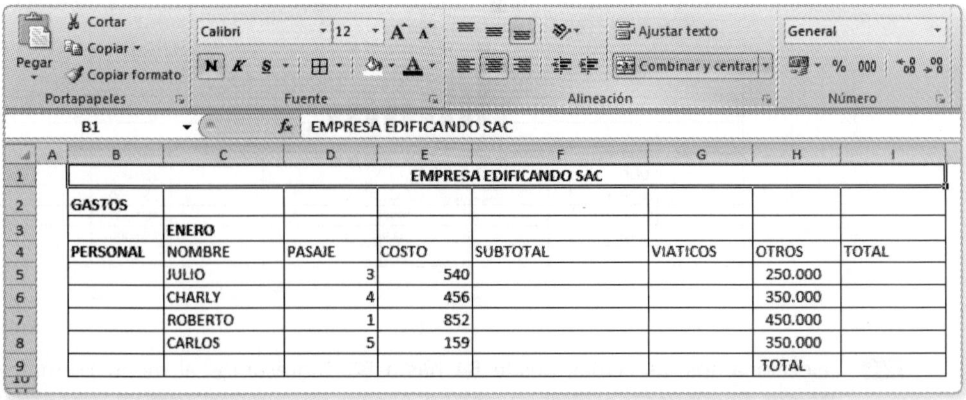

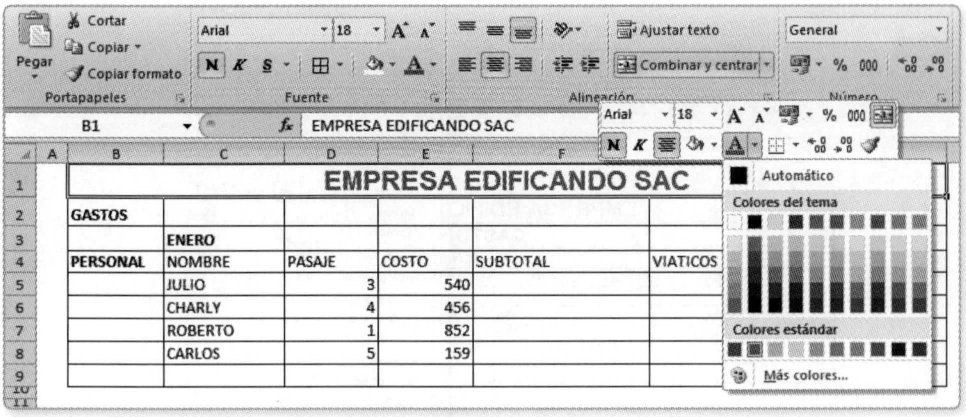

2.2 Seleccionamos desde la celda B2 hasta la celda I2, usamos el icono Combinar y centrar, al texto le damos tipo de letra Arial, tamaño 18, color rojo y negrita.

2.3 Seleccionamos desde C3 hasta I3, usamos el icono Combinar y centrar, al texto le damos tipo de letra Arial tamaño 16, color azul y negrita.

2.4 Seleccionamos las celdas desde B4 hasta B8. Ingresamos al menú Formato/Alineación, usamos Combinar y centrar, la opción Alineación (centrar vertical y horizontalmente) y Orientación 90 grados.

La tabla queda de la siguiente forma:

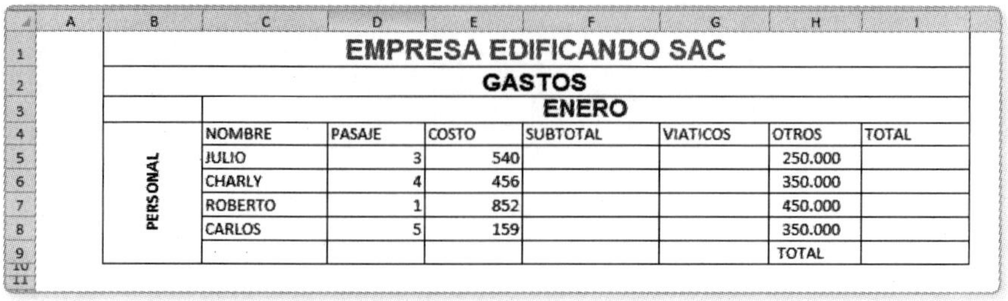

3 Realizamos los siguientes cálculos:

3.1 El subtotal será el producto del número de pasajes por el costo.

Nos ubicamos en la celda F5 y escribimos =D5*E5

SUMA =D5*E5

EMPRESA EDIFICANDO SAC							
GASTOS							
	ENERO						
PERSONAL	NOMBRE	PASAJE	COSTO	SUBTOTAL	VIATICOS	OTROS	TOTAL
	JULIO	3	540	=D5*E5		250	
	CHARLY	4	456			350	
	ROBERTO	1	852			450	
	CARLOS	5	159			350	
						TOTAL	

3.2 Los viáticos son el 10% del subtotal.

Nos ubicamos en la celda G5 y digitamos = 10%*F5

SUMA =10%*F5

EMPRESA EDIFICANDO SAC							
GASTOS							
	ENERO						
PERSONAL	NOMBRE	PASAJE	COSTO	SUBTOTAL	VIATICOS	OTROS	TOTAL
	JULIO	3	540	1620.000	=10%*F5	250	
	CHARLY	4	456			350	
	ROBERTO	1	852			450	
	CARLOS	5	159			350	
						TOTAL	

3.3 Para el total usamos una simple suma.

Nos ubicamos en la celda I5 y digitamos = F5+G5+H5

SUMA =F5+G5+H5

EMPRESA EDIFICANDO SAC							
GASTOS							
	ENERO						
PERSONAL	NOMBRE	PASAJE	COSTO	SUBTOTAL	VIATICOS	OTROS	TOTAL
	JULIO	3	540	1620.000	162.000	250	=F5+G5+H5
	CHARLY	4	456			350	
	ROBERTO	1	852			450	
	CARLOS	5	159			350	
						TOTAL	

3.4 Copiamos las fórmulas en las columnas.

EMPRESA EDIFICANDO SAC							
GASTOS							
	ENERO						
PERSONAL	NOMBRE	PASAJE	COSTO	SUBTOTAL	VIATICOS	OTROS	TOTAL
	JULIO	3	540	1,620	162	250	2,032
	CHARLY	4	456	1,824	182	350	2,356
	ROBERTO	1	852	852	85	450	1,387
	CARLOS	5	159	795	80	350	1,225
						TOTAL	

3.5 Ahora ubica el cursor en la celda I9 y presiona el icono Autosuma.

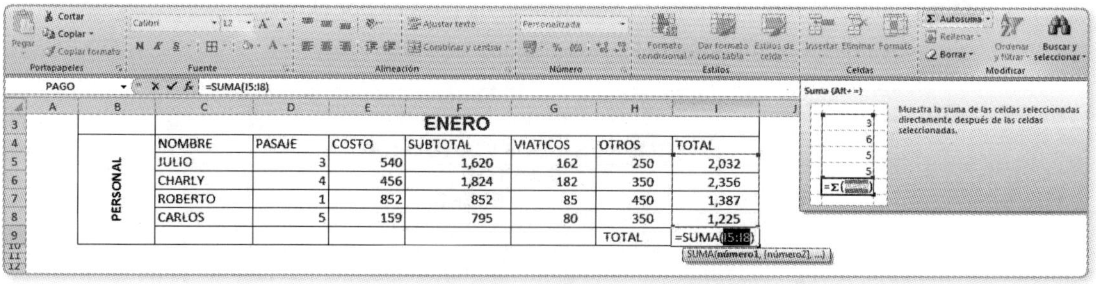

3.6 Las columnas de subtotal, viáticos, otros y total deben estar con dos decimales. Seleccionamos el rango F5 hasta I9 y presionamos el icono Aumentar decimales.

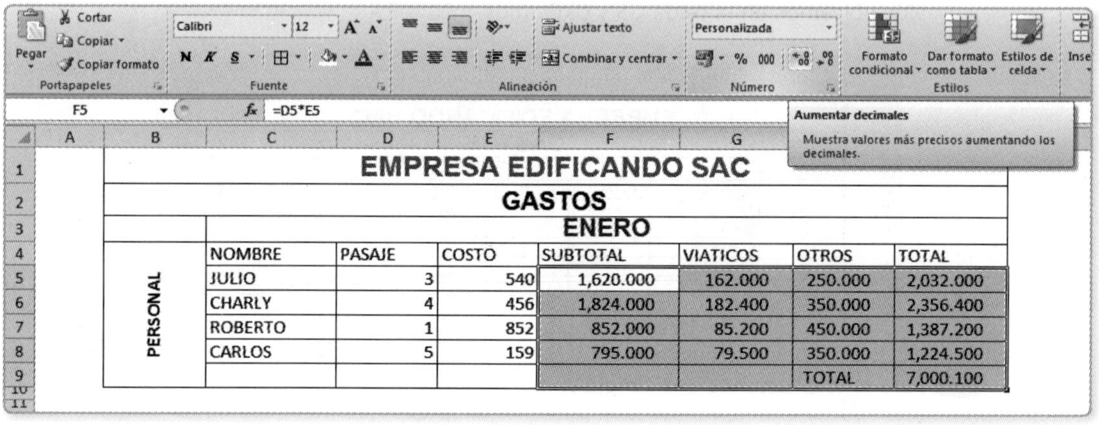

3.7 La columna de totales deberá estar con signo monetario de dólares. Nos ubicamos en el icono Moneda y usamos Más formatos de contabilidad.

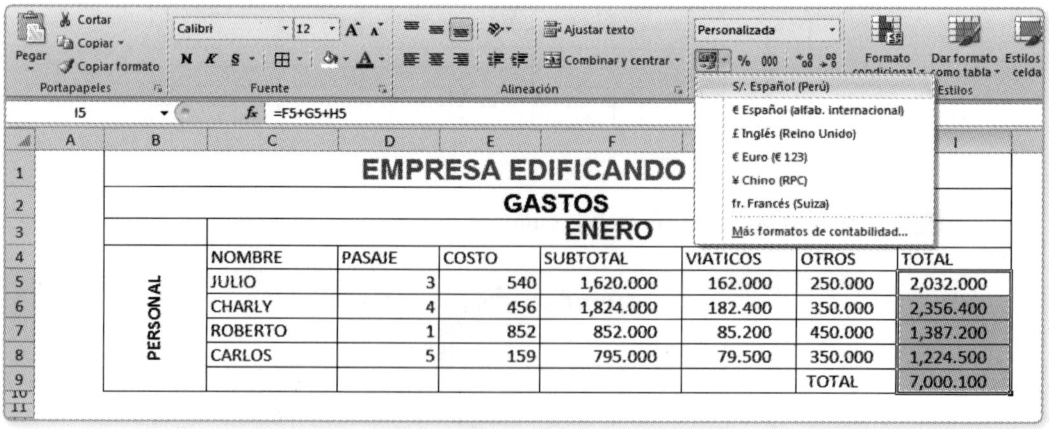

En el siguiente cuadro de diálogo seleccionamos Moneda y en símbolo buscamos Inglés (Estados Unidos).

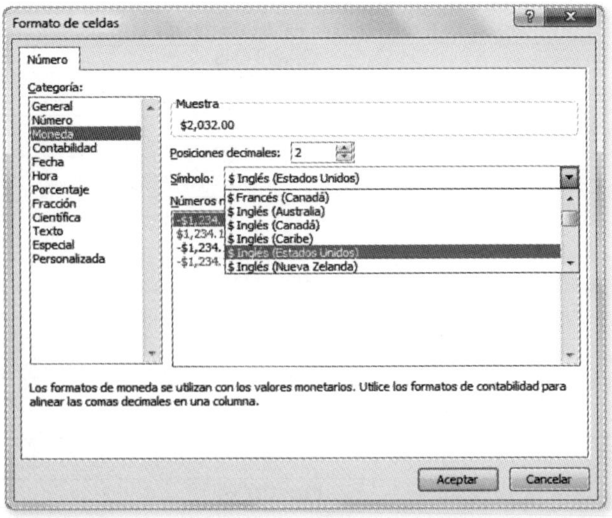

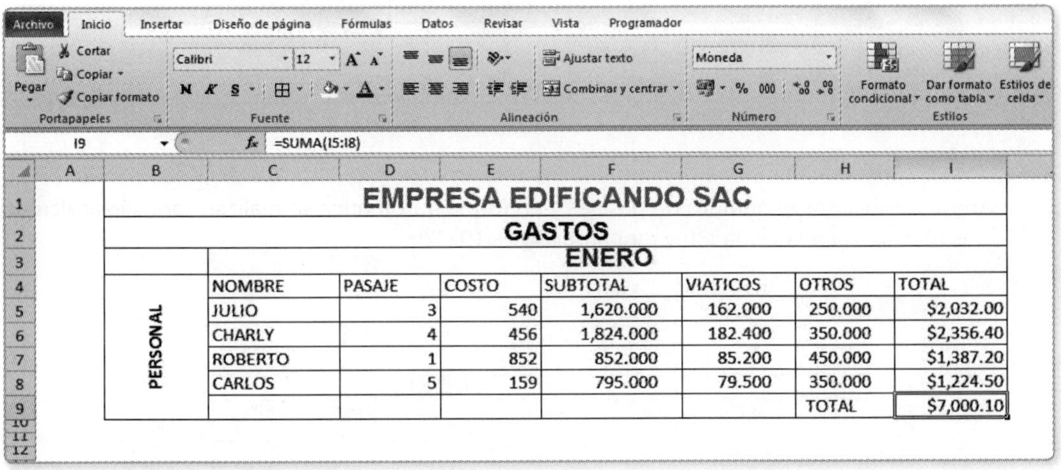

4 Ahora utiliza la función Copiar y usando tu criterio debes tener las tablas de enero, febrero y marzo.

- **4.1** Los pasajes de Julio en febrero y marzo son 2 y 1.
- **4.2** Los pasajes de Charly en febrero y marzo son 5 y 12.
- **4.3** Los pasajes de Roberto en febrero y marzo son 4 y 23.
- **4.4** Los pasajes de Carlos en febrero y marzo son 3 y 30.
- **4.5** Debe haber una celda con el total final de los meses.

Copiamos la tabla 2 veces y modificamos los nombres de los meses.

EMPRESA EDIFICANDO SAC							
GASTOS							
	ENERO						
PERSONAL	NOMBRE	PASAJE	COSTO	SUBTOTAL	VIATICOS	OTROS	TOTAL
	JULIO	3	540	1,620.000	162.000	250.000	$ 2,032.00
	CHARLY	4	456	1,824.000	182.400	350.000	$ 2,356.40
	ROBERTO	1	852	852.000	85.200	450.000	$ 1,387.20
	CARLOS	5	159	795.000	79.500	350.000	$ 1,224.50
						TOTAL	$ 7,000.10
GASTOS							
	FEBRERO						
PERSONAL	NOMBRE	PASAJE	COSTO	SUBTOTAL	VIATICOS	OTROS	TOTAL
	JULIO		540	-	-	250.000	$ 250.00
	CHARLY		456	-	-	350.000	$ 350.00
	ROBERTO		852	-	-	450.000	$ 450.00
	CARLOS		159	-	-	350.000	$ 350.00
						TOTAL	$ 1,400.00
GASTOS							
	MARZO						
PERSONAL	NOMBRE	PASAJE	COSTO	SUBTOTAL	VIATICOS	OTROS	TOTAL
	JULIO		540	-	-	250.000	$ 250.00
	CHARLY		456	-	-	350.000	$ 350.00
	ROBERTO		852	-	-	450.000	$ 450.00
	CARLOS		159	-	-	350.000	$ 350.00
						TOTAL	$ 1,400.00

Ahora cambiamos el número de pasajes y en forma automática se realizan todos los cálculos. Nos ubicamos en la celda I30 y digitamos =I9+I19+I29.

EMPRESA EDIFICANDO SAC							
GASTOS							
	ENERO						
PERSONAL	NOMBRE	PASAJE	COSTO	SUBTOTAL	VIATICOS	OTROS	TOTAL
	JULIO	3	540	1,620.000	162.000	250.000	$ 2,032.00
	CHARLY	4	456	1,824.000	182.400	350.000	$ 2,356.40
	ROBERTO	1	852	852.000	85.200	450.000	$ 1,387.20
	CARLOS	5	159	795.000	79.500	350.000	$ 1,224.50
						TOTAL	$ 7,000.10
GASTOS							
	FEBRERO						
PERSONAL	NOMBRE	PASAJE	COSTO	SUBTOTAL	VIATICOS	OTROS	TOTAL
	JULIO	2	540	1,080.000	108.000	250.000	$ 1,438.00
	CHARLY	5	456	2,280.000	228.000	350.000	$ 2,858.00
	ROBERTO	4	852	3,408.000	340.800	450.000	$ 4,198.80
	CARLOS	3	159	477.000	47.700	350.000	$ 874.70
						TOTAL	$ 9,369.50
GASTOS							
	MARZO						
PERSONAL	NOMBRE	PASAJE	COSTO	SUBTOTAL	VIATICOS	OTROS	TOTAL
	JULIO	1	540	540.000	54.000	250.000	$ 844.00
	CHARLY	12	456	5,472.000	547.200	350.000	$ 6,369.20
	ROBERTO	23	852	19,596.000	1,959.600	450.000	$ 22,005.60
	CARLOS	30	159	4,770.000	477.000	350.000	$ 5,597.00
						TOTAL	$ 34,815.80
					TOTAL TRIMESTRE		=I9+I19+I29

5 Finalmente, al título le ponemos sombreado de color azul y letra de color blanco.

EMPRESA EDIFICANDO SAC

GASTOS

ENERO

	NOMBRE	PASAJE	COSTO	SUBTOTAL	VIATICOS	OTROS	TOTAL
PERSONAL	JULIO	3	540	1,620.000	162.000	250.000	$ 2,032.00
	CHARLY	4	456	1,824.000	182.400	350.000	$ 2,356.40
	ROBERTO	1	852	852.000	85.200	450.000	$ 1,387.20
	CARLOS	5	159	795.000	79.500	350.000	$ 1,224.50
						TOTAL	$ 7,000.10

GASTOS

FEBRERO

	NOMBRE	PASAJE	COSTO	SUBTOTAL	VIATICOS	OTROS	TOTAL
PERSONAL	JULIO	2	540	1,080.000	108.000	250.000	$ 1,438.00
	CHARLY	5	456	2,280.000	228.000	350.000	$ 2,858.00
	ROBERTO	4	852	3,408.000	340.800	450.000	$ 4,198.80
	CARLOS	3	159	477.000	47.700	350.000	$ 874.70
						TOTAL	$ 9,369.50

GASTOS

MARZO

	NOMBRE	PASAJE	COSTO	SUBTOTAL	VIATICOS	OTROS	TOTAL
PERSONAL	JULIO	1	540	540.000	54.000	250.000	$ 844.00
	CHARLY	12	456	5,472.000	547.200	350.000	$ 6,369.20
	ROBERTO	23	852	19,596.000	1,959.600	450.000	$ 22,005.60
	CARLOS	30	159	4,770.000	477.000	350.000	$ 5,597.00
						TOTAL	$ 34,815.80
					TOTAL TRIMESTRE		**$ 51,185.40**

SEGUNDA PARTE

Crear la siguiente tabla:

ALUMNOS DE MICROSOFT EXCEL 001

NOMBRES	FECHA DE NACIMIENTO	LAB 1	LAB 2	LAB 3	PROM. LAB.	TEORIA	PROM
EDINSON	12 de octubre de 1980	12.00	15.00	18.00	13.50	15.00	14.25
JACKELINE	14 de noviembre de 1981	15.00	18.00	17.00	16.50	14.00	15.25
DIEGO	2 de abril de 1979	17.00	14.00	16.00	15.50	12.00	13.75
MARIA	3 de junio de 1972	14.00	15.00	17.00	14.50	14.00	14.25
JUAN	13 de agosto de 1978	16.00	14.00	14.00	15.00	19.00	17.00
JORGE	15 de agosto de 1981	18.00	18.00	13.00	18.00	17.00	17.50
EDITH	Sábado 22 Agosto 1981	14.00	16.00	14.00	15.00	12.00	13.50
YAMILETH	Domingo 05 Enero 1975	15.00	16.00	11.00	15.50	14.00	14.75
RUTH	Sábado 14 Junio 1980	15.00	14.00	12.00	14.50	12.00	13.25
ANIBAL	Lunes 15 Agosto 1977	14.00	13.00	15.00	13.50	14.00	13.75
ESTEFANNY	Viernes 02 Septiembre 1983	16.00	12.00	14.00	14.00	12.00	13.00

SOLUCIÓN

1 Escribimos los datos iniciales.

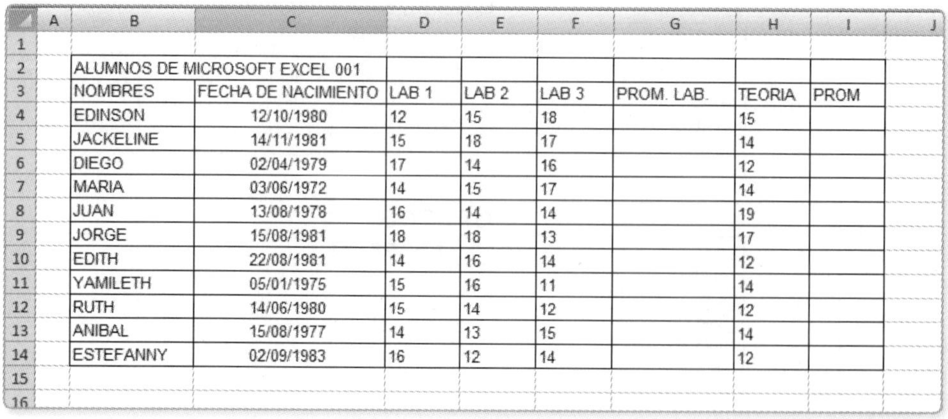

ALUMNOS DE MICROSOFT EXCEL 001							
NOMBRES	FECHA DE NACIMIENTO	LAB 1	LAB 2	LAB 3	PROM. LAB.	TEORIA	PROM
EDINSON	12/10/1980	12	15	18		15	
JACKELINE	14/11/1981	15	18	17		14	
DIEGO	02/04/1979	17	14	16		12	
MARIA	03/06/1972	14	15	17		14	
JUAN	13/08/1978	16	14	14		19	
JORGE	15/08/1981	18	18	13		17	
EDITH	22/08/1981	14	16	14		12	
YAMILETH	05/01/1975	15	16	11		14	
RUTH	14/06/1980	15	14	12		12	
ANIBAL	15/08/1977	14	13	15		14	
ESTEFANNY	02/09/1983	16	12	14		12	

1.1 Le damos un formato de la siguiente manera.

1.2 Seleccionamos las celdas desde B2 hasta I2, damos sombreado azul y al texto le damos color blanco.

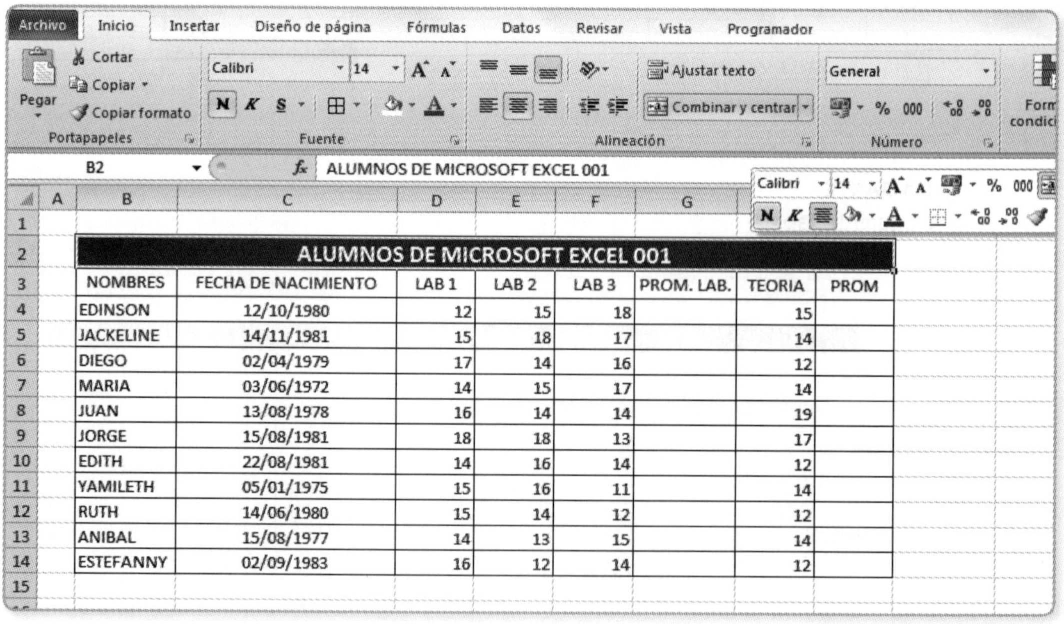

ALUMNOS DE MICROSOFT EXCEL 001							
NOMBRES	FECHA DE NACIMIENTO	LAB 1	LAB 2	LAB 3	PROM. LAB.	TEORIA	PROM
EDINSON	12/10/1980	12	15	18		15	
JACKELINE	14/11/1981	15	18	17		14	
DIEGO	02/04/1979	17	14	16		12	
MARIA	03/06/1972	14	15	17		14	
JUAN	13/08/1978	16	14	14		19	
JORGE	15/08/1981	18	18	13		17	
EDITH	22/08/1981	14	16	14		12	
YAMILETH	05/01/1975	15	16	11		14	
RUTH	14/06/1980	15	14	12		12	
ANIBAL	15/08/1977	14	13	15		14	
ESTEFANNY	02/09/1983	16	12	14		12	

1.3 Para reducir el ancho de las columnas donde están las notas, seleccionamos las celdas desde E4 hasta I4, usamos el formato de celda alineación, le damos orientación 90 grados y alineación central tanto horizontal como vertical.

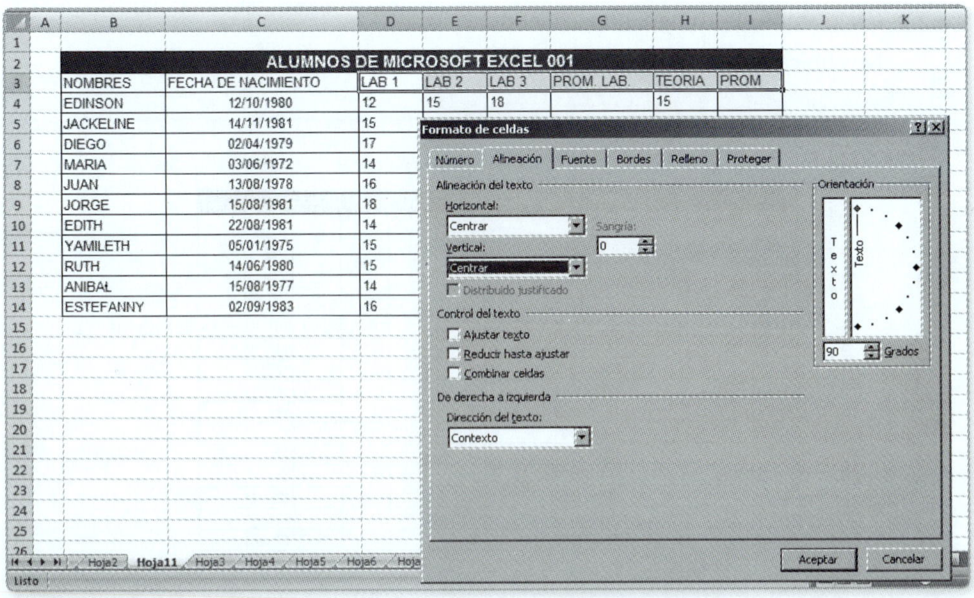

1.4 Ahora seleccionamos las columnas desde D hasta I y modificamos el ancho de las columnas.

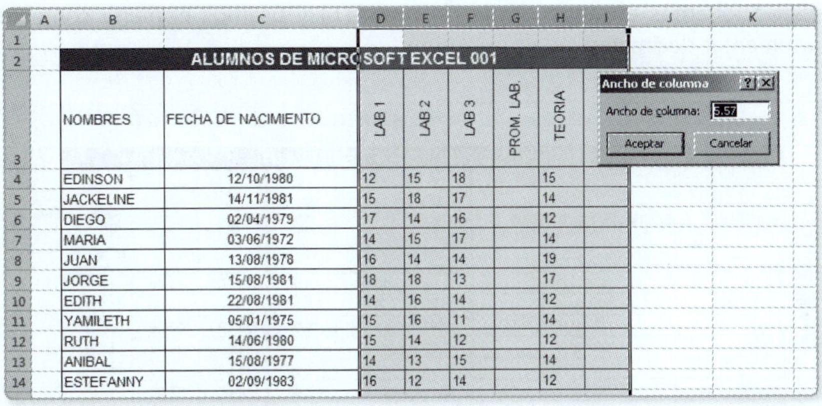

1.5 Calculamos el promedio de los laboratorios.
Nos ubicamos en la celda G4 y digitamos =PROMEDIO(D4:E4)

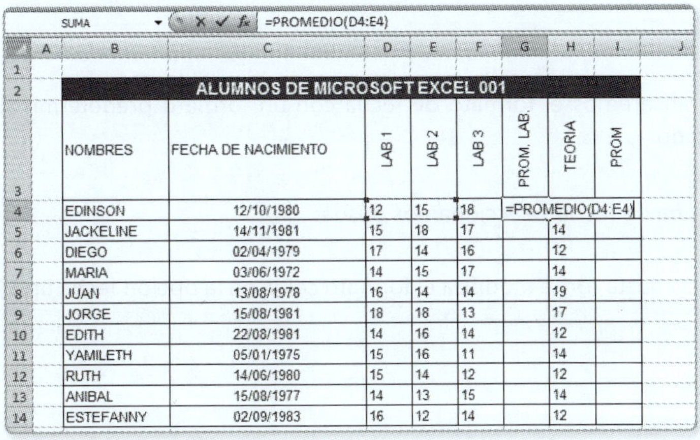

1.6 Calculamos el promedio de los laboratorios.

Nos ubicamos en la celda I4 y digitamos =PROMEDIO(G4:H4)

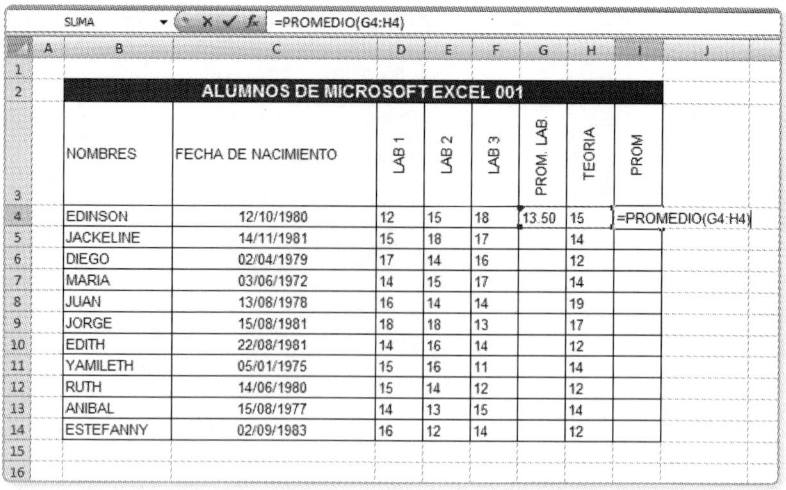

SUMA =PROMEDIO(G4:H4)

ALUMNOS DE MICROSOFT EXCEL 001							
NOMBRES	FECHA DE NACIMIENTO	LAB 1	LAB 2	LAB 3	PROM. LAB.	TEORIA	PROM
EDINSON	12/10/1980	12	15	18	13.50	15	=PROMEDIO(G4:H4)
JACKELINE	14/11/1981	15	18	17		14	
DIEGO	02/04/1979	17	14	16		12	
MARIA	03/06/1972	14	15	17		14	
JUAN	13/08/1978	16	14	14		19	
JORGE	15/08/1981	18	18	13		17	
EDITH	22/08/1981	14	16	14		12	
YAMILETH	05/01/1975	15	16	11		14	
RUTH	14/06/1980	15	14	12		12	
ANIBAL	15/08/1977	14	13	15		14	
ESTEFANNY	02/09/1983	16	12	14		12	

1.7 Le asignamos dos decimales a las notas.

Seleccionamos el rango desde D4 hasta I14 y usamos el menú contextual y la opción Aumentar decimales.

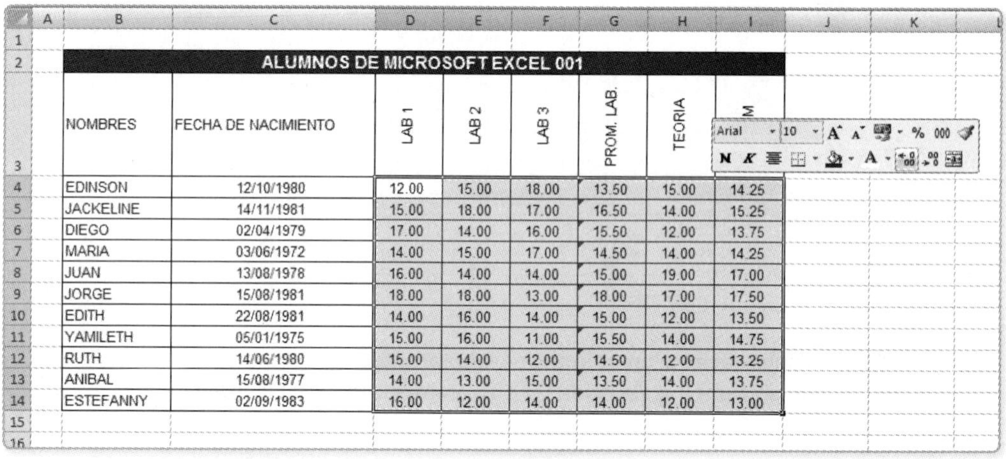

ALUMNOS DE MICROSOFT EXCEL 001							
NOMBRES	FECHA DE NACIMIENTO	LAB 1	LAB 2	LAB 3	PROM. LAB.	TEORIA	M
EDINSON	12/10/1980	12.00	15.00	18.00	13.50	15.00	14.25
JACKELINE	14/11/1981	15.00	18.00	17.00	16.50	14.00	15.25
DIEGO	02/04/1979	17.00	14.00	16.00	15.50	12.00	13.75
MARIA	03/06/1972	14.00	15.00	17.00	14.50	14.00	14.25
JUAN	13/08/1978	16.00	14.00	14.00	15.00	19.00	17.00
JORGE	15/08/1981	18.00	18.00	13.00	18.00	17.00	17.50
EDITH	22/08/1981	14.00	16.00	14.00	15.00	12.00	13.50
YAMILETH	05/01/1975	15.00	16.00	11.00	15.50	14.00	14.75
RUTH	14/06/1980	15.00	14.00	12.00	14.50	12.00	13.25
ANIBAL	15/08/1977	14.00	13.00	15.00	13.50	14.00	13.75
ESTEFANNY	02/09/1983	16.00	12.00	14.00	14.00	12.00	13.00

2 Ahora modificaremos el formato de fecha con un formato predeterminado y con un formato personalizado.

3 En la columna de fecha seleccionamos desde:

3.1 Edinson hasta Jorge modifica el formato celda en la opción fecha tipo 14 de marzo de 2001.

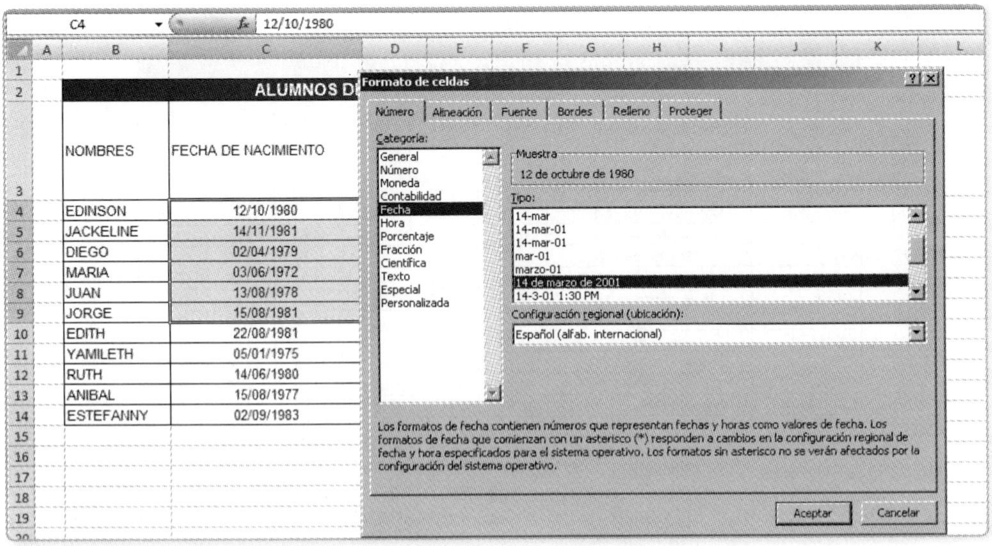

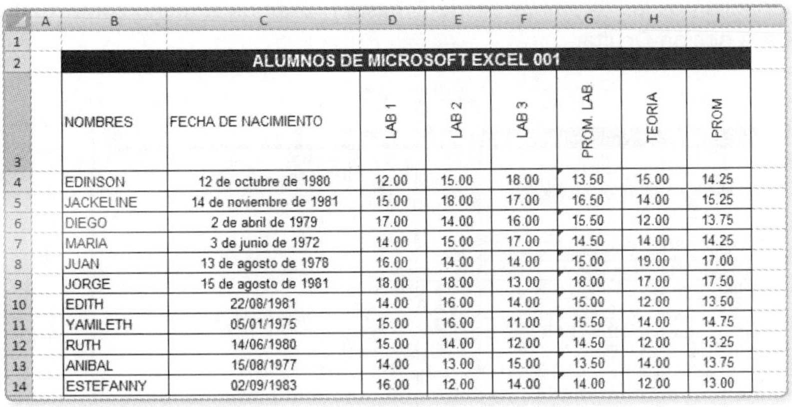

	ALUMNOS DE MICROSOFT EXCEL 001							
NOMBRES	FECHA DE NACIMIENTO	LAB 1	LAB 2	LAB 3	PROM. LAB	TEORIA	PROM
EDINSON	12 de octubre de 1980	12.00	15.00	18.00	13.50	15.00	14.25
JACKELINE	14 de noviembre de 1981	15.00	18.00	17.00	16.50	14.00	15.25
DIEGO	2 de abril de 1979	17.00	14.00	16.00	15.50	12.00	13.75
MARIA	3 de junio de 1972	14.00	15.00	17.00	14.50	14.00	14.25
JUAN	13 de agosto de 1978	16.00	14.00	14.00	15.00	19.00	17.00
JORGE	15 de agosto de 1981	18.00	18.00	13.00	18.00	17.00	17.50
EDITH	22/08/1981	14.00	16.00	14.00	15.00	12.00	13.50
YAMILETH	05/01/1975	15.00	16.00	11.00	15.50	14.00	14.75
RUTH	14/06/1980	15.00	14.00	12.00	14.50	12.00	13.25
ANIBAL	15/08/1977	14.00	13.00	15.00	13.50	14.00	13.75
ESTEFANNY	02/09/1983	16.00	12.00	14.00	14.00	12.00	13.00

3.2 Ahora desde Edith hasta Estefanny en el formato celda, en la opción Personalizar digita DDDD DD MMMM YYYY.

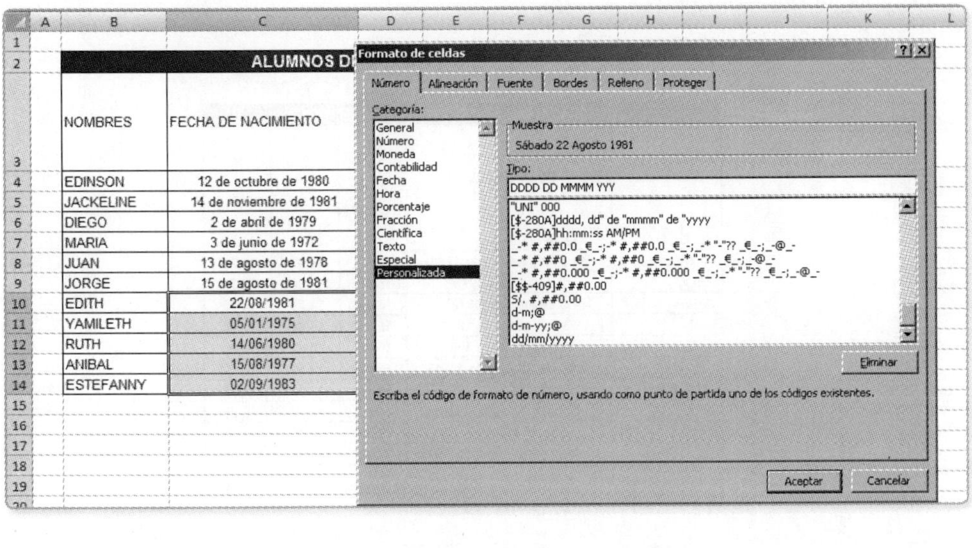

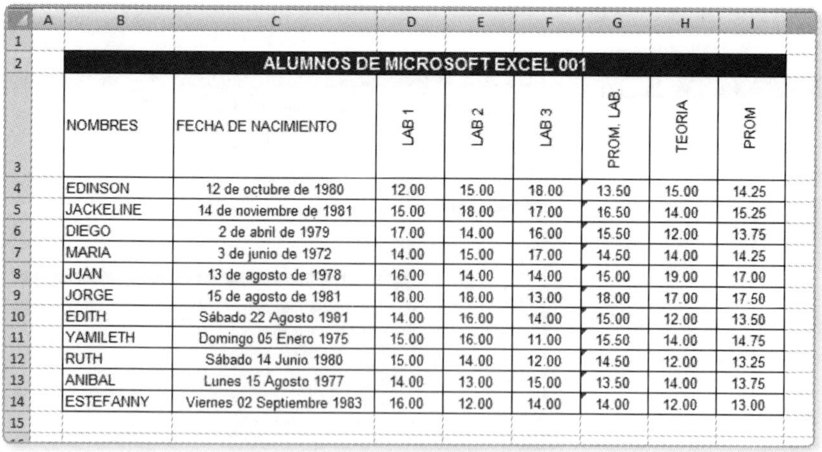

ALUMNOS DE MICROSOFT EXCEL 001								
NOMBRES	FECHA DE NACIMIENTO	LAB 1	LAB 2	LAB 3	PROM. LAB.	TEORIA	PROM
EDINSON	12 de octubre de 1980	12.00	15.00	18.00	13.50	15.00	14.25
JACKELINE	14 de noviembre de 1981	15.00	18.00	17.00	16.50	14.00	15.25
DIEGO	2 de abril de 1979	17.00	14.00	16.00	15.50	12.00	13.75
MARIA	3 de junio de 1972	14.00	15.00	17.00	14.50	14.00	14.25
JUAN	13 de agosto de 1978	16.00	14.00	14.00	15.00	19.00	17.00
JORGE	15 de agosto de 1981	18.00	18.00	13.00	18.00	17.00	17.50
EDITH	Sábado 22 Agosto 1981	14.00	16.00	14.00	15.00	12.00	13.50
YAMILETH	Domingo 05 Enero 1975	15.00	16.00	11.00	15.50	14.00	14.75
RUTH	Sábado 14 Junio 1980	15.00	14.00	12.00	14.50	12.00	13.25
ANIBAL	Lunes 15 Agosto 1977	14.00	13.00	15.00	13.50	14.00	13.75
ESTEFANNY	Viernes 02 Septiembre 1983	16.00	12.00	14.00	14.00	12.00	13.00

4 Finalmente, ocultamos las columnas donde se encuentran las notas de los laboratorios.

4.1 Seleccionamos las columnas desde D hasta F, usamos el menú contextual y le damos un clic a la opción Ocultar.

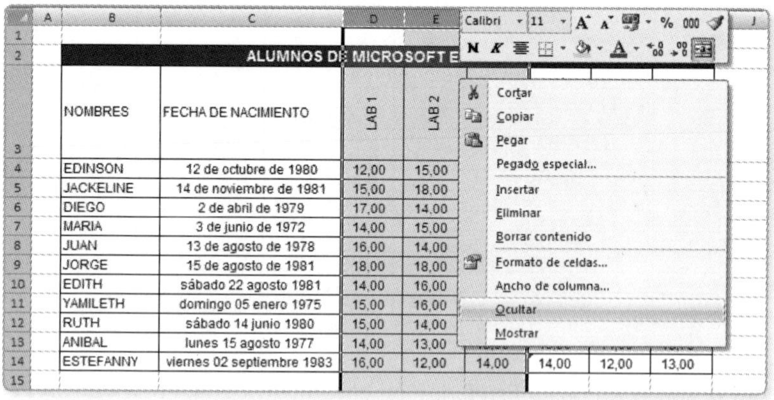

La tabla de alumnos queda.

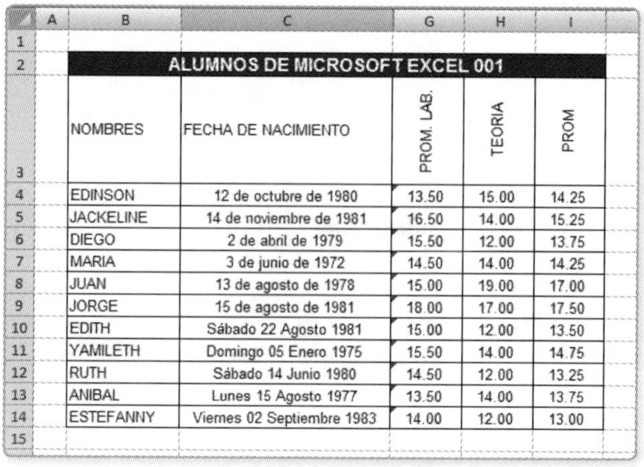

ALUMNOS DE MICROSOFT EXCEL 001				
NOMBRES	FECHA DE NACIMIENTO	PROM. LAB.	TEORIA	PROM
EDINSON	12 de octubre de 1980	13.50	15.00	14.25
JACKELINE	14 de noviembre de 1981	16.50	14.00	15.25
DIEGO	2 de abril de 1979	15.50	12.00	13.75
MARIA	3 de junio de 1972	14.50	14.00	14.25
JUAN	13 de agosto de 1978	15.00	19.00	17.00
JORGE	15 de agosto de 1981	18.00	17.00	17.50
EDITH	Sábado 22 Agosto 1981	15.00	12.00	13.50
YAMILETH	Domingo 05 Enero 1975	15.50	14.00	14.75
RUTH	Sábado 14 Junio 1980	14.50	12.00	13.25
ANIBAL	Lunes 15 Agosto 1977	13.50	14.00	13.75
ESTEFANNY	Viernes 02 Septiembre 1983	14.00	12.00	13.00

TALLER BÁSICO 2: FUNCIONES

• Objetivo:

El objetivo del presente taller es que aprendas a utilizar fórmulas y funciones.

PRIMERA PARTE

1 Crea esta tabla y encuentra la máxima y mínima nota.

2 El promedio debe de ser calculado eliminando la nota menor.
(No debes usar la función promedio).

	A	B	C	D	E	F	G	H
1								
2		NOMBRES	NOTA1	NOTA2	NOTA3	MAXIMA NOTA	MINIMA NOTA	PROMEDIO
3		JULIO	12	14	12			
4		ESTEBAN	13	15	14			
5		MARIA	14	14	15			
6		ROCIO	11	17	16			
7		DELIA	12	12	11			
8		JOSE	13	10	13			
9		ENRIQUE	15	5	16			
10								

3 Escribe la fórmula que vas a utilizar.

....

....

4 Ahora deberás crear la siguiente tabla:

	A	B	C	D	E	F
1						
2		Lado A	Lado B	Hipotenusa	Perímetro	Área
3		12	2			
4		10	5			
5		6	6			
6		4	8			
7						
8						

4.1 Se tiene los valores de los lados rectos de un triángulo rectángulo y se pide encontrar:

4.1.1. Los valores de las hipotenusas.
4.1.2. Los perímetros.
4.1.3. Las áreas.

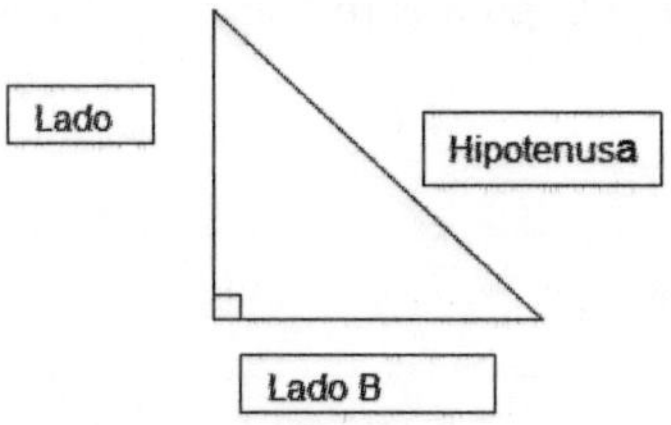

$$Hipotenusa = \sqrt{ladoA^2 + LadoB^2}$$

$$Perimetro = LadoA + LadoB + Hipotenusa$$

$$Area = \frac{LadoAxLadoB}{2}$$

SEGUNDA PARTE

5 Ahora crea la tabla.

	A	B	C	D	E	F
1						
2		NOMBRES	EDAD	CLAVE1	CLAVE2	CLAVE3
3		JULIO	25			
4		ESTEBAN	26			
5		MARIA	20			
6		ROCIO	23			
7		DELIA	46			
8		JOSE	56			
9		ENRIQUE	24			
10						

4.1 En la Clave1 deberá aparecer las 3 primeras letras del nombre.

4.2 En la Clave2 deberá aparecer las 2 últimas letras del nombre.

4.3 En la Clave3 deberá aparecer la 3era. letra del nombre.

6 Escribe la fórmula que vas a utilizar.

....

....

TERCERA PARTE

7 Ahora en esta tabla debes encontrar lo siguiente :

	A	B	C	D	E	F	G	H	I
1									
2		NOMBRES	EDAD	BASICO	AFILIADO	OBS 1	OBS 2	OBS3	OBS4
3		JULIO	25	400	SI				
4		ESTEBAN	26	500	NO				
5		MARIA	20	400	NO				
6		ROCIO	23	500	SI				
7		DELIA	46	600	SI				
8		JOSE	56	600	SI				
9		ENRIQUE	24	500	NO				
10									

7.1 La observación 1, si es que el básico es mayor de 400 y tiene una edad menor de 30 años debe aparecer en el nivel 1, en caso contrario será nivel 2.

7.2 La observación 2, debe decir Caso A si es que su nombre comienza con J o su edad es menor de 25, en caso contrario Caso B.

7.3 La observación 3, si es que es afiliado y además gana más de 500 debe aparecer el 10 % del básico, de lo contrario 0%.

7.4 La observación 4, si el sueldo es superior o igual a 500 debe aparecer 'Clase A', si el sueldo está entre 400 y 500 'Clase B' y 'Clase C' para el resto.

8 Escribe la fórmula que vas a utilizar.

....

....

TALLER BÁSICO 03: BASE DE DATOS

• OBJETIVO:

El objetivo del presente laboratorio es trabajar con tablas, ordenarlas y utilizar las opciones Filtro, Autofiltro y Subtotal.

PRIMERA PARTE

1 Crear la siguiente tabla:

	A	B	C	D	E	F	G
1							
2		NOMBRE	APELLIDO	EDAD	CODIGO	DISTRITO	SUELDO
3		MELISSA	HERRERA	22	UNI 008	BREÑA	1500
4		ROCIO	SUAREZ	21	UNI 002	CALLAO	1500
5		CARLOS	LOPEZ	22	UNI 003	CALLAO	1500
6		ROSA	GOMEZ	23	UNI 009	BREÑA	1800
7		ANDREA	LOPEZ	23	UNI 006	LIMA	2000
8		CECILIA	DOLORES	24	UNI 003	BREÑA	1800
9		JESUS	PEREZ	25	UNI 008	BREÑA	2000
10		JUAN	ALARCON	25	UNI 001	LIMA	2000
11							

2 ORDENAR

- De acuerdo a la edad en forma ascendente.

Nos ubicamos en una celda de la columna edad D4 y usamos el icono Ordenar.

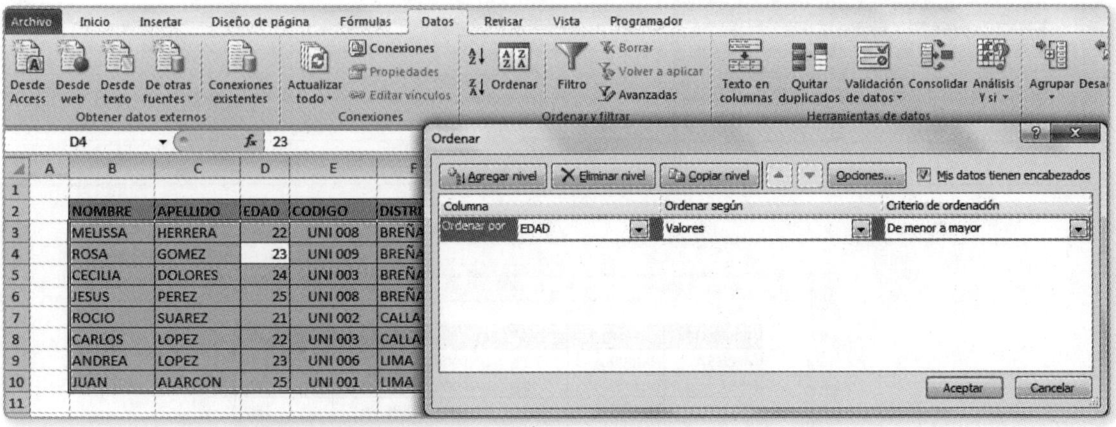

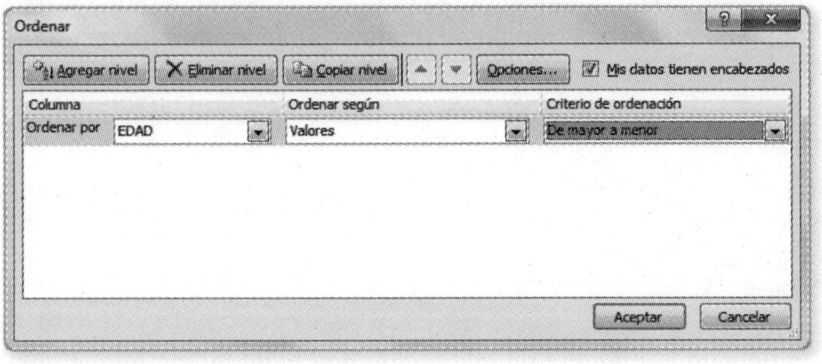

El programa ordena en forma automática.

NOMBRE	APELLIDO	EDAD	CODIGO	DISTRITO	SUELDO
JESUS	PEREZ	25	UNI 008	BREÑA	2000
JUAN	ALARCON	25	UNI 001	LIMA	2000
CECILIA	DOLORES	24	UNI 003	BREÑA	1800
ROSA	GOMEZ	23	UNI 009	BREÑA	1800
ANDREA	LOPEZ	23	UNI 006	LIMA	2000
MELISSA	HERRERA	22	UNI 008	BREÑA	1500
CARLOS	LOPEZ	22	UNI 003	CALLAO	1500
ROCIO	SUAREZ	21	UNI 002	CALLAO	1500

- Por distrito en forma ascendente y luego por edad de menor a mayor.

Nos ubicamos en la columna distrito, usamos el icono para ordenar, adicionamos Agregar nivel, seleccionamos el campo edad y la condición de menor a mayor.

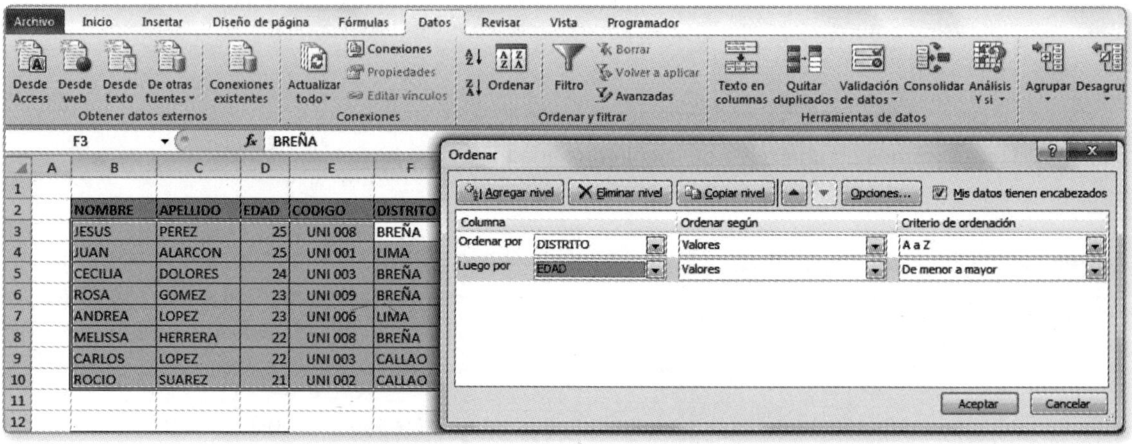

NOMBRE	APELLIDO	EDAD	CODIGO	DISTRITO	SUELDO
MELISSA	HERRERA	22	UNI 008	BREÑA	1500
ROSA	GOMEZ	23	UNI 009	BREÑA	1800
CECILIA	DOLORES	24	UNI 003	BREÑA	1800
JESUS	PEREZ	25	UNI 008	BREÑA	2000
ROCIO	SUAREZ	21	UNI 002	CALLAO	1500
CARLOS	LOPEZ	22	UNI 003	CALLAO	1500
ANDREA	LOPEZ	23	UNI 006	LIMA	2000
JUAN	ALARCON	25	UNI 001	LIMA	2000

FILTROS

3 Ahora en la ficha **Datos,** en el grupo **Ordenar y Filtrar** usamos **FILTRO.**

- Mostrar a los trabajadores del Callao.

Activamos el filtro Distrito:

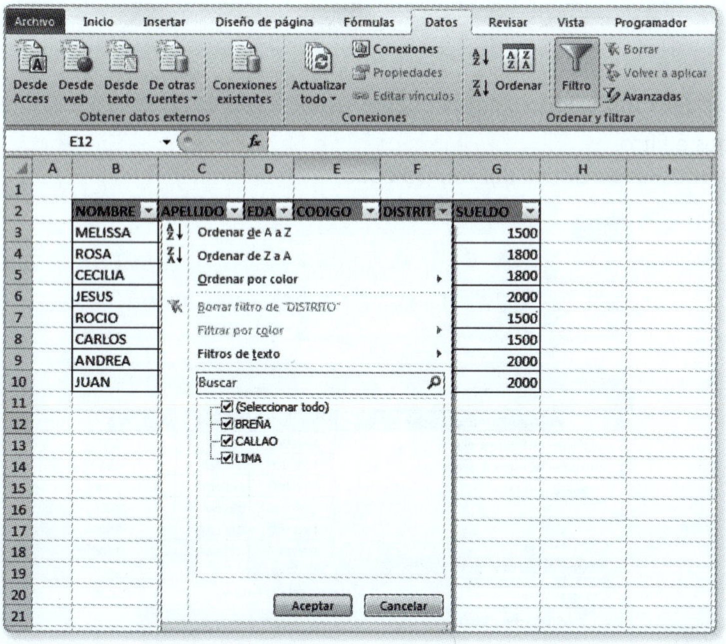

Como observamos, están seleccionados todos los distritos; desactivamos presionando **Seleccionar todo**.

Y luego activamos solo **CALLAO.**

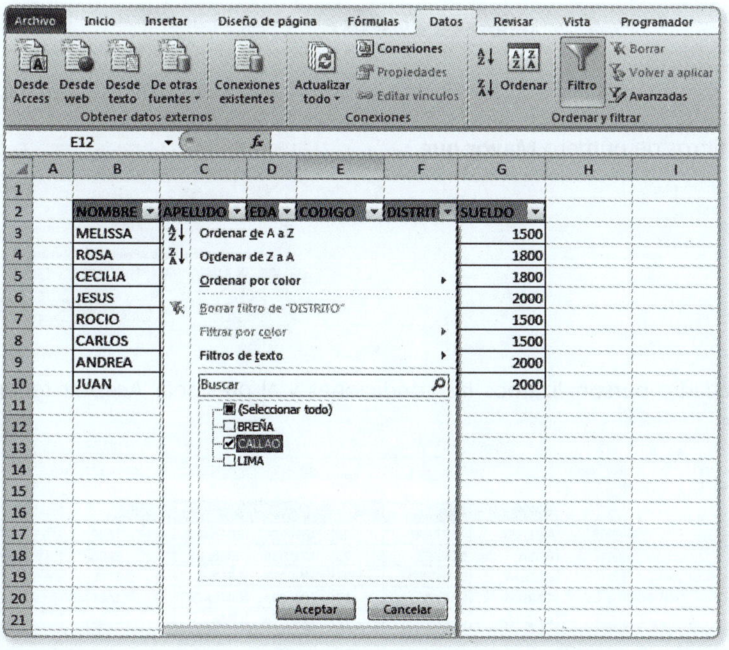

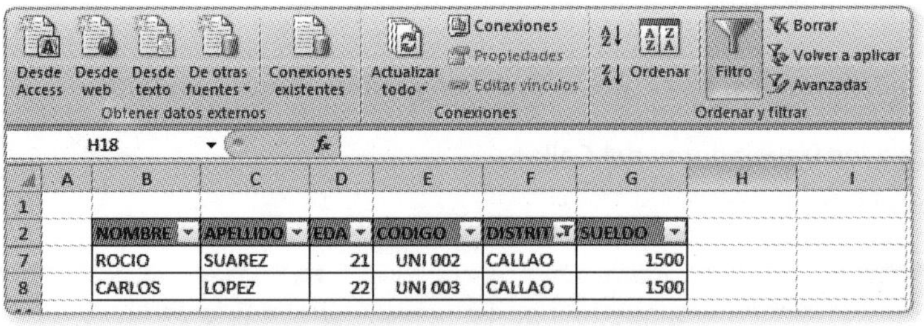

- Mostrar a los trabajadores cuyas edades están comprendidas desde .22 hasta 24 años.

Ingresamos a filtro.

Ahora abrimos las opciones del campo edad.

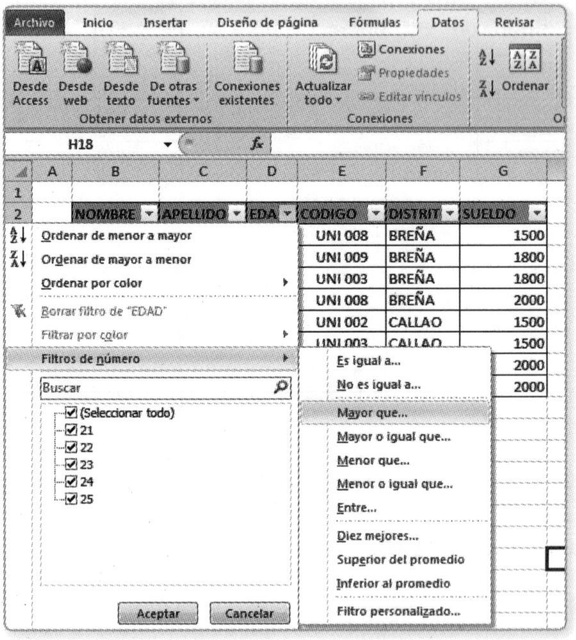

Usamos filtros de número **Mayor que.**

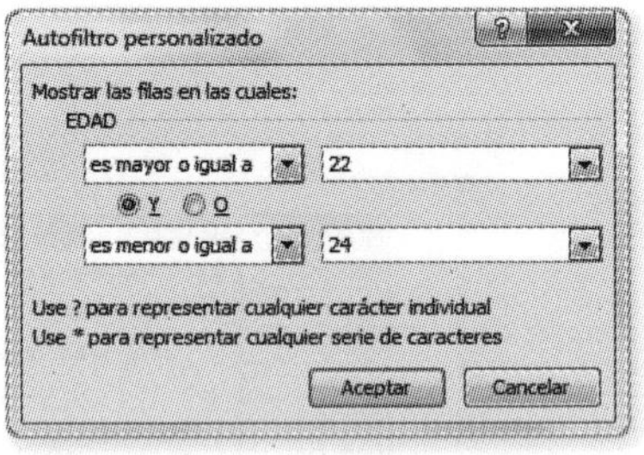

En este cuadro personalizamos las condiciones y al presionar Aceptar tenemos el cuadro con los datos.

- Los Trabajadores cuyo nombre termina en la letra 'a'.

De la misma forma que el ejercicio anterior ingresamos a Personalizar, escribimos las condiciones y presionamos el botón Aceptar.

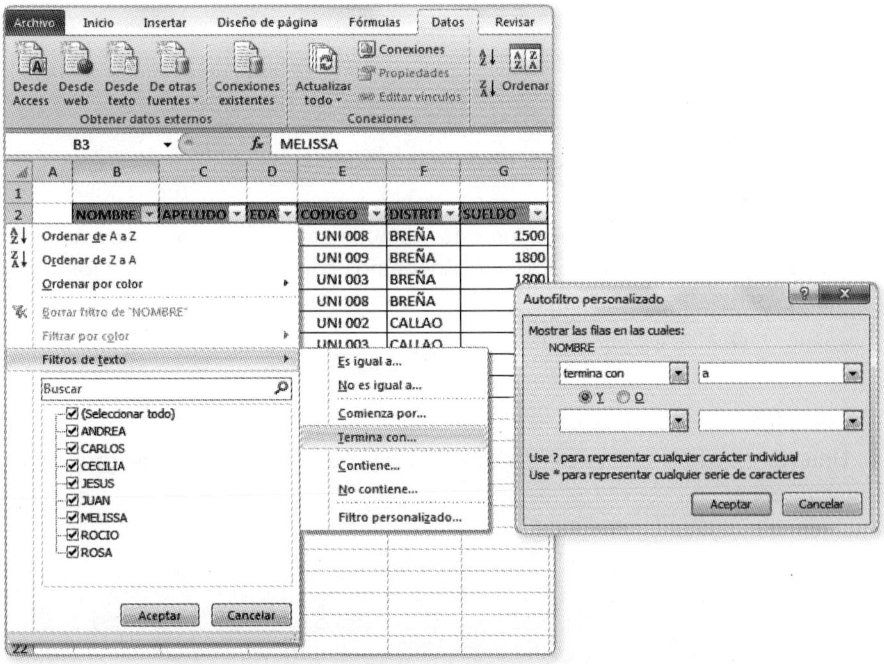

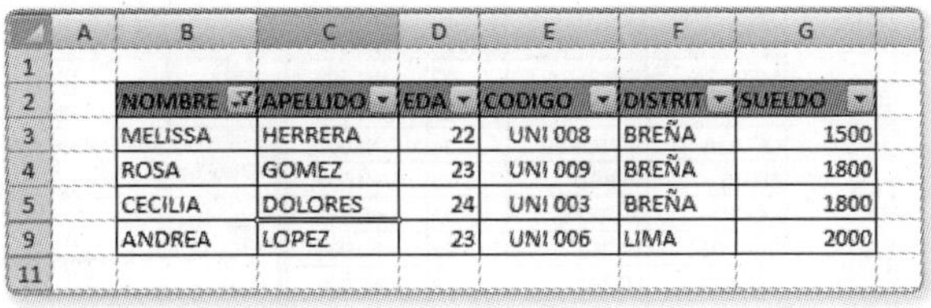

- Que su apellido no termine en la letra 'z'.

Igual usamos personalizar apellido.

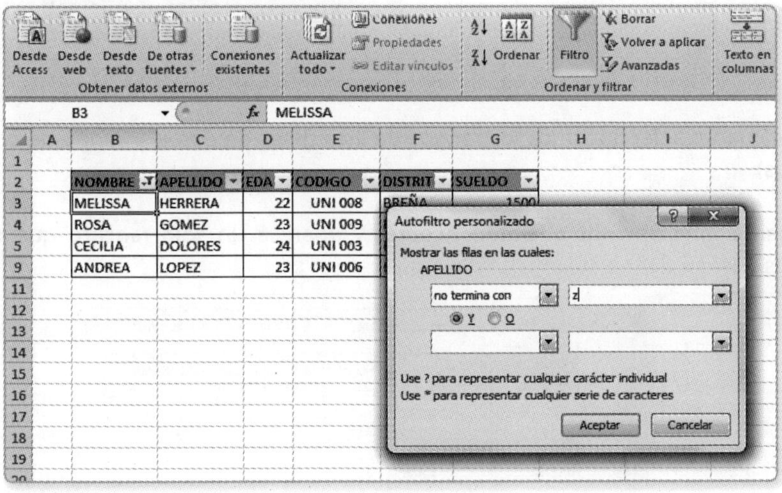

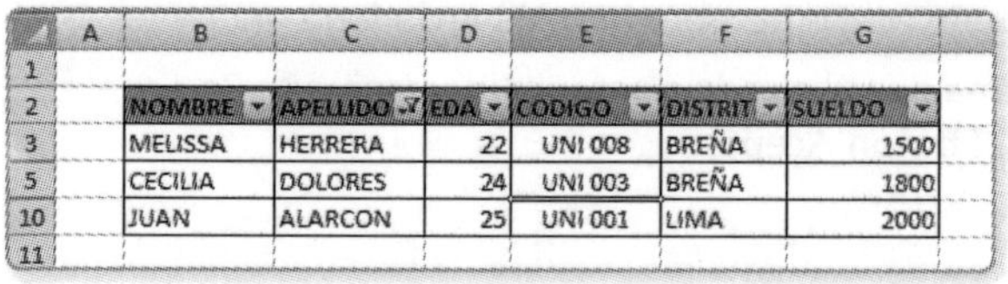

	NOMBRE	APELLIDO	EDAD	CODIGO	DISTRITO	SUELDO
3	MELISSA	HERRERA	22	UNI 008	BREÑA	1500
5	CECILIA	DOLORES	24	UNI 003	BREÑA	1800
10	JUAN	ALARCON	25	UNI 001	LIMA	2000

4 Usando FILTRO PERSONALIZADO

- Mostrar los trabajadores de Breña cuyo sueldo es 1500.

Para mostrar los trabajadores con estas características debemos crear una tabla de criterios con las condiciones solicitadas. Para esto debemos copiar la cabecera de los campos que se van a usar y escribir las condiciones.

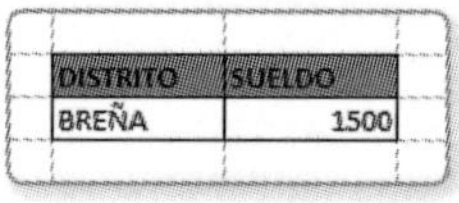

DISTRITO	SUELDO
BREÑA	1500

Una vez creado la tabla de criterios usamos la opción avanzadas del grupo Ordenar y filtrar.

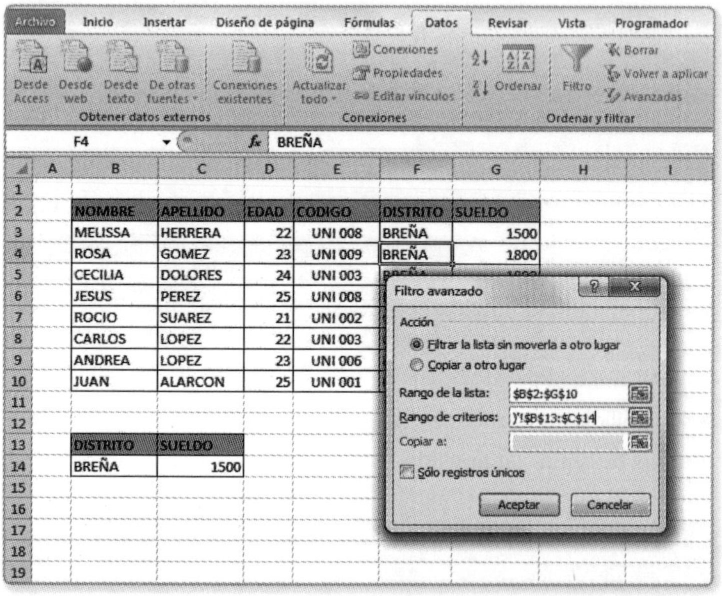

	NOMBRE	APELLIDO	EDAD	CODIGO	DISTRITO	SUELDO
3	MELISSA	HERRERA	22	UNI 008	BREÑA	1500
4	ROSA	GOMEZ	23	UNI 009	BREÑA	1800
5	CECILIA	DOLORES	24	UNI 003		
6	JESUS	PEREZ	25	UNI 008		
7	ROCIO	SUAREZ	21	UNI 002		
8	CARLOS	LOPEZ	22	UNI 003		
9	ANDREA	LOPEZ	23	UNI 006		
10	JUAN	ALARCON	25	UNI 001		

	DISTRITO	SUELDO
14	BREÑA	1500

En este cuadro seleccionamos los rangos de lista (Base de datos) y rango de criterios (tabla de criterios).

Finalmente, presionamos el botón Aceptar y aparece un solo registro que cumple con los criterios.

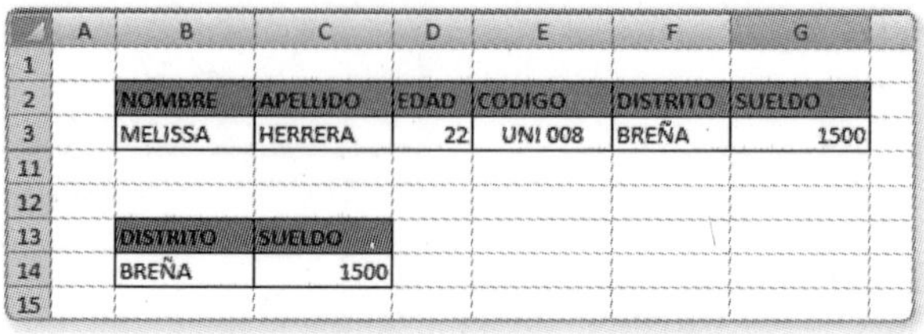

	NOMBRE	APELLIDO	EDAD	CODIGO	DISTRITO	SUELDO
3	MELISSA	HERRERA	22	UNI 008	BREÑA	1500

	DISTRITO	SUELDO
14	BREÑA	1500

- Ahora mostrar los trabajadores de Breña o que cuyo sueldo es 1500.

De la misma forma creamos la tabla de criterios.

DISTRITO	SUELDO
BREÑA	
	1500

Y usamos la opción Avanzadas.

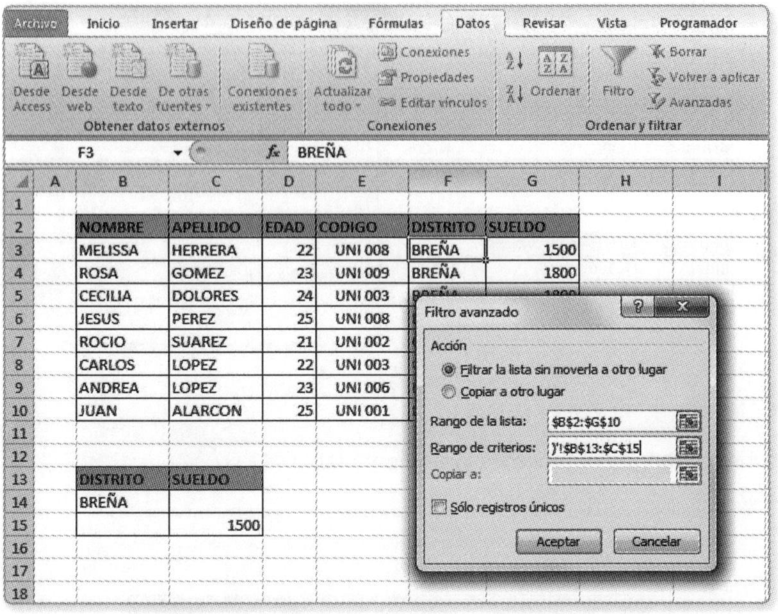

	A	B	C	D	E	F	G
2		NOMBRE	APELLIDO	EDAD	CODIGO	DISTRITO	SUELDO
3		MELISSA	HERRERA	22	UNI 008	BREÑA	1500
4		ROSA	GOMEZ	23	UNI 009	BREÑA	1800
5		CECILIA	DOLORES	24	UNI 003		
6		JESUS	PEREZ	25	UNI 008		
7		ROCIO	SUAREZ	21	UNI 002		
8		CARLOS	LOPEZ	22	UNI 003		
9		ANDREA	LOPEZ	23	UNI 006		
10		JUAN	ALARCON	25	UNI 001		
13		DISTRITO	SUELDO				
14		BREÑA					
15			1500				

Y seleccionamos los rangos solicitados.

	A	B	C	D	E	F	G
2		NOMBRE	APELLIDO	EDAD	CODIGO	DISTRITO	SUELDO
3		MELISSA	HERRERA	22	UNI 008	BREÑA	1500
4		ROSA	GOMEZ	23	UNI 009	BREÑA	1800
5		CECILIA	DOLORES	24	UNI 003	BREÑA	1800
6		JESUS	PEREZ	25	UNI 008	BREÑA	2000
7		ROCIO	SUAREZ	21	UNI 002	CALLAO	1500
8		CARLOS	LOPEZ	22	UNI 003	CALLAO	1500
13		DISTRITO	SUELDO				
14		BREÑA					
15			1500				

Observemos que la condición `o' y la condición 'y' cambian todo en la tabla de criterios, en 'y' usamos para que cumpla las dos condiciones y los criterios se ponen en forma horizontal. Cuando se trata de la condición 'o' el segundo criterio será escrito en otra fila.

- Trabajadores de Breña con sueldo mayor 1500 ó trabajadores con edad menor a 24. Creamos la tabla de criterios y activamos la opción Avanzadas.

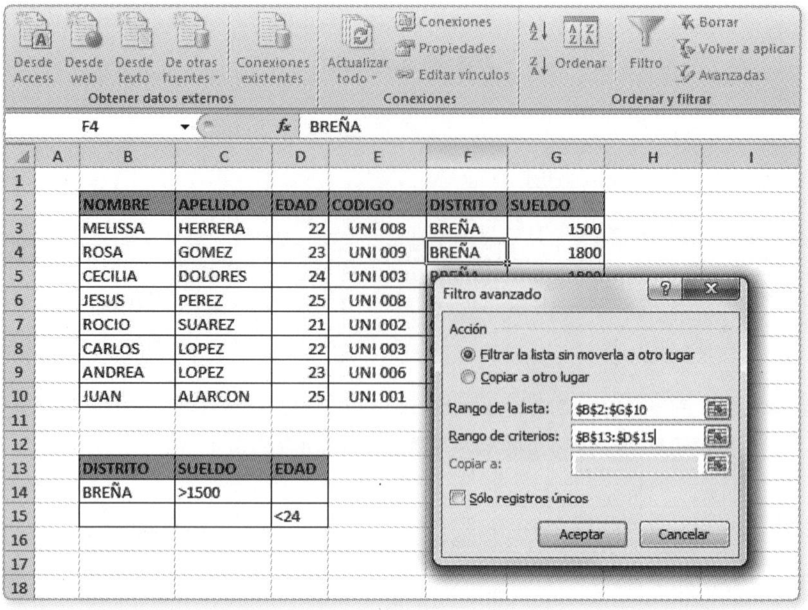

Al escribir los rangos obtenemos la siguiente tabla:

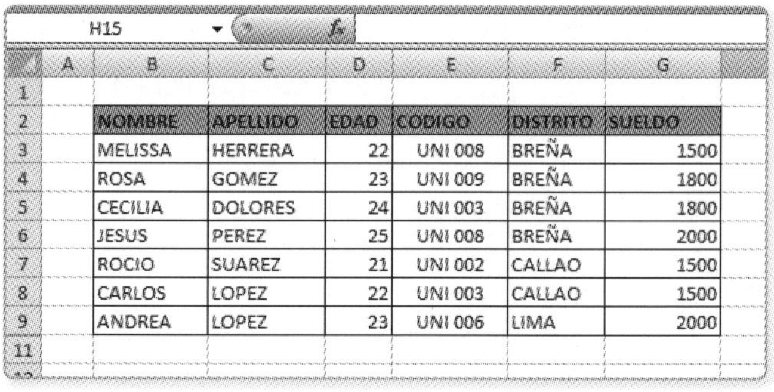

5 Finalmente, trabajamos con los SUBTOTALES.

5.1 Mostrar el promedio de los sueldos de los trabajadores agrupándolos por distritos.

Para mostrar lo pedido debemos tener la tabla ordenada por distrito y luego usar la opción Subtotal del grupo Esquema de la cinta Datos.

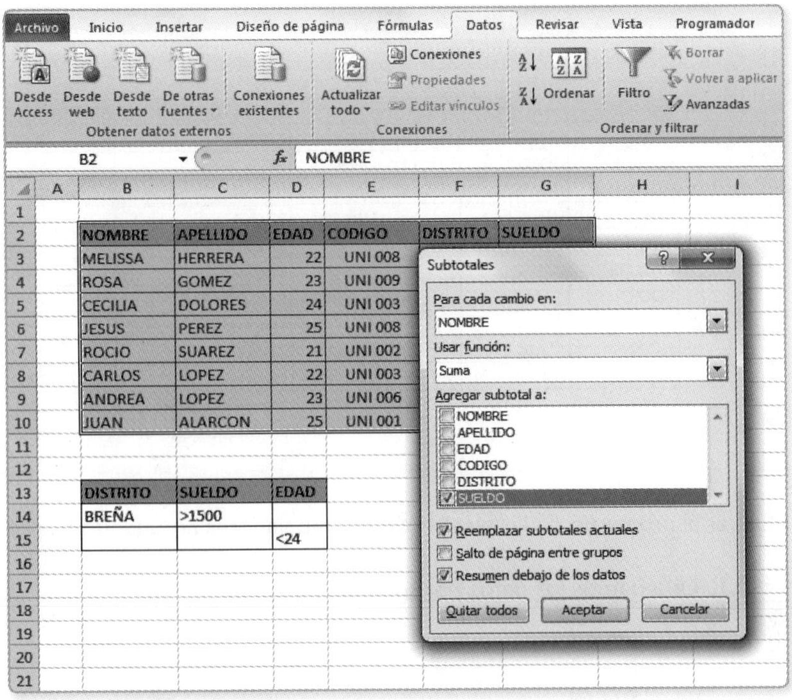

5.1.1. En este cuadro seleccionamos:

- **5.1.1.1.** Para cada cambio DISTRITO
- **5.1.1.2.** Usar la función PROMEDIO.
- **5.1.1.3.** Agregar subtotal a: SUELDO.

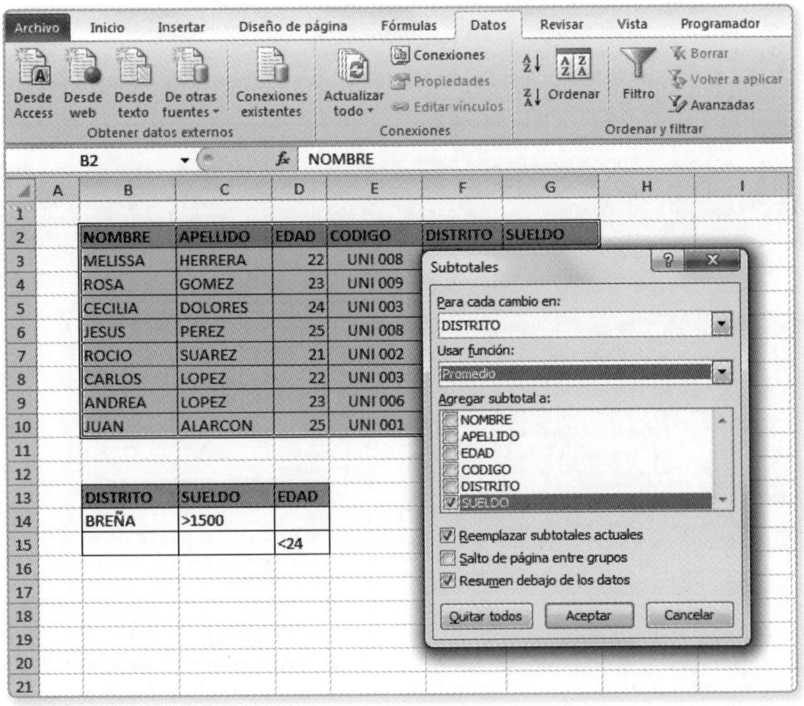

NOMBRE	APELLIDO	EDAD	CODIGO	DISTRITO	SUELDO
JESUS	PEREZ	25	UNI 008	BREÑA	2000
CECILIA	DOLORES	24	UNI 003	BREÑA	1800
ROSA	GOMEZ	23	UNI 009	BREÑA	1800
MELISSA	HERRERA	22	UNI 008	BREÑA	1500
				Promedio BREÑA	1775
CARLOS	LOPEZ	22	UNI 003	CALLAO	1500
ROCIO	SUAREZ	21	UNI 002	CALLAO	1500
				Promedio CALLAO	1500
JUAN	ALARCON	25	UNI 001	LIMA	2000
ANDREA	LOPEZ	23	UNI 006	LIMA	2000
				Promedio LIMA	2000
				Promedio general	1762.5

5.2 Mostrar el promedio de las edades de los trabajadores agrupándolos por sueldos.

5.2.1. Ordenamos los datos por sueldos.

NOMBRE	APELLIDO	EDAD	CODIGO	DISTRITO	SUELDO
ROCIO	SUAREZ	21	UNI 002	CALLAO	1500
MELISSA	HERRERA	22	UNI 008	BREÑA	1500
CARLOS	LOPEZ	22	UNI 003	CALLAO	1500
ROSA	GOMEZ	23	UNI 009	BREÑA	1800
CECILIA	DOLORES	24	UNI 003	BREÑA	1800
ANDREA	LOPEZ	23	UNI 006	LIMA	2000
JESUS	PEREZ	25	UNI 008	BREÑA	2000
JUAN	ALARCON	25	UNI 001	LIMA	2000

5.2.2. Usamos la opción Subtotal del grupo Esquema de la ficha Datos.

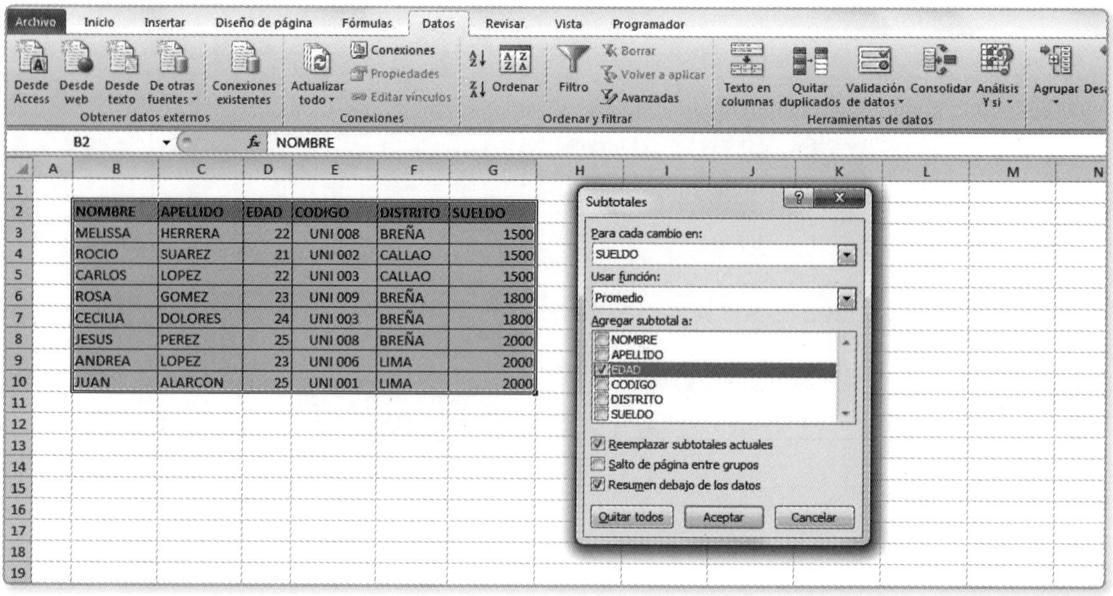

5.2.3. En este cuadro seleccionamos:

5.2.3.1. Para cada cambio SUELDO

5.2.3.2. Usar la función PROMEDIO.

5.2.3.3. Agregar subtotal a: EDAD.

D6 =SUBTOTALES(1,D3:D5)

	A	B	C	D	E	F	G
1							
2		NOMBRE	APELLIDO	EDAD	CODIGO	DISTRITO	SUELDO
3		ROCIO	SUAREZ	21	UNI 002	CALLAO	1500
4		MELISSA	HERRERA	22	UNI 008	BREÑA	1500
5		CARLOS	LOPEZ	22	UNI 003	CALLAO	1500
6				21.67			**Promedio 1500**
7		ROSA	GOMEZ	23	UNI 009	BREÑA	1800
8		CECILIA	DOLORES	24	UNI 003	BREÑA	1800
9				23.5			**Promedio 1800**
10		ANDREA	LOPEZ	23	UNI 006	LIMA	2000
11		JESUS	PEREZ	25	UNI 008	BREÑA	2000
12		JUAN	ALARCON	25	UNI 001	LIMA	2000
13				24.33			**Promedio 2000**
14				23.13			**Promedio general**
15							

TALLER BÁSICO 04: GRÁFICOS

• OBJETIVO:

El objetivo del presente taller es crear gráficos predeterminados.

PRIMERA PARTE

1 Debes crear la siguiente tabla, completarla y elaborar un gráfico de columnas.

NOMBRE	APELLIDO	NOTA 1	NOTA 2	NOTA 3	PROMEDIO
ANDREA	MONTERO	15	18	12	15.00
JUAN	LUYO	12	14	12	12.67
MELISSA	HERRERA	14	12	14	13.33
MIGUEL	SOLAR	8	11	11	10.00
MONICA	ALVAREZ	18	11	5	11.33
ROCIO	BECERRA	14	14	8	12.00

2 Nos ubicamos en la cinta Insertar, en el grupo Gráfico y usamos el icono Columna.

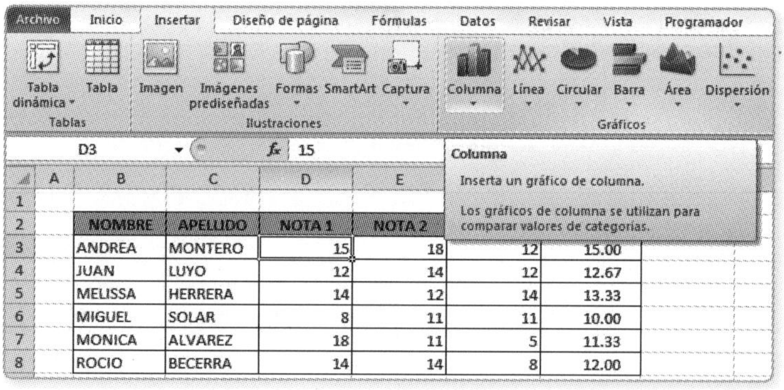

3 Seleccionamos la opción Columna agrupada.

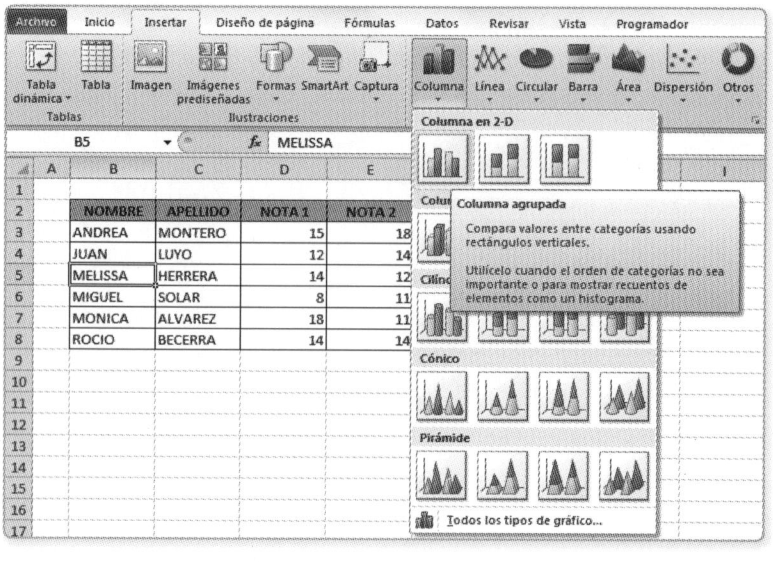

4 En forma automática aparece el gráfico.

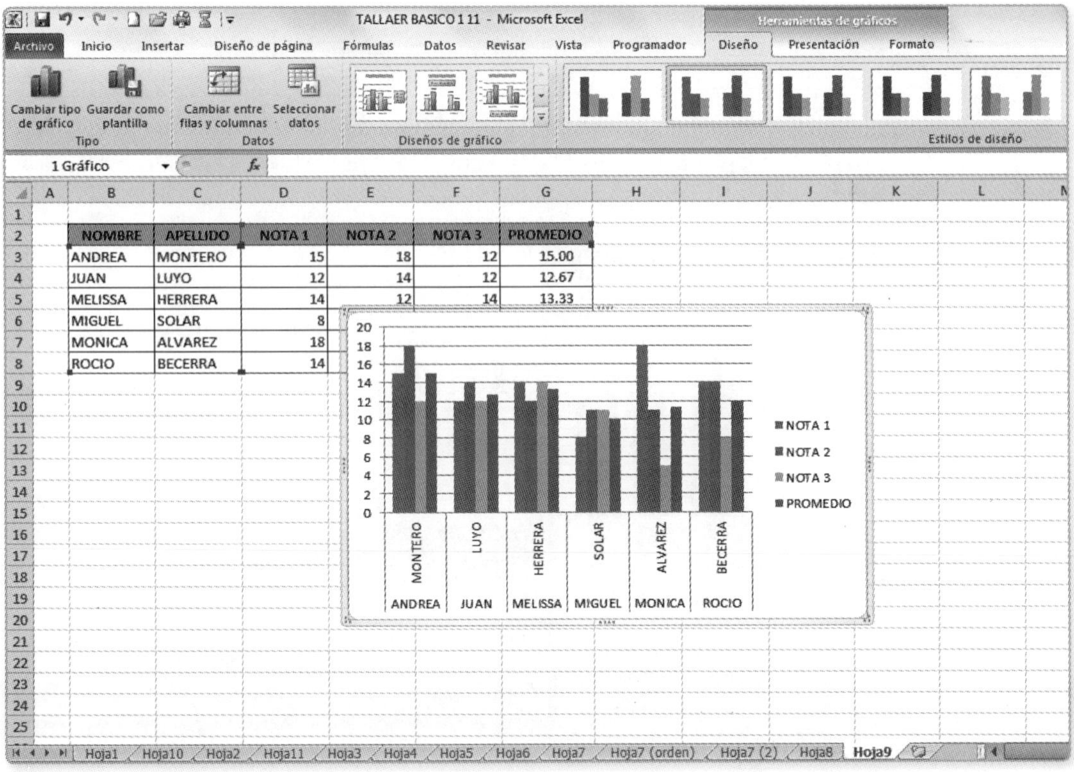

5 MODIFICACIONES

5.1 Si usamos la opción **Cambiar entre filas y columnas,** el gráfico cambia. Observa que ahora aparece **Nota 1, Nota 2, Nota 3 y Promedio** en el eje X y los alumnos en la leyenda.

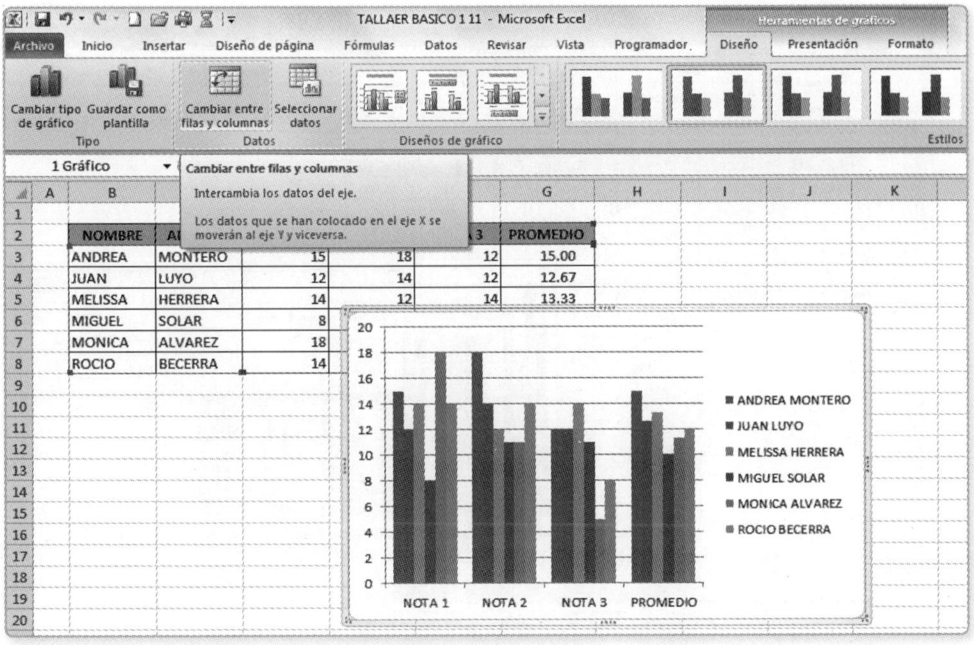

5.2 Si usamos la opción Seleccionar Datos, podemos cambiar en los datos del eje X donde aparece el nombre, y apellido cambiarlo solo a nombre.

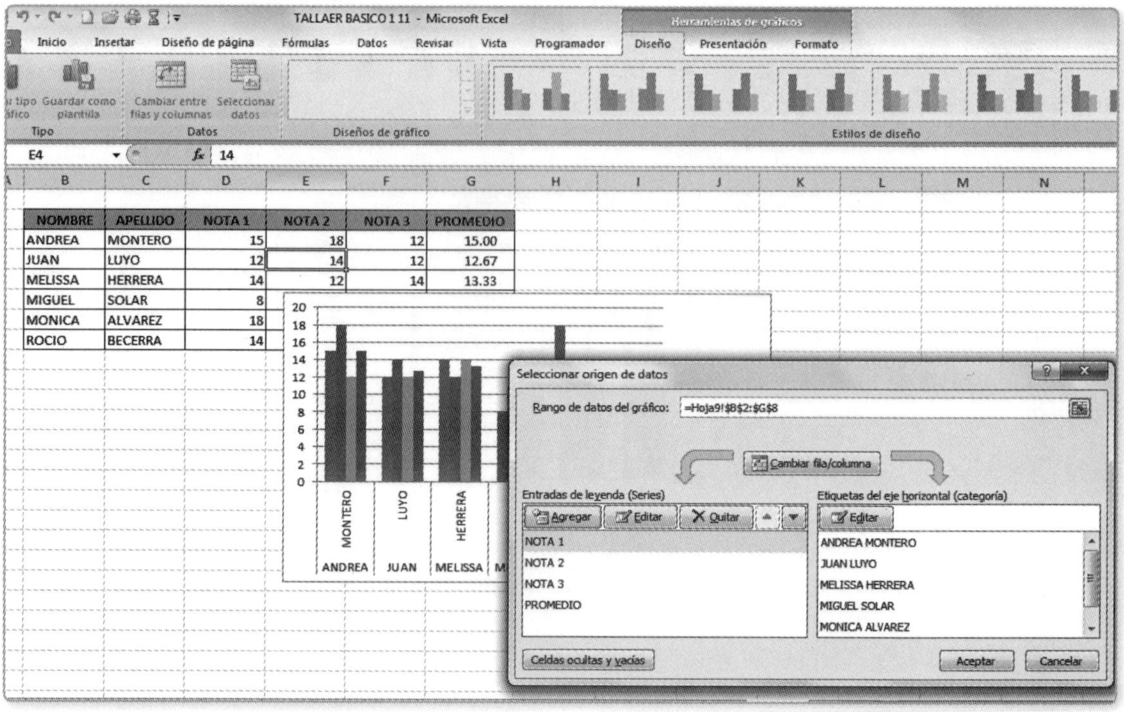

5.3 En este cuadro editamos etiqueta del eje horizontal y seleccionamos solo el nombre.

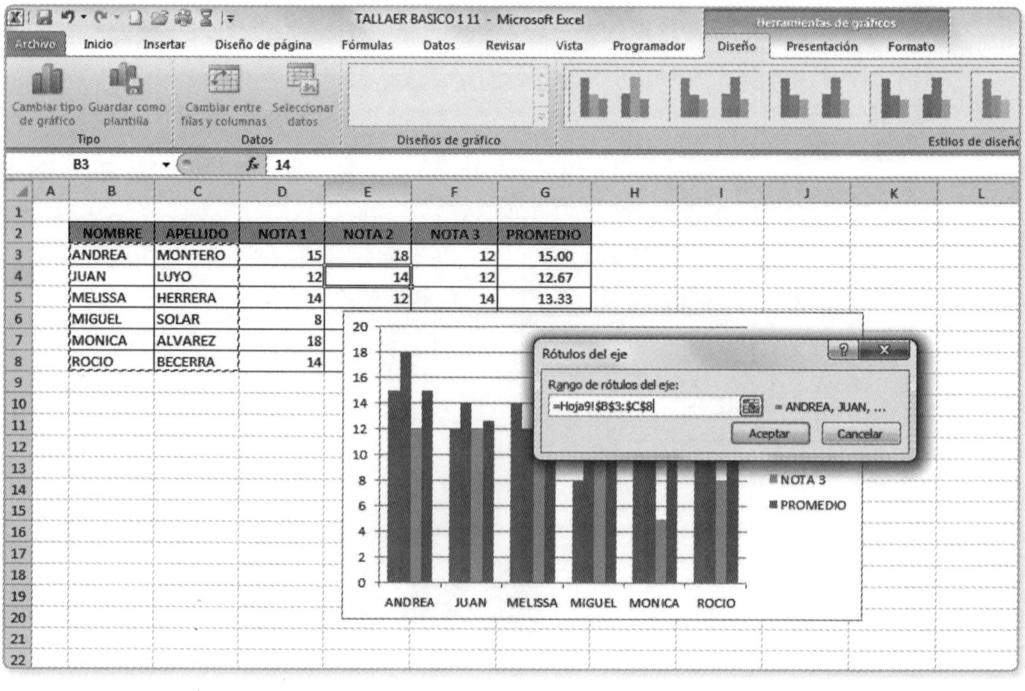

El rango contiene los datos de nombre y apellido; modificamos el rango.

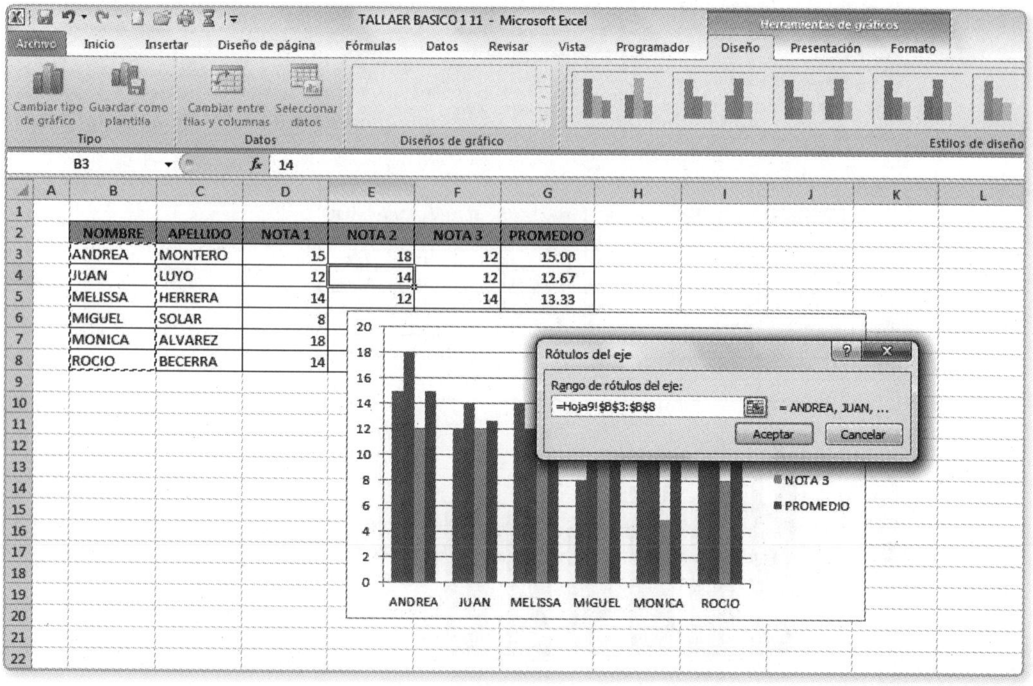

El rango solo contiene el nombre y en el gráfico ya se puede apreciar el cambio, presionamos el botón Aceptar.

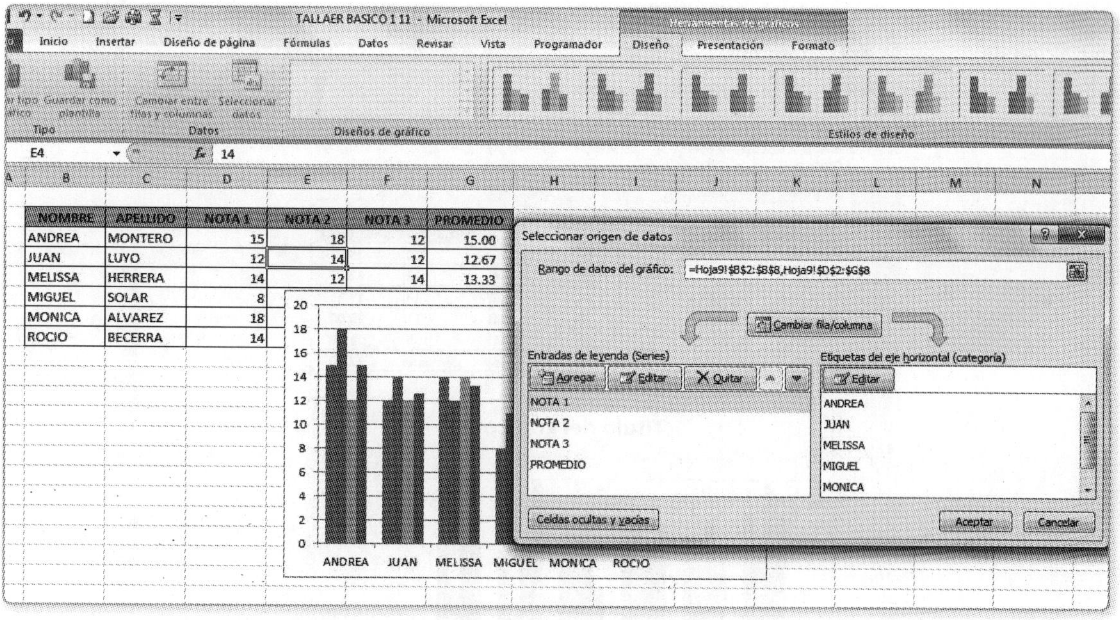

Regresamos al cuadro de diálogo principal y vemos que la opción Etiqueta del eje horizontal ya se modificó y solo aparece el nombre.

5.4 Al presionar el botón Aceptar el gráfico queda con los cambios realizados.

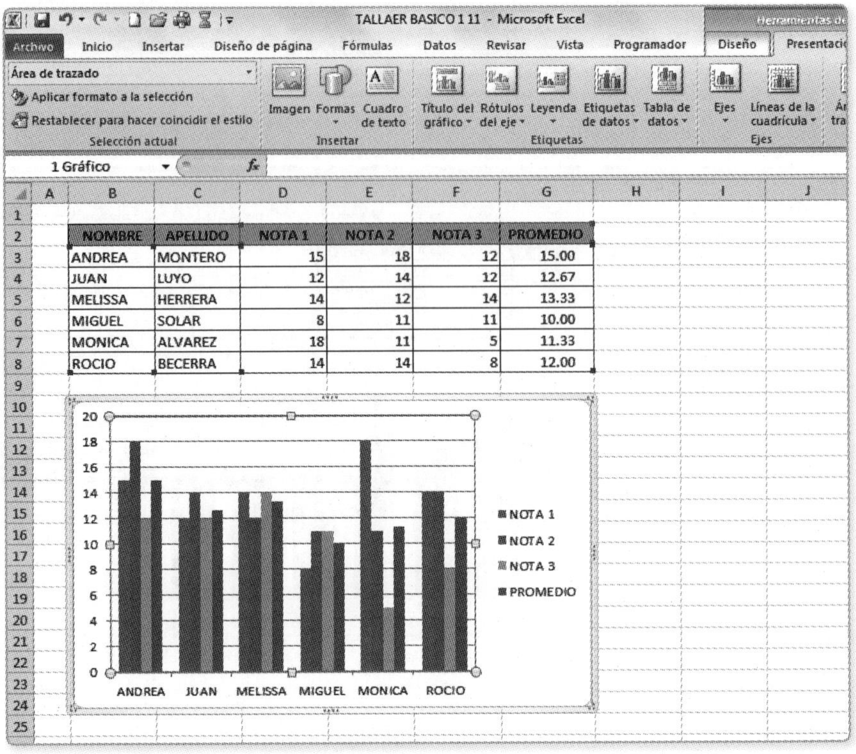

5.5 Ahora modificamos el diseño para adicionar títulos. Usamos el grupo Diseño de gráficos.

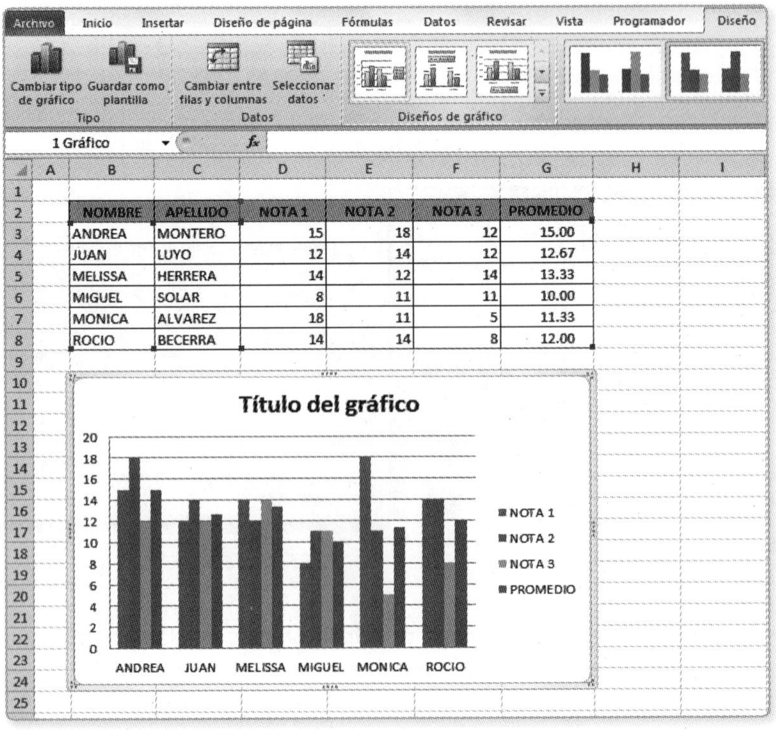

5.6 El gráfico cambia y en el podemos modificar el nombre del título.

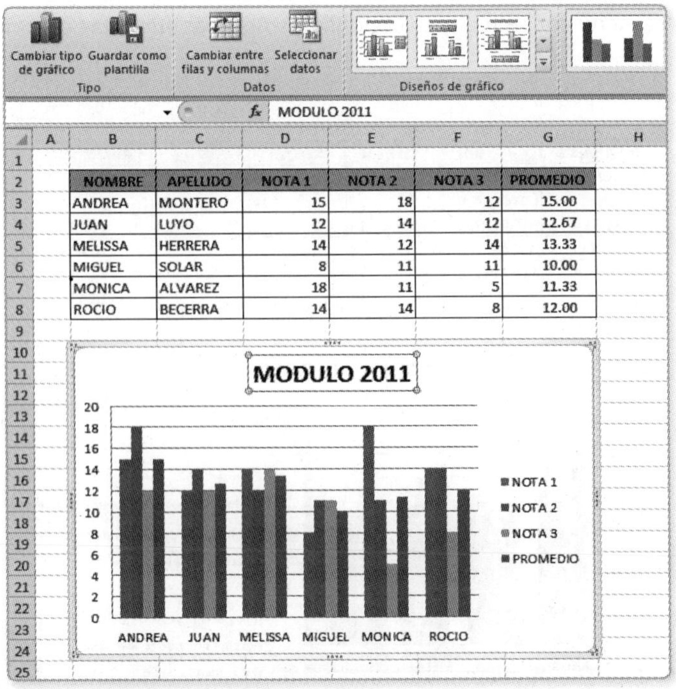

5.7 Ahora modificamos en la ficha Diseño, usamos la primera opción (Estilo 1, escala de grises).

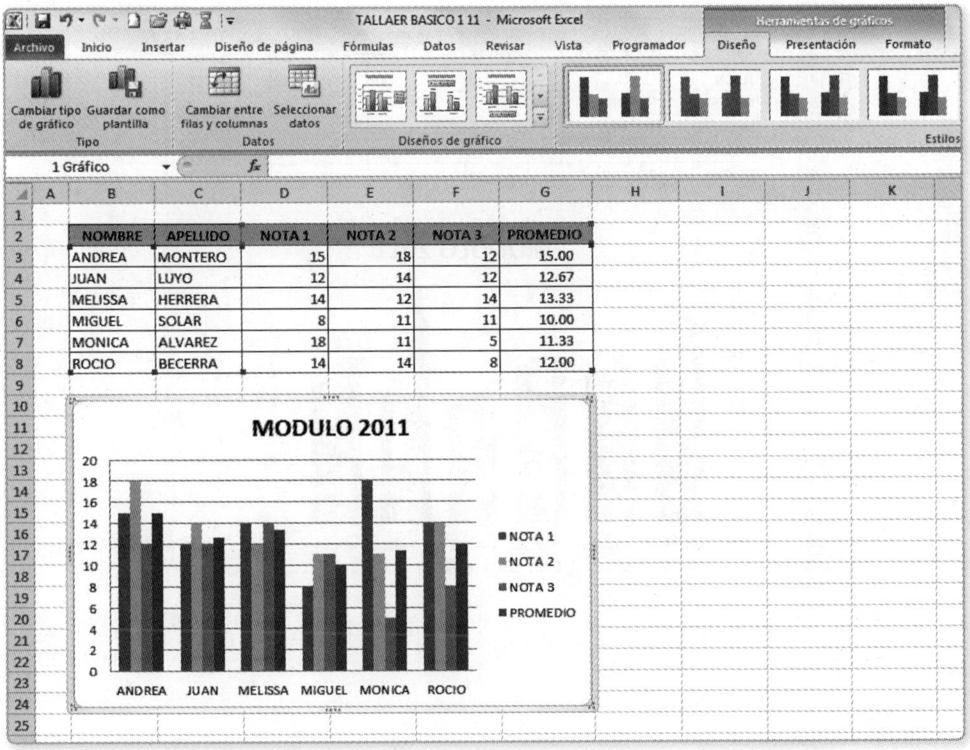

5.8 Si queremos que las notas aparezcan sobre las columnas, le damos un clic sobre la columna, usamos el menú contextual y seleccionamos Agregar etiquetas de datos.

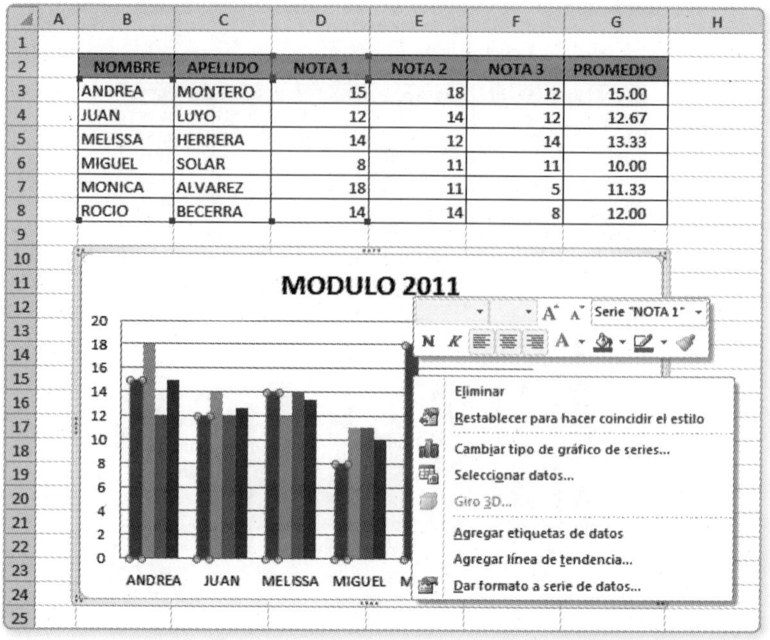

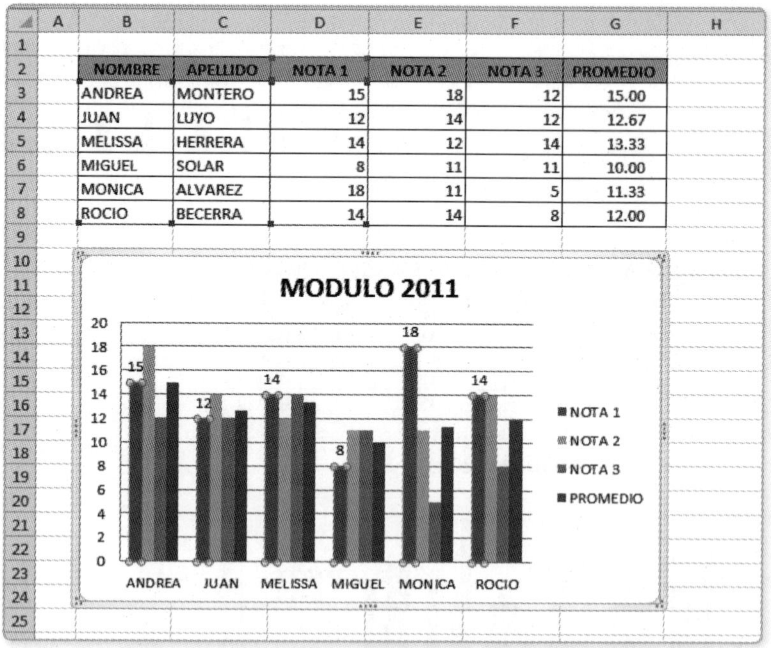

5.9 Si usamos la ficha Formato de Herramientas de gráfico, tenemos varias opciones, una de ellas es Relleno de forma y elegimos un color.

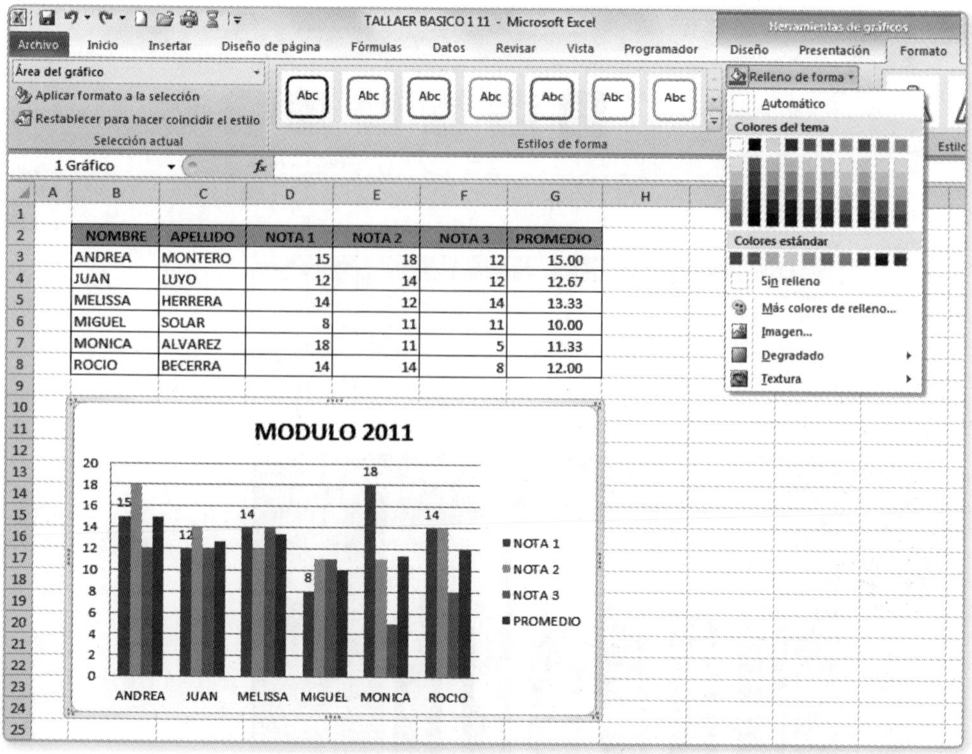

NOMBRE	APELLIDO	NOTA 1	NOTA 2	NOTA 3	PROMEDIO
ANDREA	MONTERO	15	18	12	15.00
JUAN	LUYO	12	14	12	12.67
MELISSA	HERRERA	14	12	14	13.33
MIGUEL	SOLAR	8	11	11	10.00
MONICA	ALVAREZ	18	11	5	11.33
ROCIO	BECERRA	14	14	8	12.00

5.10 El programa le pone fondo al gráfico.

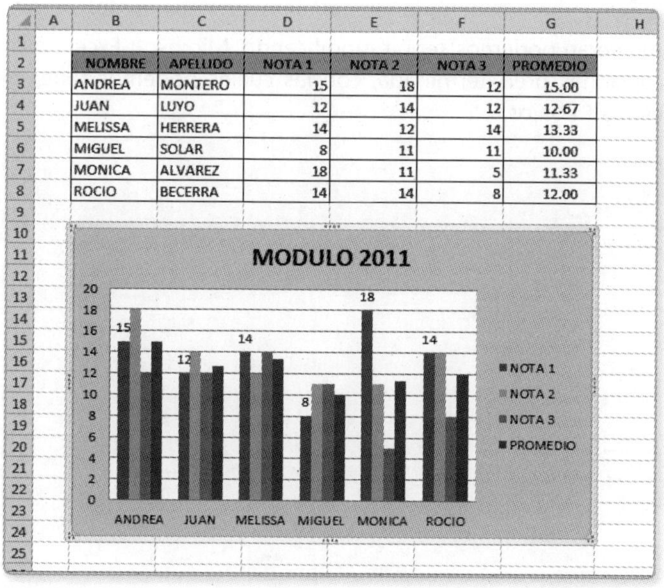

NOMBRE	APELLIDO	NOTA 1	NOTA 2	NOTA 3	PROMEDIO
ANDREA	MONTERO	15	18	12	15.00
JUAN	LUYO	12	14	12	12.67
MELISSA	HERRERA	14	12	14	13.33
MIGUEL	SOLAR	8	11	11	10.00
MONICA	ALVAREZ	18	11	5	11.33
ROCIO	BECERRA	14	14	8	12.00

5.11 Ahora usamos el grupo Estilos de forma y elegimos, por ejemplo, el sexto estilo Agua marina; el programa nos muestra el fondo elegido y el color de letra blanco.

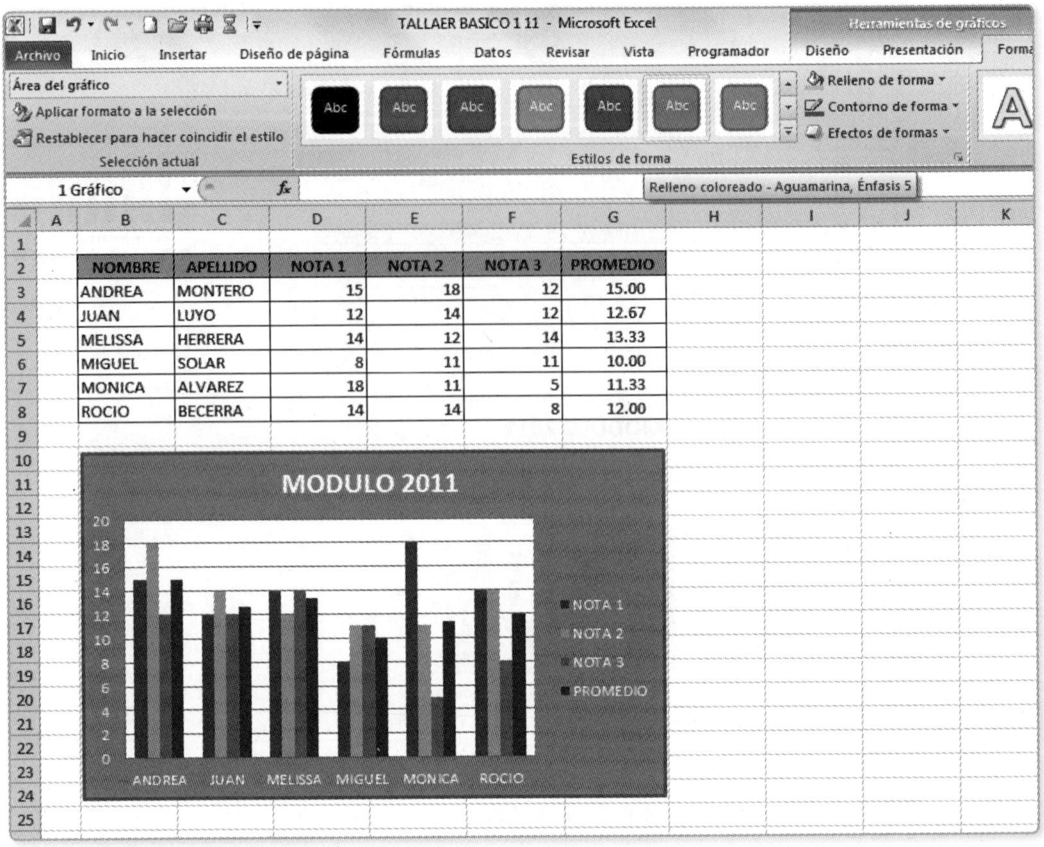

Como verán podemos seguir modificando, Microsoft Excel nos muestra una gran cantidad de opciones predeterminada, con las cuales podemos tener mejores presentaciones de nuestros trabajos.

Impreso en los Talleres Gráficos de

MACRO®